The
Holocaust
Roots,
History,
and
Aftermath

大屠杀

根源、历史与余波

[美] 戴维·M·克罗 著 张旭 译

上海人民出版社

献给爸爸和麦克

"你只要谨慎……免得忘记你亲眼所看见的事……总要传给你的子子孙孙。"

——《申命记》第 4 章第 9 节

"我的痛苦常在我面前。"

——《诗篇》第 38 章第 17 节

"你们是我的见证。"

——《以赛亚书》第 43 章第 10 节

译者序

时值华盛顿最美丽的樱花季，跟随着接踵的人群，译者走进美国大屠杀纪念博物馆。首先映入眼帘的，正是本书扉页上的那句话："你们是我的见证。"微微的一行字，孤零零地镌刻在巨大的黑色墙壁上，除了几扇小窗之外周围空空荡荡，但每一个目睹此景的参观者，胸中却都情思如潮。整个纪念馆内，触动人心的情景随处可见。无论是奥斯维辛的焚尸炉和堆积如山的受害者的头发与鞋子，还是运送囚犯的闷罐火车厢，都令人真切地感到无比的恐怖。连接南北楼的玻璃走廊内张贴着两千多张照片，记录的一个个幸福时刻，都属于东欧某小镇的一百多个犹太家庭。在名为"记住儿童：丹尼尔的故事"的展厅内，则陈列着根据这个小男孩的日记还原的生活点滴。而如今这些原本如此迷人的记忆，却都令参观者纷纷驻足涕零、不能自已。原因很简单，也很残酷，这些记忆的主人公，都已成为"大屠杀"千百万受难者中的一员。

当译者在这座如监牢般黑暗、压抑的庞大建筑内游走之时，这本几近翻译完成的《大屠杀：根源、历史与余波》的每章每节、每字每句，突然都确切、鲜活地映入脑海。本书前三章探讨"大屠杀"的根源。对犹太民族的历史和欧洲反犹主义的演变进行适度论述之后，从第四章开始，作者将读者逐步带入"杀戮年代"本身。克罗通过长篇引用受害者的日记或证词，让他们亲口讲述自己的经历。作者还有效使用救援者的资料——包括著名的奥斯卡·辛德勒，表明面对那些正在遭受迫害的少数族群，旁观者并不全是心怀敌意或漠然处之。最后一章则讨论"大屠杀"延伸至今的余波。每章前面的大事年表、后面的参考书目（包括原始史料和次级史料，还有很多网上资料）以及大量图片和地图，都成为本书主体内容的有益补充。再加上作者生动、流畅的文字，这一切都使本书不仅是一部优秀的"大屠杀"教科书，还是一部对普通读者也颇具吸引力的历史著作。

在本书的翻译过程中，译者但凡遭遇难题，总是自然而然地向母校、向导师求教，这里特向南京大学历史系的诸位学者表示感谢。我还想谢谢我的父母，特别是已届花甲的母亲，竟以惊人的效率，帮助我完成了全书的文字校对。我希望自己的第一本译作，作为对父母爱意的表达和恩情的回报，存留于世。必须声明的是，译者水平有限，加之时间仓促，难免有疏漏之处，敬请专家、读者斧正。

笔触至此，译者又想起在美国大屠杀纪念博物馆圆形追思厅入口对面的石墙上，刻着这样一段话，在点点烛影的倒映下分外动人：“仔细守护你自己和你的灵魂，以防忘记你眼睛看到的东西……你应该让你的孩子及他们的后代知道这些事情。”是的，对于这场人间浩劫，我们绝对不应忘记，我们必须让自己的孩子们知道。

张　旭

2012 年 6 月 8 日

目录

前言 xv

本书的写作始于约十年前，但后来我为了完成奥斯卡·辛德勒(Oskar Schindler)的传记，又不得不将它搁置一边。我认为，本书可以反映近30年来我在“大屠杀”领域的课堂教学以及课外写作、演讲与研究的成果。30年间，我曾是“美国大屠杀纪念博物馆”(英文缩写为USHMM)教育委员会和“北卡罗来纳州大屠杀理事会”(英文缩写为NCCH)的成员。在过去的15年中，我在以上两个机构举办的研讨会上发表过多次演讲。这些学术活动，再加上我承担的关于“大屠杀”课程的常规教学工作，帮助我开创了一些相关课题的主题、材料和深度的研究方法，并将它们应用于本书。此外，在将犹太人的悲惨遭遇作为研究核心的同时，我还试图顾及另外一些被纳粹德国的雅利安主义视为民族或生物学敌人的族群，包括罗姆人以及身心残疾者等。

对研究“大屠杀”的学者在教学过程中可能遭遇的挑战，我深有体会。在我的课堂上，学生们需要完成大量的阅读。在本书中，我也将引入同样深度和广度的阅读覆盖面。当然，没有哪本教科书能够做到令所有“大屠杀”课程的讲授者完全满意。鉴于我的课程既针对本科教育层面，也向法学院学生开放，所以，这本教材试图满足本科生、研究生和法学院学生三个群体的需要。

长期以来，我的课程都是以一次深入、彻底的考察活动开头的。考察的对象，不仅包括西方世界反犹主义和反闪米特主义的根源，还涉及基督教时代到来之前，犹太民族的状态。我坚信，1933年之前，在基督教世界逐渐升腾的对犹太人和闪米特民族的敌视情绪，营造了“大屠杀”爆发的社会氛围。这种敌视情绪还带来一些其他东西。而在德国，反犹主义在纳粹统治之下进入每一个人的日常生活，因而展现出其最具破坏性的一面。

幸运的是，30 年来，我所在的大学一直非常鼓励和支持本科生科研。我的“大屠杀”课程和德国史班级里的每一个学生，都必须承担一个科研项目。每学期的最后三分之一时间我都拿出来“贡献”给学生，让他们通过口头或书面的形式展示研究成果。本书的设计也考虑到学生科研的需要。除了在每一章的开头都添加一个大事年表之外，我还试图附上一个广泛、易得、包含原始与次级史料的参考书目，以方便学生们进行深入的学习和研究。我还尽可能多地使用基于网络的资料，以帮助学生
xvi 锻炼解释能力——这一能力对历史学、国际问题和法学研究都至关重要。我的参考书目力争全面，除了关于“大屠杀”的众多著作，还可能包含本书涉及的背景和讨论的主题等各项领域。

我的编辑、韦斯特维出版社的史蒂夫·卡塔拉诺（Steve Catalano）曾给予我无法计数的支持和鼓励，我想向他表示感谢。在撰写奥斯卡·辛德勒传记的过程中，我认识了史蒂夫，事实证明他是当今出版界极其罕见的那一类编辑——作者型的编辑。我还要感谢我的系主任吉姆·比赛特博士（Dr.Jim Bissett），以及伊隆大学艺术与科学学院院长史蒂夫·豪斯博士（Dr.Steven House）。他们不仅支持我写作本书，还创造了一个激励此类专业活动的学术环境。此外，肖鸿林博士（Dr.Honglin Xiao）为本书绘制了地图，对我帮助良多。最后，我还要感谢我的“人生伴侣”[①]凯瑟琳（Kathryn），感谢她在本书写作过程中表现出的善良、耐心与积极帮助。

我将此书献给我的父亲、已故的老戴维·M·克罗（David M.Crowe），还有我的岳父马尔科姆·理查森·摩尔（Malcolm Richardson Moore）。他们在我的生命中意义重大，谨以此书表示微薄的谢意。

① 此处原文为一个第绪语词“Beshert”，意思是命运、定数、天意，通常用来指命中注定的人生伴侣，具有浪漫色彩。——译者注

引 言 1

“大屠杀”(英文为 holocaust)一词起源于希腊文“holokauston”,现在则用以描述1933年至1945年间纳粹德国及其胁从给犹太民族带来的那场灾难。古代的犹太裔学者将希伯来文“olah”翻译成希腊文时,也使用了“holokauston”这个词。其实,“olah”用英文表达是“祭祀之物”的意思,而它的希腊文同义词“holokausto”也有“被烧成灰烬的祭牲”之意,正如《旧约·撒母耳记上》第7章第9节中写到的:“撒母耳就把一只吃奶的羊羔献与耶和华作全牲的燔祭①,为以色列人呼求耶和华,耶和华就应允他。”[1]

对犹太人来说,“大屠杀”这个词因为曾与数百万同胞的苦痛联系在一起,因而呈现出深厚的情感与历史含义。“大屠杀”一词可查证的首次使用是在1895年,《纽约时报》在评论奥斯曼帝国对境内亚美尼亚人的残害时,宣称它为“另一次亚美尼亚人大屠杀”。[2]希伯来文“大屠杀”(写作 sh'oah 或 shoah)第一次出现,则是在1940年“波兰犹太人联合援助委员会”出版的一本名为《波兰犹太人大屠杀》(希伯来文为 Yehudi Polin)的小册子中,用以描述当时笼罩在欧洲犹太人头顶的恐怖氛围。最初的犹太裔评论家用希伯来文“毁灭”(写作 herban)来形容当时的情景,它起源于公元70年的耶路撒冷第二圣殿被毁事件。然而,到1942年,特别是位于巴勒斯坦的“犹太事务代办处”(英文缩写为 JA)在其11月份的通讯中使用“大屠杀”(写作 shoah)来形容当时正在全欧洲爆发的惨剧之后,这个词开始日益频繁地出现。

近年来,学界正着手研究纳粹“种族灭绝”罪行的另一些受害者——比如吉卜赛

---

① 燔祭是《旧约·利未记》中提到的第一种祭物,需要将所献上的整只祭牲完全烧在祭坛上,全部经火烧成灰。这种祭不可为任何人留下一点肉,被认为是最好的一种祭,也是犹太教允许非犹太人到圣殿献上的一种祭。——译者注

人和残疾人。“种族灭绝”一词由波兰犹太裔学者拉法尔·莱姆金（Raphael Lemkin，1901—1959）于1943年首次使用。第二次世界大战爆发伊始，莱姆金就逃离了波兰，定居在美国。后来在他的著作《轴心国在沦陷欧洲的统治：占领法规、施政纲领、纠错诉求》（1944年）中，莱姆金花了整整一章的笔墨来分析“种族灭绝”的含义。二战后期，他进入“美国战略情报局”（OSS，“中央情报局”的前身），负责向特尔福德·泰勒（Telford Taylor，1908—1998）提供咨询，后者成为纽伦堡审判期间美国的主要检察官之一。莱姆金将“种族灭绝”定义为“系统性地、有计划地、运用各种方式对一个国家、民族或种族实施灭绝性的屠杀，目的在于损毁对其团体认同至关重要的基础”。[3]

2 在莱姆金看来，“种族灭绝”不仅指对团体成员生命的杀戮，还包含其他方式的迫害。这些方式虽不致命，却可损害或摧毁团体的基本特性、习惯或制度，从而削弱这个团体的力量，或者使其成员丧失“独立精神、尊严和安全感”。莱姆金还将“种族文化灭绝”作为“种族灭绝”的方式之一，前者是战后由法国人创造的词，用来描述扼杀一个团体的文化——而非其成员生命——的行为。[4]

在战后的纽伦堡审判上，“国际军事法庭”（IMT）并未以“种族灭绝罪”起诉纳粹德国的主要领袖，而在后续的一系列同盟国战犯法庭上，它却成为一项罪名。此外，波兰政府也曾以“种族灭绝罪”起诉本国的战犯。到了1948年，联合国通过《种族灭绝公约》，将“种族灭绝”行为定义如下：

> 蓄意全部或局部消灭某一民族、人种、种族或宗教团体，犯有下列行为之一者：
>
> 杀害该团体的成员；
>
> 致使该团体的成员在身体上或精神上遭受严重伤害；
>
> 故意使该团体处于某种生活状况下，以毁灭其全部或局部的生命；
>
> 强制施行办法，意图防止该团体内成员生育；
>
> 强迫转移该团体之儿童至另一团体。[5]

很多专家认为联合国对“种族灭绝”的界定存在缺陷，因为它没有对旨在彻底毁灭某团体的暴力行径与其他非暴力形式的攻击作出区分。况且，《种族灭绝公约》还未涉及那些出于消灭某政治派别和社会阶层的目的，而针对其成员的谋杀性行为。尽管存在保留，联合国对“种族灭绝”的界定还是为大多数国家所接受。

1950年，以色列加入《防止及惩治种族灭绝罪公约》，这表明它也认可了以上《种族灭绝公约》的释义。在本国的《防止及惩治种族灭绝罪法》(1950 年,第 5710 号)和《纳粹及纳粹胁从惩治法》(1950 年,第 5710 号)中,以色列也同样采用了这一界定。后一部法律包含一个名为"危害犹太民族罪"的条款,并在 1961 年被用于指控和审判阿道夫·艾希曼(Adolf Eichmann)。这个特别的"危害犹太民族罪"条款之所以存在,主要原因在于很多"大屠杀"的研究者和幸存者认为德国人对犹太民族犯下的罪行是独特的、超越了一般意义上"种族灭绝"的范畴。1950 年担任以色列司法部长的品卡斯·罗森(Pinhas Rosen)就曾说过,虽然纳粹及其胁从已成为一个"历史名词",然而需要强调的是,犹太人永远不会"遗忘和原谅"大屠杀时期他们对本民族同胞犯下的罪行。[6]

其实,与犹太民族遭受的伤亡和苦难相比,"大屠杀"这个概念的含义、它究竟包含哪些行为,并不那么重要。"大屠杀"的施行者和受害者都是人。在为这幕不可名状的悲剧寻找证据的过程中,我们不能被上文的定义束缚住手脚,否则就无法充分认清这场在 1933 年至 1945 年间肆虐欧洲的人间浩劫。要真正理解"大屠杀",我们必须从它的根源着手。而"大屠杀"的根源,就埋藏在其主要受害者——犹太民族——的历史之中。研究犹太人的历史虽令人痛苦,却能够解释"大屠杀"的狂热与那些古老的偏见之间的关系,并凸显这个民族丰厚的历史、文化、宗教和种族遗产,而这些遗产在"大屠杀"之后都永远地失去了。"大屠杀"期间死于纳粹德国及其同伙之手的犹太人是母亲、姐妹、婶姨、父亲、儿子和女儿。他们哭、他们笑、他们祈祷、他们歌唱。他们珍爱生命,他们和我们一样为生计而奔忙。然而,这些"普通人"却 3
都被杀害了,原因仅仅是他们生而就属于某个宗教、文化、种族或民族群体,抑或是患有某种身体或心理疾病,而这些都为纳粹德国社会所不容。他们的损失也是全世界的损失,是人类生命丰富性和多样性的损失。

然而,"大屠杀"的另一方——其施行者,他们也是人。如果将"大屠杀"视为精神病患者或者虐待狂的行为,它给人类带来的永久性伤痛和恐惧也许会稍微容易承受一点。纳粹时期很多德国人的确就是精神病患者或虐待狂,然而,另一些卷入"大屠杀"的人,另一些必须对这场集体残害行径直接或间接负责的罪犯们,其实也仅仅是"普通的"德国人、乌克兰人、拉脱维亚人、罗马尼亚人,等等。他们中的很多人都成长于虔诚的罗马天主教、新教或东正教家庭。这些刽子手也有家庭和职业,战争结束后,他们中的很多人又重新回到亲人的怀抱,操起战前的老本行。然而,对这些"普通的"男人和女人来说,在他们生命里的某一个特殊时期,他们将根植于西方犹太教—基督教文明的道德信条抛之脑后,而直接或间接参与进这场导致数百万同胞丧命的集体杀戮之中。本书既是一部关于无辜受难者的历史，也是一部关于扼杀宝贵生命的行凶者的历史。

进一步学习和研究的资料

原始史料——

"Convention on the Prevention and Punishment of the Crime of Genocide," 1—5. General Assembly [of the United Nations] Resolution 260A of December 9, 1948. Office of the High Commissioner for Human Rights, Geneva, Switzerland. http://www.unhchr.ch/html/menu3/b/p_genoci.htm.

The Tanakh: *The Holy Scriptures*. Philadelphia: Jewish Publication Society, 1985.

次级史料——

Akçam, Taner. A *Shameful Act*: *The Armenian Genocide and the Question of Turkish Responsibility*. Translated by Paul Bessemer. New York: Metropolitan Books, 2006.

Balakian, Peter. *The Burning Tigris*: *The Armenian Genocide andAmerica's Response*. New York: HarperCollins, 2003.

Chalk, Frank, and Kurt Jonassohn. *The History and Sociology of Genocide*: *Analyses and Case Studies*. New Haven: Yale University Press, 1990.

Lemkin, Raphael. *Axis Rule in Europe*, *Laws of Occupation*, *Analysis of Government*, *Proposals for Redress*. Washington, DC: Carnegie Endowment for International Peace, 1944.

Oron, Michael. "The Mass Murder They Still Deny." *New York Review of Books* (May 10, 2007): 1—11.http://www.nybooks.com/articles/20174.

Schaller, Dominik J., and Jürgen Zimmerer, eds. "Raphael Lemkin: The 'Founder of the United Nations' Genocide Convention as a Historian of Mass Violence." *Journal of Genocide Research* 7, no. 4(December 2005): 441—559.

Segev, Tom. *The Seventh Million*: *The Israelis and the Holocaust*. Translated by Haim Watzman. New York: Hill and Wang, 1993.

注释：

［1］“I Samuel,” *The Tanakh*：*The Holy Scriptures*(Philadelphia：The Jewish Publication Society，1985)，427.

［2］Peter Balakian，*The Burning Tigris*：*The Armenian Genocide and America's Response*(New York：Harper Collins，2003)，11；Michael Oren，“The Mass Murder They Still Deny,” *New York Review of Books*(May 10，2007)：10n1. http://www.nybooks.com.articles/20174.

［3］Raphael Lemkin，*Axis Rule in Occupied Europe*，*Laws of Occupation*，*Analysis of Government*，*Proposals for Redress*(Washington，DC：Carnegie Endowment，1944)，92.

［4］关于 Lemkin 的更多信息，参见 the special edition of *the Journal of Genocide Research* 7，no.4(December 2005)，“Raphael Lemkin：The ‘Founder of the United Nation's Genocide Convention’ as a Historian of Mass Violence,” 441—559，ed. Dominik J.Schaller and Jürgen Zimmerer。

［5］“Convention on the Prevention and Punishment of the Crime of Genocide,” 1，General Assembly[of the United Nations] Resolution 260A of 9 December 1948，Office of the High Commissioner for Human Rights，Geneva，Switzerland，http://www.unhchr.ch/html/menu3/b/p_genoci.htm.

［6］Tom Segev，*The Seventh Million*：*The Israelis and the Holocaust*，trans. Haim Watzman(New York：Hill and Wang，1993)，334.

5 # 第一章 犹太民族的历史

†

基督教世界反犹偏见的起源及其在宗教改革时代的演进

大事年表

公元前第二个千年：亚伯拉罕(Abraham)与希伯来人的上帝“耶和华”缔结誓约

公元前13世纪：摩西(Moses)率领希伯来人出埃及并得到上帝赐予的“十诫”

公元前1025年至前926或前925年：扫罗(Sol)、大卫(David)和所罗门(Solomon)建立“以色列王国”

公元前966年至前926或前925年：所罗门为“约柜”建造耶路撒冷“第一圣殿”

公元前722年至前586年：“以色列王国”被亚述人和迦勒底人征服

公元前568年：尼布甲尼撒(Nebuchadnezzar)毁灭耶路撒冷和所罗门圣殿，犹太民族进入“巴比伦之囚”时期

公元前586年至前200年：犹太教圣经《塔纳赫》完成

公元前164年至前64年：“马加比起义”，“以色列王国”重建

公元前64年：庞培(Pompey)征服巴勒斯坦，罗马在以色列的统治开始

公元前37年至前4年：希律王(Herod the Great)重建耶路撒冷和第二圣殿

公元前6年至前4年：拿撒勒的耶稣(约书亚)诞生

公元66年至70年：“犹太战争”和“犹太民族大起义”导致罗马人毁灭第二圣殿

公元73年：马萨达要塞被罗马军队攻陷

公元70年至100年：《四福音书》撰写

公元132年至135年：巴尔·科赫巴(Bar Kochba)起义

公元312年至337年：君士坦丁大帝(Constantine the Great)统治时期

公元 325 年："尼西亚宗教会议"

公元 354 年至 430 年：圣奥古斯丁(St.Augustine)撰写《上帝之城》和《论犹太民族》

公元 476 年：传统意义上西罗马帝国灭亡的年份

公元 527 年至 565 年：拜占庭(东罗马)帝国皇帝查士丁尼一世(Justinian I)统治时期，《民法大全》问世

公元 768 年至 814 年：查理曼大帝(Charlemagne)统治时期

公元 1095 年至 1099 年：第一次"十字军东征"中基督徒征服耶路撒冷

公元 1147 年至 1149 年：第二次"十字军东征"

公元 1187 年至 1192 年：第三次"十字军东征"

公元 1135 年至 1204 年：摩西·迈蒙尼德(Moses Maimonides)生卒

公元 1141 年：在英格兰诺维奇，犹太人以"活人祭仪"罪名被起诉 6

公元 1198 年至 1216 年：教皇英诺森三世(Innocent III)统治时期

公元 1202 年至 1204 年：第四次"十字军东征"

公元 1290 年：爱德华一世(Edward I)将犹太人驱逐出英格兰

公元 1306 年：腓力四世(Philip IV)将犹太人驱逐出法国

公元 1347 年至 1351 年："黑死病"肆虐时期

公元 1492 年：斐迪南(Ferdinand)和伊莎贝拉(Isabella)将犹太人驱逐出西班牙

公元 1517 年：马丁·路德(Martin Luther)发表《九十五条论纲》

公元 1543 年：路德撰写《犹太人和他们的谎言》和《基督世系图解》

公元 1484 年至 1531 年：新教改革家乌尔里希·茨温利(Ulrich Zwingli)生卒

公元 1508 年至 1564 年：新教改革家约翰·加尔文(John Calvin)生卒

公元 1533 年：教皇尤里乌三世(Pope Julius III)命令意大利犹太人迁至隔离区

托马斯·卡希尔(Thomas Cahill)在他的著作《上帝选择了犹太人》中，将犹太民族视为西方文化的缔造者。无论是否认同这一说法，我们都必须承认，犹太民族的宗教——犹太教，以及他们的文化和历史，的确曾在西方文明的肌体上留下深深的烙印。对绝大多数非犹太人来说，研究"大屠杀"通常是他们了解犹太历史的唯一机会。其实，犹太人的历史，绝不仅仅指"大屠杀"及其前夜，还包括两千年来针对犹太民族和闪米特民族的歧视，以及比歧视表现得更明显的另一种态度——憎恨。为了避免仅仅将犹太人当作"大屠杀"的受害者，也为了更深刻地理解犹太民族史那部丰富、厚重的演进历程，我们必须在更宽广的历史视野之下看待他们。这部

演进历程，不仅包含若干对犹太民族和基督教世界的历史至关重要的事件，还充满着不惜一切代价维护和保卫民族信仰的决心。犹太人对本民族传统、文化和历史的强大使命感使他们成为西方世界的一个异类。而“大屠杀”期间，德国人及其胁从竭尽所能，就是为了消灭欧洲犹太人，并摧毁他们源自古代的宗教、文化和历史传承。

犹太人的起源

犹太人在古代被称为希伯来人。4 000 年前，这个民族的历史在美索不达米亚发端。犹太人将民族精神的起源，追溯于被称作族长或始祖的亚伯拉罕，这与其他闪米特语系的分支民族是一致的，比如阿拉伯人、埃塞俄比亚人（阿比西尼亚人）、腓尼基人和阿拉米人。根据犹太民族的传说，亚伯拉罕与新的希伯来上帝“耶和华”（写作“YHWH”）订立誓约——作为对他们虔信宇宙唯一真神耶和华的回报，上帝则应允希伯来人迦南①的一块土地。以上信念和誓约成为早期希伯来民族信仰的基石之一。为了描述上帝的多重特性，希伯来《圣经》用以称呼上帝之名的说法也有不同，包括“埃尔”、“埃洛希姆”、“亚多乃”等。到了中世纪，基督教学者“将‘YHWH’与‘亚多乃’的元音拼在一起，构成了‘Jehovah’，即耶和华”。[1]

亚伯拉罕将他与上帝的誓约传于儿子以撒（Isaac），以撒又传于自己的儿子雅各（Jacob）——雅各又名以色列（Israel），以后代代相传。古代希伯来或以色列的 12 个支族就是以雅各的 12 个儿子命名的。雅各的第四个儿子叫犹大（Judah），他的支族将在日后希伯来人的历史中扮演最重要的角色。而希伯来人的宗教——犹太教，这一名称正是来源于犹大。历史上，信奉犹太教的犹太人，都自视为雅各的后裔并将自己称为以色列的子民。

7 古代希伯来人属于半游牧民族，他们在埃及度过了很长一段时间。而埃及，这个曾经充满机遇的繁盛之邦，后来竟大肆压迫和虐待希伯来人，特别是在法老拉美西斯二世（Pharoah Rameses II，前 1301/前 1298 年—前 1234/前 1232 年在位）开始执行奴役政策以后。随着岁月的流逝，埃及的希伯来族群已相当庞大。为了削减这一族群的人口，拉美西斯二世下令杀掉所有犹太男婴。在这样险恶的环境下，摩西的母亲将刚刚出生的摩西放进一个纸草编制的篮子里，漂浮在尼罗河上，才保住了

---

① 迦南原意为“低”，指沿海低地，是一个古代地区名称，大致相当于今日以色列、西岸和加沙，加上临近的黎巴嫩和叙利亚的临海部分。——译者注

他的性命。不久，拉美西斯二世的女儿发现了摩西并收养了他。日后，当获悉自己身世的摩西了解到本民族同胞的苦难之后，就逃出法老的宫廷，进入沙漠。在那里，上帝告知摩西，他已被选定，将身负领导同胞摆脱枷锁的使命。摩西要求拉美西斯二世的儿子、继任法老梅奈普塔赫（Pharoah Merneptah，前 1232—前 1224 年在位）释放希伯来人。当自己的王国遭受了上帝降下的十场灾难之后，梅奈普塔赫终于同意了摩西的要求。接下来，就是犹太民族历史长河中对未来影响最大的事件——“出埃及”。

“出埃及”这一行动，将希伯来人置于一个新的契约之下，即耶和华亲自铭刻在“约板”上的“十诫”。“十诫”约板后来被存放在“约柜”里，成为犹太人信仰和宗教仪式的基石，并为基督教和犹太教信徒所共同遵循。而在出埃及的过程中摩西惊人的表现，使他成为犹太民族观念的创造性核心和希伯来人的历史性信仰——犹太教教义——中的关键人物。犹太民族道德一神教的基础——“摩西律法”，就是在摩西时代形成的。犹太学者后来将“摩西律法”记载在《律法书》中，构成希伯来《圣经》（又称《塔纳赫》或者基督教《圣经·旧约》）的前五卷。“摩西律法”的核心内容是 613 条诫命，后世杰出的犹太裔学者迈蒙尼德（Maimonides，1135—1204）将它们分为 248 条“训诫”和 365 条“禁诫”。在希伯来民族即后来的犹太民族传统之内，一方面是仪式和崇拜，另一方面是道德和伦理，两方面的结合构成犹太教信仰体系的核心。正如《申命记》第 6 章第 4 节所记载的犹太人对信仰的基本叙述：“以色列啊，你要听！耶和华我们，神是独一的主。”[2]

希伯来民族——或称之为犹太民族——与众不同的一神教信仰，并没有帮助这个弱小的民族进入上帝允诺的美好家园，也没有给予其民族国家的地位。不过，在扫罗（前 1025—前 1005 年在位）、大卫（前 1005—前 966 年在位）和所罗门（前 966—前 926/前 925 年在位）的王权之下，独立的犹太人国家还是逐渐形成了。当然其中很大一部分原因是，犹太人的政治和地域自治权经常遭受外部的威胁，因此保持中央集权的军事指挥以抗衡外敌显得尤为必要。大卫从非利士人①手中夺取了耶路撒冷，并梦想建一座圣殿来储藏“十诫”约柜。所罗门实现了大卫的梦想，而且完成了父亲留下的建造耶路撒冷城的未竟事业。圣殿和耶路撒冷城代表着犹太民族与上帝的特殊关系，因而成为贯穿整部民族演进史的象征性符号。

在这段历史时期，很多伟大的希伯来先知充当了上帝与其子民之间的中介。在

① 非利士人是一个居住在迦南南部海岸的古代民族。——译者注

希伯来人努力建立本民族自己的国家之时，先知们时刻提醒他们，上帝在他们的生活与社会中的重要性。希伯来圣经《塔纳赫》中篇幅最长的一个部分——《先知书》，包含从《约书亚书》到《玛拉基书》的21部“先知书”。先知忠告犹太人，必须服从上帝的命令，否则将遭遇厄运。

所罗门死后，犹太国家分裂成两部分：北面以撒玛利亚为首都的以色列王国和南边的犹太(犹地亚)王国，耶路撒冷是后者的政治和信仰中心。在新的外部威胁面前，国家的分裂削弱了犹太人的防御力量。当时的两个先知阿摩司(Amos)和耶利
8 米(Jeremiah)对犹太人逐渐偏移于本民族精神与历史传统之外的倾向提出了警告。
公元前722年，亚述[①]人征服了以色列王国；一个半世纪之后，迦勒底人(即新巴比伦人)在尼布甲尼撒(约前605—前562年在位)的率领下，于公元前586年摧毁了耶路撒冷城和圣殿。之后，犹太民族进入对其历史影响深远的“巴比伦之囚”时期。

耶路撒冷哭墙。戴维·M·克罗提供图片。

① 亚述是兴起于美索不达米亚的国家。公元前8世纪末，亚述逐步强大，先后征服了小亚细亚东部、叙利亚、腓尼基、巴勒斯坦、巴比伦尼亚和埃及等地，设都于尼尼微(今伊拉克摩苏尔附近)，后来失去霸主地位和独立国家身份。——译者注

放逐与新的信仰传统

在犹太民族失去他们视为珍宝的圣殿和首都之后，籍籍无名的人都被历史所遗忘了。虽然这场悲剧仍痛彻心扉，但犹太人在保持对宗教与文化的坚定信仰的同时，也适应了新的生存环境。

迦勒底人并没有把虏至巴比伦的犹太人变为奴隶，于是很多犹太人在迦勒底社会找到了新的角色。与此同时，成为“巴比伦之囚”，也迫使犹太人重新评估自己的信仰，结果是，他们决定保持本民族的律法和传统，并仍使其居于重要的地位，不仅对祭司阶层是这样，对普通信徒也是如此。到了公元前 539 年，波斯帝国的居鲁士大帝(Cyrus the Great，约前 559—前 530 年在位)征服巴勒斯坦，他允许犹太人返回家乡并下令重建新的圣殿——即耶路撒冷第二圣殿。即便如此，很多犹太人仍居住在中东的其他地方。在这一时期，犹太学者完成了我们今天看到的犹太圣经《塔纳赫》。他们仔细地记录下犹太人的各种著作，并将它们分编成三个主要部分：《律法书》(即《摩西五经》)、《先知书》(希伯来文为 Nevi'im)——即先知们或长或短的各种文本，以及《诗歌智慧书》(希伯来文为 Kethuvim)——即诸如《诗篇》和《箴言篇》在内的圣典和智慧书。“塔纳赫”(英文转写为 tanakh)这一名称就是由以上三部分名称的首字母构成的。公元前 400 年至前 200 年间，《律法书》和《先知书》获得了正典圣 9
经的地位，但《诗歌智慧书》直到公元后(缩写作 C.E，或者按照基督教的习惯写作 A.D.，后者是拉丁文 Anno Domini 的缩写，意为“我主诞生之后”)1 世纪晚期才编写完毕，并成为犹太圣经传统的组成部分。这些文本中的一部分后来被纳入基督教《圣经·旧约》。上述过程使犹太教具有丰富的历史、文学和宗教传统，这与其他生活在地中海沿岸的古代民族相比，是十分独特的。

犹太人、希腊化与马加比(哈斯摩)起义

始于“巴比伦之囚”的犹太人离散迫使这一民族不得不面对比先前更加复杂的政治和生活环境。这样的状态在马其顿—希腊的君主亚历山大大帝(Alexander the Great，约前 336—前 323 年在位)征服巴勒斯坦之后表现得愈发明显。在应对希腊化历史、文化和宗教传统的强大冲击时，不论是犹太人的民族及其宗教，还是整个西方文明，都经历了惊人的巨变。

在亚历山大大帝的军队入侵前夕，犹太教在犹地亚、撒玛利亚和远方更广阔的地区都是作为一种活跃的文化宗教力量而存在的。公元前 4—前 3 世纪时一波波大规模涌入巴勒斯坦地区的希腊移居者，给犹太人带来很大的困扰。其中一个教派，

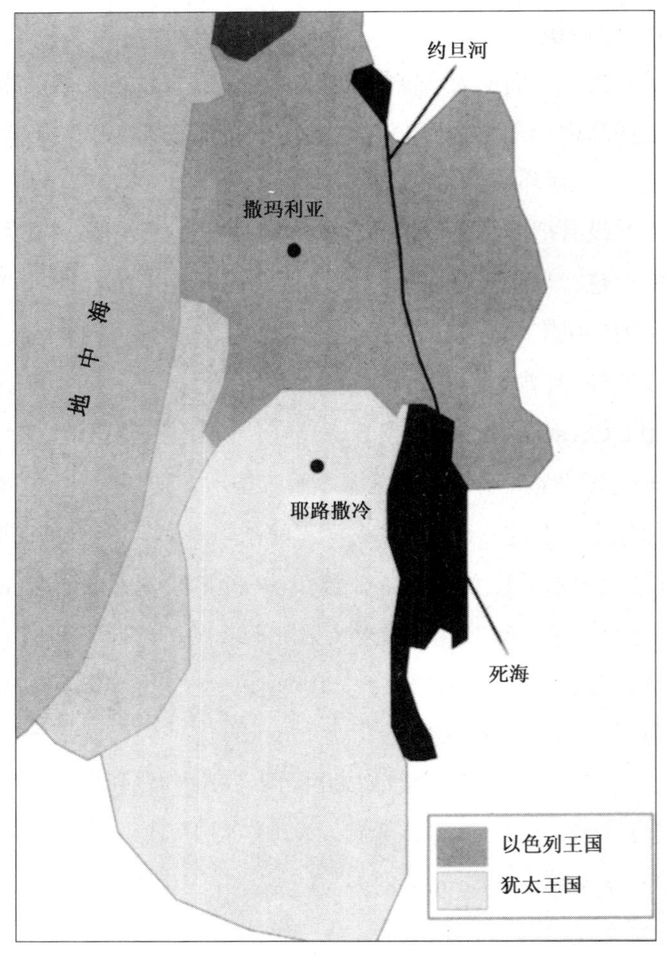

古代以色列。

即撰写了《死海古卷》的“艾赛尼派”，试图在与世隔绝的沙漠内培育复兴摩西传统的社区。不过，更多的犹太人还是欣然接受了希腊精神中语言和文化的种种因素。拥有更多财富的犹太人也在希腊化社会中捕捉到通往更高的地位和接受程度以及更大的影响力的机会。少数希腊化社会内的犹太人甚至试图摆脱当时犹太教的一些传统和惯例——他们希望将犹太教的道德一神论本质与希腊文化的普世精神融合起来。

公元前3世纪晚期，当塞琉古(Seleucid，亚历山大大帝的继任者，统治波斯、叙利亚和小亚细亚地区)帝国征服巴勒斯坦之后，希腊化文化对犹太人的影响变得粗暴与尖锐了。公元前167年，塞琉古的统治者安条克四世皮法尼斯(Antiochus IV Epiphane，约前175—前163年在位)宣布废除《摩西律法》，而代之以塞琉古的希腊法律，并将耶路撒冷圣殿变成了一个既崇拜希腊的神也崇拜希伯来神的场所。正因此事，马加比家族的犹大(Judas)带领一支犹太人游击队开展反抗，在公元前164年

12月成功地将塞琉古人逐出了耶路撒冷，并重新将第二圣殿献给唯一的上帝。犹太 10
节日的第八天——“哈努卡”（即光明节）——的起源，就是为了庆祝“马加比起义”的胜利和第二圣殿的重建。之后的20年，马加比家族统治下的犹太哈斯摩王朝通过与罗马结盟，实际上摆脱了塞琉古帝国的控制，取得了独立的地位。根据梅纳海姆·斯特恩（Menahem Stern）的说法，马加比起义的重要性在于，在安条克四世治下，“犹太教处于前所未有的灭绝危险之中”。[3]马加比起义就是一场犹太民族幸存成员的反抗。

古木兰。戴维·M·克罗提供图片。

哈斯摩以色列与罗马

在接下来的79年里，哈斯摩以色列夹在日渐衰落的塞琉古帝国与迅速膨胀的罗马帝国之间，竟然大规模地扩展了本民族的疆域。革命的狂热和对《摩西律法》的坚定忠诚曾成功抵御了塞琉古征服者，现在仍在这个新的王国中发挥着巨大的威力。“撒都该派”倾向于倡导回归《摩西律法》的传统，这个宗教与政治派别和哈斯摩王朝的统治者及上层犹太人形成了密切的联盟关系。撒都该派在政治和宗教上的强大对手则是“法利赛派”，后者试图拓展圣经律法和仪式的应用范围。

哈斯摩以色列国的独立状态终结于公元前 64 年。罗马将军和独裁者庞培(Pompey,约前 106—前 48)趁调停哈斯摩王朝内部争斗之机,征服了犹地亚。他花了三个月的时间就夺取并摧毁了圣殿山,数千犹太人在抵抗中丧生。几十年之后,统治罗马犹太人的希律王(约前 37—前 4 年在位)开始了大规模的重建行动,目标在于将耶路撒冷城和圣殿恢复到古代的庄严形态。虽然希律王在与罗马的关系中获
11 得了自身政治道路上的成功,但仍被他的很多犹太臣民视为残忍、专横的暴君。而且,虽然希律对犹太教的基本原则给予了不少口惠而实不至的承诺,但他与罗马的密切关系实际上削弱了传统犹太人的宗教体系及其对国家的领导权,这进一步疏离了希律王与他的臣民的关系。据估计,当时犹太人口约占同期罗马帝国人口(4 500 万)的 8%—10%。[4]

反犹情绪的根源:犹太人与希腊人之间的冲突

罗马人于公元 6 年彻底征服了犹地亚地区,除了 30 年后犹太人曾短暂夺回政权之外,罗马帝国一直保持着对这一地区的直接控制。罗马的统治在一些犹太人胸中激发出强烈的宗教和民族主义情感。随着地中海东岸犹太人与希腊人的冲突不断发生,上述情感也愈发炽烈。希腊人对犹太人最为诟病的,是嫌他们拒绝完全接受希腊社会的文化与价值观。要知道,这个罗马帝国治下的东部地中海世界,是一个希腊化文化占统治地位的世界,而犹太人却不愿服从这个世界的社会与宗教规范,而这正是罗马作家厌恶犹太人的主要原因,也是他们不断批判犹太民族的主要论据。当然犹太评论家们也不甘示弱,激烈地反唇相讥,批评希腊人对本民族的古老文化、语言和宗教传统和文学的不敬态度。

犹太教、犹太人和即将到来的基督教

在上述一切正在发生的时候,一个新的宗教从犹太教的精神内核中悄然诞生,并将永久地改变犹太民族和整个西方文明的历史进程,它就是基督教。这个新型宗教的核心人物——耶稣[此名称由希伯来文演化而来,写作 Yehoshu'a,即耶施华(或者耶和华),前 6—前 4 至 27—29],或者叫基督(希腊文"受膏者"的意思)或弥赛亚[希伯来文 Mashi'ah(或者"受膏者")],生来和死去都是一个犹太人。犹太"弥赛亚"这个概念是"巴比伦之囚"时期之后逐渐形成的,最初表达的是这样一种信念:一个强大的精神领袖将带领犹太人赶走外国统治者,恢复大卫的王国。这个新领袖将以极大的智慧和公正统领犹太民族。在"巴比伦之囚"之后的几百年间,弥赛亚这一概

念也随着犹太民族迂回曲折的历史而进行自我调适；当哈斯摩时代的犹太人开始使用这一名词之后，它被越来越多地与《圣经》，或者其他天启性的著作联系起来。人们逐渐相信，弥赛亚大约是一位军事将领，将把犹太民族的敌人赶出以色列，并恢复犹太人国家的独立。弥赛亚这一概念反映的正是犹太人对本民族在罗马希腊化世界中悲惨处境的不满，相应的，耶稣的生平与教导也是当时犹太教所处的复杂环境的写照。

耶稣讲道的方式就像一个拉比（希伯来文为 rabbi，意为“我的导师”），后者是犹太律法的教师和解释者。与祭司或神父相反，拉比并不会借助官方的精神力量凌驾于普通信徒之上。耶稣与诸如法利赛派和艾塞尼派等各种犹太教派之间，与诸如宣扬救世主信念的苦行僧“施洗者约翰”①（John the Baptist）和大希勒尔（Hillel the Elder，前 70—公元 10）之间，都存在紧密的纽带，他的讲道中体现的“普救说”正是这些纽带的反映。大希勒尔是一位巴比伦的法赛利派犹太人，曾经担任耶路撒冷“犹太最高评议会”的领袖。他与耶稣生活在同一时代，致力于以人道的和普救的方式解释《摩西律法》。以谦卑与温和著称的大希勒尔，试图使犹太教的讲道适用于全体犹太人和每一位皈依者。有一次，一位非犹太人问他犹太教的精神实质是什么，他回答道：“你觉得厌恶的事物，就不要施与你的友邻：这就是整个《律法书》。其他都是对这句话的解说——去学习它吧。”[5]

由于耶稣曾对犹太律法和圣殿崇拜的某些方面提出挑战，再加上官方对其“救 12
世主说”的恐慌，就注定了他的结局。“最高评议会”裁定耶稣亵渎神明，并把他交给罗马总督本丢·彼拉多（Pontius Pilate，约 26—36 年在位）。彼拉多已感受到当时耶路撒冷城内微妙的宗教政治氛围，再加上对耶稣是否真的有罪存在怀疑，因此并未宣告耶稣的罪行，而是把他移送至加利利国王希律·安提帕（King Herod Antipas，约前 4—公元 39 年在位）的宫廷。然而，希律并不愿意卷入此事，就又把耶稣送还给彼拉多。在这样的形势下，这位罗马总督终于签署了死刑执行令。公元 27 年至 29 年左右，耶稣终被罗马士兵钉死在十字架上。

耶稣被处死，给他的一小拨追随者造成痛彻心扉的打击，不过紧随其后的复活故事，多少削减了这一打击。逐渐的，他那些最忠诚的信徒开始了创造一个新型宗教的第一步。基督教这个名称来源于希腊文“Christos”，意思就是“受膏者”或者主

① 施洗者约翰，天主教会有时译作“圣若翰洗者”，是耶稣基督的表兄，在耶稣基督开始传福音之前在旷野向犹太人劝勉悔改，并为耶稣基督施洗。此外，他还是伊斯兰教的先知，通常汉译为“叶哈雅”。——译者注

人。一开始，基督教的信徒都是虔诚的犹太人，且多为仍对《摩西律法》和圣殿传统保持忠实的法利赛派。然而不久，这个新兴的宗教逐渐分裂成两派——具有希腊化倾向的一派和保持传统犹太教倾向的一派。到了公元40年前后，希腊化的犹太裔基督教信徒已将自己的教义传至小亚细亚，并开始自称为“基督徒”。他们还开始劝导异教徒或非犹太人皈依这一新兴的宗教。然而，异教皈依者在《摩西律法》和“圣殿礼制”之内的地位问题，使犹太教徒和希腊化的犹太裔基督徒之间的关系变得愈发紧张。与此同时，保罗(Paul，10—67)开始传教，并与小亚细亚、希腊和罗马的非犹太人基督徒社区建立了联系，这些行动奠定了这一新兴宗教的神学基础，并使希腊化的犹太基督教逐渐走向繁盛。保罗(又称“塔苏斯的扫罗”，Saul of Tarsus)曾经也是一名法利赛派信徒。一方面，他显然具有精深的犹太教教义和文学造诣；另一方面，他又试图将自己的追随者从犹太教那些约束性过强的传统中解放出来。在传播新兴基督教的过程中，保罗终于在两者间找到了平衡。他还将基督的出生、死亡与复活历程作为这一新型信仰的基石，在传道中试图使信徒建立对这一历程的信仰。保罗的理念，对罗马帝国境内的众多非犹太族群是十分具有吸引力的。

犹太战争和民族大起义(66—70)

上述事件，虽然将对基督教未来的发展历程以及居住在基督教世界的犹太人产生深刻的影响，但在当时，它们并不那么引人注目，特别是与正在巴勒斯坦和罗马帝国发生的那些重大事件相比。那个时候，虽然圣父们已经开始撰写基督教《圣经·新约》的《福音书》的前四书，但罗马和犹太史书中对这个新兴的犹太教派别并无太多记载。当时，占据犹太人关注核心的，是在一个大型的犹太民族成员聚居社会——埃及的亚历山大里亚——爆发的针对犹太人的暴力行径。更何况出于对犹太人拒绝承认盖乌斯·卡里古拉(Gaius Caligula，37—41年在位)的神性，这位罗马帝国的新皇帝一怒之下，下令将自己的雕像立在耶路撒冷圣殿。在犹太人看来，这是对圣殿极大的污损。后来，卡里古拉在他的政治盟友、犹太人的新王希律·阿格里帕一世(Herod Agrippa I，约37—44年在位)的劝说下，撤销了这一命令。

不幸的是，罗马帝国官方对犹太人的宗教传统和仪式制度过于漠视，对正在巴勒斯坦迅速膨胀的某些犹太教派别的抵触情绪也欠缺敏感，比如那个由极端民族主义分子组成的恐怖主义派别——“奋锐党人”。公元66年，新任总督试图在圣殿征税。正是此举，成为“犹太民族大起义”的导火索。起义者打败并大肆残杀罗马在耶路撒冷的驻防部队。[6]罗马的新皇帝尼禄(Nero，约54—68年在位)把帝国最强悍的将军提图斯·弗拉维·韦伯芗(Titus Flavius Vespasian)派去处理危机。这位日后(69 年)成为罗马皇帝的将军在确保了对巴勒斯坦郊外的控制权之后，就把军队移交给自己的儿子提图斯(Titus)。公元 70 年，提图斯 13
残忍地夺取了耶路撒冷，同时摧毁了第二圣殿。三年后，罗马帝国出动军队，试图剿灭犹太民族大起义的最后抵抗者——一队逃至马萨达要塞的奋锐党人。马萨达是希律王在死海东岸建立的一处要塞。结果，为了避免被俘，这群犹太抵抗者集体自杀。他们的首领以利亚撒(Eleazar)对他的犹太战士说，如果不自杀，他们唯一的结局就是放任罗马人玷污自己的妻子，奴役自己的孩子。[7]

马萨达要塞。戴维·M·克罗提供图片。

犹太教、基督教和巴尔·科赫巴起义

犹太战争摧毁了巴勒斯坦，也造成犹太民族人口的锐减，同时在罗马帝国境内激荡起一波反犹情绪的高涨。塔西陀(Tacitus, 56/57—125)在他的不朽名著《历史》中对犹太民族进行了激烈的批判，这使罗马人的反犹情感愈发升腾。塔西陀写道："所有我们视之为神圣的、他们都视之为亵渎，我们厌恶的行为，他们却容许为之。"他还说："他们的其他习俗都是堕落的，并将他们民族的昌盛归因于邪恶。"塔西陀承认犹太民族是个繁荣的民族，成员彼此之间也存在真情和友爱，但"对其他民族却充满憎恶与怨恨"。[8]犹太战争还割断了犹太裔基督徒与耶路撒冷之间的纽带。于是，希腊化精神对这一新兴宗教的影响加深了。希腊化社会的基督徒开始强调他们与犹太人的差异、仍拒绝承认耶稣为弥赛亚，并质疑弥赛亚作为"人"同时作为"神"的地位。这些差异在《圣经·新约》最初几书即《福音书》中(福音是"好消息"的意思)——包括《马太》、《马可》、《路加》、《约翰》四书——均有所体现。《福音书》主要记载耶稣生平，并收录了保罗的一些信件。公元 1 世纪晚期，这些早期基督徒的文献都转化成基督教教义的有机组成部分。基督教的领袖和神学家们后来运用这些文献来凸显基督徒与犹太人之间的差别，并将耶稣之死归咎于后者。

最关键的变化，出自成书于约公元 90 年的《圣经·新约》第一书《马太福音》。它一向被认为是四福音中犹太教意味最浓厚的一书。在《马太福音》中，作者描述了这样一个场景：在本丢·彼拉多对耶稣的第一次审讯行将结束的时候，由于这位罗马总督不愿为耶稣被处死的命运负责，于是对围观的犹太群众喊道："流这义人的血，罪不在我，你们承当吧"，众人都回答说："他的血归到我们和我们的子孙身上"。(《马太福音》第 27 章第 24—25 节)[9]

14 在《新约》最早的文本之一《使徒行传》中，保罗的讲道遭到一些安条克①犹太人的辩驳，对此他回答道，你们的立场使你们"不配得永生"(《使徒行传》第 13 章第 46 节)。[10]保罗还称要将注意力转移到外邦人身上去。还有很多《新约》的篇章通过将犹太人妖魔化的方式，来强调这个民族的成员与基督徒之间的差异。成文于公元 95 年至 100 年的《约翰福音》第 8 章第 44 至 47 节已与另三部更早的"对观福音书"(对观就是"相似"的意思)迥然不同。例如，作者让耶稣对一群不信他的人说："你们是出于你们的父魔鬼"而不是"出于神"。[11]《犹大书》则隐晦地将犹太人形容为贪婪和"残忍的野兽"，而《彼得后书》(第 2 章第 1、12 节)宣称"在百姓中有假先知"将"自取速速的灭亡"；在他们"正在败坏人的时候，自己必遭遇败坏"。[12]希腊化社会的基督徒正是运用这些文章，来凸显自己与犹太人的不同，当时的目的在于加深对耶稣神性的信仰。然而，当日后的教会领袖们一次次地引用这些文章时，它们却成为在日益壮大的基督教权势下，使其信徒对犹太民族的偏见制度化的方式。

不论基督徒与犹太教徒之间的分歧有多大，在罗马统治者看来，他们一样招人厌烦。帝国境内出现越来越多的基督教团体，他们虽对时局不满，但毕竟力量弱小，除了时不时投去蔑视的眼神之外，无法对罗马政府造成什么实质性的威胁。尽管如此，由于他们往往对帝国的各项要求采取抵制的态度，并拒绝参加官方的宗教仪式，因此在罗马统治者眼中，他们已成为和犹太人一样的麻烦制造者。罗马人经常以扰乱社会稳定的罪名起诉犹太人和基督徒，这在帝国是一项严重的罪行。

在帝国境内，无论是犹太人，还是基督徒，虽然都为罗马主流社会所不容，但同样边缘化的地位显然并无益于修补两个群体之间的裂痕。132 年至 135 年"巴尔·

---

① 安条克古城是公元前 4 世纪末由塞琉古一世建立的一个帝国首都城市，位于奥伦梯河东岸(左岸)，是近东基督教的摇篮。在《圣经》中，这里是保罗在犹太人集会上第一次进行基督教布道的地方。安条克也是古代丝绸之路的重要城市。——译者注

科赫巴起义”时，犹太人曾暴力攻击犹地亚地区的基督徒，这使两者的裂痕更深了。罗马皇帝哈德良（Hadrian，117—138 年在位）颁布了一系列损害犹太人利益的政策，导致大批犹太人聚集在西门·巴尔·科赫巴（Simeon Bar-Kochba，卒于 135 年）周围，展开反抗。巴尔·科赫巴被他的追随者看作弥赛亚。罗马军队镇压了起义者之后，将耶路撒冷重新命名为“埃利亚·卡皮托林纳”（“朱庇特神殿”之意）。他们还禁止犹太人进入残破不堪的耶路撒冷城，并将此地正式变为帝国的一个行省，命名为“巴勒斯坦行省”（希伯来文为 Peleshet）。

基督教摒弃了很多犹太教中至关重要的理念，这在犹太人看来是无法容忍的。再加上，巴尔·科赫巴起义使犹太教与基督教之间的分歧愈发凸显，以上因素都促使新的基督教领袖们竭尽所能，试图创造与犹太教截然不同的、独特的自我宗教认同。而罗马人在区别对待基督徒和犹太教徒这个问题上过分迟钝的表现，愈发刺激了圣父们使自己的信仰摆脱犹太背景的决心。在罗马政府对基督徒不断施行的迫害和犹太人日益严重的“离散”（希腊文为 diaspora）氛围中，两个宗教之间的摩擦也愈发激烈。与此同时，犹太人自己的宗教也在发生转变，它不再以祭司和圣殿为核心，而是服从一个新的领导权，这个领导权由更加看重《律法书》和犹太法律的拉比和学者组成。也就是说，这时的犹太教变成了一种更加简便、易得的信仰，在家里或者会堂就能完成崇拜。

公元 2 世纪，基督教与犹太教之间的冲突核心不再是私人或团体的仇恨，而演变成教义的分歧以及更严重的——后者作为一个咄咄逼人的竞争者给前者带来的威胁。身为罗马社会的众矢之的，基督徒经常指责犹太人参与了对本派的迫害和对耶稣的侮辱。到了 3 世纪，两者的冲突再次变质。罗马正进入一个全新、宽容和繁盛时代，特别是当卡拉卡拉皇帝（Caracalla，211—217 年在位）用一纸《安敦尼努斯敕令》（拉丁文为 lex Antoniniana de civitate）给予帝国境内的所有自由人（包括犹太人）以罗马公民权之后，犹太人的处境变了。而且，犹太民族享有的这一特权在 3 世纪余下的时间内一直未变。戴克里先皇帝（Diocletian，284—305 年在位）任期末年， 15
开始残忍地大举迫害基督徒，理由是后者拒绝向官方宗教宣誓效忠，但却在 286 年免除了犹太人向罗马神奉献牺牲的义务。

君士坦丁、基督徒和犹太人

戴克里先皇帝退位之后，形势发生了急剧的变化。七年之后，一个新的皇位觊觎者终于战胜众多敌手，成为罗马帝国的独裁者，他就是君士坦丁大帝（Constantine the Great，312—337 年在位）。君士坦丁一即位，就立即着手重聚被戴克里先一分为二的帝国。当取得对庞大的罗马帝国的完全控制权之后，他对基督教开始表现出特殊的兴趣。虽然君士坦丁至死也没有成为一名真正的基督徒，但通过一系列政策，特别是 313 年的《米兰敕令》，给予基督徒、犹太人和所有宗教派别以信仰的自由。

随着君士坦丁对基督教的讲道愈发沉迷，他对犹太教的批判也愈发尖锐。例如在 315 年，他就签署了一项法令，禁止犹太人惩罚“逃离这一危险教派（犹太教）的人”。他还使参加“他们令人憎恶的教派（犹太教）”成为非法。[13] 在 325 年召开的“尼西亚宗教会议”上，君士坦丁再一次强烈批判犹太教。皇帝这次召集教会领袖开会，是为了解决当时正导致基督教世界走向分裂的若干争论，特别是圣父、圣子和圣灵的关系问题以及复活节的日期问题。在讨论后一个问题时，君士坦丁给主教们写信说：“在计算这个最神圣的节日的日期时，犹太人的习俗对我们是没有价值的。他们的手已被无耻的罪行所玷污（处死耶稣），他们的卑鄙行径也自然地封堵了他们的灵魂。”君士坦丁又问：“他们（犹太人）能有什么正确的主张？在谋杀了我主之后，他们的心灵施放的，以及指引他们心灵的，已不是理性，而是不受抑制的欲望。”他认为尼西亚改革会议最重要的目标，就是终结“与犹太人的伪誓之间的一切联系”。[14]

尼西亚宗教会议的纲领性文件《尼西亚信经》成为罗马天主教和很多新教教派共同尊奉的原则，成为对基督徒的信仰最初的、也是最基础性的描述。不过有意思的是，君士坦丁对犹太人的态度并未在这一文件中得到反映。《尼西亚信经》最初被尼西亚会议采纳，381 年君士坦丁堡会议又修订了这一文件。它包含基督教信仰的基本原则，关于“三位一体”论，即一个上帝的三个位格。在耶稣之死这个问题上，君士坦丁曾强烈谴责犹太人，而《尼西亚信经》只是简单地写道：“因为我们的缘故，他（耶稣）被本丢·彼拉多钉死在十字架上。”[15]

君士坦丁大帝对基督教早期历史的影响是巨大而深远的，甚至是革命性的。在他的授意下，基督教“主教制”（拉丁文为 espicopate）作为“普世范围内的一股力量”[16] 而出现。尽管教会仍不得不面对至少一位皇帝——尤利安（Julian，360—363 年在位）——的敌对态度，但基督教已“获得了罗马的名字带来的荣耀与魔力”，已完全走上了通往帝国官方宗教这一崇高地位的道路。[17] 所以，鉴于君士坦丁大帝对基督教会的重大影响，可以想见，他对待犹太人的态度和政策，对未来基督教和西方人对犹太人的看法演变，也将发挥长久的作用。

尤利安皇帝致力于恢复古代罗马的民族宗教，所以在他统治时期，基督徒又失去了原先争取来的崇高地位和众多特权。362年，尤利安签署了一项“针对全体犹太人”的法令：

> 过去你们被迫遭受奴役，特别是经常不加警告就向你们征收新税。你们被
> 迫将数不清的财富送进帝国的国库。我本人也目睹了你们的很多灾祸，但当我 16
> 发现对你们不利的赋税清册之后，感慨良多……我已经把这些藏在国家档案馆里的赋税清册付之一炬，并下令禁止任何亵渎者对你们横加毁谤。在我的帝国全境，你们将不必再忧虑，等这场与波斯的战争获胜之后，我将重建圣城耶路撒冷，用我自己的钱将它恢复到你们长期以来所渴望见到的样子。[18]

然而，随着尤利安皇帝于363年的猝死，基督徒立刻就恢复了昔日的高贵地位。到了狄奥多西一世（Theodosius，379—395年在位）皇帝在位时，基督教终于成为这个日渐衰亡的罗马帝国的官方宗教。不幸的是，尤利安皇帝对犹太民族发自内心的同情，日后却成为使那些古老的反犹滥调固定化的证据之一。在出版于18世纪晚期的《罗马帝国衰亡史》（1776—1788年出版）中，爱德华·吉本（Edward Gibbon）对基督徒和犹太人都充满敌意。尽管如此，他还是认为，由于后者对前者无法缓和的憎恶，他们应该得到尤利安皇帝对本民族的支持：“起而反抗的基督教会蒸蒸日上，这招致破败的犹太会堂的痛恨和嫉妒；犹太人的力量抵不住他们的怨恨，但是他们那些最伟大的拉比们却承认了对一个变节者的秘密谋杀，他们鼓动性的呼号经常唤醒异教裁判官们的怠惰。”[19]

吉本的以上评论，虽写于文艺复兴时期，却是深深根植于罗马帝国时期产生的反犹主义成见之内。

西罗马帝国最后一个世纪的犹太人

在西罗马帝国最后的日子里，犹太人的状态比较错杂。狄奥多西一世试图保护整个帝国境内的犹太人免遭日渐激烈的攻击，并且允诺重建388年奉埃德萨主教之命烧毁的卡利尼克尤姆会堂。而势力强大的米兰主教圣安布罗斯（St.Ambrose，388—397年在位）坚定地反对皇帝的重建计划。他给狄奥多西写信说，犹太教会堂是“无视宗教的邪恶卑鄙之地”。他还写道：“我自己都想放把火烧了这个会堂，事实上，当时正是我下令这么做的，这样再也没有拒绝接受基督的地方了。”[20]安布罗斯的批评一直持续到狄奥多西一世妥协，并放弃了重建计划。

尼撒的圣格列高利（St.Gregory of Nyssa，331—396）在东正教系内是一位令人

崇敬的人物。他对犹太人的攻击要刻毒得多。他称犹太人为：

> 害死我主的凶手、先知们的谋杀犯、上帝的敌人、上帝的怀恨者、慈悲的仇敌、其祖辈信仰的反叛者、魔鬼的拥护者、蛇蝎的同伙、诽谤者、嘲笑者、心胸黑暗之人、法利赛人的煽动者、恶魔的集合、罪恶之人、邪恶之徒、投石者和憎恶美德之人。[21]

与圣格列高利生活在同时代的，还有另一位著名教父，他就是当时的安条克祭司长和未来的君士坦丁堡大主教圣约翰·屈梭多模(St.John Chrysostom)。当时教会的很多人士看不起屈梭多模，以至于他最后被东罗马皇帝阿卡迪乌斯(Arcadius，395—408年在位)流放。屈梭多模曾发表过一系列布道，主题都是“批判犹太人”(拉丁文为 Adversus Judaeos)，目的在于抵制安条克强烈的犹太宗教氛围。他说犹太教会堂是“一所充满猥亵之事的妓院，是一所戏院；它还是劫匪的贼窝和野兽的庇护所”。他还声称，由于犹太人对基督的谋杀和拒绝，上帝已经遗弃了他们，于是他们的会堂已变成彻头彻尾的“魔鬼的住所”。[22]

大多数早期基督教的卓越教父们，都同样厌恶犹太人。圣杰罗姆(St.Jerome，
17 348—420)是另一位拉丁民族的教父，他曾将《圣经·旧约》和《圣经·新约》翻译成拉丁文(即武加大版本《圣经》，被认为是罗马天主教会最权威的官方版《圣经》)。在巴勒斯坦时，他和犹太学者曾进行过密切的合作。但是，他却尖锐地批评前去耶路撒冷的犹太朝圣者。虽然爱德华·弗兰纳里神父(Father Edward Flannery)称圣杰罗姆为“神学意义上的”反犹主义者，但事实上，后者对犹太民族的某些评论，早已超越了神学差异的范畴。他说犹太人是“巨蟒”和“憎恶全体人类的人”，称“他们的形象就是犹大”——向罗马人出卖耶稣的门徒。圣杰罗姆还觉得犹太教《圣经》就像“驴叫”。[23]

另一位拉丁教父，跟圣杰罗姆齐名的圣奥古斯丁(354—430)是早期教会最重要的神学家。跟前者一样，他对犹太人的情绪同样是正反感情并存的。他承认犹太人在基督教神学中的特殊地位。在《上帝之城》中，圣奥古斯丁提出，犹太人“杀害了他(基督)，不信仰基督”，作为他们不信上帝的惩罚，他们“不得不流离失所，散居在世界各地”。根据圣奥古斯丁的说法，犹太人将“作为我们的见证人，证明关于基督的预言不是编造的”。[24]他还认为犹太人离散于世界的各个角落，就是圣经的预言变成现实的象征。[25]根据弗兰纳里神父的说法，奥古斯丁将犹太人视为“见证人”。这就是为什么，虽然他们杀死了耶稣基督，上帝还是允许他们继续生存，以作为“恶魔和基督教真理”的证据。[26]詹姆斯·J·欧唐奈(James J.O'Donnell)则补充道，犹太

人“在自奥古斯丁传承而来的基督教分类学中，是个独特的存在”，因为他们和基督徒崇拜同一个上帝。但是，欧唐奈提请读者注意，奥古斯丁觉得犹太人崇拜上帝的方式不对，或者更准确地说——不完整，而这正是造成这个民族遭受诅咒的原因。[27]

犹太人对本民族信仰的坚守令圣奥古斯丁感到迷惑不解。但是，引用《新约全书》中由保罗书信组成的《罗马人书》第 9 章至第 11 章，圣奥古斯丁说“那棵果实繁茂的橄榄树，其根基在于神圣的主教们”，而犹太人“就是它的枝叶”。在一篇名为《答犹太人》（拉丁文为 Tractatus adversus judaeos）的布道文中，圣奥古斯丁称因为这些根基的存在，基督徒应该爱“破碎的枝叶”，并向犹太人说“来吧，让我们一起跟着我主的指引前行”。然而，如果他们拒绝邀请、不服命令，他（这个犹太人）将“气得咬牙切齿、消瘦憔悴”。[28]

当然，对犹太人日益缺失的宽容，大部分还是由神学上的分歧造成的，其中另一个重要的原因，就是基督徒认为犹太人杀死了自己宗教的创立者。当时各种各样的禁止基督徒与犹太人发生接触的法律表明，罗马官方对犹太人和犹太教的生命力和吸引力仍持戒备态度。例如，375 年的一项法律规定，任何皈依犹太教的基督徒，将失去全部财产；388 年的一项法律则禁止基督徒与犹太人通婚。417 年之后，犹太人又被禁止拥有奴隶。[29]基督教团体和地方政府总是想方设法进一步限制犹太人的权利，虽然仍有一些法律曾试图保护后者，但通过一系列法典，犹太人还是失去了很多政治和公民的权利。典型的例子包括 438 年的《狄奥多西法典》——君士坦丁以来的基督徒皇帝的法律汇编，以及《查士丁尼法典》——包含公元 2 世纪以来所有罗马皇帝颁布的法律。上述法律给人留下的最深刻印象，就是其中明显而强烈的反犹实质。只有亲自查阅这些条文，我们才能领会罗马法律体系针对犹太民族的基本目标，不仅在于这个民族的宗教信仰，还在于这个民族中的每一成员个人。

上述法律使罗马帝国的犹太教徒群体和基督教徒群体之间的敌对状态愈发升级。公元 4、5 世纪时，中东地区经常发生犹太人起义和对基督徒的屠杀。基督徒的反击则表现为针对犹太教最显著和最神圣的地点——会堂——的一系列狂暴行动。 18
尽管政府出台法律试图阻止此类行径，但效果寥寥。

395 年，随着狄奥多西皇帝的驾崩，西罗马帝国开始急剧衰败。不到一个世纪之后，它就轰然崩塌了。随着帝国的灭亡，过去一些对犹太民族的保护规则也失效了。后罗马时代的基督教会拥有对神学争论的完全掌控权，他们坚称犹太人是杀死耶稣基督的凶手，就此而言，这个民族已变成恶魔的终极象征。这条罪行，再加上对犹太人及其信仰的恐惧，催生了后罗马的基督教世界对这个民族的深仇大恨。

中世纪早期和拜占庭帝国的犹太人

西罗马帝国灭亡之后，欧洲历史进入中世纪，这是一个反犹主义偏见逐渐增长的时代。关于犹太人地位的衰落，有一个最具说服力的表征，那就是民族人口的急剧下降。奥古斯都统治末期这个民族的人口达到峰值，在全国 5 400 万至 5 600 万人中占据了 450 万至 700 万。11 世纪，分散在地中海世界的犹太人口只有 100 万至 150 万，而当时这个地区的总人口约为 3 500 万至 4 000 万。到了中世纪末期，曾经的罗马帝国版图上的犹太人只剩下不到 100 万，其中三分之二生活在中东。[30]

公元 600 年至 1000 年被视为中世纪早期，当时整个西欧和北欧逐渐为来自高卢的法兰克人控制，他们的势力在查理曼大帝(768—814 年在位)时期达到顶峰。东罗马帝国——又称拜占庭帝国，则延续至 1453 年。公元 5 世纪末期，在罗马帝国的废墟上建立起一系列日耳曼蛮族的国家，犹太人在这些国家享受了一段短暂的新生。然而好景不长，他们的处境又开始急剧恶化，特别是在新生的高卢法兰克人国家。和以前一样，由于惧怕犹太人对发展中的基督教施加影响，法兰克官方又出台了一系列限制基督徒与犹太人发生联系的法律。虽然这些法律在当时收效甚微，但其精神氛围则一直在犹太民族身边作祟。特别具有象征意义的一个行动，是 538 年“克莱芒宗教会议”的决议，禁止犹太人在为期四天的复活节假期期间接触基督徒。其实，这次会议将犹太人与基督徒的结交非法化，反而反映出两个团体之间密切的联系。

犹太人在拜占庭帝国疆域内的处境要险恶得多，尤其是在其伟大的皇帝——查士丁尼一世(527—565 年在位)统治期内。查士丁尼治下的东罗马帝国，在最强盛的时候，包含一个极其广大的疆域——从意大利以东至巴尔干半岛、小亚细亚、中东、北非的很大一部分及西班牙南部的一小部分。查士丁尼将自己狂热的帝国抱负与强烈的基督教信仰相混杂，强调帝国境内宗教的独一性。于是，当他的法学家和学者们编撰那部西方世界最重要的罗马帝国法律汇编——《民法大全》(拉丁文为 Corpus Iuris Civilis)时，除基督教外的其他一切宗教，特别是犹太教以及各种各样的异族宗教和基督教异端，就都被严重地削弱了。借助这次选取与汇编，在查士丁尼的新法典中，数百年来积累的反犹主义法律又全部开始重新发挥效力。如果说早期罗马还存在一些保护犹太民族及其信仰——犹太教——的法律，现在则通通化为一堆废纸。在查士丁尼和他的继任者统治之下，犹太人遭受的歧视与日俱增，犹太教也被视为比基督教低级的宗教形态。异教徒和基督教异端信徒只能改变信仰，否则就将失去财产和公职。查士丁尼还向富裕的犹太人征收重税，并对整个帝国范围的犹 19
太社团施加严苛的宗教限制。以上政策激怒了拜占庭的犹太人，遍及整个东罗马帝国的犹太民族起义几乎从未停止过。

在欧洲的西半壁，在确定对待犹太人的政策时，罗马天主教会无疑是起到最关键作用的势力。中世纪早期欧洲最重要的人物是教皇格列高利一世(Gregory I, the Great，又称大格列高利，590—604 年在位)。他主持制定了一整套罗马天主教会对待犹太民族的官方政策，为整个中世纪教会的态度和立场定下了基调。格列高利一世的律令和布道中体现出两大中心主题，一是强调法律；二是反对对犹太人的人身攻击。最终，他希望创造一个有利于促使犹太人自觉皈依基督教的环境。大格列高利认为，查士丁尼的《民法大全》内关于犹太人的法律应宽松地、富于人道地加以实施。与此同时，他放宽了对犹太人与基督徒之间专业性交往的限制范围，还公开、激烈地反对侵犯犹太人的剩余权利。格列高利一世还多次干涉犹太人及其社团的受害事件。

然而，当时世界上 90%的犹太人都居住在中东，所以上述政策对这个民族的大多数成员其实没有发挥任何作用。格列高利一世死后不久，穆罕默德(Muhammed, 570—632)建立的另一个大帝国——阿拉伯伊斯兰帝国——在中东地区迅速扩展。到了 8 世纪，阿拉伯帝国开始入侵欧洲，首当其冲的是西班牙。穆斯林将犹太人和基督徒都看作“圣书的子民”，他们在 8 世纪的前 25 年，逐渐征服原先由西哥特人统治的西班牙。面对这一变故，曾饱受本国严酷立法压迫的西班牙犹太人表现出欢迎的态度。穆斯林统治下的中东犹太人，确实也重新争得了一些传统特权。在阿拉伯帝国境内，他们的生活逐渐兴旺起来。这时的犹太民族早已极度城市化了，他们在各行各业——特别是贸易和银行业找到了自己的位置。西罗马帝国灭亡之后横扫欧洲的蛮族入侵和建国浪潮以及东正教与罗马天主教会的拉丁传统之间的裂谷，为犹太商人创造了新的生意机会。当中世纪早期的欧洲国家开始从几个世纪以来的社会动乱、秩序沦丧和异族入侵的灾难中逐渐恢复时，在管理商业和贸易方面，各国君主对犹太人愈发倚重。从那时起，犹太人逐渐取得对西欧国际贸易的掌控权。

随着查理曼大帝治下的加洛林帝国不断壮大，犹太民族也迎来了一个宽容的新时代。犹太人在查理曼统治时期拥有诸多特权，以至于教皇斯德望三世(Pope Stephen III，768—772 年在位)在给他的一位法国主教的信中表达了如下的抱怨：

> 在巨大的悲痛和惊恐中，我们从你的信里获悉，那些总是反叛上帝、并对我们的风俗抱有敌意的犹太人，如今在基督徒的国土上却拥有和我们平等的地位，在城市和郊区拥有他们自己的保有自由的封地，而且，拥有法兰克人的先王们赐予的种种特权，以上一切都无法改变了。基督徒耕种犹太人的葡萄园和庄稼地；信仰基督的男人和女人们和这些叛徒生活在同一个屋檐下，他们的灵魂每天每夜都遭受那些亵渎上帝的话语的玷污。这些不幸的基督徒，肯定时时刻刻在这些狗面前轻慢自己，迎合他们的所有怪诞念头……这些叛逆者得到了那么多承诺，正义要求我们宣称这些承诺无效，只有这样，我们最终才能为那被钉死在十字架上的救世主报仇。[31]

作为获得权利的代价，犹太人须向法兰克皇帝支付占自己收入 10%的税款。而出于对这一民族勤勉、才智和进取心的尊重，查理曼甚至鼓励犹太人向加洛林帝国移民。到了查理曼大帝的儿子和继承者路易一世(Louis I，the Pious，又称“虔诚者路易”，814—841 年在位)统治时期，中世纪前期犹太人的地位达到最高点。路易推
20 崇犹太人的医学才能、语言天赋以及犹太社团与阿拉伯世界的贸易联系。加洛林犹太人一直享受着相当多的权利，甚至在 843 年查理曼争斗不休的孙子们将其帝国一分为三之后，情况也没有太大改变。不过，当维京人开始骚扰欧洲西海岸，同时查理曼的子孙们之间爆发大规模的领土争端之后，犹太人(生活在欧洲这一部分的犹太人被称作“德系犹太人”，写作 Ashkenazim)社会与经济上的安稳日子也到头了。当时，德系犹太人指的是生活在西欧、除西班牙之外的全体犹太人。

在穆斯林君主统治的 9 和 10 世纪，西班牙犹太人(被称为西班牙或葡萄牙系犹太人，写作 Sephardim，因为 Sefarad 在希伯来文中是西班牙的意思)的民族文化和日常生活日渐兴旺。西班牙阿拉伯人重视犹太人的外交才能。在宽松的氛围中，犹太民族的文化也再次活跃起来。当时很多穆斯林学者热衷于从事保存古代印度、波斯、希腊和罗马伟大典籍和艺术品的项目，他们的犹太同行也积极参与。首先在科尔多瓦，然后在塞维利亚和格拉纳达，这场“阿拉伯—犹太文艺复兴”倡导科学和数学。然而，当 11 世纪基督教敌手威胁到伊比利亚半岛及其周边穆斯林国家的生存时，这场智慧与理性光辉的激情释放也要终结了。与此同时，笼罩在地中海世界上空的“十字军东征”氛围，对犹太民族来说，也是凶多吉少。

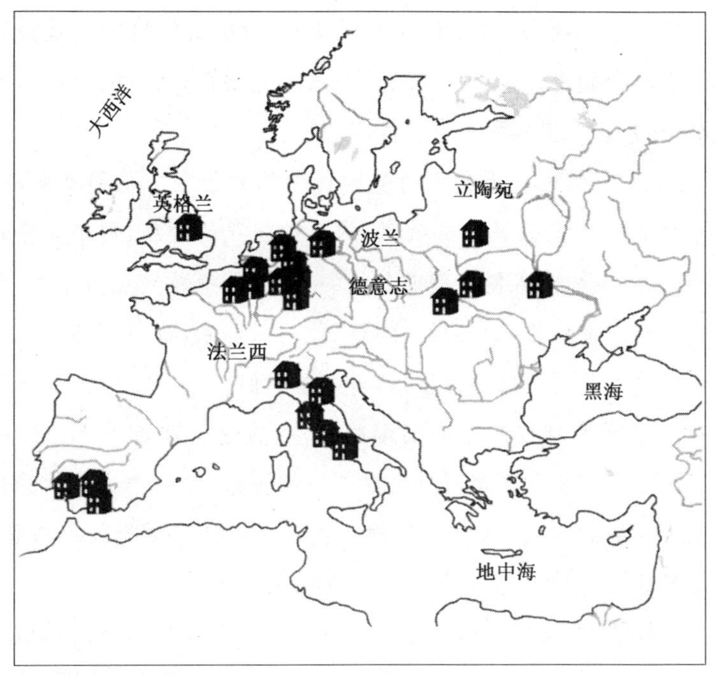

中世纪欧洲的犹太社团。

十字军东征和地中海世界的犹太人

人类进入第二个千年以后，拉丁系的罗马天主教会痛苦地意识到自己与希腊东正教的决裂已无法避免。两派的分歧，除了教义的差异以及罗马与君士坦丁堡的教会领袖之间政治理想的矛盾，还包括对教皇与教会权威的质疑。10 世纪早期，自克吕尼的本笃会①修道士发端，一场改革运动横扫整个罗马天主教会体系。而“十字军东征”运动则最典型地体现了改革之后的教会的新精神。基督徒试图将圣城耶路撒冷从穆斯林手中强夺回来。此时的罗马教皇已通过改革而实力大增，他们野心勃勃、四处插手，试图将势力拓展至整个地中海世界。利奥九世(Pope Leo IX，1049—1054 年在位)和之后的教皇，越来越多地卷入经常爆发的与维京法兰西诺曼人和西班牙穆斯林的战争。在教皇参与欧洲世俗事务的氛围之下，十字军精神也逐渐控制了欧洲。1095 年，拜占庭皇帝阿列克塞一世(Alexios I Komenos，1081—1118 年在 21
位)请求教皇乌尔班二世(Pope Urban II，1088—1099 年在位)帮助他抵御来自中东

① 本笃会又译为本尼狄克派，是天主教的一个隐修会，公元 529 年由意大利人圣本笃在意大利中部卡西诺山所创，遵循中世纪初流行于意大利和高卢的隐修活动，其规章成为西欧与北欧隐修的主要规章，本笃会的象征是十字架及耕地的犁。——译者注

的新威胁——塞尔柱突厥人，为了对抗土耳其人，教皇希望将整个基督教欧洲在宗教战争的旗帜下联合起来。这一年11月，在法国克莱芒举行的会议上，至少按照一个版本的记载，乌尔班二世宣称：

> 啊，法兰克人们啊！为我主所爱和选中的种族啊！从耶路撒冷的疆界、从君士丁堡传来令人悲痛欲绝的消息，那个被诅咒的种族、那个完全被我主所抛弃的种族，已经猛烈地入侵我们基督徒的土地，劫掠放火无所不为，致使基督徒数量急剧减少。他们将一部分战俘掳到他们的国家，将另一部分以残忍的手段杀害。他们先用肮脏之物玷污圣坛，再毁掉它们。
>
> 从这个邪恶的种族手中夺回耶路撒冷，将这座城市置于你们的统治之下吧。耶路撒冷的肥沃和丰富超过世界上一切土地，是一个充满欢愉的天堂。这座圣城位于大地的中心，恳求你们前去救助。承担这项光荣的旅程，你们的罪愆将在一瞬间获得赦免，并得到天国永不朽灭的荣耀。[32]

随着十字军狂热在全欧洲蔓延，很多人逐渐自觉不自觉地将乌尔班二世所指的"被诅咒的种族、完全被我主所抛弃的种族"和"邪恶的种族"的范围，扩展到犹太人身上。在十字军向中东进发的远征途中，由流动农民组成的"贫民十字军"（拉丁文为 Pauperes）最先开始凶猛地攻击德国和法国的犹太社团。根据法国教士、同时也是编年史作者"诺让的吉尔伯特"（Guibert of Nogent）的记载，很多东征参与者认为，欧洲人集中力量攻击远在天边的圣地上的穆斯林，却坐视另一些"异族人"——犹太人——在自己眼皮底下生存繁衍，是很荒谬的做法。宗教狂热固然是引发反犹暴力的动力之一，经济原因也不可忽视，因为基督教暴徒通常的做法是，先摧毁犹太人的财务记录，然后将他们的财产洗劫一空。

尽管亨利四世（Henry IV，1056—1106年在位）和科隆主教赫尔曼三世（Bishop Hermann III，1036—1056年在位）都曾试图保护德国境内的犹太人，但努力几乎无效，十字军所到之处，数千犹太人还是惨遭屠杀。一些美因茨犹太人不得不集体自杀以免遭屈辱与折磨。屠犹暴行一般是由当地居民肇始的，但他们通常得到一支军队的援助，这支军队是由一位极具煽动性的教士——"隐修士彼得"（Peter the Hermit，卒于1115年）率领的。中世纪编年史作家"亚琛的阿尔伯特"（Albert of Aix-la-Chapelle）写道，这个组织的"立足精神在于，残酷迫害分散在各个城市——特别是洛林王国——中的犹太人，毫不怜悯地屠杀他们，将这种行为视为其远征的开端，视为其反对基督教信仰的敌人的义务"。[33]1096年5月至7月，在科隆、美因茨和沃尔姆斯，当地居民和路过的十字军杀害了成千上万的犹太人，并摧毁了他们的社团。亨利四世被激怒了，命人立刻对反犹屠杀行为展开调查，并允许强遭洗礼的犹太人恢复原先的信仰。尽管如此，他以非法途径任命的教皇克雷芒三世（Clement III，1180—1100 年在位）却是一位具有明显反犹倾向的人。克雷芒三世给他的主教写了一封言辞激烈的信："我听说，政府允许已经洗礼的犹太人脱离教会。这是可恶的、罪恶的。我们要求你和所有的主教们确保，教会的圣礼免遭玷污。"[34]

隐修士彼得的军队确实到达了君士坦丁堡，不过很快就在小亚细亚被土耳其人打败。另一些贫民十字军的武装在入侵匈牙利时就被击溃了。"亚琛的阿尔伯特"记载下了这些武装毁灭时的情景："这些人满载从犹太人那抢来的战利品……上帝之手肯定是反对这些朝圣者的，因为他们之前的罪行，他们脸上满是淫荡与无耻的表情，他们屠杀无家可归的犹太人，称他们为基督的敌人，在他们心中，贪婪已战胜对上帝的畏惧。"[35]

回到欧洲之后，隐修士彼得建立了位于列日纽弗朗特尔的奥古斯丁修会。第 22
一次十字军庞大的军队于 1099 年征服耶路撒冷之后，旋即开始了一场对穆斯林和犹太人的大屠杀。有一天，十字军迫使一些圣城的犹太人进入一座会堂，然后将他们活活烧死。罗伯特·查森（Robert Chazen）称第一次十字军对犹太民族酿成新的威胁，即"从意识形态的角度否认了犹太人在基督教社会生存地位的合法性"。[36]

当时，令犹太人改变信仰、或者驱逐犹太人，成为很多基督教信奉者的口号。反犹主义暴力在以后的历次十字军东征中一次次再现。第二次东征（1147—1149 年）前夕，那个时代最杰出的教士之一——"可敬的克吕尼修道院院长彼得"（Abbot Peter the Venerable of Cluny，1092—1156）提议，收缴犹太人的财产以资助新的军事行动。驱使基督徒对犹太人不断进行攻击的动力，不仅有来自传统罗马天主教徒对后者的憎恨，还有一个不可忽视的原因，那就是，克吕尼修士（作为中世纪早期教会改革的中流砥柱）在聚敛巨额财产的同时，也背负了沉重的债务，其中大部分都是欠当地犹太商人的。在给法国国王路易七世（Louis VII，1137—1180 年在位）的信中，彼得修道院院长写道：

> 为什么我们去寻觅远方的基督教敌人，却坐视生活在我们身边的犹太人？他们亵渎神明、比撒克逊人坏得多，整日辱骂基督和基督教的神圣，却丝毫得不到惩罚。……我并不要求这些受诅咒的人被逮捕处死，因为如《圣经》所云，"你不应杀人！"我主并不希望他们被消灭。而是像杀死兄弟的该隐一样，他们将生活在巨大的痛苦和羞辱中，生不如死。他们被奴役、受压迫、不幸、怯懦，直到最

> 终走上救赎之路。你们不应杀死他们，而是以与他们的卑鄙行为相配的方式惩罚他们。[37]

一方面，基督徒觊觎犹太人的财产；另一方面，后者长期以来都被当作教会的敌人而遭到忌恨，两种情感再一次结合在了一起。不过，单单“犹太人都是有钱人”这么一个观念，就足以令那些一穷二白的农奴形成这样的成见——犹太人都是贪婪、卑鄙的坏蛋。又因为犹太人一般都从事商业、贸易和高利贷等行业，很容易让基督徒形成类似“犹太人控制了经济”的刻板印象，这一印象是致命的，并将一直萦绕在这一悲惨的民族身上。

也有一些欧洲人对犹太人的遭遇表现出同情。与主流持不同意见的罗马天主教神学学者彼得·阿伯拉尔（Peter Abélard，1079—1142）在他的《哲学家与犹太人、基督徒的对话》（出版于1136—1139年）中，通过一位虚构的犹太人物之口，表达了如下的情感：

> 不会有人知道、甚至不会有人相信，我们竟因上帝之名遭受如此的磨难。我们散居在各国，没有本民族的国王或世俗统治者，却独自为各种各样的苛捐杂税所累，每天，犹太人都要为我们的凄惨生活支付难以承受的赎金。的确，所有人都认为我们应该被憎恨和轻蔑，每一次我们被伤害，大家都相信这就是正义的顶点，是献给上帝的最大牺牲。他们说，上帝肯定特别憎恶我们，否则不会让我们承受如此大的灾祸，不会让我们成为阶下囚。
>
> 我们把命运交在敌人手中，被迫信任那些根本没有信仰的人。睡眠本身比任何东西都珍贵，在休息中恢复人性，然而我们现在满心都是恼人的忧虑，即使睡觉时，都时刻担心被杀害。除了天堂，我们去哪儿都不安全，连我们自己家都很危险。当我们去邻近地区时，必须付高价雇用一个向导，但即使是
> 23 向导我们也不信任。对我们拥有主权的统治者，和那些我们花费重金购买的官方保护，其实更希望我们死，这样他们就能更自由地侵吞我们的财产。我们不能拥有农田、葡萄园或者任何形式的土地财产，因为没人能帮我们保护它们免遭公开或者暗地的抢夺。所以，为了挣钱维持我们那不幸的生活，我们只能向其他种族放贷，收取利息。这样一来，我们更遭嫉恨，特别是那些身负重债的人。[38]

基督徒对犹太人怀有如此的深仇大恨，第二次（1145—1149）和第三次（1187—1192）十字军东征期间，欧洲发生多起反犹暴乱事件也就不会令人惊奇了，当然，这些暴乱的激烈程度比第一次东征时期的要平缓一些。第三次东征前夕，一个由犹太

名流组成的代表团受官方邀请前去威斯敏斯特大教堂参加英格兰新国王理查一世(Richard I, the Lionhearted,又称为“狮心王”, 1189—1199 年在位)的加冕礼,结果还没进门就惨遭杀害。由此引发的反犹暴乱蔓延至整个伦敦。新国王运用一切手段试图终止暴力行为:他下令调查,可惜毫无结果,还颁布法令,在全国范围内严禁伤害犹太人。然而,反犹暴乱还是在全英格兰四处爆发,当“狮心王”带领第三次十字军开始东征之后,情况越来越糟。最严重的暴力发生在约克,这里的犹太人逃进当地的王室城堡避难。1190 年 3 月 17 日,当他们被骑士和市民包围,在城堡即将陷落之时,所有城堡内的犹太人集体自杀了。虽然宫廷启动了调查,但这场大屠杀的行凶者,最终却一个也没有找出来。

一些教会领袖和神圣罗马帝国皇帝康拉德三世(Conrad III, 1137—1152 年在位)曾想抑止类似的恶劣行径。1187 年,萨拉丁(Saladin, 1169—1193 年在位)攻陷耶路撒冷之后,第三次十字军东征正式开始。当反犹暴乱在欧洲此起彼伏之际,萨拉丁却宣称,在自己的王国境内,犹太人是受欢迎的。中世纪最卓越的犹太学者摩西・迈蒙尼德(即摩西・本-迈蒙拉比,也叫 Rambun, 1135—1204),不仅担任萨拉丁的私人医生,还在阿拉伯帝国撰写了一系列医学著作。迈蒙尼德最重要的宗教著作是《密西拿托拉》(希伯来文为 Mishneh Torah,即《第二律法书》),作者以卓越的才能汇编了自古以来犹太民族的全部法律。出于对《犹太法典》的解释,迈蒙尼德列出“十三条关于信仰的条款”,这些条款后来成为“Ani Ma'amin”(“坚信不疑”之意)的基础,这句关于信仰的陈述今天仍能在各种保守的或改革了的犹太教祈祷书中找到。除了迈蒙尼德,还有很多犹太人被萨拉丁帝国宽容的政策所吸引。1211 年,300 个来自英国和法国的拉比迁居耶路撒冷,萨拉丁的弟弟阿迪尔苏丹(Sultan al'Adi)还允许他们在耶路撒冷重建塔木德学院和犹太教会堂。

在欧洲,犹太人若想得到官方的保护,必须偿付重金。神圣罗马帝国皇帝亨利四世(Henry IV)和康拉德三世则将皇家领地内的犹太人变成帝国农奴。此类做法的初衷的确是为了确保犹太人的安全,但当皇帝开始给予城市或贵族占有帝国犹太人的特权之后,很快,皇家犹太农奴制变质成为贫弱的神圣罗马帝国皇帝赚取外快的手段。根据哈伊姆・本-赛森(Haim Ben-Sasson)的说法,将犹太人变为农奴有利于欧洲的国王和诸侯们与罗马天主教会争夺对领地内犹太人的完整控制权,因为一直以来,后者始终坚称拥有对全体犹太人的全权。而犹太人的新角色意味着,为了获得少得可怜的政府保护,他们必须承受沉重得多的税收负担和经济剥削。而且,随着大批基督徒商人公会的兴起,犹太人在商业和贸易领域的影响力也逐渐衰落

24 了。在普通老百姓看来，现在大多数犹太人都成了农民，“这很符合教会广泛宣扬的关于这一种族将逐渐堕落和变得邪恶的说法，看来是确信无疑的”。[39]而且，本-赛森还提醒读者不要忘记，这些世俗统治者“无论从受教育经历、思维方式，还是宗教与社会背景上讲，都和他们的臣民是一致的”。[40]

很快，英格兰、法国和西班牙的君主们纷纷将本国犹太人变为农奴。1306 年，法国国王腓力四世(Philip IV, the Fair，又称为“美男子”，1285—1314 年在位)下令驱逐全体犹太人，并侵吞他们的财产，而其中有些财产属于法国与神圣罗马帝国争议的边境地区，于是，皇帝阿尔伯特一世(Albert I, 1298—1308 年在位)向腓力发起诉讼。在所有人看来，这个行为完全无可非议，而罗马天主教会支持皇帝的行动，一点儿也不令人惊奇。圣托马斯·阿奎那(St. Thomas Aquinas, 1224—1274)对弗兰德斯女伯爵玛格丽特二世(Margaret II, Countess of Flanders, 1202—1278)说，他支持犹太人农奴化，但认为做法应温和一些，并增强对犹太人生活需求的尊重。[41]当然，阿奎那号召温和地对待犹太人，并非出于对这一民族的热爱，更大程度上是基于圣奥古斯丁将犹太人视为“见证人”的理论。他说犹太教“曾预兆了我们现在所持信仰的真实性”，同样的，是“我们信仰的证明”。[42]

教皇英诺森三世和犹太人

第四次十字军东征的大幕开启之前，欧洲犹太人的状态已发生了剧烈的变化。这次东征的首要发起者是教皇英诺森三世(1198—1216 年在位)，在他的精神指引下，罗马天主教会对欧洲犹太人采取了一些新的政策，这些政策将带给犹太人数百年的苦难。作为教皇，英诺森三世有三个主要目标：使教皇登上欧洲权势的顶峰；使罗马天主教会和东正教会实现重聚；以及通过明确规定罗马天主教的信仰和仪式而从精神方面复兴欧洲。一开始，英诺森三世似乎对犹太人抱有同情。1199 年，他发布教皇法令，禁止强迫犹太人改变信仰，禁止伤害犹太人，禁止剥夺犹太人受法律保护的财产。当然法令也特别指出了犹太人信仰的错误性。英诺森三世反对虐待犹太人当然不是出于人道主义的原因，和奥古斯丁一样，他也将犹太人视为“见证人”，因此主张基督徒不应过于严厉地对待他们。

然而，到后来，英诺森三世对欧洲犹太人的言论愈发粗暴和阴郁。1208 年，在给一位贵族的信中，他写道：

> 犹如杀害兄弟的该隐一样，犹太人也注定要像逃犯和流浪汉一样满怀羞愧

> 地在大地上漂泊。基督徒诸侯却不应该善待他们，相反的，应将他们沦为农奴。有些基督教统治者允许犹太人进入他们的城市和乡村，给予他们放贷的权力，以此榨取基督徒百姓的钱，这种做法是万分错误的。有些基督徒一时疏忽，没有给犹太债权人还钱，竟然还被当地统治者逮捕。更糟的是，对此类行为的容忍，使教会丧失了什一税。[43]

英诺森三世这封信中关于“漂泊的犹太人”这个典故，来源于中世纪的一个民间故事，后来则被应用于加强反犹主义的情感。根据约瑟夫·盖尔(Joseph Gaer)的说法，那个漂泊的犹太人——后来被称作“亚哈随鲁”(Ahasverus)，因为拒绝耶稣基督而被迫在大地上流浪。盖尔解释道，“拒绝”指的是“象征性的对基督教教义中关于人类通过耶稣实现救赎这一理念的反抗，所以他被罚在巨大的痛苦和悲伤中在大地上漂泊，直到耶稣作为弥赛亚被接受”。[44]也就是说，漂泊的犹太人注定将忍受痛苦，直至基督教最后审判日的到来。

直到20世纪，这个传说还在广泛流传，并“使越来越多的欧洲人坚信，犹太人永 25
远都是异族人，他们永远不可能学会纯正的本国语言，永远不可能在这片土地上扎根”。[45]

1215年，“第四次拉特兰宗教会议”出台了新的针对犹太人的立法。在会议上，英诺森三世倡导要彻底解决那些仍在分裂教廷的神学上的疑问和流弊，会议的结果也充分响应了强力教皇的这一倡导——通过了一系列关于中世纪罗马天主教仪式和信仰的更明确的规定。第四次拉特兰宗教会议还重申，或者说开创了新的对待犹太人的章则，限制他们从事放贷业，并要求他们为财产支付一种特殊的教会税。第四次拉特兰宗教会议提醒转变信仰的犹太人不得再举行犹太教仪式，并禁止他们在复活节假期期间上街活动。然而，这些还不是最屈辱的条款。新法令还规定，犹太人必须穿着特殊的服装，以示与基督徒的区别。拉特兰宗教会议认为这种做法有利于预防两个群体成员之间发生性关系。托马斯·阿奎那大力赞成这些新法则，甚至宣称它们应该与“犹太人自己的法律一样强制施行，也就是那些他们自己制定的、关于他们斗篷四个角的边缘的法律一样”。以上是阿奎那关于犹太人的塔利特——也就是祷告披巾——的说法。根据律法，每一个男子在去参加宗教仪式时，必须佩戴祷告披巾。[46]当然，我们不能将祷告披巾与犹太人的“耻辱证章”相提并论，后者通常是一个徽章或者头巾。在整个欧洲地区，人们费尽心思，就是为了设计和放置犹太人的“耻辱证章”。

若干年前，英诺森三世曾命法王腓力二世(King Philip II Augustus，即腓力·奥古斯都，1180—1226年在位）组织军队征讨法国南部的“清洁派”①（即阿尔比派）和韦尔多派②异端。1233年，教皇格列高利九世（Pope Gregory IX，1227—1241年在位）开创了臭名昭著的宗教裁判所，专门打击基督教异端和其他异教徒。宗教裁判所赋予教会更大的权力，欲将全欧洲的异端连根拔起而后快。起初，格列高利九世并未将犹太人划归为宗教裁判所的打击目标，除非他们试图迫使基督徒放弃信仰，或攻击基督徒，或使已皈依基督教的犹太人重回犹太教。他还颁布教皇敕令，重申英诺森三世对犹太人权利的规定。

英诺森三世的统治标志着中世纪欧洲罗马教廷权势的最高峰。在他任教皇期间，一系列针对犹太民族的偏见、歧视和行动得以固定化，它们的共同目标，就是从经济上和社交上将犹太人与欧洲的主流社会隔离开来。犹太人被当作可恶的“基督谋杀犯”，被当作罪恶精神的象征，除此之外，在每一个欧洲民众看来，他们还对自己的经济福利构成威胁。随着成见一步步的蔓延，欧洲犹太人已慢慢变成永远的局外人。

中世纪高利贷业：基督徒与犹太人

犹太人的上述形象，特别是当它们与教会对高利贷业的态度联系在一起时，将对欧洲犹太人的命运产生可怕的冲击。早在基督教统治欧洲的时代到来之前，罗马教廷就明确了对高利贷（即付息的借贷行为）的反对态度。中世纪早期，教会出台多项律法，禁止平信徒③和教士参与高利贷行为。1179年的第三次拉特兰宗教会议重申了以上规定，并宣称，高利贷者将不被允许领受圣餐，死后也不得以基督徒的身份下葬。由于犹太人掌握关键的国际贸易通路，欧洲君主们一向不得不对他们加以重视，然而，到了中世纪早期，与他们的穆斯林同行不同，一般欧洲犹太人实际上已不再参与借贷或银行行为。他们中的大多数都成了小工匠、商人和农民，然而，即使是从事这些行业，他们也遭到欧洲法律和偏见的排挤。对他们来说，谋生的手段越来越少，须面对的限制则越来越严苛。本齐翁·内塔尼亚胡（Benzion Netanyahu）写
26 道，职业选择并不总是被动的；有时候“犹太人从一个行业转到另一个行业，并不仅仅是因为之前的行业处于危险境地，或者本国法律禁止自己从事，也有可能是，他们

① 清洁派又称卡特里派或阿尔比派，是一个中世纪的基督教派别，兴盛于12世纪与13世纪的西欧，主要分布在法国南部，一般受摩尼教影响而相信善恶二元论和坚持禁欲。——译者注

② 韦尔多派是约从中世纪兴起的基督教教派。在教义上接近于归正宗，以上帝的圣言为信仰和生活的唯一准则。——译者注

③ 平信徒指基督教中没有圣职的人，又称为教友。——译者注

意识到，某个新行业需求更旺，因而更有利可图，也更能满足他们的需要”。[47]

的确，到了中世纪晚期，犹太人在教会和世俗政府的支持下，建立并且把持了整个欧洲的银行业，但是，人们通常忘记了，很多欧洲第一流的银行家其实是基督徒，甚至就是罗马天主教教士。第二次十字军东征期间，修道院改革家和苦行者“克勒窝的圣伯尔纳铎”(St.Bernard of Clairvaux, 1091—1153)曾公开反对虐待犹太人，他写道：“我就不提那些基督徒放债者了，如果他们能配得上基督徒这个身份的话，在没有犹太人的地方，我不得不悲愤地说，他们的表现比任何犹太人都恶劣。”[48]

不幸的是，在中世纪欧洲，由于教会反对借贷行为的法令与日益增长的对资本的需求之间的矛盾，财务超支时常出现。欧洲犹太人脆弱的社会地位迫使他们进入高利贷行业，以便获得尽可能多的资本，因为他们根本不知道什么时候自己的货币和财产就可能再次被当地统治者无端掠夺，或被以税收方式抽干，或毁灭于另一场反犹暴乱中。正因如此，波西米亚和匈牙利的国王瓦迪斯拉夫二世(King Wladyslaw II, 1471—1516 年在位)曾立法允许犹太人向欠债人征收两倍于基督徒银行家的利息。

哈伊姆·本-赛森指出，犹太放债人时不时做出诓骗等行为，结果在欧洲人的集体意识中，犹太人贪婪、缺乏诚信的负面形象进一步加强了。类似过失还使越来越多的人确信，犹太人整日都在“鱼肉贫弱、无辜、善良的基督徒邻里”。[49]中世纪的艺术作品中也充斥着满肚子坏水的犹太放债人。有时候，这种形象还与犹太教杀人祭神的行为或者他们作为恶魔的形象同时出现。

杀人祭神的传说

即便如此，到后来，通过更加严酷的迫害甚至驱逐出境，犹太人连从事借贷业的权力也被剥夺了。欧洲人对犹太放债者日益嫉妒和愤恨，这使欧洲又笼罩在一股对待这个民族的敌对情绪之中，而加诸犹太人杀害基督徒，特别是基督徒儿童用以祭祀的罪行，使以上情绪愈发升腾。犹太人杀人祭神的传说主要是说，每年复活节前后，他们都要抓住一个基督徒，通常是一个基督徒儿童，将其作为牺牲祭奠神明。后来，人们对犹太人的加罪又延伸至因各种宗教原因而对基督徒施行的谋杀上。根据传说，受害者的血具有某种神奇的治愈力量，这就是“血祭诽谤”或者“血诬案”的起源。12 世纪中叶，生活在英格兰诺维奇的犹太人成为第一批“杀人祭神”罪名的牺牲品。在接下来的两百年间，从英格兰到法国再到德意志各国，无数的犹太人因无从证明的“杀人祭神”罪被折磨和处死。比如在 1181 年，为了惩治三个在维也纳附近举行杀人祭神仪式的凶犯，政府逮捕了300名无辜的犹太人，最后将他们全体处死。1235年，日耳曼黑森地区的福尔达发生血诬案，致使32名犹太人被杀，当时统治西西里王国和神圣罗马帝国的霍亨斯陶芬家族君主腓特烈二世（Frederick II Hohenstaufen，1212/1215—1250年在位）下令展开调查。结果，皇家调查委员会得出结论：

> 不论是《圣经·旧约》还是《圣经·新约》中都没有任何文字表明犹太人嗜
> 27 好人血。恰恰相反，他们总是小心翼翼地避免被血液玷污……这样一个民族，连接触动物的血液都被禁止，却对人血有特殊的渴望，怎么可能呢？与这项起诉相悖的还有其可怕、奇异的性质，与犹太人对基督徒平时表现出的自然的人类情感背道而驰。而且，他们也不可能不顾生命和财产安全铤而走险。总之，我们宣布福尔达犹太人完全无罪，从未犯下那些被指控的罪行。[50]

腓特烈二世批准了调查委员会的结论，并宣布今后任何人不得以此类罪名起诉犹太人。1247年，在给德意志教会首领的信中，教皇英诺森四世（Pope Innocent IV）专门提到针对犹太人的杀人祭神起诉。他认为，这些控告都是没有根据的，都是出于迫害犹太人并侵吞其财产的邪恶目的。他还提醒德意志教会首领，犹太教教义中那些严格的规定，关于严禁杀人、禁止在逾越节期间接触死尸等，正是基督教的基本原则。这位教皇还说，罗马教廷向犹太人提供法律范围内的保护，而血诬案是对其最大的蔑视。教皇英诺森四世指出，因为这一暴行，很多犹太人不但失去财产，而且遭受折磨、经历牢狱之灾、变得一无所有，有时甚至丧失了生命。他告诫德国的神职人员，确保犹太人得到法律的保护，并尽力劝导他们皈依基督教。

可惜，教皇的呼吁并未平复针对犹太人的血祭诽谤浪潮。“杀人祭神”传说已深植于欧洲的文化之中，这从当时的文学作品就可见一斑。杰弗里·乔叟（Geoffrey Chaucer，1340—1400）的《坎特伯雷故事集》中就包含一个关于血诬案的故事。夏伯嘉（R.Po-chia Hsia）认为，中世纪晚期，当英格兰和法国开始大举驱逐犹太人后，“杀人祭神”的传说就销声匿迹了。弗兰克·费尔森斯坦（Frank Felsenstein）则提请读者注意，17世纪时，当英格兰人开始讨论是否重新接受犹太人时，这一传说也同时死灰复燃。[51]在德意志诸邦，血祭诽谤同样持续了好几个世纪，直到1900年，科尼茨（今波兰城市霍伊尼采）的犹太人还曾被指控犯下这一罪行。11年之后，沙俄政府也以类似罪名起诉基辅的孟德尔·贝里茨（Mendel Beilis，1874—1934）。之后对贝里茨的审判吸引了全世界的注意，结果他被证明无罪。尤利乌斯·施特莱歇尔（Julius Streicher，1885—1945）是纳粹德国最恶毒的反犹主义报纸《先锋报》（德文为Der Strmer，意为“猛攻者”或者“战斗者”）的主编。这份报纸曾刊登过大量关于血祭诽谤的案例。希特勒也曾设想令人拍摄一部关于“大马士革事件”的电影——即 1840 年由法国领事馆和埃及政府共同策划的、针对叙利亚犹太人的血诬案。一位名叫托马斯·德·卡曼吉亚诺(Father Tomas de Camangiano)的罗马天主教教士在这座城市莫名失踪,由此引发了一场恐怖的诽谤浪潮。为了强迫他们承认这项莫须有的罪行,4 名犹太人被杀,9 名被残忍地折磨。和贝里茨案件一样,大马士革事件也引发了世界范围的关注,成为历史上绵延不绝的反犹主义罪恶的明证之一。但是,对阿道夫·希特勒和尤利乌斯·施特莱歇尔这类人来说,他们坚信犹太民族的罪恶和各国犹太人社团的影响力,反犹主义情绪仅仅是对以上偏见起到强化作用。

死亡时代:中世纪晚期的犹太人

中世纪时期,犹太民族最神圣的宗教著作也遭到日益密集和严厉的批判。有一位叫尼古拉斯·多宁(Nicholas Donin)的法国犹太人,皈依了基督教,后来成为多名我派[1]教士。他给教皇格列高利九世写了一封信,狂热批判《犹太法典》(即《塔木德》)。多宁称,除了其他方面,犹太人拒绝皈依基督教还有一个原因,那就是《塔木德》曾对耶稣基督和圣母玛利亚施行侮辱。当时,多名我派和方济各派[2]都刚刚建
立,二者的共同目标就是扫除欧洲的基督教异端。于是,教皇责令这两派的教士对 28
此类控诉进行调查。他还要求将英国、法国和西班牙基督教控制区的全部《犹太法典》移交给上述两个宗教团体。法国国王、虔诚的路易九世(Louis IX, St.Louis,又称“圣路易”,1227—1270 年在位)烧毁了境内所有《犹太法典》。在信仰基督教的西班牙,教会收夺所有能找到的《犹太法典》,删除被认为是冒犯性的篇章,然后再还给原来的所有者。

在德意志各邦,反犹主义暴力片刻未停,尤其是在 1254 年至 1273 年的神圣罗马帝国没有皇帝的那段“大空位期”。而当帝国从危机中恢复过来以后,新当选的皇帝——来自哈布斯堡家族的鲁道夫(Rudolf of Habsburg, 1273—1291 年在位)要求本国犹太社团帮助自己重塑帝国。他对犹太人施行涸泽而渔的财政政策,迫使他们大量逃亡。作为报复,皇帝宣布犹太人向国外移民为非法,并将他们全部降为帝国农奴。倘若犹太人仍要离去,皇室就将占有他们的全部财产。此外,很多犹太人还

① 多名我派亦称“布道兄弟会”,会士均披黑色斗篷,因此称为“黑衣修士”,是天主教托钵修会的主要派别之一。——译者注

② 方济各派亦称“法兰西斯派”,也是天主教托钵修会之一,因其会士着灰色会服,故又称“灰衣修士”。——译者注

面临另一个新的、毫无事实根据的指控，说他们污损了圣餐中使用的面饼。基督徒原告称，象征耶稣身体的面饼，已被夺去奇迹性的力量。在13世纪晚期，诸如此类的诬案引致整个南德和奥地利无数的犹太社团惨遭清洗。几个世纪以来，和上文讲到的血祭诽谤一样，“宿主亵渎诬案”也是徘徊在全欧洲犹太人头顶的一个可怕的幽灵。

西欧犹太人被驱逐

西欧驱逐犹太人的浪潮肇始于爱德华一世(King Edward I，1272—1307年在位)统治时期的英格兰。1275年，他先禁止犹太人从事借贷业。12年后，又下令绑架和监禁犹太家族的首脑。在因此获得一大笔赎金之后，爱德华一世颁布法令，限定所有犹太人必须在1290年11月2日万圣节之前离开英格兰。潜伏下来不走的犹太人若被抓住，将被处以死刑。爱德华采取这一行动的论据是，犹太人的确曾经在国家经济方面扮演重要的角色，但是现在经济和社会形势变了，英格兰已不再需要他们。

6年后，法国国王“美男子”腓力四世(1285—1314年在位)开始驱逐法国的犹太人，并侵占他们的财产。他的儿子路易十世(Louis X，1314—1316年在位)在执政期间，看到民众对基督徒放债人怨声载道，国家财政也日渐衰竭，只得把犹太人又都请了回来。1320年，回归的犹太人遭到“谢泼德十字军”的恶意攻击。教皇约翰二十二世(Pope John XXII，1316—1334年在位)下令停止暴力。这位权力被削弱而偏安法国南部阿维农的教皇，认为犹太教是“犹太民族错误、邪恶和盲目的产物……是应受诅咒的背信弃义……是猥亵的犹太人迷信”。既然他对犹太人如此憎恶，为什么要禁止对他们的攻击呢？答案是，为了恢复威信以确保他的王室赞助者和保护人腓力五世(Philip V，1316—1322年在位)最主要的权力——征税。[52]法国的反犹暴动平息之后，约翰二十二世又发起了一波对《犹太法典》的攻击，并丧心病狂地试图转变南法犹太人的信仰。对那些拒绝皈依基督教的犹太社团，教皇就下令摧毁他们的会堂，倘若还不依从，就只能承受放逐的命运。随即，为了剔除“猥亵的犹太人迷信……代之以对我主、圣母和圣徒的崇拜”，约翰二十二世还在被摧毁的那些犹太会堂废墟上建起新的天主教教堂。[53]

1321年，民间又流传出对犹太人新的诬陷，说他们加入麻风病人的反社会团体，专门向基督徒的水井投毒。作为回应，腓力五世独立开展了反对犹太人的行动。虽然后来王室调查团证实以上控诉同样是子虚乌有，但国王仍向各犹太社团索要巨额

赎金，致使大部分犹太人被迫离开法国。几十年后，约翰二世(John II，1350—1364
年在位)允许部分犹太逃亡者回归，但查理六世(Charles VI，1380—1422 年在位)仍 29
拒绝给予他们完整的公民权。当时法国王室正处于百年战争时期，对手是英格兰王室及其法兰西诸侯盟友。英王本来在法国占有大量领地，但战争后期，法国逐渐夺回了对本国土地的所有权，于是，王室的反犹政策也被扩展至新获得的领土上。然而，由于在那些地方，贵族诸侯实际上仍享有对自己领地的掌控权，所以对犹太人的态度各地也不尽相同。在 15 世纪末期之前，再没有出现过犹太人大批迁离法国的情况。

黑死病

在欧洲的某些地方，犹太人的境遇日渐恶化。如果这个民族的某些成员对此感到绝望，那还为时过早，因为最糟的事情还没发生。1347 年，一种淋巴腺鼠疫从小亚细亚(今土耳其)传入欧洲。随着这场瘟疫向北方流传，在人们的口中，它变成了“黑死病”(1347—1351 年肆虐)。虽然具体数字存在出入，但一个公认的结论是，这场瘟疫夺去了约四分之一至三分之一欧洲人的生命。而当欧洲人被这场失控的传染病折磨得死去活来之时，他们疯狂地指责犹太人，要后者为这场人间惨剧承担责任。

对犹太人最初的指控，是在全欧洲范围内向基督徒的水井投毒，从而促发了瘟疫的流传。那些指责者说，只要消灭犹太人，瘟疫就会自行消失。以此为依据，第一场对犹太人的集体屠杀，发生在 1348 年春天的法国南部，普罗旺斯的犹太社团被全数摧毁。恐怖行动很快蔓延至苏黎世，在那里，官员驱逐了城里的犹太人。在巴塞尔，暴徒强迫犹太人进入木制建筑，然后放火将他们活活烧死。1348 年，教皇克雷芒六世(Clement VI，1342—1352 年在位)先后两次重新申明英诺森三世 1199 年发布的法令，旨在维护犹太人的生存权利，并威胁要将那些不听劝阻执意迫害犹太人的基督徒开除出教会。另一些欧洲教俗领袖也试图保护犹太人，不过和教皇一样，他们的努力大多无功而返。

对犹太人的骚扰与杀戮暴行在德意志最为猖獗。从南部至中部，从 1348 年至 1349 年，无数犹太人因被怀疑与瘟疫流传有关而被烧死。1349 年 2 月 14 日，斯特拉斯堡居民处死了 2 000 名犹太人，然后又扒光尸体的衣服，以为能找到藏在他们身上的金子。1349 年春夏之交，迫害曾短暂停止，但到了秋天，“鞭笞派”又令暴行死灰复燃。基督教鞭笞派强调直接的神赐才能，通过鞭打自己，获得精神上的满足。

鞭笞派坚信，黑死病的流行是因为上帝生了人类的气，而自我鞭打，就是使上帝息怒的一种方式。最初，犹太社团对他们持欢迎态度，鞭笞派也在南德很快壮大起来。然而，1349 年夏天，一群鞭笞派信徒在当地居民的协助下，杀害了法兰克福的全部犹太人。不久另一个地方又发生了类似的暴行。这促使教皇克雷芒六世在 10 月 20 日发布敕令，敦促全体教士尽其所能，保护犹太人免遭鞭笞派及其追随者的迫害。然而，真正制止此类罪行的并非教皇的命令，而是黑死病破坏力的衰减。尽管如此，这场大屠杀对德意志犹太人社团仍酿成毁灭性的打击，正因如此，后来虽然一些日耳曼诸侯曾劝说他们迁回家乡，但大多数犹太人去意已决，他们再也不愿意回到那片沾满同胞鲜血的土地。

直至黑死病最终销声匿迹之后，德意志基督徒的反犹行动也未完全停止。1421
年，200 名维也纳犹太人再一次遭受诬陷。当局栽赃他们为扬 · 胡斯(Jan Hus，
1369—1415)的拥护者——即捷克异端派别“胡斯派”——提供资金和军事援助，结
果他们全部被烧死在火刑柱上。当时奥地利的统治者是阿尔伯特公爵，此人后来成
为匈牙利国王阿尔伯特一世(Albert I，1437—1439 年在位)和神圣罗马帝国皇帝阿
30 尔伯特二世(Albert II，1438—1439 年在位)，他也下达了对犹太人的驱逐令。阿尔
伯特不但剥夺了犹太家庭的全部财产，还强令在暴乱中失去父母的犹太儿童接受洗
礼，并将他们送进修道院。后来他曾自夸道：“我曾向土耳其人开战，曾包围胡斯派，
但最大的成就是，我烧死了我国土地上的犹太人。”[54]

此后的一些年间，德意志其他邦和瑞士一些地区也仿效奥地利的做法，开始驱逐犹太人。1475 年，特伦特市政当局逮捕并处死了本市的全部犹太人，理由是怀疑他们谋杀了一名基督徒儿童。在纽伦堡，犹太人也尝尽了监禁和没收财产之苦。1499 年，当地官方终于下达了驱逐令，这样官员们欠犹太人的债务也随即一笔勾销了。雷根斯堡的犹太社区已有 1 500 年历史，当地一代代犹太人为反抗驱逐令，当着好几位神圣罗马帝国皇帝的面，在法庭上进行了艰苦卓绝的斗争。他们提出的议题之一就是，为什么基督徒可以从事高利贷业，犹太人就不行？“血祭诽谤”兴起之后，两个民族、两个宗教之间的斗争更趋激烈。直到 1519 年，雷根斯堡统治者下令驱逐全体犹太人并强占他们的财产。他们还把当地犹太教会堂劫掠一空，随后把它变成了一座基督教堂。这样，在宗教改革兴起之前，整个德意志范围内的犹太人要么已经逃亡，要么正面临被驱逐的命运。而在那场即将到来，并横扫整个德意志和部分欧洲的社会巨变中，那些决意坚守家园的犹太人将遭受更大的苦难。

最后的耻辱：西班牙和葡萄牙犹太人被驱逐

对西欧犹太人的最终打击降临于 1492 年——斐迪南和伊莎贝拉决定驱逐西班牙境内的犹太人。西班牙系犹太人社团在欧洲规模最大，在当地社会的地位也相对较高。中世纪他们曾经历过一个“黄金时代”，但在西班牙基督徒发动“圣战”、意图从阿拉伯统治者——摩尔人——手中夺回国土之后，当地犹太人也不得不承受长期、独特的苦难。

14 世纪中期，犹太人在很多西班牙小王国还享有较大的权利，但是，罗马教廷不断向当地统治者施压，令他们贯彻正在欧洲其他部分盛行的反犹法令。1391 年，在卡斯提尔的塞维利亚，有一个名叫费尔南·马丁内兹(Fernán Martínez)的教士，发动了一场针对犹太人社团的攻击。本齐翁·内塔尼亚胡写道，攻击导致“一场流血的狂欢，对犹太人的劫掠的残忍程度是西班牙历史上绝无仅有的”。[55] 不久之后，阿拉贡、巴塞罗那等地也发生了类似的反犹暴行，基督徒给当地犹太人两个选择：要么放弃信仰，要么失去生命。很多人决心坚守信仰，并选择自杀，但也有相当多的人皈依了基督教，成为“皈依者”(西班牙文为 conversos)。

卡斯提尔国王亨利三世(King Henry III of Castile，1391—1406 年在位)发现全国的反犹暴动给国民经济造成很大损伤，于是下令重建被毁的犹太社团。然而他死后，继任者就又恢复了强迫西班牙犹太人放弃信仰的行动。那些皈依了基督教的犹太人又重新干起他们的老本行，因为作为基督徒，他们不再受那些反犹主义立法的限制。当然，还有很多皈依者仍保持着秘密的犹太教信仰和仪式。于是，西班牙的老基督徒们，开始嘲弄性地称这些皈依者为“马拉诺”(“猪猡”或者“污秽的人”之意)。那些怀着贪婪之心、试图投机取巧、在两个宗教之间游走的犹太裔皈依者，最后大多身不由己，成为西班牙犹太人历史上最屈辱的一个篇章的剧中人。

进入 15 世纪之后，特别是黑死病爆发之后，反犹主义暴力行径再次抬头，西班牙犹太人和皈依者的处境也急剧恶化。1474 年，西班牙君主伊莎贝拉(1474—1504 年在位)和斐迪南(1479—1516 年在位)请求教皇西斯克特四世(Pope Sixtus IV，1471—1484 年在位)将宗教裁判所引入西班牙。此举的初衷，是迫使那些私下仍在 31
履行犹太教仪式的皈依者放弃秘密信仰，而针对穆斯林皈依者(西班牙文为 Moriscos)，宗教裁判所也起同样的作用。犹太人和穆斯林皈依者若被证明以上罪行，将遭到严厉的惩罚。那些拒绝认罪和忏悔的信徒将被烧死在火刑柱上(西班牙文为 auto-de-fé)。如果他们在行刑的最后一刻决定认罪和忏悔，在烈火烧着身体之前，他们将被勒死。

西班牙第一个宗教裁判所于1480年在塞维利亚设立，以后逐步扩展至全国。托马斯·德·托奎马达(Tomás de Torquemada)被任命为大法官后，宗教裁判所势力膨胀的进程明显加快了。当时，西班牙宗教裁判所的严酷行径甚至引起了教皇西斯克特四世和亚历山大六世(Alexander VI，1492—1503年在位)的注意，他们都曾多次告诫伊莎贝拉和斐迪南，宗教裁判官须使用合法的审讯和判决方式。在一封信中，教皇亚历山大六世曾提到，西班牙宗教法庭的主持者们判决和处死那么多人，不是出于关心他们灵魂的目的，而是被贪婪之心所驱使。可惜，这对西班牙夫妻国王对教皇的劝诫毫不理睬，托奎马达也肆无忌惮地继续着他那些残忍的勾当。

最初，西班牙少数在宫廷享有较高地位的犹太人——比如伊萨克·阿巴伯内尔(Isaac Abravanel，1437—1508)和亚布拉罕·西尼尔(Abraham Senior，约1412—1493)——并未受到宗教裁判所的威胁。然而，1491年，随着西班牙人征服摩尔人在伊比利亚半岛的最后一个据点——格拉纳达，犹太人面临的形势也将发生巨变。伊莎贝拉和斐迪南现在渴望实现"收复失地运动"的古老目标——建立一个纯粹的、基督教的西班牙。1492年3月30日，两人联合发布命令，限定所有未转变信仰的犹太人在7月31日之前离开西班牙。这项法令直到1968年仍在生效。法令一出，西班牙教士立即又掀起了一波强迫犹太人改信基督的浪潮。按照霍华德·萨查尔(Howard Sachar)的推算，在西班牙的15万犹太人中，约有三分之一放弃了本民族的信仰，包括亚布拉罕·西尼尔。[56]"1492年法令"保证迁移犹太人的安全，也允许他们带走财产，但最珍贵的黄金、白银和现金只能留在西班牙，任人瓜分。到了1502年，对摩尔人，官方给出了同样的抉择：要么皈依基督教，要么离开西班牙。一个世纪之后，他们也被全部驱逐出境。随着时间的流逝，又有三万多名犹太人从葡萄牙回到已繁衍生息千年的西班牙，成为皈依者，加入这支日趋庞大的社会集团。

约10万犹太人离开西班牙、前往葡萄牙定居，还有一些则逃到奥斯曼帝国和东欧。在收到一大笔贿赂之后，若昂二世(João II，1481—1495年在位)勉强允许逃亡者在本国居留8个月。超过期限之后，倘若这个犹太人没有对王权具备价值的技艺，他就将沦为王室农奴或奴仆。后来，当若昂二世的继任者曼努埃尔一世(Manuel I，1495—1521年在位)试图给予本国犹太人更大的自由权利时，斐迪南和伊莎贝拉出来干涉了。他们坚称，曼努埃尔一世如果想娶西班牙公主、夫妻国王的女儿——伊莎贝拉，就必须将驱逐葡萄牙犹太人作为婚约的一部分。到了1496年，葡萄牙犹太人也不得不面临被驱逐的命运。

西班牙、葡萄牙和中西欧很多国家大规模驱逐犹太人，其影响是巨大而深远的。

据估计，1490年欧洲犹太人口为60万，其中57万（95%以上）生活在西欧和中欧。两个多世纪之后的1700年，71.6万欧洲犹太人都已东迁。只剩下约20%仍生活在西欧，其余的则都在东欧和巴尔干半岛扎下根来。[57]

新教改革

西班牙犹太人被国家驱逐25年之后，另一场大动荡将要彻底改变欧洲的历史走向，那就是宗教改革。与欧洲历史上所有影响深远的事件一样，宗教改革也是复杂、多元的。几个世纪以来，罗马天主教廷一直为各种各样的政治和道德斗争所包围，并在斗争中逐渐幻灭，这构成宗教改革的大背景。宗教改革的主要内容，其实就 32
是强调制度化和仪式化实践的刻板教义与更私人化的信仰和崇拜行为之间的冲突。12、13世纪，通过打击异端，教廷曾成功抑制住多次对其传统权威的挑战，然而，不论是后来的宗教改革家——约翰·威克里夫（John Wyclif，1320—1384）、扬·胡斯（1369—1415）和吉罗拉摩·萨伏那洛拉（Girolamo Savonarola，1453—1498）等，还是各国世俗政权，都正在对教廷施加越来越沉重的冲击。文艺复兴催生出新的人文主义精神，吸引诸如托马斯·摩尔爵士（Sir Thomas More，1478—1535）和德西德琉斯·伊拉斯谟（Desiderius Erasmus，1466—1535）等基督教思想家探索早期基督教的学说和著作，从而对当时罗马教廷宣扬的教义发生质疑。对于即将到来的宗教改革运动，它各个层面的基础就是以上思想家奠造的，当然，在这场宗教思想的革命中，马丁·路德（1483—1546）成为被世人所铭记的核心人物。

马丁·路德

马丁·路德当时是罗马天主教奥古斯丁修会的会士，同时在萨克森地区的维腾堡大学任教。他对教廷在德意志的所作所为——尤其是兜售赎罪券的行为——感到厌烦。根据教会的说法，教徒购买赎罪券是为教会做贡献的善举，所以是一种对个人过去的罪行表示忏悔的表现。当时，很多人甚至相信，购买赎罪券可以将自己或他人从炼狱中解救出来。炼狱当然是个可怕的地方，根据《天主教百科全书》的描述："如果一个人使生活远离上帝的恩赐，上帝将不会完全宽恕他的过失，或者对自己的罪行，一个人没有完成完全的救赎，那么，炼狱就将是对这个人实施惩罚的地方或者状态。"[58]

在教会兜售赎罪券这件事情上，激怒路德的并非赎罪券本身的特质，而是他心中的一个坚定信念：救赎来自、也仅仅来自上帝，是上帝对人类仁慈的表现。路德称，作为一个基督徒，若想获得自我救赎，靠的是信仰，而绝非善行。路德最看不惯的，是一个叫约翰·泰策尔(Johann Tetzel, 1456—1519)的多明我派托钵修士。后者在维腾堡地区，肆无忌惮地运用各种推销手段，伴以对赎罪券力量的虚假承诺，骗取农民和其他阶层百姓的钱财。为了表明自己的观点，路德给枢机主教“勃兰登堡的阿尔布里奇”(Albrecht of Brandenburg, 1514—1545 年在位)写了一封正式的抗议信，并附上九十五条“基于虔诚的思考、用于辩论的议题”。[59] 然而，路德的“九十五条论纲”之所以成为历史上意义重大的文件，并非仅仅在于其对赎罪券的批评，而在于其更广泛和深刻的含义——“九十五条论纲”包含的正是宗教改革的思想火种。在这篇战斗檄文中，路德引导大家关注他所认为的“教会那项令人厌烦、有害无益、破坏了教皇统治权根基的恶习”。[60] 不久，路德就将“九十五条论纲”翻译成德文，他自己也成了当地一个英雄般的人物。在接下来的 4 年里，胆识愈增的路德将对罗马天主教会和教皇的攻击扩展到更广阔的方面，并奠立了基督教新教的基石性理念——“因信称义”和“因信得救”，以及《圣经》具有首要地位和所有信徒都具有“教士的权力”。面对路德的攻击，教皇利奥十世(Pope Leo X, 1513—1521 年在位)试图运用神学辩论等手段令路德驯服。然而，多次努力无果之后，1521 年 1 月 3 日，他终于宣布将路德逐出教会。神圣罗马帝国皇帝，同时也是西班牙国王的查理五世(Charles V, 1520—1556 年和 1516—1556 年在位)下令逮捕路德，并烧毁他的著作。不过，路德的处境与之前的罗马天主教持不同意见者正相反，由于受到萨克森选帝侯“睿智者”腓特烈三世(Prince Frederick III, 1486—1525 年在位)的保护——他把路德藏匿在瓦特堡城堡里将近一年，路德得以逃离被严酷惩罚的命运。

路德与犹太人

路德能够成功避免被监禁、甚至可能是被处死的命运，很大一部分原因是他意
33 识到自己的主张受到德意志贵族和农民的广泛支持。农民其实误解了路德的观点。他们认为路德所说的宗教自由和独立，是在伸张农民阶层的诉求——解决长期以来农民和农奴遭受的苦难。可能在内心深处，路德对农民的困境的确曾抱有同情，但是，他对 1525 年“德意志农奴大起义”的公开态度，却是严厉的反对，并多次敦促当权者使用一切可能的手段镇压农奴的反抗。

和农民阶层一样，欧洲犹太人起初也将路德看作是他们对抗罗马天主教迫害的同盟军。比方说，安特卫普的西班牙系犹太人皈依者，就将很多路德的早期著作翻译成西班牙文。当时有些人指控路德，说他否认圣母玛利亚感孕生下耶稣的事实，

1523年，路德发表了一本名为《耶稣基督生而就是犹太人》的小册子，目的在于对以上指控作出反击。很多德意志犹太人为此欢欣鼓舞，以为路德承认耶稣是犹太人。路德自己也称，相比那个如此残暴的宗教（罗马天主教），犹太人可能更愿意皈依自己的派别。路德说，犹太人和耶稣具有亲缘关系，因而得到上帝的祝福。他最后的结论就是，作为一个真正的基督徒，现在到了该报以犹太民族友爱和容忍的时候了，这将有利于犹太人逐渐领略基督教的真谛。尽管如此，不幸的是，路德并不是在开创一个公平对待犹太人的新时代，他只是试图创造一个新环境，以便促使更多的犹太人放弃本民族的信仰而皈依他的新教。不论怎样，路德1523年的言论如此令人感动，以至于德国的一个犹太人组织送给他一份《诗篇》的第130篇，由希伯来文字母拼写德文而成。

在接下来的十年间，路德对犹太民族的态度发生了较大的转变，原因很明显——犹太人既不愿意皈依罗马天主教，同样的，他们对新教也没有表现出什么特别的兴趣。1537年，一位卓越的德国犹太人领袖"罗塞姆的约赛尔"（Josel of Rosheim，1478—1554）恳请路德劝说萨克森选帝侯约翰·腓特烈（John Frederick，1532—1547年在位）撤销一项针对犹太人的驱逐法令。路德拒绝了他的请求。一年后，一个新教组织规定，将在犹太教安息日举行礼拜仪式，为此路德写了一篇名为《关于反对世纪福音会[①]的信》，对犹太人施行了猛烈的攻击。在文章中，他先抨击安息日的设定，然后又开始大肆批评犹太民族。他说，这个民族已被恶魔所浸染，由于他们没有皈依基督教，已遭到上帝的判决与惩罚。

随着路德年龄的增长，对犹太人以及一切视为敌人的群体，他的攻击和谩骂都愈发猛烈和露骨。在路德的布道文和与学生讨论的素材集结而成的《席间谈话》中，我们可以看到多处对犹太民族的咒骂之语。然而，正如理查德·马里乌斯（Richard Marius）指出的，路德仍旧希望犹太人能够皈依。直到1533年，他还说，与其让犹太人都成了罗马天主教徒，还不如让他们保持本民族的宗教传统。而且，即使是在路德晚年那些最恶毒的攻击中，我们仍能看到些微言语，表达他对犹太人严酷的生存环境的深切同情。当然，这些言语并不能制止攻击。在1543年的《关于犹太人及其谎言》中，路德使用了最残酷的字眼。他不仅把多项犹太人谋害基督徒的虚构罪名重新搬上台面，还指控他们为可恶的土耳其人充当间谍。他甚至说，让犹太人皈依

① 世纪福音会是一个基督教新教派别，其信徒采纳犹太教安息日作为自己举行礼拜仪式的日子。——译者注

基督教是不可能的，因为：

> 他们都是赤裸裸的骗子和血猎犬。不仅经常误入歧途，而且从古至今，他们都一直在用虚伪的粉饰篡改圣经。在他们心中最炙热的感叹、向往、希望，就是有朝一日，他们能像以斯帖（Esther）时代他们的祖先在波斯对待异教徒一样对待我们[以斯帖是波斯帝国皇帝亚哈随鲁（Ahasuerus），也就是薛西斯一世（Xerxes I，前486—前465年在位）的犹太妻子，她曾经干预朝政，阻止波斯宫廷高官哈曼屠杀犹太人]。[61]

34 因此，路德主张彻底烧毁犹太人的会堂，破坏他们的家园。他要求政府禁止犹太人保留祈祷书和《塔木德》，禁止犹太教拉比讲道，否则一律处死。他还建议官方限制犹太人出行，并阻止他们从事借贷行业。在通篇咒骂的最后，路德写道："如果上帝赐予我的弥赛亚，却是犹太人设想和希望的那样，那我宁愿、宁可是一头母猪，也不要成为人类的一员。"[62]迪阿尔梅德·麦克卡尔洛奇（Diarmaid MacCulloch）称路德1543年的这篇文章"为纳粹德国1938年的'水晶之夜'勾画了蓝图"。[63]

同样是在1543年，紧接着上述言论，路德又发表了另一篇名为《闪族的亥姆费拉斯和耶稣世系》的文章，这又是一次对犹太人的粗鄙攻击。他诬陷犹太人，说他们污蔑耶稣是一个巫师，使用闪族的亥姆费拉斯咒语作为惯用的行骗勾当。路德称，他曾在一座类似于维腾堡教堂的社区教堂看到一幅石刻，描述了这样一个故事：一个"犹太肥女人"正在给孩子喂奶，这时一个拉比走过来鸡奸了她。这幅石刻上方的铭文写的就是"她的亥姆费拉斯咒语"。路德认为，这个场景描述的正是《塔木德》。根据理查德·马里乌斯的说法，苏黎世的基督教福音派觉得《闪族的亥姆费拉斯和耶稣世系》是一个基督徒所能写作的最粗俗、最淫荡的文章了。最终，路德承诺自己将"与犹太人一刀两断"，[64]从而为那些令人不快的攻击画上了句号。

然而，路德最终还是背弃了他的承诺。他于1546年2月18日去世，就在此前三天，在他人生的最后一次布道中，路德再一次对犹太人进行了攻击。这一次基本上还是他1543年观点的重申。虽然路德仍自称要给予犹太人基督徒式的关爱，但还是将后者视为基督教的敌人，污蔑道，如果有可能的话，他们会杀掉所有基督徒。尽管诸如罗伦·培登（Roland Bainton）等研究路德思想的学者认为，如果从新教视野和利害关系这样一个更广阔的神学背景出发，路德那些具有反犹倾向的著作和情感是可以理解的，然而，事实终究是事实，鉴于路德在德国史乃至整个欧洲史中的强大影响力，他那恒久不衰的突出地位的确使本已肆虐的反犹主义偏见更加根深蒂固。这是很多研究路德的学者不得不承认的。比如，海科·A·奥伯曼（Heiko A. Oberman)说，路德的反犹主义成为“近代反犹主义的担保”。理查德·马里乌斯也称：“有人试图缓和，或者撇清，或者掩盖他(路德)对犹太民族的普遍憎恨，这样做是愚蠢的，甚至是有悖道德的。”[65]

尤利乌斯·施特莱歇尔特别喜欢引用和解释路德的言论。根据艾略特·巴库罗·惠顿(Eliot Barculo Wheaton)的记载，1933 年 3 月 31 日出版的《先锋报》将路德的肖像放在封面上，旁边的文字公开宣告：“数百万德意志人民热切盼望着这一天的到来。德意志作为一个团结的民族最终觉醒，并认清犹太民族作为世界公敌的地位。打倒世界公敌！只要这个世界还充满恶魔，我们就必须胜利、必须征服！”[66]

很多同情纳粹主义的德国基督教会领袖同样也喜欢引用路德的话，只不过没有施特莱歇尔那么咄咄逼人。惠顿在著作中提到，他们通常要求本教会“表现出积极的态度，要与德意志的路德精神和英勇虔行保持一致”。[67]

1933 年 11 月 10 日，德国基督徒将路德的 450 周年诞辰纪念变成了一场“路德—纳粹”的联谊会。柏林教会的新首脑，亲纳粹的莱茵霍尔德·克劳泽博士(Dr. Reinhold Krause，1893—1980)“不仅要求福音派教士严格执行雅利安法则，并且发动了一场对《圣经·旧约》的残酷攻击。他说，如果‘我们纳粹党员从犹太人手中购买一条领带都会觉得耻辱，那么，从他们那里接受任何思想上的、宗教上的东西，那些对我们的灵魂发生影响的东西，该是多么的令人羞愧啊。’”

在这次柏林盛典的尾声阶段，德国基督徒通过了一项决议，要求“每一位本堂牧师都必须高效合作，革新本民族民众的宗教观，借助纳粹主义的精神，完成(路德发动的)宗教改革的使命。任何人如果不愿意或者不能够完成这一任务，都必须被解除教职”。[68]

多丽丝·伯根(Doris Bergen)注意到，在一个德国基督徒写给德国外交部的信 35
中，类似的思想轨迹再次浮现：

> 为什么我们的统治者不宣布赞成日耳曼民族的教会，它可是在为现世的基督教精神而斗争啊。在我们的伟大元首阿道夫·希特勒的率领下，我们那曾经已死的教会又在鲜活的精神之下获得了新生。弗兰克尼亚领袖(尤利乌斯·)施特莱歇尔，发表了如下的演讲：“杀人犯的名字就写在犹太人的前额上。”的确如此。这也是为什么这个民族会遭受诅咒。然而，耶稣为我们而牺牲，所以我们应该信任他、接受他。他是通向光明、和平和友爱的道路。我们只有团结在对基督的真正信仰之下，我们才能击败这个世界的教士。
>
> 天国王朝在我们的心中无所不在(原文如此)——但必须经过祈祷和战斗，

我们才能得到。马丁·路德曾为他的教会、为我们而斗争。在上帝的帮助下，我们要继续战斗，以获得仁慈的祝福。阿门。[69]

后来伯根解释道，纳粹德国的教会领袖“喜欢引用路德的言论，将他看作是对待犹太民族和犹太教态度的先驱和模板”。他们认为路德是“反犹主义的战士”。[70]二战爆发之后，德国福音会和美国路德会虽然都曾谴责路德的反犹主义学说，然而，在德意志民族的信仰传统中，路德的核心地位始终未变。

茨温利、加尔文与犹太人

当宗教改革扩散至欧洲其他国家时，新教领袖们被他们的对手指控为“亲犹者”——这个词可以追溯至早期基督教时代，意指对犹太民族的宗教情感抱有同情或支持态度的人。和路德处于同一时代的瑞士人乌尔里希·茨温利（Ulrich Zwingli，1484—1531）是个接受过良好教育的牧师，受荷兰基督教人文主义者德西德琉斯·伊拉斯谟影响很深。伊拉斯谟主张复兴罗马天主教会的精神和道德，这一点茨温利表示赞同，但他却不认可伊拉斯谟对犹太人的憎恨。在瑞士联邦的一些地方，茨温利也发动了一场宗教改革运动。他甚至比路德更多地强调个人在宗教信仰领域的独立地位。虽然茨温利的改革诉求从来都没有成为一个主流新教派别的核心理念——这与马丁·路德和约翰·加尔文是不同的——但是茨温利对个人精神独立性、宗教仪式简单化和强烈道德信念的看重，还是对新教教义产生了巨大的影响。他后来在苏黎世进行了一次神权政治的实验，试图将基督教回复至犹太教的初始和简单状态。茨温利对那些伟大的犹太教先知抱有崇敬，这也促进了他思想的演变。事实上，他在布道文中经常引用《圣经·旧约》，有一次他甚至告诉神圣罗马帝国皇帝查理五世，当他死后进入天堂，估计能在那里遇到很多卓越的犹太教先知和领袖。正因如此，茨温利的批判者们，特别是路德派信徒，就经常指控他为亲犹者，甚至污蔑说，由于茨温利对犹太民族思想的热衷，他已经成了一个异教徒。路德也对别人说，他怀疑茨温利曾和犹太人一起研读《圣经·旧约》。

宗教改革运动的第二代领袖约翰·加尔文（1508—1564）也曾被指为一名“亲犹者”。加尔文是法国人，16 世纪 40 年代在日内瓦也建立了一个神权政治的国家。他的主要改革理念都反映在《基督教要义》这本书中——其核心就是一系列严格的宗教和道德教义。加尔文主义很快传遍欧洲，并对苏格兰长老派、荷兰归正派、英国清教和法国胡格诺派产生过决定性的影响。由于加尔文的学说在很大程度上是建立在《圣经·旧约》基础上的，所以他的反对者们指责他为亲犹者，当然加尔文也经常

以类似的指控进行反击。犹太人和加尔文教徒同样遭到迫害，同样看重《圣经·旧
约》，因此在加尔文主义对待犹太民族的立场上，呈现出一种微妙但相当重要的变 36
化。尽管如此，在零散分布在欧洲各地的加尔文教徒控制区内，这一变化并未使犹太人避免时不时被驱逐的命运。

罗马天主教廷、犹太人和反宗教改革运动

始于15世纪90年代的罗马教廷对宗教改革的应对，被称为“反宗教改革运动”，或者“天主教改革运动”。当新教运动传遍整个西欧时，罗马教廷终于意识到，之前的全部改良努力都不足以保护自己免遭新教浪潮的冲击。在这样的背景下，几位励精图治的教皇决定采取更富进取心的行动，试图实现教会的转型。从1545年至1563年定期召集的“特伦特宗教会议”极大地加强了教皇行动的力度。由这一系列会议开启的对罗马天主教会的改良措施，直到1962年至1965年的“第二次梵蒂冈大公会议”时仍然保持着效力。特伦特宗教会议重申，罗马教廷规定的那些最关键的仪式和传统，都具有重大的意义。会议还发布敕令，强调圣经和传统惯例具有同样的权威地位，而绝非新教教派宣扬的那样，只有圣经中体现的上帝的话语才是唯一需遵循的标准。特伦特宗教会议还决定，将《新约外传》（指犹太教徒和新教徒不予认可的某些旧约篇章）加入罗马天主教《圣经》，将圣杰罗姆的拉丁文通行本武加大版《圣经》作为官方译本，并将圣托马斯·阿奎那树为教廷最重要的神学家。

在宗教改革运动刚刚兴起的时候，教皇国的犹太人社团并未遭到迫害。事实上，那时在整个意大利境内，犹太人的处境比他们分布在欧洲其他国家的同胞都要好得多。马丁·路德有一次就谈到这个问题，他说，意大利有那么多犹太人，以至于在北部城市克雷莫纳，基督徒只剩下最多28个人。教皇利奥十世和克雷芒七世（Clement VII，1523—1534年在位）都对犹太人的学识表现出浓厚的兴趣。曾经召集过特伦特宗教会议的教皇保罗三世（Pope Paul III，1534—1549年在位）则发表公告，欢迎最近被驱逐的犹太人和西班牙皈依者前来教皇国定居。

然而，在教皇尤里乌三世（Pope Julius III，1549—1555年在位）和他的大检察官——枢机主教乔瓦尼·皮特罗·卡拉法（Giovanni Pietro Caraffa，1476—1559）统治期间，这一切都发生了巨变。1553年尤里乌三世批准了卡拉法的敕令，内容是烧毁罗马的所有《塔木德》。而等卡拉法红衣主教当上教皇、成为保罗四世（Pope Paul IV，1555—1559年在位）之后，他命令教皇国的所有犹太人都必须立刻搬进犹太人隔离区。而在此几十年前，威尼斯的犹太人就已经遭受过同样的不公正待遇。保罗

四世还发布敕令，规定犹太区居民在日出之后至日落之前不得擅自离开隔离区，且教皇国的每一个犹太人社区都只能保留一座犹太会堂用于礼拜活动。所有犹太男性必须佩带黄色帽子、妇女则佩带黄色围巾以示区别。教皇还限制犹太人从事一项特殊职业——出售旧衣物——并禁止他们与基督徒讲话。不久之后，这些限制措施扩散开来，为其他意大利邦国所采用。

教皇庇护四世(Pope Pius IV, 1559—1566年在位)曾试图缓和保罗四世的某些反犹主义极端措施，然而他在任期间，罗马犹太人隔离区的规模不减反增。而且，这些先前只针对犹太教信徒的限制还扩展至“皈依者”身上。1566年，教皇庇护五世(Pope St.Pius V, 1566—1572年在位)下令所有梵蒂冈犹太人必须在三个月内离开本国，不过可以在某些教皇所辖的城市保留合法的身份。大批犹太人被迫离开教皇国，前往意大利其他地区，可惜一到那里，他们再一次被赶进新的隔离区。不过，到了教皇西斯克特五世(Pope Sixtus V, 1585—1590年在位)时期，保罗四世的大部分反犹主义立法均被废除，犹太人又获得了平等的权利，甚至需缴纳的税率也和基督徒没什么两样。

37 **结论**

希伯来民族——现在我们称为犹太民族——在诞生之后的第一个千年，从数个散乱分布的游牧部落，进化成西方历史上最为独特的种族和宗教群体之一，究其原因，很大程度上是因为他们宗教上的独特性——一神的犹太教。虽然犹太人没能成功抵御来自周边强邻的攻击，没能保住他们古代的家乡——以色列，但是在地中海世界，犹太民族始终是一支重要的文化、宗教和经济势力。

不幸的是，当基督教时代到来之后，这一切都开始改变了。虽然基督教的创始者——耶稣，他自己就是一个犹太人，而且至少根据他的早期追随者的理论，耶稣就是犹太教里的弥赛亚，然而，大多数犹太人却拒不承认耶稣的弥赛亚地位。犹太民族对这一基督教根基的否认，再加上两种宗教之间的竞争，是基督徒始终对犹太人抱有敌意的根本原因。当时，罗马天主教廷指控犹太人应为耶稣被处死负责，基于这一诬陷，一个官方的反犹主义政策得以出台。尽管在竭力劝服犹太人皈依基督教的同时，教廷也曾试图警告信徒要以基督徒的善心宽容对待犹太人，然而，这个定罪性的官方政策还是使犹太民族的成员在欧洲社会处于低人一等的地位。到了中世纪，对犹太人的多项指控，以及对他们参与借贷行业的限制，使得这一民族愈发孤立，遭受的敌意也是甚嚣尘上。十字军东征将欧洲人对犹太人的普遍厌恶和怀疑，转变为更加赤裸裸的暴力。而到了13世纪末，西欧人对犹太人的憎恨已经达到无法忍受的极端程度，以致于拉开了大规模驱逐运动的序幕。

对仍留在欧洲的犹太人来说，宗教改革运动是一段喜忧参半的时期。运动的头号领袖马丁·路德时常中伤他们，而诸如乌尔里希·茨温利和约翰·加尔文等新教领袖们的言论和行动，则在启蒙的光辉照耀欧洲前夕，为犹太人的部分回归奠定了思想基础。可惜，罗马天主教会仍将犹太人视为顽固不化的异教徒，并对这一族群实行更加严酷的打击政策。

进一步学习和研究的资料

原始史料——

Abelard, Peter. *Collationes*. Edited and translated by John Marebon and Giovanni Orlandi. Oxford: Clarendon Press, 2001.

____. *A Dialogue of a Philosopher with a Jew and a Christian*. Translated by Pierre J.Payer. Toronto: Institute of Medieval Studies, 1979.

Augustine, Saint. *The City of God Against the Pagans*. Translated and edited by R.W.Dyson. Cambridge: Cambridge University Press, 1998.

____. *Treatises on Marriage and Other Subjects*. Translated by Charles T.Wilcox et al. In *The Fathers of the Church*, edited by Roy J.Deferrari. New York: Fathers of the Church, 1955.

Chrysostom, Saint John. *Adversos Judaeos*. http://www.preteristarchive.com/Bookstore/chrysostom_homilies_adversus_judeaus.html.

The Holy Bible Containing the Old and New Testaments: The New King James Version. Nashville, TN: Thomas Nelson, 1983.

Josephus, Flavius. *The Great Roman-Jewish War: A.D.66—70*. The William Whiston translation as revised by D.S.Margoliouth. Edited by William R.Farmer. Gloucester, MA: Peter Smith, 1970.

"Laws of Constantine the Great, October 18, 315, Concerning Jews, Heaven-Worshipers, and Samaritans." *Heritage: Civilization and the Jews*. http://www.pbs.org/wnet/heritage/episode3/documents/documents_10.html.

Leikin, Ezekiel, ed. *The Beilis Transcripts: The Anti-Semitic Trial That Shook the World*. Northvale, NJ: Jason Aronson, 1993.

The Letters of St.Bernard of Clairvaux. Translated by Bruno Scott James. Spencer, MA: Cistercian Publications, 1998.

Luther, Martin. "On the Jews and Their Lies." *Medieval Sourcebook*. Translated by Martin H.Bertram. New York: Fordham University, 2005. http://www.fordham.edu/halsall/basis/1543-Luther-JewsandLies-full.html.

Mendes-Flohr, Paul, and Jehuda Reinharz, eds. *The Jew in the Modern World: A Documentary History*. 2nd ed. New York: Oxford University Press, 1995.

"The Nicene Creed." *The Book of Common Prayer and Administration of the Sacraments and Other Rites and Ceremonies of the Church*. New York: Oxford University Press, 1990.

Rubin, Alexis P. *Scattered Among the Nations: Documents Affecting Jewish History, 1949 to 1975*. Northvale, NJ: Jason Aronson, 1995.

Sandmel, Samuel, M.Jack Suggs, and Arnold J.Tkacik, eds. *The New English Bible with the Apocrypha: Oxford Study Edition*. New York: Oxford University Press, 1976.

Scott, Samuel Parsons, ed. *The Civil Law: Including the Twelve Tables, the Institutes of Gaius, the Rules of Ulpian, the Opinions of Paulus, the Enactments of Justinian, and the Constitutions of Leo*. Vol. 12. Cincinnati: Central Trust Company, 1932.

Simonsohn, Shlomo, ed. *The Apostolic See and the Jews. Documents*. Toronto: Pontifical Institute of Medieval Studies, 1988.

Tacitus. *The Histories*. Translated by W.H.Fyfe. Edited by D.S.Levine. New York: Oxford University Press, 1997.

Tanakh: The Holy Scriptures. Philadelphia: The Jewish Publication Society, 1985.

"Thomas Aquinas' Letter to Margaret of Flanders." Translated by Mark Johnson. Thomistica. NET. http://www. thomistica. net/thomas-aquinas-letter-to-marg/.

The Torah: The Five Books of Moses. Philadelphia: Jewish Publication Society of America, 1962.

次级史料——

Bainton, Roland H. *Here I Stand: A Life of Martin Luther*. New York: New American Library, 1950.

Ben-Sasson, Haim H., ed. *A History of the Jewish People*. Cambridge, MA: Harvard University Press, 1994.

Bergen, Doris L. *The German Christian Movementin the Third Reich*. Chapel Hill: University of North Carolina Press at Chapel Hill, 1996.

Brown, Peter. *Augustine of Hippo: A Biography*. Berkeley: University of California Press, 1967.

Bryce, James. *The Holy Roman Empire*. New York: Schocken Books, 1961.

Chazan, Robert. *European Jewry and the First Crusade*. Berkeley: University of California Press, 1987.

Durant, Will. *The Age of Faith*. New York: Simon & Schuster, 1950.

____. *The Reformation*. New York: Simon & Schuster, 1957.

Eban, Abba. *Heritage: Civilization and the Jews*. New York: Summit Books, 1984.

Encyclopedia Judaica. CD ROM edition. Jerusalem: Judaica Multimedia, n.d.

Felsenstein, Frank. *Anti-Semitic Stereotypes: A Paradigm of Otherness in English Popular Culture, 1660—1830*. Baltimore: The Johns Hopkins University Press, 1995.

Fend, William Hugh Clifford. *The Rise of Christianity*. Philadelphia: Fortress Press, 1984.

Flannery, Edward H. *The Anguish of the Jews: Twenty-three Centuries of Anti-Semitism*. New York: Macmillan, 1965.

Gaer, Joseph. *The Legend of the Wandering Jew*. New York: New American Library, 1961.

Gay, Ruth. *The Jews of Germany: A Historical Portrait*. New Haven: Yale University Press, 1994.

Gibbon, Edward. *The Decline and Fall of the Roman Empire*. New York: Harcourt Brace, 1960.

Hanna, Edward J. "Purgatory." *The Catholic Encyclopedia*. Vol. 12. Online edition(2003). http://www.newadvent.org/cathen/12575a.htm.

Hsia, P.Po-chia. *The Myth of Ritual Murder: Jews and Magic in Reformation Germany*. New Haven: Yale University Press, 1988.

Johnson, Paul. *A History of the Jews*. New York: Harper & Row, 1987.

Jones, A.H.M.*Constantine and the Conversion of Europe*. New York: Collier Books, 1962.

Keller, Werner. *Diaspora: The Post-Biblical History of the Jews*. New York: Harcourt Brace & World, 1969.

Krey, August C.*The First Crusade: The Accounts of Eyewitnesses and Participants*. Princeton: Princeton University Press, 1921.

Leibowitz, Yeshaiahu. *The Faith of Maimonides*. Translated by John Glucker. New York: Adama Books, 1987.

MacCulloch, Diarmaid. *The Reformation: A History*. New York: Viking, 2003.

Marius, Richard. *Martin Luther: The Christian Between God and Death*. Cambridge, MA: Belknap Press of Harvard University Press, 1999.

Mosse, George L. *Toward the Final Solution: A History of European Racism*. New York: Harper & Row, 1978.

Netanyahu, B.*The Origins of the Inquisition in Fifteenth Century Spain*. 2nd ed. New York: New York Review of Books, 2001.

Novak, Michael. "Aquinas and the Heretics." *First Things*, no. 58(December 1995):1—5. http://print.firstthings.com/ftissues/ft9512/articles/novak.html.

Oberman, Heiko A.*Luther: Man Between God and the Devil*. Translated by Eileen Walliser-Schwarzbart. New York: Image Books, 1992.

____. *The Roots of Antisemitism in the Age of Renaissance and Reformation*. Translated by James I. Porter. Philadelphia: Fortress Press, 1984.

O'Donnell, James J. *Augustine: A New Biography*. New York: HarperCollins, 2005.

Olmstead, A.T.*History of the Persian Empire*. Chicago: University of Chicago Press, 1970.

Sachar, Howard M.*Farewell España: The World of the Sephardim Remem-

bered. New York: Alfred A.Knopf, 1994.

Schreckenberg, Heinz. *The Jews in Christian Art: An Illustrated History*. New York: Continuum, 1996.

Smith, Helmuth Walser. *The Butcher's Tale: Murder and Anti-Semitism in a German Town*. New York: W.W. Norton, 2000.

Wheaton, Eliot Barculo. *The Nazi Revolution, 1933—1935: Prelude to Calamity*. Garden City, NY: Anchor Books, 1969.

Wigoda, Geoffrey, Fred Skolnik, and Shmuel Himelstein, eds. *The New Encyclopedia of Judaism*. New York: New York University Press, 2002.

注释:

[1] "God, names of," in *The New Encyclopedia of Judaism*, ed. Geoffrey Wigoda, Fred Skolnik, and Shmuel Himelstein(New York: New York University Press, 2002), 307.

[2] *The Torah: The Five Books of Moses*(Philadelphia: Jewish Publication Society of America, 1962), 336.

[3] Menachim Stern, "The Decrees Against the Jewish Religion and the Establishments of the Hasmonean State," in *A History of the Jewish People*, ed. Haim H.Ben-Sasson(Cambridge, MA: Harvard University Press, 1976), 206.

[4] Paul Mendes-Flohr and Jehuda Reinharz, eds., *The Jew in the Modern World: A Documentary History*, 2nd ed.(New York: Oxford University Press, 1995), 701; Paul Johnson, *A History of the Jews*(New York: Harper & Row, 1987), 112; "Population," *Encyclopedia Judaica*, CD Rom Edition(Jerusalem: Judaica Multimedia, n.d.), 1.

[5] Johnson, *History of the Jews*, 127.

[6] Menachim Stern, "The Great Revolt," in Ben Sasson, *A History of the Jewish People*, 296.

[7] Flavius Josephus, *The Great Roman-Jewish War: A.D. 66—70*, the William Whiston translation as revised by D.S.Margoliouth, ed. Willaim R.Farmer (Gloucester, MA: Peter Smith, 1970), 269.

[8] Tacitus, *The Histories*, trans. W.H.Fyfe., ed. D.S.Levine(New York:

Oxford University Press, 1997), 234—235.

[9] Samuel Sandmel, M.Jack Suggs, and Arnold J.Tkacik, eds., *The New English Bible with the Apocrypha: Oxford Study Edition* (New York: Oxford University Press, 1976);钦定版《圣经·新约》39 写道:"流这义人的血,罪不在我。你们承当吧。众人都回答说:'他的血归到我们和我们的子孙身上。'"*The Holy Bible Containing the Old and New Testaments: The New King James Version* (Nashville, TN: Thomas Nelson, 1983), 1108.

[10] *The New English Bible: New Testament*, 160.

[11] Ibid., 120.

[12] Ibid., 309, 300.

[13] "Laws of Constantine the Great, October 18, 315, Concerning Jews, Heaven-Worshipers, and Samaritans," *Heritage: Civilization and the Jews*, 1—2, http://www.pbs.org/wnet/heritage/episode3/documents/documents_10.html.

[14] A.H.M.Jones, *Constantine and the Conversion of Europe* (New York: Collier Books, 1962), 140.

[15] "The Nicene Creed," *The Book of Common Prayer and Administration of the Sacraments and Other Rites and Ceremonies of the Church* (New York: Oxford University Press, 1990), 358.

[16] W.H.C.Frend, *The Rise of Christianity* (Philadelphia: Fortress Press, 1984), 505.

[17] Jones, *Constantine and the Conversion of Europe*, 207.

[18] Werner Keller, *Diaspora: The Post-Biblical History of the Jews* (New York: Harcourt Brace & World, 1969), 97—98.

[19] Edward Gibbon, *The Decline and Fall of the Roman Empire* (New York: Harcourt Brace, 1960), 360—361.

[20] Keller, *Diaspora*, 100.

[21] Edward H.Flannery, *The Anguish of the Jews* (New York: Macmillan, 1965), 47.

[22] Saint John Chrysostom, *Adversus Judaeos*, Homily 1, pt.3, 5—6, http://www.preteristarchive.com/Bookstore/chrysostom_homilies_adversus_judeaus.html.

[23] Flannery, *Anguish of the Jews*, 47.

[24] Augustine, *The City of God Against the Pagans*, trans. and ed. R.W. Dyson(Cambridge: Cambridge University Press, 1998), 891.

[25] Flannery, *Anguish of the Jews*, 50.

[26] Ibid.

[27] James J.O'Donnell, *Augustine: A New Biography*(New York: HarperCollins, 2005), 188.

[28] Saint Augustine, *Treatises on Marriage and Other Subjects*, trans. Charles T.Wilcox et al., in *The Fathers of the Church*, ed. Roy J.Deferrari(New York: Fathers of the Church, 1955), 391, 414.

[29] Samuel Parsons Scott, ed., *The Civil Law: Including the Twelve Tables, the Institutes of Gaius, the Rules of Ulpian, the Opinions of Paulus, the Enactments of Justinian, and the Constitutions of Leo*(Cincinnati: Central Trust Company, 1932), 12:63, 72, 75, 79, 82.

[30] Mendes-Flohr and Reinharz, *The Jew in the Modern World*, 701.

[31] Keller, *Diaspora*, 152.

[32] Will Durant, *The Age of Faith*(New York: Simon and Schuster, 1950), 587.

[33] August C.Krey, *The First Crusade: The Accounts of Eyewitnesses and Participants*(Princeton: Princeton University Press, 1921), 54—56.

[34] Keller, *Diaspora*, 205.

[35] Ibid., 206.

[36] Robert Chazan, *European Jewry and the First Crusade*(Berkeley: University of California Press, 1987), 220.

[37] Keller, *Diaspora*, 206—207.

[38] Peter Abelard, *Collationes*, ed. and trans. John Marebon and Giovanni Orlandi(Oxford: Clarendon Press, 2001), 19—21;另一个翻译版本,请见 Peter Abelard, *A Dialogue of a Philosopher with a Jew and a Christian*, trans. Pierre J. Payer(Toronto: Institute of Medieval Studies, 1979), 32—33。

[39] H. H. Ben-Sasson, "Changes in the Legal Status and Security of the Jews," in Ben-Sasson, *A History of the Jewish People*, 481.

[40] H.H.Ben-Sasson, "The Middle Ages," in Ben-Sasson, *A History of the Jewish People*, 478.

[41] "Thomas Aquinas' Letter to Margaret of Flanders," trans. Mark Johnson, Thomistica. NET, 1—4, http://www.thomistica.net/thomas-aquinas-letter-to-marg/.

[42] Michael Novak, "Aquinas and the Heretics," *First Things*, no.58(December 1995): 4—5, http://print.firstthings.com/ftissues/ft9512/articles/novak.htm.

[43] Keller, *Diaspora*, 212.

[44] Joseph Gaer, *The Legend of the Wandering Jew*(New York: The New American Library, 1961), 151.

[45] George L.Mosse, *Toward the Final Solution: A History of European Racism*(New York: Harper & Row, 1978), 115.

[46] "Aquinas' Letter to Margaret of Flanders," 4.

[47] Benzion Netanyahu, *The Origins of the Inquisition in Fifteenth Century Spain*, 2nd ed.(New York: New York Review Books, 2001), 68—69.

[48] *The Letters of St. Bernard of Clairvaux*, trans. Bruno Scott James (Spencer, MA: Cistercian Publications, 1998), 463.

[49] H.H.Ben-Sasson, "The Status and Economic Structure of Jewish Communities, 1096—1348," in Ben-Sasson, *A History of the Jewish People*, 472.

[50] Keller, *Diaspora*, 221.

[51] R.Po-chia Hsia, *The Myth of Ritual Murder: Jews and Magic in Reformation Germany* (New Haven: Yale University Press, 1988), 3; Frank Felsenstein, *Anti-Semitic Stereotypes: A Paradigm of Otherness in English Popular Culture, 1660—1830* (Baltimore: Johns Hopkins University Press, 1995), 10, 147—159.

[52] Shlomo Simonsohn, ed. *The Apostolic See and the Jews: Documents* (Toronto: Pontifical Institute of Medieval Studies, 1988), 30.

[53] Ibid., 313—323.

[54] Keller, *Diaspora*, 244.

[55] Netanyahu, *Oigins of the Inquisition*, 149.

[56] Howard M. Sachar, *Farewell Espana: The World of the Sephardim Remembered* (New York: Alfred A.Knopf, 1994), 71—73.

[57] "Population," *Encyclopedia Judaica*, table 5, 1 page; Mendes-Flohr and Reinharz, *The Jew in the Modern World*, 702.

[58] Edward J. Hanna, "Purgatory," *The Catholic Encyclopedia*, online edition(2003), 12:1, http://www.newadvent.org/cathen/12575a.htm.

[59] Richard Marius, *Martin Luther: The Christian Between God and Death* (Cambridge, MA: Harvard University Press, 1999), 137.

[60] Ibid., 140.

[61] Martin Luther, "On the Jews and Their Lies," *Medieval Sourcebook*, trans. Martin H. Bertram (New York: Fordham University, 2005), 12, http://www.fordham.edu/halsall/basis/1543-Luther-JewsandLies-full.html.

[62] Ibid., 12.

[63] Diarmaid MacCulloch, *The Reformation: A History* (New York: Viking, 2004), 666.

[64] Marius, *Martin Luther*, 378—379.

[65] Heiko A. Oberman, *Luther: Man Between God and the Devil*, trans. Eileen Walliser-Schwartzbart (New York: Image Books, 1992), 297; Marius, *Martin Luther*, 372.

[66] Eliot Barculo Wheaton, *The Nazi Revolution, 1933—1935: Prelude to Calamity* (Garden City, NY: Anchor Books, 1969), 309.

[67] Ibid., 314.

[68] Ibid., 400—401.

[69] Doris L. Bergen, *Twisted Cross: The German Christian Movement in the Third Reich* (Chapel Hill: University of North Carolina Press, 1996), 128.

[70] Ibid., 28.

41 # 第二章

犹太人、启蒙运动、解放，以及20世纪早期种族性反犹主义的兴起

大事年表

1660—1789年：启蒙运动

1689年：约翰·洛克(John Locke)发表《论宽容》

1714年：约翰·托兰德(John Toland)发表《在大不列颠和爱尔兰实行犹太人归化的原因》

1729—1786年：摩西·门德尔松(Moses Mendelssohn)生卒

1779年：戈特霍尔德·莱辛(Gotthold Lessing)发表《智者纳旦》

1787年：奥诺雷·加布里埃尔·维克多·米拉波伯爵(Count Honoré Gabriel Victore de Mirabeau)发表《论摩西·门德尔松和政治改革》

1789年：法国大革命爆发

1791年：法国解放犹太人

1793年：叶卡捷琳娜二世(Catherine II)在俄国创设永久犹太人定居栅栏区

1806年："犹太名人会议"在巴黎召集，对拿破仑一世(Napoleon I)的"十二个问题"作出回应

1807年："大犹太教公会"在巴黎召开

1808年：拿破仑一世发布"臭名昭著的法令"，开创犹太人监管体系

1848年："1848年革命"帮助德意志各邦犹太人获得解放

1850年：理查德·瓦格纳(Richard Wagner)发表《音乐里的犹太教》

1858年：查尔斯·达尔文(Charles Darwin)发表《物种起源》

1859年：海因里希·冯·特赖奇克(Heinrich von Treitschke)写下"犹太民族是我们的灾祸"

1864年：赫伯特·斯宾塞(Herbert Spencer)开创"适者生存"的说法

1879年：威廉·马尔(Wilhelm Marr)在《犹太人对德意志人的胜利》中开创"反

犹主义”的说法

1880 年：尤金·杜林(Eugen Dühring)发表《关于犹太人的种族、道德和文明的问题及世界历史视野下的回答》

19 世纪 80 年代：格奥尔格·里特尔·冯·舍纳尔(Georg Ritter von Schönerer)在奥地利发起“泛日耳曼”运动

1881 年：俄国“解放者沙皇”亚历山大二世(Alexander II)遇刺

1881—1914 年：近 200 万犹太人逃离俄国以躲避大屠杀

1882—1885 年：奥地利“林茨计划”要求全国各业解雇和排斥犹太人

1883 年：弗朗西斯·高尔登(Francis Galton)开创“优生学”的说法

1886 年：“德意志反犹联盟”建立

1886 年：爱德华·德拉蒙特(Édouard Drumont)出版反犹主义的《法国犹太人》 42

1889 年(4 月 20 日)：阿道夫·希特勒出生于奥匈帝国莱因河畔的布劳瑙

1894 年：阿尔弗雷德·德雷福斯上校(Captain Alfred Dreyfus)被定罪为德国间谍，后被放逐至恶魔岛

1898 年：埃米尔·左拉(Emile Zola)写下“我控诉”，为德雷福斯辩护

1897—1910 年：卡尔·卢埃格尔(Karl Lueger)任维也纳市长

1899 年：休斯顿·斯图尔特·张伯伦(Houston Stewart Chamberlain)在《19 世纪的基础》中，指责犹太人在西方文明史中的破坏性作用

1903 年：俄国公布虚构的《锡安长老议定书》

1904—1905 年：“种族卫生学”(德文为 Rassenhygiene)术语的创造者阿尔弗雷德·普勒茨博士(Dr.Alfred Ploetz)在德国创办《种族与社会生物学杂志》以及“种族卫生学协会”

1906 年：德雷福斯被判无罪，重回军界

1913 年：俄国的孟德尔·贝里茨“血祭诽谤”审判

犹太人在宗教改革之后的欧洲

15、16 世纪席卷欧洲的那场激荡人心的宗教和政治运动永远地改变了这个大洲。期间，犹太人大批地逃离西欧，迁至巴尔干半岛和东欧。波兰及不久之后的俄国成为犹太民族聚居世界的中心。当 18 世纪到来的时候，地球上一半以上的犹太人都居住在东欧和巴尔干。还有三分之一居住在中东和非洲，只剩下极小的一部分仍留在西欧。[1]

在欧洲的西半壁，启蒙运动创造了一种全新的宽容氛围，帮助许多犹太人获得了公民权和政治权利。在波兰——18 世纪的第二个 50 年内，这个国家从欧洲的版图上消失了，因此当地犹太人不得不服从叶卡捷琳娜二世（又称叶卡捷琳娜大帝，1762—1796 年在位）的统治。为了压制新近归属俄国的波兰犹太人口，女沙皇开创了一套名为“犹太人栅栏区”的监管体系。在整个 19 世纪内，欧洲的犹太人被迫接受一种新型的偏见，既包含几百年来针对犹太民族的宗教仇恨，又涉及新的关于种族的理念，这就是反犹主义。在法国、德国、奥匈帝国以及西欧和中欧的其他地方，反犹主义已进入主流政治领域，成为在 19 世纪末 20 世纪初那场关于民族主义和民族认同的大讨论中发挥活跃作用的理念。在 1881 年至 1914 年间的俄国，宗教意义上对犹太人的传统憎恨与反犹主义相混合，迸发出一场全国范围的针对犹太民族的暴力攻击，导致将近 200 万犹太人逃离这个国家。沙俄对犹太民族的暴行在世界范围都引发强烈的抗议，为了平息民愤，沙皇的秘密警察打算将暴行与最新流行的反犹主义种族主义理念搭上关系，从而炮制出了一份臭名昭著的文件，那就是至今还为反犹主义者所利用的《锡安长老议定书》。到了 20 世纪初，自古而来的、建立在宗教差异基础之上的对犹太人的偏见，与反犹主义相交杂，从而催生出一股极具煽动力的对犹太人的普遍敌意，而这正构成阿道夫·希特勒种族主义意识形态的基础。

启蒙运动

启蒙运动是以 17 世纪晚期科学观念的革命为起点的。这些观念就是在哥白尼（Copernicus，1473—1543）、约翰·开普勒（Johann Kepler，1571—1630）、伽利略（Galileo Galilei，1564—1642）、弗朗西斯·培根爵士（Sir Francis Bacon，1561—1626）、雷内·笛卡儿（René Descartes，1596—1650）等人的著作中生根发芽的。哥白尼提出了一个革命性的见解——太阳是宇宙的中心，这是一个完全从科学角度出发得出的结论，对过去基督教会所宣扬的地球是世界的中心这一理论构成致命的冲击，之后开普勒和伽利略又充实了哥白尼的理论。培根和笛卡儿，虽然不能算严格
43 意义上的科学家，却提倡科学，并将建立在理性和科学基础上的调查研究作为了解周边世界的途径。艾萨克·牛顿爵士（Sir Issac Newton，1642—1727）在 1687 年出版的《自然哲学的数学原理》（拉丁文为 Principia Mathematica）中，将以上学者的新理念加以应用。他的重力原理扭转了西方科学的演进方向，并为即将到来的启蒙运动做足了准备。

三条最重要的启蒙原则中有两条都出自科学革命。第一条说的是，宇宙万物都

受自然法则的支配;第二条则强调指出,理性能力和科学研究能够提供解决方案并探究基础性问题。约翰·洛克(1632—1704)则提出启蒙运动的第三个基本理念,即人的生存环境为自我发展提供了无限的可能性。在《人类理解论》(1689 年)中,洛克称,人类的知识是通过教育和生活经历获得的。[2]他还认为,在自由国家之内,人生而平等。在《政府论》(1690 年)中,这位英国哲学家提出,从理论上讲,政府是作为民众的共同意愿而存在的,然而,它偶尔也会滥用民众赋予的权力。这个时候,民众有权改变政府。洛克说,在这样的制度下,不会存在任何不经民众同意就凌驾于其生命、自由和财产之上的权威了。[3]

在宗教改革期间及之后的历史阶段,当任何统治者或组织试图将其宗教观强加于别的群体之时,往往会引起国家的动乱。作为回应,诸如清教徒①、贵格派②、再洗礼派③等新教派别,则公开要求给予每个社会成员以信仰的自由。在英国的"光荣革命"爆发之前的数年,一直处于逃亡状态的洛克写下《论宽容》:在公民社会中,任何人都不得被剥夺"公民权利",不论他或她属于哪个教派或何种宗教,"不论是异教徒、穆斯林还是犹太人,任何人都不应因为其宗教信仰,而被排除在共同体的公民权利之外"。[4]在洛克生活的时代,反犹偏见仍在全欧洲的知识分子圈子中盛行,但单单他的这么一个建议——犹太人不应因其信仰不同而被剥夺公民权,却传达了一个重要的信号,预示着对犹太民族态度的转变。

在弗兰克·费尔森斯坦对 18 世纪末 19 世纪初英国大众文化中的反犹主义形象的研究中,他提请大家关注一些中世纪陈规成见的留存。德国希伯来文化学者约翰·艾森曼格(Johann Eisenmenger, 1654—1704),是一位在海德堡大学任教的新教徒。他曾在阿姆斯特丹生活。他发现,那里的基督教会对犹太教的态度发生了三项令人震惊的改变,作为回应,搬到海德堡之后,他花费了将近 20 年的时间,写出了那部两卷本的巨著《犹太教揭秘》(德文为 Endecktes Judenthum,1711 年)。艾森曼

---

① 清教徒指要求清除英国国教会中天主教残余的改革派。"清教"一词于 16 世纪 60 年代开始使用,源于拉丁文"Purus",意为"清洁"。清教徒信奉加尔文主义,认为《圣经》才是唯一的最高权威,任何教会或个人都不能成为传统权威的解释者和维护者。——译者注

② 贵格派是基督教新教的一个派别,又称公谊会或者教友派。该派成立于 17 世纪的英国,创始人为乔治·福克斯。该派反对任何形式的战争和暴力,不尊称任何人也不要求别人尊称自己,不起誓,主张任何人之间要像兄弟一样,主张和平主义和宗教自由,并坚决反对奴隶制。——译者注

③ 再洗礼派是宗教改革期间,从茨温利所领导的运动中分离而出的教派。该派主张凡物公用,强调和平主义,坚持不抵抗的原则,对于外来的权威一概采取普遍怀疑、不信任的态度。由于该派拒绝接受承认婴孩的受浸礼,只认同信徒成年的浸礼而得名,又被称为"极端改革运动"、"宗教改革运动的左翼"。——译者注

格的这本书后来成为整个19世纪德国一系列反犹主义出版物的开山之作。他自己的评价则是："顽固不化的犹太人亵渎和玷污最神圣的'三位一体'说——圣父、圣子和圣灵；辱骂圣母、《新约》、《福音书》和《使徒传》，本书就对犹太民族的恶行进行真实、可靠的叙述。"他还写道，"不敬神的犹太人毫不顾忌地杀害基督徒"，并附上一大堆捏造的案例。尽管如此，在《犹太教揭秘》中，艾森曼格的主要攻击对象仍是《塔木德》，原因正如他自己解释的，《犹太法典》"促发了与基督徒之间不道德的，甚至是犯罪性的关系"。[5]

18世纪在基督教神学家圈子中兴起一股研究犹太民族宗教的热潮，这有利于改变欧洲知识分子对犹太人的态度。当然基督徒学者对犹太教研究产生兴趣，并不意味着他们已完全抛弃了那个已贻害千年的观点——犹太人篡改了基督教。他们仅仅是与犹太人的民族宗教和文化传统发生些微共鸣。如果说欧洲人对犹太人的敌
44 意少许减轻了，那另一个原因就是，很多人认为一个强大的犹太民族的社会存在，有利于自己国家的稳定和发展。其实这个理论，犹太作家们已经提出很多年了，但只有那些非犹太人表达了同样的观点时，才能对大众态度产生切实的影响力。在此类观点的拥护者中，代表者是东印度公司的首领乔舒亚·蔡尔德爵士(Sir Joshua Child, 1658—1733/1734年)和约翰·托兰德(1670—1722)——虽然仍有争议，后者经常被当作洛克观点的支持者。托兰德在《在大不列颠和爱尔兰实行犹太人归化的原因》中称，应给予犹太人完全的公民权。结果正是如此。那些已经通过斗争获得政治和宗教自由的国家，也成为西欧最早的允许犹太人定居，并给予他们一定宽容与生存机会的国家。最典型的例子就是信奉加尔文教的尼德兰[1566年至1609年(或1648年)间爆发革命，摆脱了天主教西班牙的统治]以及英格兰。

然而，在启蒙运动的中心——法国，对待犹太人的态度却复杂得多。阿瑟·赫兹伯格(Arthur Hertzberg)在其备受争议的著作《法国启蒙运动与犹太人》一书中称，在19世纪，种族意义上的反犹主义正是启蒙运动和法国大革命的副产品。他还将酿成如此结果的主要责任加诸启蒙运动最重要的领袖之一——伏尔泰(Voltaire, 1694—1778)身上。赫兹伯格说，伏尔泰是"西方思想文化史中连接着古典异教视域内的反犹主义与近代反犹主义的主要人物"。[6]伏尔泰曾深刻研读约翰·洛克和弗兰西斯·培根的思想，是公民权利与宗教自由坚定而热忱的倡导者，然而他对犹太人的态度却非常令人失望。他曾对犹太教发表过多次批判，认为其过于原始和极端，并将自己置于一生珍爱的理性主义和博爱主义理想的对立面。在《哲学辞典》(*Dictionnaire philosophique*)中，伏尔泰谴责犹太教要为当前基督教社会中盛行的

盲信和暴力倾向负责。虽然在《风俗论》(*Essai sur les moeurs*)中,伏尔泰也曾温和地批评基督徒对犹太民族的迫害行为,但他还暗示,谈到1492年犹太人被驱逐出西班牙这件事,“很大程度上是他们自食恶果”。[7]很多学者认为伏尔泰对犹太民族和犹太教的攻击,其实是在暗自讨好自己经常大力批判的基督教精神和罗马教廷。不论动机如何,对那些针对犹太人的陈旧偏见,伏尔泰似乎十分买账。亚当·萨克利夫(Adam Sutcliffe)虽然并不同意赫兹伯格关于伏尔泰是通往19世纪种族性反犹主义的桥梁这一观点,但仍将他看作启蒙时代反犹主义思想“强迫性的和暴力性的阐释者”。[8]哈维·奇西克(Harvey Chisick)却说,将伏尔泰指控为反犹主义者是危险的,因为那时候种族性反犹主义还未登上历史舞台。当然他同意赫兹伯格的看法,认为伏尔泰的作品是“攻击犹太民族的言论名副其实的大集合”。[9]这些言论为19、20世纪的反犹主义者所利用,成为他们为自己的行为辩解的依据。除此之外,伏尔泰对多条基督教的基本原则展开批判,同时却拥护基督教主流对犹太民族的敌视立场,这个看似矛盾的理论体系将在接下来的几个世纪中一直困扰犹太人,成为伏尔泰用以对犹太民族施行攻击的思想的一个有机组成部分。

其他法国启蒙思想家——诸如夏尔·路易·塞孔达(Charles Louis de Secondat)和孟德斯鸠男爵(Baron de Montesquieu, 1689—1755)在看待犹太人的问题上,情感就更矛盾、交杂了。孟德斯鸠在《论法的精神》(*L'espirit des lois*)中,虽然也曾批评犹太教和伊斯兰教“固守偏见”,但仍呼吁给予犹太民族更大的宽容。还是在这本书中,作者还提到不久前一个犹太小姑娘之死,并指责葡萄牙的宗教法庭需要为此负责。有趣的是,孟德斯鸠是假借一个犹太人之口,表达上述指责的。这个虚构的犹太人虽然对基督教教义表示尊重,但仍对基督教仁慈的核心理念发生质疑:“你们可以使我们成为基督徒,但你们自己却根本不是(基督徒)”,他还说:“即使你们不是基督徒,至少做个人:凭良心对待我们,哪怕凭借自然所赐予的最微小的公正,没有宗教引导你们的行为,没有启示照亮你们的心灵。”[10]

另一位启蒙思想巨匠德尼·狄德罗(Denis Diderot, 1713—1784)在他主编的启 45
蒙巨著、28卷本的《百科全书》(*Encyclopedie*, 1751—1772年出版)中,收录了一百余篇关于犹太人的辞条。正如乔尔·卡迈克尔(Joel Carmichael)指出的,尽管狄德罗以博学多才著称于世,但他对犹太人的研究和讨论,主要集中在这一民族的“自然天性”上。狄德罗承认,犹太人有权“存在,因为他们也嫁娶,也生儿育女”,但他们应生活在法国社会之外,原因在于他们的“宗教和生存环境中的其他族群成员并不愿意接纳他们”。[11]

18世纪生活在法国的4万犹太人，大部分处于贫穷与困苦的状态，既然如此，为什么学者们仍对这么一个弱小的群体报以如此大的关注？加里·凯茨(Gary Kates)认为，尤其在1789年法国大革命爆发之后，“犹太人问题”实际上成了一杆标尺，在革命中的法国社会，各阶层都用这杆标尺来衡量政治平等和自由的程度。然而，罗纳德·谢克特(Ronald Schechter)表达了不同的意见。他在著作中写道，至少在18世纪许多法国的政治评论家心目中，犹太人代表的“正是理想公民的对立面”。当时法国很多基督徒仍信奉圣奥古斯丁将犹太民族视为“见证人”的观点。而诸如伏尔泰这样的思想家，则将基督教的缺陷与犹太民族的传统影响挂起钩来。还有一些法国作家坚信犹太人和贵族都是道德败坏之徒，不配成为法兰西公民。而之所以还有一些人倡导给予犹太人平等的公民权，通常也是因为他们认为公民身份有助于升华犹太人的道德，能够“在国家的主持下”使犹太民族获得新生。[12]

狄德罗的亲密朋友、《百科全书》的主要编纂者之一——亨利·迪耶特里克·奥尔巴克男爵(Baron Henri Dietrich d'Holbach, 1723—1789)对犹太人表现出极其蔑视的态度。与伏尔泰一样，奥尔巴克厌恶犹太人，很大程度上是因为他更强烈地厌恶基督教，在《百科全书》及其他著作中，奥尔巴克也很清楚地表明了自己的立场。作为一个坚定的无神论者，奥尔巴克批判一切有组织的宗教信仰，当然也就在他的《论犹太教的精神》中，对犹太人和犹太教进行了恶意的攻击：

> 犹太民族立法者(摩西)的反叛政策，已在他的民族与其他民族之间竖立起一座石墙。因为犹太人只服从本民族的教士，他们已成为全人类的公敌……即便是最清晰的道德指示，或是国家的法律，犹太人都总是表现出蔑视……他们必然是残忍的、非人道的、不宽容的，必然是小偷、叛节者和背信弃义之徒。这一切都被视为取悦上帝之举。总之，犹太民族已变成强盗之邦……因为在贸易中的欺骗和不公平行为，他们已经声名狼藉，如果他们足够勇敢，就该为此承担责任，悲剧确实也经常在他们身上重现，就像他们的国家经常发生的那样……如果这个民族中还有些微诚实与公正的人(这是很有可能的)，这意味着他们(少数诚实的犹太人)已拒绝遵守他们民族的约法，这些约法显然促使人闯祸和作恶。[13]

启蒙运动作为一次充满活力的思想运动，以前所未有的广度和深度横扫欧洲。而以上对于犹太民族的态度和观点，由于正好坚定地处于启蒙运动的核心体系之中，因而具有特别恶劣的影响。虽然有些人辩解道，启蒙思想家们的本意是在广阔的意义上攻击基督教，而对犹太人和犹太教的攻击只是其中的一个组成部分，然而从效果上看，他们的行动对数百年来一直折磨犹太民族的敌意与陈见，的确又起了延续和催化的作用。更糟的是，由于一些启蒙思想家日后成为众多日耳曼民族主义者崇尚的人物，他们的反犹观念就显得愈发危险了。

甚至连伊曼纽尔·康德(Immanuel Kant，1724—1804)，也深受那个时代的反犹思想之害，虽然他与许多杰出的犹太知识分子——比如摩西·门德尔松(Moses Mendelssohn，1729—1786)和所罗门·迈蒙(Solomon Maimon，1754—1800)——都保持着深厚的友谊。康德经常被认为是启蒙运动最重要的思想家，但他其实并没 46
有多少讨论犹太教的言论传世。在《学科之争》(*Der Streit der Fakuläten*)中，康德认为犹太人应该“公开接纳信仰耶稣的宗教”。这是他们“够资格获得公民权”的唯一方式。康德还写道，“犹太教悄然终结”将消除基督教那些“源自古代的、法令性的说教”。事实上，康德号召摒弃一切宗教、任何教派，从而达到“人世间激荡的宗教变革的结局，从此我们只有一个牧羊人和一群羊”。[14]

康德的学生——约翰·费希特(Johann Fichte，1762—1814)通常被看作一个危险的反犹主义者，特别在是19、20世纪之交，当他的作品有助于培育德国人的民族主义情感之后。[15]费希特被最多引述的反犹言论，是在《关于法国革命合理性的修正观点》(1793年，*Beiträge zur Berichtigung der öffentlichen Meinung über die Rechtmässigkeit der französischen Revolution*)中的这样一段话：与其他民族不同，犹太人是“国中之国”，因此不可能跟生活于其中的大国建立友好的关系。费希特也曾将其他群体说成“国中之国”，比如军队、教会和贵族。[16]

费希特虽然认为犹太人应享有公民权，但又解释道：“给他们公民权吧，我觉得没有别的办法能令他们彻底放弃犹太教的信仰，除非一晚上砍掉他们所有人的头，然后把别人的头安在他们的身体上。为了保护他们免遭此厄运，还只剩下另外一条路，那就是征服他们挚爱的家乡，然后把他们全送回去。”[17]

正如阿尔弗雷德·D·洛(Alfred D.Low)指出的，后来费希特刻意避免表达反犹言论，但他的著作还是为19、20世纪的反犹主义者提供了充足的素材。比如阿道夫·希特勒在1922年的一次演说中就提到，“我们日耳曼民族的费希特”早已告诉我们，“犹太人是异类，与我们的天性迥然不同，对雅利安民族极端有害”，“犹太民族是我们的死敌，一直跟我们作对，并且愈演愈烈”。[18]

当然，并非所有启蒙思想家都认同费希特的观点。皮埃尔·路易·勒德雷尔伯爵(Comte Pierre Louis Roederer，1754—1835)曾是路易十六的检察官(法文为Procureur Gnral)，后来又进入拿破仑一世政府的国务院。1785年，在梅茨皇家科学院的成员面前，他曾提出犹太人解放的问题。勒德雷尔说，历史上基督徒对犹太人的迫害，已使前者变得贪得无厌。同一年，勒德雷尔又说服梅茨皇家科学院举办了一次论文比赛，每个参赛者都要回答这样一个问题——“怎样才能使法国的犹太人对国家更有益、生活得更幸福？”这次比赛的优胜者之一，名叫亨利·格雷瓜尔（Henri Grégoire，1750—1831），此人是一位罗马天主教会的修道院长，日后在“国民议会”（1789—1791）中，他成为犹太人解放运动的坚定支持者。格雷瓜尔向比赛递交的文章名为《论犹太人的生理、道德及政治退化》（*Essai sur la régénération physique, morale et politique des Juifs*），称基督教社会应为犹太人的过失负责。这位修道院长说，如果基督徒和犹太人的历史位置互换，前者的表现会比后者更糟糕。

摩西·门德尔松之墓。戴维·M·克罗提供图片。

1787年，在法国大革命早期阶段扮演重要角色的加布里埃尔·维克多·德·米拉波荣誉伯爵（1749—1791）作为对“犹太启蒙运动（又称“哈斯科拉运动”，写作Haskalah）之父”门德尔松的致敬，写下一篇名为《论摩西·门德尔松与政治改革》（*Sur Moses Mendelssohn, Sur la Reforme Politique*）的文章。米拉波写道，门德尔松是一个典范，表明散布在欧洲各地、忍受饥饿与贫穷的犹太社团具有巨大的潜能。倘若摒弃对这个民族的一切局限与歧视，他们将成为更好的公民。

作为一位杰出的《律法书》学者，门
47 德尔松之所以声名大振，与戈特霍尔德·莱辛的剧作《犹太人》有关。剧中因将犹太人描述为深刻而尊贵的民族，遭到一些人的批评，他们说犹太人不可能诚实和高贵，门德尔松随即写信予以激烈谴责。“近代德国戏剧之父”莱辛（1729—1781），同时也是一位才华横溢的作家和知识分子领袖。根据哈约·霍尔本（Hajo Holborn）的说法，莱辛之所以倡导宗教信仰宽容，是因为他相信，犹太教、基督教和伊斯兰教都是“某种初始宗教的个性化表现”。所以，三者的目标是相同的，即“达到人性的完善”。[19]

在寻觅基本道德真相的过程中，莱辛将《旧约》与《新约》置于平等的地位。他的著作和剧本受巴鲁克·斯宾诺莎（Baruch Spinoza，1632—1677）影响极大，后者是17世纪最重要的犹太裔思想家，也是近代哲学史中的关键人物。斯宾诺莎是荷兰裔犹太人，24岁时被逐出犹太会堂。他坚称，必须运用历史的和科学的理性，研究犹太教圣经。可以说，莱辛对斯宾诺莎的崇敬，构成他与门德尔松之间友谊的基石。

莱辛将门德尔松称为第二个斯宾诺莎，并以他的思想为主题，创作了一部名为《智者内森》（*Nathan der Weise*，1779年）的剧本，主要讨论基督徒对其他宗教的信徒、特别是犹太人的宽容问题。莱辛本人是一个虔诚的基督徒，即便如此，在他的内心深处，还是升腾起某种怀疑，质疑基督教对比其他信仰——比如犹太教和伊斯兰教——的优越性。莱辛还帮助门德尔松出版了他的《哲学对话》（*Philosophische Gespräche*），这是犹太人第一次以德文出版此类著作。1763年，皇家科学院将门德尔松的一篇讨论形而上学的文章评为一等奖（那一次伊曼纽尔·康德得了二等奖）。腓特烈二世（Frederick II，the Great，又称腓特烈大帝，1740—1786年在位）惊叹于门德尔松的学术造诣，因此授予他在普鲁士首都柏林的特别居民权。可惜8年之后，当门德尔松已声名显赫，被誉为"柏林的苏格拉底"之时，这位普鲁士国王却拒绝任命他为皇家科学院院士。

贫苦抄写员的儿子摩西·门德尔松（1729—1786）最终成为光耀后世的犹太裔学者。1783年，他将《律法书》翻译成高地德语①，以后又陆续翻译了《诗篇》和《雅歌》，为众多德国犹太人在传统犹太民族文化与日耳曼文化和典籍之间搭建起语言的桥梁，无怪乎有人将他称为"犹太民族的路德"。此外，门德尔松还运用他的天赋和造诣，与启蒙时代仍盛行于世的反犹陈词，进行了坚持不懈的斗争。作为一位虔诚的犹太教信徒，面对瑞士教士约翰·拉瓦特尔（Johann Lavater，1741—1801）试图令他皈依基督教的行动，门德尔松给予有力的批判。拉瓦特尔虽然极为仰慕和尊重门德尔松的才华，但仍多次公开请求后者，要么证明基督教的虚假与错误，要么就皈
依基督教。为此门德尔松回应道，跟所有宗教一样，他的信仰也是有瑕疵的，然而他 48
还是坚定地虔信犹太教，就像拉瓦特尔虔信基督教一样。门德尔松还说，任何宗教都不能要求"垄断救赎权"，并强调宗教与哲学宽容的必要性。[20] 在《耶路撒冷或论宗教力量与犹太教》（*Jerusalem oder über religiöse macht und Judentum*，1783年）

① 高地德语是西日耳曼语，主要通用于德国、奥地利、列支敦士登、瑞士和卢森堡，也用于一些临近的地区，为现代德语的主体。"高地"所代表的山脉是德国的中部及南部以及阿尔卑斯山，相对的，低地德语代表德国北部沿岸地区。——译者注

中，门德尔松倡导宽容看待一切宗教和异己信仰。他还认为，比起基督教，犹太教的精神与启蒙主义、灵性主义更相容。

克里斯蒂安・威廉・多姆（Christian Wilhelm Dohm，1751—1820）是腓特烈大帝的宫廷顾问，他与门德尔松熟识，似乎也支持后者的观点。1781 年，门德尔松请多姆帮忙，为缺乏公民权和经济权利的阿尔萨斯犹太人写一封抗议书。结果就是《论改善德国犹太人的公民权》（*über die bürgerliche Verbesserung der Juden*，1781—1783 年）。多姆说，犹太民族之所以“堕落”，与他们几百年来遭遇的迫害有关。如果给予他们完整的公民权，他们将更容易融入当地社会。文章的最后，多姆还将“犹太民族的过失”归咎于基督教世界的缺陷上。虽然他呼吁给予犹太人平等的权利，但还补充道，为了防止强烈反冲，曾经那些对他们在某些经济行业、军队和政府中的“暂时限制性规章”应予以保留。[21]多姆的这篇文章在欧洲范围内引起了激烈的争论。一位评论家说，这体现了多姆“对最不幸的同伴公民深切的爱”。[22]圣经学者约翰・戴维・米凯利斯（Johann David Michaelis，1717—1791）虽对多姆的文章多有指责，但仍承认“他已成为犹太民族穷困成员的支持者”。[23]瑞士历史学家约翰尼斯・冯・穆勒（Johannes von Müller，1752—1809）极其赞同多姆的观点，并建议将迈蒙尼德的著作翻译成德文或者法文。不过，除了以上几位，其他的评论家就没有这么友好了。H・F・戴兹（H.F.Diez）在《论犹太人》（*Über die Juden*）中称，多姆的文章最令他“心动”的一点是，作者认为解决“犹太人问题”的关键，就是令他们皈依基督教。米凯利斯也同意这一说法，称犹太人只有成为基督徒，才能变成良好公民。阿尔弗雷德・D・洛对多姆《论改善德国犹太人的公民权》发表了若干回应，而结论就是“德国人普遍相信，若想跨越德意志基督徒与犹太人之间的鸿沟，唯一的方式就是后者愿意摒弃本民族的宗教认同、抛掉民族传统，从效果上来说，就是作为一个民族，执行自杀政策”。[24]

犹太人能否成功融入欧洲社会，取决于他们是否皈依基督教，这个观点成为启蒙时代针对犹太民族的一贯立场，在欧洲大陆的一些“开明专制”君主看来，更是如此。在学术生涯的后半段，多姆对奥地利的神圣罗马帝国皇帝约瑟夫二世（Josef II）新近出台的处理犹太人问题的政策大加赞赏，特别是 1781 年至 1782 年间的《宽容法令》。《宽容法令》虽然并未授予犹太民族成员完整的公民权，但取消了很多过去对他们在经济、受教育和职业选择方面的限制。皇帝的行动，固然受到“宽容与人道”等启蒙理念的驱使，但这些针对犹太人的新立法，真正的目的显然是经济上的——令他们缴更多的税，从而对宫廷财政出更大的力。不过，在约瑟夫二世的犹太新立法中，摩西·门德尔松等犹太学者看到了比经济目的更阴险的用意。仔细研究《宽容法令》之后，门德尔松和米凯利斯得出结论，其“旨意”在于“引诱犹太人进入基督教会的控制范围”。1782年初，在给多姆的信中，米凯利斯写道，他确信《宽容法令》的“政治动机在于改变犹太人的宗教信仰”，当然这并不意味着“20年内，甚至两个20年内，犹太人就会被归化为基督徒，但到了下一代，法令的效果就发挥出来了”。[25]

约瑟夫二世（1780—1792年在位）绝对是个实用主义者，而非空想的改革家。他 49
的犹太法令，是广泛领域内一系列改革措施的有机组成部分。这场改革行动的核心是废除农奴制，而所有措施的最终目的，都在于创造一个“完美统一的国家”。1783年，针对奥地利另一个正遭遇麻烦的少数族群——罗姆人，或称吉卜赛人，约瑟夫二世颁布“皇帝律令”（Hauptregulio），作为对其母玛利亚·特里萨女王（Maria Theresa，1740—1780年在位）先前一系列法令和规章的补充。在这些法令之下，流浪成为非法，罗姆人必须在城市或乡村定居下来。一到五岁的罗姆族儿童，不论他们的家庭是否已皈依天主教，都将被强行带走，放在非罗姆家庭中抚养，以保证他们长大后成为良好的罗马天主教徒。很显然，这些政策的目的，就是保证在一两代之内，帝国社会能完全同化罗姆人。只有这样，他们那些令人厌恶的生活方式才能彻底消失。

在普鲁士，约瑟夫二世的同代人腓特烈二世（又称腓特烈大帝）在处理国内犹太人问题上显得更加严厉。1750年他颁布《大众特权法案》（Generalprivilegium），将普鲁士犹太人分为两大类。第一类是极少数“受保护的犹太人”（Schutzjuden），国王认为他们有利于促进国家的经济和政治利益，因而给予他们继承遗产的权利。而另一类占多数的，则是不受保护的犹太人。在腓特烈大帝统治期间，政府不断提高对犹太族群的税率，致使大多数德国犹太人日益贫困。1787年，普鲁士犹太社团的领袖们告诉新国王腓特烈·威廉二世（Frederick William II，1786—1797年在位），以上法律、法规的综合作用，使他们“像牲畜般任人宰割”。腓特烈·威廉二世是门德尔松的钦慕者，他废除了犹太人的人头税，还放松了很多针对这一民族的限制措施。一个王室委员会还承诺将在19世纪中期给予犹太人彻底的自由与平等。1772年至1795年间，普鲁士、沙俄和奥地利联手，将波兰从欧洲地图上抹去了。而对波兰被瓜分期间划归普鲁士的12.8万波兰裔犹太人，腓特烈·威廉二世也曾试图改善他们的处境。

在启蒙时代，对欧洲某些地带的犹太人来说，他们的生存环境确实发生了巨大的改变。然而，他们仍旧是“另一个民族”——一个被孤立的社会与宗教群体。从中世纪传承下来的对这个民族的歧视和偏见，仍把他们与更强大的基督徒社会割裂开来。在“犹太人问题”上，即使启蒙运动没有取得任何成就，但至少把这个问题带入18世纪知识分子阶层的思考范围之内。到了法国大革命和拿破仑一世统治时期，关于犹太民族在欧洲社会的角色的争论，将进入一个更现实的层面。

1789—1799年法国革命、拿破仑一世与犹太人

1789年至1815年间席卷法国的政治风暴永远地改变了整个欧洲范围内犹太人的生存状态。中世纪晚期之前，在近代法国的疆域之内，几乎没有犹太人定居，只在某些边境地区散落着一些犹太人社团，比如阿尔萨斯、洛林、阿维农、尼斯以及孔塔-弗内森等地。1500年之前，法国境内的犹太人大约只有几千人。16世纪之后，因为被驱逐的葡萄牙和西班牙“皈依者”（原文为西班牙文conversos）大批涌入，法国犹太人的数量开始增加。1700年时，约5 000名以上犹太人居住在法国，而到了1789年，这个数字已攀升至4万，其中一半以上生活在阿尔萨斯。法国南部的西班牙系犹太人享有相对有利的经济和智力环境，因此生活得较为富足。而法国东部边境地区的德系犹太人就没那么幸运了，他们普遍遭受歧视，不得不时刻与贫困作斗争。此外，还有约500名犹太人生活在巴黎，他们没有公民权，并在人身自由和职业活动方面遭遇诸多限制。

1789年夏天革命爆发之后，法国境内两大犹太族群的差异和分歧愈发凸显。法
50 国的新立法机构——国民议会——成立不久，在刚刚开始讨论《人权与公民权宣言》的时候，两位代表——米拉波和格雷瓜尔神父（Abbé Grégoire）就提议将“犹太民族解放”写入这个意义非凡的文件。起初，国民议会拒绝考虑这个提议，然而就在此时，阿尔萨斯爆发了反犹暴乱，这促使代表们不得不正面应对法国的犹太人问题。来自阿尔萨斯等地的反对者谴责犹太人是贪婪之徒、分离主义者，这击碎了将犹太人权利条款写入“新法国”宣言的梦想。然而，1790年初的一个事件使形势发生了改变。南部的西班牙系犹太人社团要求平等的权利，而国民议会同意了他们的要求。不过直到一年半之后，法国的立法机构才正式颁布法律，给予本国全体犹太人彻底的解放。然而，自由的代价是犹太社区自治权的丧失。尽管如此，法国犹太人还是衷心拥护他们新获得的自由，并以炙热的爱国情感和英勇的爱国行动回报国家。[26]在接下来的那个十年，法国犹太人成功地经受住了无数次政治巨变的扫荡，为国家政治面貌的变革作出了不可磨灭的贡献。

然而，对法国犹太人以及之后的欧洲犹太人来说，最重要的变化则发生在拿破

仑一世(Napoleon I, Bonaparte)统治期间(1799—1813/1815 年),他挑动了一系列改革措施,目的都在于迫使法国犹太人归化法国社会。拿破仑的确不喜欢犹太人,不过他此举更大程度上是受到阿尔萨斯农民的驱使,后者从犹太放债者手中借了很多钱,用以购买逃亡贵族的土地。法国民众指责犹太放债者的行为,但其实这个国家一半以上的放债者都是基督徒。拿破仑还听到保皇党人的谴责,说犹太人仍旧是不忠的“国中之国”。作为回应,1803 年成为“法兰西第一帝国”皇帝的拿破仑,在 1806 年颁布了一系列严厉的反犹法律,原因正如他所说的:“犹太民族做的恶,源自其民众的本性。”[27]这些法律中恶劣的一条,是一年内禁止阿尔萨斯犹太人收取欠债和利息。

拿破仑这项立法公布后不久,他的国务院就宣布召集“犹太名人会议”。1806 年 7 月,犹太名人会议在巴黎召开。在开幕式上,拿破仑向犹太民族的领袖、名流们提出了十二个问题,内容涉及婚姻、与基督徒的关系、犹太律法、高利贷行业,等等。经过长时间缜密的讨论,与会代表向皇帝保证,法国犹太人将保持对国家和“至高道德”的绝对忠诚。于是拿破仑让名人会议遴选出一个“大评议会”,这个犹太民族的最高法庭自从公元 66 年之后就再也没有出现于世。大评议会的主要成员拉比确定之后,拿破仑又责令他们认可名人会议对“十二个问题”的答复,大评议会很快照做了。这一机构同样也承认民事法庭的权限高于宗教法庭,并鼓励犹太人尽可能广泛地参与法国社会生活的方方面面。根据奥瓦尔·萨克(Howard Sachar)的说法,以上行为通过剥夺“犹太社团的自治权”和否认“在种族和文化维度之内的犹太文明”,“为后世至少一百年中西方犹太人的生活定下基调”。[28]

1808 年春天,拿破仑政府又发布了三个针对犹太族群的法令,进一步规范他们在法国的生活。第一个法令被称作“臭名昭著的法令”,它剥夺了很多犹太人在 1791 年革命中获得的权利,尤其是在阿尔萨斯和洛林地区,并迫使大量犹太人放弃借贷和相关行业。其他法案则是关于创立以“以色列人教务会议”(Consistoire Isralite)为核心的宗教法庭体系以监管法国犹太人的信仰生活。但是,与对法国的罗马天主
教徒和新教徒的监管体系不同的一点是,犹太人需借助一种特殊的政府税收而向宗 51
教法庭付费。宗教法庭就这样扮演着“看门狗”的角色,控制犹太人的行动与思想,以确保在法国的犹太人与一般法国人保持一致的、适当的行为。

1813 年,拿破仑一世在战场上遭受了毁灭性的失败,路易十八(Louis XVIII, 1813—1824 年在位)登基,波旁王朝复辟,很多犹太人对此表示拥护。1818 年,路易十八废除了“臭名昭著的法令”,而稍加改造的宗教监督法庭直到 1905 年仍旧存在。

19世纪上半叶，法国官方针对犹太人的自由化政策的确曾引发归化浪潮，并促使大量犹太教徒转投基督教。不过，法国人的反犹情绪依旧强烈，特别是“1848年革命”期间，以及法国在1870年至1871年的“普法战争”中遭遇耻辱性的失败之后。

后拿破仑时代的欧洲犹太人

在拿破仑战争刚刚结束的那些年，西欧犹太人解放的道路分外坎坷。在英国，犹太人为了争取完整的公民权，付出了大量艰辛的努力。1833年，下院通过《犹太人解放法》，但在上院遭到否决。不过，过去对犹太人的种种限制开始逐渐松动。1847年，莱昂内尔·德·罗思柴尔德（Lionel de Rothschild，1808—1879）当选伦敦的下院议员。然而，由于贵族院的反对，他直到1858年才被容许进入威斯敏斯特，参加下院会议。

在后拿破仑时代的意大利，在不同王国之间，犹太人的生存状态差别很大。不过，大部分犹太人还是生活在隔离区，并处于极度贫困的境地。特别是在教皇国，对犹太人的种种限制被视为罗马天主教教规的有机组成部分。虽然确实曾有几位教皇试图减轻针对犹太人的严酷律令，但大部分还是拥护限制犹太人经济与社会整合的种种政策。在19世纪的教皇国，这些政策之所以仍旧盛行，是因为很多人认为梵蒂冈犹太人与意大利的自由主义或者革命运动存在某种联系。与此同时，意大利其他地区的犹太人也不得不面对更多的限制。不过幸运的是，1815年之后，犹太人解放已成为“意大利复兴运动”（Risorgimento）的关键主题之一。意大利复兴运动的结局就是1860年的意大利统一。很多主要的革命组织，例如“烧炭党”（Carboneria）和“青年意大利党”（Giovine Italia）都支持犹太人的解放。

在拿破仑时代，德意志地区犹太人的处境稍有好转，不过当这个伟大人物最终退出历史舞台之后，犹太人也再次坠入痛苦的深渊。1816年至1824年间，费希特和弗雷德里希·吕尔（Friedrich Rühs，1781—1820）等人的著作在德意志诸邦国都引发了反犹暴乱。法兰克福和另一些德国城市的暴徒袭击了犹太人的住宅和工作场所，高喊“嗨、嗨，毁灭犹太人”（Hep，hep Jude verreche）。普鲁士犹太人在拿破仑时代曾获得的一些权利，现在又全失去了。即便如此，在德意志的一些邦国和奥地利的部分地区，犹太人的生活还是趋于繁盛。罗思柴尔德银行帝国在他的故乡法兰克福，成为犹太教改革运动的中心。一些人试图使犹太教仪式近代化。维也纳犹太人生活得也不错，那是因为政府鼓励他们成为维也纳新兴中等阶级的一员。不过，在奥地利的其他地方，犹太人还是不得不忍受严苛的居留权限制和沉重的税收。

1848年至1849年革命期间，犹太人的境况又发生了剧烈的变化。这场革命于1848年初在法国爆发，迅即传遍整个欧洲。路易·菲利普(Louis Philippe，1830—1848年在位)被推翻后，法国建立了临时政府，伊萨克·莫伊兹·克雷米厄(Isaac Moïse Cremieux，1796—1880)成为司法部长。从那时起，一直到去世，他一直都是法国政坛的关键人物，并于1860年建立了一个重要的国际性犹太人组织——"全球以色列人联盟"。然而，反犹暴动仍在阿尔萨斯发生。在威尼斯，新的革命政府的领 52
袖——具有犹太血统的丹尼尔·马宁(Daniele Manin，1804—1857)，将两名犹太部长招入内阁。此外，1848—1849年间，在革命后诞生的那个短命的"罗马共和国"内，也有三名犹太人进入立法机关。后来，在法国军队的保护下，教皇庇护九世(Pope Pius IX，1846—1878年在位)在罗马重建了犹太人隔离区，前任教皇订立的种种反犹限制也都一一得到恢复。

当革命席卷德意志各邦国时，各邦统治者都同意派代表参加"德意志选举国民议会"，这次会议更为广泛熟知的名字是"法兰克福议会"或者"1849年议会"。在德意志历史上，这是第一次通过自由选举产生的代表，得以讨论国家的政治问题。法兰克福议会也有几位犹太议员，包括副主席加布里埃尔·勒瑟(Gabriel Roesser)。这次来自各邦的代表集会，就是为了协商德国的统一问题。结果议会制定法律，宣称以"保障全体德意志人民的基本权利为宗旨"，其中的宗教条款为将来德意志犹太人的解放奠定了基础。同一年，除巴伐利亚以外的所有的德意志邦国都赋予犹太人完整的公民权，不过在以后的十年间，很多犹太人刚刚获得的权利又丧失了。在普鲁士革命中——特别是在柏林，犹太人也发挥了重要的作用。腓特烈·威廉四世(Frederick William IV，1840—1861年在位)虽然曾指责普鲁士犹太人是"卑鄙的犹太私党"，但还是在本国的《1848年宪法》中给予普鲁士所有宗教派别的信徒以完整的公民权。1848年革命之后，普鲁士犹太人过了一段好日子，但不久又陷入困顿，因为弗里茨·斯特恩所称的"一股严阵以待、自上而下的、为各阶层所广泛接受的反犹主义精神"正在袭来。[29]

奥地利帝国是遭受"1848年欧洲革命"打击最沉重的国家之一。新皇帝弗兰茨·约瑟夫(Franz Josef，1848—1916年在位)授予所有族群——包括犹太人——宗教信仰自由。1848—1849年革命期间，虽然维也纳没有再次爆发反犹暴乱，但针对犹太人的暴力行动仍在帝国的很多地区此起彼伏。很多匈牙利犹太人支持路易斯·科苏特(Louis Kossuth，1802—1894)建立独立的匈牙利国家的努力，并因此遭到迫害。不过，1860年之前，匈牙利的大部分限犹立法都已废除，在这个国家，犹太人已可以享有新的职业和经济机会。在波西米亚和摩拉维亚，1848 年至 1849 年的反犹暴乱迫使很多犹太人逃到欧洲其他地方。直到 1867 年，巴尔干犹太人的大批逃亡才逐渐停止，因为随着《奥匈协定》(Ausgleich)的签订，奥地利和匈牙利成为一个君主治下两个平等的政治体。不久之后，匈牙利议会通过《犹太人解放法案》，赋予他们完整的公民和政治权利。

19 世纪反犹主义的思想和民族主义起源

当犹太人解放运动在欧洲部分地区开花结果之时，在中欧和西欧的另一些地方，一股思想上的、民族主义的以及“种族的”力量，却在严重阻碍着犹太人民族平等愿望的实现。1860 年至 1871 年间意大利和德国的统一对欧洲政局产生巨大的冲击，特别是在西班牙和奥地利，因为在奥托・冯・俾斯麦(Otto von Bismarck, 1815—1898)咄咄逼人的统一诉求之下，这两个国家都深受其辱。

当时，在处理对外事务的政策上，很多欧洲强国都将注意力转移到了亚洲和非洲。受到白人种族至上主义理念的驱使，欧洲强国大多采用了鲁德亚德・吉卜林(Rudyard Kipling, 1865—1936)所称的“白人的负担”思想，去治理那些“半是魔鬼半是孩童的子民”。约书亚・斯特朗(Josiah Strong, 1847—1916)声称，盎格鲁—撒克逊人进入亚洲和非洲是“种族最终竞赛”的序幕，而“盎格鲁—撒克逊人早已为此经过训练”。斯特朗认为，这一“竞赛”的最后结果就是“适者生存”。[30] 按照彼得・盖
53 伊(Peter Gay)的论断，斯特朗的观点是赫伯特・斯宾塞(Herbert Spencer)的社会达尔文主义和 19 世纪兴起的种族主义的混合体。

然而，19 世纪末确实是欧洲的多事之秋。德国，刚刚于 1871 年完成统一，就堕入 20 年的经济萧条；法国，不论是国内经济还是国际地位，在第二次世界大战结束之前，一直都在经历持续的衰落；大英帝国，已经老朽、软弱，离最终的崩溃已为期不远；哈布斯堡家族的奥地利，则竭尽全力，试图维持对多民族帝国的掌控；俄国，在克里米亚战争(1853—1856 年)中遭到惨败，迫使沙皇亚历山大二世(1853—1881 年在位)废除农奴制，并启动了其他方面的改革。1881 年亚历山大二世遇刺之后，他的儿子亚历山大三世(Alexander III, 1881—1894 年在位)运用严苛的警察手段，以维持沙皇政权对国家的掌控。欧洲“病夫”奥斯曼帝国则逐渐失去了对庞大的巴尔干领土的控制权。

工业革命及近代资本主义的兴起，在全欧洲范围内引发剧烈的社会和经济变革。虽然一些欧洲人很乐于见到工业化和城市化带来的福利，但还有很多人，特别

是低阶群体，却并未从欧洲的经济革命中受益。工厂工人在不堪忍受的环境下辛苦工作，城市的急速涌现，使农民备感疏离。到了19世纪下半叶，社会评论家开始关注近代资本主义和城市化的负面效应，并要求使用激进手段来纠正弊端。

面对资本主义的扩展，一个极端的反应是社会主义和共产主义的产生，其代表人物是卡尔·马克思（Karl Marx，1818—1883）和弗雷德里希·恩格斯（Friedrich Engels，1820—1895）。恩格斯在马克思的大部分重要著作中，都扮演合作者的角色。1845年，他发表了《英国工人阶级状况》，着重描述英国产业工人极度险恶的生存状态。1848年革命前夕，马克思和恩格斯撰写了《共产党宣言》，作为一个新成立的、致力于推翻资产阶级政权的组织——“共产主义者同盟”——的党纲。马克思从威廉·黑格尔（Wilhelm Hegel，1770—1831）的思想中抽取部分因素，从经济控制和阶级斗争的三棱镜看待历史。他和恩格斯都将19世纪的资本主义社会看作阶级斗争的舞台，并坚信共产主义最终将摧毁资本主义社会。在其他著作中——特别是《资本论》（*Das Kapital*）中，马克思和恩格斯又将自己的理论加以深化和扩展。在那些对资本主义的弊端深感不满的社会主义者和共产主义者看来，马恩的著作成为重要的思想集合点。马克思虽然从小就是基督徒，但其实出自一个犹太教拉比的家庭。后来，很多反犹主义者都利用马克思的出身背景攻击马克思主义和共产主义，说它们是犹太人的意识形态，目的在于争夺世界的支配权。

那个时代出现的另一个思想流派是社会达尔文主义。它跟查尔斯·达尔文（1809—1882）的《论借助自然选择（即在生存斗争中保存优良族）的方法的物种起源》仅存在松散的依承关系。达尔文的研究是建立在多年艰苦的野外工作和观察基础之上的，最后的结论是，地球上的生物处于持续不断的进化过程中，只有那些最好的适应环境的个体才能够生存。他认为自己的理论适用于一切生物形式。而在19世纪下半叶到20世纪初，一些被称作社会达尔文主义者的作家和评论家开始将达尔文的理论应用到人类社会的种族和民族间的关系中，试图用以解决现存的问题。例如，一些社会达尔文主义者倡导更大力度的投资教育，并启动其他的改革措施，目的在于创造更好的人类。

赫伯特·斯宾塞（1820—1903）赞成达尔文关于自然选择的理论，并自己创造了一个词，叫作“适者生存”，用以凸显种族优越性与卑劣性的区分。斯宾塞的观点非常明确，不论是人类、种族、还是国家，“如果他们具有充分的生存能力，他们就将生
存，他们也应生存。如果他们不够资格生存，他们将灭亡，他们也就该灭亡”。[31]种 54
族极端主义者很快就热烈拥抱斯宾塞的理论，尤其是他关于“适者生存”的论述。最

终，一个新行当出现了。其从业者借用社会达尔文主义，探索人种和民族差异性的新维度。

还有一个新的研究领域叫“优生学”（eugenics），这个名称是达尔文的表弟弗朗西斯·高尔顿（Francis Galton，1822—1911）在1883年提出的。1904年，在伦敦大学社会学协会发表演讲时，高尔顿将优生学定义为“研究影响某个种族天生素质的全部因素；以及促使其进化以获得最大优势的因素”。[32]

随着科学家和其他领域的人士开始致力于通过医学或别的方式改善人类的自身素质，优生学成为盛行于欧洲和北美的一门重要学科。一位叫阿尔弗雷德·普勒茨（Alfred Ploetz，1860—1940）的德国内科医生又创造了一个术语——“种族卫生学”（Rassenhygiene），用以描述战争、革命和卫生保健在加强“蜕化人类族群”的过程中所扮演的角色。他还建议将那些低劣的人送去战场当“炮灰”，以保证在种族上较为高等的人的生存。[33]1904年，普勒茨创办《种族与社会生物学杂志》（*Archiv für Rassen und Gesellschaftsbiologie*），一年后又组织了“种族卫生学协会”（Gesellschaft für Rassenhygiene）。第一次世界大战之前，它们都是德国优生学研究的主要阵地。在德国的种族主义者和所谓“人种改良”的提倡者中，特别是在一战之后，普勒茨的理论大受欢迎。纳粹党人将他誉为早期纳粹种族主义意识形态的开创者，1936年希特勒授予普勒茨慕尼黑大学种族优生学名誉教授。同一年，一位挪威的立法委员提名他竞争当年度的诺贝尔和平奖，理由是他的理论提出了关于战争对生物繁殖进程的影响。

然而，在19世纪下半叶的欧洲，优生学仅仅是众多新近涌现的分析流派之一。面对欧洲日益增长的问题与困难，各流各派都试图提出解决办法。当时许多人认为文明社会正在走向衰败，而所有这些思想流派的共同特征，就是因欧洲越来越多的麻烦而深感忧虑，并试图探寻普遍衰败的原因。一些欧洲知识分子先是谴责自由主义、社会主义和马克思主义，说它们要为与城市精英阶层联系在一起的病态现象、观点和运动负责。这时候，人们经常把犹太人与以上趋向扯上关系。在19世纪，解放使犹太人获得更多的机会，这反过来又促发了新的偏见。陈见与敌意已经困扰犹太民族好几个世纪了，现在它们又在种族主义的意识形态之下获得了新生。在此意识形态之下，历史上对犹太人和犹太教的仇恨已经极其严重，现在又加上恐惧——害怕犹太人对欧洲更大范围的种族生存与发展构成威胁。这种新的强烈反犹倾向的意识形态就是大家熟知的“反犹主义”。

“反犹主义”这个词，由德国作家威廉·马尔于1879年首次使用。它与传统的基督教反犹偏见的不同之处在于，后者是在宗教背景之下看待和评价犹太人的。而反犹主义之所以将犹太人视为危险分子，不仅因为他们的信仰传统，还因为他们的某些种族特征。当然，欧洲的反犹主义者也从宗教性反犹思想之中，借用了很多负面的形象符号和陈词滥调。

19 世纪下半叶，尽管种族反犹主义已经成为整个欧洲范围内的现象，但德国人仍是其核心理念的创造者。这在很大程度上是由德国人破碎的统一梦造成的。德国先后于 1864 年与丹麦、1866 年与奥地利、1870 年至 1871 年与法国打了三场战争，三场战争都取得胜利之后，德国终于完成了统一。在很多德国民族主义者看来，这样干脆利落的胜利以及 1871 年初"德意志第二帝国"在凡尔赛宫宣告成立，都极其明显地表明，德意志人民和他们的国家是得到上帝的祝福的。此外，统一还释放出另外一些东西，迪特里希·奥尔洛（Dietrich Orlow）称其为"沙文主义与宗教狂信的 55
无味融合"。[34]

德国统一后，经过短短几年迅速的经济增长后，就陷入一场长达二十年的萧条。不过，即便遭遇困境，德国还是从传统农业社会急剧转变为一个高度工业化和城市化的国家。很多人受到它的财富与国力的吸引，纷纷移民至这个新的国家。德国人饱受诸多问题的困扰，同时，德国社会也正日趋物质化和城市化，传统农业社会的价值观与之激烈碰撞，知识分子、民族主义者和政治家纷纷展开与以上问题和矛盾的斗争。德国中等阶级拥护普鲁士军国主义的世界观和行为方式，在这一价值观的指引下，德国军队的势力大大加强了，并且在 1871 年宪政下获得了半自治的权力。军国主义价值观渗透到德国社会的方方面面，格哈德·里特尔（Gerhard Ritter）将这种现象称为"资产阶级的军国主义化"。[35] 德国的俾斯麦主义者、主要反犹主义者之一——海因里希·冯·特赖奇克（1834—1896），在他的《19 世纪德国史》（*Deutsche Geschichte in neunzehnten Jahrhundert*，1879—1895 年）中声称，军事实力是决定国家未来命运的最终力量。正是在这个弗里茨·斯特恩所称的德国"文化绝望"的时代，近代德意志反犹主义诞生了。[36]

近代反犹主义的根源固然深植于千百年来基督徒看待犹太人的态度，然而，它的近代内核实际上是在 1871 年之后逐渐形成的，当时德国的知识分子开始讨论谁是德国人、日耳曼民族是什么之类的问题。这些问题是与 19 世纪德意志各邦国激烈争论的"大德意志主义"（kleindeutschgrossdeutsch）密切联系的。而俾斯麦成功统一德国，是对"小德意志"（kleindeutsch）拥护者的胜利，后者希望建立一个单一民族的国家，排除民族成分多元的奥地利和匈牙利。与之相反的"大德意志"（grossdeutsch)理念，就是要求德国容括全体德意志人。不过，“大德意志”的支持者在第二帝国苛刻的民族局限政策下备受打击。根据卡尔·施洛伊尼斯(Karl Schleunes)的说法，这个现象的重要性在于——特别是就其与 1871 年以后反犹主义思想的演变而言，它提出了谁是日耳曼民族国家的国民，以及谁不是日耳曼民族国家的国民这个问题。在很多德国人看来，民族主义已成为一个文化现象，而并不一定与某人的公民身份相联系。约翰·戈特弗里德·赫德尔(Johann Gottfried Herder)认为，语言应是判定民族属性的一个因素，这促使很多人，至少是很多德国的民族主义者认定，德国不仅是一个政治实体，还是一个建立在语言与宗教基础之上的文化形态。

以上争论导致这个问题的提出：谁能够以及谁不能成为新日耳曼民族国家的公民？一些德国的民族主义者，尤其是涉及犹太民族与民族认同的关系问题时，主要围绕着以下两个主题展开讨论：即基督教精神与日耳曼爱国主义。犹太人，如果他们皈依了基督教，并且适当地“日耳曼化”了，那么他们是否就可被视为日耳曼文化民族的一分子？这个问题的答案只有德国基督徒能够决定。事实上，直到 1933 年纳粹党攫取权力之后，这个问题才告解决。

虽然《1871 年宪法》给予德国 50 万犹太人完整的、法律上的公民权，但一些知识分子仍对此感到困扰，特别是在 19 世纪七八十年代的经济萧条期。威廉·马尔(1819—1904)在 1879 年的小册子《犹太教对德意志人的胜利》(*Das Sieg des Judenthums über Germanenthum*)中，不仅创造了“反犹主义”这个名词，还谴责犹太人应为德国的社会与经济困难负责，并叫嚣不论是德国还是全世界，目前都处于“犹太化”的边缘。马尔和其他的德国种族主义作家援引约翰·戈特弗里德·赫德尔(1744—1803)某些关于“人道主义民族主义”的观点，用以证明自己对犹太民族看法的合理性。赫德尔对民族和文化的界定提出了一些新的观点，同时相信，文化具有
56 自己独特的精神特质，或者称为“民族精神”(Volksgeist)。正因为民族精神的存在，文化才具备了独一无二的语言、艺术和文学。赫德尔坚信，民族就是文化中具有生命的那一部分。属于某个特定民族的那些人——即“人民”(Volk)，精神上紧密相连。与德国后继的民族主义者不同，赫德尔并不认为某个民族或者某种文化比另一个民族或另一种文化优越。他说，世界上只有一种人类，它是由若干平等的文化构成的。民族的首要决定因素是语言。不过他觉得，理想的国家应只包含一个民族，将很多不同民族的成员混杂在一起，是反常的现象。

赫德尔对犹太人的情感十分混杂。作为一位新教牧师，他倾慕犹太民族的古代著作、历史、宗教和文化传统。在《关于人类演进的另一部历史哲学》(*Auch eine*

Philosophie der Geschichte zur Bildung der Menschheit)中,关于犹太民族部分的最后部分,赫德尔写道,从他们的历史文明初次出现的那一刻起,犹太人就是"其他国家肢体上的寄生物;这一狡黠的民族几乎在世界各地都扮演着破坏者的角色;尽管饱受压迫,却从来没有因此产生某种急切的热情,希望建立属于他们自己的荣誉、属于他们自己的居所和属于他们自己的国家"。[37]

与马尔生活在同一个时代的《圣经》研究学者和语言学家保罗·安东·拉加德(Paul Anton Lagarde, 1827—1891)渴望令德国摆脱"邪恶的"近代社会主义,达到神话般的简单状态。而他将社会主义的兴起就归因于犹太人和自由主义者。拉加德还是一个恶毒的反犹主义者,以至于弗里茨·斯特恩(Fritz Stern)将他称为"新近出现的反犹主义或者本土运动的守护神"。[38]其实,拉加德对种族反犹主义多有批评,他视"日耳曼精神"为一种精神上的归属,而非血缘上的归属。然而,他还是承认,"犹太人问题"也是一个"种族问题",并提出警告:如果仍允许犹太人留在德国境内,却不使他们归化进入德国文化,那么德意志精神就将处于"犹太化"(verjudet)的危险之中。尽管后来的纳粹写手谴责拉加德无视种族主义理论,但实际上,他们非常推崇拉加德猛烈的反犹主义观点和极端的日耳曼民族主义。第二次世界大战期间,"国防军"(Wehrmacht)曾将拉加德的作品进行特别编辑,然后派发给士兵。拉加德将犹太人视为德国社会内的危险分子,因为他们具备德国人缺乏的极度团结性。他说,"对所有欧洲民族来说",犹太人都是"可怕的灾祸",是"各国民族文化衰退和玷污的携带者"。拉加德写道,犹太人剥削"其宿主国家的人力和物质资源",并摧毁"一切信仰"。他还指责犹太人是造成"唯利主义和自由主义扩张"的原因。[39]在拉加德看来,自由主义者是犹太人的天然同盟军,他们的共同目标就是破坏德意志的社会和文化肌理。他还是一位德意志帝国主义的拥护者,梦想德国向东扩展疆界,并将犹太人和其他非德意志族群赶出中欧。

另一位知名的德国反犹主义者是尤金·杜林(1833—1921)。与加拉德一样,杜林也是一位学者,他的著作给德意志反犹主义蒙上了一层知识分子温文教养的虚饰。但实际情况却是,杜林作为一名严肃学者的身份和立场,却深刻地影响了奥地利政治性犹太复国主义的创立者——西奥多·赫茨尔(Theodor Herzl, 1869—1904)。与很多持自由主义观点的德国犹太裔知识分子一样,赫茨尔也曾怀着自豪的心态热烈拥护德意志文化和民族主义。但是当读过杜林的《犹太问题,关于其种族、道德和文明及世界历史视野下的答案》(*Die Judenfrage als Rassen-, Sitten-, und Kulturfrage. Mit einer weltgeschichtlichen Antwort*, 1880年)之后,赫茨尔最

终确信，如果连杜林都如此强烈地反对犹太人融入德国社会，那么指望那些受教育
水平较低的德国人接受，几乎是没有希望的。杜林写道，要想令德国摆脱犹太人带
57 来的麻烦，唯一的办法就是将他们从德国人的社会生活中彻底清除出去。不过，杜
林在他的《以某种更完备的东西替代宗教以及将犹太人从整个近代民族精神中排除
出去》(*Der Ersatz der Religion durch Vollkommeneres und die Ausscheidung alles Judentums durch den modernen Völkergeist*，1883年)一文中表现出的反基督教论调，也使自己与很多反犹主义者疏离开来。他写道，基督教精神是犹太教一种带有瑕疵的形式，而《旧约》则是一部犹太教的传道文件。杜林的激进左翼倾向和反基督教立场使他的思想一直处于边缘地位，不过，他号召展开行动，袪除“犹太化的威胁”(Entjudung)，也使他在德国和奥地利的读者中拥有大量的支持者。

理查德·瓦格纳。戴维·M·克罗提供图片。

德国新一代反犹主义者阵营中最著名的人物就是理查德·瓦格纳(1813—

1883)。阿道夫·希特勒曾将瓦格纳置于与马丁·路德和腓特烈大帝同样的地位。瓦格纳是法国贵族约瑟夫·阿瑟·德·戈比诺伯爵(Count Joseph Arthur de Gobineau, 1816—1882)的亲密朋友,后者多卷本的《论种族的不平等性》(l'Inégalité des 58
Race, 1853—1854年)将人类分为三个基本的种族:白种人、黑种人和黄种人。戈比诺给每一个种族都赋予某种特定的性格,这对瓦格纳和其他反犹主义者特别具有吸引力。戈比诺称,白种人享有人类最佳的品质。他还认为,白种人比其他两个人种优越,并展现出卓越的领导和驾驭能力。黄种人的主要优势在于生殖能力强,黑种人的能力则体现在官能性方面。尽管戈比诺并不反对种族混合通婚,但却坚信一个伟大文明的领袖必须具备杰出的智力素质。他认为,曾经由雅利安白种人主宰的法国,如今却走向衰变,究其原因,就是黑人和东方人的存在。戈比诺还说,这些种族还在整个欧洲范围内扩展他们的"黑色"。

戈比诺去世之前几年,和瓦格纳成为朋友。虽然瓦格纳也时常批评戈比诺的一些理论,但他却极为推崇后者对德意志民族的研究成果。犹太人公开排斥瓦格纳,因为后者认为他们生而愚笨、无能。他的1850年的文章《音乐中的犹太教》(*Das Judenthum in der Musik*),就是以此为主题的。瓦格纳称,犹太人永远不可能精通欧洲文明的任何一个方面,至多就是东施效颦。而且,同化和皈依基督教并不能改变犹太人,因为他们永远是"全人类最无情无谊的种族"。[40]

另一方面,瓦格纳又使本来就已如神话般优越的雅利安人愈发传奇化了。"雅利安"这个词出自梵文,意思是"高贵的",最初被用以描述印度人和其他印欧人种。但这个词最终被重新定义,用以指代一种理想化的、在种族上极度纯净的日耳曼人。瓦格纳在自己的歌剧中塑造了一个近似于帕西法尔的人物,作为雅利安人的模范形象,他的生活和美德再次证明了基督教的高尚价值。可以说,瓦格纳创作《帕西法尔》(*Parsifal*)就是为了赞美优秀的雅利安种族,以及"民族性"(volkisch)对激进雅利安主义的重要意义。在瓦格纳看来,由于具备卓越的雅利安美德,帕西法尔成了一个神一般的人物。正因为他的作品中透露的这些主题,阿道夫·希特勒才对瓦格纳的音乐作品和理论产生了兴趣。希特勒少年时代的好友奥格斯特·库比泽特(August Kubizek)曾说,瓦格纳的歌剧将这个德国未来的独裁者迷住了:

> 在演出过程中,他的暴力倾向不见了,他变得安静、屈从、顺服。他的目光不再躁动;他的宿命虽然依旧沉重,却不再重要。他不再感到孤独,不再感到被放逐,不再感到被社会所误解。他迷醉于其中不能自拔。他甘愿失去对自我的控制,被带进神秘的宇宙,在他看来,这里远比身在其中的日常世界真实得多。

在他那间陈腐、阴潮的密室，他被带入德意志古代的极乐宗教之中，这个理想世界就是他全部努力的至高目标。[41]

威廉·夏伊勒（William Shirer）后来写道，希特勒曾说“任何人，想要了解国家社会主义，必须要先了解瓦格纳”。[42]

一战之前德国、奥地利、法国和俄国的政治性反犹主义

19 世纪晚期之前，激进反犹主义已传遍整个欧洲。不过，在德国、奥地利、法国和俄国，它表现得最为明显。但此类新型的种族性反犹主义思想的政治意蕴何在呢？当反犹主义思想进入德国和奥地利的主流政治，它离付诸实施的那一天也就不远了。德雷福斯丑闻表现出法国反犹主义有多么强大。而在拥有世界上最多犹太
59 人定居的俄国，过去的宗教性反犹理念与新兴的种族性反犹主义信条相结合，结果催生出一个反犹主义暴力的时代，其猛烈程度自欧洲中世纪以来就从未见证过。

德国

1879 年，海因里希·冯·特赖奇克在柏林出版的《普鲁士年鉴》（*Preussiche Jahrbücher*）上发表《论犹太人》。特赖奇克称，面对德国社会中的这个“异己”族群，反犹主义是合情合理的反应。他认为“犹太人是我们的灾祸”（die Juden sind unser Unglck）。这句话后来深得纳粹党人赏识，在其刻毒的反犹主义报纸《先锋报》（*Der Stürmer*）上更是经常出现。[43]鉴于处于摇篮期的德意志民族国家正在苦苦追寻，试图解决民族认同的问题，特赖奇克断定，城市化的、久经世故的犹太人对当代德国来说就显得特别危险。他还说，在当前这个脆弱时期，德意志文化和社会尤其容易遭到犹太民族支配欲望的侵害。

对俾斯麦经济政策的保守反应，也是促发马尔、特赖奇克等人产生反犹主义思想的动因之一。在很多反犹主义者心目中，俾斯麦就是他的犹太银行家吉尔松·布莱希勒德尔（Gerson Bleichröder，1822—1893）手中的玩偶，这个观点其实证明了弗里茨·斯特恩所称的反资本主义与反犹主义的悲剧性联盟。新兴的种族性反犹主义在阿道夫·施特克尔（Adolf Stoecker，1835—1909）的“基督教社会工人党”（Christlichsozial Arbeitspartei，缩写为 CSAP）内发出了第一声政治性的呐喊。施特克尔是威廉一世的宫廷牧师，于 1878 年建立基督教社会工人党。他推崇德意志民族主义、政治保守主义及基督教的社会意识。不过，施特克尔的政治诉求在 1878 年议会选举中遭到惨败。到了 1881 年，他将基督教社会工人党过去的纲领与激烈的

反犹主义思想相混合。尽管在这一年的选举中基督教社会工人党仍表现不佳，但其反犹主义的基调为1881年的德国反犹请愿铺平了道路。这次请愿是伯纳哈德·弗尔斯特(Bernhard Förster，1843—1889)、恩斯特·亨里齐(Ernst Henrici，1854—1915)以及马科斯·李卜曼·冯·索纳伯格(Max Liebermann von Sonnenberg，1848—1911)联合策划的，行动背后隐藏的理念就是，敦促政府就“犹太人问题”举行全民公决。在接下来的30年间，第二帝国内部涌现出若干各色各样的反犹主义者组织，而这次请愿的主要诉求就为这些组织提供思想的基础。最基本的一点，就是呼吁禁止或限制犹太人向德国移民、对犹太社团进行人口普查、限制犹太人担任公职，以及在公立学校禁止聘用犹太教师。请愿的倡议者认为，这次运动可促使政府取消犹太人的德国公民权。虽然这次请愿运动只募集到26.5万个签名，但它在社会中的影响还是成为萌芽中的德国反犹主义政治运动的催化剂。在柏林大学，将近一半的学生在请愿书上签了字，德国受教育阶层中的大部分人也对其持支持态度。

在接下来的十年，德国出现了很多反犹主义政党。1880年，亨里齐创办的“社会帝国党”(Soziale Reichspartei)，就采用了反犹主义请愿中的主要观点。一年后，弗尔斯特和冯·索纳伯格创立“日耳曼民族协会”(Deutscher Volksverein)，要求撤销犹太人的公民权。而当另一个十年到来时，德国反犹主义运动逐渐走向两个截然不同的方向：一个是“议会内反犹主义”——试图在德国的宪政背景和法律框架内解决“犹太人问题”；另一个则激进得多，即“革命性反犹主义”——声称德国在处置犹太人之前，必须先净化自身的近代化弊端。

议会内反犹主义阵营由冯·索纳伯格和奥托·伯克尔(Otto Böckel，1859—1923)领衔，并在1886年组成“德国反犹主义联盟”(Deutsche Antisemitische Vereinigung，DASV)。不过，四年不到，德国反犹主义联盟又分裂成两个党：李卜曼·冯·索纳伯格的“德国社会党”(Deutschsoziale Partei，DSP)和伯克尔的“反犹主义 60
人民党”(Antisemitische Volkspartei，ASVP)。不久，反犹主义人民党成为“德国改革党”(Deutsche Reformpartei)的一部分。这两个党都将德国的大部分问题归咎于犹太人，指责他们利用社会主义和自由主义扩散日耳曼民族的自我怀疑。

在1890年议会选举中，在德意志帝国国会的396个席位中，反犹主义的人民党和德国社会党一共只赢得了5个席位，全部来自黑森地区，这里正是德国反犹主义政治运动的大本营。三年后，反犹主义政党的国会席位增加到16个。这次胜利给反犹主义政党赢得了一些关注，很多人已将它们视为一个有实力的政治集团，竞选运动的进展也促使三个主要的反犹主义政党最终于1894年走向联合，组成“反犹主义德国社会改革党”(Antisemitische Deutschsoziale Reformpartei, ASDSRP)。第二年,新政党提出“爱尔福特计划”,将1880年反犹请愿的要求与诸如建立对犹太人出版机构的审查制度等新诉求熔于一炉。虽然政治性反犹主义运动尚缺乏组织和经济技巧,但他们仍始终保持着最初的立场和诉求。虽然他们没能培养一个可以依靠的媒体阵地,不过很多德国报纸对反犹主义的德国社会改革党都是持支持态度的,甚至公开表达了反犹主义的观点。1895年,反犹主义政党保住了他们的胜利成果,但三年后却失去了6个席位,到了1903年则败得更惨。1907年,他们的政治命运似乎稍现复兴之象,但将反犹主义立法引入德意志帝国国会的努力却仍归于失败。他们支持的议案中,只有一个最终成为法律——即在陪审团裁决过程中,要求法庭证人根据自己信仰的教派宣誓。1912年选举被反犹主义者称为“犹太人”选举,因为7名犹太人当选国会议员。可以想见,这次选举对反犹主义政党又是一次惨败,他们只得到6个席位。

第二帝国的反犹主义政治运动在国家政治中获得了有限的成功,但就其重要性和对未来的影响而言,远不如这一运动的另一个效果——在整个德国范围内传播反犹主义理念。之所以形成这样的局面,部分原因在于反犹政党与德国其他政治势力所结成的联盟。其中最成功的,是与“德国保守党”(Deutschkonservative Partei, DKP)以及“土地联盟”(Bund der Landwirte, BL)的合作。阿道夫·施特克尔在1881年选举后加入德国保守党,并设法说服其在1892年的“蒂沃利计划”中加入了反犹主义的词句。主要由贵族组成的土地联盟也给予反犹主义政党公开的支持,而“泛日耳曼联盟”(Alldeutscher Verband's, ADV)的成员海因里希·克拉斯(Heinrich Class, 1868—1953)则提请新皇帝威廉二世(Wilhelm II, 1888—1918年在位)削弱犹太民族在德国国内的影响力。反犹主义者之所以没能与其他政党建立更强的联系,主要是因为当时大多数德国人并没把“犹太人问题”视为一个多么严重的问题。

那么,第一次世界大战之后,政治性反犹主义对第二帝国的影响究竟体现在哪些方面呢?根据理查德·列维(Richard Levy)的说法,围绕着“不间断的宣传”攻势,反犹主义者“毒化德国人与犹太人的关系,并营造出对反犹主义的容忍氛围,国家社会主义者有效地利用了当时德国的这种社会氛围”。反犹政党的行动使反犹主义在德国获得了生存和发展的机会。列维说,一战前夕,“虽然反犹主义并不像19世纪70年代或者90年代那样堂而皇之地成为国家政策的一部分,但此类情感已渗透至普通德国人生活和思想的方方面面”。[44]

政治性反犹运动消退之后，反犹主义在德国却一直保持着相当的生命力，这在一定程度上应归因于一群更激进的反犹主义者的行动，他们在1912年以后的第二帝国之内，取得了对政治性反犹运动的优势。激进反犹主义者与政治性反犹主义者的分歧并不在于思想理念上，而在于行动方式上。而西奥多·弗里奇（Theodor Fritsch，1852—1933）正是连通一战前后反犹主义思想的一座关键性桥梁。他曾批 61
评先前的政治性行动很难达到预期中的反犹效果。这并不意味着激进反犹主义者已放弃追寻政治目标。当然，他们还是觉得列维所称的“煽动性反犹主义”“在合适的条件下，只要领导方式正确”还是具备巨大的政治潜能的。[45]激进反犹主义者的理念来自弗里奇、保罗·拉加德、尤金·杜林、伯纳哈德·弗尔斯特、弗雷德里希·兰格（Friedrich Lange）以及休斯顿·斯图尔特·张伯伦（1855—1927）。

在这群激进派反犹主义者中，最为人熟知的一位就是张伯伦。他出身于一个显赫的英国家庭，娶了理查德·瓦格纳的女儿伊娃为妻，并在1916年加入德国国籍。1899年，他写了《19世纪的根基》。这本书在一定程度上奠定了纳粹主义的思想基础，以至于早期纳粹党的头号理论家阿尔弗雷德·罗森贝格（Alfred Rosenberg，1893—1946）称其是一本“战斗之书”（kampfbuch）。《19世纪的根基》从种族的视角回顾历史，并检视发生在过去、但深刻影响19世纪社会走向的各种事件。张伯伦承认希腊人、罗马人和基督徒对西方历史的演进都发挥了自己的作用，但当西方社会在中世纪早期处于衰退和崩溃的边缘时，是日耳曼人拯救了它。张伯伦称，雅利安日耳曼人是最佳公民的代表，而诸如犹太人和斯拉夫人这样的族群则是对文明威胁最大的破坏性力量。他写道，看待基督教则要使用两分法。基督教的象征主义和包含丰富意蕴的神话体系，是雅利安传统好的一面。可惜，基督教精神中负面的犹太教成分使其丧失了生命力。张伯伦的结论是，耶稣基督不可能是犹太人，因为他是一位出自雅利安加利利的金发、蓝眼的北欧日耳曼人。他还创造出一个理论，说测量颅骨的大小就可以确定一个人的种族归属。1914年之前，《19世纪的根基》就卖出了十万多本。

与张伯伦一样，弗里奇的思想也深得众多纳粹党成员的钦慕。在他的职业生涯中，发表了大量的反犹主义著作，比如1924年版本的《锡安长老议定书》。其中，最重要、读者最多的著作是《犹太人问题手册》（*Handbuch der Judenfrage*），到1943年，这本书已出版了48版。阿道夫·希特勒称，在自己一战前的维也纳岁月，他曾从头到尾系统阅读过弗里奇的著作，并从中吸取了很多反犹主义的观点。尤利乌斯·施特莱歇尔受他的战前著作的影响更大。弗里奇在莱比锡经营着一家反犹主义著作的出版机构，并在自己办的杂志《铁锤：日耳曼精神文集》（*Der Hammer*：*Blätter für deutschen Sinn*）中鼓吹极端的反犹主义学说。他还创办了一个名为“铁锤联盟”（Reichshammerbund）的反犹主义组织。弗里奇污蔑犹太人，说他们与共济会①、罗马天主教以及“耶和华见证人”②合伙，正试图攫取全世界各国政府的统治权。他认为犹太人应为德国的很多重大罪行负责，为此还专门列举成一个清单出版。弗里奇称，在公立学校讲授反犹主义的内容是十分必要的，并敦促采用革命暴力的战术处理“犹太人问题”及其他一切犹太人和社会主义者惹出的麻烦。弗里奇反对德国实行君主立宪制，坚称它应为“独裁者立宪制”所取代。[46]在一战之前的那几年，弗里奇的观点看起来过于极端了，但在战后混乱不堪的德国社会，他却获得了空前的支持。他对犹太民族的憎恨、对传统政治模式和政府结构的怀疑，以及以革命策略解决德国社会问题的诉求，都在 1918 年之后，特别是阿道夫·希特勒的纳粹运动萌芽之后，找到了新的市场。

第一次世界大战以后弗里奇本人也加入了纳粹党，并于 1924 年作为 94 名当选
62 党员之一，进入德国国会。虽然他曾对希特勒抱有疑虑，但由于他的思想以及“老斗士”（Alte Kmpfer）的身份，他在纳粹党内还是享有较高的威望。“老斗士”指的是在 1933 年希特勒攫取政权之前就加入纳粹党的人。1934 年，一位冲锋队成员写下如下的话：

> 战争结束之后，我对政治产生很大的兴趣，如饥似渴地阅读所有讨论政治的报纸。1920 年我在一份右翼报纸上首次读到一则关于反犹主义杂志的广告，不久我就开始订阅西奥多·弗里奇的《铁锤报》。多亏了这份杂志，我终于获悉犹太人给我们的民族、国家和经济带来的毁灭性影响。现在我必须承认，这份杂志的确是将我引向阿道夫·希特勒的伟大运动的桥梁。[47]

奥匈帝国

每一项关于大屠杀历史根源的研究，都必须探究反犹主义在奥地利的演变。这不仅因为奥地利是阿道夫·希特勒的家乡，还因为奥地利人在纳粹运动和大屠杀中

---

① 共济会出现在 18 世纪的英国，是一个带宗教色彩的兄弟会组织，也是目前世界上最庞大的秘密组织，宣扬博爱和慈善思想，以及美德精神，追寻人类生存意义。世界上众多著名人士和政治家都是共济会成员，比如孟德斯鸠、爱因斯坦、华盛顿以及富兰克林·罗斯福等。——译者注

② 耶和华见证人是于 19 世纪 70 年代末，由查尔斯·泰兹·罗素在美国发起的独立的宗教团体，并不属于基督教。耶和华见证人认为信仰应完全依据《圣经》，强调圣经的主题——上帝的王国，只有真正遵行真理的人才可从将临的末日——哈米吉多顿——得救存活。——译者注

扮演的重要角色。随着日耳曼因素在曾经强大的哈布斯堡帝国里逐渐消散，在希特勒儿童时期和少年早期生活的那个奥地利—日耳曼社会中，逐渐充斥了由此产生的不确定性和愤恨。1848—1849年的革命更加凸显了这个庞大的多民族帝国内部的重重危机，而1866年“普奥战争”中奥地利耻辱性的失败及1867年的“奥匈协定”更加证明了其软弱的国力，至少在奥地利境内的日耳曼民族主义者看来是这样的。于是，他们发动了一系列运动，希望为国家寻找出路，重塑奥地利业已失去的国际影响力和民族自豪感。其中一个影响最大的运动叫“泛日耳曼主义”。虽然哈布斯堡家族治下的奥地利人，就血统来说多数根本不属于日耳曼人，但泛日耳曼主义者仍视新生的统一德国为在哈布斯堡帝国内部复兴奥地利日耳曼影响力的模板。到1910年，奥地利帝国只有23%的人口是日耳曼人，其余的由匈牙利人和其他各种斯拉夫族群构成。

格奥尔格·里特尔·冯·舍纳尔(1842—1921)在19世纪80年代开创了奥地利的“泛日耳曼运动”。舍纳尔视奥托·冯·俾斯麦为偶像，并坚称奥地利人应与俾斯麦的德国结成“联盟”(Anschluß)。他认为，德意志的霍亨索伦家族——而非奥地利的哈布斯堡家族——才是日耳曼民族的正统统治王朝。在《未遭削弱的德意志语言》(*Unverfälschte Deutsche Worte*)中，舍纳尔宣称，犹太人在他的新运动中将不占有一席之地。他采用了很多理查德·瓦格纳的反犹观点，并在泛日耳曼主义运动的集会上，用后者的音乐煽动民众的情绪。舍纳尔还经常援引尤金·杜林的《犹太问题、关于其种族、道德和文明及世界历史视野下的答案》，使种族主义反犹主义成为泛日耳曼运动的主导思想之一。

舍纳尔强调帝国的多民族属性及其与犹太人口之间的密切联系。他赞美日耳曼“民族”(Volk)的优良品质，并称犹太人和日耳曼人不应同化。犹太人与日耳曼雅利安人毫无共同点，一场针对犹太民族的战争将构成日耳曼民族主义的主要组成部分。舍纳尔坚称，只有发动这样一场运动，才能催生真正的“民族信念”(volkstmlich)，而创造民族信念正是泛日耳曼民族主义者行动的首要目标。同情犹太人的日耳曼人就是日耳曼民族的叛徒。舍纳尔将对抗犹太人的战争视为一场战斗，不仅对抗犹太民族，而且对抗犹太自由主义和犹太人对出版业和国民经济的控制。他称犹太人为“喝人血的吸血鬼”，“正在敲打德意志农民和工匠房屋那窄小的窗户”。[48]

舍纳尔的“泛日耳曼党”在1887年大选中达到其政治上的最高点，他们在“德意 63
志帝国议会”和“奥地利帝国议会下院”(Reichsrat)共赢得了6个席位。泛日耳曼党的主要支持群体是大学生，他们视犹太人为日后职业选择过程中的竞争者。1880

年，维也纳大学约22%的法学院学生和38%的医学院学生是犹太人。当时，与德国结成“联盟”(Anschluß)，成为在奥地利大学生中流行的理念。

1882年，舍纳尔的阵营又加入了一些德意志民族主义者，比如在“林茨计划”的执行过程中加入的维克多·阿德勒博士(Dr.Viktor Adler, 1852—1918)和卡尔·卢埃格尔博士。林茨计划致力于重组奥地利帝国，以复兴其内部日耳曼族群的实力和影响。这一计划还倡导一系列社会改革措施。三年后，舍纳尔将“雅利安条款”加入林茨计划，因为他认为必须将犹太人从奥地利人生活的方方面面中都清除出去。正是在这个问题上，阿德勒以及其他具有犹太血统的泛日耳曼民族主义者与舍纳尔决裂了。在舍纳尔看来，犹太人不是真正的德国人。几乎整个19世纪80年代，舍纳尔发动的运动都处于高歌猛进的状态，他本人也一直担任国会议员，但是1888年，随着他因袭击罪被捕，他的事业也从此一蹶不振了。

即便如此，舍纳尔的影响力仍然强大，尤其是对年轻的阿道夫·希特勒来说，舍纳尔成了他早期政治和思想的模板。希特勒少年时代的好友奥格斯特·库比泽特说，德意志未来的独裁者是“舍纳尔坚定不移的追随者”。[49]根据布里吉特·哈马恩(Brigitte Harmann)的说法，舍纳尔“对自身原则的坚持与信念，以及对‘日耳曼民族’永恒不变的爱”，[50]把希特勒深深地迷住了。哈马恩说，希特勒对舍纳尔的崇敬是如此强烈，以至于他“不仅采纳了他的政治主张，平时为人行事也刻意模仿他”。[51]希特勒使用的称号“元首”(Fhrer)和表示致意的“嗨”(Heil)就是沿用自舍纳尔曾使用过的标志性语言。即便如此，对舍纳尔的某些观点，希特勒还是发表了批评，特别是前者曾提出过的对非犹太族群的斗争。在希特勒心目中，敌人只有一个，那就是犹太人。1938年，在希特勒的授意下，舍纳尔的传记出版，一年后他又将慕尼黑的哈布斯堡广场更名为舍纳尔广场。1943年德国组织展览会庆祝舍纳尔的诞辰日，纳粹党悬挂了一幅醒目的标语，内容正是引自希特勒昔日的偶像——“泛日耳曼过去是、现在也是我的梦想；我决心向未来的俾斯麦致敬，他将是日耳曼民族的拯救者，是泛日耳曼的塑造者。”[52]

希特勒的另一个重要的行为模范是卡尔·卢埃格尔(1844—1910)，他是一位持反犹主义立场的维也纳市长。与希特勒一样，卢埃格尔也对舍纳尔充满崇敬，特别是在政治方面。不过，希特勒曾指出两人之间的巨大差异。他推崇舍纳尔，是因为其思想，而推崇卢埃格尔，则主要在于其出众的政治行动和人际交往技能。根据哈马恩的说法，舍纳尔退出政坛实际上有利于卢埃格尔在政治上的起飞。作为一位成熟老练的政治家，卢埃格尔与舍纳尔的确大有不同。后者坚定地反对罗马天主教和哈布斯堡家族，而前者则曾谈到哈布斯堡家族治下天主教的奥地利“重新基督教化”的可能性。卢埃格尔的追随者大多数为宗教观上的反犹主义者，而舍纳尔的泛日耳曼阵营则多从种族角度仇视犹太民族。卢埃格尔曾参与多种反犹主义运动，1893 年他参与建立了“奥地利基督教社会主义者党”(Christlichsoziale Partei，CSP)，也就是当代保守派的“奥地利人民党”(Österreichische Volkspartei，OVP)的前身。关于卢埃格尔的政党，其中心主题就是近代资本主义和犹太民族的罪恶。在很多早期的基督教社会主义者党成员看来，两者就是同义语。鉴于卢埃格尔在奥地利政治圈内的显赫地位，很多人曾试图将他描述为“可敬的反犹主义者”。卢埃格尔私人文件的编辑者理查德・S・戈尔(Richard S.Geehr)并不同意这种说法。戈尔说，由于卢埃格尔 1897 年至 1910 年担任市长期间在维也纳政坛的强劲势力，他的反犹主义思想“虽然是一种犯罪，却无须承担责任”。他使奥地利反犹主义成为“国家的一项既定制度”，“即使是无意的，但其实是法西斯主义真正的源头”。[53] 64

卢埃格尔的追随者之一卡洛尔・冯・福格尔申男爵(Baron Karol von Vogelsang，1818—1890)称，当代奥地利基督徒价值观的衰落，为犹太人的资本主义、唯利主义和自由主义占据支配性的地位提供了通路。福格尔申认为，要想制止奥地利社会走向“犹太化”，唯一的方法就是复兴罗马天主教。1889 年，卢埃格尔和福格尔申共同建立了“基督徒联盟”(Vereinigte Christen，VC)，这个组织成为“基督教社会主义者党”的前身之一。基督徒联盟在 1889 年发布宣言，号召国家将犹太人从司法、医疗和各种职业领域驱逐出去。这个组织还宣称，犹太人不得任教于基督徒的学校，不能担任法官，也不能在政府和公务部门任职。它还要求限制犹太人向奥地利移民。在卢埃格尔政治生涯的早期，他就将犹太人问题与自由主义以及大企业、大财团联系在一起。罗伯特・维斯特里奇(Robert Wistrich)和布里吉特・哈马恩都同意，共同的反犹主义倾向是使奥地利当时形形色色的社会经济组织形成一致立场的黏合剂，而它们的一致立场，就是对卢埃格尔的基督教社会主义者运动的支持。在所谓的基督教社会主义者看来，与犹太人的斗争就是日耳曼民族争取生存权的斗争。1895 年，在卢埃格尔当上市长之后，基督教社会主义者和泛日耳曼运动取得了对维也纳市政府的控制权。然而，弗兰茨・约瑟夫皇帝出于对他的反犹主义立场和煽动行为的恐惧，拒绝让卢埃格尔就职。直到 1897 年，卢埃格尔保证他的行政管理将是“建设性的，而绝非歧视性的”之后，皇帝才允许他行使市长的权力。[54]

在争取市长宝座的过程中，卢埃格尔暂时隐藏了自己极端反犹主义者的锋芒。不久，对他威胁最大的政治敌手——社会民主党人，抨击他和显赫的犹太家族成了朋友。卢埃格尔是个宗教观上的反犹主义者，他确实可能与皈依基督教的犹太人成为朋友，只要后者不是自由主义者或者马克思主义者。对此他解释道："谁是犹太人，由我自己来决定。"[55]虽然一些人质疑卢埃格尔对反犹主义信条的忠诚程度，但这并未改变这样一个事实，在维也纳社会及更广阔的范围内，他和他的基督教社会主义者党将反犹主义思潮提升到一个更高的地位。1910 年卢埃格尔之死震动了整个维也纳。在他的葬礼上，出殡队伍缓慢穿过这座奥匈帝国的首都，在众多围观者中，有一个人正是阿道夫·希特勒：

> 当庞大的送葬队伍簇拥着死去的市长从市政厅前往环状大道的途中，我一直跟成千上万的人在一起，目睹这幕悲剧性的景象。我被深深地打动了，我的直觉告诉我，这项事业，甚至这个人，都将注定归于徒然，因为注定的命运将使这个国家不可避免地走向毁灭。如果卡尔·卢埃格尔博士生在德国，他一定已成为我们民族最伟大的人物之一。生活在这个不可救药的国家，事业也在这个不可救药的国家，是他的事业和他自己的不幸。[56]

从 1907 年到 1913 年，希特勒都生活在维也纳，他曾经支持泛日耳曼运动，后来又投靠到基督教社会主义党旗下。不过，希特勒对卢埃格尔的运动多有诟病。卢埃格尔与罗马天主教会的联系也使他感到不适，而卢埃格尔不愿意支持种族性反犹主义和反斯拉夫主义，也不能令希特勒满意。尽管如此，1938 年希特勒征服奥地利后，卢埃格尔的狂热信徒愈发增加。而 1943 年，约瑟夫·戈培尔(Joseph Goebbels)授意拍摄了电影《1910》来向卢埃格尔致敬。

法国反犹主义和德雷福斯案件

19 世纪的最后一个三分之一时间内，法国与德国和奥地利一样，都曾遭受明显的政治、文化和经济困局。正是在这种不确定和不安全的环境之下，种族性反犹主义开始在法国生根、发芽。种族的区别取代宗教的差异，成为人们憎恨犹太人的原
65 因。法国左派特别支持反犹主义的思想，因为他们认为犹太民族与布尔乔亚资本主义是相关联的。法国著名革命理论家皮埃尔·约瑟夫·普鲁东(Pierre Joseph Proudhon，1809—1865)称犹太人是全人类的敌人。近代法国反犹主义之父阿方斯·图斯内尔(Alphonse Toussenel，1803—1885)曾是空想社会主义者弗朗索瓦·夏尔·傅立叶(François Charles Fourier，1772—1837)的信徒。1844 年，图斯内尔发表了一篇文章，其中充满对犹太民族的恶毒攻击，即《犹太人、新纪元的国王，财政封建主义的历史》(*Les Juifs, rois de l'epoque, histoire de la féodolité financière*)。他将

法国在中世纪遭遇的问题归咎于“放高利贷的犹太人”。保罗·门德斯-弗洛尔(Paul Mendes-Flohr)和耶胡达·罗汉兹(Jehuda Reinharz)认为图斯内尔的著作“最早将犹太人中世纪的高利贷者形象,与早期资本主义社会的民众对金融家和银行家的普遍厌恶联系在一起。”[57]图斯内尔还是一位鸟类学家和博物学者,他用自己关于自然的著作批判犹太人,说他们是“秃鹫”。他谴责显赫的犹太银行业家族罗思柴尔德集团,在法国农村大修铁路,从而严重破坏了当地的环境。类似这样的观念,使得19世纪下半叶的法国社会,一直陷于强烈的反犹主义氛围之中。

普鲁东和图斯内尔等人的著作(即《犹太人、新纪元的国王,财政封建主义的历史》分别于1886年和1888年再版)为19世纪70年代之后在法国甚嚣尘上的种族性反犹主义搭建了思想支柱。反犹主义在法国之所以获得发展机会,一方面是因为国外传入的新兴反犹理念,另一方面也出于法国自普法战争失败之后激化的政治、经济和社会矛盾。拿破仑三世(Napoleon III)的“第二帝国”灭亡之后,紧张的政治形势持续了几十年。1871年“巴黎公社”起义惨遭血腥镇压之后,它造成的左派、君主主义者与保守派之间的冲突以及政治动荡却持续了很多年。君主主义者仍旧试图推进他们的事业,19世纪80年代和90年代,为了抗议法国的经济问题,社会主义者在全国各地组织了数千次罢工。中立派控制了法兰西共和国,他们削弱罗马天主教会在政治和教育领域的影响,目的在于与保守派对抗。民众对政府普遍的不满情绪在1889年达到极点,当时一位名为乔治·布朗热(Georges Boulanger, 1837—1891)的将军在民间深受欢迎,他策划了一次政变,但很快就失败了。迈克尔·伯恩斯(Michael Burns)认为,布朗热现象将法国引入一个新的“好战民族主义”的时代。勒内·勒蒙德(René Rémond)写道,它在“德雷福斯案件”之前,就改变了法国的右派。泽夫·斯登黑尔(Zeev Sternhell)则认为,这是一个法西斯主义在法国萌芽的时代。

以上因素,再加上“联合总会”(为罗马天主教会的金融机构)在1882年的崩溃,以及肆虐全国的经济困境,促使天主教会及其支持者开始疯狂攻击犹太人。当时法国的头号反犹主义者是爱德华·德拉蒙特(1844—1917),他的思想深受图斯内尔的影响。1886年,德拉蒙特出版了影响深远的著作《法国犹太人》(*France Juive*)。这本书很快就售出一万多册,并成为当时法国读者最多的著作。德拉蒙特将高卢基督徒雅利安人与丑陋、时刻试图犯罪并纵容犯罪的犹太人相比较。他说,犹太人的奸诈本性,已经“征服”了法兰西雅利安人。他看到,在法国的工商业者和银行家获取巨额财富的同时,法国的工人和农民却日益贫困。德拉蒙特称犹太人占据着法国一半的财富。他希望建立一个犹太人财富充公办公室,专门查封犹太人的财产。他引用中世纪可敬的克吕尼修士皮埃尔的话说，必须“甚至使犹太人的财富背离他们的意愿，而为基督徒谋福利”。[58]

1892年，德拉蒙特创办《言论自由报》（*La Libre Parole*），每日出版，其中既表达
66 他对犹太民族的憎恶，也包含对贫富分化和近代资本主义罪恶的关注。不过，由“圣母升天会”会员（即圣母升天节的奥古斯丁修会会士）主办的《十字架报》（*La Croix*）则吸引了最多的读者。它得意洋洋地自称为“法国最具反犹主义思想的报纸、支持基督的报纸、对全体犹太人极度恐惧的表现”。[59]以上两家报纸都宣称，法国所有的问题和麻烦都应由犹太人负责。

德拉蒙特等人的反犹主义思想之所以能够产生和传播，很大程度是建立在法国民众普遍的不满情绪之上的，尤金·韦伯（Eugen Weber）将民众不满情绪滋生的氛围称为19世纪八九十年代“无尽的危机”。根据苏珊·祖可蒂（Susan Zuccotti）的著作，一系列“政治、社会和宗教的不安全性”创造出一种环境，使人们越过实际的政治和社会现象，一心寻找替罪羊。[60]很多法国犹太人来自阿尔萨斯，这个城市与洛林一起，在1871年割让给了德国，他们说的法语也带有明显的德国口音。这样一个历史事实，却只能加深法国人对他们的憎恨。随着时间的演变，法国国内的反犹主义氛围似乎有所消散，然而，19世纪90年代初期巴拿马运河建设项目中的贪污丑闻被曝光之后，犹太人所处的环境进一步恶化了。《言论自由报》称，丑闻的幕后操纵者是两个犹太人——科尼利厄斯·赫茨（Cornelius Herz）和雅克·德·莱纳赫男爵（Baron Jacques de Reinach）。虽然此二人都与巴拿马丑闻存在干系，但他们并不是主使者。然而，德拉蒙德还是将此丑闻看作宣扬自己的反犹主义理念的大好机会。他诬陷法国犹太人，说他们与德国、英国和美国联合密谋，试图“挫败、削弱与孤立天主教法国”。在他看来，“犹太人就是敌人，致力于毁灭法国的敌人，与外国敌人沆瀣一气”。[61]正是在这样的氛围中，一年之后，德雷福斯丑闻突然爆发了。

德雷福斯事件是一个司法案件（l'Affaire），起因是当局错判一位犹太裔军官——阿尔弗雷德·德雷福斯上尉（1859—1935）为德国间谍。虽然军方并未获得起诉所需的足够证据，但1894年，德雷福斯——这位来自阿尔萨斯的犹太人——还是被送上了军事法庭。1895年初，他在军方一次正式的典礼上被公开剥夺军衔，不久又被判处终身监禁，服刑地点在法属圭亚那殖民地北部海岸最恶名昭彰的恶魔岛监狱。德拉蒙德以前就曾在自己的报纸上攻击法国军队内的犹太裔军官，这一次在煽动民众情绪反对德雷福斯的过程中，他又发挥了很大的作用。然而，德雷福斯被捕之后，法国仍不断发生情报泄露事件，与此同时，反间谍组织首脑——乔治斯·皮

卡尔上校(Colonel Georges Picquart，1854—1914)，发现了其他的一些证据，促使他开始怀疑另一位军官——瓦尔桑-埃斯特哈奇少校(Major Walsin-Esterhazy，1847—1923)，才是真正的德国间谍。皮卡尔上校试图说服他的上级部门重审德雷福斯案件，但遭到拒绝。但他仍然坚持投诉，结果被派往法国偏远地区的岗位，并最终被调到北非。

然而，皮卡尔的怀疑被媒体获悉，于是很多人开始呼吁重审德雷福斯案件。法国的右翼报纸撰写了一份报告加以反击，其中描述了一个国际犹太人阴谋集团企图掌控世界的野心。一份罗马天主教的报纸宣称问题的关键并非德雷福斯是有罪的还是无辜的，而是犹太人和其他非基督徒正在暗中统治法国。1898 年，法国军方审判了埃斯特哈奇少校，但最终在所有指控上都宣判他无罪。在两天的庭审结束之后，他走出法庭，高喊“犹太人去死吧”、“法兰西万岁”。[62]尽管如此，埃斯特哈奇不久还是承认，他确实就是那个德国间谍，但那时他已经逃到英国，并在那里度过余生。

审判埃斯特哈奇之前，小说家埃米尔·左拉(1840—1902)就已发表一系列文章，批评围绕德雷福斯案件而体现出的反犹主义倾向。审判之后，他向法国总统弗朗索瓦·福尔(Francois Faure，1841—1899)写了一封信，1898 年 1 月 13 日的《曙光报》(*L'Aurore*)以头版发表了这篇文章，题名为《我控诉!》(*J'accuse*)。左拉写道，在审判过程中，法国军方领导层已掌握了能够证明德雷福斯无罪的证据。他还提请读者注意，军方实际上早已知道埃斯特哈奇是有罪的，却仍旧将他无罪开释。左拉的 68
公开信在全法国激起一场反犹情感的大爆发。数千人集会、示威，要求“犹太人去死”。一些暴徒捣毁犹太人商店的街面窗户，并试图闯进他们的会堂和住宅。到第二年，法国的这场反犹主义暴力和抗议的浪潮仍在持续。1898 年底，《言论自由报》举行募捐，援助休伯特·约瑟夫少校(Major Hubert Joseph)的遗孀。约瑟夫曾伪造德雷福斯案件的庭审档案，事情败露后选择了自杀。结果，捐款如雪片般飞来，同时到来的还有很多信，要求“烧死、绞死、毒死、活体解剖、屠杀犹太人”。有些捐助者将犹太人骂成“犹太佬、皮条客、虱子、瘟疫、毒癌、污秽猥亵的物种”。[63]

左拉的文章发表后，他自己也旋即被捕，并以诽谤罪被送上法庭。经过一天的审讯，左拉和共同被告——《曙光报》执行编辑亚历山大·伯纳德·博尔伦克斯(Alexandre Bernard Perrenx)被判有罪，两人被处以罚金的同时还被判处监禁(左拉一年，博尔伦克斯四个月)。当他们离开法庭的时候，再次听到围观民众高声地叫喊：“犹太人去死！军队万岁。”[64]由于上诉法院迅速推翻了有罪的判决，军方决定再次以散布谣言罪起诉左拉和博尔伦克斯。于是两人不得不再次接受审判，并于

1898 年夏天被定罪。左拉逃至英国，但 1899 年又回到法国继续为德雷福斯辩护。1902 年，就在这位伟大的作家离奇死亡之前不久，左拉完成了《真理》一书，强烈攻击法国的反犹主义思想以及助长其气焰的罗马天主教会。

67

维也纳杂志《雄鸡》(Kikeriki)上刊登的反犹主义漫画。下方的文字是："在德雷福斯案件中，揭露的案情越多，犹大的处境越窘迫。"本漫画出自爱德华·福克斯"漫画中的犹太人：对历史文化的贡献"("Die Juden in der Karikatur: ein Beitrag zur Kulturgeschicht")，艾伯特·朗根(Albert Langen)作，1921 年版，美国大屠杀纪念博物馆照片序列号 06333。

庭审档案中的伪造部分被媒体曝光之后，德雷福斯终于在1899年8月迎来重审。然而，虽然存在大量证据可以证明他的无辜，但他还是再次被宣告有罪，并处以10年徒刑。后来埃米尔·卢贝总统(Émile Loubet，1838—1929)赦免了德雷福斯，到1906年，一个公民上诉法庭终于宣判他无罪。他的军阶得到完整的恢复，并且被授予"荣誉军团十字勋章"。德雷福斯以少校军衔退役，不过一战期间又以上校副官的身份重新履行军人的职责。

德雷福斯案件给予法国的反犹主义一次强烈的、虽然并非是致命的打击。反犹主义在法国再一次公然成为强大的民众力量，要到几十年之后了。1898年，夏尔·莫拉斯(Charles Maurras，1868—1952)建立了"法兰西反犹主义行动队"。他承认，法国的反犹主义在很大程度上是受到政治机会主义的驱使。19世纪晚期，不论是左派还是右派，都用它来"吸引心怀不满的民众，并刺激他们反对共同的敌人——自由派掌管的国家"。[65]然而，德雷福斯丑闻最重要的影响，在于其对"为数众多的从来没跟犹太人打过交道，或者绝没想到会被贴上反犹主义标签的法国人的反应"所施加的支配作用。[66]即使德雷福斯案件尘埃落定几十年之后，"在法国人的内心深处，仍然保持着对犹太人的憎恶，即使通常是混沌的、不易察觉的"。然而，当20世纪30年代的大危机到来之时，这些含混的情绪转瞬之间就变成了切实的政治行动。[67]

俄国

19世纪法国反犹主义在一定程度上受到一些新的种族观念的驱使，不过，俄国人对犹太人的态度则仍以传统基督徒对犹太人的偏见为核心。叶卡捷琳娜二世(又称叶卡捷琳娜大帝)继位之前，俄国境内的犹太人很少。伊凡四世(Ivan IV，the Terrible，又称"伊凡雷帝"，1547—1584年在位)和阿列克谢(Alexis，1645—1676年在位)曾禁止犹太人在俄国定居。阿列克谢的儿子彼得一世(Peter I，the Great，又称"彼得大帝"，1684/1696—1725年在位)对此解释道，如果他允许犹太人生活在自己的王国，他们将遭受俄国人的憎恶。然而，随着波兰三次被瓜分(1772年、1793年和1795年)，情况发生了巨变。俄国、奥地利和普鲁士三次合谋，将波兰从欧洲的版图上抹去。俄国占据了波兰很大一块土地，于是到了1795年，这个地球上最大的国 69
家已拥有100万犹太人口。在后来的25年中，俄国又掠夺了更多的领土，犹太人口也增加到150万——这已成为世界上规模最大的犹太民族聚居群体。直至1881年，这个数字大体上保持稳定。

波兰和立陶宛犹太人

俄国境内如此庞大的犹太人口，其核心并非来自俄国本身，而是来自波兰。中世纪时，犹太人大批进入波兰，以逃避东征的“十字军”施与的迫害。1264 年，克拉科夫亲王“虔信者”博莱斯瓦夫（Boleslaw the Pious，1221—1279）颁布《卡利什法令》，给予波兰犹太人广泛的宗教、文化、结社和经济自由，这在当时的欧洲国家是独一无二的。在接下来的三个世纪内，波兰统治者都未曾触动这项法令。不过，仍时不时出现试图削弱或撤销犹太人的权利、或者克拉科夫和华沙犹太人遭受虐待等类似的事件。在波兰，犹太人通常被看作二等公民，即便这样，也比他们身处其他国家的同胞所遭受的境遇要好得多。而立陶宛犹太人，比同时代的波兰犹太人又要再“幸运”一点，这个国家于 1569 年并入波兰，成为波兰—立陶宛联盟的组成部分。

16 世纪被认为是波兰历史上的黄金时代，对波兰犹太人的历史来说也同样如此。在 1578 年之前，约 10 万犹太人生活在波兰—立陶宛，而到了 17 世纪，这个数字就翻了三倍。虽然波兰犹太人口只占其总人口的 3%—5%，但在某些城市里，他们可以占到人口总数的 10%—20%。在波兰的经济体系中，犹太族群也是一股重要的力量，当然同时也酿出不少问题。

1648 年“赫梅利尼茨基起义”（1648—1654 年）期间，10 万至 20 万犹太人惨遭哥萨克人屠杀。这次起义的起因，是波兰王室和贵族的扩张主义政策，给哥萨克和乌克兰人造成的威胁。信奉罗马天主教的领主通常并不常住自己的领地，他们雇用犹太裔代理人，替自己向信奉东正教的哥萨克和乌克兰农民征收沉重的封建捐税。犹太代理人一般也会从同一个领主手中租赁一些小生意自己经营。正如一首哥萨克民谣中唱的那样，“乌克兰哥萨克，勇敢的英雄，骑马路过客栈，但犹太人抓住他，不让他走。‘等一下，我的哥萨克，我的哥萨克你进来，要不然我怎么付钱给我的主人，波兰人，怎么支付房租？’于是哥萨克人只得把他闪亮的盔甲给了犹太人”。[68]

在他们的“领袖”（hetman）——博格丹·赫梅利尼茨基（Bohdan Chmelnicki，1595—1657）——的率领下，哥萨克骑兵分队在乌克兰捣毁了大量犹太人的定居点。

> 哥萨克将一个人的皮剥下来，然后把他的肉扔去喂狗。很多人被活埋。他们将尚在母亲怀抱里的婴儿刺死，然后像切鱼一样把他们撕成碎片。有时候他们将成群的犹太儿童扔进水里让他们涉水过河。（克里米亚）鞑靼人（哥萨克的盟友）将犹太人变成他们的俘虏；但他们也当着她们丈夫的面强暴妇女，并将最漂亮的女孩掳走作为奴隶或者侍妾。哥萨克人所到之处的所作所为，对波兰人，尤其是祭司都无比残忍。[69]

当沙俄站在哥萨克人一边介入起义之后，“赫梅利尼茨基起义”也宣告结束。这标志着俄国侵吞乌克兰行动的开始，随着1667年波兰—立陶宛联盟的战败，俄国的目标终于达成。波兰—立陶宛的犹太人社团在这场冲突中惨遭灭顶之灾，很多人向西逃亡，永不再归。虽然后来这一地区的犹太人口又有些微增加，但二十年的战争已彻底夺走这些犹太社团的生命力。波兰—立陶宛的犹太社团，在各种新型的救世主似的宗教运动的轮番打击下，日益被分化、被削弱。

在这些运动中持续时间最长的，是围绕巴尔·谢姆·托夫(Ba'al Shem Tov，即“善名之师”)展开的，这个人通常被他的信徒称为“贝施特”，不过他出生时的名字是 70
伊斯雷尔·本·埃利泽(Israel ben Eliezer，1698/1700—1761)。贝施特创建了近代犹太教中最具活力的一个派别——哈西德主义派。他在一定程度上为卡巴拉教派①的神秘主义信条所吸引，希望剔除犹太教的学术和思想内核，仅仅传播其愉悦感与活力。贝施特教导他的信徒爱上帝、爱以色列、爱《律法书》。他强调信仰和崇拜行为带来的快乐以及祈祷和道德生活的重要性。由于贝施特的教义简单、明了，他的思想在波兰—立陶宛迅速传播开来。

当“哈西德运动”在波兰大获成功之时，特别是当其试图在立陶宛传播时，遭到维尔纳(即维尔纽斯，也称威尔诺)“加昂”②(Gaon)以利亚·本·所罗门(Elijah ben Solomon，1720—1797)的强力挑战。17世纪时，立陶宛历史上的首都——维尔纳，已成为犹太人法律和教育方面的重要中心。而所罗门加昂——他通常以苦行学者的形象出现——告诉信徒，《律法书》研究就是人类灵魂的核心。他坚持严格遵守犹太民族的法律和宗教仪式。由于所罗门加昂认为随意践踏拉比的教条是纪律与道德混乱的表现，因此他成为哈西德主义的极端对立面。他还担心哈西德运动会破坏犹太民族的团结。就在两派激烈对抗之时，波兰—立陶宛境内的犹太人口仍在持续增长。在叶卡捷琳娜大帝获得统治权的1762年，共有75万犹太人生活在整个国家(其中波兰55万，立陶宛20万)。他们中几乎没有人意识到，当18世纪末到来之时，自己将变成庞大的沙俄帝国的子民。

瓜分波兰之后的俄国犹太人

1772年至1795年间俄国对波兰—立陶宛领土的侵吞，是在叶卡捷琳娜二世

---

① 卡巴拉教派是犹太教中神秘的一支，起源可以上溯到12世纪至13世纪，它要求信徒坚持艰苦的冥想过程和严格的苦行生活方式。——译者注

② 加昂是古代巴比伦王国、巴勒斯坦等地对犹太学校校长的尊称，后指杰出的犹太教教典学者。——译者注

(1762—1796 年在位)统治期间完成的。作为一位德国人、一位启蒙运动的产儿，叶卡捷琳娜大帝或多或少接受了一些启蒙思想中对犹太民族的宽容态度。当她成为俄国的统治者之后，也出台了一些政策，允许犹太人在俄国定居。然而没过多久，当她意识到国内民众和宗教人士对这一政策强烈的反对态度之后，女沙皇就反悔了。1772 年第一次瓜分波兰之后，叶卡捷琳娜二世决心将新近获得的波兰—立陶宛臣民，直接整合进入庞大的俄罗斯人口中，而不施与任何法律上或道德上的区分。然而，在 1793 年第二次瓜分之前，一些莫斯科商人向女沙皇请愿，要求政府限制犹太商人在这个城市的活动。作为回应，叶卡捷琳娜开创了日后被称为“永久犹太人定居栅栏区”(Cherta postoiannoi evreeskoi osledosti)的制度。“栅栏区”本是在俄国西部边界的一个狭长地带，从波罗的海一直延伸到黑海。后来定居栅栏区不断扩充，直至包含了今天拉脱维亚、立陶宛、白俄罗斯、波兰、摩尔多瓦和乌克兰的一部分，其中的犹太人口也由 1825 年的 150 万增加到 1897 年的 500 万。即便如此，一般来说，大部分生活在栅栏区城市和“小城镇”(shtetls)①的犹太人口，从来没有超过栅栏区总人口的 11.6%。当时俄国人普遍认为犹太人都是道德败坏之徒，在文化上也都是腐朽的掠夺者。受到这种偏见的驱使，沙皇政府出台了一系列极端限制性的措施，致使栅栏区的大多数犹太人都处于赤贫状态。

不过即使在栅栏区内，犹太人的生活和文化仍是充满生气的。1804 年，一项名为《犹太人身份法》(*Polozhenie dlia evreev*)的政府法令(ukaz)谴责犹太社团管理体系(Kahal)和拉比网络控制了俄国的宗教社团。法令规定，除非栅栏区犹太人愿意拥护俄罗斯的文化、教育和东正教，否则就必须保持落后与贫穷的状态。直到那时，在俄国看来，制定和保持一些政策，用以防止犹太人对帝国的东正教徒造成伤害，仍是完全正当合理的。不过，法令允许犹太人购买未开垦的荒地，并将其出租用于耕
71 种。它还取消了对那些不从事农业的犹太人征收的双重税率。尽管如此，大部分栅栏区犹太人还是仅仅依靠从事裁缝、补鞋匠、小商贩或者看管小客栈勉强糊口。虽然绝大多数生活在栅栏区的犹太人极度贫穷，但经济活动的多样性使他们的生活水平还是比帝国其他部分的居民普遍高一些。从拿破仑战争结束到 1881 年，沙皇政府对俄国犹太人的基本政策几经转变，有时严密限制他们的行动和自治权，有时却在温和的氛围中给予他们新的权利。即便如此，在这段时期之内，俄罗斯社会宗教观和社会观内的反犹偏见从未消减。

---

① 指第二次世界大战前东欧的犹太人小城镇或小村庄。——译者注

犹太人定居栅栏区。

亚历山大二世(1855—1881 年在位)统治期内出现了改变的迹象。1861 年,这位沙皇解放了俄国全体农奴,因此被称作“解放者”沙皇。除此之外,他还启动了一系列重要的政治、经济和社会改革措施,旨在适当改善帝国犹太人的生存状态。虽然同化政策仍然是沙皇政府对待犹太人的基本立场,但宗教界不再那么咄咄逼人地试图将犹太人转变为俄罗斯东正教徒,犹太人转而由普通军事划分单位管辖。有些城市宣布取消对犹太人的居留限制,这个民族开始在俄罗斯的商业、社会和文化中扮演越来越重要的角色。

当越来越多的人开始思考犹太人解放的可能性时,特别是 1863 年波兰民族起义失败之后,一波恶毒的反犹主义情感在俄国日益表面化了。几个月前,“波兰议会 72

王国”境内的犹太人获得了解放。这个国家位于华沙—卢布林地区，是一个由俄国统治、同时享有半自治权的王国。起义被镇压之后，沙皇宣布禁止在官方机构使用波兰语，并剥夺了波兰议会王国仅剩的一点自治权。这一行动导致当地反俄和反犹情感的高涨，虽然1863年时，很多犹太人其实是与波兰人并肩战斗抵抗俄国人的，他们也已显示出明显的愿意归属波兰民族的愿望。而在波兰以外地区，1863年起义还是掀起了一波俄罗斯民族主义的浪潮。

一股新型的、更剧烈和恶毒的反犹主义情绪业已升腾起来，一些作家还在不断添油助燃。尤其是亚科夫·布莱福曼(Iakov Brafman, 1825—1879)——一位皈依俄罗斯东正教的犹太人和伊波利特·柳托斯坦斯基(Ippolit Liutostanskii, 1835—1915)——一位被解除神职的罗马天主教神父。布莱福曼最著名的作品是《卡哈尔①书》(*Kniga Kagal*)，其中称俄罗斯的犹太社区已加入世界各国的犹太社团组织，目的在于创造一个借《塔木德》治理的共和国，并谋求将“基督教世界置于犹太民族的霸权和剥削之下”。[70]

19世纪六七十年代，布莱福曼的作品一经出版，更多的反犹文章与著作如潮水般纷纷问世。它们的共同主题之一，就是谴责犹太人剥削和利用贫苦的基督徒。俄国最伟大的作家之一费奥多尔·陀思妥耶夫斯基(Fyodor Dostoevsky, 1821—1881)认为犹太人想要“毁灭和奴役世界上其他非犹太族群”。[71]在亚历山大三世(1880—1894年在位)和尼古拉二世(Nicholas II, 1894—1917年在位)宫廷都颇具影响力的大臣康斯坦丁·P·波别特诺斯采夫(Konstantine P.Pobedonostsev, 1827—1907)在给陀思妥耶夫斯基的信中写道：

> 关于犹太佬，你写的都完全公正、合理。他们独占一切，他们破坏一切，但是这个时代的精神却支持他们。他们正是革命派社会主义者运动的根源，是弑君者，他们拥有新闻报刊，他们掌控金融市场，整个俄罗斯民族都堕为他们财务上的奴隶；他们甚至控制了当代科学的法则，并竭力将其置于基督教精神之外。最严重的是，每当有人对他们提出质疑时，立刻就遭到群起的攻击，很多人打着文明和容忍异教信仰的旗号维护他们。关于以下这个尽人皆知的事实，不论是在罗马尼亚人和塞尔维亚人(他们和俄罗斯人一样都是东正教徒)当中，还是在我们当中，却根本没人敢说一个字，那就是——犹太人已经赢得了一切，拥有了一切，连我们的新闻出版机构都被犹太人控制了。[72]

---

① 卡哈尔意为犹太人社区。——译者注

1876年，伊波利特·柳托斯坦斯基出版了《论犹太人利用基督徒的鲜血》(*Ob upotreblenii evreiami kristianskoi krovi dliareligioznykh tseli*)，又重现了对犹太人的“血祭诽谤”。皇太子亚历山大·亚历山德罗维奇(Alexander Alexandrovich)，也就是后来的沙皇亚历山大三世给柳托斯坦斯基写去短信，祝贺他著作的成功。不久，柳托斯坦斯基又出版了另一本煽动性的著作《“塔木德”与犹太人》(*Talmud I Evrei*)。犹太批评家提请读者注意，柳托斯坦斯基书中所使用的材料，大多出自西欧的反犹主义著作，他对犹太民族和犹太教其实一无所知。尽管如此，柳托斯坦斯基和布莱福曼等人的著作，还是构成了俄国反犹主义和排犹主义思想的核心，外围则是不断问世的同主题著作。在沙皇时代行将终结的时候，正是这些著作扭转了俄国官方和公众对犹太民族的态度。1881年3月1日，亚历山大二世遇刺而亡，立即引发了一场大规模的反犹暴力迫害运动。这场行动的思想基础，也是由以上著作奠定的。

暗杀事件发生后几天，一些报纸就指控犹太人是杀害沙皇的凶手，虽然其实只有一名叫盖斯娅·盖尔夫曼(Gesya Gelfman，1852/1855—1882)的犹太人被证明是阴谋集团的成员。接下来就是一系列“集体迫害”(pogromit，粉碎或猛击的意思)，或称为反犹暴乱，从而导致犹太人的财产和房屋遭到广泛、严重的破坏。而各地警察 73
和政府机构故意对大众暴力行径视而不见。深受震动的亚历山大三世下令调查，结果他的官员将这场暴乱描述成俄罗斯农民因无法忍受犹太人的残酷剥削而发动的起义。1882年5月，沙皇政府制定了一系列《五月法令》，禁止犹太人在城镇及乡村定居。三年后，《录取限额法》(numerus clausus)出台，限制犹太裔儿童入读栅栏区学校的人数。此后，沙皇政府又出台了很多政策，目的都在于限制犹太人在某些专业领域的职业发展。

大迫害震惊了整个俄国的犹太社团。再接下来的几十年间，在犹太人的内心中，一种被困顿的感觉越来越强烈——被困顿在这个具有严重经济与社会问题的国家里。更糟的是，亚历山大三世的继任者尼古拉二世进一步扩展了他父亲的反犹政策。他一登基，立即对犹太人从事某些专业和教育工作施加了更多的限制，而面对20世纪初期回潮的反犹太迫害，却未进行任何阻止。

警方和军界在大迫害中的公开参与尤其令人不安。说来也奇怪，尼古拉二世及他的政府却反过来谴责犹太人要为大迫害负责。根据梭罗莫·拉姆布罗扎(Shlomo Lambroza)的说法，当时的官方态度是，俄国的犹太人是俄罗斯帝国的寄生虫，他们靠盘剥穷苦人民辛苦挣来的工资为生，并暗地里与革命分子共谋，企图推翻罗曼诺夫王朝的政权。这样的谴责当然是没有事实根据的。整个栅栏区内的犹太人都跟他们的俄罗斯同胞一样穷，甚至比后者更穷。而且几乎从未有犹太人卷入革命活动。然而，帝国境内 1905 年至 1916 年间出版的 2 837 种、共计 1 400 万册充斥着反犹主义思想的书籍和小册子，却使这段时期针对犹太人的暴力行径从未停止。据估计，尼古拉二世政府在这项行动上就耗费了 1 200 万卢布(约合 620 万美元)。

犹太人对暴力迫害的反应却不尽相同。从 1881 年至 1914 年，将近两百万犹太人逃离俄国，其中三分之一在美国定居。诸如“西奥多・赫茨尔犹太复国主义者组织”(即今天的“世界犹太复国主义者组织”)等团体鼓励犹太人移民，并积极促进重建这个民族在巴勒斯坦的家乡。另一些团体，诸如立陶宛、波兰、“俄国犹太人总工会”(Algemeyner Yidisher Arbeter Bund in Lite, Polyn un Rusland)以及“犹太人同盟”，则开始参与工人运动和犹太人政治活动。此类发展给了犹太民族勇气，使得他们中的一些成员在面对暴力和歧视时，表现出更大胆的态度。亚历山大・奥巴赫(Alexander Orbach)写道，这些进步帮助犹太自由主义者和工人锻造了一种新型的“犹太民族认同”。[73]

恐怕没有哪个事件，比 1913 年的对孟德尔・贝里茨(1874—1934)的血祭谋杀诽谤审判，更能体现沙俄官方对犹太民族的态度了。这场 1913 年秋天进行的审判吸引了全世界的目光。控方使用伪证，声称贝里茨杀害了一位名叫安德烈乌沙・乌什钦斯基(Andriusha Yushchinskii)的 13 岁男学生，并将他的血与未经发酵的逾越节羔羊血混合在一起。后来警方发现，杀死男孩的根本不是贝里茨，而是入室盗窃者。在幕后操纵这次审判的，是尼古拉二世的司法部长伊万・施科洛维托夫(Ivan Shcheglovitov, 1861—1918)。作为一个恶毒的反犹主义者，施科洛维托夫想利用这次审判来讨好同样憎恨犹太人的沙皇。整个起诉过程拖了两年，控方一直试图找出对贝里茨不利的证据，并且证明俄国犹太人一直在进行血祭诅咒罪行。而当真正的审判开始之时，施科洛维托夫和大部分参与此案的官员都已知晓贝里茨是无辜的。于是施科洛维托夫竭尽所能，试图操纵审判过程。然而，一个随机选择的陪审团仍认为贝里茨无罪。后来，支持政府立场的法官要求陪审团考虑这样的事实：乌什钦
74 斯基尸体的发现地点，是在一个由犹太人所拥有的砖砌院子的地上，而且他已经丧失了“五杯血”。虽然最终法庭也未能就究竟谁犯了罪而作出裁决，但多数陪审员投票支持法官的论断，这给了俄国的反犹主义者机会，他们称陪审团已经作出裁决，血祭谋杀确实发生了。

《锡安长老议定书》

正是在这样的环境之下，有史以来最邪恶的反犹主义文件浮出水面，它就是《锡安长老议定书》(*Protokoly sionskikh mydretsov*)。这是一份虚构的协议，一份伪造的犹太人统治世界的蓝图。阿道夫·希特勒认为这份文件最精确地证明了自己的论断——全球犹太人已经失控。在希特勒的观念中，这就是犹太民族的终极罪行。他写道："这些披露的信息在犹太人头脑中是如何产生的，这完全无关紧要；重要的是，它们带着极度令人恐惧的确信，揭示了犹太民族的本性和活动，暴露了其内心的思想以及根本性的终极目标。"[74]

《锡安长老议定书》的炮制者是彼得·拉赫科夫斯基(Piotr Rachkovskii，1853—1910)，此人为沙皇政府在欧洲的秘密警察机构"奥克拉那警备队"的头目。受到爱德华·德拉蒙特《法国犹太人》一书的启发，拉赫科夫斯基组建了一支伪造团队，杜撰了这个议定书，借以在欧洲污蔑俄国革命者，并"煽动俄国民众攻击犹太人"。[75]尼古拉二世的财政部长兼沙皇政府部长会议主席谢尔盖·维特(Sergei Witte，1849—1915)担心，如果这个文件传播得过于广泛，可能会进一步煽动俄国人的反犹狂热。于是他聘请了一位名叫亨利·斯利奥斯贝格(Henry Sliosberg)的著名律师，调查并确定这份文件的真伪。后者的结论是，《锡安长老议定书》是一份"粗糙拙劣的伪造品"，"不论是俄国政府还是贵族，都应该完全忽略它的存在"。[76]

然而，这个结论并没阻止议定书新内容的不断问世，1903 年，它们都发表在帕维尔·克鲁申万(Pavel Khrushevan，1860—1909)的反犹主义报纸《旗帜报》(*Znamya*)上。比萨拉比亚地区①的基希纳乌刚刚发生一起恶劣的大迫害之后不久，克鲁申万又发表了另外一份杜撰的文件《一位拉比的讲话》。基希纳乌大迫害前夕这份文件就已在当地广泛流传，并煽动起民众的反犹狂热。两年后，也就是 1905 年革命期间，沙皇政府的出版审查委员会准许将议定书作为谢尔盖·尼罗斯(Sergei Nilus)的《小地方的大人物》(*Velikoe v malom*)一书第三版的附录出版。[77]尽管委员会成员质疑议定书的真实性，但他们还是深受沙皇的弟媳伊丽莎白·费奥多罗芙娜女大公(Grand Duchess Elizabeth Fyodorovna，1864—1918，即隶属于俄罗斯东正教会的圣伊丽莎白)的影响。正是在她的推动下，《锡安长老议定书》得以出版。

虽然俄国后来又出了几个新版本，不过议定书的内容传遍全世界，还要到第一次世界大战之后了。1920 年，路德维希·穆勒(Ludwig Müller)使用戈特弗里德·

① 比萨拉比亚是指德涅斯特河、普鲁特河—多瑙河和黑海形成的三角地带。——译者注

祖尔·毕克(Gottfried zur Beek)为笔名,出版了第一个德文版的议定书(*Die Geheimnisse der Weisen von Zion*)。在接下来的13年中,又有33个版本问世。

阿尔弗雷德·罗森贝格于1924年出版议定书。此人是纳粹党早期党员、纳粹党理论家,同时也是纳粹党报《人民观察家报》(*Vlkischer Beobachter*)的编辑。这个文件对纳粹影响深远。他们认为它很有助于支持自己的理论,即犹太人要为德国的一切问题负责。

然而,醉心于《锡安长老议定书》的,并非只有俄国和德国的极端分子。在所有被它深深触动的人中,最著名的恐怕要算美国工业巨子亨利·福特(Henry Ford,1863—1947)了。福特确信议定书是个真实的文件,并且从1920年开始,就连续在《迪尔伯恩独立报》上发表了一系列文章,对全世界犹太人发出威胁。后来福特又把这些文章集结成册,重印出版,就形成了四卷本的《国际犹太人》。议定书中所有针
75 对犹太人的恶毒污蔑,福特全盘接受,特别是关于犹太人控制了全球财富这个理论。他还写道:"布尔什维克革命正是一次巧妙掩饰的投资,投资对象正是犹太人控制的国际金融领域。"[78]正因为福特的反犹主义立场,阿道夫·希特勒才将他视为一位伟大的人,他还赞同福特关于犹太布尔什维主义威胁的论断,这成为20世纪20年代纳粹党意识形态中的一个重要主题。

议定书的广泛传播,特别是在20世纪30年代,给犹太人造成很大的困扰。1934年,他们决定起诉位于南非和瑞士的亲纳粹的议定书出版商。南非的官司很快就结束了,因为法庭驳回了国际犹太人阴谋破坏基督教精神的指控。这次审判中的三个被告都被宣判有罪,其中一个还被判以一个很长的刑期。而瑞士的审判,既关于议定书,也关于一篇在瑞士的纳粹主义报纸《联邦报》(*Der Eidgenossen*)上发表的一篇反犹主义文章。审判主要围绕以下四个中心问题展开:剽窃行为、议定书的真实性、议定书作者的身份以及议定书是否应被视为淫秽或"垃圾文学"(Schundliteratur)。法庭调查了议定书自问世以来的演变和传播过程,传讯了很多证人,获悉了一些关于其起源的第一手信息。1935年春天,法官瓦尔特·梅耶(Walter Meyer)宣判,《锡安长老议定书》不仅是伪造品,而且属于猥亵文学。他还说:

> 我希望有朝一日,没人将能够理解,1935年,在伯尔尼的法庭前,十几位心智健全、通情达理的男人,是如何花费14天的时间折磨他们的大脑,讨论关于所谓议定书的真实性问题,这个议定书,虽然已经给人类造成极大的损害,未来也许还会造成更大的损害,但其实是个彻头彻尾的荒谬废话。[79]

这个判决并没有使事情了结,因为案件中的三名被告要求上诉。两年后,一个

瑞士上诉法庭颠覆了梅耶的判决，理由是议定书即使是错误的，也不应将其定位猥亵或者色情作品。上诉法庭还认可，议定书的真实性在1935年审判中并没有得到证明。在最终的判决书中，议定书被定性为"道德败坏的文学"，并警告，任何人都不得在瑞士传播议定书，否则将被告上法庭，以散布粗糙的、"诽谤性和侮辱性作品"论处。[80]

世界范围内对议定书的普遍谴责显然跟阿道夫·希特勒有关。在1943年德军在斯大林格勒最终崩溃之后那些黑暗的日子，希特勒的"帝国国民启蒙及宣传部长"戈培尔曾说，他最近重读了议定书，发现它"和当年首版时一样"有用。他还提到第一次瑞士审判的判决，并从中引用了一些语句。但补充道，今天（1943年5月13日）早些时候，他与希特勒讨论到瑞士的判决，元首认为议定书是"真实的"。希特勒还告诉戈培尔，他认为犹太人是"寄生虫"，已威胁到欧洲社会的生存。"除非彻底消灭犹太人，否则就没有资源留给各近代民族了"。他还说，"即使对他们施行最严酷的惩罚，也没有希望引导这个民族回到人类文明社会的范围之内"，"他们永远是犹太人，正如我们永远是雅利安种族的成员一样"。[81]

结论

宗教改革之后犹太人再次涌入欧洲，打开了一些机会之门，同时也滋生了新的问题。启蒙时代这一点表现得特别明显。从许多方面来说，对欧洲犹太人的态度，成为一个衡量标准，可以反映某个国家究竟在多大程度上支持这个时代新近出现的政治、经济和社会自由思想。虽然少数知识分子倡导给予犹太人彻底的解放，但这个群体中的大多数人还是将这一族群视为"国中之国"的威胁，认为只有他们皈依基督教并彻底融入欧洲社会之后，才能享有完整的权利。

拿破仑一世（波拿巴）在他的长期统治之中，为民族国家的犹太人政策定下基 76
调。虽然法国革命早期阶段的决策者们曾不情愿地给予法国犹太人以完整的公民权，但拿破仑却不喜欢犹太人，因此试图在一定程度上抑制这个民族的权利。作为一位伟大的社会工程师，拿破仑一世试图摧毁传统的犹太社团和宗教自治权，并迫使法国犹太人首先成为法国人。尽管他并不认为犹太人一旦皈依基督教，就能融入法国社会，但他还是试图使法国犹太人的领导层保证，他们的忠诚首先是给予他们的国家，而不是给予本民族的信仰的。拿破仑的行动为19世纪整个欧洲范围内的犹太人归化政策确定了大致的方向。

犹太人解放，与贯穿19世纪的民族国家构建高潮相结合，具有正反两个维度，特别是当其与全欧洲日渐发展的城市化与工业化混合在一起之时。在欧洲各国都在努力解决以上问题造成的麻烦与困扰之时，中世纪关于犹太人的那些陈词滥调又浮出水面了——人们指控犹太人控制了欧洲的资本财富。由于在很多人看来，资本主义正是19世纪欧洲各种社会问题的根源，犹太人再一次扮演了世界顽疾替罪羊的角色。犹太人开始被视为主宰市场的资本家，与诸如自由主义、社会主义、马克思主义等左翼运动联系在一起。

对欧洲的新型反犹主义者来说，这种态度表现得特别明显。这是一个由民族主义种族主义者组成的、界限十分模糊的群体，他们将对社会达尔文主义的歪曲解释与对犹太人的古老偏见混合在一起。尽管在大多数国家，他们通常仅能对政治边缘群体发挥作用，但是，在这个日益复杂、人情淡漠的世界里，在传统基督教的田园价值观业已丧失的环境内，整个欧洲都笼罩在一种极度痛苦的状态之下，以至于反犹主义者还是打入了这个逐渐幻灭的肌体内部。

反犹主义在德国、奥地利、法国和俄国尤具政治活力。在这些国家，传统的反犹情感与国外传入的反犹理念相混合。德国和奥地利的反犹主义运动尤为重要，因为它们创造了一种环境，希特勒正是成功地运用了这种环境，才使纳粹运动在20世纪二三十年代得以迅速发展。在法国，无论是左派还是右派，都试图利用反犹主义为自己捞得政治资本。“德雷福斯丑闻”凸显反犹主义者在多大程度上愿意在满足自己的政治野心方面走得更远。在俄国，反犹主义偏见一直在国家政策的制定过程中发挥着关键的作用，并且酿成欧洲范围内最后一起大规模的血祭诅咒审判。但是，更重要的是，反犹暴力成为一项国家政策的口号，面对整个国际社会对俄国反犹大迫害的声讨，俄国人炮制出在阿道夫·希特勒的那份《我的奋斗》之前，最恶毒、最阴险的反犹主义文件——《锡安长老议定书》。

进一步学习和研究的资料

原始史料——

Albert, Phyllis Cohen. *The Modernization of French Jewry: Consistory and Community in the Nineteenth Century*. Hanover, NH: Brandeis University Press and University Press of New England, 1977.

Drumont, Édouard. *La France juive: Essai d'histoire contemporaine*. Paris: Flammarion, 1886.

Fichte, Johann Gottlieb. *Addresses to the German Nation*. Translated by R.F.

Jones and G.H.Turnbull. Westport, CT: Greenwood Press, 1979.

____. *Johann Gottlieb Fichte's sämmlitche Werke*. Vol.4. Berlin: Verlag von Veit und Comp., 1845.

Ford, Henry Sr. *The International Jew*. 4 vols. Boring, OR: 1920.

Galton, Francis. "Eugenics: Its Definition, Scope, and Aims." *American Journal of Sociology* 10, no.1(July 1904):1—21.

http://galton.org/essays/1900-1911/galton-1904-amjourn-soc-eugenicsscope-aims.htm.

____. *Memories of My Life*. London: Metheun, 1908.

Geehr, Richard S., ed. and trans. "*I Decide Who Is a Jew*": *The Papers of Dr.Karl Lueger*. Washington, DC: University Press of America, 1982.

Goebbels, Joseph. *The Goebbels Diaries, 1942—1943*. Edited and translated by Louis P. Lochner. Garden City, NY: Doubleday & Company, 1948.

Herder, Johann Gottfried von. *Reflections on the Philosophy of the History of Mankind*. Chicago: University of Chicago Press, 1968.

Hitler, Adolf. *Mein Kampf*. Translated by Ralph Manheim. New York: Houghton Mifflin, 1943.

d'Holbach, Baron Paul Henri Thiry. *L'espirit du judaïsme, ou examen raisonné de la loi de Moyse, et de son influence sur la religion chrétienne*. London: 1770.

Holborn, Hajo. *A History of Modern Germany, 1648—1840*. Princeton: Princeton University Press, 1982.

Jospe, Eva, ed. *Moses Mendelssohn: Selections from His Writings*. New York: Viking Press, 1975.

Kant, Immanuel. *The Conflict of the Faculties* [Der Streit der Fakultäten]. Introduced and translated by Mary J.Gregor. New York: Abaris Books, 1979.

Kubizek, August. *The Young Hitler I Knew*. Translated by E.V.Anderson. Cambridge, MA: Riverside Press, 1955.

Lessing, Gotthold Ephraim. *Nathan the Wise*. Translated, edited, and with an introduction by Ronald Schechter. Boston: Bedford/St. Martin's Press, 2004.

Levy, Richard S. *Antisemitism in the Modern World: An Anthology of Texts*.

Lexington，KY：D.C.Heath，1991.

Locke，John. *An Essay Concerning Human Understanding*. Abridged and edited with an introduction and notes by Kenneth P.Winkler. Indianapolis：Hackett，1996.

____. *Two Treatises of Government and a Letter Concerning Toleration*. Edited by Ian Shapiro. New Haven：Yale University Press，2003.

Mendelssohn，Moses. *Jerusalem or On Religious Power and Judaism*. Translated by Allan Arkush. Hanover，NH：Brandeis University Press，1983.

____. *Philosophical Writings*. Translated and edited by Daniel O.Dahlstrom. Cambridge：Cambridge University Press，1997.

Mendes-Flohr，Paul，and Jehuda Reinharz. *The Jew in the Modern World：A Documentary History*. 2nd ed. Oxford：Oxford University Press，1995.

Montesquieu.The Spirit of Laws. Edited and with an introduction，notes，and appendices by David Wallace Carrithers，together with an English translation of *An Essay on Causes Affecting Minds and Characters*（*1736—1743*）. Berkeley：University of California Press，1977.

Ole，Peter Grell，and Roy Porter. *Toleration in Enlightenment Europe*. Cambridge：Cambridge University Press，2000.

Tama，M.Diogene. *Transactions of the Parisian Sanhedrin or Acts of the Assembly of Israelitish Deputies of France and Italy；Convoked at Paris by an Imperial and Royal Decree，Dated May 30，1806*. London：Charles Taylor，1807.

Wagner，Richard. *Judaism in Music*[Das Judenthum in der Musik]. Translated by William Ashton Ellis. http://reactor-core.org/judaism-in-music.html.

次级史料——

Albert，Phyllis Cohen. *The Modernization of French Jewry：Consistory and Community in the Nineteenth Century*. Hanover，NH：Brandeis University Press，1977.

Altmann，Alexander. *Moses Mendelssohn：A Biographical Study*. Tuscalloosa：University of Alabama Press，1973. Arkush，Allan. *Moses Mendelssohn and the Enlightenment*.

Albany: State University of New York Press, 1994.

Baldwin, Neil. *Henry Ford and the Jews: The Mass Production of Hate*. New York: Public Affairs, 2001.

Baron, Salo W. *The Russian Jew Under Tsars and Soviets*. New York: Schocken Books, 1987.

Ben-Itto, Hadassa. *The Lie That Wouldn't Die: The Protocols of the Elders of Zion*. London: Vallentine Mitchell, 2005.

Ben-Sasson, Haim H. *A History of the Jewish People*. Cambridge: Cambridge University Press, 1976.

Berk, Stephen M. *Year of Crisis, Year of Hope: Russian Jewry and the Pogroms of 1881—1882*. Westport, CT: Greenwood Press, 1985.

Bredin, Jean-Denis. *The Affair: The Case of Alfred Dreyfus*. Translated by Jeffrey Mehlman. New York: George Braziller, 1986.

Brenner, Michael, Vicki Caron, and Uri R. Kaufmann, eds. *Jewish Emancipation Reconsidered: The French and German Models*. London and Tübingen: Leo Baeck Institute and J.C.B.Mohr, 2003.

Burns, Michael. *France and the Dreyfus Affair: A Documentary History*. Boston: Bedford/St. Martin's Press, 1999.

____. *Rural Society and French Politics: Boulangism and the Dreyfus Affair: 1886—1900*. Princeton: Princeton University Press, 1984.

Byrnes, Robert F. *Pobedonostsev: His Life and Thought*. London: Indiana University Press, 1968.

Carmichael, Joel. *The Satanizing of the Jews: Origin and Development of Mystical Anti-Semitism*. New York: Fromm International, 1992.

Chisick, Harvey. "Ethics and History in Voltaire's Attitudes toward the Jews." *Eighteenth Century Studies* 35, no.4(Summer 2002):577—600.

Cornwell, John. *Hitler's Scientists: Science, War and the Devil's Pact*. New York: Viking, 2003.

Cushing, Max Pearson. *Baron d'Holbach: A Study of Eighteenth Century Radicalism in France*. New York: Columbia University, 1914.

Davies, Alan. *Infected Christianity: A Study of Modern Racism*. Kingston,

ON: McGill-Queen's University Press, 1988.

Evans, Richard J. *The Coming of the Third Reich*. New York: Penguin, 2004.

Feiner, Shmuel. *The Jewish Enlightenment*. Translated by Chaya Naor. Philadelphia: University of Pennsylvania Press, 2004.

Fischer, Klaus. *The History of an Obsession: German Judeophobia and the Holocaust*. New York: Continuum, 1998.

Gay, Peter. *The Cultivation of Hatred: The Bourgeoisie Experience, Victoria to Freud*. New York: W.W.Norton, 1993.

Geehr, Richard S. *Karl Lueger: Mayor of Fin de Siècle Vienna*. Detroit: Wayne State University Press, 1990.

Graetz, Michael. *The Jews in Nineteenth Century France*. Translated by Jane Marie Todd. Stanford: Stanford University Press, 1996.

Halasz, Nicholas. *Captain Dreyfus: The Story of a Mass Hysteria*. New York: Simon & Schuster, 1955.

Hamann, Brigitte. *Hitler's Vienna: A Dictator's Apprenticeship*. Translated by Thomas Thornton. New York: Oxford University Press, 1999.

Hertzberg, Arthur. *The French Enlightenment and the Jews*. New York: Columbia University Press, 1968.

Israel, Jonathan I. *Radical Enlightenment: Philosophy and the Making of Modernity, 1650—1750*. Oxford: Oxford University Press, 2001.

Jackson, Samuel Macauley, and Lefferts Augustine Loettscher, eds. *The New Schaff-Herzog Encyclopedia of Religious Knowledge*. New York: Funk and Wagnalls, 1908.

Jaher, Frederic Cople. *The Jews and the Nation: Revolution, Emancipation, State Formation, and the Liberal Paradigm in America and France*. Princeton: Princeton University Press, 2002.

Klier, John D., and Shlomo Lambroza, eds. *Pogroms: Anti-Jewish Violence in Modern Russian History*. Cambridge: Cambridge University Press, 1992.

Kobler, Franz. *Napoleon and the Jews*. New York: Schocken Books, 1976.

Laquer, Walter. *A History of Zionism*. New York: Schocken Books, 1976.

Levy, Richard S. *The Downfall of the Anti-Semitic Political Parties in Impe-*

rial Germany. New Haven: Yale University Press, 1975.

Mack, Michael. *German Idealism and the Jew: The Inner Anti-Semitism of Philosophy and German Jewish Responses*. Chicago: University of Chicago Press, 2003.

Malino, Frances. *A Jew in the French Revolution: The Life of Zalkind Hourwitz*. Oxford: Blackwell, 1996.

Marrus, Michael, and Robert O. Paxton. *Vichy France and the Jews*. Stanford: Stanford University Press, 1995.

Nicholls, William. *Christian Antisemitism: A History of Hate*. Northvale, NJ: Jason Aronson, 1993. Orlow, Dietrich. *A History of Modern Germany*. Englewood Cliffs, NJ: Prentice-Hall, 1987.

Palmer, Alan. *Twilight of the Habsburgs: The Life and Times of Emperor Francis Joseph*. New York: Grove Press, 1994.

Rémond, René. *The Right Wing in France from 1815 to de Gaulle*. Philadelphia: University of Pennsylvania Press, 1965.

Robertson, Ritchie. *The "Jewish Question" in German Literature, 1749—1939*. Oxford: Oxford University Press, 1999.

Sachar, Howard M. *A History of the Jews in the Modern World*. New York: Alfred A. Knopf, 2005.

Schechter, Ronald. "The Jewish Question in Eighteenth-Century France." *Eighteenth-Century Studies* 32, no.1(Fall 1998):84—91.

Shirer, William L. *The Rise and Fall of the Third Reich: A History of Nazi Germany*. New York: Simon & Schuster, 1960.

Sorkin, David. *Moses Mendelssohn and the Religious Enlightenment*. Berkeley: University of California Press, 1996.

Stearns, Peter N., ed. *Encyclopedia of European Social History from 1350 to 2000*. 6 vols. Detroit: Charles Scribner's Sons, 2001.

Stern, Fritz. *The Politics of Cultural Despair: A Study in the Rise of the Germanic Ideology*. Garden City, NY: Anchor Books, 1965.

Sternhell, Zeev. *La droitte révolutionnaire (1885—1914): Les origines française du fascisme*. Paris: Éditions du Seuil, 1978.

Timms, Edward, and Andrea Hammel, eds. *The German-Jewish Dilemma from the Enlightenment to the Shoah*. Lewiston, KY: Edward Mellen Press, 1999.

Wistrich, Robert S. *The Jews of Vienna in the Age of Franz Joseph*. Oxford: Oxford University Press, 1990.

Zuccotti, Susan. *The Holocaust, the French, and the Jews*. Lincoln: University of Nebraska Press, 1993.

注释：

[1] Paul Mendes-Flohr and Jehuda Reinharz, eds., *The Jew in the Modern World: A Documentary History*, 2nd ed. (Oxford: Oxford University Press, 1995), 702.

[2] John Locke, *An Essay Concerning Human Understanding*, Winkler abridged, ed., and with an introduction and notes by Kenneth Winkler (Indianapolis: Hackett, 1996), 11—12, 30—32, 39.

[3] John Locke, *Two Treatises of Government and a Letter Concerning Toleration*, ed. Ian Shapiro (New Haven: Yale University Press, 2003), 101, 166, 172.

[4] Ibid., 224, 249.

[5] Gotthold Ephraim Lessing, *Nathan the Wise*, trans., ed., and with an introduction by Ronald Schechter (Boston: Bedford/St. Martin's Press, 2004), 119—125; "Eisenmenger, Johann Andreas," in *The New Schaff-Herzog Encyclopedia of Religious Knowledge*, ed. Samuel Macauley Jackson and Lefferts Augustine Loetscher (New York: Funk and Wagnalls, 1908), 101; Klaus Fischer, *The History of an Obsession: German Judeophobia and the Holocaust* (New York: Continuum, 1998), 46. Eisenmenger的著作节选，请见 Richard S. Levy, *Antisemitism in the Modern World: An Anthology of Texts* (Lexington, KY: D.C. Heath, 1991), 33—36。

[6] Arthur Hertzberg, *The French Enlightenment and the Jews* (New York: Columbia University Press, 1968), 10.

[7] Harvey Chisick, "Ethics and History in Voltaire's Attitudes Toward the Jews," *Eighteenth Century Studies* 35, no.4 (Summer 2002): 588.

[8] Adam Sutcliffe, "Voltaire in Context: The Emergence of Antijudaic Rhetoric in the French Early Enlightenment," in *L'antisémitisme éclairé: Inclusion et exclusion depuis l'Epoque des Lumières jusqu'à l'affaire Dreyfus/Inclusion and Exclusion: Perspectives on Jews from the Enlightenment to the Dreyfus Affair*, ed. Ilana Y. Zinguer and Sam W. Bloom (Leiden, Netherlands, and Boston: Brill, 2003), 123.

[9] Chisick, "Ethics and History," 577—578.

[10] Montesquieu, *The Spirit of Laws*, ed. and with an introduction, notes, and appendices by David Wallace Carrithers, together with an English translation of *An Essay on Causes Affecting Minds and Characters (1736—1743)* (Berkeley: University of California Press, 1977), 341, 351.

[11] Joel Carmichael, *The Satanizing of the Jews: Origin and Development of Mystical Anti-Semitism* (New York: Fromm International, 1992), 104.

[12] Ronald Schechter, "The Jewish Question in Eighteenth-Century France," *Eighteenth-Century Studies* 32, no.1 (Fall 1998):86—89.

[13] Shmuel Ettinger, "The Attitude of European Society in the Seventeenth and Eighteenth Societies," in *A History of the Jewish People*, ed. Haim H. Ben-Sasson (Cambridge: Cambridge University Press, 1976), 745.

[14] Immanuel Kant, *The Conflict of the Faculties* [Der Streit der Fakultäten], trans. and introduced Mary J. Gregor (New York: Abaris Books, 1979), 94—95.

[15] 诸如此类,请参见 Ettinger 在"The Attitude of European Society in the Seventeenth and Eighteenth Centuries," 745 页的评论, and William Nicholl's *Christian Antisemitism: A History of Hate* (Northvale, NJ: Jason Aronson, 1993), 298—299,后者引用 Ettinger 文章中关于费希特对日耳曼人和日耳曼民族性的开创性见解,请参见 *Addresses to the German Nation*, trans. R.F.Jones and G.H. Turnbull (Westport, CT: Greenwood Press, 1979)。

[16] Johann Gottlieb Fichte, *Johann Gottlieb Fichte's sämmlitche Werke* (Berlin: Verlag von Veit und Comp., 1845), 4:149—150.

[17] Ibid., 150; Alfred D.Low, *Jews in the Eyes of the Germans: From the Enlightenment to Imperial Germany* (Philadelphia: Institute for the Study of Hu-

man Issues, 1979), 145—146.

[18] Low, *Jews in the Eyes of the Germans*, 431, n2.

[19] Hajo Holborn, *A History of Modern Germany, 1648—1840*(Princeton: Princeton University Press, 1982), 320.

[20] David Sorkin, *Moses Mendelssohn and the Religious Enlightenment* (Berkeley: University of California Press, 1996), 27.

[21] Low, *Jews in the Eyes of the Germans*, 33.

[22] Ibid.

[23] Ibid., 34.

[24] Ibid., 33—34.

[25] Alexander Altmann, *Moses Mendelssohn, A Biographical Study*(Tuscaloosa: University of Alabama Press, 1973), 461.

[26] Howard M. Sachar, *A History of the Jews in the Modern World*(New York: Alfred A.Knopf, 2005), 38.

[27] Ibid., 40.

[28] Ibid., 43.

[29] Fritz Stern, *Dreams and Delusions: The Drama of German History* (New Haven: Yale University Press, 1999), 97—114.

[30] Peter Gay, *The Cultivation of Hatred: The Bourgeoisie Experience, Victoria to Freud*(New York: W.W.Norton, 1993), 85.

[31] "Spencer, Herbert(1820—1903)," in *Encyclopedia of European Social History from 1350 to 2000*, ed. Peter N.Stearns(Detroit: Charles Scribner's Sons, 2001), 6:320.

[32] Francis Galton, "Eugenics: Its Definition, Scope, and Aims," *American Journal of Sociology* 10, no. 1 (July 1904): 1, http://galton.org/essays/1900-1911/galton-1904-am-journ-soc-eugenicsscope-aims.htm.

[33] John Cornwell, *Hitler's Scientists: Science, War and the Devil's Pact* (New York: Viking, 2003), 78.

[34] Dietrich Orlow, *A History of Modern Germany*(Englewood Cliffs, NJ: Prentice-Hall, 1987), 37.

[35] Ibid., 39.

[36] Fritz Stern, *The Politics of Cultural Despair: A Study of the Rise of the Germanic Ideology* (Garden City, NY: Anchor Books, 1965), 351.

[37] Johann Gottfried von Herder, *Reflections on the Philosophy of the History of Mankind* (Chicago: University of Chicago Press, 1968), 144.

[38] Stern, *Politics of Cultural Despair*, 123—124.

[39] Ibid., 91.

[40] Richard Wagner, *Judaism in Music* [Das Judenthum in der Musik], trans. William Ashton Ellis, 5, http://reactor-core.org/judaism-in-music.html.

[41] August Kubizek, *The Young Hitler I Knew*, trans. E.V.Anderson (Cambridge, MA: Riverside Press, 1955), 192.

[42] William L.Shirer, *The Rise and Fall of the Third Reich: A History of Nazi Germany* (New York: Simon & Schuster, 1960), 101.

[43] Low, *Jews in the Eyes of the Germans*, 372.

[44] Richard S.Levy, *The Downfall of the Anti-Semitic Political Parties in Imperial Germany* (New Haven: Yale University Press, 1975), 259.

[45] Ibid., 259—260.

[46] Ibid., 260.

[47] Richard J.Evans, *The Coming of the Third Reich* (New York: Penguin, 2004), 218.

[48] Robert S.Wistrich, *The Jews of Vienna in the Age of Franz Joseph* (Oxford: Oxford University Press, 1990), 214.

[49] Kubizek, *The Young Hitler I Knew*, 248.

[50] Brigitte Hamann, *Hitler's Vienna: A Dictator's Apprenticeship*, trans. Thomas Thornton (Oxford: Oxford University Press, 1999), 251.

[51] Ibid.

[52] Ibid., 253.

[53] Richard S.Geehr, *Karl Lueger: Mayor of Fin de Siècle Vienna* (Detroit: Wayne State University Press, 1990), 15, 17, 178.

[54] Alan Palmer, *Twilight of the Habsburgs: The Life and Times of Emperor Francis Joseph* (New York: W.W. Norton, 1994), 275.

[55] Ibid., 287.

[56] Adolf Hitler, *Mein Kampf*, trans. Ralph Manheim(New York: Houghton Mifflin, 1943), 121.

[57] Mendes-Flohr and Reinharz, *The Jew in the Modern World*, 336n1.

[58] Ibid., 339.

[59] Jean-Denis Bredin, *The Affair: The Case of Alfred Dreyfus*, trans. Jeffrey Mehlman(New York: George Braziller, 1986), 29.

[60] Susan Zuccotti, *The Holocaust, the French, and the Jews* (Lincoln: University of Nebraska Press, 1993), 12.

[61] Nicholas Halasz, *Captain Dreyfus: The Story of a Mass Hysteria* (New York: Simon & Schuster, 1955), 96.

[62] Bredin, *The Affair*, 241.

[63] Zuccotti, *The Holocaust*, 16; Bredin, *The Affair*, 350—352.

[64] Bredin, *The Affair*, 270.

[65] Zuccotti, *The Holocaust*, 13.

[66] Michael R. Marrus and Robert O. Paxton, *Vichy France and the Jews* (Stanford: Stanford University Press, 1995), 32.

[67] Ibid., 33.

[68] Werner Keller, *Diaspora: The Post-Biblical History of the Jews* (New York: Harcourt, Brace & World, 1969), 303.

[69] Ibid., 304.

[70] Stephen M. Berk, *Year of Crisis, Year of Hope: Russian Jewry and the Pogroms of 1881—1882* (Westport, CT: Greenwood Press, 1985), 46.

[71] Ibid., 47.

[72] Robert F. Byrnes, *Pobedonostsev: His Life and Thought* (London: Indiana University Press, 1968), 205.

[73] Alexander Orbach, "The Russian Jewish Community, 1881—1903," in *Pogroms: Anti-Jewish Violence in Modern Russian History*, ed. John D. Klier and Shlomo Lambroza(Cambridge: Cambridge University Press, 1992), 151.

[74] Hitler, *Mein Kampf*, 308.

[75] Hadassa Ben-Itto, *The Lie That Wouldn't Die: The Protocols of the Elders of Zion* (London: Vallentine Mitchell, 2005), 160.

[76] Ibid., 28—29.

[77] The full title of Nilus's book was *The Great in the Small: The Coming of the Anti-Christ and the Rule of Satan on Earth*.

[78] Henry Ford, Sr., *The International Jew: The World's Foremost Problem* (Boring, OR: CPA Book Publisher, 1920), 239.

[79] Ben-Itto, *Lie That Wouldn't Die*, 346—347.

[80] Ibid., 348.

[81] *The Goebbels Diaries, 1942—1943*, ed. and trans. Louis Lochner (Garden City, NY: Doubleday & Company, 1948), 376—377.

79 # 第三章
阿道夫·希特勒的世界，1889—1933 年

┼

战争、政治和反犹主义

大事年表

1889 年：4 月 20 日，阿道夫·希特勒出生在奥地利因河畔布劳瑙

1907—1908 年：希特勒投考维也纳艺术学院，试图学习艺术与建筑的努力无果而终

1909—1913 年：希特勒生活在维也纳，以售卖明信片和小肖像为生；深受奥地利臭名昭著的反犹主义者格奥尔格·里特尔·冯·舍纳尔和卡尔·卢埃格尔观念的影响

1913 年：为逃避奥地利的兵役，希特勒从维也纳逃到慕尼黑

1914—1918 年：第一次世界大战期间，希特勒服役于巴伐利亚预备步兵团第 16 团，并因作战英勇获得两枚“铁十字勋章”

1918 年(11 月 11 日)：一战宣告停战

1919 年(1 月 5 日)：柏林“斯巴达克团”共产主义者起义

1919 年：“魏玛共和国”成立；春天，“巴伐利亚苏维埃共和国”昙花一现

1919 年(6 月 28 日)：《凡尔赛和约》签订

1919 年：希特勒成为“帝国国防军”间谍；向士兵发表反布尔什维主义和反犹主义的演讲

1919 年(9 月 12 日)：希特勒参加反犹主义的“德国工人党”的会议；不久加入该党

1920 年(2 月 24 日)：希特勒提出具有强烈反犹主义论调的《二十五点行动纲领》；“德国工人党”不久改名为“民族社会主义德意志工人党”(即“纳粹党”)

1921 年(7 月)：希特勒成为纳粹党党魁

1922 年(1 月 12 日):希特勒因政治骚扰被判入狱三个月

1922 年:纳粹党与其他右翼组织共同组成“反犹太布尔什维主义”联盟

1922 年(10 月 28 日):贝尼托·墨索里尼(Benito Mussolini)传奇性地“向罗马进军”

1923 年(1 月 11 日):法国与比利时军队联合占领莱茵兰

1923 年(11 月 8 日至 9 日):希特勒在慕尼黑发动失败的“啤酒馆暴动”

1924 年(2 月 24 日):希特勒在慕尼黑以叛国罪接受审判;被判五年监禁;口述第一卷《我的奋斗》

1924 年(5 月):纳粹党与“人民民族集团”结成联盟,在国会赢得 32 个席位

1924 年(8 月):协约国出台“道威斯计划”,试图解决德国的赔款危机 80

1925 年:保罗·冯·兴登堡(Paul von Hindenburg)当选魏玛共和国总统

1925 年:纳粹“党卫军”创立;12 月希特勒获释;开始重建“纳粹党”

1927 年:德国农业萧条开始

1928 年:在国会选举中纳粹党丧失了 20 个席位

1928 年:希特勒口述《第二本书》;进一步发展关于“生存空间”和对“犹太人开战”的理论

1929 年:纳粹党参与右翼组织反对“杨格计划”的民族主义者抗议

1930 年:纳粹党在国会赢得 107 个席位

1931 年:希特勒与其他右翼政党领袖组成“哈尔茨堡阵线”

1932 年:希特勒两次与兴登堡竞争总统职位均告失败

1932 年:纳粹党赢得 230 个国会席位;兴登堡拒绝任命希特勒为总理

1932 年(11 月):纳粹党在国会选举中丧失席位

1933 年(1 月 30 日):希特勒成为德国总理

在阿道夫·希特勒与纳粹主义密切相关的政治哲学中,反犹主义是一个不可或缺的组成部分。考虑到希特勒的思想在德国纳粹主义中的核心地位,探讨他对犹太民族的深仇大恨之所以产生的根源是十分必要的。希特勒出生在一个反犹主义者的家庭吗?或他对犹太人的憎恶是来自自己的生活际遇?希特勒对犹太人的态度是他的神经官能症的一种心理学上的反映吗?或仅仅是他所生活的时代的产物?任何人都不可能就以上问题作出完整的回答,因为很多关于希特勒对犹太人强烈憎恶的线索,都包裹于他扭曲的心理伪装之下而难觅其踪。然而,倘若仔细调研希特

勒在 1933 年获得政权之前的生活、作品和演讲，我们还是能够获得一些心得，理解他对这一族群的强烈情感，究竟是从何而生的。

阿道夫·希特勒：家族起源及对其犹太血统的质疑

阿道夫·希特勒 1889 年 4 月 20 日出生于奥地利因河畔的布劳瑙。他的父亲阿洛伊斯·希特勒（Alois Hitler，1837—1903）是奥匈帝国海关一个野心勃勃、事业有成的官员。希特勒的母亲克拉拉·波泽（Klara Pölzl，1860—1907）是阿洛伊斯的第三任妻子。当希特勒出生时，他的两个哥哥和一个姐姐已经夭折。作为唯一一个存活的男孩，希特勒深受母亲的溺爱。希特勒还有一个妹妹，名叫宝拉（Paula，1896—1960），她是为数极少与希特勒保持亲密关系的亲属之一。他父亲的前两次婚姻，还给了他同父异母的一个哥哥和一个姐姐。

回顾阿道夫·希特勒的家谱，我们发现，这是一个十分复杂的家族世系，这也确实令希特勒感到难堪，尤其是在他刚当上德国总理的那几年。需要特别关注的，是关于他的犹太血统的传言。希特勒到底有没有犹太血统？这个故事的起源要追溯到他的祖母玛利亚·安娜·席克尔格鲁贝（Maria Anna Schikelgruber，1796—1847），当她于 1837 年生下希特勒的父亲时还没有结婚。希特勒的父亲受洗时的名字为阿洛伊斯·席克尔格鲁贝（Alois Schikelgruber），在教会登记簿上则被打上了“非婚生子”的记号。五年后，玛利亚嫁给约翰·格奥尔格·希德勒（Johann Georg Hiedler，1792—1857），不过阿洛伊斯一直使用他母亲的娘家姓。1867 年，他的继父敦促他改用希德勒这个姓氏，以便拓展他在奥地利海关刚刚起步的事业。这一年 1 月 6 日，约翰发表声明，认定阿洛伊斯是自己的亲生儿子，并称已将当地教堂的记录修改过来了。然而，当教区牧师在修改登记册时，将“非婚生子”改成“合法”，却错误地将阿洛伊斯·希德勒写成了阿洛伊斯·希特勒。当时只有三个不识字的证人在场，每个人都用“X”标记作为签名表示认可。教区牧师甚至忘了签上自己的名字，也没有标注当天的日期。

81 汉斯·弗兰克（Hans Frank，1900—1946）是纳粹党的顶尖律师，也是大屠杀的主要执行地——“波兰总督府”——的总督。第二次世界大战以后，他在狱中回忆录《在看得见绞刑架的地方》（*Im Angeschicht des Galgens*）中写道，20 世纪 30 年代早期希特勒曾要求他调查关于自己犹太血统的流言。根据弗兰克的说法，阿洛伊斯·希特勒的亲生父亲可能是以下三人中的一位：约翰·格奥尔格·希德勒、他的兄弟约翰·内波穆克·许特勒或希德勒（Johann Nepomuk Hüttler/Hiedler，1807—

1888)，以及一位富裕的格拉茨犹太人弗兰肯伯格(Frankenberger)。弗兰克在纽伦堡审判期间写下如下的陈述，希特勒的祖母玛利亚怀上阿洛伊斯时，曾为格拉茨的弗兰肯伯格家工作。他还说，在阿洛伊斯年满14岁之前，老弗兰肯伯格一直定期向玛利亚·席克尔格鲁贝支付儿童抚养费。

希特勒告诉弗兰克，他父亲和祖母都声称弗兰肯伯格并不是他的祖父。但是他又说，因为他的祖母及其丈夫太穷了，所以不得不"敲诈"弗兰肯伯格，让后者以为自己是阿洛伊斯的父亲，这样他才会支付赡养费。盖世太保后来对此事进行了重新调查，但并未找到新的证据，证明希特勒的祖父的确是犹太人。事实上，伊恩·克肖(Ian Kershaw)认为，1837年根本没有犹太人在格拉茨居住。到最后，我们也不能确定，究竟谁是阿洛伊斯的父亲。但"无论他是谁，都绝不可能是格拉茨犹太人"。[1]

罗伯特·G·韦特(Robert G.Waite)在《神经错乱的神：阿道夫·希特勒》一书中写道，这位日耳曼独裁者很担心，类似指控会影响其政治生涯：

> 他的各种行为，都体现出忧惧的情绪。无论是在公开演讲，还是在私人谈话中，他一次又一次地强调"血液中毒"的危险性，并展示以下这个在他内心深处一直挥之不去的观念："单单是血统纯净属性的丧失，就永远摧毁了心中的快乐；它使男人彻底衰落，造成的后果无论如何也无法从一个人的身体和心灵中移除。"他感到有必要抵偿恶劣的血统。他自己无法直接承认其父的"罪行"，于是就通过声称全体日耳曼人皆与之相关，使普世性的"罪恶"成为自己的防御手段。于是，毒害日耳曼血统，成为全人类的"原罪"。他曾对一个亲密友人说："我们所有人都在遭受血统混杂、衰败带来的痛苦。我们怎样才能净化自身并进行弥补呢?"在另一个场合，他又向另一个同僚暗示，耶稣的犹太血统是一个特别的诅咒。"在《福音书》中，当彼拉多就是否钉死耶稣一事犹豫不决之时，犹太人向这位总督大喊：'他的血液捕获了我们，并将继续流淌在我们子孙的身体里。'我想我必须履行这个诅咒。"希特勒放弃正常生活，既不结婚，也不要孩子，就是因为他对自己脏污的血液和内心薄弱的家族历史心怀忌惮："天才的后代生活总是很艰难。人们都期待他们能具备与其著名父母一样的能力。但这种情况极少发生。而且他们全都内心薄弱。"[2]

如果说希特勒对血统被玷污的担心源自自己家族的历史，那么所谓的家族历史，并不仅指关于他自己犹太血统的怀疑和他父亲私生子的身份，而且还事关他的母亲克拉拉·波泽。她正是阿洛伊斯·希特勒三个可能的生身父亲之一——约翰·内波穆克·许特勒或希德勒的孙女。也就是说，如果约翰·许特勒确实是阿洛伊斯·希特勒的生父，那就意味着阿道夫·希特勒的祖父与外祖父是同一个人。1930 年以后，希特勒对自己家庭背景的担忧愈发强烈。他对 45 岁以下在犹太家庭当女佣的德国妇女特别敏感，并在 1935 年《纽伦堡血统保护法》（德文为 Blutschutzgesetz，意为“保护德意志血统和荣耀的法律”）中对此类事情特别加以限制。
82 1942 年，当他获悉他母亲的老家施皮塔尔的一位行政长官发起一次签名活动，声称希特勒曾经在那里居住过，他立刻下令摧毁了这座村庄。那个地方后来被改造成一个军事训练保护区。然而，希特勒试图掩盖自己出身的行动，也使他获得机会，编造新的神话，来填补围绕他那谜一般的身世而留下的众多空洞。

希特勒的早年生活

阿道夫·希特勒少年时代的生活相当稳定和富足。在他的政治回忆录《我的奋斗》中写道，他的“父亲是一位忠于职守的公务员，我的母亲则全身心投入家庭，给予孩子们永恒的、充满爱意的关怀”。[3]

阿洛伊斯·希特勒虽然十分严厉，有时候脾气也不好，却是个成功的海关官员，因而能够给他的家庭提供舒适的生活方式。并没有证据显示儿童时代的阿道夫·希特勒曾遭到父亲的过分虐待。事实上，因为阿洛伊斯·希特勒对自己的事业和家庭都尽心尽责，并且的确成功地克服了童年时代的贫穷状态，所以希特勒对他的父亲一向十分敬佩。不过，希特勒跟他的母亲克拉拉更加亲密，后者对儿时的希特勒十分宠爱。

阿道夫·希特勒在学校，也是个完全能够适应环境的好学生。他就读于位于特劳恩河畔兰巴赫的当地罗马天主教会小学，并参加了唱诗班。不过到 1898 年，当全家搬到林茨附近的一个农场居住时，他在学校的兴趣爱好也逐渐消退了。1905 年，他永远离开了学校。根据他的一个老师的说法，希特勒小时候很聪明，但有些放纵和懒散。

正是在这段时间，15 岁的希特勒遇到了奥古斯特·库比泽克（1888—1956），后者成为他 1904 年底至 1908 年夏天最坚定的朋友。库比泽克后来出版了回忆录《阿道夫·希特勒：我童年的朋友》（*Adolf Hitler Mein Jugendfreund*）。对这位德国未来独裁者的少年时代，这本书进行了最初的描述。1908 年，库比泽克还和希特勒在维也纳短暂共居过一段时间。虽然我们对库比泽克的记述必须小心看待，但这本回忆录还是对阿道夫·希特勒的心智和情感，提供了一些洞察。库比泽克将阿道夫·希特勒描绘成 15 岁至 19 岁之间，一个腼腆、缺乏安全感的年轻男人，为了掩盖自己的担心与慌张，他不得不戴上一副自信的假面具，而这种自信与傲慢、自负实际上只有一线之隔。

库比泽克和希特勒之所以能保持友谊，是因为前者正是通向希特勒各种突发奇想和情感爆发的道路。在刚认识希特勒时，库比泽克将他描述成“极度暴力、容易激动”。他还缺乏耐心，“任何事物要么激起他的兴趣，要么遭到他的厌烦”。他还总是非常“严厉、顽固、不知变通、倔强、死板”。库比泽克却完全是希特勒的反面，他是一个“有耐性的倾听者”，从来不会挑战或者质疑希特勒的正确性。[4]一开始，这两个性格迥异的人有一个共同爱好，那就是音乐，特别是瓦格纳的歌剧，他们最喜爱的都是《罗恩格林》。就像对待一切他感兴趣的事物一样，希特勒对歌剧全情投入；在库比泽克看来，这个特征是希特勒“最惊人的品质”。[5]

与库比泽克不同的是，希特勒跟他母亲的关系非常亲密，并且总是随身带着她的一幅肖像。他似乎还与妹妹宝拉保持着热切的关系。不过，他最深切的感情却是一段远距离爱恋，对象是一位叫斯蒂芬妮(Stephanie)的姑娘，然而，羞怯的希特勒仅仅是远远地暗恋她而已。虽然他从来也没有鼓足勇气接近斯蒂芬妮，或者向她表白，但希特勒却确信，姑娘对自己的爱情和自己对姑娘的爱情一样深。当他离开家乡去维也纳之后，他还要求库比泽克向他汇报斯蒂芬妮的近况。库比泽克通常是趁斯蒂芬妮晚上长途散步时观察她，然后再告诉希特勒。这个故事的重要性在于，它表明希特勒思想中的妄想性质，有真相，有现实。但如果是阿道夫·希特勒的真相，阿道夫·希特勒的现实，情况通常就大有不同了。

从库比泽克的叙述中，我们很难洞见任何关于希特勒的政治观和种族观的真实
要素。库比泽克了解的希特勒，是少年时期的希特勒，只能为这位未来德国政治家 83
的思想和观念提供些微线索。他写道，虽然希特勒憎恶多民族的奥地利帝国，并认为自己更大程度上是德意志第二帝国的臣民，但在他生命的那个阶段，政治对于希特勒来说“仅仅是在思想领域内的一次练习而已”。[6]

公众对库比泽克这部回忆录的批评之一是，他经常使用《我的奋斗》来填补希特勒这段时期的空白点。他将《我的奋斗》中的部分章节与自己的回忆混合在一起，用以讨论希特勒的反犹主义思想，并声称此类思想在希特勒1906年搬去维也纳时“已经非常明显了”。因为林茨几乎没有犹太人居住，所以库比泽克也不确定希特勒这样的情感从何而来。他只是暗示，也许是受到他父亲的影响，然而在《我的奋斗》中希特勒却声称从没听过他的父亲在家里使用过“犹太人”这个字眼。

除了歌剧，青少年时代希特勒的另一个兴趣是绘画和建筑。绘画仅仅是项爱

好，而建筑则成了希特勒放眼世界的宏伟计划的一部分。在库比泽克与希特勒做朋友的四年时间里，这位未来的独裁者从未工作过。为了重建林茨和维也纳，他把大多数时间都花在阅读和绘制壮丽的建筑图纸上了。

1906 年春天，希特勒第一次踏足奥地利首都维也纳。第二年他回家乡时，已下决心投考“维也纳艺术学院”（Akademie der bildenden Knste）。虽然他的母亲已身患乳腺癌，希特勒还是接受了来自他的姨母（或姑母）约翰娜・波泽（Johanna Plözl，1863—1911）的一笔慷慨借款，返回了维也纳。然而，希特勒在艺术学院的入学考试中失败，只得迅速返回林茨，照顾他的母亲，后者于 1907 年底去世。克拉拉的医生爱德华・布洛赫博士（Dr.Eduard Bloch）回忆道，“我从来没见过哪个人像希特勒那样被悲伤和沮丧彻底压垮”。[7]希特勒在《我的奋斗》中并没有特意指出，布洛赫是一名犹太人。后者 1940 年从德国逃到美国，1945 年死于布朗克斯。

希特勒仍决心进入艺术学院学习建筑，于是他又返回维也纳，并说服库比泽克——他当时已成为一位颇有前途的年轻音乐家——和他一起报考。库比泽克很快被“维也纳音乐学院”（Wien Konservatorium）录取，但希特勒甚至都没能说服艺术学院再给他一次参加入学考试的机会。但是，希特勒却向库比泽克谎称他已经被艺术学院录取。当后者回到林茨度假时，希特勒搬离他们合租的公寓，并消失在奥地利下层社会为贫困所扰的茫茫人海中。库比泽克下一次见到希特勒，要等到 1938 年。

希特勒的维也纳岁月

对阿道夫・希特勒这位日后的独裁者来说，其维也纳岁月产生的冲击很难估摸。我们当然已经知道，他受维也纳两位著名的反犹主义者——格奥尔格・里特尔・冯・舍纳尔和卡尔・卢埃格尔——的思想和政纲影响很深。希特勒后来也写道，正是在维也纳，他第一次了解到对日耳曼民族威胁最大的两个因素——马克思主义和犹太人。库比泽克也提到，希特勒最初对政治产生兴趣，就是在这段时间，不过当时他更关心的，不是犹太人或者马克思主义，而是在多民族的维也纳，日耳曼人正面临的困境。另一方面，库比泽克也声称，希特勒对这个城市的“犹太人问题”的确是越来越感兴趣了，特别是因为它牵扯到来自东欧的犹太人。

1909 年至 1913 年间，希特勒在维也纳以售卖小型绘画和明信片为生。他经常与犹太人画商打交道，后者收购然后转卖他的作品。他的一个朋友赖因霍尔德・哈尼施（Reinhold Hanisch，1884—1937）说，希特勒当时觉得，“与‘基督徒商人’比起来，犹太商人更好、更值得信赖”。[8]所以，说希特勒反犹主义思想的种子是在维也纳

埋下的固然没错，不过我们可以更加肯定的是，他的反教会和反“红色”观点才是真正 84
地发端于那里。这些观点是他从舍纳尔及其他泛日耳曼主义者那里吸取的。尽管如此，当希特勒最终离开维也纳时，心中却没有半点对穷人或工人阶级的同情，相反，他的这段贫苦经历强化了这样的态度，即“生存、斗争，以及‘人不为己，天诛地灭’”。[9]

希特勒、慕尼黑以及德国反犹主义

终于，希特勒开始鄙视奥地利和维也纳，并决定搬去德国、搬去慕尼黑。促发这次搬迁行动的还有两个原因，一是他父亲给他留了一份丰厚的地产遗产，另一个原因则是试图逃避奥地利帝国军队的征召。第一次世界大战爆发之前，希特勒在慕尼黑——这座巴伐利亚州的首府——待了四个月，他将这段岁月描述为“人生目前为止最快乐、最满足的日子”。他称慕尼黑为“一座日耳曼人的城市”，而维也纳相反，被他称为“多种族的巴比伦罪恶之城”。[10]

不过这段时间的希特勒相当孤独。他花费大量精力应付奥地利军方，他们已经找他四年了。1914 年初他最终返回奥地利进行入伍体格检查，结果没有通过。不过七个月后，阿道夫·希特勒还是参加了军队——不是奥地利军队，而是德国军队。

希特勒在慕尼黑的生活，不会比在维也纳好多少，特别是他还不得不应付奥地利的征兵问题。他仍旧依靠充当流动艺人为生，虽然他不再梦想成为一位职业艺术家，但仍经常谈论做一名建筑师的伟业。一战之前的慕尼黑充满活力，大量作家、艺术家、政治古怪分子在这个城市工作与生活，他们也以本城人才云集的状态而欢欣鼓舞，理查德·瓦格纳最著名的歌剧在这里轮番上演，艺术家们——诸如瓦西里·康定斯基(Vassili Kandinsky, 1866—1944)和保罗·克利(Paul Klee, 1879—1940)——从这座城市吸取灵感。托马斯·曼(Thomas Mann, 1875—1940)和德国文学巨匠赖纳·玛丽亚·里尔克(Rainer Maria Rilke, 1875—1926)在慕尼黑居住和写作。希特勒也被这座城市所吸引，部分是因为它对知识和文化氛围的包容态度，也因为这里真正的日耳曼民族的感觉。尽管如此，维也纳显然给希特勒留下了更深刻的印象。

与维也纳不同，慕尼黑并没有深厚的反犹主义传统。在德国政治性反犹主义运动高潮的 1893 年至 1912 年，在巴伐利亚占统治地位的“天主教中央党”(Zentrum)和罗马天主教会的领袖们，成功地阻止了德国主要的反犹主义政党对本州造成太大的损害。与其说这是关于天主教在道德角度对反犹主义的抵抗，还不如说这其实是一个政治问题。然而，根据布雷斯劳(今天的波兰城市弗罗茨瓦夫)一份“犹太报纸”(*Jüdische Volksblatt*)的记述：“巴伐利亚和我们一样笃信宗教的人们，在中央党的统治下，经营得着实不错，不承认这一点显然是不公平的。”[11]

当然，这绝不意味着巴伐利亚不存在反犹主义。一向以德国犹太人权利的忠实维护者身份出现的《环球犹太人报》(*Allgemeine Zeitung des Judenthums*)，就经常收到关于巴伐利亚反犹主义的投诉。然而，尽管巴伐利亚是德国第二大州，但居住于其内的犹太人口占全国犹太总人口的比例还不到10%(1910年一共为615 021人)。而且，很多巴伐利亚犹太人是东正教徒，与其他德国犹太人相比，他们更不可能通过通婚实现归化。1912年之前，德国犹太人中有约12%与非犹太人结婚，而在巴伐利亚，只有约5%与他们信仰之外的民族成员通婚。于是，巴伐利亚更加宽容的知识与文化环境，中央党和教会防止反犹主义政党势力大举侵入的努力，以及小规模的犹太社团——以上因素共同作用，对犹太人来说，使得巴伐利亚有着比德国其他地方都更稳定的生存环境。

以上因素也许能够解释，为什么希特勒在《我的奋斗》中对一战之前慕尼黑和巴
85 伐利亚的国内政治状况并没有进行特别详细的评论。不过，在第二帝国时期德国政治性与社会性反犹主义的演变发展过程中，这些因素并没有发挥多大的作用。在一战结束之后的岁月里，反犹主义的演变和发展，不论是对阿道夫·希特勒，还是对整个纳粹运动，都将产生巨大的影响。

1914年，阿道夫·希特勒参加在慕尼黑音乐厅广场举行的集会，庆祝德国宣战。美国大屠杀纪念博物馆照片序列号08039，威廉·O·麦克沃克曼(William O.McWorkman)提供图片。

希特勒与第一次世界大战

对阿道夫·希特勒来说，第一次世界大战无疑是一个“天赐之运”。[12]在1939年之前，所谓的“大战”(1914—1918)是欧洲历史上最具破坏性的战争。大战的根源固然深植于19世纪下半叶整个欧洲和世界范围的民族主义和帝国主义矛盾，不过它的直接导火索，却是奥匈帝国与塞尔维亚在巴尔干的地区冲突，特别是1914年6月28日一位塞尔维亚民族主义者在萨拉热窝刺杀奥匈帝国王储弗兰茨·斐迪南(Archduke Franz Ferdinand, 1863—1914)的事件。由于事件的幕后操纵者都是强大的国家联盟——德国(奥匈帝国)与俄国(塞尔维亚)，冲突急速加剧了。1914年7月3日，德意志帝国皇帝威廉二世(1888—1918年在位)给奥地利人开了一张“空白支票”，令后者不惜一切代价试图控制塞尔维亚，并抑制俄国在巴尔干地区的野心。不久之后，奥匈帝国向塞尔维亚宣战，作为回应，沙皇俄国的军队也于1914年7月28日开始动员，德国警告俄国人，如果他们不让步，就将对它开战。结果俄国拒绝停止军队动员，8月1日，德国宣战。两天后，当巴黎方面拒绝宣告中立时，德国向法国宣战。一天后，德国入侵中立国比利时和卢森堡，这促使英国宣战。

战争的爆发令希特勒极为激动。从6月底开始，他就一直密切关注事态的演变，只要是战争的消息，都令他迸发出强烈的情感，有时候甚至是一种宗教式的狂 86
热：“对我来说，那些时候就像是将我从年轻时代痛苦的感觉中释放出来。直至今日，我也可以毫不羞愧地说，我彻底被暴风骤雨般的激情压倒了，我双膝跪地，全心全意地感谢上苍，令我如此好运，允许我生活在这样一个时代。”[13]

在德国未来的独裁者看来，这场造成160万德国人死亡、440万人受伤的战争，绝不仅仅是一场武装斗争那么简单——这是一场日耳曼民族为生存而进行的战斗。8月5日，希特勒曾试图加入巴伐利亚第一步兵团，却遭到拒绝。11天后，他接到命令报到应遣，被派至巴伐利亚预备步兵团第16团。基本的军事训练完成之后，他被送到西线，并参加了第一次伊普尔战役。四天的战斗过后，他所在的部队原先的3 600人中只剩下了611个。1914年11月3日，希特勒被提升为下士。尽管战壕中的景象极度可怕，血肉横飞，但希特勒的职业生涯却逐渐兴旺发达起来。他当时的同伴和长官对此进行了长篇累牍的叙述，共同的结论是他相当勇敢，不过也有人质疑他的领导技巧。因作战英勇，希特勒赢得了两枚“铁十字勋章”(1914年的“二级铁十字”和1918年的“一级铁十字”)，1917年他获得“军人十字三级宝剑勋章”，1918年又得到“杰出勇者军团奖章”。当上“元首”之后，他只佩戴表示极高荣誉的“一级铁十字勋章”，而推荐他争评这枚勋章的雨果·古特曼少尉(Leutnant Hugo Guttmann)，正是一名犹太人。

在很多方面，希特勒都是天生当兵的材料。他担任的是前线部队与后方之间的传令兵。他鄙视毫无意义的“战壕戏谑”，因此正合适当传令兵。他的中士马克斯·阿曼(Max Amann, 1891—1957)——此人后来掌管纳粹的新闻出版帝国，曾提名希特勒升为军士(Unteroffizer)，但这名日后的德国独裁者拒绝了这次提升，理由是希望和他的战友待在一起。

在战壕里，希特勒狂热地谈论自己对战争的追求，但凡有人没表现出对德国战争行动的深刻决心，就会招致他的批判。他特别谴责有些士兵，以受伤为借口逃避战斗。1916 年秋天他大腿受伤，不得不在柏林附近的一家医院治疗了两个月。不久，他又回慕尼黑继续休养。那个时候，德国民众对战争结局的幻灭感正在散播，希特勒后来写道，在他挚爱的慕尼黑，他对那里人们的态度和状态感到震惊，并认为犹太人需要为此负责。虽然我们现在仍无法肯定，在那段时间，希特勒的反犹主义偏见是否已完全形成，但毫无疑问的是，1916 年至 1917 年的柏林和慕尼黑经历，使他对犹太人的憎恶愈演愈烈，最终，他将把德国所有的不幸，都怪罪在这个民族头上。

1917 年春天，希特勒返回他的部队。仅仅一个月之前，德军刚在凡尔登地区试图突破协约国战线的战役中失败。由于德国潜艇在不列颠附近岛屿展开了新一轮的无限制潜艇战，法军正在酝酿一次对西线的大举进攻。尽管德国的潜艇并没能像统帅部希望的那样令英国屈服，但 1917 年 3 月尼古拉二世沙皇政权的崩溃和俄军在东线日渐表露的混乱颓势，给了德国新的机会。不幸的是，正当德军在势力衰败、士气低沉的俄军身上大捞胜利果实的时候，1917 年 4 月，作为对德军新一轮大西洋无限制潜艇战的回应，美国人在踌躇很久之后，终于加入战争。1918 年春天俄国以一纸《布列斯特—立陶夫斯克和约》(1918 年 3 月 3 日)退出一战，同时将西部大片土地拱手送给德国。德国的军事领袖们受到对俄胜果的鼓舞，决定在西线发动一次大型战略进攻。在“总指挥官”(Generalquartiermeister)埃里希·鲁登道夫(Erich Lu-
87 dendorff, 1865—1937)的率领下，1918 年 3 月 21 日至 7 月 17 日，德军向法军发动了四次大规模的攻击行动。在 5 月 27 日至 6 月 6 日的恩河攻势中，德军曾经距巴黎只有 37 英里之遥。然而，由于缺乏足够的预备部队和给养，再加上美国军队和物资源源不绝的供应，德国原先的优势逐渐丧失了。到了 1918 年 7 月底，以斐迪南·福煦(Ferdinand Foch, 1851—1929)为联军“统帅”(Generalissimo)的协约国军队开始反攻，并最终将战争带向终结。1918 年秋天，当协约国军队不断胁迫德军退出法国境内之时，希特勒在伊普尔附近中了毒气，后入院治疗，因此造成暂时失明。当他正纠结于自己的视力有可能永远不能恢复的担忧时，获悉了 11 月 11 日停战的消息。停战意味着德国的失败，而早些时候德意志帝国皇帝威廉二世就已宣布退位。这个消息令希特勒极其震惊，也极其愤怒，他哭了。在他母亲的葬礼之后，这是他第一次哭。

希特勒、凡尔赛和早期魏玛共和国

德国耻辱性的失败带给希特勒的伤痛，是以某种转变了的方式体现的，因为它表明，希特勒对那些在暗处影响国内与国际政治的力量，总是带有深深的怀疑。虽然《我的奋斗》本质上将是一部后见之明的“神圣誓约”，希特勒还是在其中写道，战败的创伤使他相信，造成这种后果的主要原因是德国犹太人，他们从背后刺了第二帝国一刀。而且，希特勒还说，德国战败开启了一条道路，通向他的真正使命——政治。

战争行动的崩溃使很多德国人大为震惊，他们并不知道 1918 年春夏德军失败的严重程度。1918 年 8 月，当帝国议会的领袖们正在与停战的可能性作斗争时，以鲁登道夫为首的军方领袖却开始有意识地将自己与不可避免的军事失败撇离得远远的。1918 年秋天，议会领袖建议实行一次政治改革，将德国转变成一个君主立宪制的国家，以应付正在全国蔓延的激进改革呼声。然而，就在 11 月 11 日停战协议签订之前几天，威廉二世却违背了自己先前许下的支持改革的诺言。德国新总理马克斯・冯・巴登亲王（Prince Max von Baden，1867—1929）迫使皇帝退位。之后他请求“社会民主党”（Sozialdemokratische Partei，SPD）领袖弗雷德里希・艾伯特（Friedrich Ebert，1871—1925）以帝国总理的身份继承王位。艾伯特努力想组成一个新政府，然而他和他的政治盟友却不得不面对一大堆棘手的问题，包括停战协议以及正在战败的德国疯狂蔓延的政治、社会和经济混乱。

随着战争的持续，政治性的反战之声也日益高涨、日益激进。1916 年，日后“德国共产党”（Kommunistische Partei Deutschlands，KPD）的建立者罗莎・卢森堡（Rosa Luxemburg，1870—1919）和卡尔・李卜克内西（Karl Liebknecht，1871—1919）呼吁在整个德国范围内发动一场暴力革命，当然这很大程度上是受到俄国革命的启发和激励。俄国革命不但推翻了沙皇尼古拉二世（即“二月革命”），还使布尔什维克成为国家政权的执掌者（即“十月革命”）。1918 年 1 月，12 万生产军需物资的工人上街游行，抗议战争和普鲁士的政治体系。

革命的暴力在巴伐利亚表现得尤为严重，而这里正是希特勒战后生活的地方。

慕尼黑的政治真空使一个革命政府得以在1918年11月7日夺取了政权。这个政府的领袖是一位名叫库尔特·艾斯纳(Kurt Eisner，1867—1919)的犹太裔和平主义活动家。不久巴伐利亚国王路德维希三世(King Ludwig III，1913—1918年在位)宣告退位。在两个月后的州大选中，艾斯纳的“德国独立民族社会党”(Unabhngige Sozialdemokratische Partei Deutschlands，USPD)遭到惨败。1919年2月21日，艾斯纳被暗杀，整个巴伐利亚顿时陷入动荡。左翼极端主义者惧怕右翼分子发动政变，遂
88 在全州发布戒严令，并准备将巴伐利亚转变成一个共产主义国家。正是在1919年春天的一片混乱中，“巴伐利亚苏维埃共和国”(Bayerische Rterepublik)横空出世。在阿道夫·希特勒的心目中，这就相当于“一段犹太人的短暂统治”，“是整个革命中煽动者们的最初目标”。[14]

虽然巴伐利亚苏维埃共和国仅存活了很短的一段时间，但已足以在全巴伐利亚的中等阶级德国人心中，培育起一种妄想症似的恐惧感。1919年4月3日至5月1日，军方和右翼“自由军团”(Freikorps，由退役士兵组成的私人武装)几乎没费吹灰之力就摧毁了“苏维埃共和国”(Räterepublik)，紧接着就是一场白色恐怖。慕尼黑已变成一座右翼民族主义组织的堡垒。这些组织宣称，他们将慕尼黑从“异族——布尔什维克和犹太人——的势力之下”解救了出来，这些异族势力本来想控制政府，并操纵巴伐利亚基督徒的灵魂。这样看来，慕尼黑成为希特勒的政治崛起之地，就不足为奇了。[15]

德国其他地方也发生了类似慕尼黑的革命，特别是在柏林，那里的左翼政治派别试图建立一个德意志社会主义共和国，由工人和士兵委员会来负责管理。1919年1月5日，就在制宪国会选举的两周之前，一场仅仅持续了六天的“斯巴达克团”共产主义起义在德国的首都爆发，结果也是同样——被军方和“自由军团”联合绞杀。两个月前，军方与艾伯特总理达成协议，后者允诺政府不干预军队事务，作为回报，前者将给予政府所需的支持。不幸的是，这个协议将第二帝国的传统延续了下来，即允许军队作为独立的“国中之国”而存在和发挥作用。四个月之后，柏林再一次被革命所震动——这一次是在右翼分子授意下、由“自由兵团”发动的“卡普暴动”(Kapp-Lttwitz)。当“自由兵团”发现菲利普·沙伊德曼(Philip Scheidemann，1865—1939)政府准备分化其武装的时候，他们就占领了柏林和巴伐利亚。柏林的暴乱在几天后失败，但巴伐利亚的政变却最终颠覆了约翰内斯·霍夫曼(Johannes Hoffmann，1867—1930)政府。取而代之的是一位有军方背景的新首相古斯塔夫·冯·卡尔(Gustav von Kahr，1862—1934)。正是在他的协助下，巴伐利亚逐渐变成一座右翼

分子的避难所。

接二连三的动乱正体现出一战之后德国面临的严重政治、经济和社会问题。与此同时，德国的政治家们正以巨大的努力，试图在德国建立一个民主国家——“魏玛共和国”。1919年初的制宪国会大选之后，德国人在法国和英国政治模式的基础上建立了议会政治体系，并将其写入宪法，成为新的德国民主的一个组成部分。这个新的政治体制是以“国民议会”(Reichstag)为核心的，国会议员每四年一届，由全民公投选出。次级立法机构是“参议院”(Reichsrat)，成员由德国新的15个州(Länder)指派。“帝国总统”(Reichsprsident)领导一个执行机构，选举产生，任期7年。总统在外交事务中代表德国，任命总理，并统帅军队。

魏玛共和国总统本来也有权解散国民议会并调用“第48条款”，即使用军队以履行国家宪政义务的权力。总统的权力本还应包括，当“公共秩序和安全被严重扰乱和处于危险之中时”，可以在全德国范围内中止某些基本的公民权利，而无须征得国会的允许。[16]在紧急时刻，总统还有权使用军队维护总统制的国家。总理必须副署总统的全部紧急法案和命令。国会可以推翻类似的法案和命令，但总统有权通过解散国会和召集新的大选使国会的行动归于无效。“第48条款”的设定，本应是用于保护德国的民主政体的，但不幸的是，日后当这一条款被调用时，发挥的作用恰恰是破坏民主政体。新的《魏玛宪法》亦保障全体德国公民的完整公民权、财产权以及 89
宗教信仰自由。固然，新宪法并不完美，但却是一个民主文件，而且本可以成为今后几十年间德国民主制度的基础。可惜，后来14年发生的事件严重损害了这次民主的尝试，并为阿道夫·希特勒的独裁铺平了道路。

正当魏玛共和国的政治家们为新宪法而忙碌时，协约国制定饱受争议的《凡尔赛和约》的艰难过程也行将结束。希特勒后来把这部条约称为“跪受笔录”(Diktat)，是对德意志民族“进行无尽敲诈和卑鄙侮辱的工具”。[17]虽然第一次世界大战行将结束的时候，协约国曾在巴黎与同盟国的每一个成员国(包括德国、奥地利、匈牙利、保加利亚和土耳其)都签订了一份单独的和约，他们却将对德国的《凡尔赛和约》视为条约体系中最重要的一部，因为它涉及德国，而至少在协约国心目中，德国正是战争的罪魁祸首。战争的突然终结，“共产主义革命的幽灵”在欧洲蔓延，尤其是1917年底弗拉基米尔·伊里奇·列宁的布尔什维克党在俄国激动人心的成功，再加上计划中与德国和谈发展方向的不确定性，这一切都促使协约国最终炮制出了这部命令式的解决方案，它使大多数德国人都惊呆了。胜利者的动机还包括复仇、惧怕德国军力和经济的复活，以及渴望通过巨额战争赔款，由德国来承担获胜一方的惨烈战

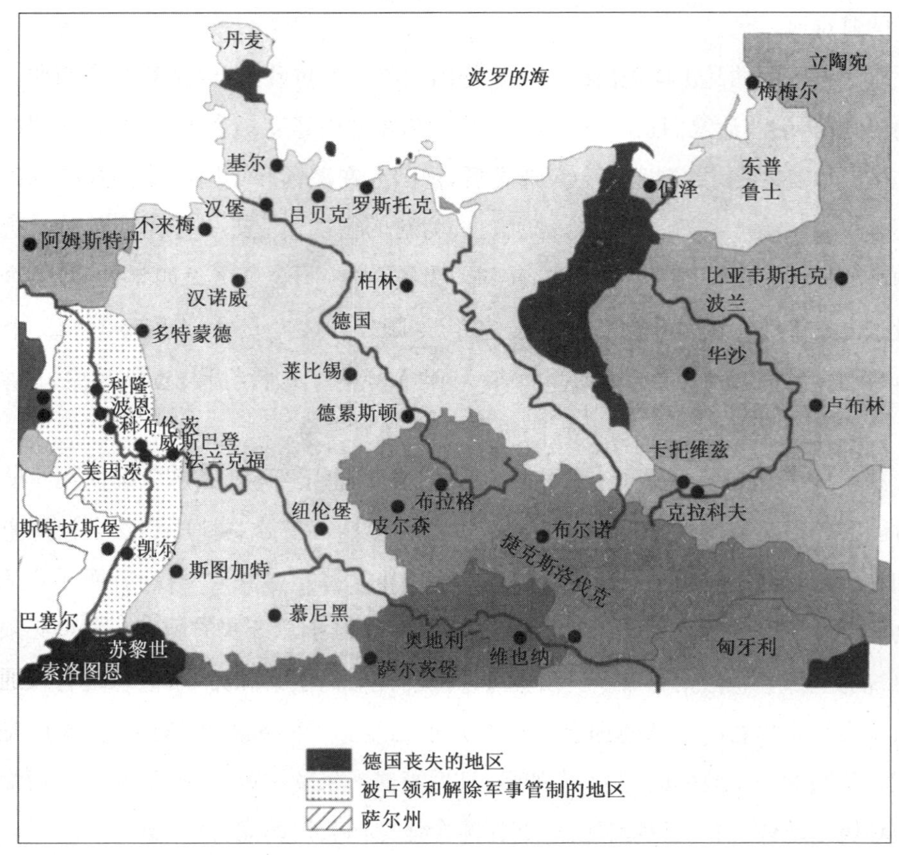

第一次世界大战之后的德国。

90 争损失，等等。比如说，法国政府坚持在法德之间沿莱茵河沿岸建立一个缓冲地带，并希望收回“普法战争”之后为德国强占的阿尔萨斯—洛林。戴维·劳合-乔治（David Lloyd-George，1863—1945）首相和伍德罗·威尔逊（Woodrow Wilson，1856—1924）总统领衔下的英国和美国，则坚持将建立国际联盟的条款写进和约，并声称削减德国的军事力量对未来欧洲的和平与稳定至关重要。

最终的结局，是一部大部头的、包括450个条款的文件，它以“国际联盟”盟约开头，以德国殖民地的委任统治制度告终。最先激怒大多数德国人的，是关于战犯处理方式的条款。第227条指控德意志帝国皇帝威廉二世“对国际道德和条约的神圣性施加了最严重的侵犯”，并组织了一个协约国法庭，以此罪行对他进行审判。[18]但《凡尔赛和约》最具争议的部分是第231条——“战争罪责”条款。和约强迫德国为本国及其盟友的战争罪行负责，“必须承担战争的一切后果，即协约国及相关国家的政府及其国民曾经遭受的一切损失和破坏”。[19]和约最重大的条款则是将阿尔萨斯—洛林转给法国，而将欧本—马尔梅迪转让给比利时。作为战争赔偿，法国获得萨尔出产的煤，协约国则将占领矿产资源丰富的萨尔盆地15年，期满后再举行全民公投以决定这个地区是否归还德国。德国还失去了在亚洲和非洲的全部殖民地。此外，为了给复国的波兰一个通向波罗的海的出海口，《凡尔赛和约》还在德国的领土之内创造了一个“波兰走廊”。东普鲁士——这个条顿骑士的神秘故乡，由于波兰领土的存在，而与德国本土分割开来。条约还规定德国的重要港口但泽（波兰语称为格但斯克）成为国联控制下的“自由市”，目的在于给波兰人一个可供使用的波罗的海港口，虽然这个城市的大部分人口是德国人。

《凡尔赛和约》将“帝国国防军”削减为10万人（包括军官）。和约还要求现役军人必须志愿服役12年，现役军官志愿服役25年，目的在于防止德国建立强大的预备部队。和约取缔了德军总参谋部，并禁止德国拥有诸如潜艇、飞机和飞艇等进攻性武器。凡尔赛和会还建立了一个赔款委员会，专门讨论德国须向协约国支付多少战争赔款这一棘手问题。1921年，这个委员会终于得出结论，德国须向协约国支付1 320亿金马克（合314亿美元）。由于偿还程序和时间表极其复杂，实际的赔款数字大约在250亿至350亿金马克之间，这个数字得到当时的德国政府首脑的认可。

《凡尔赛和约》在令德国人惊诧的同时，也给菲利普·沙伊德曼总理的新政府造成一次巨大的危机，后者立刻宣布拒绝接受大部分条款。沙伊德曼声称条约过于苛刻，而且违反伍德罗·威尔逊的“十四点原则”（即1918年1月18日威尔逊在美国国会发表的演讲）精神。尽管协约国集团同意进行一些小的修改，但还是强硬地告知德国政府，他们只有两个选择：要么签署和约，要么甘愿冒被入侵的风险。1919年6月28日，《凡尔赛和约》正式签订。

在接下来15年的历史进程中，围绕着战争及其影响，再加上《凡尔赛和约》而形成的一系列复杂问题，德国决策圈子进行着艰难的探索。德国的军事领导层试图维持一些其传统的“国中之国”残余，于是转而拥护所谓的“背后一刀”神话或传奇，即将德国战败归咎于“十一月罪犯”——也就是1918年主张签订停战协定的那些政治家。1919年11月1日，协约国要求新成立的魏玛共和国移交830名德国人，接受战争罪审判，包括保罗·冯·兴登堡以及他的副手埃里希·鲁登道夫。协约国的这一决定，无疑对“背后一刀”神话火上浇油。柏林方面拒绝了这一要求，但提议在莱比 91
锡“德国最高法院”自行审判所有被怀疑犯有战争罪的政治家和军队将领。

虽然协约国很快放弃了这一诉求，但魏玛共和国确实启动了一次针对战争负责者的调查，结果是，对很多被指控犯有战争罪的人——包括兴登堡和鲁登道夫——德国都提出了质疑。这两个人在战争结束之前就已是“背后一刀说”的拥护者。在

1918年10月24日写给德皇的信中，兴登堡批评帝国议会中失败主义者关于军事问题的言论，并在他的回忆录中称，在德国爆发的革命“摧毁了军队和德国军官的战斗意志”。兴登堡写道，横扫德国的革命将“殉道者的荆冠戴在”德国军官“流血的头颅”上。[20]

战争刚刚结束，鲁登道夫就成为德国民族主义者的领袖之一，后来还参与了1923年希特勒失败的“啤酒馆暴动”。1918年夏天鲁登道夫曾经历过一次严重的精神崩溃，并于9月29日要求与协约国停战。10月底他辞职逃往瑞典。后来，他谴责德国停战后的社会状态：“国家与社会秩序荡然无存。一切权威消失殆尽。混乱、布尔什维主义、恐怖横行，那些名字和本质都不是日耳曼人的族群，却涌入日耳曼人的祖国。”[21]

1919年11月18日，兴登堡告知柏林的调查委员会“德国军队被人从背后刺了一刀”，这个说法本来自两位英国将军，用以解释德国令人惊诧的突然溃败的原因。[22]兴登堡的这句话成为右翼民族主义分子用以解释1918年战败的核心理念，并很快就与签订停战书和可恨的凡尔赛“跪受笔录”的那些“十一月罪犯”联系在一起了。阿道夫·希特勒在军队一直待到1920年，很快为“背后一刀说”所倾倒，同时最终将其归咎于“国际犹太人”身上。[23]1923年4月17日，希特勒在慕尼黑发表演说，控诉战时的德国完全“由一伙希伯来人”操纵，他们要为德国的战败负责。[24]几个月后，他又指责德国战后问题都是“十一月罪犯”错误的决策造成的，并谴责魏玛政治家仍然被一种卑躬屈膝的态度所左右。[25]事实上，根本从来不存在什么所谓的“背后一刀”。但是这一理念却进入战后突然在全德国大举爆发的右翼运动的神话体系中；最终，这样一个观念——犹太人精心策划的阴谋不但导致德国在一战中战败，而且仍在魏玛共和国占据统治性的意识形态——将成为纳粹宣传战略的核心主题。

希特勒、早期纳粹党和反犹主义

大战结束之后，数百万德国退伍军人不得不面临失业的困境，阿道夫·希特勒的命运却与他们不同，他成功地由一个士兵转型成为一名政治家。1918年11月出院之后，希特勒先在一个预备部队服役，然后又在位于巴伐利亚南部特劳恩施泰因的一个战俘营担任警卫。两个月后，军方将他转到慕尼黑等待退伍和分配。在这期间，他作为所在部队的“代表”（Vertrauensmann），参加了慕尼黑新的社会主义者的政府。正如伊恩·克肖所指出的，希特勒第一次介入政治，与对社会民主的支持绝无半点干系。他说，这一次只不过是“绝对的投机主义行动，目的在于尽可能久地拖延从军队退役的时间”。[26]

1919 年 5 月，慕尼黑的苏维埃政权被推翻之后，军队占领了这座城市。国防军将领想知道哪些士兵曾支持过社会主义者，并在他们各自的部队中发起一系列“反布尔什维克”的课程学习。有一些士兵选择一边教授那些混合着“反布尔什维主义”与日耳曼民族主义的课程，一边暗中监视自己的同伴，希特勒就是这些士兵中的一员。在接受培训时，希特勒听了很多慕尼黑“专家”的讲座。正是在这些讲座中，希 92
特勒发现了自己作为公众演说家的天赋。军方也注意到他的才能，因此选拔他作为 26 名指导师之一，负责在军队中进行民族主义和反布尔什维主义的宣传。

在希特勒的军中演说中，反犹主义是核心话题之一。事实上，他对犹太人的攻击极其恶毒，以至于他的长官由于担心这些评论可能引发针对犹太人的攻击行动，竟然都要求他措辞放缓。当一系列讲座完成之后，希特勒开始暗中监视慕尼黑的一些左翼和右翼政治团体。1919 年 9 月 12 日星期五，希特勒前去参加“德国工人党”(Deutsche Arbeiterpartei，DAP)的集会。该党 1919 年初由安东·德莱克斯勒(Anton Drexler，1884—1942)和卡尔·哈雷尔(Karl Harrer，1890—1926)建立，两人都曾属于“右翼图勒协会”(即“北方协会”，德文为 Thule Gesellschaft)，这个协会的很多成员都是日后纳粹党的骨干，而且其标志正是后来纳粹党使用的“反十字”记号。德莱克斯勒梦想建立一个“民族的”德国，排除一切可能阻碍日耳曼民族精神复兴的“相异”组织和意识形态——包括犹太人、斯拉夫人、共产主义者、和平主义者等。德国工人党的另一位早期成员、希特勒十分尊崇的戈特弗里德·费德尔(Gottfried Feder，1883—1941)就指责犹太人是战后德国经济崩溃的罪魁祸首。希特勒将《我的奋斗》的最后几行献给德国工人党的另一位早期成员——以反犹主义和反布尔什维主义著称的迪特里希·埃卡特(Dietrich Eckart，1868—1923)。希特勒称他为党的早期英雄，“倾尽全力，通过自己的著作、自己的思想以及最后他自己的行动，试图唤醒他的、我们的人民”。[27] 埃卡特是德国工人党的《慕尼黑观察家报》(Mnchener Beobachter)的编辑，这份报纸就是后来纳粹党最重要的报纸《人民观察家报》(Vlkischer Beobachter)的前身。未来纳粹党的非官方哲学家及对外政策专家阿尔弗雷德·罗森贝格，1921 年出任《人民观察家报》主编。与埃卡特一样，罗森贝格也是希特勒早年的政治和意识形态导师。

9 月 12 日会议的尾声阶段，希特勒发表了一番激昂的演讲，内容是反对会上讨论的一个问题——巴伐利亚与奥地利的合并。德莱克斯勒对希特勒的评论印象很深，因此邀请他加入德国工人党，一个星期之后，希特勒正式成为该党党员。后来希特勒坚称自己是该党的第七名加入者，德莱克斯勒却予以否认。约阿希姆·费斯特(Joachim Fest)认为，希特勒的早期德国工人党员生涯之所以取得成功，是因为他拥有大把自由时间。伊恩·克肖却认为，希特勒为该党做的并不仅仅是贡献时间。克肖总结道，他的天赋在于能够“以某种原创性的方式，宣扬某种非原创性的观点”。不过，他又写道，“更大程度上，希特勒是一个宣传家，而不是一个具有独创性的思考者”。[28]不论他的能力优势何在，通过一次次充满鼓动性的反犹主义演说，希特勒确实帮助德国工人党从一个弱小、不受关注的民族主义分子组织，成长为德国的主流政治团体。1920 年，该党有 190 名成员，到了 1921 年 8 月，这一数字上升到 3 300 人。1921 年 7 月，希特勒宣称，自己实际上“就是(重新命名的)‘德国国家社会主义工人党’(德文缩写为 NSDAP)”。他就是“党的声音、党的代表人物、党的化身”，他可以利用这样的地位，攫取对该党的全部控制权。[29]

在希特勒的所有演说中，反犹主义永远是一个中心话题。1919 年秋天，他的一位长官就希特勒针对犹太人的观点提出了一些问题，作为回应，希特勒写道，研究和讨论犹太人问题，要建立在事实基础上，不应感情用事。他声称，犹太人是一个种族，而不是一个宗教派别。犹太人被两件东西驱使——权力和金钱，于是，他们变成“各国的种族毒瘤”。[30]他还说，情感性的反犹主义借助屠杀解决问题，“(与此相
93 反)，在理性的反犹主义之下，我们能够系统性地、合法地与犹太人的种种特权作斗争，并最终根除它们。这些特权，使犹太人凌驾于我国的其他异族群体之上(即《外侨法》)。尽管如此，理性的反犹主义，其最终目标，一定是将犹太人从我们中间彻底清除出去”。[31]要达到这一目标，则必须通过一个“国力政府”。[32]他声称，德国现在的领导层绝对无法做到这一点，因为他们有义务为犹太人的利益服务。在几年后的《我的奋斗》中，希特勒仍延续了其“根除”的主题。在讨论到“马克思主义卖国贼”的问题时，他指责这些人是导致德国战败的幕后黑手。

> (如果)将混入我们民族内部的 12 000 或 15 000 名希伯来侵蚀者都送进毒气室，就像几十万货真价实的日耳曼工人在战场上的遭遇一样，数百万人在前线的牺牲不能白费。正相反，及时消灭 12 000 名恶棍，就能拯救数百万真正的日耳曼人的生命，这对未来意义重大。[33]

1920 年 2 月，在德国工人党的慕尼黑集会上，希特勒宣读了新的《党纲》。尽管后来又历经几次微小的修改，但 1926 年时，《党纲》对该党主旨的宣称仍然非常强硬、不可侵犯。这部由 25 条构成的纲领或直接或间接地涉及“犹太人问题”：

> 只有民族的成员才能成为国家的公民。只有具有日耳曼血统的人，无论其宗教信仰如何，才能成为民族的成员。因此，犹太人决不是民族的成员。
>
> 非公民只能作为异族宾客居住在德国，而且必须服从外侨法律。
>
> 我们要求，国家将保证公民的生存权力作为其第一要务。如果无法养活全部人口，异族人（非公民）则必须被驱逐出德意志帝国。
>
> 必须阻止一切非日耳曼人移民至帝国境内。我们敦促政府要求 1914 年 8 月 2 日之后进入德国的全体非日耳曼人立即离开帝国。[34]

在 1922 年 9 月 18 日的演说中，希特勒再一次谴责犹太人和“十一月罪犯”，并称他们应以叛国罪被绞死。他同时要求“立刻将 1914 年之后进入德国的犹太人全部驱逐出境，应被驱逐的人还包括，在证券交易市场使用诈骗的手段或其他暗箱操作性的交易方式赚取财富的人”。[35]

德国工人党还有一些条款，对犹太人犯罪及其对德国社会的威胁也进行了隐晦的暗示：

> 考虑到任何战争都需要本民族付出巨大的生命和财产牺牲，发战争财必须被视为反民族利益的犯罪。因此我们要求政府无情地没收一切战争获利。
>
> 我们要求创造和维持一个健康的中等阶级，我们要求立即没收大百货公司，廉价租赁给小工商者……
>
> 我们要求实现一种适合我国需要的土地改革，要求制定一项为了公益而无偿没收土地的法令……[36]

1928 年，希特勒声称关于土地改革的第 17 条正是针对非法攫取土地的犹太人公司：

> 我们要求对损害公益的行为作坚决斗争。对卑鄙的民族犯罪者、高利贷者、走私犯等应处以死刑，无需考虑职业和种族。 94
>
> 我们要求在法律上抵制报刊故意制造和传播政治谣言。为能创建德国的新闻事业，我们要求：
>
> 第一，德文报纸的编辑和撰稿人都必须是本民族同志。
>
> 第二，非德国报纸的出版需要获得国家的明文批准。它们不准用德文印刷。
>
> 第三，按法律禁止非德国人在财政上参与并影响德国报纸，为惩罚违法者，我们要求关闭这类报社，并立即把参与的非德国人驱逐出境。
>
> 我们要求国内实行一切宗教信仰自由，宗教信仰自由不得危害国家的存在

> 或违反日耳曼种族的习俗和道德感情。
>
> 本党持积极的基督教立场，但在宗教上并不受某种信仰的约束。本党反对国内外犹太人的唯物主义精神，并深信我们的民族若想永葆康乐，就必须从内部建立在以下原则的基础之上——即为公忘私。
>
> 党的领袖们保证将为坚决实现上述各条而无情地工作，必要时献出自己的生命。[37]

1922年希特勒解释道："必须用极端分子来对抗极端分子。"他补充说："为了防止唯物主义的传播，为了抵御犹太民族瘟疫的蔓延，我们必须将一个激昂的理想保持在至高无上的地位。如果别人谈起世界、说起人性，那我们就说'祖国'——我们只说'祖国'。"[38]

这段时期，全德国的右翼民族主义者都有一个共同点，就是对共产主义者和犹太人的憎恨与恐惧。布尔什维克党夺取俄国政权之后，以及从1918年延续至1921年的残酷内战期间，德国人对布尔什维克党人和共产党人的畏惧尤其强烈。第一次世界大战刚刚停战之后，共产党在德国试图发动布尔什维克式的革命，这使恐惧剧烈升级。不过，对希特勒来说，他对犹太人产生憎恨和恐惧的情感，在时间上要先于开始关心布尔什维克党人和共产主义者的问题。1922年，他和另一些民族主义组织的领袖一起参加了一个集会。集会的主题是"为了德国——反对柏林"，矛头直指"共和国保护下日益猖獗的犹太人布尔什维主义"。[39]

在接下来的几年里，希特勒将自己深深的反犹主义情绪与对共产主义的憎恨，以及对更广阔的"生存空间"的渴求三者混合在一起，形成了一种新的世界观，并在自传式的论著《我的奋斗》中进行了完整的表述。希特勒将马克思主义视为一种犹太民族的学说，并污蔑其"有组织地（计划）将整个世界移交到犹太人手中"。[40]在很大程度上，希特勒已经确信，犹太人统治了德国社会与文化生活的多数方面。他揪出《锡安长老议定书》，声称它就是犹太人险恶企图的证据，并坚称："在保卫我自己免遭犹太人攻击的同时，我在为上帝的造物成就而战。"[41]他还将俄国当作犹太人妄图统治世界行动的范例。希特勒声称，为了"令一伙犹太记者和证券交易盗贼统治一个伟大的民族"，近日犹太人（也就是布尔什维党人）"竟然置3 000万人于死地"。[42]希特勒宣称，纳粹主义的首要目标之一，就是摧毁"犹太布尔什维主义"，并给纳粹党提供所需的"生存空间"，以便创造一个最优秀的雅利安种族。只有"发动
95 一场灭绝战争"，才能达到以上目标。这场战争的终极目标，是"消灭和根绝马克思主义世界观"。在希特勒的思想内，所谓马克思主义世界观与"犹太人"根本就是同

义语。[43]

1920年初，德国工人党改名为“国家社会主义德意志工人党”（Nationalsozialistische Deutsche Arbeiterpartei，NSDAP）。当希特勒启动对该党的改革之时，他的种族和政治理论也愈发成熟。他在党内建立军事化制度，令其变得更训练有素、更组织有序。他还主持开发了一整套象征性的符号和神话体系，这些对后来纳粹党的实践与传统至关重要。纳粹党之所以选择反十字，即“卐”字饰作为标志，主要是因为其古老、神秘的象征性含义。根据希特勒的说法，红底白圆圈上的黑色反十字，象征着纳粹运动的核心理想：“红色代表运动的社会理想，白色是民族思想，反十字则代表雅利安男人夺取战斗胜利的使命，以及另一项创造性行动理念的胜利——现在并永远都是反犹主义。”[44]

希特勒及其他纳粹领袖将当时极其吸引民众的激进演讲术，与高效的组织技巧、日益膨胀的种族主义宣传话语体系，以及那些神秘的民族主义象征性符号成功地混杂在一起，从而逐渐将纳粹党变成了一个深得德国人——特别是下等阶层——拥护的政治组织。希特勒最早的一批支持者通常是小商人和工匠，他们深感自己的生计遭到德国犹太商人的威胁。德国的大企业对早期纳粹运动的支持则显得时有时无、无关紧要。

当时在希特勒的身边，聚集着一批激进反犹主义者，比如恩斯特·罗姆（Ernst Röhm，1887—1934）。此人后来成为“冲锋队”的首领，而冲锋队最初是纳粹党内最具战斗性的准军事化组织。希特勒周围的反犹主义者还包括赫尔曼·戈林（Hermann Göring，1893—1946）——他曾是一战的战斗英雄，后来成为希特勒的指定继承人，以及鲁道夫·赫斯①（Rudolf Hess，1894—1987）——希特勒的私人秘书和纳粹党副元首，不知疲倦地宣扬希特勒的观点，特别是他的反犹主义观点。在希特勒的亲密圈子中，最激进的反犹主义者要算是尤利乌斯·施特莱歇尔了，他是一个粗鲁、残酷、性欲倒错的人，1923年他创办了《先锋报》（*Der Sütrmer*），并将其变成宣扬纳粹党反犹主义思想的阵地。跟他一样极端仇视犹太民族的，还有希特勒日后的宣传部长约瑟夫·戈培尔，因为足部畸形，他只能跛行。此外，奥托·施特拉塞尔（Otto Strasser，1897—1974）、其长兄格雷戈尔·施特拉塞尔（Gregor Strasser，1892—1934）以及恩斯特·汉夫施腾格尔（Ernst Hanfstaengel，1887—1975）都是纳

① 读者需注意将此人与另一名纳粹高官相区分，两人姓名非常相似，且中译均为鲁道夫·赫斯。然而，前者姓的德文拼写为Heß，后者姓的德文拼写则为Höss，此人曾任奥斯维辛集中营指挥官，为了避免混淆，下文将后者姓名统一译为鲁道夫·胡斯。——译者注

粹党早期的重要成员。

将这些截然不同的激进分子聚合在一起的共同意识，是他们强烈的德意志爱国主义、对犹太民族的憎恶、对魏玛民主制度的极大不满以及对共产主义的恐慌。在希特勒当上纳粹党头目的最初两年，他正是使用以上几个主题来拓展党的成员的。冲锋队的暴力亦使纳粹党的集会和行动在世人心目中形成粗暴、喧嚣的印象。1922年1月12日，希特勒因为干扰政治对手的会议而被判入狱三个月。不过只在监狱待了一个月，希特勒就重新回到街边的演讲台上，继续鼓动德国人战斗。希特勒声称，犹太人控制了慕尼黑和柏林的政府，所以德国人必须推翻它们。当时，德国严重的政治与经济危机使民众心理大受挫折，在这样的情绪基础上，希特勒的演说越极端，就越能吸引人。

第一次世界大战后，德国不得不大举外债，以偿付《凡尔赛和约》规定的战争赔款，结果，这个国家进入严重的通货膨胀时期。魏玛政府后来利用此形势向协约国施压，强调在很多德国人看来，协约国对德国萧条的经济反应过于迟钝。1919年，德国马克对美元的比价是1美元换8.4德国马克，到了1923年，比价已变成1∶18 000。魏玛政府在战争赔款问题上的拖延政策将协约国惹怒了，与此同时，右翼民
96 族主义分子对政府也大为光火，原因是魏玛政治家试图制定一项赔款“履行”政策，也就是说他们还是想赔款的。在右翼团体看来，协约国已不像之前那些坚定地要求偿付全额赔款了，所以他们根本就反对赔款。1922年6月24日，魏玛共和国外交大臣瓦尔特·拉特瑙（Walther Rathenau，1867—1922）被三名右翼民族主义者暗杀。拉特瑙是犹太人，而右翼民族主义分子与希特勒一样，都认为犹太人和“红色势力”正是德国当前一切困难的根源，也是德国在一战中战败的原因。随着局势的紧张，魏玛政府本想借款来支付“凡尔赛赔款”中1922年的份额，但这一努力归于失败。1923年1月11日，当作为赔款抵偿物的煤和电线杆也没能如期交付时，深感失意的协约国“赔款委员会”派遣法国和比利时军队入侵了鲁尔谷地工业区，目的在于敦促德国按期运送赔偿物资。威廉·库诺（Wilhelm Cuno，1876—1933）政府立即要求鲁尔区的德国人对法、比占领实行消极抵抗，这场消极抵抗运动很快扩展到全德国。3月31日，法国军队向艾森克虏伯军械厂的罢工工人开枪，造成13人死亡，30人受伤。两天后，法国以阴谋破坏罪处死了艾伯特·利奥·施拉格特（Albert Leo Schlageter，1894—1923）。纳粹党立刻将他塑造成一位民族主义的殉道者。

鲁尔占领是德国在两战之间、大萧条之前经历的最严重的一场危机。就在法、比出兵的当天，希特勒发表了一篇名为“十一月罪犯”的演说。他说德国无力抵御占

领，都是犹太人的过错，还说他们试图将德国推进一场根本不可能打赢的战争。之后他要求全体纳粹党员，都不得参与消极抵抗运动。《人民观察家报》也发表文章，攻击库诺用以抵御占领的“联合阵线”思想，还声称，先要处理德国自己的卖国贼问题，才能对法国人和比利时人形成有效的抵抗。希特勒不久又撰写文章，如果“1918年时就将马克思主义者的毒瘤从日耳曼民族的肌体上清除掉”，危机就不会发生了。[45]当然，在纳粹党人看来，不论是“十一月罪犯”，还是卖国贼，抑或是马克思主义者，指的都是——犹太人。

消极抵抗运动并不成功，而且为了支持这一行动，德国政府不得不采取恶性通货膨胀的资金干预政策。从1922年至1923年，德国的财政赤字从61亿马克上升至117亿马克。政府的对策就是将不值钱的纸币越印越多，结果，“鲁尔危机”初期1美元兑换4万马克，到了1923年底，汇率已经变成1美元等于4.2万亿马克。库诺在危机期间辞职，古斯塔夫·施特雷泽曼（Gustav Stresemann，1878—1929）成为新总理兼外交大臣。施特雷泽曼宣布停止消极抵抗，并保证德国将恪守承诺，偿还战争债务。在此之后，施特雷泽曼——这位德国战后重建的总设计师，又宣布实施一系列新税则、削减政府开支，并发行新货币——建立在德国全部资产价值基础之上的地产抵押马克（rentenmark）。正是通过以上措施，德国的经济终于趋于稳定。

施特雷泽曼饱受争议的行动注定了他的总理生涯仅仅维持了三个月就宣告终结，不过他仍保留着外交部长的职位。正是在这个职位上，他取得了最大的成就。施特雷泽曼成功地说服协约国同意调整德国的赔款方案，结果就是1924年的“道威斯计划”，它也为1925年《洛迦诺公约》的签订铺平了道路。正是《洛迦诺公约》体系，使协约国与德国的关系趋于正常化，确定了欧洲在凡尔赛体系下的边界划分问题，并引导德国于第二年加入国际联盟。与此同时，在施特雷泽曼的斡旋之下，法国和比利时军队最终撤出鲁尔工业区。

希特勒对施特雷泽曼的努力极其鄙视。他认为这位外交部长，与库诺及所有德
国政治家一样，都在引领德国沿着“耶稣的十字架赴难路”，走向犹太大金融家的独
裁统治。[46]因此，当1922年10月底，在贝尼托·墨索里尼开展传奇性的“向罗马进 97
军”，并由此登上意大利总理的宝座之后，希特勒和其他德国民族主义者都受到极深
的影响，就丝毫不足为奇了。意大利的“向罗马进军”使全德国，特别是巴伐利亚的
右翼组织都开始谈论类似的“向柏林进军”的可能性。墨索里尼“进军”之后一个星
期，《人民观察家报》的执行编辑赫尔曼·埃瑟（Hermann Esser，1900—1981）就在

一个集会上宣称,“阿道夫·希特勒就是德国的墨索里尼”。[47]这个事件标志着“元首个人崇拜”的开始。希特勒现在自视为一位特殊人物,就像墨索里尼在意大利做的一样,能够彻底扭转德国的面貌。

1923年秋天,希特勒的机会到来了。当时施特雷泽曼政府试图在巴伐利亚及整个德国范围内限制纳粹党及其他类似组织的活动。纳粹党与“德意志战斗联盟”(Deutscher Kampfbund)——一些右翼的准军事化组织形成的联盟——建立了合作关系,共同决定利用德国的财政和政治危机,先在慕尼黑搞一次反巴伐利亚政府的政变,以此作为“向柏林进军”的序幕。尽管希特勒被推为“战斗联盟”(Kampfbund)的首领,但更多的人还是将埃里希·鲁登道夫视为未来德国的独裁者。这次密谋的结果,就是1923年11月8日至9日的传奇性的“啤酒馆暴动”。虽然武装警察很快就驱散了暴徒,但这次臭名昭著的暴动将作为纳粹党演变史上的关键转折点而载入其神话般的史册。

希特勒、鲁登道夫和其他的一些暴动头目纷纷被捕,后来又以叛国罪被送上法庭。德国政府再次宣布纳粹党为非法组织。当法官允许希特勒将他的被告席变成激进观点的演讲台之时,他成了一名在全德国家喻户晓的人物。最后,法庭将鲁登道夫无罪释放,却判处希特勒五年徒刑。在慕尼黑郊外的兰茨贝格监狱,希特勒花了三个月的时间口述他政治性自传《我的奋斗》,同时仔细考虑已被宣布为非法的纳粹运动未来的发展方向问题。希特勒监禁期间,纳粹党由阿尔弗雷德·罗森贝格掌控。对纳粹主义抱支持态度的狱卒,给予希特勒及与他囚禁在一起的另外40名纳粹党员种种特权,他们可以在监狱内部自由活动,克劳斯·菲舍尔(Klaus Fischer)说那里就像是一个“(纳粹)活动的蜂窝”。[48]1924年12月底希特勒获释后,发现他的党处于完全的无序状态。不过,他还是很快就说服政府,撤销了对纳粹党活动的禁令。1925年2月26日,希特勒在《人民观察家报》上发表文章,宣告“新近觉醒的国家社会主义德国工人党”将与德意志基督徒结成联盟,共同“抗击基督教的致命敌手”。[49]当然,他所说的敌手,指的正是“犹太布尔什维主义”。

通过改组纳粹党,希特勒愈发大权独揽,结果就是“领袖原则”(Fhrerprinzip)在党内的创立,即唯一的领袖——阿道夫·希特勒——在党的一切事务上,行使独有的、高于一切的权力。然而,从1925年至1929年,正值魏玛共和国短暂的“黄金时代”,因此纳粹党在国内的政治影响力日趋衰落。即便如此,当时正与“人民民族集团”结盟的纳粹党,在国民议会选举中还是攫取了将近200万张选票和32个席位(议会共有472个席位)。8个月后,纳粹失去18个议席。到了1928年,又失去了两个。

然而，希特勒都不为这些所动，而仍继续专注于纳粹党的改组问题，结果是党员人数在 1925 年为 2.7 万人，到了 1929 年“大萧条”前夕，这一数字已上升到 10.8 万人。

纳粹党提出一系列新的诉求，其中一个重要组成部分，是组建一些新的学生、专
业人员和妇女组织，从而构成一个庞大的组织体系。“冲锋队”如今已变成纳粹党的
“辅助性军队”(Hilfstruppe)，不过冲锋队的成员却视自己为纳粹革命的先锋，认为
暴力是推行纳粹党的种族理想和宣传的首要方式。1925 年 4 月 25 日，希特勒从他
的私人保镖部队——“阿道夫·希特勒突击队”(Stotrupp Adolf Hitler)中，抽调了一 98
部分人员，创建了一个新的准军事化组织——党卫军(Schutzstaffel, SS)。党卫军不
仅成为纳粹党的种族主义斗争先锋，而且还担当着禁卫军的职责。

这一次，希特勒使用“政治荒原”来进一步开发自己的政治原则，特别是关于“生存空间”和东扩的理论。反犹主义当然仍是全部纳粹理念的核心，不过希特勒开始越来越多地将自己对犹太民族的变态憎恨融入一个马克思主义味道更浓的思想背景之中，这也许是出于他对东扩和俄国的考虑。1927 年，他在《人民观察家报》上撰写文章称：“犹太人现在是，并将永远是世界的敌人，这个民族的武器是，马克思主义——一场人类浩劫。”[50]

在 1927 年纽伦堡纳粹党第三次代表大会上，阿道夫·希特勒发表演说。美国大屠杀纪念博物馆照片序列号 09730，乔安妮·沙透(Joanne Schartow)提供图片。

1928 年，希特勒口述了《我的奋斗》的续篇——《第二本书》(*Zweites Buch*)，其中讨论到一个民族维持生存的关键要素。他声称，最重要的是“保存自身的愿望，以及可以调用来保存自身的生死攸关的力量”。希特勒写道，德国的“国内民族分裂”及其在一战的德军中造成的影响是引发德国战败的原因。德国军队知道他们是被更高级的民族感和荣誉感所驱使，而当代的政治家和犹太人却永远不可能理解这一点。希特勒许诺，一旦纳粹党获得政权，他将恢复“民族本身的价值、当前的个人品质以及健康的留存驱动力”，目的在于使国家和民族重新联结成一个整体。[51]

如果说希特勒的国内目标是重建日耳曼民族荣誉与种族的纯洁性，那么他的对外目标就是获得这个民族兴旺发达所需的土地。而对外领土扩张的动机之一，是令全体日耳曼种族的成员生活在一个国家之内。然而，除此之外，希特勒宣称，领土扩
99 张的动机还包括对“生存空间”的需求，而拓展生存空间的方向只能是在东方。在东方攫取生存空间既已成为德国唯一的对外政策目标，那么为了达到这一目标，就必须建立一支强大的陆军。而为了建立强大的陆军，德意志民族国家的国民在种族上必须是纯洁的和强大的，因为他们必须与德国最危险的敌人——犹太人——战斗。希特勒再一次重复了那些他已多次表明的观点，犹太民族是一个寄生民族，他们试图通过“改变其他民族的属性和使其他民族蜕化堕落”，以达到其摧毁一切非犹太民族的目的。“因此犹太人的对外斗争永远都将以血腥的布尔什维克化而告终。”[52]

1928 年纳粹党在大选中失利之后，希特勒将工作的重点转移至争取小城镇居民和农民的选票上。早在 1927 年，农民就开始遭受世界范围的农业萧条带来的经济困境。纳粹党大力宣扬，一切问题都归咎于犹太银行家和共产主义者控制的魏玛政府，这对农民是很具说服力的。而德国小城镇的低阶中等阶级商人，也被纳粹宣传中对犹太人和共产主义者的污蔑所打动。纳粹党声称，犹太人拥有，甚至部分参股的百货商店是对小商人的威胁，并允诺本党将带领德国回到近代之前的传统社会形态，到那个时候，类似的暴行将遭到严令禁止。纳粹还成功地将易受蛊惑的大学生拉入阵营，到 1930 年，已有很多大学生加入纳粹党。这多少反映出纳粹运动的少壮派特征，1930 年时，其成员的平均年龄只有 30 岁。虽然纳粹党一直都是一个以低阶中等阶级男性为主体的组织，然而，极少数党的高级首脑却出自上层中等阶级。此外，在 1937 年底，女性在党内的比例只有约为 10%，而到了 1944 年，女性党员的人数翻了 3 倍多。

早在 1929 年美国股票市场崩盘之前，德国的经济就已陷入困境，“黑色星期五”之后，德国经济更是雪上加霜。然而，将纳粹党重新带回德国政治版图上的是他们

对阿尔弗雷德·胡根贝格(Alfred Hugenberg，1865—1951)运动的支持和参与，后者试图劝说政府拒绝“杨格计划”(1929 年 6 月 7 日)。“杨格计划”是一个美国主导下的一战赔款重组方案。它规定，德国需在 59 年内偿清《凡尔赛条约》规定的战争赔款，作为回报，协约国承诺将提前 5 年从莱茵兰撤军。富有、强势的胡根贝格，是右翼君主主义和反犹主义政党——“德国国家人民党”(Deutschnationale Volkspartei，DNVP)的领袖。他既拒绝接受《凡尔赛和约》，也不承认《魏玛宪法》。他说服希特勒加入自己的阵营，意欲在 1922 年 12 月 22 日举行一次关于“杨格计划”的全民公投。虽然公投以惨败告终，但这次行动给予纳粹党一个新的社会地位，并在 1929 年底的地方和国家选举中都收获了立竿见影的巨大政治效果。纳粹党员人数从 1928 年底的 10.8 万人，升至 1929 年底的 17.8 万人。冲锋队也有 10 万名成员，这意味着它已与德国国防军达到同等规模。

在接下来的 3 年，经济危机日益加深，德国的政府制度也建立在总统法令的基础之上，虽然环境有利，但希特勒和纳粹党并没有创造什么政治上的奇迹。尽管如此，由于希特勒先前的改革行动已经将纳粹党置于一个有利的地位，因此得以充分利用在这场极端严重的经济和政治困境面前德国人的悲观情绪，在这样的形势下，纳粹党惊人的政治复兴其实已近在眼前。德国的经济、政治和社会体制本来就存在严重的缺陷，“大萧条”又给本已极度脆弱的体制当头一棒。1929 年，官方公布的失业率升至全部劳动人口的 8.5%(130 万人)，而到了 1932 年夏天，这个数字已经升至 29.9%(600 万人)。事实上，如果将隐形失业人口也算上的话，实际的失业率还要更高。德国的出口额从 1928 年的 123 亿马克(29 亿美元)降至两年后的 57 亿马克(13 亿美元)。进口贸易规模同样大幅缩水，从 1928 年的 140 亿马克(33 亿美元)降至 1932 年的 47 亿马克(11 亿美元)，期间国民收入下降了 20%。到了 1930 年 3 月，关 100
于德国疯狂攀升的失业率及各种严重的经济问题，在魏玛国会引发激烈的混战，结果是国会的名存实亡。

1930 年 3 月 17 日，赫尔曼·穆勒(Hermann Müller，1876—1931)联合政府垮台，这为魏玛政治进入一个新的时代铺平了道路。在这个时代，占据在德国政治舞台中心的，是一位年事已高的战争英雄——总统保罗·冯·兴登堡。兴登堡当然不是魏玛民主的拥护者，因此他选择绕过传统的议会体制，以专权的方式处理国家的政治和经济问题。他援引《魏玛宪法》“第 48 条款”绕过共和国国民议会，从而严重削弱了魏玛共和国的议会政体。兴登堡的行动开了一个危险的先例。阿道夫·希特勒后来正是运用“第 48 条款”，建立起独裁体制的基础。

从1930年3月至1933年1月，兴登堡先后任命了三位总理：海因里希·布吕宁(Heinrich Brüning，1885—1970)、弗兰茨·冯·巴本(Franz von Papen，1879—1969)和库尔特·冯·施莱歇尔(Kurt von Schleicher，1882—1934)。这三个人全都对议会民主抱有保守的轻蔑态度，并且都希望将魏玛民主体系转变为某种集权政体，以恢复德国战前的荣光。在普遍绝望的气氛下，德国传统政党的中立态度，再加上三位总理在解决经济与社会困难上的无所作为，促使很多民众将选票转投给了一些极端主义的政治团体——比如共产党和纳粹党。当然这并不意味着德国原先的主流政党——社会民主党和天主教中央党——已彻底失势。只是，面对巨大的总统权力，这两个党无法建立起可行的联盟，而纳粹党这时却不断恐吓选民，造谣说德国共产主义者的实力正在恶性膨胀，结果就是，大量德国民众转而支持纳粹党。纳粹党的意图就是培育这么一种新的恐怖氛围，让德国人以为，一场苏联支持的共产党夺权行动即将在德国爆发。

于是，1929年秋天至1930年夏天，纳粹党在全国和区域性选举中，都取得了惊人的政治成功。在一个老辣的全国性政治组织的支持下，纳粹党在1930年9月14日的大选中获得了650万张选票，在共和国国民议会中取得了107个议席。为纳粹党的崛起付出代价的，是德国的传统主流政党。不过共产党除外，它获得了77个议席，比1928年还多了1/3。共产党迅猛的势头正中希特勒下怀，一直以来他都在不厌其烦地控诉国际犹太人掌控的共产主义运动的威胁。与此相反，纳粹党允诺，如果本党掌权，将致力于重建德国的传统价值，并恢复本国崇高的地位。

在1930年国会选举中，犹太人问题并不是纳粹党竞选的首要主题。希特勒着重强调的，是“生存空间”理论，并许诺要建立一个新德国，以取代日渐衰败、山穷水尽的魏玛共和国。这个新德国，将建立在坚固的雅利安种族理想之上，并将重塑德国昔日崇高的国际地位。1930年10月15日，希特勒在接受《泰晤士报》(伦敦)采访时声称，纳粹党拒绝反犹主义，并且从来没有考虑过大屠杀的可能性。他对采访者说，纳粹党的信条是“德国是日耳曼人的德国”。纳粹党如何对待犹太人，取决于犹太人如何看待这一信条。不过，他补充道：“如果犹太人卷入布尔什维主义运动——很多犹太人的确这么做了，那么他们将被纳粹党视为敌人。”总之，希特勒宣称，纳粹党反对使用暴力，但倘若遭遇攻击，将使用暴力进行自卫。[53]

不幸的是，暴力当时已经成为纳粹党竞选活动的标记。而希特勒，也一直情不自禁、不遗余力地将犹太人与布尔什维主义和共产主义联系在一起。他从来都是一个反犹主义者。1930年，在约瑟夫·戈培尔和奥托·施特拉塞尔的权力之争中，希

特勒称施特拉塞尔为“一个纯粹的犹太知识分子，毫无组织能力，是一个马克思主义 101
者”。[54]希特勒经常以“反布尔什维主义”掩盖其反犹主义思想。1930年10月5日，即将开始第二段总理生涯的布吕宁会见希特勒，要求后者停止攻击政府。在布吕宁后来的记载中写道，他深感惊异，因为希特勒一遍又一遍地谈到要“毁灭”自己的政敌和“布尔什维主义的老巢”——苏联。[55]十天后，在与《泰晤士报》记者的谈话中希特勒再次宣称，如果布尔什维克主义者接管德国，西方文明将遭到彻底破坏。

纳粹党在1930年的国会选举中获得了惊人的胜利，但它并没有躺在功劳簿上停滞不前。德国的经济持续衰退，布吕宁政府处理或解决问题的努力似乎已注定失败，纳粹党的政治前途现在与这两个因素直接相连。同样关键的还有这段时间布吕宁对魏玛共和国民主体制的破坏。仅仅1930年和1931年两年，他就调用“第48条款”超过45次之多。纳粹党则以“永久竞选”运动作为反击，即长期不断地进行反政府宣传。1930年纳粹党员人数为108 717人，到了1932年底，已达150万，成员人数的剧增也反映出这个“永久竞选”运动的成功。[56]到了1931年地方选举时，纳粹党员人数的剧增立刻转化为巨大的政治成果。1931年秋天，希特勒参加了由胡根贝格和其他一些著名右翼领袖发起的“哈尔茨堡阵线”，并成为这个组织的头目之一，这进一步加强了他在国内的政治地位。虽然“哈尔茨堡阵线”成立的初衷在于将各个右翼组织联合成一个一致行动的“国家反对派”并推翻布吕宁政府，但实际发挥的作用仅仅是帮希特勒树立了其“德国最具活力政治家”的光辉形象。事实上，希特勒在德国的突出地位最终促使他考虑参加1932年的总统竞选，而他的对手正是时任总统兴登堡。

3月13日的第一轮总统大选，希特勒表现大好，将1 130万张选票收入囊中，另有1 860万德国人把票投给兴登堡，希特勒憎恨的政敌、德国共产党首脑恩斯特·台尔曼(Ernst Thälman)获得500万张选票。由于没人获得法定多数，4月10日又进行了第二轮选举。兴登堡和希特勒的选票分别增长至1 930万和1 340万，台尔曼的支持者只剩下370万。尽管最终希特勒还是输给了大战英雄兴登堡，但参选总统还是使他摇身一变，成为一个合法的民族政治家。虽然在获取民众支持方面，纳粹党似乎遭遇了政治瓶颈(在1932年总统大选和州议会选举中，纳粹党得票率都徘徊在35%—38%之间)，但到了1932年夏秋之交，他们还是得以利用德国议会政治的崩塌，为本派攫取政治利益。

再次当选总统之后，兴登堡解散了布吕宁政府，以冯·巴本取而代之，后者跟布吕宁一样，也不喜欢魏玛式民主。随着冯·巴本政府在民众中越来越不受欢迎，纳粹党希望在1932年夏天的国民议会选举中获得更多的选票。出于以上目的，他们启动了一系列针对共产党的恐怖措施，把国家拉近内战的边缘。那时的德国，在总统法令的巨大威力之下，已慢慢地滑向独裁统治。兴登堡总统的亲密顾问、1932年6月至1933年1月担任国防部长的库尔特·冯·施莱歇尔上将，当然对此了然于心。施莱歇尔在1934年“长刀之夜”与妻子一起被谋害。他试图创立一个“依靠国防军，并得到国家社会主义党支持的独裁主义政权”。[57]同时施莱歇尔也清楚地认识到纳粹党的参选实力，并忌惮于其40万人的“冲锋队”，因此试图通过将希特勒拉进一个主流统治联盟，达到控制后者的目的。这是一步致命的昏招。希特勒寻求完全控制政府，并幻想夏天的国会选举能够将纳粹党带上权力的巅峰。

102 大选的结果，尽管纳粹党的得票总数令人惊异，但仅占总票数的37.3%，赢得了230个国会席位。虽然议席比原来翻了一倍多，但这个数字还并不足以令纳粹党具备完全掌控政府的能力。失望的希特勒再次会见施莱歇尔，后者似乎打算同意希特勒担任总理的要求，并给纳粹党成员14个内阁席位中的9个。然而，兴登堡断然拒绝支持希特勒担任总理，并嘲弄性地评论道：“如果他让这位‘波西米亚下士’当上德国总理，那真是一件好事啊。”[58]1931年秋天兴登堡第一次见到希特勒之后说：“这个波西米亚下士想当德国总理？休想！他最多能当我的邮政大臣。然后他可以站在我身后，替我舔邮票。”[59]

正如他一贯的做法，希特勒再一次颠倒黑白，声称是他主动拒绝加入内阁。他仍然坚称，除非让他当总理，否则将不会入阁。于是，希特勒将秋天的大部分时间都花在为11月6日进行的新的国会选举做准备上。

10月初，希特勒与一帮支持者在慕尼黑的公寓见面，讨论夺权成功之后纳粹党的目标问题。他叫嚣道，纳粹主义是一种新的信仰，将以一个新型的“日耳曼教会”(Deutsche Kirche)，取代基督教。如果路德还活着，他也会赞美这个新“教会”。但是，纳粹的主要敌人不是教会，而是犹太人和马克思主义者。希特勒宣称，一旦摧毁犹太民族和马克思主义者的阵营，纳粹党就将投入反对基督教会的战争，并“以我们自己的神庙、自己的圣地”取而代之。他指责教会否定“种族主义”、“拒绝容忍自杀”，并将“法国革命、布尔什维主义及一切形式的马克思主义”归咎于教会。“在我们中间，没有诞生日耳曼‘救世主’，真是日耳曼世界的不幸；我们民族循序渐进的精神演变进程，突然被暴力打断了；耶稣成了犹太人，救世主被扭曲、被篡改，一种来自亚洲的异族精神正在胁迫我们的民族。这是一项犯罪，必须予以纠正。”[60]

11月国会选举前夕，戈培尔就已预见到纳粹党的失利。这一次纳粹党失去了

200 万选民，选票比例从一年前夏天的 37.4%掉到 33.1%。中等阶级改变了主意，撤回了对希特勒和纳粹党的支持。不过这次大选也使魏玛政府的政治危机加深了，所以最终还是对希特勒有利。冯·巴本现在试图撇开《魏玛宪法》，建立一个总统制的政府。冯·施莱歇尔为了与冯·巴本相抗衡，削弱后者行动的效果，并在国民议会内部建立一个新的、切实可行的政治联盟，因此开始执行一项新的策略。1932 年 12 月初，冯·施莱歇尔先说服兴登堡任命自己为总理，取代冯·巴本原来的位置。然后，他又试图任命希特勒在纳粹党内的老对手——格雷戈尔·施特拉塞尔——为副总理，目的在于分裂和削弱纳粹党。希特勒气急败坏地指责施特拉塞尔妄图从自己手中抢走总理宝座，最终迫使他拒绝了冯·施莱歇尔的任命。施特拉塞尔退出纳粹党，并在“长刀之夜”时因变节行为被杀。面对冯·施莱歇尔的强硬态度，冯·巴本的对策是，给兴登堡总统提供一个由极右翼组织组成的联合阵线，而为首的就是希特勒与纳粹党。此时的兴登堡，虽然早已对冯·施莱歇尔的行动不满，但在任命希特勒为总理一事上，仍然犹豫不决。然而冯·巴本劝说他，如果只给希特勒三个内阁席位——包括总理一职，那么他将很容易控制。冯·巴本自己将担任副总理兼普鲁士行政长官。他还对兴登堡说，这样的策略将有助于在国会内建立一个保守派的多数，从而结束靠总统法令统治的日子。1933 年 1 月 28 日，冯·施莱歇尔辞去总理一职，两天后，兴登堡终于任命阿道夫·希特勒为德国总理。冯·巴本 1934 年曾担任德国驻奥地利大使，1938 年至 1944 年又被派往土耳其担任大使，后来他承认，他 103
和同僚“低估了希特勒对权力——作为目标本身——贪得无厌的欲望”。[61] 不仅是冯·巴本，还有兴登堡等很多人，其实他们都低估了希特勒，随着希特勒的上台，两战之间在德国建立民主政治的希望彻底破灭了。不过，他们做梦也没想到，恐怖来得那么快。

结论

阿道夫·希特勒对犹太民族强迫症似的深刻仇恨，根植于他的维也纳生涯，并经过多年演变后日趋成熟。可以说，希特勒的反犹主义观点很大程度上是出于政治机会主义的诉求，但毫无疑问的是，诸如格奥尔格·里特尔·冯·舍纳尔等德国民族主义者的思想和著作，对他的影响是很大的。无论希特勒对犹太人的强烈憎恶出自哪里，我们知道的是，在 1919 年秋天时，他的反犹主义思想已经恶毒到连他的军队长官都无法容忍的程度。

希特勒思想中反犹主义的种子在“德国工人党”——也就是后来的“纳粹党”

中——找到了有利于生长的温室。无论是希特勒还是德国工人党的领袖们，都对犹太民族恨之入骨，于是，他很快成为党内最咄咄逼人的反犹先锋。随着时间的流逝，希特勒的反犹主义情绪日益强烈，他也将纳粹党转变成了履行其种族和政治诉求的工具。他逐渐将犹太民族与共产主义和布尔什维主义联系在一起，在希特勒看来，犹太人就是造成第一次世界大战爆发以来德国一切错误、一切问题、一切苦难的原因。在他的观念中，犹太人以及这个民族的首要目标——共产主义——就是纳粹党最大的种族和政治敌手。

在《第二本书》中，希特勒扩展了其关于犹太布尔什维主义的理论体系，并将自己的种族观点与对外政策的目标——向东方拓展"生存空间"——密切结合。希特勒宣称，为了东侵，德国必须在种族方面强化自己的实力，这就需要发动一场运动，打击雅利安种族最邪恶的敌人——犹太民族。

然而，反犹主义并不是吸引德国普通民众投票支持希特勒和纳粹党的主要原因，当然它肯定是一个起作用的因素。为纳粹党铺就权力之路的，是德国特殊的经济和政治混乱环境，再加上民众普遍对魏玛共和国民主实验结果的幻灭感，以及随之而来的重塑日耳曼民族荣耀的愿望。正是以上因素交相混杂，创造出一种怪异的氛围，使得希特勒作为总理——这本是一个没有多少实权的职务，却攫取了国家的最高权力。第二次世界大战前德国最后一批民主式领袖很快发现，他们完全错判了希特勒的政治野心。

更重要的是，很多人并没能完全理解希特勒对犹太民族的强烈仇恨，以及他心中的决心：一旦获得权力，竭尽所能将这个民族从德国清除出去。20 世纪 20 年代早期以后，如果有人——除了他那些狂热的追随者们——对希特勒和纳粹党对犹太人的恶毒攻击和诅咒稍加留心，那么面对 1933 年初当他到达权势高峰之后的那些年月里，对犹太人的所作所为，他们就丝毫不会感到惊奇了。在希特勒看来，发动一场反对犹太民族的战斗，正是雅利安种族生存与扩张战争的核心组成部分。

进一步学习和研究的资料

原始史料——

Baynes, Norman H., ed. *The Speeches of Adolf Hitler, April 1922—August 1939*. 2 vols. New York: Howard Fertig, 1969.

"The Constitution of the German Confederation of August 11, 1919." http://web.jjay.cuny.edu/jobrien/reference/ob13.html.

Hindenburg, Marshal von. *Out of My Life*. Translated by F.A.Holt. London: Cassell, 1920.

Hitler, Adolf. *Hitler's Letters and Notes*. Compiled by Werner Maser. Translated by Arnold Pomerans. New York: Bantam Books, 1976.

____. *Mein Kampf*. Translated by Ralph Manheim. Boston: Houghton Mifflin, 1943.

Hubatsch, Walther. *Hindenburg und der Staat: Aus den papieren des Generalfeldmarschalls und Reichpräsidenten von 1878 bis 1934*. Berlin: Musterschmidt-Verlag, 1966.

Kubizek, August. *The Young Hitler I Knew*. Translated by E.V.Anderson. Cambridge, MA: Riverside Press, 1955.

Ludecke, Kurt Georg Wilhelm. *I Knew Hitler: The Story of a Nazi Who Escaped the Blood Purge*. London: Jarrolds, 1938.

Ludendorff, Erich von. *Ludendorff's Own Story, August 1914—November 1918*. 2 vols. Freeport, NY: Books for Libraries Press, 1971.

Maser, Werner, ed. *Hitler's Letters and Notes*. Translated by Arnold Pomerans. New York: Bantam Books, 1976.

Noakes, Jeremy, and Geoffrey Pridham, eds. *Nazism: A History in Documents and Eyewitness Accounts, 1919—1945*. Vol.1, *The Nazi Party, State and Society, 1919—1939*. New York: Schocken Books, 1984.

Von Papen, Franz. *Memoirs*. Translated by Brian Connell. New York: E.P. Dutton, 1953.

The Treaty of Versailles(June 28, 1919). Part 7. Penalties. Article 227 and Part 8. Reparation Section.

General Provisions. Article 231. http://history.acusd.edu/gen/text/versailles/ver231.html.

Weinberg, Gerhard L.*Hitler's Second Book: The Unpublished Sequel to Mein Kampf*. Translated by Krista Smith. New York: Enigma Books, 2003.

次级史料——

Barraclough, Geoffrey. *The Origins of Modern Germany*. New York: Capricorn Books, 1963.

Bessel, Richard. *Germany After the First World War*. Oxford: Clarendon Press, 1993.

Buse, Dieter K., and Juergen C.Doerr, eds. *Modern Germany: An Encyclopedia of History, People, and Culture, 1871—1990*. 2 vols. New York: Garland, 1998.

Childers, Thomas. *The Nazi Voter: The Social Foundations of Fascism in Germany, 1919—1933*. Chapel Hill: University of North Carolina Press, 1983.

Eyck, Erich. *From the Collapse of the Empire to Hindenburg's Election*. Vol. 1 of *A History of the Weimar Republic*. Translated by Harlan P.Hanson and Robert G.L.Waite. New York: Atheneum, 1970.

____. *From the Locarno Conference to Hitler's Seizure of Power*. Vol.2 of *A History of the Weimar Republic*. Translated by Harlan P.Hanson and Robert G.L. Waite. New York: Atheneum, 1970.

Fest, Joachim C. *Hitler*. Translated by Richard and Clara Winston. New York: Harcourt Brace Jovanovich, 1974.

Fischer, Klaus. *Nazi Germany: A New History*. New York: Continuum, 1995.

Fowler, E.W.W.*Nazi Regalia*. Secaucus, NJ: Chartwell Books, 1992.

Gellatey, Robert. *Backing Hitler*. Oxford: Oxford University Press, 2001.

Grathwol, Robert P.*Stresemann and the DNVP: Reconciliation or Revenge in German Foreign Policy, 1924—1928*. Lawrence: The Regents Press of Kansas, 1980.

Hamilton, Richard F.*Who Voted for Hitler*. Princeton: Princeton University Press, 1982.

Halperin, S.William. *Germany Tried Democracy: A Political History of the Reich from 1918 to 1933*.

New York: W.W.Norton, 1965. Hildebrand, Klaus. *The Third Reich*. Translated by P.S.Falla. London: George Allen & Unwin, 1984. Holborn, Hajo. *A History of Modern Germany: 1840—1945*. Princeton: Princeton University Press, 1982.

Kershaw, Ian. *Hitler: 1889—1936 Hubris*. New York: W.W.Norton, 1999.

Kirk, Tim. *The Longman Companion to Nazi Germany*. London: Longman, 1995.

Large, David Clay. *Where Ghosts Walked: Munich's Road to the Third Reich*. New York: W.W.Norton, 1997.

Levy, Richard S.*The Downfall of the Anti-Semitic Political Parties in Imperial Germany*. New Haven: Yale University Press, 1975.

Macdonogh, Giles. *The Last Kaiser: The Life of Wilhelm II*. New York: St. Martin's Press, 2000.

Orlow, Dietrich. *A History of Modern Germany: 1870 to Present*. Englewood Cliffs, NJ: Prentice-Hall, 1987.

Overy, Richard. *Goering*. London: Phoenix Press, 1984.

Spielvogel, Jackson J.*Hitler and Nazi Germany: A History*. 3rd ed. Upper Saddle River, NJ: Prentice Hall, 1988.

Tipton, Frank B. *A History of Modern Germany Since 1815*. Berkeley: University of California Press, 2003.

Waite, Robert G.L.*The Psychopathic God: Adolf Hitler*. New York: Basic Books, 1977.

Wheeler-Bennett, John W.*Hindenburg: The Wooden Titan*. London: Macmillan, 1967.

Wright, Jonathan. *Gustav Stresemann: Weimar's Greatest Statesman*. Oxford: Oxford University Press, 2002.

Zentner, Christian, and Friedemann Bedürftig, eds. *The Encyclopedia of the Third Reich*. Translated by Amy Hackett. New York: Da Capo Press, 1997.

注释:

[1] Ian Kershaw, *Hitler: 1889—1936 Hubris* (New York: W. W. Norton, 1999), 9.

[2] Robert G. L. Waite, *The Psychopathic God: Adolf Hitler* (New York: Basic Books, 1977), 147—148.

[3] Adolf Hitler, *Mein Kampf*, trans. Ralph Manheim (Boston: Houghton

Mifflin Company, 1943), 4.

[4] August Kubizek, *The Young Hitler I Knew*, trans. E.V.Anderson(Cambridge, MA: Riverside Press, 1955), 12—13, 35.

[5] Ibid., 26.

[6] Ibid., 77.

[7] Kershaw, *Hitler: 1889—1936 Hubris*, 24.

[8] Ibid., 53.

[9] Ibid., 59.

[10] Hitler, *Mein Kampf*, 126.

[11] Richard S.Levy, *The Downfall of the Anti-Semitic Political Parties in Imperial Germany*(New Haven: Yale University Press, 1975), 188—189.

[12] Kershaw, *Hitler: 1889—1936 Hubris*, 87.

[13] Hitler, *Mein Kampf*, 16.

[14] Ibid., 207.

[15] Kershaw, *Hitler: 1889—1936 Hubris*, 115; David Clay Large, *Where Ghosts Walked: Munich's Road to the Third Reich* (New York: W. W. Norton, 1997), 122.

[16] "The Constitution of the German Confederation of August 11, 1919," 2, http://web.jjay.cuny.edu/jobrien/reference/ob13.html.

[17] Norman H.Baynes, ed., *The Speeches of Adolf Hitler (April 1922—August 1939)* (New York: Howard Fertig, 1969), 1:1450, 1593; Hitler, *Mein Kampf*, 632.

[18] *The Treaty of Versailles (June 28, 1919)*, Part VII, Penalties, Article 227, 1, http://history.acusd.edu/gen/text/versaillestreaty/ver231.html.战争末期,德皇逃往荷兰;战后,荷兰政府拒绝将其引渡至德国受审。

[19] Ibid., Part VIII, Reparation Section, General Provisions, Article 231, 1.

[20] Marshal von Hindenburg, *Out of My Life*, trans. F.A.Holt(London: Cassell, 1920), 323.

[21] Erich von Ludendorff, *Ludendorff's Own Story, August 1914—November 1918* (Freeport, NY: Books for Libraries Press, 1971), 429.

[22] John W. Wheeler-Bennett, *Hindenburg: The Wooden Titan* (London:

Macmillan, 1967), 238.

[23] Hitler, *Mein Kampf*, 523.

[24] Baynes, *Speeches of Adolf Hitler*, 54—55.

[25] Ibid., 80—81.

[26] Kershaw, *Hitler 1889—1936 Hubris*, 120.

[27] Hitler, *Mein Kampf*, 687.

[28] Joachim C.Fest, *Hitler*, trans. Richard and Clara Winston(New York: Harcourt Brace Jovanovich, 1974), 119; Kershaw, *Hitler 1889—1936 Hubris*, 133.

[29] Kershaw, *Hitler 1889—1936 Hubris*, 156.

[30] Adolf Hitler, *Hitler's Letters and Notes*, comp. Werner Maser, trans. Arnold Pomerans(New York: Bantam Books, 1976), 211.

[31] Ibid.

[32] Ibid.

[33] Hitler, *Mein Kampf*, 679.

[34] "Programme of the German Workers Party(February 24, 1920)," in *The Nazi Party, State and Society, 1919—1939*, vol. 1 of *Nazism: A History in Documents and Eyewitness Accounts, 1919—1945*, ed. Jeremy Noakes and Geoffrey Pridham(New York: Schocken Books, 1984), 14—15.

[35] Baynes, *Speeches of Adolf Hitler*, 1:107—108.

[36] "Programme of the German Workers Party(February 24, 1920)," 15.

[37] Ibid., 15—16.

[38] Baynes, *Speeches of Adolf Hitler*, 1:103—108.

[39] Kershaw, *Hitler 1889—1936 Hubris*, 177.

[40] Hitler, *Mein Kampf*, 382.

[41] Ibid., 65.

[42] Ibid., 326.

[43] Kershaw, *Hitler 1889—1936 Hubris*, 245.

[44] Klaus Fischer, *Nazi Germany*(New York: Continuum, 1995), 130.

[45] Hitler, *Mein Kampf*, 680.

[46] Baynes, *Speeches of Adolf Hitler*, 1:78.

[47] Kershaw, *Hitler 1889—1936 Hubris*, 180.

[48] Klaus Fischer, *Nazi Germany: A New History* (New York: Continuum, 1995), 163.

[49] Baynes, *Speeches of Adolf Hitler*, 1:368.

[50] Kershaw, *Hitler 1889—1936 Hubris*, 288.

[51] Gerhard L.Weinberg, ed., *Hitler's Second Book: The Unpublished Sequel to Mein Kampf*, trans. Krista Smith(New York: Enigma Books, 2003), 29—37.

[52] Ibid., 233.

[53] Baynes, *Speeches of Adolf Hitler*, 1:726—727.

[54] Kershaw, *Hitler 1889—1936 Hubris*, 327.

[55] Ibid., 339.

[56] Thomas Childers, *The Nazi Voter: The Social Foundations of Fascism in Germany, 1919—1933* (Chapel Hill: University of North Carolina Press, 1983), 194.

[57] Kershaw, *Hitler 1889—1936 Hubris*, 366.

[58] Ibid., 371.

[59] Fischer, *Nazi Germany*, 234.

[60] Kurt Georg Wilhelm Ludecke, *I Knew Hitler: The Story of a Nazi Who Escaped the Blood Purge* (London: Jarrolds, 1938), 465—466.

[61] Franz von Papen, *Memoirs*, trans. Brian Conwell(New York: E. Dalton, 1953), 257.

第四章 105
纳粹党当权时期，1933—1939 年

人种改良学、种族和生物学；犹太人、残疾人和罗姆人

大事年表

1871 年：《德国刑法典》第 175 条认定同性恋为犯罪

1904—1905 年：阿尔弗雷德·普洛兹博士（Dr. Alfred Ploetz）创办《种族与社会生物学杂志》和“人种改良学协会”

1905 年：在阿尔弗雷德·迪尔曼（Alfred Dillmann）主持下，“吉卜赛信息情报处”出版《吉卜赛人书》（*Zigeuner-Buch*）

1919 年：马格努斯·赫希菲尔德博士（Dr.Magnus Hirschfeld）在柏林创立“性学研究所”

1920 年：《准许毁灭不值得活下去的生命》出版

1925 年：《削减不值得活下去的生命问题》出版

1929 年：巴伐利亚“吉卜赛安全情报局”（Ziguenernachrichtendienst）成为德国“罗姆人问题”的清算所

1930 年（12 月 31 日）：教皇庇护十一世（Pope Pius XI）颁布《圣洁婚姻》（Casti Connubi）通谕

1933 年（1 月 30 日）：阿道夫·希特勒成为魏玛共和国总理

1933 年（2 月 4 日）：《日耳曼民族保护法》出台

1933 年（2 月 27 日）：国会大火

1933 年（2 月 28 日）：《国会纵火法令》（Reichstagsbrandverordnung）终止多项德国公民权

1933 年（3 月 5 日）：国会大选，纳粹党获得 43.9％的选票

1933 年（3 月 21 日）：慕尼黑郊外建立达豪集中营

1933年(3月23日):国会通过“授权法案”

1933年(4月1日):德国全民抵制犹太商业

1933年(4月7日):《公职回复法案》出台

1933年(5月6日):德国全民烧毁“颓败书籍”

1933年(7月14日):《绝育法令》出台

1933年(8月7日):“哈瓦拉计划”出台

1933年(11月8日):约瑟夫·戈培尔创建“德意志文化议院”

1934年(6月30日):罗姆清洗或称“长刀之夜”

1934年(8月2日):兴登堡总统去世;希特勒将总统与总理大权集于一身

106 1935年:赫尔穆特·翁格尔博士(Dr.Helmuth Unger)出版《使命与良心》

1935年(3月1日):萨尔州重归德国

1935年(9月15日):《纽伦堡法令》出台

1935年(10月15日):《婚姻卫生法》出台

1936年:“帝国打击同性恋与堕胎中央办公室”成立

1936年:“帝国打击吉卜赛滋扰中心”成立

1936年:奥林匹克运动会(2月6日至16日在加尔米施-帕滕基兴);(8月1日至16日在柏林)

1936年(3月7日):德军占领莱茵兰

1938年(3月12日):“德奥合并”

1938年(7月6日至15日):“艾维昂会议”召开

1938年(9月29日):《慕尼黑协定》将苏台德地区割让给德国

1938年(11月9日至10日):“水晶之夜”

1938年(12月8日):海因里希·希姆莱(Heinrich Himmler)签署《打击吉卜赛灾祸法令》

1939年(1月21日):希特勒告知帝国国会,倘若战争爆发,犹太人将被消灭

1939年(3月14日):德国入侵捷克斯洛伐克剩余领土

1939年(5月13日至6月17日):“圣路易斯号事件”

1939年(9月1日):德国入侵波兰

早在阿道夫·希特勒1933年1月30日当上魏玛共和国总理、大权在握之前很久,“犹太人问题”就已经成为纳粹党的理论性著作和宣传的重要组成部分。而一旦

希特勒宣誓就职,犹太人问题就从纳粹党理论化的抽象领域,转变成一项切实的政策。然而,要研究纳粹党处理德国犹太人口的策略的演变过程,我们必须牢记,这个问题尽管对纳粹主义意识形态的形成具有启发意义,但必须透过在他们刚刚获得权力的那几年,支配希特勒和纳粹党行动的政治意图的迷宫来加以理解。在希特勒完成将德国完全纳粹化的"一体化(Gleichschaltung,重新排序或协调之意)政策"之前,他必须小心权衡心中强力打击德国犹太人的愿望与政治权力的现实需要之间的关系。这些目标往往遭到纳粹党内一些更极端、更激进的派别成员的反对,他们都将希特勒被任命为总理,视为一场对犹太民族的战争拉开大幕的标志。1933 年 1 月 30 日直至 1939 年 9 月 1 日,为"大屠杀"的德国国内阶段,在此期间,纳粹党打击第三帝国境内犹太人的行动,是与德国国内与国际政治的现实交杂并发的。

希特勒统治期间,犹太人固然始终是纳粹党打击的首要目标,但德国人还迫害另外一些群体和少数民族。迫害政策包括持续骚扰、剥夺公民权、监禁、强制劳动、绝育和杀害。在很多方面,我们都可以这样理解,德国人对犹太人和其他族群的迫害,其实就是对欧洲历史上一直被施与虐待的群体再一次进行攻击。这些群体包括犹太人、罗姆人(吉卜赛人)、残疾人、精神病患者、非洲裔德国人、同性恋、宗教异端、持不同政治意见者,等等。纳粹党在德国的胜利摧毁了传统的——虽然有时并未显现——社会价值观。这些社会价值观曾是建立在犹太教—基督教人道主义的情感理想基础之上的。纳粹党破除了以上道德传统,代之以一种半宗教性的、与道德无关的价值体系,并将一些欧洲社会最邪恶的偏见纳入其中。野蛮的兽性本能压过一切道德抑制感。在希特勒当权的最初六年,纳粹党设计出一系列政策和实践方式,用来对付本派的各种种族上的、生物上的和政治上的敌人。107
这些政策和实践方式,成为二战期间迫害犹太人和其他少数族群的更致命、更血腥的行为的前导。

两战之间德国的犹太人社团

在纳粹党攫取权力的过程中,曾大力宣传的虚构事实之一,就是德国犹太人支配性的存在,尤其是在经济领域。纳粹党对德国的犹太人社团大加毁谤,说他们决心摧毁德意志民族的社会和文化肌理,而现实恰恰相反。德国的犹太人口在 1925 年时约为 56.8 万,1933 年时则徘徊于 52.3 万至 52.5 万之间,当时德国总人口为 6 610 万,所以犹太人所占比例只有区区的 0.76%。德国犹太人口中的三分之一生活在柏林,其余的生活在全国各地的大小城市。的确,在诸如法律(16%)和医疗行业

(10%)，犹太从业者的比例奇高，而且德国作家、记者、会计师和演员群体中也有3%—5%为犹太人。约13.7万犹太人在商业、贸易领域工作，其中大多数从事小规模的销售行业。真正的银行家和股票经纪人中，其实只有2%是犹太人，这个统计数字可以完全推翻纳粹党的污蔑——他们说犹太人控制了德国的经济命脉。如果说在德国的某个经济领域犹太人扮演了支配性角色的话，那就是百货商店(比如蒂茨、韦特海姆和卡尔施塔特)。纳粹党人对犹太商业无比厌恶，将其视为犹太现代主义或经济控制的象征。在1920年的《党纲》中，纳粹党还特意提到了这个问题："我们要求创造和维持一个健康的中等阶级，我们要求立即没收大百货公司，廉价租赁给小工商者，要求在国家的各邦区收购货物时，特别照顾各小工商者。"[1]

然而，在纳粹党掌权后的最初几个月里，他们就发现，其实百货公司通常都是由非犹太裔的德国银行家或外国商行掌控的。

犹太民族遭纳粹赍恨的，还有后者臆想中的犹太人控制的新闻出版业。的确，在德国最受敬重的记者中，有很多是犹太人。虽然说，德国很多著名报纸——比如柏林《福斯报》(*Vossiche Zeitung*)和《法兰克福报》(*Frankfurter Zeitung*)——都是犹太人所有的，但没有任何一份犹太人报纸的发行量曾超过10万份。而且事实上，德国一半的报纸工业都是由同一个传媒集团控制的。而这个传媒集团的老板，不是别人，恰恰是"德国国家人民党"的党魁阿尔弗雷德·胡根贝格。此人曾经是希特勒的政治盟友，并且在希特勒的第一届内阁担任经济与食品部长。胡根贝格还是克虏伯工业帝国的董事。然而，将新闻出版业视为本派理念关键宣传出口的纳粹党，对犹太人在这一重要媒介中扮演的角色，产生了一种类似妄想症患者似的臆测。纳粹党《党纲》中最长的一条(第23条)严令要求，全部德国的报纸编辑和参与编纂者，都必须是"民族的成员"。《党纲》还申明，"非日耳曼人"拥有和经营德国报纸，或以任何方式对德国报纸施加影响，都应被视为非法。任何人违背此项法律，都将立刻被驱逐出境。事实上，"倘若出版的报纸不能有利于国家的公益，此类行为都将被严令禁止"。[2]

实际的情况是，德国的犹太人社团早已成为德国社会忠诚的一员，并且归化和
融入状态一直不错。一战期间，超过8万犹太士兵在德皇的军队中服役，其中12 000
人为国捐躯。欧战期间，35 000名犹太战士因作战勇敢获得勋章。当"大萧条"刚开
始肆虐德国时，23%的犹太人与非犹太人结婚。在德国的大城市，通婚的情况更加
108 普遍。虽然如此高的通婚率反映出德国犹太人社区的同化倾向，也体现出他们在魏
玛共和国获得的越来越多的生存和发展机会，然而，在纳粹党看来，普遍通婚已成为

对雅利安种族纯洁性的极大威胁。

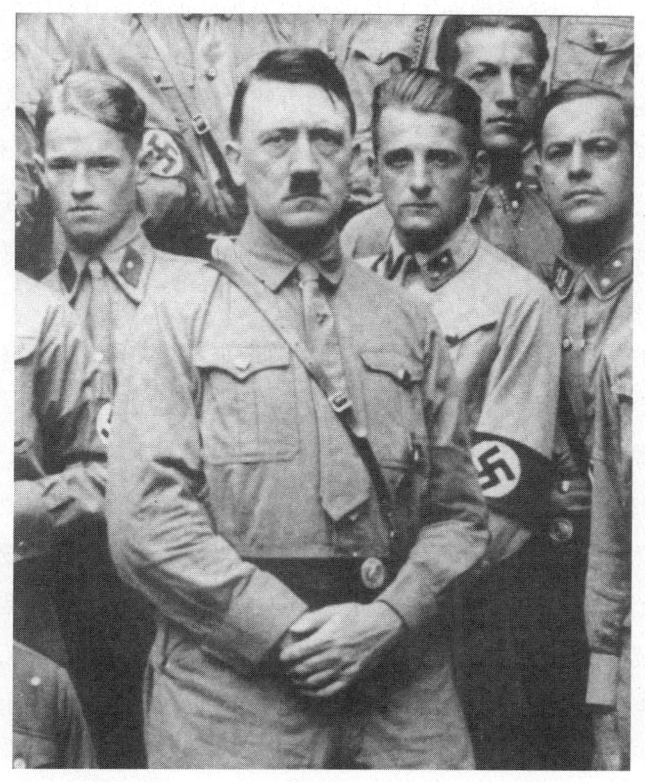

1933 年，希特勒当上总理后与一队党卫军成员的合影。美国大屠杀纪念博物馆照片序列号 24532。

1933—1935 年：德国的纳粹化和“犹太人问题”

在纳粹党刚刚掌权的那段时间，“犹太人问题”十分关键。希特勒被任命为总理之前的几个月，纳粹党公布了一份对时局的意见书，陈列了获得政权之后的基本目标：“如果‘德国国家社会主义工人党’（在 1932 年 11 月的国会选举中）获得绝对多数，将通过法律程序剥夺犹太人的权利。然而，如果‘德国国家社会主义工人党’仅能通过联合政府获得政权，则将以行政手段削弱德国犹太人。”[3]不过，希特勒当上总理后的第一个本能反应，却是确保纳粹党对政府以至整个国家的严密控制。不幸的是，他的确取得了惊人的成功。

当希特勒进入德国的权力核心之后，在 12 人内阁中，纳粹党成员仅占了 3 席[希特勒——总理、威廉·弗里克（Wilhelm Frick）——内政部长、赫尔曼·戈林——不管部长]，而在国会中，纳粹党约控制着三分之一的议席。为了确保在国会中获得多数，希特勒召集了一次新的选举，他希望这是德国最后一次民主选举。大选期间，希特勒在全国忙于奔走，试图加强纳粹党的政治基础。他还利用纳粹党控制的警察武装在普鲁士（占德国人口的60%）等地威吓异己。1933 年 2 月 7 日发生的神秘的国会大火，极大地加强了纳粹党对德国其他地方州政府和地方政府的控制。大火的第二天，希特勒说服兴登堡总统发布《国会纵火法令》，终止多项公民权利，并且授权希特勒政府，对公共秩序失控的州实施直接统治。然后，纳粹党将"冲锋队"派往全国各地，制造混乱，而希特勒的内政部长威廉·弗里克迅速作出回应，将各州和地方政府置于纳粹行政首脑的支配之下。

以上行动的结果就是，到了 3 月 5 日国会选举最终举行之时，纳粹党已经将很
109 多重要的国家和地方行政长官的权力据为己有。但是，在这场吸引了 88%有效选民的大选中，纳粹党只得到 43.9%的选票。共产党得到 12.3%，社会民主党得到 18.3%，"天主教中央党"得到 11.2%，胡根贝格的"国家人民党"得到 8%。后来纳粹党与"国家人民党"拼凑成一个同盟，这才勉强维持了议会的多数。尽管如此，在从大选结束到3 月 21 日国会在柏林召开这段时间里，纳粹党以迅雷不及掩耳之势，在全德国范围内攫取各级政府的控制权。希特勒此时也开始准备《授权法案》的条款与措辞，试图赋予政府在四年内出台法案和律令的权力，而不需经过国会同意。

1933 年，希特勒与兴登堡。美国大屠杀纪念博物馆照片序列号 24538。

为了使《授权法案》获得通过，希特勒必须控制国会三分之二以上的议席。2月以来，以及整个大选期间，纳粹党一直运用兴登堡的《国会纵火法令》恐吓政敌，特别是共产党。接下来即将发生的，就是希特勒针对德国共产党及一切反对派的恐怖统治。作为恐怖统治的组成部分，纳粹党开创了一个非法的拘留中心网络，专门关押本派政敌。1933年3月21日，《慕尼黑新闻》(*Mnicher Neueste Nachrichten*)与其他一些报纸发表了一则联合公报，公报署名者为“党卫军全国总指挥”(Reichsfhrer SS)兼“慕尼黑警察局局长”(Kommisarischer Polizeiprsident der Stadt Mnchen)海因里希·希姆莱，他宣布在慕尼黑郊外一个名叫达豪的村庄，建立一个“集中营”(Konzentrationslager，缩写为KZ)。达豪集中营建成之后，可以关押5 000名囚犯。它几乎是专为共产党人、社会民主党人，以及其他一切“危害国家安全”的人所建的。希姆莱宣称，集中营的开设，“不考虑任何细微的事项，我们确信，我们代表这个民族的利益，我们确信，集中营将有利于使这个民族变得平静与安全”。[4]到了盛夏，纳粹党已将2.7万德国人置于保护性监禁之下。“党卫军高级领导者”西奥多·艾克 110
(Theodor Eicke, 1892—1943)成为达豪集中营的第一任指挥官。由于他的工作给希姆莱留下深刻的印象，结果于1934年被任命为“集中营督查官”(Inspekteur der Konzentrationslager)兼“党卫军戍卫部队领袖”(Fhrer der SS-Wachbnde)，后一个战斗单位后来演变成为臭名昭著的“骷髅师”(Totenkopfverbnde)。艾克在达豪集中营建立了极其严苛的管理体系，并使这里成为全德国及欧洲纳粹占领区所有集中营的模板。

不久之后，纳粹党开始抓捕和监禁那些被认为是“离群索居的反社会”(或“惯常性的”)罪犯。到1935年，第三帝国已开设了六个集中营，分别位于达豪、萨克森豪森、奥拉宁堡、利克坦堡、伊斯特维根和哥伦比亚豪斯。1936年，希特勒压制一切要求关闭这些集中营的呼声，下令其继续保持运营。

正是在这样的氛围下，希特勒终于说服之前一直摇摆不定的“天主教中央党”加入自己的阵营，条件是许诺将对德国的罗马天主教会实施保护。然而，即使这样，仍不足以给希特勒他想要的三分之二多数，但纳粹党头目已经确信，国会里那81个共产党代表——大多数已在狱中或逃往国外，将不会出现在3月23日举行的《授权法案》投票上了。结果，社会民主党成为唯一一个反对《授权法案》的政党，该法案以441票对94票获得通过。

《授权法案》的出台，标志着两战期间德国民主制度的终结，并且使希特勒牢固地控制了德国政府。根据伊恩·克肖的说法，希特勒之所以拥有成功的机会，是因为“一战爆发以来一直在德国的政治文化中不断延伸的关键要素构成的锁链——沙文爱国主义、帝国主义、种族主义、反马克思主义、对战争的赞颂、在自由上建立秩序的理论、强力权威的专制吸引力——以及自魏玛共和国诞生伊始就一直困扰着它的多层面危机所引发的各种偶发、短期后果”。[5]

当然，希特勒的天才能力就在于，他能够“将这条不断延伸的关键要素构成的锁链，与‘老德意志’暂时绑定在一起”。[6]当时，种族主义——尤其是反犹主义，一直是纳粹党思想体系的重要组成部分，也将成为纳粹党早期政权的核心问题。

纳粹党执政早期，犹太人遭遇了极大的苦难，特别是在其内部最暴力的反犹主义组织——“冲锋队”治下。各地的冲锋队分支部队纷纷攻击犹太商人经营的产业，并鼓动抵制犹太企业和百货公司。他们还经常绑架犹太人以索要赎金，并当众羞辱他们取乐。冲锋队过激的行为经常导致与当地治安警察机构的权限冲突，并削弱了纳粹党在全国范围内维护法律效力和社会秩序的努力。他们还使希特勒和纳粹党的领导阶层处于一种两难的处境：一方面，他们不能再坐视冲锋队继续制造社会混乱；另一方面，鉴于冲锋队一直是“纳粹革命”的关键因素之一，所以必须找到一种方式，在不破坏本党革命性的反犹主义狂热的前提下，调和冲锋队的极端行为。结果，1933 年 3 月 28 日，希特勒宣布，从 4 月 1 日开始，德国全国进入对犹太人商业和专业活动的无限期抵制。他任命尤利乌斯·施特莱歇尔为“防御犹太人暴行与抵制宣传中央委员会”(Zentralkomitee zur Abwehr der jdische Greuel und Boykotthetze)主任，专门负责组织联合抵制运动。而在几天之前，赫尔曼·戈林已经告诉德国的犹太社团领袖，说他已不再能保障犹太人社团的安全，并指责犹太人自己应为抵制运动的爆发负责。他对犹太领袖们说，美国和英国媒体越来越频繁地攻击纳粹党政权，并呼吁抵制德国商品，这都是德国犹太人的过错。希特勒的宣传部长约瑟夫·戈培尔则在纳粹党各组织的会议上宣称：

> 111 国家社会主义者们，你们的行动创造了奇迹，一举推翻了“十一月国家”；你们将用同样惊人的方式，完成第二项任务。我警告你们，全世界的犹太佬……我们已彻底解决掉了德国的马克思主义挑衅者，虽然他们现在还在国外继续从事着反人民的叛国罪行，但他们再也不可能迫使我们屈服。国家社会主义者们！星期六，10 点的钟声敲响的时候，犹太人将会发现，在他们发动的这场战争中，对手有多么的强大！[7]

纳粹党在各地的分支机构竭尽所能，确保抵制活动没有放过任何一家犹太人企业，不过并未触及外国犹太人的商业利益。直到最后一刻，德国国家银行总裁亚尔

1933 年，冲锋队成员抵制凯泽斯劳滕的犹太人商店。牌子上写的是："德国人，别从犹太人手中买东西！"美国大屠杀纪念博物馆照片序列号 37350，凯泽斯劳滕城市档案馆提供图片。

马·沙赫特（Hjalmar Schacht，1877—1970）、刚刚加入纳粹党和党卫军的外交部长康斯坦丁·冯·诺伊拉特（Konstantin von Neurath，1873—1958），甚至兴登堡总统，都曾试图说服希特勒，出于可能对德国经济造成的冲击，应该取消抵制运动。考虑到不久之前美国、英国和法国政府均宣布拒绝加入对德国商品的抵制，希特勒也决定妥协，并打算在 4 月 1 日举行一次为期一天的联合抵制。不过，他补充说明道，如果来自外国的"恐怖煽动"不停止，抵制运动将于 4 月 5 日重新启动。[8]

德国民众对抵制运动的态度不尽相同，而"冲锋队"则将这个运动视为"抢夺战
利品和施行暴力的机会"，因此显得特别卖力。纳粹新闻媒体称这次抵制运动大获 112
成功，而《纽约时报》则指责纳粹的行动是"盲目的，并且……略带精神错乱的性质"。
另一方面，《基督教科学箴言报》宣称，纳粹之所以发动抵制，是因为美国犹太人夸大

了他们的同胞在德国遭受的虐待。在这个问题上，各家德国以外的报纸，大多倾向于仅仅将抵制视为纳粹党在革命狂热之下做出的不成熟的过激行为。[9]

由于很多遭到抵制的商业企业都是犹太人与非犹太人共同所有的，犹太人的合伙人就不得不在运动中寻求自我保护。在接下来的几个月内，希特勒政府虽然极不情愿，但还是得向蒂茨和卡尔施塔特等百货公司提供了数百万帝国马克的贷款，以使他们免于破产，同时保住数千非犹太裔德国人的工作机会。这次抵制运动令德国的犹太人社团大受创伤，他们开始逐渐意识到："在这个德国，他们已不能感到'如在祖国般轻松自在'，在这个德国，早已习以为常的歧视，已被得到国家支持的迫害所取代。"[10]

在接下来的七个月中，希特勒政府接连出台法律，限制犹太人在德国专业和教育领域发挥的作用，这令大家的恐慌日益升级。这一系列立法行动是希特勒通过"一体化"运动从而使德国全盘纳粹化的组成部分。1933 年 4 月至 7 月间，纳粹取消了各州立法机构，代之以"帝国长官"(Reichstatthälter)。5 月，政府宣布工会为非法，并在以后的两个月时间内取缔了除纳粹党之外的全部政党。逐渐的，德国的专业人员和知识分子也被吸入纳粹统治的漩涡，被迫加入由纳粹党赞助的各类教师、律师、医生等各行各业的组织。纳粹还试图控制德国的教会、罗马天主教徒和新教徒，不过结果并不尽如人意。

传统上，德国的罗马天主教会对纳粹党的反对比新教教会更加坚定。但是，当 1933 年 7 月 8 日德国与梵蒂冈方面签订《政教协定》(Reichskonkordat)之后，情况发生了转变。《政教协定》保证罗马天主教会在德国神圣不可侵犯的地位，作为回报，梵蒂冈将承认希特勒政府。这个协议最重要的特点，至少在希特勒看来，是"将教士排除在政治之外"。[11]詹姆斯·卡洛尔(James Carroll)认为，《政教协定》"颇具成效地使德国的罗马天主教会再也无法对希特勒构成连续性的威胁"。[12]再加上早些日子罗马"天主教中央党"已决定支持希特勒的《授权法案》，更加证明了这一观点。当发生对《政教协定》的违背时，教会领袖往往借助其条款以示抗议。最终，德国的罗马天主教首脑更关心的，已变成保护教会，使其避免像那些非天主教受难者一般，遭受纳粹党的迫害。

1933 年之前，虽然德国的新教徒，相较天主教徒而言，对纳粹党的批评更加温和，但是其实，新教教会更难对付。出于共同的对纳粹行动的抵抗意愿，德国的新教教会决定在"德意志帝国主教"路德维希·穆勒(Ludwig Müller，1883—1945)统领下成立一个"德意志基督徒"的联合教会。1933 年秋天，德国基督徒联合教会试图将

《雅利安条款》强加给犹太人，禁止他们参与任何社会组织，或在公共生活中发挥任何作用。作为回应，纳粹运动的早期支持者、本堂牧师马丁·尼默勒(Pastor Martin Niemöller, 1892—1984)和一些同事创建了“牧师紧急联盟”(Pfarrernotbund)。最终，这个反对派组织演变成“德意志基督徒”最主要的反对者——“明认信仰教会”(Bekennende Kirche)。当然，他们与“德意志基督徒”教会关于种族理念和反犹主义的对抗，并不是特别的坚定和忠诚。[13]

尼默勒在被捕、接受摆样子式的公审，以及1937年作为希特勒的“私人囚犯”被 113
关进监狱之后，成为新教世界的英雄。后来他解释道，之所以反对《雅利安条款》，是因为它“将实际上否定施洗的教义”。[14]作为一个公开的反犹主义者，尼默勒认为教会应将“犹太性”视为一项“不愉快的事实”加以容忍，以显示自己是“超越各种民族群体的同一社区”。[15]直至1935年，在柏林郊外达勒姆的一次宗教集会上，尼默勒还告诉与会者：“犹太人导致上帝的基督被钉死在十字架上……他们将承当诅咒，而且由于他们拒绝被宽恕，在他们身后，拖拽着恐怖的负担，即他们的祖先犯下的不可饶恕的血罪。”[16]直到后来，也没有任何迹象表明，尼默勒在这个问题上改变了看法。

当然，也有一些新教领袖公开反对德国的反犹主义政策。杰出的新教神学家和教会首脑狄特里希·邦赫费尔(Dietrich Bonhoeffer, 1906—1945)，因为卷入1944年夏天刺杀希特勒的行动而被处以死刑。在“明认信仰教会”中，极少有人公开反对纳粹说教中的种族主义含义，他就是极少数中的一位。邦赫费尔将希特勒攫取政权视为“德国教会走向终结的时刻”。他还强烈反对《雅利安条款》，原因是他认为将皈依基督教的犹太人排除在“牧师办公室”之外，实际上使他们在教会内处于低等的地位。邦赫费尔指责《雅利安条款》的支持者都是“信仰软弱之徒”。[17]尽管他从未放弃这样一个坚定的信念——即犹太人应该改信基督教，但在1938年他还是写道，在上帝眼中，犹太会堂和基督教教堂是平等的。犹太人是“基督徒的兄弟”，是“契约的子孙”。[18]1938年的“水晶之夜”(Kristallnacht)对邦赫费尔触动很深，从此他就开始参与营救犹太人的行动，得救的犹太人大多皈依了基督教，这也是他众多反纳粹行动中的一个组成部分。1943年，盖世太保因此拘捕了他，并以帮助犹太人逃亡和一些情报相关的宗教罪行对他实施起诉。在若干监狱间辗转多次之后，1945年4月9日，他最终在福洛森堡集中营被处决。

在试图将德国教会纳粹化的过程中，政府出台了一系列将对德国犹太人造成严重伤害的法律。第一部是1933年4月7日颁布的《专业行政机关法》[Berufsbeamtengesetz，全称为《专业行政机关恢复法案》(Gesetz zur Wiederherstellung des Berufsbeamtentums)]。法案规定，政府可以合法开除那些在 1918 年 11 月 9 日以后进入魏玛共和国行政机关、缺乏适当的资质证书或培训经历的公务人员。对于那些由于过去的政治联盟关系，而被怀疑不完全忠于纳粹政权的人，法案也允许将其清除。与此同时，法案还授权相关人员解雇非雅利安裔的公务员。就在法案生效前三天，兴登堡写信给希特勒，谴责纳粹党先前遣散或袭扰犹太裔公务员、法官和律师的行径。兴登堡写道，这些人从大战期间就已在军队服役，有些人的父亲或儿子在战争中牺牲。兴登堡称此类施虐行为"是不可容忍的"，并敦促希特勒准许这些犹太人重返政府工作岗位。结果，《专业行政机关法》作出修改，给予战争老兵——无论他们是不是犹太人——以豁免权，只要他们在专业上合格、在政治上可靠。由于这项法案主要应用于高阶行政机关，对低阶犹太裔公务员的实际影响不大。

同一天，德国国会颁布《法律行业录用法》(Gesetz betreffend die Zulassung zur Anwaltschaft)，也规定了一战退伍军人的豁免权，不过仅仅对德国约 18 000 名律师和法官具有效力。同样的情况也发生在《医师与国家医疗卫生服务法令》(1933 年 4 月 22 日，Verordnung ber die Zulassung von rzten zur Ttigkeit bei den Krankenkas-
114 sen)。这部法案规定，由非雅利安裔医生治疗的病人，将无权申领德国国家医疗保险金。同样的，因为"兴登堡豁免权"的存在，这项法案仅仅对在公共医疗卫生服务体系内工作的约 25%犹太裔医生造成影响，但是，它还是削弱了德国犹太裔医疗从业者群体。

对聚居在德国城市的犹太人社团来说，4 月 25 日出台的《德国学校过度拥挤治理法》(Gesetz gegen die berfllung deutscher Schulen und Hochschulen)施与的打击要沉重得多，甚至是毁灭性的。因为这项法令规定，小学以上的德国学校，最多只能录取占总人数 1.5%的犹太裔学生。只有那些犹太人口占总人口 5%以上的城市除外。而即使是在那些城市，犹太裔学生也不得占全市学生总人数的 5%以上。"兴登堡豁免权"也适用于此项法律。全德国范围内的犹太人社团现在不得不创办自己的学校，而继续留在德国普通学校的犹太学生，则被迫接受日益纳粹化的课程设置和反犹主义的授课主题。

1933 年夏天，国会还通过其他几项改变犹太人命运的法律。在这些新规则之下，当局有权没收任何组织的财产，而只要政府认为其不适合享有公民身份，就可以废除任何个人的公民权。《剥夺国籍法》[Ausbrgerungsgesetz，全称为《取消归化与剥夺德国公民权法》(Gesetz ber den Widerruf von Einbrgerungen und die Aberkennung der deutschen Staatsangehrigkeit)]主要针对德国境内现存的 15 万东欧犹太人，他们都是一战之后移民至德国的。一年后，当局又以一纸《德意志帝国驱逐出境法》(Gesetz ber die Reichsverweisungen)进一步加强了前一部法律的力度。

纳粹党还发动了一场批判犹太裔知识分子、作家和艺术家的运动，将他们的作品污蔑为颓废、衰微。1933 年 5 月 10 日，在纳粹党支持下，德国爆发了一场全民烧书运动，大量犹太人、外国人以及“不良分子”的作品被焚烧。六个月后，约瑟夫·戈培尔创办了“德意志文化议院”(Reichskulturkammer)，这个组织由电影、音乐、戏剧、报刊、文学、美术和广播七个分支机构组成。1933 年 11 月 8 日，纳粹党在柏林爱乐乐团演奏大厅举行德意志文化议院的开幕仪式，戈培尔在讲话中宣称，“我们这个时代将迎来德意志的伟大觉醒”，从而在文化方面产生“人民的健全本能”。[19]所有想在纳粹德国工作的艺术家，必须向所属领域的文化议院申请许可证。戈培尔心中一个强烈的意念就是，犹太人不应在德国的文化生活中扮演任何角色。到了 1934 年，他已使数位犹太裔艺术家、记者和音乐家不得不放弃曾经积极活跃的专业领域。1933 年底，他开除了犹太裔的柏林国家歌剧院乐团指挥奥托·克伦佩雷尔(Otto Klemperer，1885—1973 年)，不久，克伦佩雷尔与其他卓越的犹太音乐家、艺术家和知识分子一起，加入流亡的队伍。

在如此险恶的环境中，德国的犹太人社区都试图寻找一线希望。他们都深爱自己的祖国，并且担忧逃亡行动可能招致的毁灭性后果。到了 1933 年底，纳粹党的反犹主义狂热似乎暂告段落。当年夏天早些时候，鲁道夫·赫斯命令尤利乌斯·施特莱歇尔的“中央委员会”(Zentral Komitee)将工作仅限于调查德国内部犹太人的贪污腐败情况。到了秋天，戈培尔在纳粹党的纽伦堡集会上告知党员，国内和国际压力令本党很难再执行更严格的反犹主义政策。戈培尔后来在日记中写道，正是希特勒迫使他在纽伦堡集会上对犹太人问题放低调子。1933 年 12 月 7 日，希特勒政府宣布，在商业贸易领域将不对非雅利安人设置障碍。一周之前，德国影响最大的犹太人主办的报纸《犹太评论》(*Jdische Rundschau*)注意道：

> 如果检视去年发生的事件，我们一定会发现，很多德国犹太人已失去了赖 115
> 以生存的经济基础。官方表面上宣称，未来我们的经济地位将得到保障，虽然还是可能出台一些限制性法律……这样看来，我就能够理解戈培尔博士(在 9 月的纽伦堡会议上)曾谈到的，一切就犹太人问题需要解决的问题，政府都已经统统解决了。[20]

那个时候，已有 37 000 名犹太人逃离德国。1934 年又有 23 000 人加入逃亡队伍。而到了 1935 年，很多人以为纳粹党在德国制造的反犹主义形势不会再趋于恶化，再加上受到经济复兴的鼓舞，有约 10 000 名犹太人又回到了第三帝国。而逃到其他国家的犹太人，看到的也是一个因“大萧条”和反犹主义的浪涌冲击而变得满目疮痍的欧洲。

1933 年，约瑟夫·戈培尔鼓动德国人支持抵制犹太商品。美国大屠杀纪念博物馆照片序列号 44203，国家档案与记录管理局(学院公园)提供图片。

唯一的例外是 1933 年至 1934 年间离开德国前去巴勒斯坦的约 16 000 名犹太人。1933 年德国与“犹太事务代办处”在巴勒斯坦达成“转移协议”，一定程度上对这批犹太人提供援助。犹太事务代办处是犹太复国主义者组织在巴勒斯坦设立的行政分支，创立于 1922 年 7 月 24 日国联宣布对巴勒斯坦实行委任统治之后。巴勒斯坦的委任统治制度包含一个被称为《贝尔福宣言》的文件，承认犹太民族成员与巴勒斯坦的历史纽带，并将此作为一个未来的犹太人家园的基石。到了 1933 年春天，负责巴勒斯坦犹太人日常事务的犹太事务代办处，已成为德国犹太人的主要谈判代理人。“转移协议”允许德国犹太人将资产转至一个特别德国账户，而当他们在巴勒斯坦入境之后，能够要回半数资产。而另一半，则由犹太事务代办处负责支配，用以购
116 买德国商品。根据纳粹党的法律，犹太人离开德国时，必须将大部分财产留下，“转移协议”的签订，就使得逃到巴勒斯坦的犹太人得以保全一部分资产。

1933 年至 1934 年间逃离第三帝国的犹太人中有超过 16％又重新回归，但这并不意味着德国犹太人对处处受限的社会地位感到满意。1935 年春天，几位德国犹太人就一位最近逃离的犹太裔内科医生展开一段对话，一位妇女对此作了记录：

> 女人的抗拒最为强烈：他们发现，走比留需要更大的勇气……“我们为什么要留在这里等待最终的毁灭？在我们被无休止的身体和精神压力压垮之前，离开德国，在别的地方建立一个全新的生活岂不更好？我们孩子的未来，岂不比完全愚蠢的坚持重要得多？”所有女人，无一例外，都持这样的观点……而男人，或激烈或温和，却都反对这个观点。而且，在回家的路上，我和我丈夫也讨论了这个问题。和其他男人一样，他仅仅是无法想象，一个人怎么能离开自己挚爱的祖国、离开男人生活中最重要的责任。“你真的就能放弃这一切吗？”他的语气告诉我，哪怕是想想这种可能性，都令他感到痛苦。“我能！”我说，一秒钟也没有迟疑。[21]

在这段时期，德国的反犹主义暴力之所以稍显收敛，主要原因是希特勒正试图巩固他的独裁权力。希特勒尚未能完全拉拢过来的一股力量是军队。“帝国国防军”首脑尤其忌惮于“冲锋队”力量的膨胀。到 1934 年，冲锋队已发展成为一支 250 万人的武装力量。其头目恩斯特·罗姆希望冲锋队成为德国新军队的核心，并以为在纳粹运动的很多革命性理想上，希特勒是站在他这一边的。然而，希特勒并不支持罗姆关于冲锋队和德国军队的观点，原因显然在于担心自己权力的基础遭到动摇。希特勒知道兴登堡总统的健康正在持续恶化，他也明白，倘若自己打算在兴登堡死后攫取总统大权，就必须控制住冲锋队咄咄逼人的姿态，从而获得德国国防军的支持。希姆莱、戈林等纳粹党首脑深谙“元首”的心思和目标，于是设法使他相信，冲锋队正在计划一场针对希特勒的政变，这当然是彻头彻尾的诬陷。

1934 年 6 月 30 日，希特勒亲自坐镇，在巴伐利亚的一处度假胜地，逮捕了罗姆及一些冲锋队头目，启动了后来被称为“罗姆清洗”或“长刀之夜”事件。希特勒和纳粹领袖借助“罗姆清洗”行动，与全德国约 85 至 100 名政敌算了总账。虽然曾犹豫不决，但希特勒最终还是决定除掉罗姆，并命达豪集中营指挥官西奥多·艾克负责此事。罗姆拒绝自杀，于是艾克命令他的一个副官向这个冲锋队头子开枪。纳粹媒体对这个事件的解释是，面对一帮叛逆者和同性恋变态狂，元首别无选择，只能展开反击。

现在，冲锋队变成单纯的纳粹“军事运动和训练组织”。[22]海因里希·希姆莱迅速行动，使党卫军爬上纳粹德国最高准军事化组织的地位。清算行动之后几天，兴登堡给希特勒发电报，表示对其行动的感谢："从呈递给我的报告中我得知，你通过决断的行动和英勇的亲自参与，已将叛国行动扼杀在摇篮里。你将德国从严重的危险中拯救了出来。对此，我向你表示最深厚和诚挚的感谢。"[23]

此时的希特勒，已将军事领导权收入囊中。一个月后，兴登堡总统离世。他死
117 后不到一个小时，希特勒宣布继任德国总统，并将自己的办公机构与总理办公室合并。希特勒现在正式成为元首兼德意志帝国总理。在兴登堡去世的那一天(1934 年 8 月 2 日)，纳粹党要求全部军方首脑向阿道夫·希特勒发表如下誓词："在上帝面前我作出神圣的宣誓：我将无条件服从德国国家和人民的元首、武装部队最高统帅，作为一个勇敢的军人，愿意在任何时候为履行此誓言不惜牺牲生命。"[24]

不久，德国全体公务员也被迫宣布类似誓言，向希特勒表明效忠。纳粹党将 8 月 6 日兴登堡的葬礼，转变成一场纳粹党的大集会。13 天之后，希特勒举行全民公投，决定元首是否可以获得德意志帝国总统的职权。84%以上的德国人投了赞成票。两周后，希特勒在纽伦堡党代表会议上庆祝这一胜利。这次会议的情景在莱尼·里芬施塔尔(Leni Riefenstahl，1902—2003)制作的纪录片——《意志的胜利》(Triumph des Willens)中被永远定格了下来。在这部纪录片中，纳粹德国"地方长官"(Gauleiter)阿道夫·瓦格纳(Adolf Wagner，1890—1944)宣告："今后 1 000 年中，德国的生活方式已经确定了。19 世纪的神经紧张时代已与我们告别。在今后 1 000 年中，德国将没有其他革命！"[25]

"犹太人问题"仍旧令纳粹党放心不下，不过彻底解决的时刻也为期不远了。1935 年 1 月 13 日，纳粹党支持的"德意志阵线"(Deutsche Front)在萨尔州的全民公投中获得超过 90%的选票。《凡尔赛和约》将萨尔地区置于法国的控制之下，而这次公投的结果则确保此地重归德国。1935 年 3 月 1 日，德国统一萨尔州；两周以后，希特勒宣布，德国将无视最近曾对《凡尔赛和约》宣誓过的尊重，恢复征兵。希特勒已经开始执行重整军备的计划，并以此作为为未来的德意志帝国夺取"生存空间"的第一步。重新开始征兵，成为他整个计划的关键要素。面对咄咄逼人的希特勒，欧洲列强除了口头表达震惊与反对之外，别无他举。英国迅即与德国签署了一个海军协议，等于间接认可了希特勒重整军备的计划。受到一系列国内与外交胜利的鼓舞，希特勒和纳粹党现在已经做好准备，重提犹太人问题。几个月的时间不到，那曾经蒙蔽德国犹太人社团的相对平静，赫然被打破了。

在德国的某些地区，反犹主义暴力行径从未缓和过，而从 1935 年春天开始，一些纳粹党的著名领袖开始向德国犹太人实施口头攻击。当党卫军、冲锋队和"希特

勒青年团”(Hitlerjugend,缩写为HJ)的某些成员开始攻击犹太人时,在全德国,一种迹象清晰地表露出来——“犹太人滚出去”。伊恩·克肖评论道,纳粹激进分子认为“政府已向他们大开绿灯,允许他们以任何自认为合适的方式攻击犹太人”。[26]实施攻击者,大部分是纳粹党内各组织的成员。而德国普通民众,由于过于担心国家持续的经济低迷,已无暇顾及日益激烈的反犹主义暴力行径。实际上,对犹太人的攻击确实加强了公众对纳粹党的批评之声,但这些批评却并非出自对这一悲惨民族的同情。

《纽伦堡法令》

1935年秋天,希特勒下令制定一系列法律,以便更确切地规定德国犹太人的身份与地位,尤其是牵扯到异族通婚和公民权等问题时。纳粹党内的一些激进分子——诸如尤利乌斯·施特莱歇尔和海因里希·希姆莱——一直要求以法律形式阐明德国犹太人的地位和划分,这次立法行动——其成果统称为《纽伦堡法令》——就是对越来越多的此类要求的回应。“国家社会主义德意志内科医师联盟”(Nationalsozialistischer Deutscher rztebund)下属的“帝国内科医师协会领袖”(Reichsrztefhrer)格哈德·瓦格纳博士(Dr.Gerhard Wagner, 1888—1938)在推动建立关于犹太 118
人的法律体系方面扮演了重要的角色。

1933年夏天,“内科医师联盟”的官方刊物《德国内科医师杂志》(Deutsches rzteblatt)呼吁政府禁止犹太人与非犹太人之间的通婚。其他一些医学刊物也发表文章支持类似的主张,当然这在一定程度上是由于很多德国医生嫉恨犹太人在医疗卫生领域的杰出成就。嫉恨的情绪也部分解释了为什么德国医生加入纳粹党的比例特别高(44.8%)。事实上,1933年底,申请加入纳粹党的医生人数太多,以至于纳粹党不得不暂停了申请程序,以便处理积压下来的申请材料。纳粹的种族政策及其实践,在医疗卫生领域提供了很多魏玛共和国时期从未存在过的机会,这就是为什么第三帝国内科医生的总数从1933年的51 500人增加到1939年的59 454人,且战争期间还在不断增长。1933年,在“德意志内科医师联盟”刚刚成立时,希特勒在对其成员的讲话中强调了医生对纳粹政权的重要性:“你们,你们国家社会主义的医生们,我一天也离不开你们、一个小时也离不开你们。如果没有你们,如果你们背弃了我,我将失去一切。如果我们民族的健康都危在旦夕,我们还怎么战斗?”[27]

1935年初,纳粹党党报《人民观察家报》宣布,全体德国人都必须携带雅利安血统健康证明书。几个月后,内政部长威廉·弗里克宣称,政府现在认为雅利安人与犹太人之间的婚姻为种族间通婚、且不符合宗教教义。弗里克命令全国所有主管医疗卫生的机构开办特殊咨询中心，审查一切婚姻申请，并在整个德国范围内汇编宗谱档案。七个月后，弗里克告知德国婚姻局搁置所有种族间的通婚申请，因为政府很快将就此类问题出台新法规。当反犹主义暴力在全国蔓延之时，一些德国的商界领袖声称，新的反犹立法将平复正严重损害德国经济的暴力行径。纳粹党如今分为两派，诸如施特莱歇尔之类的激进分子，仍持续不断地对犹太人开展街头暴力；而另一派，则担心此类行径对德国经济造成的冲击。《纽伦堡法令》的出台，正是试图缓和这两派之间的矛盾。

但结果是，虽然《纽伦堡法令》的草案撰写，是在纽伦堡"党代表大会"（会议时间为 1935 年 9 月 8 日至 15 日）期间完成的，但其核心理念的基础，却是早些时候已由纳粹党上层讨论通过的法律概念和观点。希特勒早已暗示，他决心将一切对民族的威胁"消灭于萌芽状态"，而且明确地将"犹太马克思主义"视为对民族的威胁之一。[28]9 月 12 日，格哈德·瓦格纳宣布《日耳曼血统保护法》(Blutschutzgesetz)将于不日问世。两天后，希特勒下令内政部起草关于雅利安人与非雅利安人通婚的法律，并决定在党代表大会闭幕之前呈递帝国国会。[29]第一个版本的草案完成后，希特勒以过于宽松为由予以拒绝，并坚持加上一个关于帝国公民权的条款。最终，9 月 15 日，希特勒向帝国国会呈递了两份法案，这就是后来为人熟知的《纽伦堡法令》，即《日耳曼血统与荣誉保护法》(Gesetz zum Schutz des deutschen Blutes und der deutschen Ehre)和《德意志帝国公民权法》(Reichsburgergesetz)。

《德意志帝国公民权法》规定，只有拥有日耳曼或相关种族的血统，并且愿意为日耳曼民族和德意志帝国尽心服务的人，才能够成为"帝国公民"，从而获得个人"完
119 整的政治权利"。其他人只能获得"国家臣民"的地位，这意味着他们能够得到"德意志帝国的保护"，同时对帝国负有某些特定的义务。[30]《日耳曼血统与荣誉保护法》禁止雅利安人与犹太人之间通婚或发生婚外性关系，同时禁止犹太人雇用 45 岁以下的德国妇女为家庭佣工。当时的流言称，希特勒的祖母玛利亚·席克尔格鲁贝曾受雇于林茨一户犹太人家庭。以上条款可能就是对这个传言的回应。犹太人也不得悬挂纳粹旗帜。

最初的这两项法令都只包含最基本的概要条款，后来纳粹政府又通过一系列补充法令，对其进行扩展，最终形成一套涉及"犹太人问题"方方面面的完整的法律体系。从 1935 年至 1943 年，针对《德意志帝国公民权法》，内政部共出台了 13 项补充法令，而《日耳曼血统与荣誉保护法》有 1 项增补立法。对前一部法律最重要的补充

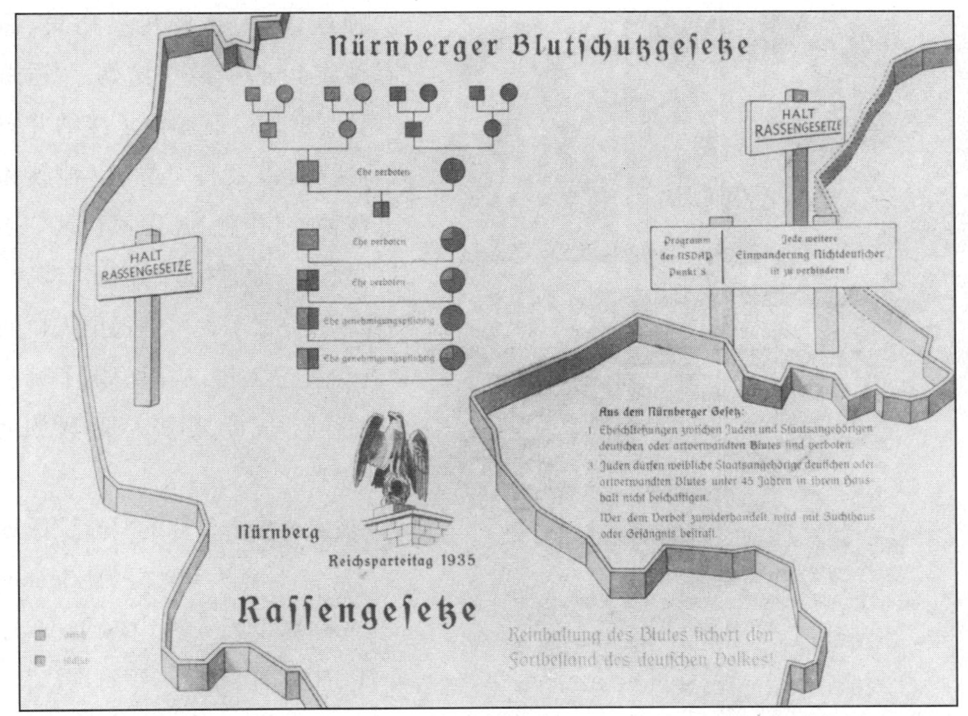

一份优生学海报，标题为“保护日耳曼血统的纽伦堡法令”，约 1935 年。美国大屠杀纪念博物馆照片序列号 94188，汉斯·鲍利（Hans Pauli）提供图片。

规定是，将该法令的应用范围拓展至混血犹太人，并将犹太人定义为“祖父母中至少有三位是种族意义上的纯种犹太人”。而“混血”犹太人的意思是，要么祖父母中有两位是纯种犹太人，且《纽伦堡法令》生效之后，其犹太祖父母仍是犹太宗教社团的成员，要么与一名犹太人保持婚姻关系，要么是此类婚姻关系中的子女，要么是 1936 年 7 月 31 日以后与犹太人发生婚外性关系后所生子女。其他的补充法令还规定，所有犹太裔公务员必须在 1935 年底之前强制退休，并迫使犹太裔医生和律师放弃营业执照。被获准继续营业的医生和律师，服务对象也只能是犹太人。根据鲁道夫·赫斯的估计，1936 年初，全德国有 40 万至 50 万人为纯种或四分之三犹太人，另有 30 万人为四分之一犹太人——或称为半混血犹太人。

1935 年 10 月 18 日，德国政府公布了第三部《纽伦堡法令》的补充法案——《婚 120
姻健康法》[Ehegesundheitsgesetz，正式名称为《日耳曼民族遗传健康保护法》(Gesetz zum Schutze der Erbgesundheit des Deutschen Volkes)]。这部法律规定，任何打算结婚的夫妇，都必须先在公共卫生机构申领一个“适婚证明”。当局下发证明之前，必须确定申请者夫妇中的任何一方，是否可能因为具有低能、癫痫、性病或其

约 1935 年,《先锋报》特刊的广告海报,该特刊的主题是“种族污染”。美国大屠杀纪念博物馆照片序列号 32615,德国历史博物馆股份有限公司提供图片。

他“种族性”的接触传染病史,而“在种族上破坏”这桩婚姻。“适婚证明”制度使政府获得了接纳并记录合适者,以及将“‘异己’种族和‘低级种族’排除在‘国家社区’”之外的权力。通过“适婚证明”调查,纳粹政府完成了大多数德国人口的普查和登记工作,从而确定了哪些人是“异族”成员、哪些人是“种族上的残损者”。[31]

被定为攻击目标的“异己”民族之一是吉卜赛人(德文为 Zigeuner),或称为罗姆人。1935 年 11 月 26 日,内政部发布了一项特别法令,将吉卜赛人纳入《德意志帝国公民权法》(Reichsburgergesetz)的应用范围。同一天,一位纳粹政府官员声称,由于“吉卜赛人、尼格罗人及其非婚生子女”身上流淌着“异族的血液”,所以是雅利安血统的污染物,并禁止雅利安人与以上种族通婚。虽然直到 1943 年,罗姆人名义上还都保留帝国公民身份,但他们的其他权利很快就被国家全数剥夺。1935 年 12 月 1 日,弗里克在《德意志法学家报》(*Deutsche Juristen-Zeitung*)上发表文章,声称跟犹太人一样,罗姆人和黑人也不可能成为德国公民。五周后,弗里克的内政部发布法令:“除了犹太人之外,一般情况下,吉卜赛人也属于欧洲的异己种族。”3 月,弗里克下令废除全德国吉卜赛人和吉卜赛混血儿的投票权。到了 1936 年,“纳粹国防军”——这是德国武装部队的新名称——宣布,禁止罗姆人在军队服役。不过直到二战早期,德军中仍有几百名吉卜赛人士兵。[32]

德国医疗卫生界为《纽伦堡法令》的出台而击掌欢庆。《德国内科医师杂志》称新法律将保护德国免遭“异族”进攻,并净化第三帝国“民族的”灵魂。这家杂志特别推崇《婚姻健康法》,并断言这部法律将保证雅利安日耳曼民族的世代强健。这与希特勒的观点一样。后者也坚信,纳粹党的一系列种族性立法,将防止日耳曼雅利安血统被低级的异族所玷污。1935 年 11 月，他告诉一名《联合新闻报》的记者，制定《纽伦堡法令》的目标在于使德意志民族免遭犹太人和犹太布尔什维主义的消极影 121
响。他说，《纽伦堡法令》也保护了犹太人，因为自从该法出台之后，德国的反犹主义动乱实际上缓和了。同时，希特勒警告德国的犹太人社团，倘若他们再引发事端，纳粹政府还会制定新法保护国民。

德国的犹太人社团指望《纽伦堡法令》意味着近日这波反犹主义暴力高潮的终结。1935 年 9 月末，"德意志日耳曼犹太人帝国代表会议"（Reichsvertretung der Juden in Deutschland）宣布将试图与纳粹党达成一项临时过渡新协定。1939 年之前，德意志日耳曼犹太人帝国代表会议一直在事实上担当着第三帝国境内犹太人社团的利益代言机构，其领袖是利奥·贝克拉比（Rabbi Leo Baeck，1873—1956）和奥托·希尔施（Otto Hirsch，1885—1941）。"帝国代表会议"的领导层都希望《纽伦堡法令》为德国犹太人与纳粹党首脑建立某种新型的关系铺平道路。

希特勒和戈培尔为加拿大花样滑冰队成员签名，1936 年加尔米施-帕滕基兴冬奥会。美国大屠杀纪念博物馆照片序列号 02322A，国家档案与记录管理局（学院公园）提供图片。

纳粹雅利安奥运会（1936 年）

当然，现实与希望完全不同。1936 年，当纳粹党将关注的重心放在莱茵兰危机、2 月的加尔米施-帕滕基兴冬奥会与 8 月的柏林夏奥会时，他们针对犹太人的恶毒攻击再次稍加收敛。尽管如此，在官方和公开层面之外，在德国社会内限制犹太人地位和作用的行动从未停歇过。比如说，约瑟夫·戈培尔仍在继续他的"去犹太化"运动，通过"帝国文化议院"抵制犹太裔知识分子和艺术家。希特勒对戈培尔的行动表示赞许，尽管如此，在希特勒政府酝酿出兵重占莱茵兰和准备 1936 年奥运会期间，他本来打算暂停"去犹太化"运动。然而，1936 年初，纳粹党瑞士地区最高首脑威廉·古斯特洛夫(Wilhelm Gustloff，1895—1936)被一位犹太裔学生暗杀后，希特勒改变了主意。2月12日，在古斯特洛夫的葬礼上，希特勒恶毒攻击犹太民族。他声称数年来犹太人已经杀害了数十位纳粹党人，为此他已制定多项法案试图打击"我们的犹太敌人那充斥着仇恨的势力"，并保证"将对行凶者发动进攻"。[33]后来，希特勒禁止再对犹太人"采取个人行动"，不过，他仍允许戈培尔继续他的"去犹太化"运动，并进一步限制犹太人参加文化议院。[34]

122 希特勒在犹太人问题上的克制态度，是与他上台以来最大胆的一次国际冒险行动紧密联系的，那就是1935年3月7日非法占领莱茵兰。虽然法国人其实可以轻而易举地阻止这次占领，可是他们并没有这么做。德国民众为此欢欣鼓舞，而伊恩·克肖称，这次胜利使希特勒愈发坚信：自己永远也不会犯错。现在，他已完全将自己视为德国的弥赛亚。[35]

然而，国际社会对德国占领莱茵兰可能作出的反应，仍使纳粹党十分担心，他们竭尽所能，试图化解此次事件的影响力。在3月7日的国会演讲中，希特勒提醒法国人，他们的运动员在2月的加尔米施-帕滕基兴冬奥会上获得了多好的待遇。在冬奥会开幕前，希特勒就下令撤除加尔米施所有的反犹主义标语，在筹备第11届柏林夏季奥林匹克运动会时(1936年8月1日至16日)，希特勒也打算在全国范围内作同样的安排。纳粹官员还命令柏林警察局围捕了几百名罗姆人，并把他们送到马灿附近一个特别的营地，以使他们在公众的视野中消失。虽然美国等国正试图发动对纳粹奥运会的抵制，但希特勒还是希望第11届夏奥会能展示给世界一个全新的、繁荣的、稳定的德国。

希特勒掌权后不久，"帝国体育长官"(Reichssportführer)汉斯·冯·恰默尔-奥斯特(Hans von Tschammer und Osten，1887—1943)管辖的"德意志帝国体育运动联盟"(Deutscher Reichsbund für Leibesübungen，DRL)就开始禁止非雅利安人参与本组织资助的比赛项目。这就意味着很多世界级的犹太裔运动员，都被驱逐出了各项运动的德国国家队。比如拳击选手埃里克·西利格(Erich Seelig)、德国顶级网球选手丹尼尔·普瑞恩博士(Dr.Daniel Prenn)以及跳高选手格莱特尔·伯格曼(Gretel Bergmann，生于1914年)等。他们现在只能参加一些犹太人体育俱乐部——诸如"马加比"和"盾"——组织的竞技活动，那里的设施比德意志帝国体育运动联盟赞助的活动差得多。德国中量级拳击冠军约翰·"卢克利"·特洛尔曼(Johann "Rukelie" Trollmann，1907—1943)是一个罗姆人，因此也被剥夺了参加德意志帝国体育运动联盟赞助的体育活动和使用其器械、场地的权利。特洛尔曼后来被强制绝育，并在东线国防军中服役。1943 年，他被送往诺因加墨集中营，在那里，因为罗姆血统而被杀害。

1931 年德国获得奥运会主办权，被视为其重返国际正常地位的标志。两年后希特勒攫取政权，并开始迫害犹太人，此后在美国和其他一些国家，人们开始质疑当年让德国举办奥运会这一外交政策的明智性。美国“犹太人委员会”和“犹太劳工委员会”强烈要求抵制德国奥运会，美国一些杰出的政界领袖——比如纽约州州长阿尔·史密斯（Al Smith，1873—1944）也支持抵制。而著名罗马天主教杂志《公益》称，类似的抵制将“给彻底违背基督教教义的纳粹青年学说盖上批准印章”。[36]美国和欧洲的犹太裔运动员则选择以个人身份抵制 1936 年奥运会。

尽管全球范围都爆发出强烈的抵制之声，但“国际奥林匹克委员会”仍决定 1936 年奥运会如期、原地举行。欧内斯特·李·杨克（Ernest Lee Jahncke，1877—1960）因公开反对国际奥委会的这一决定而被迫辞职，美国前奥委会主席艾弗里·布伦戴奇（Avery Brundage，1887—1975）取代他当选奥委会委员。后者在 1972 年曾制造了一次震惊世界的举动。当时正值慕尼黑奥运会期间，阿拉伯恐怖主义者绑架并杀害了 9 名以色列运动员。事件发生后，时任国际奥委会主席的布伦戴奇力排众议，作出“奥运会必须继续进行下去”的决定。不过在 1935 年，他曾指责美国抵制运动的背后隐藏着一个“犹太共产主义者”策划的阴谋。他说，政治不得干预体育，并劝告美国运动员不要被卷入德国“当前的犹太—纳粹争执”。[37]

作为对抵制威胁的回应，纳粹党承诺将不会禁止犹太人参与奥运会比赛项目，123
也不会将德国犹太人开除出国家队。确实有几位犹太人成了奥运大家族的成员。有一半犹太血统的海伦妮·迈尔（Helene Mayer，1910—1953）1928 年曾为德国赢得过一枚奥运金牌，1936 年也是德国击剑队的一员。鲁迪·巴尔（Rudi Ball，1910—1975）也有一半犹太血统，1936 年他曾代表德国冰球队参加了冬奥会。沃尔夫冈·菲尔斯特纳上尉（Captain Wolfgang Fürstner，出生年份不详，卒于 1936 年）是柏林奥运村的建造者、组织者和运营者。奥运会闭幕两天后，他自杀身亡，原因是发现由于自己的犹太背景，军队已将他开除。

1936 年冬夏两届奥运会，堪称一场纳粹主义的奇观胜景，而这场奇观的总设计师，就是戈培尔和希特勒的私人建筑师阿尔伯特·斯佩尔（Albert Speer，1905—1981）。一年前，戈培尔就委派莱尼·里芬施塔尔拍摄柏林奥运会，成果就是《民族的节日》（*Fest der Völker*）和《美丽的节日》（*Fest der Schönheit*）。戈培尔运用广播在世界范围、运用电视在地区范围播送奥运会的场面。奥运会的主会场，是一座巨大的、全新的体育场，其设计与建造就是表现一种“民族共同体”的精神。连厌恶体育运动的希特勒，都被这一长达16天的盛事所吸引。开幕式上，一些外国运动队被这个戈培尔营造的胜景所打动，以至于排队经过希特勒所在的检阅台时，竟然情不自禁地向“元首”行了纳粹的致意礼。不过包含非洲裔和犹太裔运动员的美国队，拒绝给予希特勒这样的“尊敬”。

然而，比赛的结果，非洲裔运动员赢得14枚奖牌，犹太裔或具有犹太血统的运动员也赢得14枚奖牌，这令希特勒大感挫败，他本希望这次奥运会能成为纳粹种族理论的充分证明。特别是天才黑人短跑选手杰西·欧文斯（Jesse Owens，1913—1980）连得100米、200米、跳远和4×100米接力四个冠军之后。不过，艾弗里·布伦戴奇将美国男子短跑接力队内的两名犹太选手马蒂·克里格曼（Marty Glickman，1917—2001）和萨姆·斯托勒（Sam Stoller）撤出，代之以两位非洲裔选手——欧文斯和拉尔夫·梅特卡夫（Ralph Metcalfe，1910—1987），这使欧文斯的光辉成就蒙上了一层阴影。

关于1936年奥运会的一个神秘的说法是，希特勒拒绝与赢得奖牌的美国黑人运动员握手。不过，杰西·欧文斯在他的回忆录中写道，有一次当他经过主席台时，希特勒曾站起来向他挥手。时任国际奥委会主席的亨利·巴耶-拉图尔伯爵（Count Henri Baillet-Latour，1876—1942）告诉希特勒，要么跟所有获得奖牌的运动员握手，要么一个也别握。希特勒选择一个也不握，不过他确实曾努力抑制，不对美国队黑人运动员的成功表现出明显的沮丧。他对“纳粹青年团领袖”巴尔杜·冯·席拉赫（Baldur von Schirach，1907—1974）说：“美国人该感到羞耻，因为他们竟然让黑人替自己赢得奖牌。”[38]

尽管遭到一些质疑，但1936年德国奥运会绝对是一次宣传战略上的极大成功。德国队获得89枚奖牌，其中包括33枚金牌；美国获得56枚奖牌，其中包含24枚金牌。奥运会的结果达到了希特勒和戈培尔之前期望的一切，并且至少在一段时间之内，似乎消解了部分国际社会对第三帝国的尖锐批评。在与美国犹太人领袖、奥运会抵制运动的主导者之一史蒂芬·S·怀斯拉比（Rabbi Stephen S. Wise，1874—1949）的谈话中，富兰克林·罗斯福（Franklin Roosevelt，1882—1945）说，他听说奥运会期间德国的犹太教会堂是完好无损的，而且第三帝国犹太人的生活已经恢复正常。不过，怀斯等一些犹太人领袖是知道真相的。比如，一名叫威廉·夏尔（William
124 Shirer，1904—1993）的美国记者在报道中写道，其实一切都没变，奥运会仅仅是掩盖了“德国人生活的可耻转变”。[39]少数外国观察家得出了同样的结论，而大多数亲历过 1936 年奥运会的人却只看到了他们想看到的。将纳粹德国作为一个现代的、强大的、复兴的国家，当然比把它看作一个由黑暗的种族主义理想驱使的警察国家，在心理上更容易接受。

“雅利安化”运动与通向“水晶之夜”的道路

奥运会闭幕后几天，希特勒公布了一个特别备忘录，详细描述自己的宏观经济和重整军备的思想，并以此作为新的“四年计划”的基础。希特勒称，只有获得“生存空间”，德国才能扩展本国人口，才能得到新的原材料资源；只有这样，德国才能达到未来的伟大地位。否则，德国将被犹太人操纵的苏联活活吞没。希特勒认为，拓展“生存空间”是一项长远目标，而当务之急则是给予帝国打造一流军队所需的足够的经济资源。赫尔曼·戈林一手打造的“四年计划”，根本出发点就是以上理论。“四年计划”依此提出犹太人在德国经济中扮演的角色问题。以亚尔马·沙赫特(1877—1970)为首的一些纳粹经济领袖，反对将犹太人财产全盘雅利安化，理由是这将产生对政府不利的经济后果。在纳粹攫取政权之时，全德国约有 5 万家犹太人经营的商业机构。到了 1938 年夏天，还有约 9 000 家犹太商行仍在运营。[40]激进派纳粹党首脑无法容忍这么多犹太公司继续存在。然而，由于雅利安化是与对犹太人物资的可及性联系在一起的，而这通常被当作迫使犹太人离开德国的谈判条件之一，所以，对纳粹党领袖来说，在全国范围内直接接收犹太人财产是有难度的。再加上一些仍保持理性的人物——比如沙赫特——还对德国的经济问题享有话语权，因此，在德国经济体系中立刻排除犹太人的存在将很困难。

还有人质疑犹太人移民政策的合理性。1937 年秋天，“帝国保安部”(原文缩写为 SD，为党卫军和纳粹党的情报机构)2/112 部(即阿道夫·艾希曼所在部门)首脑赫伯特·哈根(Herbert Hagen，1913—1985)呈递了一份关于犹太人移民至巴勒斯坦的报告。在此之前，哈根和艾希曼刚刚在巴勒斯坦和中东地区进行了一次长达一个月的实地考察，他们注意到，英国政府最近公布的“皮尔委员会”报告，提议在巴勒斯坦地区建立两个彼此独立的国家，分属犹太人和阿拉伯人管辖，哈根认为这将对纳粹的移民计划造成新的问题。如果英国真的批准了建立独立的犹太人国家的计划，德国犹太人将获得特殊的少数民族地位，从而运用外交力量激化已经在进行中的针对德国的国际犹太人抵制运动。总之，哈根认为，德国和英国应继续与犹太复国主义者合作，促使犹太人移居出德国，并“削弱德国犹太人社会中主张社会同化的因素”。[41]

尽管如此，大量犹太人口的存在，及其在德国经济中发挥的持续性作用，与日耳曼雅利安的理想是根本抵触的。从 1937 年起，希特勒开始为战争作准备。沙赫特辞职后，戈林以及时任“安全警察和帝国保安部主任”的莱因哈德·海德里希（Reinhard Heydrich，1904—1942）的势力加强了，他们开始推动更大规模的犹太人财产雅利安化运动。1938 年 3 月 12 日“德奥合并”之后艾希曼在奥地利的成功，也令戈林和海德里希大受鼓舞。作为行动的第一步，海德里希请求艾希曼搜集关于犹太人移
125 民欧洲情况的备忘录。德奥合并一周后，在奥地利林茨长大的艾希曼到达维也纳。他创办了“犹太人移民出境中央办公室”，后来在欧洲的很多纳粹占领地区，都以此机构为模板，建立了众多得到纳粹党支持的犹太人委员会。“中央办公室”的职员全部由犹太人组成，职责是在艾希曼的监控下，管理与被迫迁出的 20 万奥地利犹太人相关的行政和经济事务。艾希曼现在在奥地利犹太人问题上大权独揽，他给后者两个选择——要么移民出境，要么被送进集中营。在背后支持这个最后通牒的，则是艾希曼发动已久的“辨识与恐怖”运动。到了 1938 年 9 月，艾希曼报告说已有 5 万犹太人离开奥地利。他在柏林的上司当然很满意，于是提升他为党卫军二级突击队中队长兼武装党卫军中尉。[42]

德奥合并也使国际社会对犹太人大举迁离“大德意志帝国”的行动报以越来越多的关注。罗斯福总统要求召开国际会议，讨论办法，解决犹太人移民出奥地利和德国后的安置问题。结果就是 1938 年 7 月 6 日至 15 日，在法国召开的“埃维昂会议”。会议决定建立“难民问题政府间委员会”（英文缩写为 ICR），以帮助应付德国的犹太裔难民，尽管如此，32 个与会国中的大多数均拒绝接收逃亡的犹太人。美国当时接收德奥难民的年度限额是 27 370 人，在会上它同意将这一限额适用于犹太人，但英国却拒绝再接收任何一个犹太移民进入巴勒斯坦和英国本土。关于犹太难民问题，这次失败的行动进一步助长了纳粹首脑的气焰，对仍留在第三帝国境内的 50 万犹太人，他们打算采取更具侵略性的行动。

在德国国内，1937 年底，尤利乌斯·施特莱歇尔在纽伦堡发起了另一场针对犹太人的抵制运动。在接下来的四个月内，戈林又炮制了一系列法律和法规，使得犹太人在商业领域的地下活动愈发困难。而四处爆发的各种各样的反犹抵制运动进一步加强了强制性雅利安化运动的力度；结果就是，幸存的犹太人拥有或参股的公司中，约 80%都被政府接管。1938 年 3 月 28 日，《犹太宗教社团法律地位法案》（Gesetz über den rechtlichen Status der Jüdischen Religionsgemeinschaften）撤销了对犹太人社团的法律保护。纳粹官方也开始打击德国的外国犹太人社团，特别是 7 万波兰犹太人。1938 年夏天，纳粹暴徒经常蓄意损坏犹太教会堂和犹太人的墓地，在

慕尼黑和纽伦堡，此类暴行已经发展到失控的地步，当地的犹太教会堂被彻底摧毁。盖世太保以捏造的罪名逮捕了 1 500 名犹太裔“反社会分子”，并将他们送往魏玛附近的布痕瓦尔德集中营。8 月时，德国政府下令，所有犹太人都必须在名字中加上“以色列”或“萨拉”；不久，在瑞典和瑞士的狂热暴乱中，所有犹太人的护照都被加盖上了红色“J”印记，意为“犹太人”。

戈林支持对犹太人采取“有序的”合法行动，所以这波新的反犹主义暴力令他大为恼怒。他向希特勒抱怨，并允诺将尽快解决“犹太人问题”，而希特勒则下令停止“莽撞的”暴力。然而，在纳粹党领导集团内部，关于究竟怎样才是处理这个问题的最佳方式，仍存在很大的分歧。诸如戈培尔这样的激进派认为暴力和抵制是解决犹太人问题的关键，而戈林、海德里希、艾希曼等人则试图寻求更有序、更稳定的处理方式。1938 年 11 月的“水晶之夜”(Kristallnacht)计划，则使这个问题发展到最紧急的关头，并永远地改变了德国对犹太人的态度。

以上一切，都必须放在纳粹党的世界目标和成就的视野下来理解，而希特勒在国际舞台上的一切行动和企图，都与其国内的种族政策存在着千丝万缕的联系。伊 126
恩·克肖认为，这个意识形态的密切结合，其背后的推动力来自希姆莱及其“党卫军”领导集团，“他们正寻求取得一些区域性的成就，以便获得进行意识形态实验的机会，从而实现一直以来的目标——在被选中的‘党卫军’精英阶层的率领下，从种族上净化大德意志帝国。”[43]希特勒在奥地利的成功已使“党卫军”领导集团欣喜若狂，而 1938 年秋天，形势又进一步恶化了。希特勒污蔑捷克斯洛伐克政府粗暴对待境内苏台德地区的日耳曼人，并以此为由发出战争威胁。英法忌惮于希特勒的淫威，联合导演了一出政治丑剧，将苏台德强行转让给德国。

党卫军一直自视为纳粹种族主义意识形态和血统纯净的象征和保护人，因而将“残酷地消灭日耳曼人的意识形态敌人”“当作自己的使命”。1938 年 11 月初，希姆莱在一次党卫军首脑的集会上，发表了一通宣言：

> 我们心里必须明白，在未来的十年内，我们将遭遇前所未闻的严峻斗争。127
> 这并不仅仅指国家之间的冲突，倘若如此的话在战场上和对手战斗，就能解决问题，我们将遭遇的斗争还包括与全世界所有犹太人、共济会成员、马克思主义者和各个基督教派别进行的“意识形态”方面的斗争，其中犹太人将是这些势力的驱使者和操纵者，是一切负面事物的始作俑者。他们清楚地知道，如果德国、意大利不被消灭，他们自己将被消灭。这就是结论。犹太人不得再在德国生存。这个问题已经困扰我们很多年了。运用史无前例的冷酷和残忍，我们将把他们一批接一批地赶出去。[44]

尤利乌斯·施特莱歇尔的《毒蘑菇》中的插图,标题说明写的是:“每当你看到十字架,就要记住,残忍的凶手就是各各他的犹太人。”图片来源:《毒蘑菇》,公共领域。

“水晶之夜”(或称为“碎玻璃之夜”)正是在上述紧张的意识形态斗争氛围中爆发的。它正式开始是在11月9日(当天也是慕尼黑“啤酒馆暴动”15周年纪念日)。那一天到来之前两天,一个叫赫歇尔·格林斯潘(Herschel Grynszpan,1921—1942?)的波兰裔犹太人在巴黎枪杀了一名叫恩斯特·冯·拉特(Ernst vom Rath,1909—1938)的德国低阶外交人员。当年10月底,格林斯潘的父母及其他16 000名波兰裔犹太人,被德国政府以屈辱性的方式驱逐回波兰。他的刺杀行动就是对纳粹党政策的报复。刺杀事件发生后,德国报纸立刻大举煽风点火,在全国引发了针对犹太社团的暴力攻击。9日,当冯·拉特的死讯传回德国后,纳粹领导集团将先前对犹太人及其财产的“盲目、莽撞”攻击,转变成一场官方支持的统一行动。在接下来的几天内,纳粹凶徒摧毁和破坏了超过1 500座犹太教会堂,以及成千上万个犹太商行和住宅。还有大量犹太人被杀,受重伤者不计其数。到了11月16日,盖世太保已围捕30万犹太男性，并把他们全数送往达豪、布痕瓦尔德和萨克森豪森集中营。根据莱因哈德·海德里希的估计，犹太人的财产损失将达到2亿帝国马克（约合8 000万美元），不过损失额后来被德国保险业降低为3 900万帝国马克（约合1 560万美元）。这个数字还包括暴徒从犹太人商店、公司和住宅里掠走的货物，总价值约为350万帝国马克（约合140万美元）。

国际社会对“水晶之夜”的反应令一些纳粹党首脑感到忧虑。帝国经济部长瓦尔特·丰克（Walther Funk，1890—1960）对戈培尔的行动大为恼怒；而希特勒的外交部长约阿希姆·冯·里宾特洛甫（Joachim von Ribbentrop，1893—1946）则担心这次事件可能给德国外交政策带来的冲击。11月10日，戈培尔发布媒体声明，目的在于平息上述担忧：

> 懦弱的杀人犯在巴黎谋害了一名外交官，为此德国民众的愤怒是正当、合理、可以理解的，昨天晚上，他们的愤怒在广阔的范围内表现出来了。在德国境内很多城市和村庄，人们破坏犹太人的住宅和工作场所，施与报复。
>
> 现在政府已经严令禁止全体民众再对犹太人进行任何形式的攻击。犹太人在巴黎的侮辱和暴行，最终将以司法途径作出答复，也就是法令方式。[45]

“水晶之夜”大屠杀也激怒了戈林，他很快再次明确表态，主张控制犹太人的政策。11月12日，戈林在他的航空部召集纳粹党高级首脑开会，讨论德国未来对犹太人的基本态度。利用这次机会，他再次申明，自己才是雅利安化进程的操纵者，并强调在犹太人方针上一定要加强协调。他对不听指挥的反犹主义暴力行径提出了极其严厉的批评，理由是此类行径将严重损害德国的经济。戈培尔当时更感兴趣的议题，似乎是在被烧毁的犹太教会堂原址上建停车场，他还要求政府禁止犹太人出现在一切公共场合——包括德国的森林，因为“他们的挑衅可能会引发混乱”：

> “成群的犹太人在格吕内瓦尔德森林里面东奔西跑”（戈培尔说），“这永远
> 是个危险的挑衅——我们随时都可能处于混乱中。犹太人的所作所为太令人 128
> 气愤了，随时有可能引爆民众的情绪。”“那么”，戈林的回答带有强烈的挖苦语气，“那么我们就得在森林里给犹太人划出一个单独区域，由游骑兵把守，确保各种像犹太人的可恶动物——以及长着钩状鼻子的麋鹿——进入犹太森林区，然后跟他们一起定居在那里。”[46]

这次会议讨论了建立犹太人隔离社区的可能性，海德里希还建议政府要求犹太人佩戴特殊的臂章。他请与会者注意，艾希曼在奥地利取得的成功。纳粹首脑们还花了很长时间讨论该由谁为“水晶之夜”的破坏作出赔偿：戈林坚称由德国的保险公

Der Stürmer

Deutsches Wochenblatt zum Kampfe um die Wahrheit

HERAUSGEBER: JULIUS STREICHER

Nummer 4 | Nürnberg, im Januar 1939 | 17. Jahr 1939

Jüdischer Racheschrei!

Schauerliche Bekenntnisse eines Juden

Kreuzigung

Aus dem Inhalt

Die Juden sind unser Unglück!

《先锋报》封面宣告，恩斯特·冯·拉特被赫歇尔·格林斯潘“钉死在十字架上”。下方的文字是：“犹太人是我们的灾祸”，约 1939 年。美国大屠杀纪念博物馆照片序列号 31520，弗吉尼厄斯·戴博奈（Virginius Dabney）提供图片。

129 司赔付犹太人的损失，当然所谓犹太人的损失，绝大部分是被德国政府强占了。戈培尔则提议以冯·拉特被杀案和“水晶之夜”为由，向犹太人征收 10 亿帝国马克（约合 4.01 亿美元）的“赎罪罚款”。

会议之后，戈林发布了若干法令，向犹太人社团强征 10 亿帝国马克的罚款，并要求犹太人自行承担财产损失。他还宣布，1939 年 1 月 1 日之后，犹太人均不得在德国经济中进行任何形式的参与。三周以后，戈林命令海德里希模仿艾希曼在奥地利的做法，创建和管理一个德国版的“犹太人移民出境中央办公室”。1939 年初出台的其他法令还禁止犹太人诉诸德国法庭，寻求获得“水晶之夜”破坏的赔偿。官方要求关闭一切犹太组织，只有一个例外，就是“德国犹太复国主义者联盟”，因为政府认为这个组织可对促进犹太人移民出境发挥作用。1939年7月，纳粹党创办了一个新的德国犹太人群体的代表机构——“德国犹太人帝国协会”(Reichsvereinigung der Juden in Deutschland)。除了唯一的《犹太时事通讯》，所有犹太人经营的报纸也被强行取缔。

国际社会对“水晶之夜”的反应各异——从极度愤慨到稍感忧虑。德国驻美大使汉斯·迪克霍夫(Hans Dieckhoff，1884—1952)称美国的反应“如暴风骤雨般狂怒”，纽约市长费奥雷罗·拉瓜迪亚(Fiorello La-Guardia，1882—1947)组织了一支由12名犹太警察组成的“纳粹警卫队”，专门负责德国领事馆的安保工作。[47]英国的反应也同样严厉，不过在欧洲其他国家，政府出于政治或外交考虑，往往压制民众的义愤。很多美国报纸将“水晶之夜”归咎于内维尔·张伯伦错误的“绥靖政策”。然而，大部分报道并未能领会“水晶之夜”的致命含义。一些报纸还认为纳粹首脑——而非德国民众，应为可怕的大屠杀行为负责。

事实上，对希特勒过去不那么暴力的反犹主义政策，有一部分德国人一般是抱着支持态度的。但是“水晶之夜”使这些人又气又怕。戴维·班克尔(David Bankier)注意到，大多数德国民众从前都支持政府在社会上隔离犹太人，以及将其从德国经济中剔除出去的行为。除了他们，在整个30年代，还有些德国人继续与犹太人保持着密切的商业联系，不过与其说这是在为犹太人伸张正义，不如说是一种反纳粹主义的姿态。到了1938年秋天，在一般德国人心中，对即将到来的战争的忧虑，已完全掩盖了对犹太人悲惨命运的关心。不过，11月9日至10日的大屠杀改变了这一切。很多德国人谴责不分青红皂白滥用暴力的行为，并感觉自身安全也遭到希特勒政权的威胁，他们担心自己将会是下一个被打击的目标。“水晶之夜”之后，有些知识分子甚至给柏林的英国大使馆写信，表达歉意和羞愧。[48]

然而，这些反应都丝毫无法动摇德国的领导集团执行新的反犹行动的决心，特别是当他们清楚地意识到，大多数国家除了发布一纸外交抗议，表达对“水晶之夜”发生的悲惨事件的反对态度外，几乎完全无所作为。11月11日，戈林警告一批外国记者，如果犹太人操纵的国际报业继续批评德国，特别是在美国报纸上，那将造成无法估量的严重后果。他警告说，类似的批评“正在为德国犹太人自掘坟墓”。[49]戈培尔狠毒地说，第三帝国绝不会屈从于外国利益。德国犹太人的境遇，将与其自身的行为表现以及外国犹太人的行为表现，直接联系在一起。

1939年1月21日，在与捷克外长爱德华·贝纳斯(Edvard Benes，1884—1948)的谈判中，希特勒仍保持着纳粹党在此问题上的强硬态度。他说，他将摧毁犹太人，

130 决不允许他们在背后捅德国一刀，就像一战后期他们曾做过的那样。九天后，在帝国国会发表演讲时，希特勒宣告：

> 犹太人问题彻底解决之前，欧洲是无法获得和平的。或迟或早，欧洲内部各个国家之间很可能就能够达成一致，那时我们就会发现，原来我们取得相互理解是那么的容易。在地球上还存在足够的土地。
>
> 我还想说，今日可能将被德国人以及其他国家的民众共同铭记。在我的人生历程中，经常未卜先知，且经常因此遭人耻笑。在我为争夺权力而奋斗的过程中，我曾说过，有朝一日我将成为德国的主宰，到了那时，我要做的事情之一，就是解决犹太人问题。那时候犹太人对此不屑一顾。他们当时放肆地嘲笑我，现在我觉得他们的笑脸该变成哭脸了。今天，我要再扮演一回预言家的角色：如果欧洲内外的外国犹太金融家胆敢再一次将自己的国家投入世界大战，那么最终的结局，将不是布尔什维主义征服世界，不是犹太佬民族的胜利，而是犹太种族在欧洲的彻底灭绝！[50]

在希特勒发表上述演讲的时候，他正在计划侵占捷克斯洛伐克剩余领土，同时进行积极的战争准备。但是，他所说的犹太人“灭绝”到底是什么意思呢？并没有档案表明当时纳粹党已下定决心彻底摧毁第三帝国的犹太族群。然而，使用“灭绝”一词，特别是与“水晶之夜”大屠杀的“成就”联系起来观察，的确标志着德国在“犹太人问题”政策上的一次重要转折。毫无疑问，这次态度的转向与希特勒成功的国际冒险有关，现在他已经越来越坚信，自己是不可战胜的。

纳粹党现在试图为德国犹太人寻找新的安置地，然而绝大多数国家都不愿意接收新移民。不过，美国、英国和巴勒斯坦等地的犹太人组织一直在向各自政府施加压力，试图使本国增加接收犹太难民的限额。英国政府的确建立了“儿童转移”网络，接纳了10 000名德国犹太裔儿童，但却拒绝允许另外21 000名儿童进入巴勒斯坦。不管怎样，1938年，仍有36 000名犹太人得以逃离德国，1939年这个数字为77 000人。而对那些不能或不愿离开德国的犹太人来说，生活已变得日益艰难。

维克多·克伦佩雷尔（Viktor Klemperer，1881—1960）是一位世俗犹太人，在德累斯顿技术学院担任罗曼语系①教师。他在日记中写道，犹太人发现，“水晶之夜”之后，德国已笼罩在“极度压抑”和混乱的氛围之下。一个朋友建议他们变卖全部财产

---

① 罗曼语系亦称意大利克语族、罗马语族和拉丁语族，主要包括从拉丁语演化而来的现代诸语言，包括法语、意大利语、罗马尼亚语、罗曼什语、葡萄牙语、西班牙语、加泰罗尼亚语等。——译者注

赶快逃亡，因为犹太人“将失去一切”。尽管克伦佩雷尔选择留在德国，但他还是注意到，对留守犹太人来说，他们的生活已经变得“死一般的悲惨”，并且逐渐赤贫化。[51]在这段时间，逃亡者大多是年轻人，而留下来的犹太人中，将近60%都是中年以上的人和穷人。

没有哪个事件比“圣路易斯惨案”更能体现出德国犹太人在逃往外国、寻求避难的过程中抱持的极大恐慌了。1939年5月13日，装载着937名犹太人的“圣路易斯号”从德国汉堡出发，前往古巴，937名乘客中，有734人拥有美国移民文件，有权进入美国并居留三年。悲惨的是，就在“圣路易斯号”起锚的前一天，船主获悉，古巴政府已取消了这些临时旅行文件的效力，这就意味着，船上乘客必须凭借完整的古巴签证才能入境，而他们自己却丝毫不知情。“圣路易斯号”到达哈瓦那时，古巴官员 131
向乘客索要46.5万美元的“落地约定费”，声称只有这样才允许他们下船。“美国犹太人联合分配委员会”出面协商，但因无法筹集到腐败的古巴官员索要的贿金，谈判无果而终。有几个乘客得以设法成功上岸，但大多数人不得不待在船上。

美国犹太人联合分配委员会与古巴政府的谈判仍在进行当中时，“圣路易斯号”不得不驶离古巴。当船驶入美国海域，并向佛罗里达靠近时，美国海岸警卫队多次对其进行监控和阻挡。最终，尽管美国犹太人联合分配委员会承诺为船上剩余的907名乘客，以及其他两艘船上的150名犹太人支付4 435万美元①的入境费用，但与古巴政府的谈判还是宣告破裂。古巴政府的贪婪及其国内民众反犹主义情绪的爆发，使得这次交易没能达成。6月7日，“圣路易斯号”再次起锚，缓缓向汉堡返航。“圣路易斯号”的船长名叫古斯塔夫·施罗德(Gustav Schröder)——以色列犹太大屠杀纪念馆后来授予他“国际义人”称号——他一直对船上乘客怀有仁慈之心，此时又在考虑在英格兰海岸停泊的可能性。“圣路易斯号”在绝望中直接给罗斯福总统发电报寻求帮助。电文称被困乘客中有400名以上都是妇女和儿童。然而，白宫方面自始至终都没有给予任何答复。6月10日，一位《纽约时报》的编辑在报道中，准确地捕捉到“圣路易斯号”这次被诅咒的“奥德赛之旅”的悲剧本质：

> 我们很难体会，被放逐到遥远的异国他乡，该是多么的苦痛。我们生活在自由的国度，根本无法想象，无助的家庭有家不能归，被关押在多瑙河贫瘠的小岛上，或者被驱赶进入波兰疆界，或者在巨大的恐慌中逃往瑞士或法国。然而这一次，这些被放逐的人就在我国的海岸线边漂浮。其中很多人都在美国的配额名单

---

① 原文如此，疑数字有误。——译者注

> 上，以后是有权进入我国的。几个小时过去了，他们的下一步航行方向仍不明朗。我们只能希望，某个地方的某个人能施与仁慈之心，他们能找到一处避难所。“圣路易斯号”航行向上帝控诉，人类怎么能够这么残酷无情地对待自己的同胞。[52]

幸运的是，美国犹太人联合分配委员会通过谈判，与英国、法国、荷兰和比利时政府都达成了协议，“圣路易斯号”上的犹太难民终于暂时有了容身之处。1939 年 6 月 17 日，客轮在比利时安特卫普停靠，大部分乘客在这里上岸，其中 224 人被送往法国，211 人留在比利时，181 人去了荷兰。当时，还没人预见到这三个国家的犹太人未来的悲惨命运。他们中的大多数后来被纳粹德国及其胁从杀害，只有被送到英国的犹太乘客得以幸免。

“圣路易斯号”在安特卫普靠岸前几天，“帝国保安部”2/112 部发布报告，谴责一些国家和犹太人组织对犹太难民关上了大门。而当时，希特勒已将波兰锁定为下一个进攻目标。这个国家拥有 300 万犹太人。纳粹头目们必须另寻他途，应付令他们厌烦的、但仍不断膨胀的犹太人口。

1939 年哈瓦那，犹太难民登上“圣路易斯号”轮船。美国大屠杀纪念博物馆照片序列号 11291，国家档案与记录管理局（学院公园）提供图片。

早期强制绝育运动

“犹太人问题”是纳粹意识形态体系中最重要的一环，涉及西方传统中集体的历史、种族、民族等方方面面的偏见。尽管纳粹德国首先是一个“种族国家”，但它憎恨与歧视的网络范围要宽广得多。任何一个被这个网络卷入其中的群体，其成员都不得不面对纳粹制定的各种各样、错综复杂的政策，这些政策的共同目的就是削弱或者降低这个群体可能对德国社会造成的威胁。1933 年初希特勒上台之后几个月，纳粹党就开始了第一次攻击性的行动，针对的目标是残疾人或有生理、心理缺陷者。德国还开始对德国境内的黑人或非洲裔人口以及部分罗姆人实行强制绝育。

在精神上和身体上对残疾人或有生理、心理缺陷者实行绝育，这一理念深深地根植于 19 世纪和 20 世纪初科学的理念与实践之中。在希特勒攫取政权之前，美国一半以上的州都在法律中明文规定，允许对那些患有严重精神疾病的人实行强制性绝育。20 世纪 30 年代，很多国家也出台了类似的法律。第二帝国和魏玛共和国时期，德国的种族科学家已经开始倡导绝育政策。希特勒也是这一诉求的支持者。他在《我的奋斗》中写道：

> 让那些患有不治之症的人持续污染其他的健康人群，这实在是一个权宜之举。为了避免伤害 1 人，而令 100 人受难，这与人道主义原则是一致的。禁止有缺陷的人繁殖出同样有缺陷的后代，却是最符合理性的诉求。如果能够系统地实施这一做法，将代表人类最仁慈的行动。它将使数百万人从不应遭受的痛苦中解脱出来，从而使本民族的整体素质持续改进……如果必要的话，患有不治之症者应被冷酷地隔离，这对不幸罹患疾病的人确实有些残忍，但对他的同胞和后代来说，却是一件好事。一个世纪中短暂的痛苦，能将新千年从无尽的痛苦中解救出来。[53]

经过 1932 年夏天的激烈讨论，“德意志医学联盟”和“普鲁士卫生委员会”决定向国会提交一份法案，内容是关于对残疾人实行志愿的、并在医生监督下的绝育。
虽然这项法案在魏玛共和国时期始终未获通过，但普鲁士卫生委员会的绝育法案， 133
在第二年夏天成为纳粹德国更广泛和更严厉的绝育法案的基础。

1933 年 7 月 14 日，国会通过了德国第一个绝育法案——《预防遗传病患者后代法》(Gesetz zur Verhütung erbkranken Nachwusches)。法案规定，对罹患内科遗传疾病的残障者——诸如智力低下、精神分裂症、狂躁抑郁症、癫痫、亨廷顿舞蹈症、失明、聋哑、身体畸形以及严重酗酒成瘾者，允许对其进行强制性绝育。两个月后，又有两项法律出台：《打击危险惯犯法》(Gesetz gegen gefährliche Gewohnheitsverbrecher)和《安全与改革措施法》(Gesetz von Maßnahmen für Sicherheit und Reform)，将打击的对象扩展至“离群索居的反社会者”，尤其是罗姆人或称吉卜赛人。现在，一旦被定为惯犯，将面临更长的刑期，而性偏离者将被强行去势。1935年，《婚姻健康法》(Ehegesundheitsgesetz)则禁止罹患严重遗传疾病者与“基因上”健康的日耳曼人结婚。

国会通过绝育法案之后 11 天，德国政府就建立了“遗传卫生法院”(Erbgesundheitsgericht)。这个机构由两名外科医生和一名律师组成，专门负责复审卫生保健机构专业人员提交的绝育申请。1933 年至 1945 年间，政府共对 36.5 万至 40 万德国人实行了强制绝育，绝大部分都是在 1934 年至 1937 年间完成的。遗传卫生法院系统已膨胀至 1 700 个法庭，被执行强制绝育者中人数最多的是“智商低下者”(官方说法为 Schwachsinnige，意为“精神薄弱者”)，其次是严重精神病患者、癫痫症患者以及严重酗酒者。虽然生理缺陷者的家庭成员有权质疑绝育裁决，但只有 11%的裁决最终被推翻。输卵管结扎和输精管切除是最常用的绝育手段，不过有时德国医生也运用“X 光”等方法。

德国政府实施强制绝育的对象，还包括“莱茵兰杂种”(Rheinlandebastarde)，即 20 世纪 20 年代协助法军占领莱茵兰地区的非洲军队与当地妇女的后代。根据克拉伦斯·卢塞恩(Clarence Lusane)的估计，在希特勒登上权力巅峰的 1933 年，约有两万非洲人后裔居住在德国。[54]希特勒憎恨黑人，特别是所谓的“莱茵兰杂种”，并且在《我的奋斗》中多次提到他们。他声称，犹太人已将“尼格罗人”带进莱茵兰，目的在于使白种人“蜕化变质”。他将黑人视为“半人半猿”，并认为与其教育黑人，还不如训练贵宾犬。他认为黑人来到欧洲，这全怪法国人：

> 正因如此，法国现在是、将来也是最可怕的敌人。这个民族，现在基本上越来越尼格罗化了，而且与犹太人统治世界的目标紧密联系，因此是白种人在欧洲生存和发展的巨大威胁。莱茵兰位于欧洲的心脏地带，而尼格罗人的血液已经将它玷污。我们那个世代的敌人——犹太人，他们心怀嗜虐的、性变态似的复仇欲望，通过冰冷的算计，以达到其核心目标——使欧洲大陆蜕化变质，并通过浸染低级的人性，剥夺白人种族作为至高存在的基础。[55]

1927 年，巴伐利亚官方曾提出过一个对“莱茵兰杂种”儿童实行绝育的提案，但“帝国卫生办公室”否决了这一提案，理由是这项措施可能会疏离这批儿童的母亲。纳粹党掌权之后，赫尔曼·戈林立刻下令普查、登记所有莱茵兰地区的“莱茵兰杂种”，并对 145 名儿童进行检查以决定其种族属性。

134 1935 年，德国政府宣称，所有“莱茵兰杂种”儿童都是强奸的产物，要么就是妓女的子女，因此将对他们实行强制绝育。两年后，盖世太保采取行动，拘捕了所有“莱茵兰杂种”，并将他们移交给“三号特别委员会”，这是一个为了监督对帝国的“莱茵兰杂种”儿童执行秘密绝育而特设的机构。从1935年至1937年，共有385名“莱茵兰杂种”被盖世太保强制绝育。1937年时，由于国际社会开始关注纳粹党的此类行径可能对当时居住在第三帝国的一些外国非雅利安重要人士造成威胁，强制绝育行动不得不短暂间歇。但当年下半年，行动就恢复了。我们现在很难确切地知道，“大屠杀”期间，究竟有多少所谓“莱茵兰杂种”被盖世太保执行强制绝育。

安乐死：理论与纳粹党的实践

尽管如此，在纳粹党看来，强制绝育运动的成果还不能令人满意，德国有太多“不值得活下去的人”(Lebensunwertes Lebens)，强制绝育还不能完全祛除这些群体和个人可能对日耳曼民族造成的威胁。“安乐死”却是一个解决办法。“安乐死”这个词来源于希腊文“euthanatos”，意思是“好的死亡”。“安乐死”的理念其实在古代社会就存在了。罗马历史学家苏维托尼乌斯[Suetonius，全名为盖乌斯·苏维托尼乌斯·特兰克维鲁斯(Gaius Suetonius Tranquillus，71—135)]是这个词的创造者，他用以表示仅仅通过不去治疗他或她的疾病，任由病人死去。中世纪时，罗马天主教会对安乐死抱谴责态度，因为教会认为只有上帝才有权决定人类的生死。教会还称，遭受病痛是救赎过程不可或缺的一部分，而安乐死与上帝的意愿相抵触。伊斯兰教在这个问题上的看法与基督教类似。弗朗西斯·培根爵士(1561—1626)赋予这个词新的含义，并强调医生在安乐死过程中的重要性。然而，正如普鲁士内科医生克里斯托弗·威廉·胡费兰(Christoph Wilhelm Hufeland，1762—1836)所说的：

> 大夫的职责就是维持生命，除此之外不应、也绝对不能再做其他事；病人生活的快乐或者不快乐、值得不值得，跟大夫没有关系。如果他在行医过程中将这些问题纳入考虑的范围，那结果将是无法预料的，大夫也将成为这个国家最危险的人。一旦越线一次，一旦大夫认为自己有权决定一个生命存在的必要性，那么再自然而然地前进一步，他就会将值得以及不值得的标准，应用到其他人身上。[56]

然而，另一位19世纪的德国评论家阿道夫·约斯特(Adolf Jost)在《死亡的权力》(*Das Recht auf den Tod*)中写道，应由国家——而非患者本人或者医生——掌握生或死的最终控制权。他认为，对于患有不治之症的病人来说，决定其命运的关键因素，是他们的死亡对一个民族的整体健康水平将带来的影响。约斯特还称，战争期间国家就在做出类似的决定，它决定为了民族的利益而牺牲某些人的生命。

到了20世纪早期，德国爆发了一场关于优生学的大讨论，“安乐死”的理念成为这场讨论的主题之一。阿尔弗雷德·普洛兹博士第一个使用“种族卫生学”(Rassenhygiene)来描述战争、革命和医疗保健在强化“蜕化人类血统”过程中所扮演的角色。1904年和1905年，普洛兹创办了《种族和社会生物学杂志》(*Archiv für Rassen und Gesellschaftsbiologie*)以及“种族卫生学协会”(Gesellschaft für Rassengygiene)，后者成为一战之前德国优生学研究的主要阵地。纳粹党将普洛兹尊奉为优生学研究领域的先驱，1936年，希特勒还授予他慕尼黑大学种族卫生学荣誉教授的职位。

在一战行将结束时，现实的考虑促使德国医学界提出关于维持重病者的生命所
135 耗资金的问题。此类质疑，当然也是更大范围的争论的一部分，这场争论涉及的问题还包括优生学、安乐死以及对“患遗传性疾病者”实行强制绝育等。一战期间，全德国的精神病院约有三分之一的病人死亡，其中一半死于营养不良。1920年，“德国精神病学协会”(Deutsche Gesellschaft für Psychiatrie)主席卡尔·邦赫费尔(Karl Bonhoeffer, 1868—1948)指出，一些德国的精神科医生曾放任精神病患者饿死，以便为战争储备粮食。同一年，著名法学教授卡尔·宾丁(Karl Binding, 1841—1920)和精神病学家阿尔弗雷德·霍切(Alfred Hoche, 1856—1944)在其著作《允许破坏不值得活下去的生命》(*Die Freigabe der Vernichtung lebensunwerten Lebens*)中，讨论了安乐死的问题。宾丁提议国家制定法律，允许“仁慈地杀死”那些被认为是“无可救药的低能者”，以及脑损伤的“植物人”。霍切和宾丁声称，这些人都属于“多余、无用的生命”，将消耗德国的社会资源。他们的观点令很多德国医生大感惊骇。作为回应，萨克森地区卡塔林霍夫精神病院主任埃瓦尔德·梅茨勒(Ewald Metzler)撰写了《不值得活下去的生命削减问题》(*Das Problem der Abkürzung 'lebensunwerten' Lebens*)。文中称，根据作者的调查，四分之三的残疾儿童的家长表示，如果他们的孩子遭受严重的身体或精神病痛，或者自己已经无法继续照顾孩子，将同意对孩子实行安乐死。

精神病患者不断攀升的护理费用，再加上不断增长的病人数量，也影响着德国人对安乐死的态度。从1924年至1929年，魏玛德国精神病人的数量由185 387人增加到30万人以上，而为精神病患者提供看护的机构却一所也没增加。1928年，“心理卫生协会”(Gesellschaft für Geisteshygiene)开始考虑用优生学的手段，治疗严重的精神疾病和酗酒症状，并处理德国社会的犯罪问题。20世纪30年代，随着在政府预算中份额的不断削减，也促使精神病护理的专业人士不得不考虑，采取优生学的方式，以应对本机构所面临的财政危机。当他们想尽一切办法应对困难时，选择

性地采用绝育手段，解决在德国人中长期存在的心理健康问题，已成为经常徘徊在医生们头脑中的一个设想。这种手段的应用范围，不仅包括住在特殊机构的重症病人，也包括那些与家人生活在一起的心理或生理缺陷者。

1929 年 8 月 5 日，阿道夫·希特勒在纽伦堡纳粹党代表大会上发表演讲，就提到了这个问题：

> 如果德国每年新增 100 万儿童，同时消灭 70 万至 80 万最严重的病弱者，那最终的结果将是民族实力的显著增长。对我们来说，最危险的做法是打断自然选择的过程，从而逐渐剥夺本民族获得有用人才的可能性……出于近代令人伤感的人道主义考虑，我们一直在以牺牲健康人的代价，维持那些病弱者的生命。我们做得太过分了，以至于那些自称具有社会责任的慈善者，甚至打算确保克汀病（白痴病）患者的生育权，要知道很多健康的人都得自我克制而不繁殖后代，有些人竟然认为这是完全合理的做法。罪犯具有生殖的权力，医疗机构在巨大的困难中，还得人为地维持蜕化堕落者的生命。就这样，我们一直在供养病弱者而杀死强壮者。[57]

1932 年，一名叫贝特霍尔德·基恩（Berthold Kihn，1895—1964）的精神病学家在《精神病学世界杂志》中发表文章称，德国的精神病治疗体系为财务问题所困，因 136
此需要激进的彻底解决办法。他写道，有四种方式确保日耳曼民族的健康："优生学婚姻咨询并禁止'不合适者'组建家庭；摧毁'不值得活下去的生命'；将被定为不适合生育者送进隔离收容所；对可能繁育出不受欢迎后代的人实行去势或绝育。"[58]

基恩还写道，每年德国要花费 1.5 亿帝国马克（约合 3 530 万美元）来治疗和护理全国的 3 万名"白痴"。如果国家将这 3 万名"白痴"安乐死，这笔钱将能更尽其用。然而，基恩最后说，德国还没为安乐死做好准备。那么，对这些"白痴"，暂时的解决办法就是人道的绝育。基恩的观点引发了激烈的争论，在精神病患者的医疗危机面前，德国的医生分裂成两派。一些人出于道德和职业的考虑，反对任何形式的绝育或安乐死；另一些人则支持绝育或其他优生学手段。

罗马天主教会和各新教教派也在优生学争论中扮演了重要的角色。1930 年，庇护十一世发表"教皇通谕"——《关于基督教婚姻》（Casti Connubi）。罗马天主教官方反对对心理和生理疾病患者和畸形缺损者执行任何形式的优生学措施，其伦理基础就是在这篇教皇通谕中奠定的。当然，教会还表示，并不干涉天主教徒个人支持此类行动。另一方面，一些德国的新教徒却支持自愿绝育，并将其作为有利于后代的积极措施。不过，不论是罗马天主教会，还是新教教派，后来都反对纳粹的"安乐死”计划。

在纳粹政权的早期阶段，官方对1万名心理和生理有缺陷的德国人执行了强制绝育。然而，希特勒总是忘不了“安乐死”。希特勒的私人医生卡尔·勃兰特博士(Dr.Karl Brandt, 1904—1948)称，元首在夺取政权之前，就已决定对精神病患者执行安乐死计划。在希特勒与其他纳粹党首脑讨论“1933年绝育法”时，安乐死也是若干会议的主题之一。在那一年的党代表大会上，德意志医师联盟领袖格哈德·瓦格纳博士发表演讲，声称倘若一个社会“将患病者、垂死者和不适合生存者，与健康、强壮的成员同等对待”，那这个社会将处于危险之中。瓦格纳谴责德国在之前的70年间，在“遗传性低劣者”身上花费了大量钱财，并称这样的倾向必须扭转过来。几年后，希特勒告诉瓦格纳：“如果战争爆发，他将重提安乐死问题，并将其付诸实施……因为元首认为，鉴于教会煽动的公众抵制，在战时发挥的作用并不像平时发挥的作用那么大，所以诸如此类的问题，在战争期间将更容易解决，遭遇的阻力会更小。”[59]

同年(1935年)，一个名为赫尔穆特·翁格尔博士(Dr.Hellmuth Unger, 1891—1953)的眼科医生发表了一部畅销小说——《使命与良心》(*Sendung und Gewissen*)。小说的主人公是一个内科医生——特斯特根博士(Dr.Terstegen)。他的妻子——一位卓有才华的钢琴家，罹患多发性硬化症，因此要求丈夫结束自己的生命。丈夫给了妻子过量的吗啡，而这个家庭的朋友——也是一个内科医生，则弹奏钢琴以使垂死者放松。特斯特根后来以蓄意谋杀罪出庭受审。而陪审团最终判他无罪，并认为他的所作所为全是出于怜悯和仁慈的目的，而绝非谋杀行为。此书最切中要害的一个场景，是翁格尔援引文艺复兴时期的瑞士医生帕拉塞尔苏斯(Paracelsus, 1493—1541)的话，宣称“医学是爱”。[60]翁格尔的小说使瓦格纳大为感动，遂下令以此为蓝本拍摄电影，这就是1941年戈培尔发行的《我控诉！》(Ich Klage an!)。后来翁格尔成为儿童“安乐死”项目的顾问之一。

1938年底，德国政府开始更加郑重地考虑“安乐死”问题。虽然在二战之前，纳
137 粹已经在严肃地计划“安乐死”项目，但战争一爆发，立刻被纳粹当挡箭牌加以利用，启动了其第一次大规模的集体屠杀——“T-4”安乐死项目。

罗姆人(吉卜赛人)

罗姆人(单数写作“Rom”)，在英语世界多被称为吉卜赛人，中世纪晚期由印度进入欧洲。一些早期的编年史家把罗姆人称为“埃及人”，这就是“吉卜赛”一词的来源。在非英语国家，人们通常用“Zigeuner”、“cign”、“cigny”、“Atsiganes”之类的名

在柏林一处罗姆营地内，罗姆儿童正在做作业。来源：《吉卜赛人：生活与习俗》，马丁·弗雷德里希·布洛克(Martin Friedrich Block)著，AMS(亚伯拉罕杂志服务)出版有限公司，1939年版。

称指称罗姆人。这些词的共同词源，是拜占庭希腊文“Atsnganoi”，意为巡回流浪者和预言者。不论是“吉卜赛”还是“Atsnganoi”的衍生词，在漫长的历史进程中，都已沾染上太多贬义，所以罗姆人更愿意使用他们自己选择的名称。当今，他们通常使用出自本民族语言——罗姆语——的一个词汇“罗姆人”(意为男人或者丈夫)，或其形容词形式“罗姆尼人”称呼自己。

罗姆人最初在巴尔干半岛定居。在那里他们过着流浪者的生活，辛勤地依靠自己的技能，从事令人尊敬的行业，比如制枪匠、金属匠、驯马师以及音乐家。唯一的例外是，在罗马尼亚两个历史上很著名的地区——瓦拉吉亚和摩达维亚，当地统治者将罗姆人降为奴隶，但他们宝贵的技能仍旧保留着。人们对罗姆人的态度开始发生转变，是在15、16世纪奥斯曼土耳其人征服巴尔干半岛之后。当罗姆人打算迁离这个多事之地时，他们遭遇了一系列严厉的法律和限制措施，对他们固有的迁移和定居方式造成很大的冲击；特别是在德意志各邦国，宗教改革引发的巨变和远方奥斯曼帝国咄咄逼人的进攻，已将这个分裂割据的地区折磨得筋疲力尽。各邦国的地方官和统治者诉诸法律，对经过其王国的罗姆人实行严酷的惩罚，惩
罚措施包括烙印甚至处决。到了18世纪，拥护“重商主义”政策的奥地利女王玛 138
丽亚·特里萨和约瑟夫二世皇帝希望罗姆人留在奥地利境内，并试图将他们归化

为积极纳税的奥地利天主教徒良民。后来，越来越多的德意志邦国开始采用此类政策，罗姆人的境遇才有所改变。不过，官方政策并没有改变普通民众对罗姆人的固有态度。

19世纪下半叶，作为罗马尼亚罗姆人解放运动和横扫巴尔干半岛的一系列解放战争的后续，新一波的罗姆人迁徙开始了。尽管原先巴尔干地区的罗姆人现在已扩散至全欧洲，但定居在德意志邦国的人数甚少：那里的民众倾向于视罗姆人为缺乏社交性的、偷窃成癖的、不负责任的群体。德国民众越来越频繁地抱怨乡村地区的流浪者——特别是罗姆人，作为回应，1886年时，"铁血宰相"、德国统一的缔造者——奥托·冯·俾斯麦——给国家各级官员写了一封信，提出上述问题。他写道，区分下列两类人十分关键，即信德人——土生土长、其家族已在德国生活了几个世纪的罗姆人，以及最近刚从东欧来到德国的流浪者。不久前，德国颁布法律，给予地方官员驱逐罗姆人的权力，借助这些法律，他们开始在全德国范围内大举镇压罗姆人和信德人。有些人被驱逐出境，有些人则因小偷小摸或其他罪名被投入监狱或处以罚款。政府将流浪划为非法，并采取行动，将罗姆儿童从父母身边强行带走，送入国家兴办的学校。士瓦本当地政治家集会讨论"吉卜赛残渣"问题，并建议采用教堂钟声来警告当地的罗姆裔居民。

1899年春天，巴伐利亚警察局创办了一个专门处理罗姆人问题的部门——阿尔弗雷德·迪尔曼（Alfred Dillmann）率领下的"吉卜赛信息情报处"（Zigeunernachrichtendienst）。这个部门成立后，立刻开始搜集巴伐利亚罗姆人和信德人的指纹、家庭信息、照片等信息。1905年，巴伐利亚州进行了一次针对罗姆人和信德人的人口普查，迪尔曼的部门也鼓励当地居民前来报告此两类人的行踪和活动。最后，迪尔曼将搜集到的关于巴伐利亚罗姆人的所有信息汇编成册，这就是《吉卜赛人书》（*Zigeuner-Buch*，1905年）。他的这项研究，涉及约3 350名罗姆人和信德人，最后得出结论称，由于这一族群"道德低下并具有犯罪倾向"，因此他们将给社会带来灾祸。[61]凡是《吉卜赛人书》中涉及的罗姆人和信德人，迪尔曼都附上完整的宗谱，还包括犯罪记录和被捕时的照片。

两年前，符腾堡州发表法令——《对抗吉卜赛人滋扰法》（Bekmpfung des Zigeunerwesens），限制"巡回贸易"执照的颁发数量，并责令当地警察与罗姆人和信德人一起行动，从旁监视。法令还要求地方官员强制将罗姆儿童从流浪家庭带走，送进当地学校就读。1905年，符腾堡政府也将群集旅行定为非法，他们在法令中使用的"部落式的游牧流浪"来形容这一状态。[62]1904年，普鲁士也开始打击罗姆和信德裔的流浪族群，并对罗姆族工人施与限制措施。两年后，普鲁士内政部发布本州的《对抗吉卜赛人滋扰法》：任何人，倘若想在普鲁士境内工作，必须获得一种新型的许可证。而要获得许可证，申请人必须证明自己是合法居民、没有犯罪记录，并有能力纳税和给予儿女适当的教育。当局试图通过这些规定，限制申请工作许可的罗姆人的数量，并迫使他们因无法达标而离开普鲁士。

在各州的高压政策下，很多罗姆人逃离了德国，然而，至少在德国各级政府看来，他们仍是个麻烦。1911 年，巴伐利亚内政部邀请德国各州代表前往慕尼黑，商议
全国协调、共同对付罗姆人和信德人的办法。这次为期两天的会议（12 月 18 日至 19 139
日）讨论的问题，大多出自由慕尼黑警察局准备的备忘录。这份备忘录上写道："几乎不存在纯种的吉卜赛人，所以吉卜赛的行为准则、职业及流浪的生活方式——而非其作为一个部落或种族成员的身份——将是判定一个人是否为罗姆人的决定性标准。"但有些代表认为这个定义"太宽泛"，而坚持制定一个更具限定性的标准，这个诉求最终得到与会者的共同认可。对罗姆人的新定义是"根据人种学的理论，以及是否以吉卜赛人的方式到处漫游，由警察来进行判断，这些人是否为吉卜赛人"。[63]

慕尼黑会议后，"吉卜赛人问题"暂时告一段落。然而一战之后，德国官方又重开这一问题，1926 年，巴伐利亚州议会通过饱受争议的《对抗吉卜赛人、游荡者和惰怠者法》(Gesetz Bekmpfung von Zigeunen, Laufahren und Arbeitscheuneswesens)。这部法案将罗姆人与巴伐利亚的其他群体联系在一起，衡量标准不再是其种族属性，而是其生活方式。后来纳粹党就是以此为出发点迫害吉卜赛人的。法案的支持者称："这些人天生排斥工作，由于过惯了流浪的生活，所以觉得特别难以忍受任何限制；因此，对他们来说，最大的痛苦莫过于失去自由，以及强迫劳动。"[64]

法案要求流浪的罗姆人和信德人每年都必须申领特殊的旅行许可。如果没有给儿童安排特殊的教育，他们则不可与父母一起旅行。群集旅行或"部落式"的巡回经商和工作也被禁止。法令授权警察处理有犯罪记录的"巡回旅行者"，任何 16 岁以上的罗姆人，如果无法出具"固定工作证明"，警察都有权将他们强行送至州教养所，并在此地关押最多两年。[65]一年后，普鲁士政府责令对所有流浪的罗姆人、信德人和"疑似吉卜赛巡回者"进行指纹采集，这一措施很快被全德各州所采纳。[66]

1929 年，"巴伐利亚吉卜赛信息情报处"(Zigeunernachrichtendienst)成为全德国境内所有罗姆人和信德人的国家清算中心。不到一年，这个机构就采集到 19 000 名罗姆人和信德人的信息，而当时全德国此族群一共只有约 20 000 至 26 000 人。到

了魏玛共和国末期，德国已经出台大量针对罗姆人和信德人的法律和法规，它们共同的打击目标，就是被德国人视为最为危险的社会问题之一——“吉卜赛滋扰”。1933 年至 1945 年间，纳粹党就是以这些法律、法规为基础，继续开展迫害罗姆人和信德人的运动。

最初，纳粹党认为既存的法律、法规，再加上吉卜赛信息情报处的文件、档案，已足以应付被他们称为“吉卜赛瘟疫”的社会问题。对罗姆人来说，全德国对本族群的袭扰政策都加剧了。而站在这些袭扰政策最前沿的，就是“吉卜赛信息情报处”，他们还不断促进各州政府，加大行动力度，对抗“吉卜赛种族”。

1936 年，德国官方在柏林建立“对抗吉卜赛滋扰帝国中心”(Reichszentrale zur Bekmpfung des Zigeunerwesens)，以接管“吉卜赛信息情报处”的工作职责。“帝国中心”一成立，迅即责令全国罗姆人进入“吉卜赛安置营”(Zigeunerlager)内定居。在科隆、杜塞尔多夫、法兰克福、柏林等地都建立了吉卜赛人集中营。其中最大的一座，位于柏林郊外的马灿，这里原来是一个污水处理厂，1936 年奥运会前夕，希特勒为了使罗姆人从国际视线中消失，就建造了这座集中营藏匿他们。在奥运会马上就要开幕时，警察突然搜捕了全普鲁士的罗姆人营地和住宅，并强行将 600 人送入马灿安置营。

《纽伦堡法令》的特别补充条款以及一些其他的法令，加强了德国各级政府对罗
140 姆人和信德人的打击力度。法令禁止雅利安人与“吉卜赛人、尼格罗人及其私生子女”通婚，因为他们将“污染”日耳曼民族的血统。唯一的例外是“仅拥有 1/4 或更少异族血统的”罗姆人和信德人。[67] 在纳粹党人看来，罗姆人和信德人——与犹太人和黑人一样，都具有“异族血统”，因此是雅利安种族纯净性的巨大威胁。在牵涉到罗姆人及信德人的公民权问题时，希特勒政府的内政部长威廉·弗里克也运用同样的标准，这意味着任何拥有罗姆人的异族血统的人，根本无法获得德国的公民身份。跟犹太人一样，他们只能获得“国家臣民”的地位。后来德国又通过法律，剥夺罗姆人全部投票权，并禁止他们在德国军队中服役。

然而，官方尚不清楚，罗姆族和信德族人口究竟在德国人口构成中占据怎样的比重。于是在 1936 年，“帝国卫生办公室”创建了“种族卫生学和人口生物学研究所”，作为德国针对罗姆人的主要研究机构。研究所主任罗伯特·里特博士(Dr. Robert Ritter, 1909—1950)拥有慕尼黑大学的教育心理学博士学位和海德堡大学的硕士学位。他当时的主要助手是伊娃·海德薇格·贾斯汀(Eva Hedwig Justin, 1909—1966)。后者以她对罗姆族儿童的研究为基础，于 1943 年完成了博士论文《具

有完备异族血统的吉卜赛儿童及其后代的命运》(*Lebensschicksale artfremd erzogener Zigeunerkinder und ihrer Nachkommen*)。

“吉卜赛人研究所”的工作职责就是搜集罗姆人、信德人以及其他“离群索居者”的信息,以判定他们是否为“吉卜赛人”。这些信息将作为编写“吉卜赛法令”的依据,并帮助官方决定,是否将罗姆人和信德人划定为1933年《绝育法》的施用群体。里特的团队根据血统的纯度对罗姆人和信德人进行分级排序。为了确定每一个罗姆人所属的类别,调查往往要追溯至其祖上四代。经过多次修改,1941年,研究团队终于开发出一套详细的种族分类系统。此系统将罗姆人和信德人分为五个类别,从Z级的“纯种吉卜赛人”至“非吉卜赛人”。中间的三个级别为ZM+级的五名及以上吉卜赛曾祖父母、ZM-级的四名以下吉卜赛曾祖父母以及ZM级的四名吉卜赛祖父母。ZM级的罗姆人和信德人又被区分为ZM1级——父母中有一位是纯种罗姆人或信德人,另一位是雅利安人;ZM2级——父母中有一位是ZM1级人,而另一位是雅利安人。[68]

早在1935年,里特就曾称,只有约10%的德国罗姆人和信德人为纯种罗姆人。他的结论是,“纯种吉卜赛人,对日耳曼民族没有威胁”,因而可以允许他们继续按照自己的传统方式生活。里特还认为,欧洲已不存在纯粹的罗姆族群体了,所有的罗姆人在“种族上”都已被污染。他也接受大多数德国人类学家的观点,即罗姆人不属于雅利安人;相反的,跟犹太人一样,他们也是“东方与西亚种族的混血种族”。[69]里特认为,大多数德国罗姆人和信德人都过着离群索居的、充满兽性与肉欲的生活,主要就是由种族混杂的状况造成的。

1938年,里特撰写了两篇文章,分析“吉卜赛问题”,并提出可能的解决办法。他认为,之前应对罗姆人问题的措施效果不佳,是因为它们的目标都在于使罗姆人定居下来、不再流浪。里特写道:“我们都清楚地知道,我们要对付的,是一个异族血统的原始流浪族群,而不论是教育还是惩罚,都不可能令他们变成定居的公民。”[70]他声称,应允许罗姆人继续他们流浪的生活,只要保证他们远离其他的日耳曼族群就
可以。当然,所有罗姆人还必须拥有稳定、诚信的工作,这是非常关键的。里特将 141
“吉卜赛混血儿”和“白吉卜赛人”视为“犯罪帮派与反社会人群”,认为他们是最难对付的群体。他建议对这些人进行强制绝育,并把他们送到“封闭的殖民地”去。[71]里特希望通过绝育,在一代人的时段内消灭罗姆人“杂种”。

里特的观点得到德国政界领袖和科学界人士的一致赞同。不过他们中的大多数也同意伊娃·贾斯汀的思想,后者在1943年写道,“吉卜赛问题”与“犹太人问题”

不可相提并论，因为“‘吉卜赛种族的繁衍’与‘犹太知识分子’不同，前者并不会破坏或危及日耳曼民族”[72]。当然，德国还有一些种族科学家并不同意贾斯汀的观点，他们并不认为罗姆人和信德人的威胁减轻了。党卫军二级突击队中队长兼武装党卫军中尉卡尔-海因茨·罗登贝格博士（Dr. Carl-Heinz Rodenberg，生于1904年）——他也是纳粹德国臭名昭著的“同性恋者捕手”——声称，罗姆人与犹太人一样，都对日耳曼民族造成社会上和生物上的威胁，因为他们的“生物属性与我们迥然不同”，因而对“我们按照种族和血统整合而成的国家，将造成破坏性的影响”。[73]

受到里特的文章和柏林“对抗吉卜赛滋扰帝国中心”报告的刺激，1938年12月8日，海因里希·希姆莱发布了纳粹党第一个关于罗姆人“问题”的法令——《对抗吉卜赛瘟疫灾祸法》(Bekmpfung der Zigeunerplage)。这个法令的针对人群不仅包括纳粹德国境内的少量信德人，还包括罗姆人“杂种”以及“以罗姆人的生活方式”生活的人。法令声称，在“吉卜赛问题的最终解决中”，每一个族群都将被区别对待。[74]为了判定某个人究竟属于哪个族群，警方将对全体6岁以上的罗姆人、信德人和采用罗姆生活方式的巡回行商者进行调查和登记。所有信息都将汇总至设在柏林的“总部”。专家将与“帝国刑事警署”合作，运用希姆莱的法令，判定每一个人的种族归属。为了搜集信息，必要时帝国刑事警署有权逮捕遭到怀疑的罗姆人和巡回者。

希姆莱的法令还要求全体罗姆人随身携带表明自己种族归属和生活方式的身份证明文件。法令将之前对罗姆人和信德人就业和旅行的限制性措施全盘保留了下来，还规定对外国罗姆人将实行驱逐出境或禁止入境。各地刑事警署办公室必须保留当地关于罗姆人和信德人的相关信息——包括出生、死亡、结婚等，并将所有信息送至设在柏林的刑事警署总部。罗姆人、信德人和巡回者——不论他们属于哪个种族类别——都将受到《日耳曼血统与荣誉保护法》(Blutschutzgesetz)的管辖，这意味着他们若想结婚，必须先获得“婚姻适宜性证书”。最后，希姆莱的法令还要求所有关于罗姆人的地方和州法令一律根据“12月8日法令”作出修改，后者将统管整个德意志帝国境内的全体罗姆人。于是，纳粹党的罗姆人政策成为全德国唯一的通行标准。

1939年3月1日，已当上“秘密警察和帝国保安部主任”的莱因哈德·海德里希发布了针对希姆莱“12月8日法令”的执行规则。根据规则，每一个刑事警察办公室都必须任命一名罗姆人专家，并在其辖区创建一个专门针对罗姆人和信德人的部门。海德里希命令刑事警署发放一种特殊的身份证，上面以不同颜色区分特定罗姆人和信德人的种族归属。纯种信德人将持棕色身份证；罗姆人混血儿将持加印一条蓝色横杠的棕色身份证；与罗姆人生活方式类似的巡回行商者将持灰色证件。海德

里希对此的解释是，尽管德国人尊重异族成员，但帝国不得不制定政策，解决国内罗 142
姆人和信德人造成的麻烦。这些政策包括，将罗姆人、信德人与日耳曼人隔离开来，禁止雅利安人与罗姆人之间的通婚，以及调节纯种信德人和“罗姆人混血儿”的生活方式等。海德里希承诺德国将编写并通过一部法案，为以上规则提供法律基础，但他的承诺从未变成事实。仅仅取决于罗伯特·里特的文章和海因里希·希姆莱的突发奇想，纳粹德国未来针对罗姆人和信德人的迫害政策大势已定。

其实，在希姆莱的“12月8日法令”实施之前，在日益庞大的“吉卜赛安置营”网络之内，整个大德意志帝国境内的罗姆人和信德人就已不断遭受警方日益强烈的骚扰，并经常被无端逮捕和拘留。在大多数吉卜赛安置营内，都保留了罗姆人和信德人传统的大篷车，同时加盖了一些典型的兵营式住所，然而，位于杜塞尔多夫的吉卜赛安置营是第一个全部使用兵营式住所的集中营：

> 从安置营建立那一天起，其内的拘留犯就被居住在看守房间的典狱长日夜看管。除此之外，邻近的警察也将集中营置于持续不断的监视之下。任何进出人员都必须向典狱长报告。吉卜赛安置犯只能在特定时间前往营地附近的一个小商店购买生活必需品。晚上9点以后，任何人都不得离开所居住的营房，看守将进行突击检查以加强监控。每天早上，所有安置犯都必须参加点名。非吉卜赛人一律不得进入安置营。如果警方认为某人行动可疑、不守规矩，都将被关进禁闭室，通常一关就是若干天。信德人和罗姆人经常遭受看守的野蛮殴打和警卫犬的疯狂攻击。[75]

一旦被送进安置营，罗姆人和信德人就失去了一切收入来源。现在政府强迫他们依靠国家的救济生活，但由于他们被视为“反社会的离群索居者”，所以救济额被削减了一半。随着罗姆人和信德人赤贫化状态的加剧，一份马灿安置营的官方报告提到：“然而，他们的收入太低，以至于无法生存下去，于是危险就滋生了，由于长期营养不良，他们纷纷病倒，这可能引发不可容忍的状况。”[76]于是，政府开始为罗姆人和信德人在公共工程和工厂里安排越来越多的强制劳动机会。政府威胁那些没有工作的罗姆人，要把他们抓进集中营里去，那里的条件甚至比吉卜赛安置营更加恶劣。1938年6月，作为“帝国打击惰怠者行动”的一部分，一些无业的罗姆人和信德人被送进集中营。随着第二次世界大战的临近，纳粹德国对罗姆人和信德人的政策愈发严厉和残酷。政策体系的核心就是强制绝育，或者在安置营或集中营内进行强行拘留。所有措施和行动，其最终的目的就是慢慢地摧毁罗姆人——作为一个民族——的存在。

同性恋者

同性恋者是纳粹德国众多受害群体中的一个。纳粹党人憎恨同性恋，也是因为他们"脱离常轨的社会行为方式"。第二帝国时期同性恋者就曾遭到大力批判，但到了魏玛共和国早期，在宽松的社会氛围下，同性恋者通常并不刻意隐瞒自己的性取向。不过，当保守派政府对这一群体采取更具限制性的政策之后，社会对待同性恋者的态度也发生了逆转。第一次世界大战后，同性恋者权利的长期倡导者马格努斯·希施费尔德博士(Dr.Magnus Hirschfeld, 1868—1935)创办了"性科学研究所"(Institut fr Sexualwissenschaft)，这个机构很快成为战后德国反同性恋法律改革运动的指挥中心。希施费尔德的首要改革目标，是1871年《帝国刑事犯罪法典》第175
143 条款，即认定同性恋行为为犯罪的条款。1927年，当时纳粹帝国国会议员威廉·弗里克——也就是后来希特勒政府内政部长——在国会发表演说，批评希施费尔德的诉求。他叫嚣道，同性恋者"应该以最严重的罪名被送上法庭，因为这一恶行将导致日耳曼民族的毁灭"。[77]弗里克发问，谁应为这一罪恶负责？"当然是犹太人，马格努斯·希施费尔德和他的犹太同伙们，他们带头闹事，企图开创新局面，就像犹太人一直在做的那样，整个犹太人的道德体系已经毁了日耳曼民族。"[78]

1933年5月6日，德国学生列队走在希施费尔德的性科学研究所门前。美国大屠杀纪念博物馆照片序列号01625，国家档案与记录管理局(学院公园)提供图片。

1930年8月2日的《人民观察家报》发表文章，再次指责同性恋者和犹太人：“犹太人灵魂中所有邪恶的欲念都集中在同性恋行为里了，所以法律必须认清他们的真面目——他们是彻头彻尾的、卑鄙低劣的叙利亚变态者，犯下了极端严重的罪行，全都应该被绞死和流放。”[79]

这样，不出所料，1933年初国家社会主义党登上权力巅峰之后，德国的同性恋者将面临最险恶的局面。对同性恋酒吧的攻击几乎立刻就开始了，德国的同性恋者——大多数是男性——只得远离这些场所，并尽量避免在公共场合表露同性恋行为。1933年5月6日，作为全国范围内焚毁“非日耳曼精神”书籍运动一个组成部分，柏林体育运动学院的学生与“冲锋队”成员一起，攻击了希施费尔德的性科学研究所。他们销毁了一万本图书，烧书的篝火持续了四天才熄灭。

第二年，“长刀之夜”对冲锋队进行“血腥清洗”之后，约瑟夫·戈培尔将恩斯 144
特·罗姆及另一些冲锋队头目的同性恋行为，作为指控他们和自我辩驳的证据。戈培尔的态度促使希姆莱对德国的同性恋者采取更激烈的行动。盖世太保成立了一个专门对付同性恋者的部门，并要求全国的警察局向这个部门送报关于辖区内同性恋行为的“粉红名单”，即1900年以来警察局记录在案的疑似同性恋者的档案。1935年9月1日，德国政府发布《刑事犯罪法典》第175条款的修正案，极大地拓展了男性之间“非自然”行为的含义，并将其延伸到所有形式的身体接触。“175A条款”规定，对从事同性卖淫行为、与担任公职者发生同性性行为或与21岁以下青年发生同性性行为者，将被判处三个月至十年监禁。这些修订，再加上早先对“性侵犯”罪名的修正，扩大了法官的权力。即使现行法律没有“适用于此行为”的条款，法官仍可以判定被告犯罪事实成立。[80]

1936年，希姆莱创办“帝国对抗同性恋与堕胎行为中央办公室”(Reichszentrale zur Bekmpfung der Homosexualitt und Abtreibung)。1936年至1938年间，这个盖世太保的特别机构(称为“特别办公室IIS”)一直由党卫军二级突击大队长约瑟夫·迈辛格(Josef Meisinger, 1899—1947)统领，此人被称作“华沙屠夫”，于1947年在波兰被处决。1937年，在一次对医学专家的演讲中，迈辛格称同性恋行为“与北欧日耳曼种族的天性完全相异”，是一种削弱民族并影响其“军事战斗能力”的犯罪。他将同性恋和堕胎行为视为最严重的政治问题。迈辛格称：“‘经过严格的教育和坚决的命令’，同性恋者能够成为民族共同体的可用之才。”他认为，女同性恋行为是一种性关系上的错乱，造就原因是男性伴侣的缺乏和抚养方式的错误。倘若“给她们按照天性生活的机会”，大多数女同性恋者，将很快恢复到与异性交往的正常生活方式中。[81]

一年后，希姆莱在向一群党卫军将军发表讲话时，又提到了同性恋者问题：

> 如果你们深入考虑我还没有谈到的事实，即倘若假定妇女数量不变，我国至少有 200 万人在战争中牺牲，这样你们就很容易想象，200 万同性恋者再加上 200 万战争阵亡者，将使我国人口处于极其严重的失衡状态，换句话说，我们有 400 万人无法进行正常性行为，这将对德国人口的性别平衡造成极大的损害，并将导致灾难性的后果。
>
> 因此，我们心里必须完全了解，如果我们继续容忍这群德国的负担，如果我们不采取任何措施与他们对抗，那将是德国的末日，那将是整个日耳曼世界的末日。[82]

这个党卫军全国总指挥还称，如果在党卫军内部发现同性恋者——他承认通常每个月都会出现类似的案例，这个人将被公开“降级、开除，并移交给法院审理”。一旦他被判处徒刑，将被送至集中营，若“试图逃跑”，将被当场射杀。希姆莱称，只有这样才能保障“党卫军优秀血统的纯净性，我们才能为日耳曼民族培育越来越多拥有健康血统的成员”。[83]

1937 年，德国政府发动了一场极端严厉和残酷的运动，打击的对象是全国的男性同性恋者。据估计，从 1933 年至 1945 年间，德国各级当局共逮捕了约 10 万名同性恋者，其中一半以上被宣告有罪、投入监狱服刑。而大部分逮捕和定罪行为发生在 1937 年至 1939 年间。一些同性恋者在普通监狱内服刑，还有约 5 000 至 15 000
145 人被送往集中营。现在我们已经很难估算，究竟有多少人死在集中营内，但普遍认为的数字是 60%以上。集中营管理者强迫同性恋者佩戴特殊的身份识别徽章——比如粉红色的三角形等，结果导致他们经常遭受警卫和其他囚犯的残忍虐待。一些同性恋者还成为医学实验的受害者，很多人被强制阉割。党卫军二级突击大队长、丹麦人卡尔·皮特·瓦内特博士(Dr.Carl Peter Vaernet，1893—1965)在布痕瓦尔德集中营对同性恋者施行外科实验，试图将他们“扳直”。瓦内特声称他所有的实验都成功了，但希姆莱对此表示怀疑。1944 年，他下令将瓦内特的实验对象送往拉文斯布吕克妇女营内的妓院，以测试他们是否真的可以进行异性性行为。关于这些活体实验受害者的最终命运，已找不到任何文件记载。

结论

1933 年至 1939 年间，纳粹德国领导集团采用了法律的、社会的、经济的、优生学等多方面政策和措施，打击国内的犹太人、罗姆人和信德人、生理与心理缺陷者、非洲裔德国人以及同性恋者。这些政策与措施的重要性在于，作为一个整体，它们对德国未来行动的方向和方式发挥了关键性的作用。这些行动的共同目标，就是消灭那些被认为威胁日耳曼社会和雅利安种族纯净性的族群。

在这些“威胁性”的族群中，在纳粹党人看来，犹太人是最危险的，因此他们制定了一系列政策，试图将这个民族从日耳曼社会的肌体上撕裂下来，并强迫他们离开德意志帝国。纳粹党先出台了各种法律和限制性规定、断断续续地发动了多次反犹主义暴力浪潮，当这些都不奏效时，德国的统治者决定采用阿道夫·艾希曼的粗暴策略，因为这些策略在奥地利取得了极大的成功。纳粹党打击犹太人的新一波行动在 1938 年“水晶之夜”时达到顶峰，这是一次反犹主义的恐怖统治，并将彻底改变纳粹党针对犹太人的政策。希特勒在国际舞台上的政治冒险，一年前刚在奥地利和苏台德地区取得不可思议的成功。这个胆气倍增的独裁者在 1939 年初向全世界发出警告：倘若战争爆发，犹太人将被消灭。

其他族群——例如罗姆人和信德人以及非洲裔德国人，虽然纳粹党对他们的鄙视和恐惧程度远不如犹太人，但也视他们为对雅利安种族共同体的威胁。由于这些族群人数相对较少，德国领导集团认为可以通过诸如强制绝育这样的优生学方式扫除他们。同样的策略也适用于有生理或心理缺陷的人，他们的罪行不是种族上的，而是遗传性的。纳粹党认为心智障碍者和身体残疾者不但是雅利安种族纯净性的潜在威胁，而且还对德国社会造成经济负担。为了扫除这些族群酿成的长远危险，德国政府采纳的是纳粹党上台之前就已横行于世的绝育理论。他们发起了一场广泛的强制性绝育的行动，目的是使德国社会在一代人或两代人的时间内，就彻底摆脱遗传性威胁。同性恋者——特别是男同性恋者，也被认为是一个危险因素，但这一群体遭受打击的更主要原因是传统的偏见，以及担忧他们的性倾向令其不能繁衍后代。

纳粹党认为，以上族群都可能对德国社会和雅利安主义造成种族上、生物上或者生活方式上的威胁。对这些臆想中的伤害，他们采取了一系列驱逐、隔离或抵消行动。行动不论成功与否，都为第二次世界大战早期纳粹德国的下一轮实践打下了基础。此时的纳粹德国领导集团，不论在国内事务上还是国际关系中，都愈发觉得自己根本不可战胜。面对那些危及纳粹种族、思想和社会核心目标的族群，不论是在德国还是在欧洲其他地方，日益大胆的纳粹政府都已开始执行更加致命、更加残酷的政策。

进一步学习和研究的资料

原始史料——

Baynes, Norman H., ed. *The Speeches of Adolf Hitler, April 1922—August 1939*. Vol.1. New York: Howard Fertig, 1969.

Bonhoeffer, Dietrich. *Letters & Papers from Prison*. Edited by Eberhard Bethge. Enlarged ed. New York: Touchstone, 1997.

The Buchenwald Report. Translated and edited by David A.Hackett. Boulder: Westview Press, 1995.

Casti Connubi: Encyclical of Pope Pius XI on Christian Marriage.

http://www.vatican.va/holy_father/pius_xi/encyclicals/documents/hf_pxi_enc_3112 1930_c[accessed July 3, 2006].

Hirschfeld, Magnus. *The Homosexuality of Men and Women*. Translated by Michael A.Lombardi-Nash. Amherst, NY: Prometheus Books, 2000.

Hitler, Adolf. *Mein Kampf*. Boston: Houghton Mifflin, 1943.

James, Eldon R., ed. *The Statutory Criminal Law of Germany*. Washington, DC: The Library of Congress, 1947.

Klemperer, Victory. *I Will Bear Witness: A Diary of the Nazi Years, 1933—1941*. Translated by Martin Chalmers. New York: Random House, 1998.

Ludecke, Kurt G. *I Knew Hitler: The Story of a Nazi Who Escaped the Blood Purge*. London: Jarrolds, 1938.

The New York Times, June 10, 1939. Noakes, Jeremy, and Geoffrey Pridham, eds. *The Nazi Party, State and Society, 1919—1939*. Vol.1 of *Nazism, 1919—1945: A History in Documents and Eyewitness Accounts*. New York: Schocken Books, 1984.

____, eds. *Foreign Policy, War and Racial Extermination*. Vol.2 of *Nazism, 1919—1945: A History in Documents and Eyewitness Accounts*. New York: Schocken Books, 1988.

Owens, Jesse, and Paul G.Neimark. *The Jesse Owens Story*. New York: Putnam, 1970.

Rittner, Carol, and John K.Roth, eds. *Different Voices: Women and the Holocaust*. New York: Paragon House, 1993.

Rose, Romani, ed. *Der Nationalsozialistische Völkermord an den Sinti und Roma*. Heidelberg: Documentations-und Kulturzentrum Deutscher Sinti und Roma, 2003.

Schleunes, Karl A., ed. *Legislating the Holocaust: The Bernhard Loesener Memoirs and Supporting Documents*. Translated by Carol Scherer. Boulder: Westview Press, 2001.

Shirer, William L. *The Nightmare Years, 1930—1940*. Boston: Little, Brown, 1984.

Unger, Hellmuth. *Sendung und Gewissen*. Berlin: Brunnen Verlag, 1935.

次级史料——

Bankier, David. *The Germans and the Final Solution: Public Opinion Under the Nazis*. Oxford: Blackwell, 1996.

Barnett, Victoria. "Dietrich Bonhoeffer." http://www.ushmm.org/bonhoeffer. N.d.

____. *For the Soul of the People: Protestant Protest Against Hitler*. New York: Oxford University Press, 1992.

Bauer, Yehuda. *Jews for Sale: Nazi-Jewish Negotiations, 1933—1945*. New Haven: Yale University Press, 1994.

Berben, Paul. *Dachau, 1933—1945: The Official History*. London: Comité International de Dachau, 1975.

Bergen, Doris. *Twisted Cross: the German Christian Movement in the Third Reich*. Chapel Hill: University of North Carolina Press, 1996.

Bethge, Eberhard. *Dietrich Bonhoeffer: A Biography*. Edited by Victoria Barnett. Rev. ed. Minneapolis: Fortress Press, 2000.

Black, Edwin. *War Against the Weak: Eugenics and America's Campaign to Create a Master Race*. New York: Four Walls Eight Windows, 2003.

Burleigh, Michael. *Death and Deliverance: 'Euthanasia' in Germany 1900—1945*. Cambridge: Cambridge University Press, 1994.

____. *The Third Reich: A New History*. New York: Hill and Wang, 2000.

Burleigh, Michael, and Wolfgang Wippermann. *The Racial State: Germany*

1933—1945. Cambridge: Cambridge University Press, 1991.

Campt, Tina M. *Other Germans: Black Germans and the Politics of Race, Gender, and Memory in the Third Reich*. Ann Arbor: University of Michigan Press, 2004.

Carroll, James. *Constantine's Sword: The Church and the Jews*. Boston: Houghton Mifflin, 2002.

Cesarani, David. *Becoming Eichmann: Rethinking the Life, Crimes, and Trial of a "Desk Murderer."* Cambridge, MA: Da Capo Press, 2006.

Crowe, David M. "The Roma Holocaust." In *The Holocaust's Ghost: Writings on Art, Politics, Law and Education*, edited by F. C. DeCoste and Bernard Schwartz, 179—202. Alberta: University of Alberta Press, 2000.

Dippel, John U. H. *Bound Upon a Wheel of Fire: Why So Many German Jews Made the Tragic Decision to Remain in Nazi Germany*. New York: Basic Books, 1996.

Distel, Barbara, and Ruth Jakusch, eds. *Concentration Camp Dachau, 1933—1945*. Munich: Comité International de Dachau, 1978.

Evans, Richard J. *The Coming of the Third Reich*. New York: Penguin, 2004.

____. *The Third Reich in Power*. New York: Penguin, 2005.

"Euthanasia." *UK Rights* (the online newspaper of UKCHR). http://www.ukcouncilhumanrights.co.uk/euthanasia.html.

Fings, Karola, Herbert Heuss, and Frank Sparing, eds. *From 'Race Science' to the Camps: The Gypsies During the Second World War*. Hatfield, UK: University of Hertfordshire Press, 1997.

Fischer, Klaus P. *The History of an Obsession: German Judeophobia and the Holocaust*. New York: Continuum, 1998.

____. *Nazi Germany: A New History*. New York: Continuum, 1995.

Friedlander, Henry. *The Origins of Nazi Genocide: From Euthanasia to the Final Solution*. Chapel Hill: University of North Carolina Press, 1995.

Friedländer, Saul. *Nazi Germany and the Jews*. Vol. 1, *The Years of Persecution*. New York: Harper-Collins, 1997.

Gerlach, Wolfgang. *Als die Zeugen schwiegen: Bekennende Kirche und die*

Juden. Berlin: Institut Kirche u.Judentum, 1993.

Gilbert, Martin. *Kristallnacht: Prelude to Madness*. New York: HarperCollins, 2006.

Grau, Günter. *Hidden Holocaust? Gay and Lesbian Persecution in Germany, 1933—1945*. Translated by Patrick Camiller.London: Cassell, 1995.

Gross, Larry, and James D.Woods, eds. *The Columbia Reader on Lesbians and Gay Men in Media, Society, and Politics*. New York: Columbia University Press, 1999.

Hake, Sabine. *Popular Cinema of the Third Reich*. Austin: University of Texas Press, 2001.

Hart-Davis, Duff. *Hitler's Games: The 1936 Olympics*. New York: Harper & Row, 1986.

The Jewish Virtual Library. "The Nazi Olympics." http://www.jewishvirtuallibrary.org/jsource/Holocaust/olympics.html.

Kershaw, Ian. *Hitler: 1889—1936 Hubris*. New York: W.W.Norton, 1999.

____. *Hitler: 1936—1945 Nemesis*. New York: W.W.Norton, 2000.

Klee, Ernst. "*Euthanasie*" *im NS-Staat: Die* "*Vernichtung lebesunwerten Lebens*." Frankfurt: Fischer Taschenbuch Verlag, 2004.

Lewy, Guenther. *The Catholic Church and Nazi Germany*. New York: McGraw-Hill, 1964.

____. *The Nazi Persecution of the Gypsies*. New York: Oxford University Press, 2000.

Lifton, Robert Jay. *The Nazi Doctors: Medical Killing and the Psychology of Genocide*. New York: Basic Books, 1986.

Lipstadt, Deborah E.*Beyond Belief: The American Press & the Coming of the Holocaust, 1933—1945*. New York: Free Press, 1986.

Lively, Scott, and Kevin Abrams. *The Pink Swastika: Homosexuality in the Nazi Party*. Keizer, OR: Founders, 1995.

Lusane, Clarence. *Hitler's Black Victims: The Historical Experiences of Afro-Germans, European Blacks, Africans, and African Americans in the Nazi Era*. New York: Routledge, 2003.

Margalit, Gilad. *Germany and Its Gypsies: A Post-Auschwitz Ordeal*. Madison: University of WisconsinPress, 2002.

McClellan, David. *Karl Marx: His Life and Thought*. New York: Harper & Row, 1973.

Michael, Robert. "Theological Myth, German Anti-Semitism and the Holocaust: The Case of Martin Niemöller." In vol.2 of *Holocaust and Genocide Studies*, edited by Yehuda Bauer, 105—122. New York: Oxford University Press, 1987.

Morse, Arthur D.*While Six Million Died: A Chronicle of American Apathy*. New York: Hart, 1968.

Plant, Richard. *The Pink Triangle: The Nazi War Against Homosexuals*. New York: Henry Holt, 1986.

Proctor, Robert N.*Racial Hygiene: Medicine Under the Nazis*. Cambridge, MA: Harvard University Press, 1988.

Read, Anthony, and David Fisher. *Kristallnacht: The Unleashing of the Holocaust*. New York: Peter Bedrick Books, 1989.

Reuth, Ralf Georg. *Goebbels*. Translated by Krishna Winston. New York: Harcourt, Brace & World, 1993.

Rose, Romani, and Walter Weiss. *Sinti und Roma im 'Dritten Reich.'* Göttingen: Lamuv Taschenbuch, 1991.

Schleunes, Karl A. *The Twisted Road to Auschwitz: Nazi Policy Toward German Jews, 1933—1939*. Urbana: University of Illinois Press, 1990.

Schwab, Gerald. *The Day the Holocaust Began: The Odyssey of Herschel Grynszpan*. New York: Praeger, 1990.

注释:

[1] Jeremy Noakes and Geoffrey Pridham, eds., *The Nazi Party, State and Society, 1919—1939*, vol.1 of *Nazism, 1919—1945: A History in Documents and Eyewitness Accounts* (New York: Schocken Books, 1984), 15.

[2] Ibid., 15—16.

[3] Karl A.Schleunes, *The Twisted Road to Auschwitz: Nazi Policy Toward German Jews, 1933—1939* (Urbana: University of Illinois Press, 1990), 58, 70.

[4] Barbara Distel and Ruth Jakusch, eds., *Concentration Camp Dachau, 1933—1945* (Munich: Comité International de Dachau, 1978), 46; Paul Berben, *Dachau, 1933—1945: The Official History* (London: Comité International de Dachau, 1975), 2.

[5] Ian Kershaw, *Hitler: 1889—1936 Hubris* (New York: W. W. Norton, 1999), 434—435.

[6] Ibid., 435.

[7] Ralf Georg Reuth, *Goebbels*, trans. Krishna Winston (New York: Harcourt, Brace & World, 1993), 179.

[8] Kershaw, *Hitler: Hubris 1889—1936*, 473—474.

[9] Deborah E.Lipstadt, *Beyond Belief: The American Press & the Coming of the Holocaust, 1933—1945* (New York: Free Press, 1986), 43—45.

[10] Ibid., 474.

[11] Guenther Lewy, *The Catholic Church and Nazi Germany* (New York: McGraw-Hill, 1964), 84.

[12] James Carroll, *Constantine's Sword: The Church and the Jews* (Boston: Houghton Mifflin, 2002), 499.

[13] Ibid., 35.

[14] Doris Bergen, *Twisted Cross: The German Christian Movement in the Third Reich* (Chapel Hill: University of North Carolina Press, 1996), 35.

[15] Ibid., 90.

[16] Richard Steigmann-Gall, *The Holy Reich: Nazi Conceptions of Christianity, 1919—1945* (Cambridge: Cambridge University Press, 2003), 185.

[17] Bergen, *Twisted Cross*, 1, 69, 90.

[18] Victoria Barnett, "Dietrich Bonhoeffer," *http://www.ushmm.org/bonhoeffer/* (June 21, 2006), 10.

[19] Reuth, *Goebbels*, 191.

[20] Schleunes, *Twisted Road to Auschwitz*, 114.

[21] Marion A.Kaplan, "Jewish Women in Nazi Germany: Daily Life, Daily Struggles, 1933—1939", in *Different Voices: Women and the Holocaust*, ed. Carol Rittner and John K. Roth (New York: Paragon House, 1993), 199.

[22] Kershaw, *Hitler: 1889—1936 Hubris*, 517.

[23] Klaus Fischer, *Nazi Germany: A New History* (New York: Continuum, 1995), 293.

[24] John W. Wheeler-Bennett, *Hindenburg: The Wooden Titan* (London: Macmillan, 1967), 464.

[25] William L.Shirer, *The Rise and Fall of the Third Reich: A History of Nazi Germany* (New York: Simon & Schuster, 1960), 230.

[26] Kershaw, *Hitler: Hubris 1889—1936*, 559—560.

[27] Robert N.Proctor, *Racial Hygiene: Medicine Under the Nazis* (Cambridge, MA: Harvard University Press, 1988), 64.

[28] Norman H. Baynes, ed., *The Speeches of Adolf Hitler, April 1922—August 1939* (New York: Howard Fertig, 1969), 1:447—449.

[29] Kershaw, *Hitler: Hubris, 1889—1936*, 567.

[30] Karl A. Schleunes, ed., *Legislating the Holocaust: The Bernhard Loesener Memoirs and Supporting Documents*, trans. Carol Scherer (Boulder: Westview Press, 2001), 154—155.

[31] Proctor, *Racial Hygiene*, 132; Michael Burleigh and Wolfgang Wippermann, *The Racial State: Germany 1933—1945* (Cambridge: Cambridge University Press, 1991), 49.

[32] Romani Rose, ed., *Der Nationalsozialistische Völkermord an den Sinti und Roma* Heidelberg, Germany: Documentations-und Kulturzentrum Deutscher Sinti und Roma, 2003), 25; Schleunes, *Legislating the Holocaust*, 172; Guenter Lewy, *The Nazi Persecution of the Gypsies* (New York: Oxford University Press, 2000), 42—43; Henry Friedlander, *The Origins of Nazi Genocide: From Euthanasia to the Final Solution* (Chapel Hill: University of North Carolina Press, 1995), 258—259; Gilad Margalit, *Germany and Its Gypsies: A Post-Auschwitz Ordeal* (Madison: University of Wisconsin Press, 2002), 39.

[33] Baynes, *Speeches of Adolf Hitler*, 2:1264—1266.

[34] Kershaw, *Hitler: 1889—1936 Hubris*, 573.

[35] Ibid., 590—591.

[36] The Jewish Virtual Library, "The Nazi Olympics" (June 27, 2006): 3,

http://www.jewishvirtuallibrary.org/jsource/Holocaust/olympics.html.

[37] Ibid.

[38] William L.Shirer, *The Nightmare Years, 1930—1940* (Boston: Little, Brown, 1984), 234.

[39] William L.Shirer, *The Rise and Fall of the Third Reich: A History of Nazi Germany* (New York: Simon & Schuster, 1960), 233.

[40] 根据卡尔·施洛伊尼斯(Karl Schleunes)的估计,1933 年德国境内共有 7.5 万犹太商人,而到了 1938 年春,其中约 4 万犹太人仍继续着自己的生意。Schleunes, *Twisted Road to Auschwitz*, 145.

[41] David Cesarani, *Becoming Eichmann: Rethinking the Life, Crimes, and Trial of a "Desk Murderer"* (Cambridge, MA: Da Capo Press, 2006), 57.

[42] Ibid., 67.

[43] Ian Kershaw, *Hitler: 1936—1945 Nemesis* (New York: W.W.Norton, 2000), 129.

[44] Ibid., 130.

[45] Anthony Read and David Fisher, *Kristallnacht: The Unleashing of the Holocaust* (New York: Peter Bedrick Books, 1989), 133.

[46] Ibid., 141.

[47] Ibid., 153.

[48] David Bankier, *The Germans and the Final Solution: Public Opinion Under the Nazis* (Oxford: Blackwell, 1996), 85—88.

[49] Ibid., 162.

[50] Jeremy Noakes and Geoffrey Pridham, eds., *Foreign Policy, War and Racial Extermination*, vol.2 of *Nazism, 1919—1945: A History in Documents and Eyewitness Accounts* (New York: Schocken Books, 1988), 1049.

[51] Victor Klemperer, *I Will Bear Witness: A Diary of the Nazi Years, 1933—1941*, trans. Martin Chalmers (New York: Random House, 1998), 276, 280, 283.

[52] *New York Times*, June 10, 1939, 9.

[53] Adolf Hitler, *Mein Kampf* (Boston: Houghton Mifflin, 1943), 255.

[54] Clarence Lusane, *Hitler's Black Victims: The Historical Experiences

of Afro-Germans, *European Blacks*, *Africans*, *and African Americans in the Nazi Era*(New York: Routledge, 2003), 98.

[55] Hitler, *Mein Kampf*, 624.

[56] Michael Burleigh, *Death and Deliverance*: *"Euthanasia" in Germany*, *1900—1945*(Cambridge: Cambridge University Press, 1994), 12; "Euthanasia," *UK Rights* (the online newspaper of UKCHR), http://www.ukcouncilhuman-rights.co.uk/euthanasia.html, accessed July 1, 2006.

[57] Noakes and Pridham, *Foreign Policy*, *War and Racial Extermination*, 1002.

[58] Burleigh, *Death and Deliverance*, 38.

[59] Ibid., 97.

[60] Proctor, *Racial Hygiene*, 182—183.

[61] Wim Willems, *In Search of the True Gypsy*: *From Enlightenment to Final Solution*, trans. Don Bloch(London: Frank Cass, 1997).

[62] Lewy, *Nazi Persecution*, 6.

[63] Ibid., 7.

[64] Angus Fraser, *The Gypsies*(Oxford: Blackwell, 1992), 253.

[65] Lewy, *Nazi Persecution*, 8; Giland Margalit, *Germany and Its Gypsies*: *A Post-Auschwitz Ordeal*(Madison: University of Wisconsin Press, 2002), 32.

[66] Lewy, *Nazi Persecution*, 9.

[67] Ibid., 42.

[68] Michale Zimmermann, *Rassenutopie und Genozid*: *Die nationalsozilistische "Lösung der Zigeunerfrage"*(Hamburg: Hans Christians Verlag, 1996), 149.

[69] Margalit, *Germany and Its Gypsies*, 36.

[70] Lewy, *Nazi Persecution*, 47.

[71] Ibid., 48.

[72] Margalit, *Germany and Its Gypsies*, 35.

[73] Lewy, *Nazi Persecution*, 51.

[74] Ibid., 52.

[75] Frank Sparing, "The Gypsy Camps," in *From "Race Science" to the*

Camps: *The Gypsies During the Second World War*, ed. Karola Fings, Herbert Heuss, and Frank Sparing (Hatfield, UK: University of Hertfordshire Press, 1997), 54.

[76] Ibid., 56.

[77] Günter Grau, *Hidden Holocaust? Gay and Lesbian Persecution in Germany, 1933—1945*, trans. Patrick Camiller(London: Cassell, 1995), 3.

[78] Burleigh and Wippermann, *Racial State*, 186—187.

[79] Grau, *Hidden Holocaust?*, 3.

[80] Ibid., 65.

[81] Ibid., 110—115.

[82] Burleigh and Wippermann, *Racial State*, 192—193.

[83] Ibid., 192—193.

149

第五章

战时纳粹德国，1939—1941 年

┼

“安乐死”与身心残疾者；隔离区与犹太人

大事年表

1939 年：儿童“安乐死”计划出台

1939 年：“纳粹德国—苏联秘密协定”在莫斯科签订

1939 年(9 月 1 日)：德国入侵波兰；“特别行动队”(Einsatzgruppen)开始对波兰平民开展恐怖行动

1939 年(9 月 1 日)：阿道夫・希特勒批准“T-4 成人安乐死计划”

1939 年(9 月 17 日)：苏联军队开始侵占波兰东部

1939 年(9 月 21 日)：莱因哈德・海德里希撰写《占领区犹太人问题》

1939 年(9 月 27 日)：“帝国中央保安局”(RSHA)创立，负责监督一切纳粹警察机构

1939 年(9 月 27 日)：海德里希会见“帝国中央保安局首脑”，讨论将德国犹太人和罗姆人移送至波兰的方案

1939 年(9 月 29 日)：国防军下令强制收缴犹太人财产

1939 年(10 月)：阿道夫・艾希曼下令，作为“尼斯柯”计划的一部分，将德国犹太人群集运往波兰，但此行动被盖世太保首脑海因里希・穆勒阻止

1939 年(10 月 26 日)：波兰总督府创设，汉斯・弗兰克任“总督”

1939 年(10 月 26 日)：弗兰克下令所有 14 至 16 岁的犹太男子参加强制劳动

1939 年(11 月)：总督府冻结一切犹太人资产

1939 年(11 月 1 日)：赫尔曼・戈林创建“东部中央托管办公室”

1939 年(11 月 28 日)：弗兰克下令在总督府管辖区内开设犹太人隔离区

1939 年(12 月 8 日)：总督府责令全体犹太人进行两年的强制劳动

1940 年(2 月 8 日):罗兹隔离区创建,莫德柴·鲁姆科夫斯基(Mordechai Rumkowski)担任“犹太长老委员会”领袖

1940 年(春):戈林恢复向总督府的犹太人运送

1940 年(春):2 500 名德国罗姆人被运往总督府

1940 年(春):“A-B 行动”;数千波兰政界、宗教界、文化界人士被杀

1940 年(5 月 18 日):总督府命令犹太人离开首都克拉科夫

1940 年(5 月):希姆莱撰写《关于东方异族人口处理办法的一些想法》 150

1940 年(6 月):弗兰兹·拉德马赫(Franz Rademacher)和阿道夫·艾希曼分别开展关于犹太人安置的“马达加斯加计划”

1940 年(9 月 8 日):汉斯·比博(Hans Biebow)成为罗兹隔离区负责人

1940 年:戈林下令强行收缴全部总督府辖区内的犹太人剩余财产

1940 年:汉斯·弗兰克下令创建华沙隔离区,亚当·捷尼亚科夫(Adam Czerniaków)成为“犹太居民委员会”负责人

1940 年(11 月 25 日):官方禁止犹太人进入克拉科夫

1941 年(3 月 3 日):奥托·瓦赫特(Otto Wächter)下令在伯德格泽创建克拉科夫犹太人隔离区

1941 年(8 月):党卫军在集中营开展“14f13 安乐死计划”

1941 年(8 月 13 日):安东尼乌斯·希尔弗里奇博士主教(Bishop Dr. Antonius Hilfrich)抗议“T-4 计划”

1941 年(秋):罗兹隔离区开设罗姆人安置区

1941 年(秋):“T-4 计划”取消;专家被送往东线,帮助开发“最终解决”方案

1941 年(11 月):数千(具体数字为 4 996)罗姆人被送往罗兹隔离区;1942 年初在海乌诺姆被屠杀

1939 年 9 月 1 日德军入侵波兰是一个转折点,标志着第三帝国对抗其各种种族与生物敌人的运动,发生了一次影响巨大的转折。有了战争当挡箭牌,再加上先前几次国内与国际的成功冒险壮胆,德国的领导集团在本国和波兰启动了一系列举措,目的在于对某些类型的生理和心理残疾者执行“安乐死”,并杀害波兰的知识分子、政治家和宗教界领袖,以及将犹太人与波兰社会的其他群体隔离开来。本章将探讨的就是他们究竟采取了哪些行动,这些行动对受害者造成了怎样的伤害,以及对纳粹德国种族和生物政策的演变发挥了怎样的影响。

纳粹德国“安乐死”计划的种子，在二战之前就扎下了根。当时德国国内正在激烈地讨论，护理那些身患严重生理和心理疾病的人，所需的花费及造成的其他麻烦。这里所说的“安乐死”，并不是传统意义上的含义，用亨利·弗里德兰(Henry Friedlander)的说法，它其实是指对患有身心疾病者和残疾人执行“系统的和秘密的处决”。[1]“安乐死”已成为德国人对惯例性的、有组织的、大规模的屠杀行径的委婉说法。

1934年以后，德国政府对身心缺陷者和所谓的“莱茵兰杂种”执行强制绝育的政策，效果令人满意，这使得纳粹领导集团更加大胆，并打算采取更具毁灭性的行动，对付那些被认为是“不值得活下去的人”，或者“累赘的生命”。鉴于纳粹党的绝育计划大获成功，最初是对从优生学角度不适合生存的人进行绝育，后来很自然地就转变为一项战时政策，即要求国家出面，屠杀那些被诬蔑为种族上或“遗传基因上的低下者”。最为悲剧的是，在此大屠杀的新阶段开发出的方法和训练出的专家，都为日后针对犹太人和罗姆人的更为可怕的集体屠杀提供了必需的核心储备。

儿童“安乐死”计划

对儿童实行“安乐死”计划的理念，出自一个姓克瑙尔(Knauer)的家庭写给阿道夫·希特勒的一封信。这对夫妇写信请求元首允许他们对自己的新生儿子实行“安乐死”，孩子的祖母也赞同这一做法。克瑙尔夫妇曾将他们的孩子带到莱比锡大学的“大学儿童诊所”，并请诊所主任维尔纳·卡特尔博士(Dr. Werner Catel，1894—1981)执行“安乐死”。孩子的父亲对卡特尔说，他希望这个婴儿“无痛苦地死掉”，因为他的状态令孩子的母亲感到无比伤心。卡特尔拒绝了他们的要求，这才有了写给希特勒的信。元首之前也收到过类似的请求，这一次，他请他的私人医生、党卫军二级突击队中队长兼武装党卫军中尉卡尔·勃兰特去莱比锡城对克瑙尔家的婴儿进
151 行检查。他还授权勃兰特，如果他确信这个孩子从优生学角度来讲已必死无疑，那可以对他执行安乐死。结果，经过简短的体检，勃兰特执行了希特勒的“安乐死”命令，这个可怜的孩子就这样被送上了黄泉路。[2]后来，希特勒命勃兰特和党卫军高级总队长、德国总理府首脑菲利普·布赫勒(Philipp Bouhler，1899—1945)开发一个“安乐死”项目，对德国其他深受严重生理和心理残疾折磨的儿童执行人为致死。

1939年初，布赫勒从希特勒的总理府调拨了三个人，开始从事高度机密的儿童“安乐死”计划。他们分别是德国总理府二号中央办公室(负责国内及党内事务)主任维克多·布拉克(Viktor Brack，1904—1948)及其两个下属：汉斯·黑费尔曼(Hans Hefelmann，1906—1986)和理查德·冯·黑格纳(Richard von Hegener，1905—

美国大屠杀纪念博物馆 1995 年举办的“谋杀身心缺陷者”展览的一个场景。美国大屠杀纪念博物馆照片序列号 N02413,摄影:爱德华 · 欧文(Edward Owen)。

1981)。负责监管这一计划的部门被称为“严重遗传类疾病科学登记帝国委员会”。很多著名医生都是这个委员会的成员,包括赫伯特 · 林登博士(Dr. Herbert Linden, 1899—1945),他的主要职责是管理“帝国内政部”下属的国立医院和疗养院网络。1939 年上半年,儿童“安乐死”计划取得了明显的进展,委员会也吸纳了五名新成员,他们都是知名的内科医生:卡尔 · 勃兰特、维尔纳 · 卡特尔、汉斯 · 海因茨(Hans Heinze, 1895—1983)、赫尔穆特 · 翁格尔以及恩斯特 · 文策尔(Ernst Wentzler, 1891—1973)。一直以来,这些人都是儿童安乐死理念的支持者。卡特尔博士是莱比锡大学儿科医生协会的主席,而且直到战后,还一直担任莱比锡大学儿童诊所的主任,海因茨博士是一位心理学家和神经科专家,还是德国最负盛名的勃兰登堡-戈 152
尔登地区国立医院的院长。他在这所医院设立了一个儿童“安乐死”特别病房,在那里开展令人毛骨悚然的“安乐死”研究。文策尔博士是一名成功的儿科医生,并在柏林经营着一家私立儿科诊所。后来,他同样也在自己的医院开设了一个儿童“安乐死”特别病房。

就在德国入侵波兰的两周之前,“严重遗传类疾病科学登记帝国委员会”在整个内政部体系内下发了一份秘密法令，责令德国所有内科医生和助产士上报三岁以下罹患以下疾病的儿童的信息：

1. 极度低能以及“唐氏综合症”（特别是同时具有失明及失聪症状者）
2. 头小畸形（头部异常小）
3. 严重或急性脑积水（因脑腔多余积液导致的头部增大）
4. 各种形式的畸形，尤其是肢体残缺和严重头部闭合及脊柱缺陷
5. 瘫痪，包括李特耳氏病（痉挛性双侧瘫痪）

内政部在法令后面，附加了一份一页纸的表格，以使整个行动看起来像是出于科学研究的目的。表格上需要填写的，包括三岁以下患病儿童的性别、年龄，其所患疾病的详细说明、其治疗护理的性质以及对其治疗护理长期效果的预后等。医生和助产士需将填写完整的表格提交当地的公共卫生部门，后者再将信息表寄给“帝国委员会”的柏林 W9 区的 101 邮政信箱。助产士每填写一份表格，就能得到 2 帝国马克的津贴。到了第二年，“帝国委员会”认为先前的表格获取的信息量太小，遂决定使用一种新的、更详细和周密的表格，各地医生和助产士还需提供患病儿童家庭成员的病史信息，及其家长的地址和宗教信仰等。

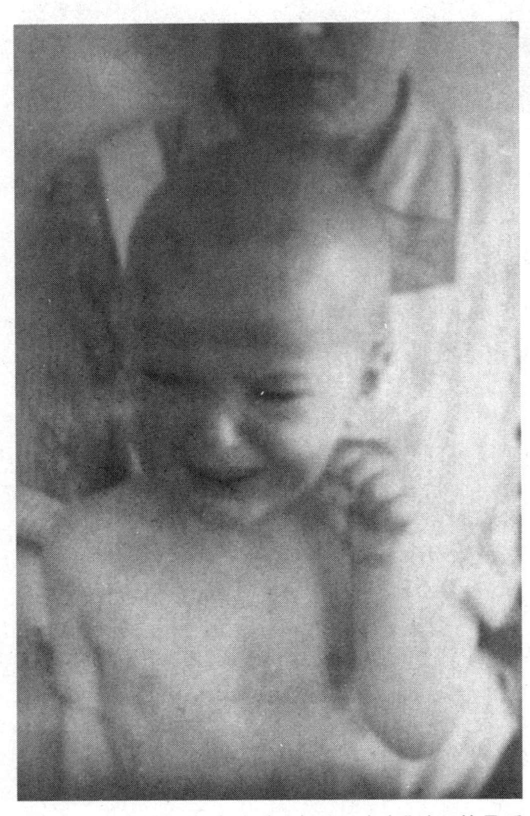

1945 年，考夫博伊伦-伊尔塞“安乐死中心”杀死的最后
153 一名儿童——理查德·杰内（Richard Jenne）。美国大屠
杀纪念博物馆照片序列号 78606，国家档案与记录管理
局（学院公园）提供图片。

收到信息表之后，凯特尔、海因茨和文策尔将决定是否对相关儿童执行“安乐死”。他们的工作实际上相当简单。对病儿信息进行评估后，他们在适用于“安乐死”的病儿表格上画一个加号，幸免于“安乐死”的病儿，表格则以减号标记。如果对这个孩子的命运尚不确定，医生就仅仅写上四个字——“有待观察”。委员会所有成员医生所使用的标记都是一致的。

海因茨在他位于勃兰登堡-戈尔登的医院开设了德国第一家儿童“安

乐死"病房。德国政府在大维也纳州的施坦霍夫开设了第二家——名叫"施皮格尔基金会"。在此后的一年间,"帝国委员会"又在全德国境内开办了20所儿童"安乐死"病房。各家医院杀害病童的方式也有所不同。比如,海因茨博士偏爱的方式是,在较长一段时间给病童注射慢性毒药,但慕尼黑郊区艾格尔芬-哈尔医院的主任赫尔曼·普凡穆勒(Dr. Hermann Pfannmüller, 1886—1961)通常任病童长期饥饿而死。普凡穆勒是一名精神病学家,很早就加入了纳粹党,他是如此醉心于自己的工作,在整个战争期间,竟然一直向公众开放自己的实验室设备,并满怀骄傲地展示自己的杀人技术。一个叫路德维希·莱纳(Ludwig Lehner)的巴伐利亚教师,描述了1939年秋天一次参观的所见所闻:

> 在参观过程中,我亲眼所见以下事项:参观过一些其他病房后,研究所主任亲自——我记得他叫普凡穆勒——带我们进入儿童病房。这栋建筑干净、整洁得令人惊异。里面摆放着15—25张婴儿床,每个床上都躺着一个1至5岁的孩子。在这个病房里,普凡穆勒向我们详细解释了他的观点。我清楚地记得他说话时的感觉,因为——不知是出于犬儒主义,还是生性笨拙——他的演讲出人意料地坦率、直白:"作为一个国家社会主义者,我认为这些生物(指那些病童)显然仅仅是压在我们'民族健康肢体'上的负担。我们不会用毒药、注射等手段杀死(也可能他用的是某个表示'杀死'意思的委婉说法)他们,因为这样只会给外国媒体和瑞士的某些先生(指'红十字会')提供中伤、诽谤的素材。不。我们的方法——正如你们看到的——简单得多,也自然得多。"正在普凡穆勒发表这番演讲的时候,一个护士从婴儿床上抱起一个孩子,向大家展示。这个孩子看起来就像一只死兔子。他像鉴赏家一般自命不凡,又带着冷嘲热讽似的假笑,说道:"比如这一个,只需再等上两三天。"这个肥胖的、带着得意笑容的男人,肥厚的手上捏着一副低声呜咽的骨架,周围全是行将饿死的孩子,这个情景至今还清晰地印在我的脑子里。后来,这个谋杀犯还指明,他们并不是突然停止发放食物,而是一点点地削减供应量。[3]

普凡穆勒至少应为3 000名病童的死负责。1951年在慕尼黑,他以战争罪被送上法庭,并被判入狱1至5年。

到了1940年,帝国委员会允许医生对三岁以上的儿童执行"安乐死";1941年6月22日入侵苏联之后几周,该计划的应用范围又扩展至一切形式的在校残疾儿童身上。教师必须向当地公共卫生机构报告此类儿童的情况,否则将被处以罚款(150帝国马克)。两年后,帝国委员会下令,即使那些非畸形或残疾儿童,如果他们属于

“不受欢迎的有害种族”，也将被执行“安乐死”。对待犹太裔儿童，纳粹党起初认为不值得对他们使用“仁慈的杀死”政策，但从 1943 年春天开始，他们也被送往哈达马尔的成人“安乐死”中心集体处死。据估计，战争期间，在儿童“安乐死”计划之下被纳粹德国杀害的病童，有 5 000 名之多。

将病童送进类似的“安乐死”病房，必须征得其父母的许可，为此“帝国委员会”的代表通常采取欺骗手段，向家长许诺可以治好孩子的疾病。虽然也有很多父母抵触此类做法，但“帝国委员会”的官员往往向他们施加压力，迫使他们同意交出孩子，
154 况且他们也根本不知道，那些病房里充斥着将他们的子女置于死地的杀人机器。几乎没有人在了解整个过程的情况下，仍送自己的孩子去“安乐死”。孩子被杀死之后，他们的父母将收到一份正式信函，通知他们，他们的孩子相当突然地死于某种虚构的疾病。信上还将写道，为了防止传染，孩子的尸体已被火化。日耳曼人凶残的杀人计划与他们缜密的原理和阐述一起传遍整个欧洲。

成人“安乐死”计划

德军入侵波兰的六个星期之前，希特勒会见了三个人，他们分别是“帝国内科医生领袖”莱昂纳多·康迪博士(Dr. Leonardo Conti，1900—1945)，希特勒的管家、后来成为纳粹党“党务中心”首脑的马丁·鲍曼(Martin Bormann)，以及“帝国总理府”首脑汉斯·海因里希·拉默斯(Hans Heinrich Lammers，1879—1962)。为此，迈克尔·伯利(Michael Burleigh)写道：

> (希特勒)坚信，罹患严重精神疾病的“不值得活下去”的人，就应该被处理掉。他举例子说，看护那些严重的精神病患者时，必须让他们一直躺在沙子或者锯末里，因为他们一刻不停地弄脏自己，很多人把自己的排泄物喂进嘴里，还以为那是食物，诸如此类的行为经常发生。由此希特勒得出结论：类似这样不值得生存的人，就应该被毁灭，以便节省医院、医生和护理人员用作他途。[4]

会面之后，希特勒没有选择康迪，而是任命菲利普·布赫勒为成人“安乐死”计划的负责人。元首的担忧是，如果他让康迪负责这个项目，那他的导师兼政治盟友鲍曼，就有机会获得对这个项目的完全掌控权。

先前的儿童“安乐死”项目已建立起一套完整的行政体系，布赫勒所需要做的，就是招揽更多的医生入伙，特别是非儿科专业的医生。成人“安乐死”计划被命名为“T-4 计划”，是因为项目总部设在蒂尔加藤大街 4 号，这里原来是一座犹太家庭的别墅。布赫勒和卡尔·勃兰特负责向希特勒汇报“T-4 计划”的进展情况，而纳粹早期

党员、曾经当过希姆莱司机的维克多·布拉克作为布赫勒的助手，负责“T-4 计划”的日常运营。在纳粹党的精神病学领域风头正劲的维尔纳·海德博士（Dr. Werner Heyde，1902—1964）——他也是达豪集中营负责人西奥多·艾克的门徒——成为成人“安乐死”计划的首席医学顾问。海德与纳粹党的联系，已为他获得了维尔茨堡大学精神病学会主席的职位。布赫勒、勃兰特和海德组成了一个精神病学专家团队，并把来自儿童“安乐死”计划的文策尔博士和翁格尔吸纳其中。1939 年八九月间，这几位医学专家经常碰面，讨论他们的杀人行动的详细计划。

大多数医生都担心会因谋杀病人而遭到起诉，所以要说服他们加入成人“安乐死”计划并不容易。希特勒也不愿意使“安乐死”合法化，因为他认为正式立法就不能确保计划的高度机密性了。尽管如此，在布赫勒的劝说下，希特勒还是于 1939 年 10 月签署命令（命令的日期写的是 1939 年 9 月 1 日），批准“安乐死”杀人行为。布赫勒等人就运用这份文件，去说服医生加入自己的项目，告诉他们将不会因自己的行为而面临刑事控诉。这份文件是这样写的：

（信头：A·希特勒）

1939 年 9 月 1 日，柏林

兹任命全国领袖布赫勒和勃兰特医学博士负责扩充特定领域的内科医生队伍，这支队伍将获得正式授权，行使职责，对那些经周密诊断、依人类判断而定为患有不治之症之人，执行一种仁慈的死亡。

阿·希特勒（签名）[5]

为保险起见，这份文件的原件一直保存在帝国总理府，不过副本则被展示给那 155
些“T-4 计划”的潜在参与医生。

1939 年 9 月 21 日，帝国内政部命令各级地方政府在 10 月 15 日之前上报所有在本辖区内收治严重精神病人、癫痫病人和低智病人的国立医院名称。之后，每个
医院都收到一种一页纸的表格，表格上须填写的都是各个医院的具体情况，包括是 156
否具备可靠的运输系统、收治的病人中有多少罪犯和犹太人，等等。政府还给每个医院都下发了一份针对每一名罪犯和犹太病人的报告表格，用以上报他们的入院时间以及关于病人“精神状况”的详细信息。表格需要填写的内容，还包括病人是否患有“不可治愈的生理疾病”，以及他或她是否具有精神分裂症、“神经衰弱”、愚钝、低能、癫痫等心理问题。医院还需上报，针对每一个特定病人采取的治疗手段是否奏效，以及病人是否曾从事犯罪行为或有犯罪记录。最后，表格上还有一个问题是关于病人的工作记录的，目的是确定此人是否为“离群索居的反社会者”或“消极怠工者”。[6]

Registration Form 1 To be typewritten

Current No.________

Name of the Institution:____________________

At:____________________

Surname and Christian name of the patient:____________________

At birth____________________

Date of birth:______________Place:______________District:________

Last place of residence____________________District:________

Unmarried, married, widow, widower, divorced:____________________

Religion:____________________ Race*:____________________

Previous profession:____________________Nationality:____________________

Army service when? 1914–18 or from 1-9-39____________________

War injury (even if no connection with mental disorder) Yes/No____________

How does war injury show itself and of what does it consist?____________

____

Address of next of kin:____________________

Regular visits and by whom (address):____________________

Guardian or nurse (name, address):____________________

Responsible for payment:____________________

Since when in Institution____________________

Whence and when handed over:____________________

Since when ill:____________________

If has been in other institutions, where and how long:____________________

Twin? Yes/No________ Blood relations of unsound mind:____________________

Diagnosis:____________________

Clinical description (previous history, course, condition; in any case ample data regarding mental condition):____________________

____

Very restless? Yes/No______________Bedridden? Yes/No.______________

Incurable physical illness: Yes/No (which)____________________

Schisophrenia: Fresh attack______Final condition______Good recovery______

Mental debility: Weak____________Imbecile____________Idiot____________

Epilepsy: Psychological alteration______Average frequency of the attacks______

Therapeutics (insulin, cardiazol, malaria, permanent result: ______________ Salvarsan, etc. when?)____________________ Yes/No________

Admitted by reason of par. 51, par. 42b German Penal Code, etc. through______

____

Crime:____________Former punishable offenses:____________________

Manner of employment (detailed description of work):____________________

Permanent/Temporary employment, independent Worker? Yes/No________

Value of work (if possible compared with average performance of healthy person)____________________

This space to be left blank.

____________________Place, Date____________________

____

Signature of the head doctor or his representative (doctors who are not phychiatrists or neurologists, please state same).

*German or of similar blood (of German blood), Jew, Jewish mixed breed Grades I or II, Negro (mixed breed).

医生们曾经使用过的一种表格，用以确定病人心理或生理残疾的严重程度。来源：《纽伦堡军事法庭战犯审判》，公共领域。

地方上报的信息表经过收集整理之后，布赫勒的办公室选取了一批在思想上可靠的大夫，开始对这些报告进行评估。被选中的每个医生都可自行选择是否加入成人“安乐死”计划。但很少有人拒绝。而他们用以决定一个成人的生与死的标准和意识形态上的指导方针，与儿童“安乐死”计划的标准和指导方针大致相同，即那些被选中执行“仁慈的”死亡的人，就是“多余、无用、不值得活下去的生命”。[7]

当“T-4 计划”与对犹太人、罗姆人、波兰人、俄国人等族群的更大范围的屠杀联系在一起时，它最重要的方面之一就凸显出来了，即为了保障计划的成功而开发出的一系列复杂的工艺技术和专业知识。从 1939 年秋天至希特勒叫停该计划的 1941 年 8 月，纳粹德国共杀害了约 7 万至 8 万具有身心缺陷的成年人。在如此广阔的范围内，又要在极端秘密的条件下，置如此多的人于死地，显然需要极其完备和高技术的杀人“机器”。一开始，可能是在希特勒的建议下（通过勃兰特和布赫勒，希特勒一直保持着对“T-4 计划”的严密监控），“T-4”项目的领导集团决定使用毒气作为实施屠杀的主要手段。1939 年底至 1940 年初的某一天，面对布赫勒、勃兰特、康迪和布拉克等人，“党卫军”指挥了一次毒气运用的展示。为这次展示还专门修建了一座毒气室，它就位于柏林附近勃兰登堡地区的一座古老监狱里。勃兰特和康迪先亲自给一些残废病人注射巴比妥酸，目的在于证明这种“安乐死”方式是多么的低效。然后，八名病人被送进充满一氧化碳的毒气室。很快，这些毫无心理准备的囚犯就死去了，这令在场的纳粹高官十分满意。

“T-4 计划”的官员选定杀戮手段之后，他们就建立了六所“安乐死”屠杀中心。它们分别位于勃兰登堡、格拉芬埃克（近斯图加特）、贝恩堡（近德绍）、哈达马尔（近威斯巴登）、哈特海姆（近奥地利林茨）以及松内施坦恩（近德累斯顿）。1940 年底，由于当地居民的担忧，勃兰登堡和格拉芬埃克的屠杀中心被迫关闭。当希特勒下令停止成人“安乐死”计划时，只有四个屠杀中心仍在运行。除了松内施坦恩，这些屠杀中心都是布赫勒在旧医院的基础上改建的。他给每一个新中心都配备了毒气室和火化尸体的焚化炉。毒气室使用的致命毒气是由工业巨头巴斯夫和 I·G·法本公司共同开发的。“T-4 计划”的官员坚持的两条原则是高效与秘密，他们竭尽全力迷惑病人。在病人被送进毒气室前夕，将由一个医生装模作样地给他们进行医学检查，并尽其所能舒缓病人的情绪。体检的另一个功能是使医生发现病人嘴里的金牙，这样等他死后，就可以派人去拔下来。体检之后，医生告诉病人将带他们去洗澡。对可能惹麻烦的病人，看护人已事前给他们服下镇静药物。他们还运用各种阴谋诡计，哄骗已心生疑念的病人进入毒气室。

依据毒气设备的不同，“T-4 计划”小组一次投入毒气室的，约 25 至 150 名病人。
当把病人的金牙都拔光之后，尸体就被送进焚化炉，也有一些被留作解剖或医学试 157
验用。整个过程通常在 24 小时之内完成。不久之后，病人的亲属将收到一封信，告知他们挚爱的亲人已突然离世，医生用尽一切手段也无法挽回他或她的生命。至于尸体的去向，信函解释道，出于公众健康原因，尸体已被火化。病人家属可以在14天内索要盛有亲人骨灰的瓮坛，并在指定的公墓领取。如果病人家属在规定时间内未索要骨灰，这个可怜的人将被埋在一处乱葬岗。事实上，即使家属在规定时间内提出了索要骨灰的申请，他们得到的也绝非自己亲人的遗骸，因为"T-4"中心每一次都要焚化很多具尸体：病人亲属得到的骨灰，仅仅是从一大堆众人的骨灰中分得的一小罐。

尽管当局努力掩盖在"T-4"中心进行的残酷勾当，民众还是逐渐有所了解，特别是在屠杀集中营所在的社区。一些家庭也开始意识到死亡通知书前后不一致的地方；有些人收到两份亲人的骨灰，或者男性亲属的骨灰里竟然有一个女士发夹。最终，德国各个教会起来抗议政府的屠杀行为，因为很多"T-4"受害者居住的医院都是教会控制的。其实在1939年至1941年间，在"T-4计划"下被杀害的病人中，有一半曾由新教或罗马天主教的医疗机构收治。大多数来自宗教界的抗议都是私下通过官方渠道表达的。1941年8月13日，林堡的天主教主教安东尼乌斯·希尔弗里奇博士(1873—1947)给内政部长威廉·弗里克写信，请求他帮助制止这项计划，因为"所有敬畏上帝的人都将其视为一项愚钝的歧视"。[8]十天前，长期批判纳粹主义和纳粹党政权的天主教主教克莱门斯·奥格斯特·冯·加仑(Clemens August Graf von Galen，1878—1946)，在朗贝尔蒂教堂的布道中，公开激烈地反对"T-4计划"。他先提醒聚集的教友，根据《帝国刑法典》，蓄意谋杀仍是违法行为。然后他接着说：

> 如果我们制定并应用这样的原理——你可以随意杀死"不从事生产"的同胞，那么当我们都变老变虚弱时，灾难就将降临到我们自己身上了！如果我们允许他们杀死"不从事生产"的人，那当我们因工作而筋疲力尽、身心虚弱、健康不再时，灾难就将降临到我们自己身上了。如果我们允许他们通过暴力，杀死"不从事生产"的人，那么当我们忠诚的士兵，带着严重的身心创伤回到家乡，成为残疾人、成为无用者时，灾难就将降临到他们身上了。
>
> 这是人类的灾难，这是我们日耳曼民族的灾难。上帝曾发出神圣戒律："你不得杀戮"，这是在电闪雷鸣中，上帝在西奈山庄严地宣布的，这是上帝——我们的造物主——从最初开始就铭刻在人类的良心之上的，然而这条戒律不但遭到严重的破坏，而且犯罪的行为却被一再容忍，愈演愈烈，而得不到任何惩罚。[9]

虽然有些人认为加仑主教的布道是促使希特勒叫停计划的原因，但事实是，两者并无关系。根据迈克尔·伯利的说法，希特勒终止"T-4计划"，是因为它已经超额完成了最初定下的目标——为每 1 000 个德国人杀死 1 个身心残疾者。而且，到了 1941 年秋天，很多“T-4 计划”的工作人员将被送到东线去，纳粹德国将在那里展开一项新的集体屠杀计划实验，目的是杀死全部欧洲犹太人——这就是所谓的“最终解决”。为了这项计划顺利开展，德国政府需要调用“T-4 计划”的“杀人专家”。[10]诸如克里斯蒂安·维尔特(Christian Wirth, 1885—1944，曾在贝尔热茨工作)、弗兰茨·施坦格尔(Franz Stangl, 1908—1971，曾在索比堡和特雷布林卡工作)、弗兰茨·赖希乐特纳博士(Dr.Franz Reichleitner, 1906—1944，曾在索比堡工作)以及伊姆弗里德·埃贝尔博士(Dr.Imfried Eberl, 1910—1948，曾在特雷布林卡工作)，都成 158
为灭绝营的指挥官，另外还有约 90 人协助他们管理各地的灭绝营。

虽然在 1941 年 8 月德国政府宣布终止“T-4 计划”，但其实早在这一年春天，“党卫军”已在各集中营启动了另一波新的“安乐死”行动。这项行动名为“14f13 计划”，与“T-4 计划”有着共同的目标。“安乐死”旗号下的杀戮仍在德国毫无顾忌地进行，甚至有些人仅仅是尿床或者招人厌烦，也可能被定为优生学上的“罪犯”而被送进毒气室。到了 1941 年秋天，“特别行动队”开始杀害苏联境内各收容所内的病弱者，而且有证据表明，战争期间，在法国维希的精神病院，约有 4 万人死于蓄意食物断绝和体温过低。总之，第三帝国各种各样的“安乐死”计划，共使约 20 万至 25 万德国人和他国人失去了生命。

通向战争之路与德国入侵波兰

从 20 世纪 30 年代中期以来，英法领导人就开始执行“绥靖主义”的对德政策。“绥靖政策”横行于世的原因，一方面是英法惧怕世界大战再次开打；另一方面则是他们错误地确信，阿道夫·希特勒是一个理性的和平主义者，以为他只是单纯地想纠正第一次世界大战之后协约国对德国的不公正待遇。“绥靖政策”的顶峰，是 1938 年秋天的“慕尼黑阴谋”——协约国将苏台德拱手送给了德国，这个地区虽然日耳曼民族人口众多，但却是捷克斯洛伐克国土的一部分。《慕尼黑协定》签订之后，希特勒和英国首相内维尔·张伯伦共同承诺，将尽一切努力维护欧洲和平。然而，仅仅五个半月后，德国军队就悍然入侵捷克剩余领土，欧洲各国的领袖们终于意识到，战争已不可避免。尽管如此，大家却都认为，罗马尼亚将是纳粹德国的下一个目标——显然因为其丰富的石油矿藏，然而到了 1939 年 3 月底，局势已经十分明朗——波兰将成为希特勒侵略行径的下一个牺牲品。

1939 年的整个春天和初夏，英国、法国和苏联都在积极寻求各种外交的和军事的方式,试图挫败德国对波兰的入侵野心,与此同时,国防军却在有条不紊地将计划向前推进。然而,由于斯大林认为,苏联西部边界的邻国已被希特勒拉进纳粹德国的阵营,因而坚决要求获得进入这些国家的权力。苏联的强硬立场,致使 1939 年春夏之交英法苏三国的协商摇摇欲坠。莫斯科遂转向柏林,一系列低阶谈判之后,1939 年 8 月 23 日,两国签订《互不侵犯条约》,还包含一个“秘密议定书”。根据条约,德国和苏联瓜分了东欧的领土,从此东欧分属德国和苏联的势力范围,而波兰东部地区就属于后者。德国入侵波兰一周之后,苏联加入阵营,虽然迟了点,但俨然成为纳粹有力的合作伙伴。[11]

条约签订两天之后,威廉·凯特尔(Wilhelm Keitel, 1882—1946)大将领导下的“国防军统帅部”下达了入侵波兰的命令。8 月 31 日,帝国保安部、党卫军和国防军“军事反情报局”人员,身着波兰军队的制服,沿着德国/波兰边界发动佯攻,目的在于给予希特勒发动战争的“正当性”。第二天——1939 年 9 月 1 日,希特勒告知国会,德国必须对昨晚发生的 14 起“边境事件”作出回应,但是其实早在 8 月 31 日中午,他就已经签署了对波兰发动攻击的最终指示。[12] 17 个小时之后,五支德国军队进入波兰。希特勒在 1938 年就已成为国防军最高统帅,现在,他以这个身份拒绝了英法以撤军为前提条件的谈判。9 月 3 日,伦敦和巴黎向第三帝国宣战。9 月 17 日,

1939 年,华沙附近的帕尔米拉森林,党卫军引着波兰公民走向处决地点。美国大屠杀纪念博物馆照片序列号 50649,“波兰国家纪念协会”提供图片。

苏联在德国激进行动的刺激下，开始出兵占领其份额内的波兰东部领土，而此时的德国国防军已几近完成计划中对波兰的征服，波兰曾经引以为豪的军事力量——特别是陆军——已被摧毁殆尽。尽管一些波兰军队逃至中立地区，而到 10 月 6 日，仍 159
留在波兰境内的本国军队已被彻底击败。[13]

当时，波兰总人口为 3 534 万，其中犹太人口约为 330 万至 350 万。9 月 22 日，德国和苏联正式就瓜分波兰的最终边界问题达成协议，德国得到的领土稍小一点，人口约 2 225 万。约 200 万犹太人困在德占波兰，其余的——还包括德国入侵之后东逃的 30 万至 35 万犹太人，生活在苏联占领下的波兰。

波兰的种族战争：波兰基督徒

希特勒视波兰种族为“糟糕透顶的(种族)物质”，是他实现梦想中纯粹的雅利安种族的大德意志的障碍。而波兰犹太人，则是“人类能想象到的最可怕的东西”。[14] 1939 年 8 月 2 日，希特勒对国防军指挥官说，“对待任何具有波兰血统的或说波兰语的男人、女人和儿童，要不带任何怜悯和仁慈”地杀死。他还说：“只有这样，我们才能获得所需的‘生存空间’。”[15]希特勒说：“无论我们现在在波兰统治阶级那里发现了什么，一切都必须清算；无论发生什么情况，我们都必须为自己的安全着想，及时消灭危险因素。”[16]

希特勒执行以上政策的原因，包含以下三个方面：摧毁波兰民族主义的一切残留痕迹；防止波兰领导集团组织反对德国占领的有效抵抗运动；以及第三，当波兰农民和工人如希特勒所愿丧失领袖之后，再强迫他们在德国工业和农业中充当苦工。

结果，在德国占领波兰的六年间，他们对波兰民众发动了两场战争——一场是针对波兰犹太人、一场是针对波兰基督徒。在这片土地上，德国人决心毁灭这个国 160
家的文化知识领域、政治领域和宗教领域的领袖阶层，并将犹太人从残余的波兰社会中清除出去。经过特殊训练的“特别行动队”[Einsatzgruppen，意为任务或行动小组，全称为 Einsatzgruppen der Sicherheitsdienstes(即“帝国保安部”，缩写为 SD) und der Sicherheitspolizei(即“国家秘密警察”，缩写为 Sipo)]由来自“帝国保安部”、“国家秘密警察”和“党卫军”的 4 250 人组成，他们被派到波兰，与“敌对势力”战斗。“特别行动队”执行的首次任务，是在 1938 年入侵奥地利期间，在永久性的“帝国保安部”和“国家秘密警察”机构在奥地利正式设立之前，受命监管安全，也就是围捕和监禁纳粹党的反对者。从此之后，每一次德国在欧洲的主要军事行动，都有“特别行动队”的参与，不过在不同国家、不同地区，他们的工作职责也存在差异。比如说，在捷克领土(波西米亚和摩拉维亚)、波兰和苏联被占领土,“特别行动队”的任务是消灭或根除一切被认为在种族方面或人身方面危及德军控制力的社会因素。在“最终解决”体系下的灭绝营建立之前,“特别行动队”是德国在苏联最主要的屠杀分队。[17]

1939年9月初,国防军刚刚横扫波兰,五支“特别行动队”就接踵而至。接下来将上演一场“暴行的狂欢”,以至于先前纳粹党在第三帝国国内的那些残忍行径与之相比,“简直根本不算什么”。[18]德国人决心彻底消灭波兰的宗教、政治和知识界的领导集团以及整个贵族阶层。到了1939年底,国防军和“特别行动队”共枪杀5万波兰平民,其中7 000人为犹太人,这个数据可以证明亚历山大·罗西诺(Alexander Rossino)的论断:“在战争最初的几个月,党卫军屠杀计划的基本态度,并不是反对犹太种族,而绝对是反对波兰种族。”[19]最残酷的屠杀行径发生在彼得哥什。根据《波兰黑皮书》的估计,从1939年9月至1940年初,被德军所杀害的波兰平民超过10 000人。一家丹麦报纸称这场屠杀为“一场试图灭绝波兰种族的战争”。[20]1940年春天的“A-B行动”(德文全称为Ausserordentliche-Befriedungsaktion,意为所谓“特别绥靖行动”)执行期间,德军处死了数千位波兰政界、宗教界和文化界领袖。

德国人视罗马天主教会为波兰民族认同的一个有机组成部分,因此对它特别残酷。战争期间,德国将3 646名波兰神父(波兰全国一共约11 300名)和1 117名修女(全国一共约17 000名)送进集中营。其中至少2 600名神父和263名修女死在了各处集中营,大多数是在达豪。在入侵和占领期间,德军还杀害了数百名教士。德国人的目标就是摧毁波兰的罗马天主教。他们把大多数神父都囚禁在瓦尔特兰(又称瓦尔特高),这里是波兰西部两个直接划归第三帝国版图的地区之一。教会财产不是被偷、被毁,就是被玷污和亵渎。德军强迫拉德兹尼卡修道院的修士离开,然后在搜寻宝物的过程中将这座修道院毁于一旦。他们偷走修道院的所有金银和珠宝,并警告修士不得将此事告诉别人,否则将被“处以死刑”。[21]

德国人占领波兰后,还关闭了很多教堂,仍获准开放的,则必须遵守若干严格的限制条件。根据一份报告指出的,为了存活下来,教会“被迫撤回到地下墓穴中”。德国人一心试图通过谋杀、驱逐和恐吓等方式摧毁波兰人的天主教热情,可是,他们的行动并未奏效。教会仍可以在报告中自豪地写道,教士的热忱“令人惊叹,他们的宗教信仰的虔诚程度前所未见,都愿意为教会英勇献身”。[22]

地下教会及其他非法互动的积极参与者之一是卡罗尔·约泽夫·沃伊蒂瓦
161 (Karol Józef Wojtywa, 1920—2005),他白天从事强迫劳动,夜晚则与他人合作举办了一个秘密的戏剧团体。1942年，沃伊蒂瓦入读克拉科夫的地下罗马天主教神学院，学习一名神职人员应具备的一切知识和技能，同时还在秘密重开的亚格隆尼大学就读。1946年他被授以圣职之后，开始在卢布林的天主教大学任教。在那里，他作为一个杰出的学者赢得广泛的声誉，由此奠定的基础，帮助沃伊蒂瓦于1958年被任命为克拉科夫的辅理主教，五年后又被教皇任命为主教。1967年，沃伊蒂瓦成为枢机主教，11年后则当上了教皇。当他作为约翰·保罗二世(Pope John Paul II, 1978—2005年在位)加冕为教皇之后，正式接待的第一个私人觐见者，是他童年时期的一位亲密朋友——杰西·克拉格(Jerzy Kluger，生于1920年)，而此人正是一个犹太人。

海因里希·希姆莱认为，纳粹党的使命在于进行种族清洗、实现人种上的净化，并扩张日耳曼雅利安种族的生存空间。在很大程度上受到这一理念的驱使，德国针对波兰基督徒和犹太人执行了一系列严苛的种族政策，并在若干年间经历了缓慢的演变。1939年10月，希姆莱下达了一项饱受争议的命令，暗示党卫军和警察部队应尽量多繁育子女，以弥补战争期间"最优秀日耳曼血统"的损失。1940年春，希姆莱向军方、工业界和纳粹党各级干部发表了一系列演说，着重指出在新占领地区出现的"种族混杂"的危险倾向，并概述了自己将波兰逐渐日耳曼化的计划。在一次演说中，希姆莱说，其计划将包含对波兰的全部人口进行集体屠杀，以及将低级种族的成员驱逐至总督府境内等。尽管如此，他还说，在这样的情况下，自己还是最支持第一个方案。[23]

1940年，希姆莱在对波兰完成一次巡回视察之后，写下了一份高度机密的备忘录——《关于东方异族人口处理办法的一些想法》(*Himmlers über die Behandlung der fremd völkischen im Osten*)。他所指的"东方异族人口"不仅包括波兰人和犹太人，还包括乌克兰人、白俄罗斯人，等等。希姆莱的计划是，将这些族群"尽量打散在各种各样的小派别中"，以保持其分裂状态。同时，他希望利用这些族群的领袖，充当"警察和市长"的角色，这就与他先前的主张产生抵触了，先前他曾宣称要彻底消灭"异族"民众的领袖。希姆莱还认为，对付类似犹太人这样的族群，只需将他们大规模移民至非洲或"某些殖民地"，他们就会自行消失。他还希望波兰——作为一个民族——也消失掉，不过这一过程可能要花更长的时间。[24]

在这些危险族群尚未彻底消失之前，希姆莱下令削减其青年成员所能接受的公共教育，只教他们从1数到500，会写自己的名字就可以了，阅读能力则根本不予培养。此类教育方式的最终目标，是"让对象明白，对日耳曼人要必恭必顺、诚信老实、努力工作和保持端正，这些都是上帝的诫命"。[25]如果父母希望使他们的孩子接受更高等的教育，则必须向占领区的党卫军当局提出申请，由后者来决定这个孩子在种族属性上是否够资格接受更高一层的教育。如果答复是肯定的，孩子将被“随机”送到德国某所学校读书。鉴于德国人认为，仅有约 3%的波兰人适合接受雅利安化的教育，所以希姆莱认为并不会收到多少来自波兰父母的此类申请。

即使波兰的父母没有提出雅利安化的申请，希姆莱也提议党卫军自己开展一个项目，确定哪些波兰年轻人具备“有价值的血统”。一旦将这些特殊儿童从波兰人口中剥离出去，那剩下的就全是“低级残余”了。这些“无人统领的劳工阶层”，价值就是为德国的农业、工业和“特殊职业项目”提供廉价劳动力。[26]战争期间，德国将约
162 4 500 名波兰儿童从他们的亲生父母身边抢走，送到德国，由当地夫妇收养，这构成党卫军的“生命之泉”计划的一部分。还有约 4.5 万名波兰儿童被送进德占区的孤儿院或寄养家庭。

利用被征服民族充当廉价劳动力是德国战前经济计划的一个有机组成部分。随着战争的推进，为了维持经济体系的正常运行，德国对强制劳工和苦役奴工的依赖与日俱增。1939 年至 1945 年间，他们共雇用了 950 万外国人和战俘充当强制劳工和苦役奴工。此外，在波兰的工厂里，德国人还使用着 70 万犹太裔奴工，不过这个数字下降很快，因为奴役犹太人充当劳工，本身就被当作一种慢性的大屠杀方式。到了 1944 年秋天，在整个第三帝国境内，约 170 万波兰人都处于强制劳动的状态，他们中的大多数是农业工人。此外，在集中营以及其他监禁和屠杀机构，还有成千上万波兰人被迫无偿贡献自己的劳动。

马利安·达布罗夫斯基(Marian Dhbrowski)被德国人从比得哥什的一家孤儿院接出来，送去东普鲁士艾尔宾的一所农场当强制劳工。这所农场的管理者叫埃里希·扎尔威(Erich Salwey)，他坚信波兰人是劣等种族。扎尔威强迫马利安在冬天冰点以下的气温中工作，连手套也没有。马利安和其他孩子都得了严重的冻伤。战后马利安回忆道：“我们一般都拉下毛衣袖子盖住手，但这也无济于事，最后我们扯一些破布，做成粗糙的手套，保护我们已溃烂的双手。”马利安的住处，是“马厩里的一个小空间”，而必须穿着印有“P”字标志的衣服。他只能靠“清水一般的汤”、面包和从搅乳器里偷来的奶油维持生命。[27]

据估计，第二次世界大战期间，约 180 万至 190 万波兰基督教徒死亡。虽然这个数字大大低于波兰政府 1947 年宣布的 300 万，但无论如何，1939 年至 1944 年德国人占领波兰期间，其所作所为的残暴程度不言而喻，尤其是如果再将战争期间被屠杀的 320 万波兰犹太人算入其中。虽然具体数字仍有争论，但一个较为广泛接受的

结论是，第二次世界大战期间德国对波兰的占领，共造成这个国家17%至18%的战前人口死亡。

德国入侵波兰之后，将一些波兰领土直接与第三帝国合并或划归“总督府”管辖区，并将这些土地上的部分波兰居民集体驱逐出境，这也造成大量的死亡。到1940年底，党卫军已迫使32.5万波兰人和犹太人搬离瓦尔特兰地区，进入“总督府”辖区，同时将他们的财产和大部分私人物品据为己有。很多波兰老人和儿童就是死在驱逐途中的临时难民营里。集体驱逐往往毫无预警，而且经常在零度以下的天气中进行。运送难民的卡车里，经常能发现儿童和老人冻僵的尸体。从1941年至1943年，德国又从瓦尔特兰和“总督府”辖区驱逐了15.5万波兰人；很多难民被送往奥斯维辛或马伊达内克集中营。总之，德国在波兰的驱逐政策，使100万基督徒和犹太人流离失所，他们中的大多数被送进“总督府”管辖区。而根据希姆莱在东部占领区的重新安置计划，这些波兰人世世代代繁衍生息的家园，则被约40万至75万“日耳曼裔人”占据。

“总督府”的创设：纳粹德国的“种族实验室”

正当德军在波兰对基督徒和犹太人展开严酷的迫害之时，希特勒批准创设“波兰占领区总督府”（Generalgouvernement für die besetzten polnischen Gebiete）。“总督府”在未来将充当的角色，不但是纳粹德国的种族实验室，还是欧洲一切“劣等种族”和“不值得活下去的人”的处理场。这里还是“大屠杀”期间纳粹德国的主要杀戮场（另一处为苏联），纳粹德国在“最终解决”计划下共开设了六个灭绝营，其中五 163
个在总督府境内。

德军完成对波兰的占领之后，就将对这一地区的掌控权交给了纳粹党行政机构。德国政府将波兰西部的一部分领土直接并入第三帝国版图，构成“但泽—西普鲁士行政区”（Reichsgau Danzig Westpreussen）和“瓦尔特兰行政区”（Reichsgau Wartheland）。剩下的波兰德占区，包括华沙、拉多姆、卢布林和克拉科夫大区，则共同组成“总督府”。1941年德军入侵苏联之后，以利沃夫（又称利维夫、罗乌或伦贝格）为首府的加里西亚大区成为总督府的第五个大区。为了剥夺华沙在传统和历史上对波兰民族主义的重要意义，德国人选择克拉科夫做了“总督府”的首都。

1939年9月底，德国国家社会主义工人党（即纳粹党）“外交政策办公室”头目阿尔弗雷德·罗森贝格在他的日记中，记下了最近与希特勒就波兰问题进行的一次谈话。他写道，“元首”认为波兰人：

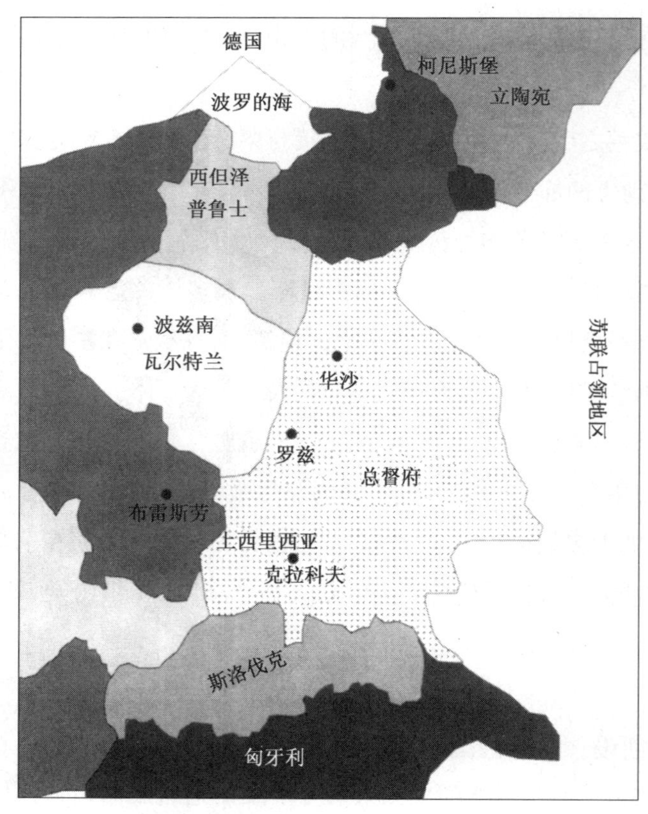

1939年德占波兰形势图。

是一个可怕肉体之下薄弱的日耳曼阶层。犹太人则是我们所能想象到的最令人惊骇的民族。波兰到处都是充斥着肮脏之物的城镇。最近几周,他获悉了很多信息。总之,如果再放任波兰人继续统治这片古老的日耳曼人领土,再过几十年,一切都将变得猥亵与衰败。他希望将这个地区分为三部分:第一部分是维斯瓦河与布格河之间的区域:这里将分配给全体犹太人(包括从德国移民去的犹太人),以及其他不可信赖的种族。在维斯瓦河上将建立一座坚不可摧的防御工事——比西方那座还要坚固。第二部分,将在先前的边界与即将日耳曼化和开拓为殖民地的地区之间建立一条宽阔的警戒地带。这将是整个民族的主要任务——创设一个德国的粮仓和一批强壮的农民,然后请世界各地的日耳曼裔人前来定居。第三部分,即在前两者之间,将是一个"波兰人的国家"。几十年之后,我们就会发现,日耳曼人的定居警戒地带是否被扩充至更广大的地区。[28]

几周后,希特勒告知国防军和纳粹党领袖们,波兰将不被视为德国的一个省,它未来也不会具备发达的经济发展水平。希特勒决定将波兰人的生活质量限制在极低的层次，并将“总督府”当作强制劳动力的主要来源。日耳曼人在波兰的行动将被视为“种族奋斗”，因而政府将不对他们施与任何“法律上的限制”。政府将允许纳粹党在波兰德占区“净化那些过于犹太佬化和过于波兰佬化的帝国区域”。希特勒向 164
众人宣布，在总督府之内德国人的活动，将是“魔鬼的杰作”。[29]

10月26日，希特勒任命汉斯·弗兰克博士（1900—1946）为“总督府”的“总督”。在“总督府”辖区，有三股势力在互相较劲——分别是政府、国防军和党卫军，不过，将“总督府”视为自己的特殊“种族实验室”的党卫军，实际上行使着最高的权威。虽然在国防军面前，弗兰克还有几分发言权，但根据汉斯·安伯瑞特（Hans Umbreit）的说法，在与希姆莱和党卫军的对峙中，弗兰克“从一开始就败下阵来”。[30] 1939年9月底，希姆莱专横地巩固了自己对“国家秘密警察”所有中央机构的控制，并将包括“盖世太保”、“帝国刑事警署”、“边防警察”（也就是绿警），以及“帝国保安部”等机构整合成为一个新建组织——“帝国中央保安总局”，并置于莱因哈德·海德里希的统领之下。几周后，希姆莱自己当上“日耳曼民族国家强化帝国委员会专员”，作为纳粹新的“种族实验室”计划下的警察和政治监护人，他的态度和命令变得更有分量、更具权威。希姆莱与希特勒的亲密盟友关系，也使后者在处理“总督府”辖区的种族等问题上，享有决定性的权力。[31]

希姆莱派驻“总督府”的最高长官是“党卫军及警察高级领袖”，此人将负责监管“帝国中央保安总局”各个分支机构的工作。[32]战争期间，希姆莱一直试图将“党卫军及警察高级领袖”的权限扩展至“总督府”辖区内的一切政治与宗教事务。就这样，希姆莱及其下属机构就成了弗兰克在“总督府”内的主要竞争对手，对很多纳粹领导人所称的、这个“弗兰克帝国”的最高控制权，双方曾展开激烈的斗争。[33]

两战之间的波兰犹太人

在“大屠杀”研究领域，一个极具争论的问题，是第二次世界大战爆发之前和战争期间，波兰人与当地犹太人的关系。希莉亚·S·海勒（Celia S.Heller）认为，人们总是把两战之间的情形与“大屠杀”期间的情形截然分开，一个遭到很多波兰人深刻厌恶的观点是：“我认为，将一战期间和战后初期针对犹太人的暴力恐怖行径，传达给‘大屠杀’及其后的那几代人，是很愚蠢的做法，因为他们已经完全习惯于那种终极恐怖带来的视觉与听觉感受了。”[34]

波兰社会——特别是在两战之间——是否具有反犹主义传统，正是学者争论的核心问题。诺曼·戴维斯（Norman Davies）认为，两战之间波兰犹太人受到的待遇与实际的社会地位处于一个意味深长的"层面"："在一个新兴的多民族社会，族群、社团之间的憎恶与怨恨十分常见，而犹太人同样也处于对其他族群的怨气与敌意之中，这就是把各个族群彼此隔离开来的原因。但是，必须强调的是，犹太人并没有遭到特别强烈与反常的压力与歧视。"[35]当然，在这个问题上，犹太人自己的结论与戴维斯大相径庭。

争论的关键是遭遇无端损害的问题。沃奇伊克·拉兹科夫斯基（Wojciech Raszkowski）称，分歧之所以产生，是因为两派都假定，"他们是历史的无辜牺牲品"。他说，持这个观点的波兰人觉得，鉴于"二战期间他们遭受的所有灾难与不幸，再提波兰人自己做的错事，就太不公平了"。而大打受害者牌的犹太人则"声称大屠杀是一次史无前例的悲剧，因此再谈什么犹太人的罪行就实在是太可怕了"。[36]

165 以上论断的唯一问题就是，它认为，某些犹太人要为犹太民族自身的无辜受害担负一定的责任。两战之间波兰最重要的右翼政治家罗曼·德莫夫斯基（Roman Dmowski，1864—1939）曾暗示："这个种族与我们的价值观有太多的不同，与我们的道德体系格格不入，并对我们的生活造成损害，长此以往，大量的犹太人口将同化我们、摧毁我们，我们的未来建立在新鲜、富于创造力的基础之上，然而犹太人将代之以颓废的因素。"[37]后来一位评论家写道，德莫夫斯基觉得"犹太人对波兰人经济生活的控制比外国征服者（苏俄在其国内战争期间曾短暂占领过波兰的部分领土）的控制更完整、更严密，波兰人的反犹情绪比他们对外国征服者的敌对情绪强烈得多"。[38]德莫夫斯基的观点，建立在一个错误的认知之上，即他认为犹太人都属于富有的城市精英阶层，并统治了波兰的商业与贸易。事实上，大多数波兰犹太人仅仅就是小店主、小商人而已。比如说，在矿井和工业企业工作的犹太人中，约五分之一仅拥有"小型的，并且在技术上已行将过时的血汗作坊和手艺铺子"。[39]而且，三分之一的波兰犹太人生活在贫困线以下，依靠救济维持生命。

两战期间波兰政治中最具权威的人物约瑟夫·毕苏斯基元帅（Marshal Józef Piłsudski，1867—1935）死后，犹太人的生存环境更加险恶了。毕苏斯基是一位社会主义革命者，先后做过士兵和政治家，1926 年之后则成为一个独裁者。很多犹太人将他视为本民族的朋友和恩人。

波兰人与犹太人关系的"春天"没有维持多久。大萧条和波兰日渐衰弱的国内制度体系，削弱了犹太人的经济地位和政治影响力。20 世纪 30 年代，波兰的政治风向逐渐右转，特别是在 1935 年毕苏斯基死后，无论是在民间还是官方层面，回潮的反犹主义都愈加刻毒。毕苏斯基的继任者们采取反犹主义的经济政策，目的在于削弱犹太人在国家经济和专业领域发挥的作用。在政府对犹太大学生施以“录取最高限额”(numerus clausus)之后,犹太裔青年的大学入学率由1928年至1929年的20.4%,下降到1937年至1938年的9.9%。在某些大学里,反犹主义暴力行径频发,犹太裔学生经常被迫坐在教室“隔离区”的座位。虽然我们可以将这波新的反犹主义高潮,归因于“大萧条”引起的经济混乱,但其真正的根源,实际上在于对犹太民族深深的宗教仇恨,以及千百年来一直萦绕在波兰人心中的恐惧——担心“波兰将变成一个由农民、无产阶级和行政官员组成的民族,而犹太人拥有对商业贸易和自由职业领域的完全控制权”。[40]不过,随着战争威胁的加剧,一些政治家意识到,如果任由反犹主义暴力肆意横行,因此势力大涨的右翼分子可能将攻击范围扩大到波兰的其他群体和制度上,那反犹主义就将产生事与愿违的结果了。此外,也有人害怕,如果反犹主义持续加剧,波兰将变成另一个纳粹德国。尽管如此,当战争真的到来的时候,波兰的犹太人社团表现出对国家的极大忠诚——1939年秋天,约20万犹太裔士兵与德军英勇作战。

在波兰针对犹太人的战争

德军入侵波兰之后一周,就下令被占区域的所有犹太商店,悬挂大卫蓝星标记。10月底,德国政府开始要求布雷斯劳(今波兰城市弗罗茨瓦夫)的犹太人佩戴黄色三角标志,11月中旬,这个规定又扩展至罗兹和克拉科夫。1939年11月23日,汉斯·弗兰克命令“总督府”管辖区内的所有犹太人,从1939年12月1日开始,必须在右臂佩戴一种四英寸宽、印有大卫星的白色臂章。

两个月前,莱因哈德·海德里希与“特别行动队”头目在柏林会面。9月21日, 166
此次会面的备忘录公布,主要内容就是关于被占领土的“犹太人问题”,这份备忘录成为未来德国处理波兰犹太人问题的施政蓝图。海德里希先提醒所有与会者,“设想中的全部举措(例如最终目标)都必须严格保密”。接下来,海德里希写道,“特别行动队”指挥官们的首要任务,是迅速将居住在乡村和小城镇的犹太人驱赶到大城市。他希望达到的目标是,要么将但泽、西普鲁士和上西里西亚东部——这些地方日后将直接与大德意志帝国合并——从犹太人的统治下“解放”出来,要么就是把犹太人全部“集中在几个城市里”。500人以下的犹太人社团将被打散。[41]

后来,海德里希下令在每个新的犹太人社团,创建“犹太长老委员会”(Judenrat),每个委员会都由24名“领袖人士和拉比”组成。“特别行动队”的指挥官向各地“犹太长老委员会”发出警告,若出现反对德军的抵抗或破坏行动,将严惩不贷。关

1939 年在马佐夫舍地区的托马舒夫，犹太男性被迫互相剪掉胡须。美国大屠杀纪念博物馆照片序列号 50978，“波兰国家纪念协会”提供图片。

于犹太人被集中在大城市的原因，特别行动队的解释是，他们在遍布波兰的“伏击和抢劫行动中扮演了关键的角色”。出于安全考虑，德国将出台法规，限制犹太人在新的隔离区外的行动自由。海德里希还说，关于此项事务的所有政策和措施，都必须建立在与德国文职和军方当局的“积极谅解和密切合作”的基础之上。另一个重要的方面是，必须保障“以上措施不会损害对被占地区的经济开发”。供应国防军军需或对“四年计划”至关重要的犹太人的商业企业，将予以暂时保留。尽管如此，所有犹太商业都必须尽快雅利安化。[42]

六天后，在与“帝国中央保安局”各部门首脑的会晤中，海德里希进一步阐明了
167 纳粹党的目标，并且第一次提到罗姆人。他说，希特勒已经批准建立“外国（总督府）”。他期望大约一年以后，将所有犹太人都转移到“外国总督府”境内，在那里，他们将被安置在隔离区内，“以便实施更严密的控制，以及日后再向别的地方转移”。“帝国中央保安局”最急迫的任务，是将犹太裔“小商人”从乡村地区驱逐出来。唯一的豁免权将给予那些参与供应国防军军需的犹太商人。在这次会议的最后，海德里希下达了如下命令：

1. 尽快将犹太人驱逐出城镇；
2. 将犹太人驱逐出德国，送至波兰；

3. 德国境内的吉卜赛人亦送至波兰；

4. 使用货运火车将犹太人系统疏散出德国领土[43]。

对总督府境内犹太人的人身与经济剥削

德国入侵波兰之后，立刻开始了对这个国家的犹太人的人身与经济剥削。9月21日，克拉科夫新的“犹太长老委员会”的领袖马利克·比伯斯坦博士（Dr. Marek Bieberstein）对这个城市的犹太人说，他们必须负责修筑整个城市的防空壕沟。这是德国强迫和奴役犹太人劳动的开始，他们希望逐渐将“总督府”辖区的犹太人转变为第三帝国的奴隶。汉斯·弗兰克掌权之后，他的政府下令全体12至60岁的犹太人都必须在强制劳工营内工作两年。11月8日，弗兰克的下属、党卫军总队长，同时兼任克拉科夫大区总督的奥托·瓦赫特（Otto Wächter，1901—1949），命令辖区内12岁以上的犹太人，都必须佩戴明显可辨的白色臂章，上面还要绣上蓝色的大卫星。瓦赫特还要求，白色臂章必须达到10厘米宽，大卫星的直径必须超过8厘米。这个克拉科夫大区总督将犹太人定义为“现在或曾经信仰犹太教”以及其父亲或母亲“现在或曾经信仰犹太教”的人。此含义不仅适用于在克拉科夫定居的犹太人，也包括外来人员。[44]

但是，这还不是最糟的。随之而来的一系列法令和规定先后剥夺了犹太人的住宅、商铺和私人财产。1939年9月德军入侵和占领波兰期间，发生了多起军队和平民抢劫事件，那时候犹太人已遭受严重的损失。比方说，9月29日，军队发布法令，允许即刻收没在外物主和管理不周的财产。正是以这部法令为挡箭牌，德军攫取了犹太人的大量财产。[45]

戈林和希姆莱都宣称，为了第三帝国的利益，自己有权在不考虑给予补偿措施的条件下，占有私人财产。军队和警察，甚至有些大胆的平民，就这样毫无廉耻地袭击犹太人的商铺、工厂和住宅，抢走一切。斯特拉·穆勒-马德伊（Stella Müller-Madej）在回忆录中记述了这样一个事件。1939年11月初的一个早晨，三名党卫军成员走进她家，这是一座位于波兰著名街区的现代、宽敞的公寓。起初，德国人以为走错地方了，因为这里的布置如此优雅。斯特拉的母亲伯莎是一位金发碧眼的德裔犹太人，说一口“毫无瑕疵”的德语。伯莎礼貌地告知党卫军军官自己的犹太人身份。犹豫片刻后，德国人对伯莎说，她们家有半个小时的时间搬离公寓，但不得带走任何东西。党卫军军官向她们家保证，她们将收到一份公寓所有物品的详细清单。
一家人迅速收拾准备，并尽量多穿几层衣服。伯莎也得以偷偷地从她的首饰盒里拿 168

走几件首饰，但她还是坚信，德国人会信守承诺，给她们一份收缴物品的清单收据。然而，事实是，她们从未收到收据，那一天，她们家就这样失去了一切。在战争的五年间，在德国对波兰的占领之下，这样的悲剧性事件一次又一次地上演。[46]

11 月，德国冻结了所有犹太人和外国人在银行和其他金融机构的资产，只允许他们保留 2 000 兹罗提（约合 625 美元）现金。比如在克拉科夫，12 月初，德军进入全城各家犹太人的住宅，蛮横地收缴一切合计价值超过 2 000 兹罗提的物品。几天前，德军还扣押了犹太人的所有汽车。1940 年 1 月 24 日，当局下令克拉科夫犹太人在五周内申报剩余财产，并不得更改地址。[47]

1939 年 11 月 1 日，赫尔曼·戈林创建了“东部托管总办公室”(Haupttreuhandstelle Ostland，HTO)，并在德占波兰各地都建立了分支机构。戈林在 1939 年底和 1940 年初两次下达命令，认可基于所有权的两种财产收没方式，即“接管”与“充公”。东部托管总办公室有权“接管”或“充公”一切其认为对公众利益至关重要的财产。各地托管办公室将负责监管这些抢夺和偷盗来的财物，并将它们移交给仔细甄选出的德国“受托人”。未在德国相关机构正式注册的波兰人的财产将一律被当作“无主财产”，由“东部托管总办公室”罚没。“东部托管总办公室”、军方和其他德国机构攫取的犹太人的财产，不在戈林以上指令的应用范围之内。对犹太人来说，唯一得以保留而不需充公的，只剩下那些极其贵重的私人物品。[48]

1940 年 9 月 17 日，戈林下令立即无偿征收所有波兰犹太人的全部剩余财产，他们只能留下私人物品和不超过 1 000 帝国马克（约合 400 美元）的现金。然而，在德占波兰的各个地方，这项指令的执行程度并不均衡。比如说在克拉科夫，新规则仅应用于每个月获得 500 兹罗提（约合 156.25 美元）租金收入的家庭。尽管如此，德国在波兰攫取的个人财产，大部分来自犹太人。唯一的例外是原波兰的国有资产，1940 年秋天弗兰克宣布，这部分资产现在全部归总督府所有。而在 1941 年底，在克拉科夫的 2 973 家私人商业企业中，德国人仅拥有 157 家，其余的都为波兰基督徒所有。[49]

“尼斯柯计划”、卢布林保留区和马达加斯加

德国人巩固了对波兰的控制之后，就开始讨论对这个国家大量犹太人口的处置方法。他们最初打算设立隔离区，作为城市内的集合中心，将犹太人、罗姆人及其他不受欢迎的族群与德占波兰和大德意志帝国隔离开来。他们还希望隔离区能为德国提供源源不断的廉价劳动力。但在 1939 年 11 月 25 日一次与拉多姆大区官员的会议上，汉斯·弗兰克明确指出：“我们不会在犹太人身上浪费太多时间。最终完全

支配这个种族是最好不过了。死亡越多越好；击败他们就代表着我们德意志帝国的胜利。”[50]

“水晶之夜”之后，1938 年 11 月 12 日，赫尔曼·戈林召集纳粹党领袖们开会，第一次谈到将犹太人赶进隔离区的问题。1939 年春，阿道夫·艾希曼曾被派往布拉格，监督对捷克犹太人的驱逐行动。战争爆发之后，艾希曼又制订了一项计划，将犹太人从维也纳、上西里西亚、波西米亚和摩拉维亚新建的保护国以及之后的卡托维 169
兹，送至卢布林附近尼斯柯的一处临时营地。到了 1939 年 10 月，艾希曼创立盖世太保下属的“犹太人移民出境中央办公室”(Reichszentralstelle für jüdische Auswanderung，即“IVD4 部门”)，并计划将 30 万犹太人从大德意志帝国境内统统运往卢布林地区。然而，正当第一批运送即将启动时，盖世太保头目、党卫军支队长海因里希·穆勒(生于 1900 年，1945 年以后失踪)却下令停止行动。艾希曼当时正在尼斯柯得意洋洋地等待第一批犹太人的到来，后来他竭尽所能，试图重新启动运送，并设法将几千名犹太人送到了尼斯柯附近的一个临时营地，然而最终，穆勒还是彻底终止了这一计划。艾希曼的计划之所以流产，是因为军方担心将至关重要的铁路干线用于平民运输，将不利于德国的军事部署，他们还认为把大量日耳曼裔人运往波兰的同时，还要将数十万犹太人向东方驱逐，在实际操作起来也有困难。尽管如此，艾希曼的“尼斯柯计划”却向纳粹党决策层证明，只需付出极其微小的代价，他们就可以强行将犹太人，送进纳粹德国新的“种族实验室”。

关于将犹太人运送至总督府境内的种种设想，促使赫尔曼·戈林责令汉斯·弗兰克，以后必须批准一切运送计划。不久之后，戈林宣布，自己拥有全部东运计划的最后决定权。1940 年春天，在与弗兰克商讨之后，戈林下令，准许将业已与德国合并的波兰领土上以及欧洲其他地方的犹太人，运送至总督府。

“马达加斯加计划”

当德国的决策者正纠结于其“骚动、阵发的人口政策”时，他们也开始寻求新的驱逐方案，特别是在 1940 年春夏德国征服大西洋欧洲(挪威、丹麦、荷兰、卢森堡、比利时和法国)的大片领土之后。[51]其中一个在纳粹党的首脑圈子中引起短暂关注的驱逐方案，是“马达加斯加计划”，即设想将 400 万欧洲犹太人运往法属殖民地——位于非洲东南海岸的马达加斯加。将马达加斯加作为犹太人的放逐地，这个理念可以追述至 19 世纪晚期。到了 20 世纪 30 年代末，波兰、法国、英国，甚至美国的“犹太人联合分配委员会”都曾初步考虑过这一计划的可行性。1937 年至 1938 年间，波兰人和法国人都曾对这个理念进行过深入的探讨，可最终都不了了之。纳粹党首脑也曾对这一计划表示关注，但直到 1940 年夏天，才真正严肃地考虑这种可能性，因为他们现在不得不面对 56.5 万犹太人的处理问题，这些犹太人均来自新近被德国征服的大西洋欧洲国家。德意志帝国境内的犹太人口越来越多，而若想将他们放逐至“总督府”的话，操作起来也困难重重，因此，在马达加斯加建立一个大型安置区，似乎成为解决问题的办法。1940 年 4 月，在入侵挪威和丹麦期间，希姆莱的“帝国中央保安局”发出指令，强调将犹太人从帝国境内驱逐出去的重要性，但仍鼓励将它们送

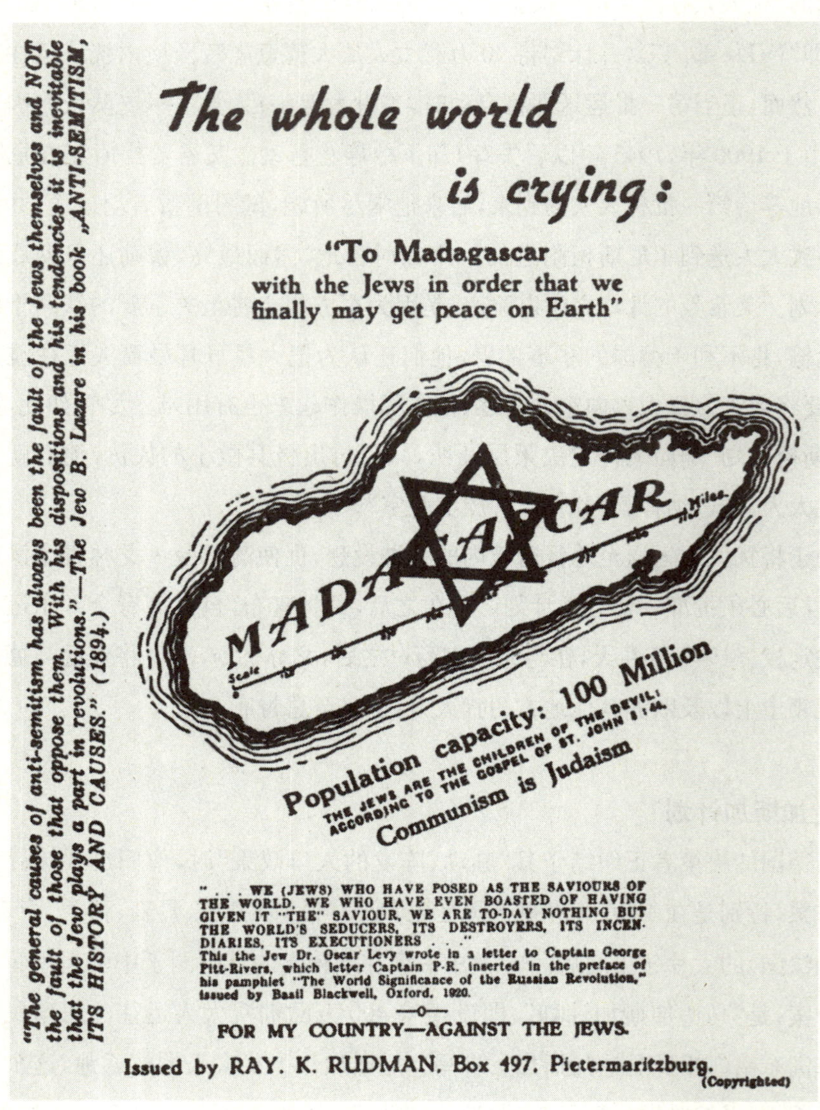

南非发行的关于“马达加斯加计划”的反犹主义出版物。美国大屠杀纪念博物馆照片序列号 63662，丁恩·戴维南（Tine Thevenin）提供图片。

至巴勒斯坦或者“总督府”。6月3日,“外事办公室”犹太组负责人弗兰茨·拉特马赫(Franz Rademacher, 1906—1973),向他的上司——“德国部”首脑马丁·路德(Martin Luther, 1895—1945)——递交了一份备忘录,主要内容是,鉴于德军在法国“即将迎来胜利”,解决“欧洲的犹太人问题”已迫在眉睫。拉特马赫认为,“外事办公室”应发挥的作用,要么是制定一个和平的解决方案,要么是在欧洲各国之间达成共识,解决这一问题,并提供“必要的区域以供犹太人定居”。[52]

拉特马赫的设想是,建立一个国际银行,以便使用犹太人自己的资源进行迁移行动,并建议将德国从法国手中抢夺来的马达加斯加委任统治地,作为犹太人的定
居区。德国海军可以将这座岛屿的一部分当作基地,其余部分则将用来安置从纳粹 170
占领的欧洲驱逐出的犹太人。日后的马达加斯加犹太人定居区,将由党卫军控制和管理,他们将允许犹太人建立自己的行政系统。拉特马赫称,这个计划将组织犹太人在巴勒斯坦建立独立的国家,并向全世界显示“德国人的宽宏大量——他们给予犹太人文化、经济、行政和司法方面的自治权”。[53]后来海德里希听说了这么一个
“拉特马赫备忘录”的存在,于是他提醒德国外交部长约阿希姆·冯·里宾特洛甫, 171
在当年早些时候,戈林已经将犹太人迁移工作的掌控权交给了自己。于是里宾特洛甫告诉拉特马赫,在未来关于将欧洲犹太人驱逐出境的问题上,他应与海德里希的机构密切合作。

当关于“马达加斯加计划”的消息在纳粹党的领导圈子里流传之时,拉特马赫和艾希曼则分别启动了两个独立的计划,两人的目的都是在这个法属岛屿建立犹太人定居区。在四年的时间内,将400万欧洲犹太人送到马达加斯加,面对这个任务,拉特马赫的计划围绕人口学和经济问题展开,而艾希曼则专注于实践和政治方面。艾希曼的计划中包括向全欧洲的代理机构提供详细的准备性指示:犹太人财产的变卖、登记,以及第一批马达加斯加定居者的职业安排,等等。但是,两个计划的差异在于,在拉特马赫的计划中,设想的是一个党卫军控制下的犹太人半自治区域,而艾希曼的计划则要求建立一个“警察国家”,在其中,犹太人的组织仍可以存在——就像在德占波兰到处建立的隔离区内一样,这个国家仅服从党卫军的命令。艾希曼还设想将所有欧洲犹太人——包括英国犹太人——“运往一个殖民地领土”。艾希曼完成他名为《帝国中央保安局:马达加斯加项目》(*Reichssicherheitshauptamt: Madagaskar Projekt*)的备忘录后,他将这份材料印制成小册子,并附上地图和目录。[54]

然而,“马达加斯加计划”最终也未能走出讨论阶段,并基本上在海德里希的办公桌上慢慢地走向死亡。德军进攻英国行动的失败,致使第三帝国没能攫取英国巨

额、辽阔的海上资源，因而根本无法有效实施“马达加斯加计划”，这就注定了该计划的流产。不过，直到 1942 年春天，约瑟夫 · 戈培尔还在他的日记中写道，希特勒仍试图将犹太人扔出欧洲，如果有可能的话，还想把他们送去马达加斯加。戈培尔还写道：“只有将犹太人从欧洲大陆彻底驱逐出去，我们才能获得和平。”[55]几个月后，英国进入这块战略位置重要的非洲岛屿。到那时，德国人已开始采用另一个处理“犹太人问题”的策略——“最终解决”。

德占波兰犹太人隔离区的建立

当德国决策层正拼命试图制定一个可行的犹太人驱逐方案时，建立隔离区的问题也使他们颇为头痛。从一开始，德国人就认为，令犹太社团领袖充当纳粹党与德占波兰政府官员之间的联络人，将是十分关键的。在莱因哈德 · 海德里希 1939 年 9 月 21 日给“特别行动队”首脑的备忘录中，对“犹太人委员会”报以极大的关注。到了 1939 年 11 月 28 日，汉斯 · 弗兰克进一步阐明了“犹太人委员会”的作用，并下令在整个“总督府”境内广泛建立此类组织。他宣布，1 万人以下的犹太社团应建立一个 12 人组成的委员会，1 万人以上的犹太社团，则需组织 24 人委员会。根据弗兰克的说法：“犹太人委员会有义务，通过其主席或代表，接受德国政府代理机构的命令。犹太人委员会的职责，将是努力确保命令得到完整和准确的履行。在执行德国命令的过程中，委员会下达的一切指令，需得到全体犹太男人和妇女的遵从。”[56]在罗兹、科夫诺等隔离区，此类机构被称为“犹太长老委员会”。然而，不论是犹太长老委员会还是犹太人委员会，其创立和活动都成为德国最富争议的决定之一。一开始，很多犹太社团领袖拒绝进入犹太人委员会，因为他们将其视为通敌行为。不过另一些人，则将成为委员会成员，看作是帮助本社团的方式。当然，还有一些犹太人委员
172 会的成员将其看作自我势力扩张的机会。不管怎样，在德国人看来，犹太人委员会和犹太长老委员会，都是本国在波兰占领区的主要管理机构。

德国入侵波兰后不久，占领当局就开始利用犹太人委员会传达自己的指令。1939 年 12 月，犹太人委员会负责执行了一次犹太人口普查，之后又承担起召集和组织犹太劳工进行强制性劳动的任务。德国人还要求他们协助搜集关于犹太人财产和金融持股等信息，这些信息日后都成为德国人抢夺犹太人资源的依据。

然而，在德国人有效利用犹太人委员会和长老委员会之前，他们首先面临的问题，是在波兰占领区开设犹太人隔离区。这将是一个复杂的过程，包括为隔离区本身配置资产、迁移人口，以及创立关于犹太人在隔离区内生活和工作的种种规

则。此外，不论是在本国境内，还是在占领区，德国人都必须建立一整套自身的隔离区行政管理体系。但是，他们面临的最大难题，是克里斯托弗·布朗宁(Christopher Browning)所称的“损耗派”(即倾向于令隔离区的犹太人因挨饿和疾病而自然缩减)和“生产派”(倾向于使用隔离区的犹太人作为苦力进行强制劳动)之间的矛盾冲突。“损耗派”将隔离区视为令犹太种族慢慢灭绝的手段，而“生产派”则希望隔离区成为廉价奴役劳动力的来源，并对剧烈扩张中经常陷入危机的德国战争经济发挥作用。[57]

罗兹(即里兹曼施塔德)犹太人和罗姆人

在德国占领波兰后，华沙西南75公里之外的罗兹，成为瓦尔特兰大区的一部分。战前此地的犹太人口是22.3万，在波兰是仅次于华沙的犹太人聚居区。罗兹是重要的犹太民族文化中心，同时还是很多成功的犹太人商业和企业的发源地，特别是纺织业。1939年9月8日，德军占领罗兹，两个月后，这里正式成为瓦尔特兰的组成部分。1940年春，德国将这座城市改名为里兹曼施塔德。德国人接管这个城市不久，立刻启动了针对犹太人的恐怖统治：他们洗劫犹太人的住宅和商行，并对后者的商业和贸易行为施加严厉的限制条件。戴维·希拉克维瓦克(Dawid Sierakowiak，1924—1943)在他的日记中，描述了德国占领早期，很多犹太人遭遇的恐怖情形：

> 人们正在遭到第二次掠夺，这一次被抓是要他们强制劳动；鞭打和抢劫。我父亲工作的商店也被洗劫一空。当地德国人可以为所欲为。他们对待犹太劳工的态度有所不同。有些德国人对他们相当好，而另一些则极度残暴地虐待他们。比如说，在某个地方，德国人命令犹太劳工停下工作、脱掉衣服、面朝墙站好。然后，他们被告知将被枪决。事实上，这是为了锻炼他们服从命令的精确性。没人受伤，但这一过程会被重复多次，很多犹太人因此精神极度紧张、慌乱——这就是罗兹的纳粹们做的事。[58]

起初，德国人计划将罗兹的大部分犹太人驱逐至瓦尔特兰的其他地方或者“总督府”境内。11月9日这个城市正式并入瓦尔特兰之后，德国人开始了新一波针对罗兹犹太人和波兰人的恐怖行动。他们捣毁所有犹太教会堂，并令犹太人佩戴黄色的臂章；后来又改成黄色大卫星，犹太人必须时刻在衣服右边、前后两面佩戴。德国人还把数千波兰人和犹太人投入监狱。这一波新的恐怖举措也触发了一波新的犹太人逃亡浪潮。到1940年4月30日隔离区最终建立的时候，罗兹城里只剩下16.2万至16.4万犹太人了。

173 其实，在罗兹建立隔离区的主意是党卫军高级总队长、瓦尔特兰“总督”阿瑟·格赖泽尔（Arthur Greiser）想出的一个权宜之计。因为他实在是无法将这个城市的犹太人运到“总督府”去。由于他坚信，罗兹的犹太人在战前已经储存了大量的财富，所以他打算把这些人都弄进隔离区去，然后迫使他们用自己的资源购买食物。一旦他们消耗殆尽、一穷二白时，再将他们送到“总督府”去。

10月中旬，德国当局任命饱受争议的莫德柴·鲁姆科夫斯基（1877—1944）为罗兹城“犹太长老委员会”的领袖。一个月后，卡利什-罗兹大区行政专区主席弗雷德里希·于贝尔赫尔（Friedrich Übelhör），在他名为《在罗兹城建立隔离区》的备忘录中，提议建立一个“封闭的隔离区”。他计划将隔离区建立在罗兹的巴卢提区，因为那里正是众多贫苦犹太人的聚居地。他还建议再建立一个隔离区，专门安置那些适于从事强制劳动的犹太人。于贝尔赫尔提请大家注意，隔离区将进行大量的行政管理工作，并需要纳粹党和德国政府各个下属机构的密切配合。结果，他建议创立一个特别小组，成员包括党卫军、帝国中央保安局和各政府代理机构的代表，共同起草隔离区的建设计划。在这份备忘录的最后，于贝尔赫尔总结道：“建立隔离区，当然仅仅是个暂时性措施。”他补充道：“我自己保留决定权，在合适的时间，运用合适的手段，借助隔离区制度，将罗兹城的犹太人清除干净。无论如何，最终的‘目标’，是将这个罪恶的根源彻底消灭。”[59]

于贝尔赫尔的计划成为随后在德占波兰其他地区广泛建立隔离区的模板。1940年2月8日，党卫军支队长、罗兹市“警察局长”约翰内斯·谢弗（Johannes Schäfer，1903—1993）宣布建立隔离区，并命令全市犹太人一律移至隔离区居住。到了1940年4月底，约16.2万至16.4万犹太人就这样挤在方圆1.54英里的隔离区内，按理说这么大的一块地方最多适合2.3万人居住。在接下来的两年间，德国人又将约3.8万人驱逐进罗兹隔离区，而他们原先的家乡在瓦尔特兰、德国、奥地利、捷克斯洛伐克或卢森堡。罗兹隔离区人数最多的时候，竟然有20.48万犹太人居住在内。这些人中，将有20%死于过度密集的居住环境和营养不良引起的斑疹伤寒等疾病。

既然德国人将罗兹隔离区的建立视为一项临时措施，目的是强迫本城犹太人用自己藏的钱财购买食物，所以，占领当局从一开始，就没打算向隔离区进行基本的食
174 物供应。然而，当隔离区永久化的趋势越来越明显时，当局不得不开始讨论向其运营提供财政支持的问题。鲁姆科夫斯基建议开设隔离区工厂，用其收益供养贫困的犹太人。最初德国人并不同意鲁姆科夫斯基的主张，因为他们认为通过强制劳工获

得收入，会阻止犹太人使用自己储存的资源维持生存。但是到了1940年夏天，隔离区内三分之二的犹太人已经一无所有——既没钱购买食物，也没东西交换食物。再加上格赖泽尔还一直偷偷将犹太人在隔离区的部分工作所得据为己有，这使得情况更加糟糕。

罗兹隔离区“犹太长老委员会”主席莫德柴·鲁姆科夫斯基，与德国隔离区管委会负责人汉斯·比博在一起。美国大屠杀纪念博物馆照片序列号29112，阿尔·莫斯(Al Moss)提供图片。

9月18日，于贝尔赫尔任命汉斯·比博(1902—1947)为隔离区管理人，并命令他使隔离区达到经济上的自给自足。鲁姆科夫斯基迅速给比博呈递了一份清单，内容包含15 000名熟练犹太工人及他们能够生产的产品。到了1942年，鲁姆科夫斯基和他的“犹太长老委员会”已开设了74家工厂，雇用着69 000名犹太工人。一年后，这一数字又上升到96家工厂和78 000人，他们中的大多数从事纺织业。但是，虽然“自力更生”的心态使罗兹隔离区一直存活至最终被清算的1944年夏天，然而在其建立的最初两年，“驱逐”已成为隔离区生活所依靠的主要方式。特别是1942年12月德国人开设切尔姆诺灭绝营之后，这里就成为杀害罗兹和瓦尔特兰犹太人的主要场所。1942年1月至5月间，纳粹共将55 000名犹太人和5 000名罗姆人送至切尔姆诺，这一行动构成“最终解决”的早期阶段。9月份，又有20 000名犹太人被驱赶至灭绝营。1944年夏天之前，这是最后一次大规模的驱逐行动。

然而，鲁姆科夫斯基所做的，并不仅仅是帮助德国人建立奴役劳动工厂体系。由于饥饿和营养不良一直是个严重的问题，所以他也竭尽所能，增加隔离区的食品供应。约瑟夫·泽尔科夫茨(Jozef Zelkowicz)曾在他的日记中提到罗兹隔离区内的“饥饿性精神病”和“对饿死的恐惧”。[60]在他1944年1月20日名为“罗兹集中营编年史，1941—1942”的条目下记载着，食物危机已极端严重，以至于“人们已不可避免地面临着被饿死的灾难”。[61]

在犹太人不断升级的恐慌情绪中，鲁姆科夫斯基和“犹太长老委员会”都想方设法给隔离区的生活披上一层看似正常的外衣。他们将先前关闭的 45 所学校又重新开设起来，并在很多学校设立供应热汤的食堂，以确保儿童有一点吃的。1940 年，他们建立了一所孤儿院（名为“科洛尼亚”），同时还举办了一些儿童夏令营。一些犹太复国主义者组织——诸如“犹太人同盟”和“以色列联盟”等，在儿童事务上表现得特别活跃。不幸的是，儿童和老人往往是最先被驱逐至切尔姆诺灭绝营的，因为德国人认为他们不适合充当工厂工人。当占领当局最终决定关闭隔离区时，那里几乎已经没有儿童和老人存活下来了。

1940 年至 1941 年的那个冬天，隔离区管理者们还开设了一个文化中心，不定期举行音乐、戏剧和合唱等演出，还经常举办隔离区居民的艺术作品和文学作品展。在隔离区建立初期，地下知识分子也很活跃。1943 年夏天死于肺结核的戴维·希拉克维瓦克就是一位卓有才华的年轻语言学家，他在 1941 年 6 月 14 日的日记中写道，自己刚“参加了一个希乌拉·克伦格尔（Ziula Krengiel）伙伴进行的关于辩证法的讲座”……“充满极其科学的构想和解释”。这天下午，戴维辅导他的第一个学生，后来他写道，这个孩子“是个彻头彻尾的笨蛋”。[62]

1941 年秋天，德国人还在隔离区内开设了一个小型的罗姆人聚居区。七年前，莱因哈德·海德里希曾告知“特别行动队”头目，第二年内希特勒计划将帝国的全部
175 3 万罗姆人放逐到波兰占领区。接下来，他命令各地警察禁止罗姆人离开自己的房屋，并清点各自辖区内罗姆人和罗姆裔混血人的人数。各地警察还需确定，某个当地罗姆人是否曾稳定受雇五年以上、是否居住在永久定居点以及是否与雅利安人通婚。对那些被认为有逃跑危险，或仍保持流浪生活的罗姆人，警察将逮捕他们，并把他们送到“特殊的集合营”。[63]

德国人还计划将数百名奥地利罗姆人送到尼斯柯。当这一计划流产之后，纳粹党“种族政策办公室”的一些官员提议将 10 万罗姆人以及“其他异族人员”，再加上 80 万犹太人，一起驱逐至“总督府”。1940 年春，德国确实将 2 500 名罗姆人送到了总督府，不过直到 1941 年秋天，第一批大规模的罗姆驱逐者才到达罗兹。格赖泽尔和于贝尔赫尔拒绝接收这批罗姆人，并向希姆莱汇报说，他们对隔离区犹太居民的健康构成威胁。鲁姆科夫斯基与前两者的立场一致。他告知犹太长老委员会，自己被迫让 5 000 名罗姆人进入隔离区。他说他曾向于贝尔赫尔申辩过此事：“我们不能和他们住在一起。吉卜赛人是那种为所欲为的人。他们先抢劫、再放火，很快所有

东西都将在一片火海中付之一炬了，包括你的工厂和生产原料。”[64]

无论怎样，1941 年 11 月，德国人将 4 996 名罗姆人运到罗兹，其中一半是儿童。[65]于贝尔赫尔将他们安置在隔离区内一个用栅栏隔离起来的地带，把他们与犹太人分割开来。当局给罗姆人两座未配备任何家具和用具的简易住房。他们收容所内的卫生条件“是灾难性的”。[66]“犹太长老委员会”也负责罗姆人的生活，并为他们建立了一些提供热汤的厨房。犹太医生则将为他们提供医疗服务。根据医生们的报告，在这批罗姆人到达罗兹之后的几天之内，共有 213 人死亡。自从罗兹隔离区建立之后，其内的居民一直遭受斑疹伤寒、痢疾等传染病的困扰。同样的，罗姆人收容所刚 176
刚建立，传染病也立刻肆虐那里。到了 1941 年底，已有 600 名以上的罗姆人死于斑疹伤寒。德国人被疾病的流传吓破了胆，因此决定关闭罗姆人收容所，并将幸存者全部送到切尔姆诺，1942 年初，这批人全部在切尔姆诺的毒气货车里被杀害。

罗兹隔离区内罗姆人收容所入口。美国大屠杀纪念博物馆照片序列号 38093，罗兹美术馆提供图片。

罗兹隔离区的管理者们，特别是鲁姆科夫斯基，总是体现出一种道德上和实践上的两难境地——他们必须一直在德国人的要求与犹太人社团的生存之间寻求平衡。鲁姆科夫斯基以铁腕手段统治隔离区，特别是在食物供应严重缺乏，而导致 1941 年和 1942 年的一系列暴动之后。艾赛亚·特朗克(Isaiah Trunk)认为鲁姆科夫斯基及其“犹太长老委员会”成员都是腐败堕落之徒，而戴维·希拉克维瓦克则称他为“虐待成性的白痴”。[67]其实，正如特朗克总结的，“没有哪一个隔离区像在罗兹一样，纳粹的‘领袖原则’，或称作独裁主义，处于如此至高无上的地位”。他还写道：“没有哪一个地方的犹太人委员会——作为隔离区居民的代表机构——像罗兹隔离区的长老委员会一样堕落，扮演着如此卑鄙的角色，顶着领袖之名行着奴仆之职的角色。”[68]

鲁姆科夫斯基经常发表公开演讲，试图赢得民众对他的决定的支持，或者宣布德国当局的各项政策。戴维·希拉克维瓦克将这些演说形容为“妄自尊大者散布谣言的煽动”。最臭名昭著的一次，发生在1942年9月4日，当时鲁姆科夫斯基告知隔离区的夫妇们，德国人命令他将2万犹太人送出隔离区。其实，于贝尔赫尔曾告诉鲁姆科夫斯基，如果他无法执行这条命令，还有别的应付办法。鲁姆科夫斯基却坚决地说：“我们一定要执行命令！”于是，他告诉台下的犹太人，德国本要求立刻驱逐24 000人，但他已成功说服占领当局，将数字减少到2万人，条件是驱逐人口中必须包含一定比例的10岁以下儿童。其他人则可以从老人和病人中选取。鲁姆科夫斯基称这是他一生中遇到的最艰难的决定，并将自己形容为“拥有强盗之心”的“破碎的犹太人”。他大声疾呼，自己唯一的使命，就是“保护仍然幸存的犹太人”。[69]

然而，为虎作伥并不是犹太社团领袖们的唯一选择，至少就个人而言。当德国人下令将华沙隔离区的儿童送往附近的特雷布林卡灭绝营时，此地“犹太人委员会”领袖亚当·捷尼亚科夫（1882—1942）选择了自杀。雅努什·柯扎克[Janusz Korczak，1878或1879—1942，笔名为亨利克·戈德兹密（Henryk Goldszmit）]是华沙隔离区孤儿院的院长，虽然他的基督教徒朋友允诺将帮他藏匿起来躲避灾难，但他还是选择陪着这批不幸的孩子一起前往特雷布林卡灭绝营，最后和这批犹太儿童一同被杀害于毒气室中。当然，这些英勇的行为没能拯救任何人的生命，罗兹隔离区的大部分犹太人最终都成了德国人大屠杀行为的受难者。但是当时的人们都作出了各自的道德选择，因此有些人比另一些人更能经得起历史的评判。

华沙

波兰德占区最大的隔离区建在华沙，这个城市在战前约有36.8万犹太人口（总人口为126万）。尽管国防军先前已下令在华沙犹太人聚居的佐利保日地区建立一个隔离检疫区，但在这个城市建正式隔离区的要求，起初还是遭到当地犹太人的强烈抵制。1940年9月12日，汉斯·弗兰克责令建立华沙犹太人隔离区，以防止传染病扩散至一般波兰居民中。在接下来的几个月间，德国人强迫11.3万波兰人搬出将用作隔离区的社区，给犹太人腾出地方。到1941年初，44.5万名犹太人——其中有些人来自华沙大区的其他地方，就这样挤进了这块仅占全城2.4%生活空间的弹丸之地。

华沙隔离区与罗兹的不同之处在于，罗兹隔离区的建立最初仅是一项权宜之计，而德国占领当局则将华沙隔离区看作将本地庞大的犹太人口与周围的波兰人和德国人隔绝开来的永久方式，而且直到后来，才不得不面对隔离区日常运营所需的大量资源投入。莫德柴·鲁姆科夫斯基于1940年9月访问华沙，向德国人和隔离区管理者们提供建议，以便使隔离区实现经济上的自给。这一年晚些时候，德国创办 177
“日耳曼转运当局”，专门控制进出隔离区的货物。“转运当局”的负责人叫沃尔德玛·舍恩(Waldemar Schön)，他倾向于压制隔离区内的经济活动，并采用一系列政策，最终将那里的犹太人慢慢地全部饿死。不过，舍恩的办公室很难控制不断扩展的黑市交易，而在当时的华沙，不论是隔离区之内还是之外，黑市实际上都已成为主要的贸易形式。

汉斯·弗兰克终于意识到，“转运当局”的行动实际上妨碍了华沙隔离区经济生产能力的提高。舍恩严酷的“慢性屠杀”政策，在隔离区内引发传染病的大规模流行，这令弗兰克最为担心。于是，1941年春，他任命马克斯·比绍夫(Max Bischof)接替舍恩，担任“转运当局”的负责人。比绍夫的工作职责，就是使隔离区实现经济上的自给自足。包括组织犹太人的工作坊，并令其直接听命于波兰和德国的商业和企业。为了提高生产率，比绍夫还允许华沙的犹太人在生产经营方面保留一定的自主权。以上变化颇为奏效。1941年6月，华沙隔离区的合法工厂共生产了价值33.3

亚当·捷尼亚科夫(中立者)与他救出的女孩(中间偏右)，这个女孩仅仅因为偷盗面包，就差点被执行死刑。美国大屠杀纪念博物馆照片序列号15964，“犹太历史研究所”提供图片。

万兹罗提(约合 93 750 美元)的货物,到初秋,这个数字又上升到 50 万兹罗提(约合 156 250 美元)。同一时期,隔离区的地下工厂还生产了价值 1 000 万兹罗提(约合 312.5 万美元)的商品。隔离区管理者利用这笔资金为营养不良和身患疾病的居民购买食物。

华沙隔离区"犹太人委员会"负责人亚当·捷尼亚科夫用尽一切方法,试图维持犹太人的正常生活秩序。起初,德国人禁止犹太人举行宗教仪式和进行宗教教育,不过 1941 年他们批准在隔离区内重开犹太教会堂。那一年晚些时候,捷尼亚科夫又说服占领当局允许他重建公立学校体系。不过犹太人隔离区生活中最富活力的方面,当属
178 种种地下文化、知识和政治组织及其活动,此类组织和活动在华沙特别繁盛。所有战前波兰最重要的政治组织都在隔离区、在犹太人的秘密社会中实现了复兴。

尽管如此,华沙隔离区内的日记作者们,写得最多的还是隔离区内艰难的生活、疾病和死亡。伊曼纽尔·林格尔布鲁姆(Emmanuel Ringelblum, 1900—1944)是一位杰出的历史学家,后来在隔离区里担任档案保管员,他写道,在对饥饿和疾病的极端恐惧中,犹太人对死亡越来越漠不关心了。他将隔离区官员视为"最邪恶的物种中的土狼"。[70]尽管犹太人对死亡已无动于衷,但保留着生存希望的人却害怕被抓走,虽然他们也不知道自己还能活多久,而被抓走则意味着要么被强迫劳动,要么被送到附近的特雷布林卡灭绝营。亨里克·布里斯凯尔(Henryk Bryskier)在战后提到,人们花费大量时间寻觅藏身之所。他们将各家资产集合在一起,以保证藏匿地具备足够的水、电和其他生活必需品。类似组织一般不接受带着幼儿的家庭,即使幼儿侥幸进入藏匿地,他们一般都会被麻醉。[71]

克拉科夫

华沙远方的克拉科夫,战前只拥有 64 348 名犹太人口,与华沙和罗兹比起来似乎无关紧要。然而,由于这里是总督府的首都,同时还是德国的"种族实验室"和杀戮中心,所以克拉科夫隔离区也值得花费笔墨加以讨论。虽然克拉科夫隔离区的规模要小得多,但这里犹太人的遭遇与他们在华沙和罗兹的同胞同样恐怖,同样被剥夺殆尽。正是在克拉科夫,奥斯卡·辛德勒经历了一次转变。他通过雇用犹太工人,从而拯救了约 1 100 名犹太人的生命。辛德勒的工人起先来自隔离区,后来则来自本城位于普拉绍夫的集中营,而被救者大多本身就是克拉科夫及其周边郊区人。

德军入侵波兰后,约 5 000 名克拉科夫犹太人向东逃亡。这些人很快就因被剥夺了合法的财产权而陷入赤贫状态。[72]由于几名"党卫军"将军抱怨,在他们居住的

房屋里，其他的租户都是犹太人，1940 年春，汉斯·弗兰克决定将尽可能多的犹太人转移出这个城市。弗兰克向他的下属说，如果德国人还想维持在“总督府”内的权威地位，那就必须采取措施，保证德国官员在进出房屋时不会遇到犹太人，否则他们将“冒着成为传染病受害者的危险”。他认为“这座城市荣幸地被元首选定，作为帝国高度权威所在地，可成千上万的犹太人竟还在这里鬼鬼祟祟地闲晃，并且定居在本城，这绝对是无法容忍的”。弗兰克补充道，他已决心将克拉科夫变成“总督府境内摆脱犹太人最彻底、最干净的城市”。[73]

尽管如此，弗兰克认为，约 5 000 至 1 万名具有手工业、贸易和商业技能的犹太人可以继续留在克拉科夫。后来留守者的数量又扩展至 15 000 人。1940 年 5 月 18 日，德国占领当局宣布给克拉科夫犹太人三个月的时间离开这座城市，迁至“总督府”境内的另一个城镇。同意在 1940 年 8 月 15 日之前离开的犹太人，可以选择新的定居地，并带走他们的私人物品。而那些不愿自行离开的人，将在限定日到来之后被强行驱逐，那时每人就只能携带 25 千克(55 磅)的物品。[74]克拉科夫“犹太长老委员会”领袖马利克·比伯斯坦博士将负责确保全城犹太人都遵守“5 月 18 日法令”。起初，长老委员会请那些从波兰其他地方移民来到克拉科夫的犹太人，志愿考虑另找他地定居的问题。然而，恳请与呼吁根本不起作用，于是长老委员会提醒整个城市的犹太人，8 月 15 日将是最后期限。7 月 25 日，比伯斯坦博士在克拉科夫新发行的犹太人报纸《犹太公报》发表了一则通告，提请读者注意重新安置的种种规则。[75] 179
比伯斯坦说：

> 全体克拉科夫犹太人，不论迁移命令是否下达，立即自觉迁至他地。火车旅行许可证、身份证明文件以及一切有关尽可能减少犹太人口的信息，都可以在位于克拉科夫布佐佐瓦街 5 号的犹太社区移民委员会获取。[76]

在这段时期，尽管很多犹太人确实离开了克拉科夫，但很多人后来又回来了，因为他们根本无法在“总督府”境内的其他地方找到容身之处。8 月 15 日到来之后，这个城市的大多数犹太人仍然存留着。为此占领当局的对策就是，创立一个由德国人和犹太人共同组成的驱逐委员会，负责向准予留在克拉科夫的犹太人颁发特殊的“居住许可证”。然而，驱逐委员会又颁发了太多的居住许可证，并且往往滥用职权帮助亲友，或者将许可证拿到黑市上贩卖牟利。[77]

以上情形令党卫军支队长、克拉科夫大区总督奥托·瓦赫特深感挫败，他在 1940 年 11 月 25 日下达了一个新的法令，禁止任何犹太人进入克拉科夫，以便“将克拉科夫犹太人彻底清除出去，被允许继续呆在这座城市的，只能是那些具备占领当局所需技能的犹太人”。只有持“居住许可证”的人才能留在这座城市。居住许可证必须随时随身携带，没有或者没带居住许可证的人将立即被驱逐。瓦赫特警告说，他决意执行这项新法令，任何人胆敢违犯，将遭到“严厉的惩罚”。[78]

几个月后，瓦赫特决定向克拉科夫犹太人颁发一种新的文件——“身份证”，以取代之前的居住许可证。但是要获得新身份证，犹太人必须先将之前的居住许可证
180 上交给有关部门，同时还要证明自己具备一份稳定的工作。只有持身份证的犹太人才能继续居留在克拉科夫，其他人必须离去。[79]1941 年 3 月 3 日，瓦赫特终于宣布，出于安全和卫生的原因，将在克拉科夫郊区的珀德格泽建立“犹太人居住区”，也就是所谓的隔离区。[80]

克拉科夫隔离区内的“鹰之下”药房。戴维·M·克罗提供图片。

“犹太人委员会”负责确保犹太人迁入隔离区的工作平稳进行。尽管德国人强迫 3 500 名原来住在珀德格泽的波兰人搬迁，以便为犹太人腾出地方，但为国防军生产军需用品的大工厂和企业准许保留。当局还允许塔德乌什·潘可维兹（Tadeusz Pankiewicz）所拥有的“鹰之下”（波兰文为 Pod Orlem，今为波兰“国家纪念博物馆”）药房继续在隔离区开门营业，不过潘可维兹和他的雇员都住在隔离区外。潘可维兹后来被以色列大屠杀纪念馆誉为“民族义人”，他在战时回忆录中写道，由于自己的

药房坐落于隔离区的一个主要广场，这使得他“得以见证种种残忍的驱逐、兽性的犯罪，以及隔离区居民的人格和自尊持续不断的堕落”。作为隔离区的居民之一，斯特拉·穆勒-马德伊称潘可维兹“拥有美妙的人性”。[81]

斯特拉·穆勒-马德伊与康斯坦斯娅·兹姆拉(Konstancja Szymura)。戴维·M·克罗提供图片。

瓦赫特发布隔离区法令之后，1.5 万名犹太人收拾行囊，启程跨越维斯瓦河，进入隔离区。这个曾经衰败、但目前还算正常的华沙郊区地带，现在成为拥挤不堪的犹太人隔离区，在那里，疾病和饥饿对人类的生命构成持续不断的威胁。斯特拉·穆勒-马德伊描述了前往隔离区的路上，那令人心碎的强迫行军场面：

> 很多人，排成大大小小的队伍，正走向隔离区。有些人还扛着仅剩的一个包裹，另一些人则把全部家当堆在马车里。爸爸推着一辆破旧不堪的四轮货车，那是他从看门人那里借来的。
>
> 那一天天气晴朗，然而虽然天气这么美丽，却没有任何一个人露出笑容。我们周围挤满的人群也都沉浸在灰色的、阴郁的、伤感的氛围之中。同 181
> 行的每个人，看起来都一样，这令我感到很难受。我爸爸当时正用力推车，脸上挂着一副茫然的表情。为了使大家振奋起来，我对爸爸说：“让我们假装这是我们家自己的车吧，我们踩下油门，从这座桥一直跑到兹格达广场，怎么样？”[82]

斯特拉兴奋地跳上货车，结果把她们家的行李弄掉到地上。他父亲帮她把行李重新摆好，然后开始开开心心地推着车沿着马路前进；斯特拉和她的哥哥亚当跟在后面："跳起来，吆喝印第安式的呐喊……妈妈和我哥哥捡起散落一地的包裹。一些人愤怒地盯着我们，而另一些人则笑话我们的惨状。我听见一个人说，'对极了。这些事不应令我们如此沮丧。看起来我们也不一定会死。'"[83]

隔离区管理者将一套位于扎涅吉格街上的公寓分给了斯特拉及其家人。其实，这仅仅是一个单间，外加一个厨房和一个大楼院子里的公共厕所。房间很脏，到处都是蟑螂。斯特拉的母亲图希娅宣称："她宁愿不活了，也不愿意在这样的环境里茫茫然地度过哪怕一个礼拜的时间。"[84]

"克拉科夫运输档案馆"拥有一套生动形象的照片收藏，描绘的就是成群的犹太人被强制驱使着，前往隔离区的景象。占领当局强迫犹太人要么步行、要么搭乘火车或轮船，横渡维斯瓦河进入隔离区。他们把居家日用品堆进破旧不堪的马车，然后无论是男人、妇女，甚至是儿童，都背满他们所能承受的最大重量的私人物品。到处都是德国警卫，他们不断检查和复查每个人的身份证件。迁移过程中犹太人承受的巨大压力，在每个受害者的脸上都投下忧闷的神情。[85]

强制迁移行动的时间，恰逢犹太教最重要的宗教节日——逾越节。事实上，德国人经常故意选择犹太人的宗教庆典期间——比如逾越节或犹太教新年，开始一次大规模的迁徙或者发动一次大规模的围捕，目的在于利用对象放松警戒的机会。逾越节之后，砖瓦匠开始沿隔离区外围，修筑一堵 3 米的高墙。当这堵墙修筑完成之后，从某种意义上说，犹太人的墓碑也同时建好了。德国人在隔离区的主入口处悬挂了一个巨大的大卫星，下面则是以意第绪语书写的一行字——"Jidischer wojnbecirk"（意为"犹太人住宅区"）。隔离区内，所有波兰文的标识和公共题款，都必须加上希伯来文的解释。唯一的例外是，从入口道路通往塔德乌什·潘可维兹的药房的波兰文标识。[86]

克拉科夫隔离区内的统治、生活和工作

波兰"蓝色"警察（因为他们穿深蓝色的制服）负责守卫通往隔离区的三条主要道路。虽然每个隔离区都不尽相同，但至少在总督府境内，波兰警察的职权是凌驾于克拉科夫"犹太保安警察"之上的。"犹太人委员会"和德国警察局的办公室则位于珀德格泽广场的主入口附近。任何人，只有持有"劳工办公室"颁发的"蓝卡"，才能在隔离区之外工作。隔离区内的犹太人，一般早上从珀德格泽广场的大门出去，

充当强制劳工，晚上再从兹格达广场的入口回到隔离区。[87]

隔离区的人口总数经常变动。1941 年春隔离区刚刚建立，德国人就开始源源不断地将附近村庄的犹太人运到这里。这一年秋天，当局又驱逐了 2 000 名没有适当身份证件的犹太人。虽然德国人一直负责围捕和放逐计划的制定，但“犹太保安警察”经常协助他们将犹太人聚集起来运往别的地方。[88]在克拉科夫，要想加入“犹太保安警察”队伍，申请人通常要先服满完整的军役，身高、体重都要满足一定的要求，个人履历清白无瑕，同时还要得到一些有声望的人的推荐。理论上讲，“犹太人委员 182
会”应对“犹太保安警察”的任命具有最终决定权，然而最后被选中的，往往是德国人偏爱的人选，比如隔离区犹太保安警察头目希姆查·斯皮拉(Symcha Spira)。斯皮拉战前是蓄须的虔诚犹太教徒。现在则把胡子剃得精光，穿着一套精心缝制的制服，身上缀满各种官方模样的徽章和标志。斯皮拉就是一个典型——只要德国人提名的人选，“犹太人委员会”总是同意。[89]

克拉科夫的“犹太保安警察局”下辖两个部门：“民事部”和“穿制服”的一般“犹太保安警察部”。民事部的成员穿着蓝色制服、戴领带，而一般犹太保安警察则穿扣子一直扣至脖子的制服。两个部门的人员均在右臂佩戴臂章，上面用希伯来文写着“保安警察”这几个字。盖世太保与民事部成员保持直接联络，而一般保安警察则听命于犹太人委员会。在隔离区内，犹太保安警察既充当内务警察，又扮演着监狱看守的角色，他们可以毫无忌惮地对任何人施以任何形式的惩罚。然而，隔离区的犹太人对保安警察记忆最深的，还是他们协助围捕和驱逐的行动。最终，犹太保安警察成为整个隔离区体系之内，关于纳粹强权压迫的最遭人鄙视的象征。在“总督府”的德国统治者中，贪污腐败现象十分猖獗，很多犹太保安警察也深受其害，当然这只能加深犹太人对这个特殊机构的仇恨。[90]

在“犹太人委员会”复杂的组织网络中，犹太保安警察仅仅是一个组成部分。这一机构的创立，就是为了应对克拉科夫隔离区内错综、混乱的社会生活。克拉科夫隔离区最重要的民间组织为“犹太人自助协会”。这个组织成立于 1940 年春，最初是响应“美国犹太人联合分配委员会”的号召，后者希望在德占波兰出现一个由犹太人经营的组织，以便向波兰犹太人分发救济。犹太人自助协会在整个“总督府”境内都有分支机构，统一接受米沙·怀切特博士(Dr. Micha Weichert)的领导。然而，德国人坚持犹太人自助协会，必须成为纳粹党控制的“中央救济委员会”的下属机构，理由是此机构也有波兰和乌克兰的代表参加。中央救济委员会最初听命于纳粹党的“国家社会主义者民族福利代办处”，1940 年 4 月之后，则接受汉斯·弗兰克的“人口与救济代办处”管辖。占领当局还要求由“国家社会主义者民族福利代办处”下属的“德国红十字会”，作为“犹太人自助协会”与“美国犹太人联合分配委员会”之间的联络机构。上述两个机构在华沙和克拉科夫都设有办公室。[91]

1941 年 12 月 11 日德国向美国宣战之后，就关闭了“犹太人联合分配委员会”设在华沙的办公室，不过这个机构仍秘密运营。从隔离区到普拉绍夫，怀切特也一直维持着犹太人自助协会的运转。他试图向全“总督府”境内的犹太人提供帮助，不过当 1942 年夏天党卫军接管全部犹太人事务之后，他们只允许怀切特救济克拉科夫的犹太人。党卫军还关闭了中央救济委员会，但批准怀切特通过一个新的机构——“犹太人救济中心”，将来自外国的援助分配给奴役劳动营内的犹太人。1943 年春，党卫军最终关闭克拉科夫隔离区之后，犹太人救济中心还维持运作了六个月的时间。后来，怀切特又开始为波兰的救济组织——“首席救济委员会”工作，并一直设法继续向奴役劳动营内的犹太人提供衣食。1944 年初，党卫军允许他重开犹太人救济中心，但旋即又被迫关闭。后来，怀切特不得不藏匿起来，并成功躲过了大屠杀。战后，波兰多次以通敌罪起诉他，但每次都被证明是无辜的。最终，他移民至以色列定居。[92]

克拉科夫隔离区内共有三所医院、一所孤儿院、一个邮局、一个公共浴室，还有
183 若干灭虱和消毒设备。我们现在不确定那里是不是还有一个犹太教的“浸礼池”，但根据隔离区幸存者索尔·乌尔巴赫(Sol Urbach)的说法，隔离区内的人们都有办法保持个人卫生。他从来没经历过灭虱和消毒，也从来不用随身携带“灭虱证明”——很多地方要求出示的证明某个犹太人已接受灭虱和消毒的官方文件。[93]

犹太民族的宗教与教育在隔离区内逐渐兴旺起来，虽然后者是为占领当局所正式禁止的。[94]宗教教育也仍在秘密持续着，隔离区内还建立了三座犹太教会堂，用以满足居民的精神需求。塔德乌什·潘可维兹曾说，隔离区居民遵守“安息日”和其他犹太民族节日的规定，不过在礼拜仪式中，每个人的脸上都挂着痛苦的神色。安息日时，男男女女的正统犹太教信徒往往站在临时搭设的会堂外——就靠近他药房的后门——吟诵经文。他还说，几乎在隔离区的每一个家庭，为死者的祈祷——“卡迪什”——都是最常吟诵的经文。[95]

然而，在克拉科夫隔离区内，任何所谓的“常态”都仅仅是表象。暴力与死亡的威胁无处不在、无时不在。斯特拉·穆勒-马德伊的家人无时无刻不生活在对人身安全的恐慌之中。当隔离区建立的时候，斯特拉只有 11 岁，她的哥哥亚当 15 岁。每天斯特拉都一个人待在家，她的父母和哥哥都要去工作。他父母教给她一系列注意

事项，比如远离隔离区的高墙和陌生人，以及“不要和其他孩子争吵”。斯特拉说她“喜欢绕着隔离区的各条街道来回走，就好像身处一个神话世界”。斯特拉的父母都是世俗犹太人，所以她觉得那些“小拉比”——即戴着圆形小帽、身着保守服装的正统犹太教儿童——“特别令人恼怒”。不过，真正对斯特拉造成威胁的，是经常发生的暴力行径。有一次，在隔离区外围高墙修好之前，一帮波兰儿童曾捉弄、辱骂她。一个正在砌墙的波兰工人想要干涉时，他的一个同伴却劝他“别管他们，让孩子们跟这个小犹太佬好好玩玩儿”。他又说：“嘿，萨拉①，来给你个苹果。”接着就把一个苹果扔到了斯特拉的脸上，斯特拉立刻血流满面。那个善良的波兰工人生气地对他的同事吼道：“你个狗娘养的，我告诉你！他们被德国人迫害得还不够惨吗？”他帮斯特拉擦干净脸上的血，并警告她以后最好别再到建筑工地这里来了，因为“这里可能发生很糟糕的事情”。他还问斯特拉的名字，并告诉斯特拉他叫安东尼(Antoni)，并且为他同事的行为感到羞耻。事实上，他告诉斯特拉，即使她再来这里也没关系。如果斯特拉再来，他会给她带一个玩具。[96]

克拉科夫隔离区的高墙。戴维·M·克罗提供图片。

斯特拉的父母禁止她再返回建筑工地，更不许她和安东尼说话，然而，斯特拉还是偷偷地去了。有一次，安东尼给了她一只黑色的小狗，斯特拉给它起名字叫“小 184
黑”。“小黑”成了斯特拉在隔离区内最好的伙伴。虽然斯特拉的父母起初反对她养“小黑”，但后来他们发现，在如此危险的时刻，有一只小狗陪伴斯特拉是件好事。当占领当局完成隔离区外墙的修建工作后，高墙之内的气氛变得愈发恐怖。原本偶发的暴力变得愈发普遍与常见，人们不再敢正常地从一个地方走到另一个地方。出于

① 萨拉是犹太裔女性的常见名字，这里带有讽刺、挑衅意味。——译者注

恐惧，他们无论到哪里都急匆匆地跑，为的是避免被德国人或波兰人的子弹击中，或者被痛打一顿。通常关于类似虐待和死亡的传言，比真正的事情还令人惊恐。斯特拉就总是听到这样的故事：德国士兵驾车四处射杀犹太人，就像射杀屋顶上的小鸟；或者“黑衣人”或“建筑服务队”将儿童从鸟瞰隔离区的小山丘上丢下来，等等。“建筑服务队”是总督府境内德国占领当局挑选一批波兰人组成的半武装组织，平时从事建筑工作，有时也用于围捕犹太人。但是，最令斯特拉害怕的，是她父亲告诉她的，关于一名犹太保安警察悄悄对他母亲说的关于奥斯维辛和集体屠杀的恐怖景象。[97]

克拉科夫隔离区内的犹太人正在签署工作许可。克拉科夫运输档案馆提供图片。

但是最令隔离区居民忧虑的，则是另一种形式的暴力，无论受教育程度、无论宗教信仰，每个人都要遭受此类暴力的摧残——那就是工作。对克拉科夫犹太人来说，一份工作和一张宝贵的“蓝卡”，就是打开生命之门的钥匙。斯特拉的父母和哥哥亚当都有工作。她的父亲齐格蒙特(Zygmunt)每天在采石场工作很长时间，不过后来加入了“犹太保安警察局”。亚当受雇于隔离区外的一家钉子工厂，而她母亲图希娅(Tusia)则在一家奥地利人开办的纽扣厂管理办公室。工厂主的妻子霍尔茨英格尔夫人(Frau Holzinger)对图希娅很友善，把家里剩余的食物交给她偷偷带进隔离区。根据斯特拉的说法，在霍尔茨英格尔的工厂里见到图希娅的所有德国人，都不相信她竟然是一名犹太人。有一次，霍尔茨英格尔夫人邀请图希娅参加她家的一个招待会。图希娅犹豫着不想去，但霍尔茨英格尔夫人坚持她来，并允诺在招待会结束后开车送她回隔离区。一切本来都很顺利。突然，图希娅的犹太臂章从手提包里掉出来了，在场有很多德国宾客，还包括几名党卫军军官。霍尔茨英格尔夫人试图将其解 185
释成一个笑话，图希娅则害怕因此失去工作。结果，她并没有被解雇。[98]

1941 年春天，德国人批准“犹太人委员会”开设面包店、乳品店和餐馆。隔离区里甚至还有一家带夜总会的餐厅，每天都有一支乐队演出，其中有两个乐手因电影《辛德勒的名单》而名声大噪，他们是兄弟两人：小提琴手亨利·罗斯纳(Henry Rosner)和手风琴手利奥波德·罗斯纳(Leopold Rosner)。这家餐厅兼酒吧的老板叫亚历山大·弗尔斯特(Alexander Förster)，他替“帝国保安部”工作，因此经常在这里招待他的盖世太保客人。罗斯纳兄弟所扮演的角色，就是提供娱乐的工具，但永远不可能成为人群中的一员。除了身居高位的极少数——比如弗尔斯特和希姆查·斯皮拉，几乎没有哪个犹太人能负担起如此奢侈的生活，当然他们也根本没力气享受这些。一般犹太人有份工作已是万幸，他们每天都经历漫长、艰苦的劳动，再加上作为强制劳动力和德国人的囚犯而承受的巨大心理压力，每天回到家时，早已筋疲力尽。[99]

强制劳动与食物

希特勒为第二次世界大战制订的经济计划极其薄弱。令他的很多将军懊恼的是，元首决心不顾德国是否具备持续作战的能力，而一意孤行地全力投入战争。这意味着第三帝国军需品的生产将不得不极度依赖外国资源。而且，希特勒之所以一直不愿意令德国——至少在经济方面——进入完全的战备状态，很大程度上是因为他对第一次世界大战期间德国民众所遭受的苦难的记忆。希特勒希望，使用“闪电战”战术，能使德国以最快的速度接管每一个国家的国民经济。

纳粹先是对波兰平民执行恐怖统治，接着就开始疯狂抢夺波兰的自然资源和人力资源。德国的很多基本工业原料都严重依赖进口，到 1939 年秋天，它已几乎没有财政预算，用以购买这些极度需求的资源。于是，盗窃波兰人和犹太人的私有财产、工厂和其他至关重要的经济资源，成了大德意志帝国战略计划的一部分。希特勒希望利用被占领国家，弥补第三帝国巨大的经济差额。

另一个麻烦是国防军对士兵的需求量与日俱增，特别是 1940 年春夏，第二次世界大战的第二阶段——也就是征服大片西欧领土的阶段——拉开大幕之后。再加上，希特勒一直在是否允许德国妇女进入工厂工作的问题上犹豫不决，这意味着德国日益膨胀的工农业部门，不得不在别处寻找工人和农业劳动力。其实，德国对“外国工人”的使用，自1938年德奥合并就开始了。最终，10万名奥地利人被送进德国的工厂，后来又有7万捷克和斯洛伐克工人加入。战争爆发后，德国也开始使用战俘作为强制劳动力。

入侵波兰的行动开始之后，德国军队就立即将犹太人变成强制劳工或者奴役劳工。1939年10月26日，汉斯·弗兰克下令，所有14至60岁的犹太男性都必须参加强制劳动，并由党卫军负责监管。劳工的征召范围后来又扩展至犹太妇女、12至14岁的儿童，以及前波兰领土上其他地方的犹太人。1939年12月12日，“总督府”内的“党卫军及警察高级领袖”（HSSPF）弗雷德里希·克吕格（Friedrich Krüger，1894—1945）下达“第二执行令”，要求全体适龄犹太人，都须作为强制劳工服役两年，此外，如果两年期间未达到强制劳动的“教育意义”，服役期限还须延长。

一个月后，汉斯·弗兰克命令“总督府”境内的各“犹太人委员会”，统计所有符
186 合条件的犹太劳工，并将他们按行业或专业分为六个类别。德国人起初为犹太人和其他强制劳工建立了两种类型的劳动营。党卫军创立了第一种，并成为各个大规模集中营的组成部分。第二种被称为“战略应用营”，由罗伯特·莱（Robert Ley）的“德意志劳工阵线”管辖。

1939年至1940年是隔离区体系在总督府境内广泛建立的时期，而到了1941年夏天，纳粹党已决定执行“最终解决”计划。在对犹太人政策的转变期间，德国人在其整个帝国境内，越来越多地使用犹太人和波兰人充当强制劳工。到了1940年底，波兰境内约有70万强制劳工，这个数字还不包括罗兹、华沙等犹太人集中区域的人数，在这些隔离区内，犹太居民同样要么被迫劳动，要么忍饥挨饿。

在总督府各地，德国的犹太劳工政策不尽相同。而且随着纳粹党出台各项新的针对这一民族的监禁和屠杀政策，劳工政策也在随之改变。1940年夏天，党卫军一级突击大队长、汉斯·弗兰克的劳工部头目马克斯·弗劳恩多费尔博士（Dr.Max Frauendorfer，1909—1989）发布章程，规定“总督府”境内犹太裔劳工的使用和付薪的普遍指导方针。章程规定，警察部门将负责涉及犹太劳工的各种问题，尽管如此，实际的监管者其实是弗劳恩多费尔的劳工办公室。弗劳恩多费尔宣称，使用犹太劳工是合情合理的，因为大量波兰人已被送去德国工作。他还补充道，那些犹太熟练技工，将作为正常的劳工储备，受雇于“总督府”境内各个工厂。鉴于“犹太长老委员会”和“犹太人委员会”财力有限，弗劳恩多费尔命令各雇主，须向受雇于正常劳动力市场的犹太人，支付同等波兰工人80%的工资。但这些指导方针不适用于强制劳动环境中的犹太人。[100]

1944 年,博布雷克西门子工厂内的犹太人奴役劳工。美国大屠杀纪念博物馆照片序列号 95270,亨利·施瓦茨鲍姆(Henry Schwarzbaum)提供图片。

事实上,弗劳恩多费尔制定的政策是完全无效的:波兰和德国商人以及厂主根本不愿意按照弗劳恩多费尔规定,向犹太人支付工资。就算勉强支付一些报酬,那 187
最多也就是从雅利安人一方购买的食物。通常情况下,图希娅·穆勒的雇主霍尔茨英格尔夫人“付给”她的“工资”,就是一些食物。当隔离区开设以来,情况变得更糟了,因为很多犹太人已不能公开地在隔离区外的自由波兰人或德国人经济世界里工作。而 1941 年秋天,当德国人开始认真地考虑“犹太人问题的最终解决”方案时,情况则恶化到了极点。“最终解决”计划包括关闭大多数隔离区,然而关于犹太裔奴役劳工的使用仍旧是个麻烦,特别是希特勒将苏联战俘变为奴工的美梦破碎之后。[101]

在隔离区内生活,有一份工作至关重要。战争爆发后,德国在全帝国范围内启动了基于“种族”的定量配给制。希特勒决意不让德国人再次承受一战期间那样的经济困苦,所以配给制的真正负担最终还是落在被占领国家的老百姓身上。虽然德国人向波兰犹太人发放了配给票证,但从占领当局渠道获得的食物绝对不够维持生命,更何况他们每天还得被迫劳动 12 个小时。[102]

比如,在罗兹隔离区,1939 年政府宣布犹太人只能得到本城食物分配额的 25%。而事实上,由于食物分配环节的状况,再加上德国人故意令他们挨饿的居心,犹太人真正吃到的比25%还要少。1940年11月一个月，华沙犹太人每个人只分到3 250克面包，而同期这个城市的雅利安人每人却能得到6 100克。华沙当局不给犹太人配给糖、面粉、肉、鸡蛋和土豆，这些都是非犹太人的专享品。根据波兰历史学家尤金涅乌茨·杜拉辛斯基(Eugeniusz Duraczyvski)的估算，1941年华沙居民每日的平均食物配给量，德国人为2 613卡路里、波兰人为669卡路里，而犹太人只有184卡路里。由于地下经济体系的存在，很多波兰人可以从黑市购买食物，从而将他们的日卡路里摄入量增加到1 000—1 500。[103]

对于在"总督府"境内忍饥挨饿的犹太人来说，想采取类似的秘密方式获得食物是难上加难，尤其是隔离区系统建立之后，当局对犹太人在黑市购买食物的行为，施与了严格的限制。即使犹太人能找到在黑市购买食物和药品的渠道——这实际上对"总督府"的经济也有贡献，但因为他们的财产早已被劫掠一空，几乎已经没剩下什么东西，能够卖给黑市的波兰或德国商贩了。全"总督府"的"犹太长老委员会"和"犹太人委员会"走投无路，只得建立了一个食物的获取、生产和分配系统，从而勉强将犹太人的人均日卡路里摄入量提升到1 000以上，这是在较长一段时间之内维持生命所需的最低能量值了。然而，1942年秋天，当汉斯·弗兰克决定，除了从事对德国经济至关重要的工作的那些人，"总督府"境内的其他120万犹太人，都不再给予食物配给。这样，饿死——就成了德国对犹太人实施大屠杀的有力武器之一。[104]

结论

在第二次世界大战的最初两年，纳粹德国加强了对犹太人、罗姆人、残疾人及其他少数族群的迫害，从而使这段时期成为通往"大屠杀"的中介阶段。对大德意志帝国境内的身心缺陷者来说，这一阶段的大屠杀见证了纳粹最初的集体屠杀运动的开展——"安乐死"计划。在"安乐死"运动期间，德国人开发的一系列新技术和新方法，日后将被应用于更加广阔的范围，即1941年至1945年对"犹太人问题"的"最终解决"。

188 1939年秋天希特勒征服波兰部分领土，使得帝国的决策层不得不面对一个比先前单单一个德国复杂得多的局面。波兰犹太人口的绝对数量，则令计划的制订难上加难。更何况，德国人必须应对的不只是波兰众多的犹太裔人口，还有庞大的波兰裔人口——他们也被视为低级种族。对波兰精英阶层的摧残是德国人行动的一部分，目的是慢慢毁灭这个民族的社会肌理，并将它逐渐转变为一个奴性社会。不过，波兰犹太人一直都是德国人考虑的中心问题，他们决心采用更极端的方式，对付波兰庞大的犹太人口。德国占领当局最终想出来的办法，就是在"总督府"境内建立一个硕大的隔离区体系。“总督府”成了德国人的垃圾堆积场——犹太人和全欧洲的各种少数族群都被运送到这里。后来,这里则成为“最终解决”计划的集体杀戮基地。

尽管隔离区的制度几经变迁,但基本理念一直没变,那就是将犹太人和罗姆人与德国和波兰社会的主流肌体割裂开来。从一开始,隔离区就被设计成一座完全自生自灭的慢性杀戮场所。尽管诸如罗兹和华沙这样的隔离区成了重要的制造业中心,大量犹太强制劳工或奴役劳工,源源不断地为德国提供战争所需,然而最终,隔离区还是变成了分散在波兰乡间的一座座制造死亡的工厂。克拉科夫——作为总督府的首都,对这个城市的隔离区的研究,不但令我们了解了运作一个隔离区所需面对的种种纷繁复杂之事,还令我们体会到,那些被迫生活在这些“城市中的荒岛”中的犹太人,每天经历的恐怖生活状态。

进一步学习和研究的资料

原始史料——

Adelson, Alan, and Robert Lapides, eds. *Lodz Ghetto: Inside a Community Under Siege*. New York: Viking, 1968.

Apenszlak, Jacob, Jacob Kenner, Isaac Lewin, and Moses Polakiewicz, eds. *The Black Book of Polish Jewry: An Account of the Martyrdom of Polish Jewry Under the Nazi Occupation*. New York: American Federation for Polish Jews, 1943.

Arad, Yitzhak, Yisrael Gutman, and Abraham Margaliot, eds. *Documents on the Holocaust*. Jerusalem: Yad Vashem, 1981.

Bieberstein, Aleksander. *Zagłada Żydów w Krakowie*. Kraków: Wydawnictwo Literackie, 1985.

Dobroszycki, Lucjan, ed. *The Chronicle of the Lodz Ghetto*. Translated by Richard Lorrie et al. New Haven: Yale University Press, 1984.

Domarus, Max. *Hitler: Speeches and Proclamations, 1932—1945: The Chronicle of a Dictatorship*. Vol. 4, *1941—1945*. Wauconda, IL: Bolchazy-Carducci, 2004.

Du Prel, Max Freiherr. *Das General-Gouvernement*. Würzburg: Konrad Triltsch Verlag, 1942.

Goebbels, Joseph. *The Joseph Goebbels Diaries, 1942—1943*. Edited and translated by Louis P.Luchner. Garden City, NY: Doubleday, 1948.

Graf, Malvina. *The Kraków Ghetto and the Plaszów Camp*. Tallahassee: Florida State University Press, 1989.

"Groyczko, Dr.Roland to Handlowego przy Sądzie Okrêgowym w Krakowie." September 11, 1941, SOKC 2023: III U 5/39, p.2.

Grynberg, Michael, ed. *Worlds to Outlive Us: Eyewitness Accounts from the Warsaw Ghetto*. New York: Henry Holt, 2002.

Haney, Wolfgang. *Spuren aus dem GettoLodz, 1940—1944: Dokumente der Sammlung*. Berlin: Haus der Wannsee-Konferenz, 2000.

Lukas, Richard C. *Forgotten Holocaust: The Poles Under German Occupation, 1939—1944*. New York: Hippocrene Books, 1990.

Mendes-Flohr, Paul, and Jehuda Reinharz, eds. *The Jew in the Modern World: A Documentary History*. 2nd ed. New York: Oxford University Press, 1995.

Müller-Madej, Stella. *A Girl from Schindler's List*. Translated by William R. Brand. London: Polish Cultural Foundation, 1997.

____. Interview. August 9, 2000. Kraków, Poland. Noakes, Jeremy, and Geoffrey Pridham, eds. *Foreign Policy, War and Racial Extermination*. Vol.2 of *Nazism, 1919—1945: A History in Documents and Eyewitness Accounts*. New York: Schocken Books, 1988.

Pankiewicz, Tadeusz. *Apteka w Getcie Krakowskim*. Kraków: Wydawnictwo Literackie, 1995.

____. *The Cracow Ghetto Pharmacy*. Translated by Henry Tilles. Washington, DC: United States Holocaust Memorial Museum, 2000.

Pilsudski, Joseph. *The Memories of a Polish Revolutionary and Soldier*. Edited and translated by D.R.Gillie. London: Faber & Faber, 1931.

Piotrowski, Stanislaw, ed. *Dziennik Hansa Frank*. Warsaw: Wydawnicto Prawnicze, 1956.

____, ed. *Hans Frank's Diary*. Warsaw: Pañstwowe Wydawnictwo Naukowe, 1961.

The Polish Ministry of Information. *The Black Book of Poland*. New York:

G.P.Putnam's Sons，1942.

Ringelblum，Emmanuel. *Notes from the Warsaw Ghetto：The Journal of Emmanuel Ringelblum*. Edited and translated by Jacob Sloan. New York：ibooks，2006.

Rosner，Manci. Interview. March 21，2000. Miami，Florida. Sierakowiak，Dawid. *The Diary of Dawid Sierakowiak*. Edited by Alan Adelson. Translated by Kamil Turowski. New York：Oxford University Press，1996.

Snyder，Louis L.，ed. *Hitler's Third Reich：A Documentary History*. Chicago：Nelson-Hall，1981.

Trials of the War Criminals Before the Nuernberg Military Tribunals Under Control Council Law No.10. Vol.1，*The Medical Case*. Washington，DC：United States Government Printing Office，1950.

Trunk，Isaiah. Lodz *Ghetto：A History*. Edited and translated by Robert Moses Shapiro. Bloomington：Indiana University Press，2006.

The Warsaw Diary of Adam Czerniakow：Prelude to Doom. Edited by Raul Hilberg，Stanislaw Staron，and Josef Kermisz. Translated by Stanislaw Staron and the staff of Yad Vashem. New York：Stein and Day，1979.

"Zbioru fotografii z 'akcji zydowskiej' w Krakowie/eksmisje，wysiedlenia rejestracje，getto." Starosty Miasta Krakowa/Der Stadthauptmann der Stadt Krakau/z lat 1939—1945. SMKr 211. Krakow：Archiwum Pañstwowe w Krakowie.

次级史料——

Bauer，Yehuda. *American Jewry and the Holocaust：The American Jewish Joint Distribution Committee，1939—1945*. Detroit：Wayne State University Press，1981.

Bauminger，Arieh L. *The Fighters of the Cracow Ghetto*. Jerusalem：Keter Press Enterprises，1986.

Boroziej，Włodzimierz. *Terror und Politik：Die Deutsche Polizei und die Polnische Widerstandsbewegung im Generalgouvernement，1919—1944*. Mainz：Verlag Philipp von Zabern，1999.

Breitman，Richard. *The Architect of Genocide：Himmler and the Final Solu-*

tion. New York: Alfred Knopf, 1991.

Browning, Christopher R. *Nazi Policy, Jewish Workers, German Killers*. Cambridge: Cambridge University Press, 2000.

____. *The Origins of the Final Solution: The Evolution of Nazi Jewish Policy, September 1939—March 1942*. Lincoln and Jerusalem: University of Nebraska Press and Yad Vashem, 2004.

Burleigh, Michael. *Death and Deliverance: "Euthanasia" in Germany 1900—1945*. Cambridge: Cambridge University Press, 1994.

Cookson, Clive. "Hunger, Horror and Heroism." *Financial Times*. July 28/29, 2001.

Crowe, David M. *Oskar Schindler: The Untold Account of His Life, Wartime Activities, and the True Story Behind "The List."* Boulder: Westview Press, 2004.

Davies, Norman. *God's Playground: A History of Poland*. Vol.2, *1795 to the Present*. New York: Columbia University Press, 1982.

Dawidowicz, Lucy S., ed. *The Golden Tradition: Jewish Life and Thought in Eastern Europe*. New York: Schocken Books, 1984.

Duda, Eugeniusz. *The Jews of Cracow*. Translated by Ewa Basiura. Kraków: Wydawnictwo "Hagada" and Argona-Jarden Bookshop, 2000.

Duranczyński, Eugeniusz. *Wojna I Okupacja: Wrzesień 1939-Kwiecień 1943*. Warsaw: Wieza Powszechna, 1974.

Dziewanowski, M.K. *Joseph Pilsudski: A European Federalist, 1918—1922*. Stanford: Stanford University Press, 1969.

Favez, Jean-Claude. *The Red Cross and the Holocaust*. Edited and translated by John and Beryl Fletcher. Cambridge: Cambridge University Press, 1999.

Friedlander, Henry. *The Origins of Nazi Genocide: From Euthanasia to the Final Solution*. Chapel Hill: University of North Carolina Press, 1995.

Gross, Jan. *Fear: Anti-Semitism in Poland After Auschwitz*. New York: Random House, 2006.

____. *Neighbors: The Destruction of the Jewish Community in Jedwabne, Poland*. Princeton: Princeton University Press, 2001.

____. *Polish Society Under German Occupation: The Generalgouvernement*,

1939—1944. Princeton: Princeton University Press, 1979.

Gumkowski, Janusz, and Kazimierz Leszczyński. *Poland Under German Nazi Occupation*. Translated by Edward Rothert. Warsaw: Polonia, 1961.

Gutman, Yisrael, and Shmuel Krakowski. *UnequalVictims: Poles and Jews During World War II*. New York: Holocaust Library, 1986.

Hamburg Institute for Social Research. *The German Army and Genocide*. Translated by Scott Abbott. New York: New Press, 1999.

Herbert, Ulrich. *Hitler's Foreign Workers: Enforced Foreign Labor in Germany Under the Third Reich*. Translated by William Templer. Cambridge: Cambridge University Press, 1997.

Heller, Celia S. *On the Edge of Destruction: Jews of Poland Between the Two World Wars*. New York: Columbia University Press, 1977.

Hilberg, Raul. *The Destruction of the European Jews*. Rev.and definitive ed. 3 vols. New York: Holmes & Meier, 1985.

Hitler's Army: The Evolution and Structure of German Armed Forces. Edited by *Command* magazine. Conshohocken, PA: Combined Publishing, 1995.

Höhne, Heinz. *Canaris*. Translated by J. Maxwell Brownjohn. New York: Doubleday, 1979.

____. *The Order of the Death's Head: The Story of Hitler's SS*. Translated by Richard Barry. London: Penguin, 2000.

Holc, Janine. "Working Through Jan Gross's *Neighbors*." *Slavic Review* 61, no.3(Fall 2002): 453—459.

Kenrick, Donald, and Grattan Puxon. *The Destiny of Europe's Gypsies*. New York: Basic Books, 1972.

Kershaw, Ian. *Hitler, Nemesis, 1936—1945*. New York: W. W. Norton, 2000.

Kohl, Robert L. *RKFDV: German Resettlement and Population Policy, 1939—1945*. Cambridge, MA: Harvard University Press, 1957.

Lucas, Richard C. *Forgotten Holocaust: The Poles Under German Occupation, 1939—1944*. New York: Hippocrene Books, 1990.

Kroener, Bernhard R., Rolf-Dieter Müller, and Hans Umbreit, eds. *Germany and the Second World War*. Vol.5, *Organization and Mobilization of the German Sphere of Power*, pt. 1, *Wartime Administration, Economy, and Manpower Resources, 1939—1941*. Translated by John Brownjohn, Patricia Crampton, Ewald Osers, and Louise Willmot. Oxford: Clarendon Press, 2000.

Madajzyk, Czeslaw. *Polityka III Rzeszy w Okupowanej Polsce*. 2 vols. Warsaw: Państwowe Wydawnictco Naukowe, 1970.

McKale, Donald M. *The Swastika Outside of Germany*. Kent, OH: Kent State University Press, 1977.

Meirtchak, Benjamin. *Jewish Military Casualties in the Polish Armies in World War II*. Jerusalem: Association of Jewish War Veterans of the Polish Armies in Israel, 1994.

____. *Jews—Officers in the Polish Armed Forces, 1939—1945*. Bergen, NJ: Avotaynu, 2004.

Mendelsohn, Ezra. *The Jews of East Central Europe Between the World Wars*. Bloomington: Indiana University Press, 1983.

O'Brien, Darcy. *The Hidden Pope: The Untold Story of a Lifelong Friendship That Is Changing the Relationship Between Catholics and Jews: The Personal Journey of John Paul II and Jerzy Kluger*. New York: Daybreak Books, 1998.

Overy, R. J. *War and the Economy in the Third Reich*. Oxford: Clarendon Press, 1994.

Peck, Abraham J. "Poles and Jews." *Sarmatian Review* 18, no.2(April 1998): 1—3. http://www.ruf.rice/edu/~sarmatia/498/peck.html.

Pióro, Anna, and Wiesława Kraliñska. *Krakowskie Getto*. Kraków: Muzeum Pamiêci Narodowej "Apteka pod Orłem," 1995.

Rossino, Alexander B. *Hitler Strikes Poland: Blitzkrieg, Ideology, and Atrocity*. Lawrence: University of Kansas Press, 2003.

Roszkowski, Wojciech. "After *Neighbors*: Seeking Universal Standards." *Slavic Review* 61, no.3(Fall2002): 460—465.

Rothschild, Joseph. *East Central Europe Between the Two World Wars*. Seattle: University of Washington Press, 1977.

Taylor, Telford. *Sword and Swastika: Generals and Nazis in the Third*

Reich. New York: Barnes and Noble, 1952.

Thurner, Erika. *National Socialism and Gypsies in Austria*. Edited and translated by Gilya Gerda Schmidt. Tuscaloosa: University of Alabama Press, 1998.

Trunk, Isaiah. *Judenrat: The Jewish Councils in Eastern Europe Under Nazi Occupation*. New York: Scarborough Books, 1977.

United States Holocaust Memorial Museum. *Deadly Medicine: Creating the Master Race*. Washington, DC: United States Holocaust Memorial Museum, 2004.

____. *Historical Atlas of the Holocaust*. New York: Macmillan, 1996.

____. *Poles*. Washington, DC: United States Holocaust Memorial Museum, 1998.

Weigel, George. *Witness to Hope: The Biography of Pope John Paul II*. New York: Cliff Street Books, 2001.

Weinberg, Gerhard L. *Foreign Policy of Hitler's Germany, 1937—1939: Starting World War II*. Chicago: University of Chicago Press, 1980.

Zimmermann, Michael. *Rassenutopie und Genozid: Die nationalsozialistische "Lösung der Zigeunerfrage."* Hamburg: Hans Christians Verlag, 1996.

注释：

[1] Henry Friedlander, *The Origins of Nazi Genocide: From Euthanasia to the Final Solution* (Chapel Hill: University of North Carolina Press, 1995), 22.

[2] Ibid., 39; Michael Burleigh, *Death and Deliverance: "Euthanasia" in Germany, 1900—1945* (Cambridge: Cambridge University Press, 1994), 94—95.

[3] Friedlander, *Origins of Nazi Genocide*, 50.

[4] Burleigh, *Death and Deliverance*, 112.

[5] *Trial of War Criminals Before the Nurenberg Military Tribunals Under Control Council Law No.10*, "*The Medical Case*" (Washington, DC: U.S.Government Printing Office, 1950), 1:848.

[6] Ibid., 850.

[7] Friedlander, *Origins of Nazi Genocide*, 81—82.

[8] *Trial of War Criminals Before the Nurenberg Military Tribunals*, 1: 846.

[9] Jeremy Noakes and Geoffrey Pridham, eds., *Foreign Policy, War and Racial Extermination*, vol.2 of *Nazism 1919—1945: A History in Documents and Eyewitness Accounts* (New York: Schocken Books, 1988), 1038.

[10] Burleigh, *Death and Deliverance*, 180.

[11] David M.Crowe, *The Baltic States and the Great Powers: Foreign Relations, 1918—1940* (Boulder: Westview Press, 1993), 68—81.

[12] David M.Crowe, *Oskar Schindler: The Untold Account of His Life, Wartime Activities, and the True Story Behind "The List"* (Boulder: Westview Press, 2004), 66—69; Heinz Höhne, *Canaris*, trans. J.Maxwell Brownjohn (New York: Doubleday, 1979), 351—353; TelfordTaylor, *Sword and Swastika: Generals and Nazis in the Third Reich* (New York: Barnes and Noble, 1952), 315.

[13] Gerhard L. Weinberg, *Foreign Policy of Hitler's Germany, 1937—1939: Starting World War II* (Chicago: University of Chicago Press, 1980), 646—652; Pat McTaggart, "Poland '39," in *Hitler's Army: The Evolution and Structure of German Forces*, ed. *Command* magazine (Conshohocken, PA: Combined Publishing, 1995), 220.

[14] Ian Kershaw, *Hitler, 1936—1945: Nemesis* (New York: W.W.Norton, 2000), 234—235, 244; Louis L.Snyder, ed., *Hitler's Third Reich: A Documentary History* (Chicago: Nelson-Hall, 1981), 329; Hans Umbreit, "Stages in the Territorial 'New Order' in Europe," in *Germany and the Second World War*, vol.5, *Organization and Mobilization of the German Sphere of Power*, part 1, *Wartime Administration, Economy, and Manpower Resources, 1939—1941*, ed. Bernhard R. Kroener, Rolf-Dieter Müller, and Hans Umbreit, trans. John Brownjohn et al. (Oxford: Clarendon Press, 2000), 41.

[15] Richard C.Lukas, *Forgotten Holocaust: The Poles Under German Occupation, 1939—1944* (New York: Hippocrene Books, 1990), 3.

[16] Höhne, *Canaris*, 363.

[17] Umbreit, "Stages in the Territorial 'New Order' in Europe," 44; Kershaw, *Hitler, 1936—1945 Nemesis*, 235—236, 244; Raul Hilberg, *The Destruction of the European Jews*, rev. and definitive ed. (New York: Holmes & Meier, 1985), 1:188—189; Lukas, *Forgotten Holocaust*, 3—5.

[18] Kershaw, *Hitler, 1936—1945 Nemesis*, 240—241.

[19] Alexander B. Rossino, *Hitler Strikes Poland: Blitzkrieg, Ideology, and Atrocity*(Lawrence: University of Kansas Press, 2003), 234.

[20] Polish Ministry of Information, *The Black Book of Poland*(New York: G. Putnam's Sons, 1942).

[21] Zygmunt Klukowski, *Diary from the Years of Occupation, 1919—1944*, ed. Andrew Klukowski and Helen Klukowski May, trans. George Klukowski (Urbana: University of Illinois Press, 1993), 51.

[22] *Black Book of Poland*, 383.

[23] Richard Breitman, *The Architect of Genocide: Himmler and the Final Solution*(New York: Alfred A.Knopf, 1991), 108, 113.

[24] Noakes and Pridham, *Foreign Policy, War and Racial Extermination*, 932.

[25] Ibid., 933.

[26] Ibid., 934.

[27] Richard C.Lukas, ed., *Out of the Inferno: Poles Remember the Holocaust*(Lexington: University ofKentucky Press, 1989), 53—54.

[28] Noakes and Pridham, *Foreign Policy, War and Racial Extermination*, 927.

[29] Kershaw, *Hitler, 1936—1945 Nemesis*, 245—246.

[30] Umbreit, "Stages in the Territorial 'New Order' in Europe," 53—55.

[31] United States Holocaust Memorial Museum, *Historical Atlas of the Holocaust*(New York: Macmillan, 1996), 34; Hilberg, *Destruction of the European Jews*, 60, 193—196.

[32] Jan Tomasz Gross, *Polish Society Under German Occupation: The General Government, 1939—1944*(Princeton: Princeton University Press, 1979), 51; Hilberg, *Destruction of the European Jews*, 201—202.

[33] Umbreit, "Stages in the Territorial 'New Order' in Europe," 60.

[34] Celia S.Heller, *On the Edge of Destruction: Jews of Poland Between the Two World Wars*(New York: Columbia University Press, 1977), 48.

[35] Norman Davies, *1795 to the Present*, vol. 2 of *God's Playground: A*

History of Poland(New York: Columbia University Press, 1982), 261.

[36] Wojciech Roszkowski, "After *Neighbors*: Seeking Universal Standards," *Slavic Review* 61, no.2(Fall 2002): 465.

[37] Ezra Mendelsohn, *The Jews of East Central Europe Between the World Wars*(Bloomington: Indiana University Press, 1983), 38.

[38] Yisrael Gutman and Shmuel Krakowski, *Unequal Victims: Poles and Jews During World War II*(New York: Holocaust Library, 1986), 4.

[39] Joseph Rothschild, *East Central Europe Between the Two World Wars* (Seattle: University of Washington Press, 1974), 40.

[40] Rothschild, *East Central Europe*, 41.

[41] Noakes and Pridham, *Foreign Policy, War and Racial Extermination*, 1051.

[42] Ibid., 1051—1052.

[43] Ibid., 1053.

[44] Eugeniusz Duda, *The Jews of Cracow*, trans. Ewa Basiura(Kraków: Wydawnictwo 'Hagada' and Argona-Jarden Bookshop, 2000), 60—61.

[45] Isaiah Trunk, *Judenrat: The Jewish Council in Eastern Europe Under Nazi Occupation*(New York: Scarborough Books, 1977), 62.

[46] Ibid., 65—66; interview with Stella Müller-Madej, August 9, 2000, Kraków, Poland; Stella Müller-Madej, *A Girl from Schindler's List*, trans. William R. Brand(London: Polish Cultural Foundation, 1997), 7, 10—11.

[47] Duda, *The Jews of Cracow*, 61—62; "Groyczko to Handlowego," September 11, 1941.

[48] Czeslaw Madajczyk, *Polityka III Rzeszy w Okupowanej Polsce* (Warsaw: Pañstwowe Wydawnictwo Naukowe, 1970), 1:516; Gross, *Polish Society*, 93—94; Trunk, *Judenrat*, 63—64.

[49] Madajczyk, *Polityka III Rzeszy w Okupowanej Polsce*, 1:516—519; Trunk, *Judenrat*, 63—64; Gross, *Polish Society*, 94—96.

[50] Noakes and Pridham, *Foreign Policy, War and Racial Extermination*, 1055.

[51] Christopher R.Browning, *The Origins of the Final Solution: The Evo-*

lution of Nazi Jewish Policy, September 1939-March 1942(Lincoln and Jerusalem: University of Nebraska Press and Yad Vashem, 2004), 106.

[52] Noakes and Pridham, *Foreign Policy,War and Racial Extermination*, 1075.

[53] Ibid., 1076.

[54] Browning, *Origins of the Final Solution*, 87.

[55] Joseph Goebbels, *The Joseph Goebbels Diaries, 1942—1943*, ed. and trans. Louis P.Luchner(Garden City, NY: Doubleday, 1948), 116.

[56] Trunk, *Judenrat*, 4.

[57] Browning, *Origins of the Final Solution*, 113.

[58] *The Diary of Dawid Sierakowiak: Five Books from the Lodz Ghetto*, ed. Alan Adelson, trans. Kamil Turowski(New York: Oxford University Press, 1996), 37—38.

[59] Yitzhak Arad, Yisrael Gutman, and Abraham Margaliot, eds., *Documents on the Holocaust*(Jerusalem: Yad Vashem, 1981), 192—194.

[60] Alan Adelson and Robert Lapides, eds., Lodz *Ghetto: Inside a Community Under Siege*(New York: Viking, 1989), 247.

[61] Lucjan Dobroszycki, ed., *The Chronicle of the Lodz Ghetto, 1941—1944*, trans. Richard Lorrie et al.(New Haven: Yale University Press, 1984), 435.

[62] *Diary of Dawid Sierakowiak*, 102.

[63] Guenter Lewy, *The Nazi Persecution of the Gypsies*(Oxford: Oxford University Press, 2000), 68.

[64] Adelson and Lapides, *Lodz Ghetto*, 173.

[65] Erika Thurner, *National Socialism and Gypsies in Austria*, ed. and trans. Gilya Gerda Schmidt(Tuscaloosa: University of Alabama Press, 1998), 102. Thurner says that the Germans deported 5,007 Roma to Lodz.

[66] Lewy, *Nazi Persecution of the Gypsies*, 113.

[67] *Diary of Dawid Sierakowiak*, 102.

[68] Isaiah Trunk, Lodz *Ghetto: A History*, trans. and ed. Robert Moses Shapiro(Bloomington: Indiana University Press, 2006), 400.

[69] Ibid., 157, 268, 328—331.

[70] Emmanuel Ringelblum, *Notes from the Warsaw Ghetto*: *The Journal of Emmanuel Ringelblum*, ed. and trans. Jacob Sloan (New York: ibooks, 2006), 194—195, 224.

[71] Michael Grynberg, ed., *Worlds to Outlive Us*: *Eyewitness Accounts from the Warsaw Ghetto* (New York: Henry Holt, 2002), 225—226.

[72] Duda, *Jews of Cracow*, 60—62; Madajczyk, *Polityka III Rzesy w Okupowanej Polsce*, 1:516—519; Gross, *Polish Society*, 93—96; Trunk, *Judenrat*, 63—64.

[73] Stanislaw Piotrowski, ed., *Dziennik Hansa Frank* (Warsaw: Wydawnictwo Prawnicze, 1956), 1:265—266;波兰文版本的汉斯·弗兰克日记比英文版本完整得多, Stanislaw Piotrowski's *Hans Frank's Diary* (Warsaw: Pañstwowe Wydanictwo Naukowe, 1961), 217—218。

[74] Duda, *Jews of Cracow*, 62.

[75] Piotrowski, *Dziennik Hansa Frank*, 1:266; Aleksander Bieberstein, *Zagłada Żydów w Krakowie* (Kraków: Wydawnictwo Literackie, 1985), 32; Duda, *Jews of Cracow*, 62. The *Gazeta Żadowska*,由一名叫作弗里茨·塞弗特的德裔犹太人编辑,于1940年7月23日至1942年8月30日间陆续出版。

[76] Duda, *Jews of Cracow*, 62.

[77] Ibid.

[78] Arieh L. Bauminger, *The Fighters of the Cracow Ghetto* (Jerusalem: Keter Press Enterprises, 1986), 30—31.

[79] Duda, *Jews of Cracow*, 63.

[80] Tadeusz Pankiewicz, *Apteka w Getcie Krakowskim* (Kraków: Wydawnictwo Literackie, 1995), 12—13; Malvina Graf, *The Kraków Ghetto and the Płaszów Camp* (Tallahassee: Florida State University Press, 1989), 35—36.

[81] Anna Pióro and Wiesława Kraliñska, *Krakowskie Getto* (Kraków: Muzeum Pamiêci Narodowej "Apteka pod Orłem," 1995), 37—38; interview with Stella Müller-Madej, Kraków, August 9, 2000.

[82] Müller-Madej, *Girl from Schindler's List*, 12.

[83] Ibid., 12—13.

[84] Ibid., 13.

[85] "Zbioru fotografii z 'akcji zydowskiej' w Krakowie/eksmisje, wysiedlenia, rejestracje, getto," Starosty Miasta Krakowa/Der Stadthauptmann der Stadt Krakau/z lat 1939—1945, SMKr 211(Krakow: Archiwum Pañstwowe w Krakowie).

[86] Pankiewicz, *Apteka w Getcie Krakowskim*, 16, 19—23, 33; Pesach was between April 12—19 in 1941.

[87] Trunk, *Judenrat*, 485—487; Pankiewicz, *Apteka w Getcie Krakowskim*, 16, 19—23; Pióro, *Krakowskie Getto*, 58—59.

[88] Pankiewicz, *Apteka w Getcie Krakowskim*, 25; Graf, *Kraków Ghetto and the Płaszow Camp Remembered*, 39.

[89] Pankiewicz, *Apteka w Getcie Krakowskim*, 25; Trunk, *Judenrat*, 475, 489.

[90] Graf, *The Kraków Ghetto and the Płaszow Camp Remembered*, 39; Trunk, *Judenrat*, 478, 499—500.

[91] Yehuda Bauer, *American Jewry and the Holocaust: The American Jewish Joint Distribution Committee, 1939—1945*(Detroit: Wayne State University Press, 1981), 85—86; Dr.Max Freiherr du Prel, *Das General Gouvernement* (Würzburg: Konrad Triltsch Verlag, 1942), 311;关于怀切特被任命为克拉科夫"犹太人自助协会"主席及其与捷尼亚科夫和华沙犹太人委员会的关系,更多、更深层次的讨论,请见 *The Warsaw Diary of Adam Czerniakow: Prelude to Doom*。ed. Raul Hilberg, Stanislaw Staron, and Josef Kermisz, trans. Stanislaw Staron and the staff of Yad Vashem(New York: Stein and Day, 1979), 33, 161, 164—165, 168—169, 174。

[92] Bieberstein, *Zagłada Żydów w Krakowie*, 31, 96, 129, 132, 135, 159—163; Bauer, *American Jewry and the Holocaust*, 90—92, 318—322; Bauminger, *The Fighters of the Cracow Ghetto*, 33; Jean- Claude Favez, *The Red Cross and the Holocaust*, ed. and trans. John and Beryl Fletcher(Cambridge: Cambridge University Press, 1999), 143—144.

[93] Pióro, *Krakow Getto*, 4043; Pankiewicz, *Apteka w Getcie Krakowskim*, 26; Bieberstein, *Zagłada Żydów w Krakowie*, 73; interview with Sol Urbach, July 3, 2002.

[94] Bieberstein, *Zagłada Żydów w Krakowie*, 223; Pankiewicz, *Apteka w*

Getcie Krakowskim, 25—26.

[95] Pankiewicz, *Apteka w getcie Krakowskim*, 26—27; Duda, *Jews of Cracow*, 28.

[96] Müller-Madej, *Girl from Schindler's List*, 13—17.

[97] Ibid., 22, 27—29; Gross, *Polish Society*, 108—109.

[98] Müller-Madej, *Girl from Schindler's List*, 13—14, 40.

[99] Pankiewicz, *Apteka w Getcie Krakowskim*, 33, 65—66; interview with Manci Rosner, March 21, 2000.

[100] Christopher R.Browning, *Nazi Policy*, *Jewish Workers*, *German Killers* (Cambridge: Cambridge University Press, 2000), 61—62; du Prel, *Das General-Gouvernement*, 379;根据弗劳恩多费尔的说法,1940 年春天,他的部门曾计划运送 50 万波兰人去大德意志帝国境内劳动。当时已有 16 万波兰人在那里当农业工人,还有 50 万波兰人在德国各大工厂内工作。到 1941 年底,弗劳恩多费尔说波兰人已构成大德意志帝国境内所有外籍劳工总人数的 47%。1943 年,弗兰克曾得意洋洋地提到,总督府已向大德意志帝国输送了 200 万劳工。Piotrowski, *Dziennik Hansa Frank*, 1:72—74.

[101] Gross, *Polish Society*, 111; Browning, *Nazi Policy*, *Jewish Workers*, 25, 62—63, 71—73.

[102] R.J.Overy, *War and Economy in the Third Reich* (Oxford: Clarendon Press, 1994), 281—286; Trunk, *Judenrat*, 99.

[103] Gross, *Polish Society*, 99—102; Trunk, *Judenrat*, 99—100; Eugeniusz Duranczyvski, *Wojna I Okupacja: Wrzesień 1939-Kwiecień 1943* (Warsaw: Wieza Powszechna, 1974), 69; Lukas, *Forgotten Holocaust*, 30; Jabob Apsenszlak, Jacob Kenner, Isaac Lewin, and Moses Polakiewicz, eds., *The Black Book of Polish Jewry: An Account of the Martyrdom of Polish Jewry under the Nazi Occupation* (New York: The American Federation for Polish Jews, 1943), 37; ccording to Clive Cookson, "modern nutritionists regard 3,000—3,500 calories as a healthy minimum consumption." "Hunger, Horror and Heroism," *Financial Times*, July 28/29, 2001.对于 60 年前的人来说,以上数字可能会稍小一些。

[104] Trunk, *Judenrat*, 99—103.

第六章 191

入侵苏联与通向“最终解决”之路

大事年表

1940年(6月15日—17日):苏联征服波罗的海国家(爱沙尼亚、拉脱维亚、立陶宛)

1940年(7月29日—8月31日):扬·茨瓦藤狄克(Jan Zwartebdijk)和杉原千亩[Chiune(Sempo) Sugihara]向试图逃离苏联领土的犹太人颁发签证

1940年(8月1日—6日):波罗的海国家被迫成为第14、15和16个苏维埃社会主义加盟共和国

1940年(12月8日):阿道夫·希特勒发布“巴巴罗萨行动”指令

1941年(3月13日):“元首指令”赋予希姆莱和党卫军对苏联被占领土的政治管理权

1941年(3月26日):党卫军和国防军关于在苏联的运行方式建立特殊关系

1941年(3月30日):希特勒将入侵苏联称为“灭绝战争”

1941年(4月):德国军队发布“在苏军队行动指导方针”

1941年(4月28日):国防军向驻苏联的国家秘密警察与帝国保安部机构发布指令

1941年(5月):“特别行动队”在位于普雷奇的“边防警察”学校接受训练

1941年(5月19日):“国防军最高统帅部”下达指令,要求采取“无情的和积极的行动”打击布尔什维克、犹太人和破坏者等

1941年(6月6日):“纳粹党政委行政命令”下达

1941年(6月17日):莱因哈德·海德里希会见“特别行动队”指挥官;命令他们屠杀犹太人、罗姆人和共产党活动家

1941年(6月22日):德军入侵苏联

1941年(6月22日—1942年3月):德国人在“基辅病理学研究所”屠杀了11万至14万身心缺陷病人

1941年(7月2日):海德里希提醒其党卫军和警察机构首脑,要进行残酷无情的

“政治和解”行动

1941 年(7 月 1 日—9 月 3 日):德国人在波纳利屠杀了 1.3 万犹太人

1941 年(7 月 3 日):斯大林在德军战线后方呼吁民众采取行动、效忠祖国

1941 年(7 月 10 日):耶德瓦布尼大屠杀

1941 年(7 月 17 日):“东部占领区帝国行政公署”成立,下辖“奥斯特兰帝国行政公署”和“乌克兰帝国行政公署”

1941 年(8 月 18 日):“国防军最高统帅部”下达元首指令:“关于加强打击东部盗匪行为的指示”

1941 年(9 月中旬):阿图尔·奈比(Arthur Nebe)在明斯克和莫吉廖夫使用炸药和一氧化碳杀害身心缺陷病人

192 1941 年(9 月 29—30 日):德国人和乌克兰人在娘子谷杀害 33 771 名犹太人

1941 年(10 月):罗马尼亚军队在奥德萨杀害 25 000 名犹太人

1941 年:欣里希·洛泽(Hinrich Lohse)发布“奥斯特兰罗姆人法令”

1941 年(12 月 14 日):“国防军最高统帅部”下达指令,要求“毫不留情”地打击游击队

1942 年(1 月):拉脱维亚秩序警察被命只准逮捕流浪的罗姆人

1943 年(7 月):阿尔弗雷德·罗森贝格发布“东部占领区吉卜赛人处理办法”指令草案

1943 年(11 月 15 日):罗森贝格发布“罗姆人法令”,指示将流浪的罗姆人与“罗姆人杂种”视为犹太人同等对待

人们总是忘记,20 世纪 30 年代和 40 年代,欧洲实际上被两个可怕的政权所统治——纳粹德国和斯大林主义之下的苏联。在第二次世界大战的初期阶段,这两个国家还是盟国。在 1939 年至 1941 年的苏德蜜月期,苏联在东欧获得了大片领土。正如前几章提到的,反犹主义在苏联已经历了很长的历史。所以,毫无疑问,在苏联人试图消灭犹太人在这些地区的宗教与文化自主权时,反犹主义还将扮演重要的角色。

在苏德关系早期,尽管苏联犹太人在苏联持续不断的俄罗斯化政策之下遭受了极大的苦难,但他们谁也没想到,1941 年 6 月 22 日这一天之后,德国的“灭绝战争”将给自己的民族带来难以抵抗的灭顶之灾。在德国周密的攻击计划中,犹太人和苏共活动家是首要目标,尽管如此,纳粹的恐怖统治很快延伸至其他族群——诸如罗

姆人、残疾人、苏联战俘，以及一切日耳曼国家和雅利安种族的敌人。

传统上讲，学者将这个阶段的大屠杀的主要执行者确定为海因里希·希姆莱及其经过特别训练的杀人小组——“特别行动队”。然而，最近学界已将作恶者的范围扩展至“秩序警察”、“国防军”，以及来自整个苏联西部国土的各色协从。这些多种多样的军事和准军事组织倘若协同行动，那对受害者来说将是致命的，不过，屠杀小组成员的心理障碍，以及德国在苏联新占领地区稀缺的资源供应，经常使纳粹的屠杀企图遭遇严重打击。尽管如此，德国的领袖们并未被屡次的打击吓住，而是试图寻觅更有效的方式，在苏联境内对其种族和生物上的敌人进行持续的屠杀。1941 年秋，他们开始实践一系列新的灭绝方式，并最终走向“大屠杀”最恐怖的阶段——“最终解决”——计划将全欧洲的所有犹太人全部杀害。

苏联被占领土上的犹太人

当斯大林开始在波兰采取行动后，他很快就占据了这个国家的半壁江山，甚至比希特勒占领的地盘还大一点。第二次世界大战爆发之前，波兰国土上的犹太人约 330 万至 350 万，其中 235 万被困在德国占领区，130 万至 150 万居住在苏联占领区。战争爆发初期，还有 30 万至 35 万犹太人从德占波兰逃到苏联的领土。从 1939 年秋天至 1940 年夏天，随着苏联相继占领波兰部分领土、波罗的海国家、比萨拉比亚和北布科维纳，这个国家的战前犹太人口从 302 万增加到 500 万以上。[1]

本来，逃到苏联领土上的，或者一直居住在苏联领土上的犹太人，觉得自己从德国人严酷的反犹主义环境中摆脱出来了，因此现在是安全的，然而他们很快就发现，
斯大林主义统治下的苏联，反犹主义比纳粹德国有过之而无不及。在 20 世纪 30 年 193
代的“大清洗运动”中，斯大林就曾残忍地迫害苏联犹太人，而在入侵波兰行动的最后几周，他曾命令边境守护军，阻止犹太人进入苏联国土。

以上情形，只是那些困顿于苏联版图上的犹太人，在战争的第一年所遭遇的那复杂而艰险的形势的一个迹象。作为外国人，他们很快就成为斯大林的秘密警察——“苏联内务部内卫部队”——的主要监视目标，后者对所有难民都持怀疑态度。到了 1939 年底，斯大林将波兰苏占区并入“苏维埃社会主义共和国联盟”，那里的居民也正式成为苏联公民。难民则可选择接受苏联公民身份，或者回到总督府。1940 年春，苏联内务部内卫部队开展了一项特殊的“赔偿人口普查”，以确定究竟有多少犹太难民居住在苏联境内；目标则是迫使这些犹太逃亡者接受苏联的公民身份。如果他们拒绝，则将面临被驱逐的命运。根据诺拉·列文(Nora Levin)的估计，

约有25万以上波兰犹太人，由于不愿意接受苏联政府的要求，而被放逐到西伯利亚或哈萨克斯坦。[2]

194 大多数犹太难民没有工作也没有住所，并且很快就堕入赤贫状态。唯一可能获得的工作机会，通常都在偏远的煤矿或工业城镇，比如乌拉尔山，或者苏联东南部矿藏资源丰富的顿巴斯地区。犹太人在经济上处于绝望的境地，又经常与家人分离，这使很多人无法忍受，而不得不又回到总督府。选择留在苏联版图上的犹太人，他们的生活中也充满了饥饿与疾病。1940年春，《纽约时报》曾报道利沃夫犹太难民饥荒严重，一份法国的报告则估计，在加里西亚有约20万挨饿的犹太人急切地盼望得到食物。[3]而斯大林决定关闭或摧毁一切犹太会堂、礼拜堂、学校，以及犹太人社团的传统支柱——犹太民间救济组织等，则使形势更加险恶。

更糟糕的是，苏联内务部经常侵扰犹太知识分子，并将其中一些人强行放逐至国内其他地方。犹太青少年不得不加入诸如“少年先锋队”等无神论的共产党组织。苏联政府还关闭了原先在波兰发行的意第绪语报纸，并代之以新的、在新闻审查制度严密控制之下的苏联意第绪语出版物。他们还在波兰各大城市建立新的苏联作家联盟的分支机构。犹太人的传统学校也不复存在了，新建的学校仅仅为斯大林正在不断推进的苏维埃化运动充当工具。乌克兰语、立陶宛语和白俄罗斯语取代意第绪语，成为学校的教学语言。在苏联无神论的密集宣传攻势下，虔信宗教的犹太人深感痛苦，而幸存下来的犹太教会堂，由于挂满列宁、斯大林和其他苏联领导人的肖像，已饱遭损害。

茨瓦藤狄克和千亩：维尔纽斯的“国际义人”

就在苏联军队进入波兰东部领土期间，在波罗的海国家和芬兰，斯大林也巩固了自己新获得的势力范围。10月初，克里姆林宫迫使三个波罗的海国家接受互助条款，即允许苏联在这三个国家建立小型军事基地。芬兰拒绝了斯大林的要求，然而很快就发现自己已处于与苏联的战争中。尽管芬兰人在战争初期赢得了一些胜利——这就是后来为人熟知的“冬季战争”，但他们最终还是无法抵御苏联人的长期进攻。1940年3月，芬兰不得不投降，虽然勉强保持独立状态，但失去了卡累利阿。然而，波罗的海三国就没有那么幸运了。

维尔纽斯（即维尔纳，也称威尔诺）自1922年以来受波兰控制，1939年秋又转移到立陶宛人手里，现在，斯大林重返这里。作为立陶宛中世纪的首都，维尔纽斯被一些犹太人亲切地称为“北方的耶路撒冷”。作为一个重要的犹太文化与教育中心，这个城市还是久负声望的“意第绪科学研究所”(Yiddisher Visenshaftlikher Institut)所在地,这个机构现在位于纽约。战争刚刚爆发时,波兰犹太人大批逃亡维尔纽斯和立陶宛。[4]而当 1940 年 6 月斯大林占领波罗的海国家时,立陶宛的 26 万犹太人不得不面对一波新的反犹主义迫害狂潮。他们困在苏联与纳粹德国之间,很多人试图逃往别处避难。

1940 年苏联对波罗的海国家的接管过程十分迅速,也极端残酷,到了 8 月,莫斯科方面宣布三国分别成为苏维埃社会主义共和国联盟的第 14(立陶宛)、15(拉脱维亚)和 16(爱沙尼亚)个加盟共和国,同时苏联外交部长责令原先驻三国的所有外国大使馆和公使馆在月底之前全部关闭。被苏联接管之后不久,拉脱维亚的犹太难民成群结队地前往各国公使馆,申请前往巴勒斯坦和美国所需的出境签证。然而,考虑到考纳斯混乱的局势,英国和美国政府只准许签发约 755 份签证。当荷兰驻波罗的海各国大使 L·P·J·德·德克尔(L.P.J. de Decker,出生年份不详,卒于 1948 195
年)授权他在立陶宛的代理领事扬·茨瓦藤狄克(1899—1979)签发前往荷属西印度库拉索岛的签证时,形势终于有所突破。1941 年 7 月底到 8 月初,在苏联人强行关闭他的办公室之前,茨瓦藤狄克共向将近 2 400 名犹太难民颁发了出境签证。

然而,逃出苏联领土的唯一方式是向东前往日本。茨瓦藤狄克又与日本驻考纳斯副领事杉原千亩(1900—1986)合作,向持有茨瓦藤狄克许可证的犹太人签发日本

杉原千亩。美国大屠杀纪念博物馆照片序列号 07624,杉原弘树(Hiroki Sugihara)提供图片。

的过境签证。但是，两位外交官的处境是截然不同的——茨瓦藤狄克的上司给予他完全的支持，而杉原签发过境签证的权限却受到严格的限制，通常情况下申请者必须出示充足的资金证明材料，同时还要具备前往日本以外另一个国家的有效签证，才能获得赴日过境签证。然而，杉原决定无视这些规定。从 1940 年 7 月 29 日至 8 月 31 日苏联下令关闭日本领事馆，他向犹太人和其他难民签发了数千份签证。

尽管日本过境签证只允许持有人在日本停留 12 天，但日本官方经常默认更长的停留期，以便这些难民寻觅可能的目的地。这些持有荷兰和日本签证的犹太人中，约一半最终去了美国和巴勒斯坦等地。还有一些人去了上海，使这个城市成为亚洲最大的犹太人聚居地。根据中国的资料，战争期间约有 3 万犹太人从欧洲逃亡至上海。1943 年，当时占领上海的日本军队要求本城剩余的 18 000 名犹太人，迁入虹口区一块两平方英里的区域。在“大屠杀”中，他们都幸存了下来。[5] 1985 年，以色列大屠杀纪念馆授予杉原千亩“国际义人”称号，以表彰他的英雄事迹。12 年后，同样的称号被授予扬・茨瓦藤狄克。得到茨瓦藤狄克和杉原的帮助，得以逃出魔窟的犹太人根本无法想象，那些不够幸运而被困于苏联境内的犹太人，在 1941 年夏天将要经历怎样的恐怖。

196 “巴巴罗萨行动”和集体屠杀计划

1941 年 6 月 22 日，德军进攻苏联，第二次世界大战、同时也是“大屠杀”最恐怖的阶段，就此拉开了序幕。在纳粹党人看来，斯大林治下的苏联是一个“邪恶帝国”，因为那里不仅是国际共产主义的中心，还拥有大量聚居的犹太人和斯拉夫人口。德国以近代欧洲战争史上前所未见的猛烈程度向苏联发起进攻，这绝非偶然。1941 年夏，德国空军、陆军和海军力量，正疯狂肆虐苏联及其毫无准备的民众，与此同时，经过特殊训练的杀人分队——“特别行动队”，在“秩序警察”、“武装党卫军”、国防军和志愿的本地胁从的辅助下，开始了对犹太人、罗姆人、残疾人、苏联共产党和苏联战俘的集体屠杀。然而，当类似的大规模死刑执行使德国的政治与军事体系不堪重负之时——这套体系过去惯用“闪电战”快速夺取胜利，德国决策层不得不寻觅一种更有效的方式，对其种族上和生物上的敌人进行集体杀戮。鉴于先前的“T-4 计划”在技术上取得的成功，德国领袖现在开始酝酿创设一种死亡与奴役劳动力产业。这个产业由德国最先进的工业、科学与技术所驱使，目标在于杀死数百万犹太人、罗姆人以及其他沐浴在狂欢的血池中的种族。

弗兰茨・哈尔德(Franz Halder)认为，从 1940 年夏天起，希特勒已开始严肃地考虑入侵苏联的问题。[6]本来入侵计划定在1941年春，目标是“在快速行进中摧毁苏联”并建立“一个从伏尔加河到阿尔汉格尔的屏障，阻挡来自苏联亚洲部分的俄国人”。[7]除了意识形态的考虑，希特勒还希望从这次入侵中获得经济和战略上的利益。他还认为，鉴于德国先前取得的军事上的胜利，再加上斯大林近年来对军方的“大清洗”，第三帝国肯定能轻而易举地打败苏联。[8]

入侵苏联的先期军事部署始于1940年夏。到了10月，国防军已制订出详尽的入侵计划，不过在1940年12月18日，希特勒又几乎重写了这计划，并将其命名为“巴巴罗萨行动”。根据希特勒的指令，行动将采取一种三叉戟形的进攻战略。中央集团军由费多尔·冯·博克(Fedor von Bock, 1880—1945)元帅指挥，将先进攻明斯克和斯摩棱斯克，直捣莫斯科。南方集团军由格特·冯·伦德施泰特(Gerd von Runstedt, 1875—1953)元帅指挥，进攻目标为基辅。北方集团军由威廉·里特尔·冯·李布(Wilhelm Ritter von Leeb, 1876—1956)元帅指挥，将尝试攻下列宁格勒。国防军计划毫不迟疑地摧毁红军，并攻占苏联的主要工农业中心。根据“巴巴罗萨行动”的设想，迅速的胜利将使苏联空军对德国领土的威胁归于无效，并给赫尔曼·戈林的“纳粹空军”创造时机占领苏联的空军基地。之后，戈林再运用这些基地，捣毁斯大林布置在苏联内陆腹地的工业中心。

在发布“巴巴罗萨行动”指令的同一天，希特勒向5 000名军校士官生发表演讲。他提醒这些未来的国防军或者党卫军军官，要牢记自己对军队和对民族的职责。希特勒讲了一个圣经故事，一个城市被摧毁了，因为“最终，那个城市的人都已不配再生存下去”。希特勒还说，在大日耳曼帝国“为它的命运而进行的战斗”中，士官生都是“活着的旗帜”。[9]当天晚上，希特勒还会见了希姆莱，虽然并没有会议记录留存，但根据理查德·布雷特曼(Richard Breitman)的推测，希姆莱提出了关于党卫军在入侵行动中将发挥的作用的问题。[10]

在1941年3月30日与高级将领的会议中，希特勒告诉与会的将军们，由于德国同时入侵希腊和南斯拉夫，进攻苏联的计划不得不推迟，尽管如此，这场战争将是一
场“灭绝战争”。他解释道：“如果我们不这样看待这场战争，我们虽仍将会打败敌 197
人，但30年之后，我们将再一次遭遇共产主义敌人的攻击。在这场战争中，我们绝对不会为了保存敌人而战。”[11]

希特勒希望军队首脑领导这场反对“布尔什维克人民委员和共产主义知识分子”的斗争，并告诉他们“必须克服疑虑，作出牺牲”。[12]

> 即将到来的行动(希特勒继续说)将不是普通的战斗，而是日耳曼人与斯拉

> 夫人，两个种族、两种意识形态之间的生死较量；国家社会主义与犹太布尔什维主义的罪恶准则之间的较量，后者将给人类文明的未来带来最可怕的威胁。在这场战争中，德国士兵将不受战争法则的约束，也没有所谓骑士精神和士兵友谊这些过时概念的应用空间。这场战争的终极目标，不但是在战场上摧毁红军，还要彻底消灭苏联—布尔什维克的威胁。[13]

七周后(1941 年 5 月 19 日)，武装部队最高统帅部下达法令，告知指挥官：

> 1. 布尔什维主义是国家社会主义日耳曼民族致命的敌手。德国斗争的矛头将直指这种颠覆性的意识形态及其政府官员。
>
> 2. 反对布尔什维主义的斗争要求向布尔什维克煽动者、游击队、破坏者和犹太人采取无情、积极的行动，并彻底消灭一切积极的或消极的抵抗。[14]

1941 年 6 月 6 日，希特勒下达“纳粹党政委行政命令”，目的在于平息武装部队最高统帅部对向平民开战的疑虑。相反，德国的武装力量可以向那些在红军部队任职的苏联政治“看门狗”作战。在德国人看来，在身处前线的苏联红军部队后方，还有一批政治委员，他们才是布尔什维精神的驱使者，是布尔什维意识形态的宣讲者。

“政委行政命令”(1941 年 6 月 6 日)：

> 在与布尔什维主义的战斗中，我们并不期望敌人的行动符合人道主义原则或国际法。特别是各种类型的政治委员，他们才是抵抗行动的真正承担者，可以想见，他们将如对待囚犯一般对待我们，充满憎恨、残忍凶恶、丧失人性。
>
> 我们的军队必须知晓以下两点：
>
> 1. 在这次战争中，向这些人表现出仁慈或者对国际法的尊重，将是错误的。他们对我们的安全、对占领地区的快速和解，都构成巨大的威胁。
>
> 2. 那些野蛮的、亚洲式的战斗方式都是政治委员们发明的。所以必须立刻采取行动，集中全部力量，毫不迟疑，制伏他们。从而，如果在战斗中捕获仍在反抗的政治委员，一项重要原则是，立刻使用武器终结他们的性命。[15]

德国人认为，“政委行政命令”给予德国士兵法律上的责任，采取行动对付重要的苏共活动家。6 月 6 日的其他法令则规定德国军队应对“动乱不安”的苏联战俘采取无情手段。公平地说，一些德国指挥官被“6 月 6 日法令”吓坏了，他们拒绝向自己的士兵下达该法令。海宁·冯·特瑞斯考(Henning von Tresckow，1901—1944)中
198 将就是公开反对“政委行政命令”的德军军官之一。后来他曾参与刺杀希特勒的行动，行动失败后，1944 年 7 月 20 日，为避免被捕而自杀。

国防军也与希姆莱的党卫军建立了某种特殊关系。这一年早些时候，莱因哈德·海德里希曾告知“帝国中央保安局”的行政长官，他计划在未来采取大规模的警察行动。与此同时，他还与军队首脑瓦尔特·冯·布劳希奇（Walther von Brauchitsch，1881—1941）元帅讨论在常规的部队之外建立国家秘密警察部队的可能性。3月13日，国防军最高统帅部下达“元首法令”，在行动的军事领域，交给希姆莱和党卫军“进行政治管理准备的特殊任务，这些任务源自两个对立的政治体系之间必然展开的决定生死的斗争”。希姆莱将“独立行动，并按照自己的职责行事”。[16] 13天后，海德里希和军需官司令爱德华·瓦格纳（Eduard Wagner，1896—1944）中将——1944年另一次暗杀希特勒阴谋的积极参与者，制订了此类关系的详细说明，并于4月28日由布劳希奇以指令的形式公布，同时概括指明了“国家秘密警察”与“帝国保安部”所属部队将在俄国分别扮演的角色。海德里希的特种突击队将在德军后方地域行动，搜捕对抗德国的活动者。虽然他们仍处于海德里希的指挥之下，但国家秘密警察与帝国保安部所属部队必须保证与德军的行动协调一致，以免干扰德国的军事部署。[17]尽管布劳希奇的指令并未提到某些特别的目标群体，但由于希姆莱的手下在波兰“战场清算”过程中的所作所为，以及希特勒3月30日对其将军们的指示，所以对于谁将是受害者，大家都心知肚明。1941年4月军方发布的“在苏军队行动指导方针”中，又提到了类似的目标群体。这份文件责令驻苏联指挥官们无情、积极地打击犹太人、布尔什维克麻烦制造者、游击队员和破坏分子。[18]

特别行动队

在纳粹德国对抗苏联种族上的、生物上的以及政治上的敌人的计划中，“特别行动队”将担任先锋。根据于尔根·马托伊斯（Jürgen Matthäus）的估算，在苏联境内，1941年底之前，约50万至80万犹太人已被杀害，其中很多就是特别行动队所为。[19]早在1941年3月，德国人就开始计划此类屠杀行径了。海德里希和他的人事主管、党卫军总队长布鲁诺·施特雷肯巴赫（Bruno Streckenbach，1902—1977）开始与希姆莱协商特别行动队高级长官的选拔问题。一旦希姆莱正在组织这支精英部队的消息传开，众多青年军官都积极运作，希望加入这次对自己未来的职业生涯大为有利的行动。最终，特别行动队的军官和士兵，大多是从党卫军、帝国保安部、帝国刑事警署、秩序警察机构以及武装党卫军中选拔出来的，他们中的相当多数曾是律师。

本来，海德里希希望创建三支特别行动队，后来又在罗马尼亚前线加了一支。5

月，为特别行动队选拔出的新成员开始在位于普雷奇的“边防警察”学校及其周围城镇接受为期三周的训练。就在开始进攻苏联的1941年6月22日这一天到来之前五天，海德里希与他的特别行动队指挥官进行了最后一次会面。党卫军支队长奥托·奥伦道夫博士(Dr.Otto Ohlendorf，1907—1951)原先是一名律师，后来则担任“特别行动队”D支队的指挥官。1948年，他在特别行动队审判期间作证时说，海德里希命令他们“屠杀犹太人、吉卜赛人、苏共官员、共产党活动家以及所有对安全构成威胁的人，以保护殿后部队”。虽然后来已经证明，奥伦道夫在接受审判时曾与其他被告
199 私下勾结，通过作伪证，试图使法庭相信在这个问题上海德里希曾向他们下达特别的指令，但有一点是毫无疑问的，当特别行动队踏上苏联国土的时候，对于哪些群体将是特定的屠杀对象，心中是很明了的。[20]然而，如果说他们在战场上对自己的“任务”还有些微怀疑的话，入侵行动开始后一周，在海德里希下达给特别行动队指挥官们的一份备忘录内，则将屠杀对象群体进一步澄清与明确了。他提醒他的将领们，必须执行他两周之前下达的命令，即支持“反共与反犹包围”的“自我清洗行动”。7月2日，海德里希又向他的东方党卫军及警察高级领袖送递了一份备忘录，强调必须鼓励下属部队采取行动，“不留痕迹、干净利落地完全履行职责”。[21] 1941年7月10日，在波兰城镇耶德瓦布，发生了一场残酷的大屠杀，受害者是犹太人，行凶者是他们的波兰邻居，而德国警察和其他机构则扮演了幕后指使者的角色。类似的行径，其基础就是以上法令奠定的。[22]

海德里希还告知他的下属军官，他们的首要目标是使控制地区形成“政治和解”，只有这样，才能在苏联境内达到“经济和解”。他们执行任务时必须做到“无情的猛烈”。[23]他们打击的对象将是：

> 共产国际官员(以及全部苏联共产党职业政客)。
>
> 苏共高级及中级官员，以及激进派低级官员。苏共中央委员会以及各行政区党委。
>
> 人民委员；苏共队伍和苏联政府部门之内的犹太人，以及其他激进分子(诸如破坏者、宣传家、狙击手、暗杀者、煽动者等)，在任何特定情况下，都不再需要提供关于政治与经济事务的信息，这些信息对秘密警察的进一步行动和占领区域的经济重建都至关重要。[24]

海德里希在公报的最后，再次提醒特别行动队的军官及其下属部队，尽一切可能鼓动苏联占领区当地居民采取行动，对抗犹太人和共产党。[25]

最终，特别行动队还将接受21支“秩序警察”营队、总共11 000人的协助，与他

们采取联合行动的还包括25 000名新招募的“武装党卫军”编队，他们都属于刚刚成立的“党卫军全国总指挥统帅本部”。希姆莱任命了三名（后来又任命了第四名）“高级党卫军和警察领袖”监管上述部队，并在1941年5月21日与国防军达成一致，赋予他本人对上述部队战斗行动的全部指挥权。早在五年前，希姆莱就将德国的警察队伍分成了两个部分。一个是莱因哈德·海德里希旗下的“国家秘密警察”、“盖世太保”和“帝国刑事警署”就属于这个分支。另一个分支是“秩序警察”，其头目是库尔特·达吕格（Kurt Daluege，1897—1946），下辖“城市警察”、“乡村警察”和“小城镇警察”。

200

苏联境内的特别行动队[26]

特别行动队A支队（1941—1944；北方集团军群；指挥部设在但泽；行动区域为爱沙尼亚、拉脱维亚、立陶宛、列宁格勒地区；最初人数为1 000人）

特遣队1a分队（1941—1944）

特遣队1b分队（1941—1943）

立即执行小组2分组（1941）

立即执行小组3分组（1941—1945）

指挥官：特别行动队A支队的首位指挥官是党卫军联队长瓦尔特·施塔勒克博士（Dr. Walter Stahlecker，1900—1942），他战前是一名律师，与阿道夫·艾希曼关系密切。施塔勒克曾担任帝国保安部驻维也纳机构的负责人，还曾是波西米亚、摩拉维亚和挪威保护国的党卫军及警察高级领袖。1942年，在一次与苏共游击队的战斗中施塔勒克被打死，继任者先后为海因茨·霍斯特（Heinz Host，1942年任职）、党卫军区队长亨伯特·阿哈默尔-皮夫弗雷德博士（Dr. Humbert Achamer-Pifrader，战前为律师，1901—1994，1942—1943年任职），以及党卫军区队长弗雷德里希·潘辛格博士（Dr. Friedrich Panzinger，1903—1959，1943—1944年任职）。

特别行动队B支队（1941—1944年；中央集团军群；指挥部设在斯摩棱斯克；行动区域为白俄罗斯和斯摩棱斯克区域；最初人数为655人）

特遣队7a分队（1941—1944）

特遣队7b分队（1942—1944）

特遣队7c分队（及莫斯科先遣队，1941—1943）

立即执行小组 8 分组(1942—1943)

立即执行小组 9 分组(1941—1943)

斯摩棱斯克机枪组(属于立即执行小组 9 分组的一部分)

指挥官:党卫军高级总队长阿图尔·奈比(1894—1945)为特别行动队 B 支队的首任指挥官,此人曾在柏林大学学习法律,之后担任帝国刑事警署负责人。奈比无法忍受战场上的集体屠杀造成的巨大心理压力,遂于 1942 年返回柏林继续担任帝国刑事警署首脑。后来他牵扯进 1944 年 7 月 20 日的刺杀希特勒事件,并于 1945 年初被处决。他离开特别行动队 B 支队之后,希姆莱任命的继任者先后为党卫军总队长埃里希·瑙曼(Erich Naumann, 1905—1951, 1941—1943 年任职)、党卫军区队长霍斯特·伯梅博士(Dr. Horst Bhme,原为律师,1909—1945, 1943 年和 1944 年两次任职)和党卫军联队长海因茨·泽岑博士(Dr. Heinz Seetzen, 1906—1945, 1944 年任职)。

特别行动队 C 支队(1941—1944;南方集团军群;总部设在基辅;行动区域为乌克兰中部和南部,最初人数为 750 人)

特遣队 4a 分队(1942—1943)

特遣队 4b 分队(1941—1944)

立即执行小组 5 分组(1941—1942)

立即执行小组 6 分组(1941—1943)

指挥官:党卫军支队长、曾在德累斯顿当律师的埃米尔·奥托·拉施博士(Dr. Emil Otto Rasch, 1891—1948)是特别行动队 C 支队第一任指挥官。他于 1931 年加入纳粹党,并在帝国保安部和国家秘密警察体系内迅速升迁。特别行动队 C 支队最血腥的行动发生于 1941 年 9 月 29 日至 30 日,德国人在基辅娘子谷残杀了 33 771 名犹太人。1941 年秋,拉施——这名堪称党卫军内最具影响力的指挥官之一——因为与希姆莱和乌克兰地区帝国特派员埃里希·科赫(Erich Koch, 1896—1986)的冲突而被迅即调回柏林。他很快当上"大陆石油"的负责人,德国创办这个机构是为了开发东部的石油资源。拉施回国后,希姆莱为特别行动队 C 支队指定的下一任指挥官是党卫军总队长马克斯·托马斯博士(Dr. Max Thomas,战前是医生,1891—1945, 1941—1943 年任职),后来又以霍斯特·伯梅博士代之。

特别行动队 D 支队(1942—1943;第十一军;指挥部设在罗马尼亚的皮亚特拉-尼亚姆茨;行动区域为乌克兰南部、克里米亚、北高加索;最初人数为 600 人)

特遣队 10a 分队(1942—1943)

特遣队 10b 分队(1943)

立即执行小组 11a 分组(1942)

立即执行小组 11b 分组(1941—1943)

立即执行小组 12 分组(1942—1943)

指挥官:律师出身的奥托·奥伦道夫博士担任特别行动队 D 支队的指挥官。他还是 1939 年至 1945 年间的帝国保安部负责人。他 1942 年夏天返回柏林后,希姆莱提升他为党卫军支队长和警察部队少将。此后奥伦道夫一直担任帝国保安部负责人,并于 1943 年成为帝国经济部二等秘书。特别行动队 D 支队内,希姆莱安排的继任者为党卫军支队长及警察少将瓦尔特·比尔坎普(Walther Bierkamp, 1901—1945,原为律师)。

最初,很多人应召加入秩序警察队伍是为了躲避在国防军内服役。然而,第二次世界大战爆发之后,13.1 万秩序警察中的 1.6 万人被分配进入军队控制下的警察部门。从 1939 年至 1941 年,德国人发现,随着国防军征服了越来越多的领土,需要越来越多的军队力量来维持对这些地区的控制。于是,很多秩序警察编队只得被整合进入“军事警察”队伍。秩序警察有权自行征召人员,因此到了 1940 年夏天,这支队伍已膨胀至 25 万人。正如克里斯托弗·布朗宁(Christopher Browning)在其经典著作《普通人》中指出的:“德国需要维持在被占领土的统治权,而秩序警察很快就成为其中的关键性力量。”1941 年夏,只有约 500 名秩序警察在特别行动队内服役;然而,德军入侵苏联的最初几个月,当大屠杀行动加剧之后,希姆莱又派遣了另外5 500 201
人加入特别行动队。[27]

然而,这些“普通人”往往都是德国国内的预备役军人,他们并没有接受过希姆莱式的纳粹种族狂热的灌输。在入侵行动之前的几个星期,这名党卫军全国总指挥试图弥补这一欠缺之处。他责令特别行动队各级官员发表宣传性的演说,以提醒那些秩序警察们作为警察“士兵”的职责,同时还散发文章、张贴通告,痛陈“犹太人的罪行”、鼓吹“日耳曼民族的血统共同体”以及“大德意志德国”的光辉未来。[28]不过,这些行动收效甚微,在“巴巴罗萨计划”即将执行之前,秩序警察的各个行动分队对来自希姆莱的命令仍是迷惑不解。有些分队收到的命令,特别指明要将犹太人作为主要敌人;另一些命令则更含糊不清,意思是让他们“渐进式地执行任务”。[29]最终,他们还是执行了上级的命令。丹尼尔·哥德哈根(Daniel Goldhagen)估计,从 1941

年夏至 1943 年秋，19 000 人组成的 38 个秩序警察分队最终杀害了超过 80 万名犹太人。[30]

国防军

在苏联境内早期大屠杀行径的另一个参与群体，是国防军。直到最近，对国防军在大屠杀中扮演的角色，仍没有太多的研究成果问世。第二次世界大战结束之后，由于在德国，人们编织了一个关于“清白军队”的神话：“由几百万好人组成的国防军，与几十万坏蛋组成的冲锋队截然相反，他们承认了德国的历史负担”，于是，国防军“变成每个人获得良心清白的账单”。根据此类说法，国防军官兵一直与纳粹政权、与希特勒保持距离，他们在二战中的行动，仅仅是得当、庄重地履行自己的军事职责。[31]

换句话说，大屠杀中的暴行施予者是纳粹党，而非善良的日耳曼民族。然而，1995 年，随着一场饱受争议的展览——“灭绝战争：1941—1944 年间国防军的罪行”——的问世，上述神话被彻底击碎了。这场巡回展览，清晰地展现了德国士兵在“最终解决计划的执行过程中”发挥的“直接与巨大”的作用。[32]

20 世纪 80 年代，很多人谴责军队在大屠杀中扮演的角色时，试图将控告的焦点集中在高级战场指挥官身上。他们称，最严重的情况是，即使德国军队确实协助在军事上创造了有利于实施“最终解决”的条件，但对希姆莱的手下在苏联和其他地方的邪恶暴行，一般德国士兵是知之甚少的。他们都忙着战斗和寻求生存机会呢。

然而，一些近期的研究成果，特别是沃尔夫兰姆·韦特（Wolfram Wette）、汉内斯·希尔（Hannes Heer）、克劳斯·瑙曼（Klaus Naumann）、克里斯蒂安·斯特莱特（Christian Streit）和奥梅尔·巴托夫（Omer Bartov）等人的著作都提出，国防军在“最终解决”中其实扮演了比我们之前认为的活跃得多的角色。斯特莱特教授还写道，到 1941 年 8 月，国防军实际上已成为“特别行动队”和“秩序警察”进行集体屠杀的积极支持者。巴托夫教授则认为，普通德国士兵早已经历了多年的纳粹种族主义教条灌输，他们很容易受到集体屠杀意识形态的影响。对很多身处苏联前线的德国士兵来说，当天天面对常人根本无法想象的恐怖时，多年以来戈培尔施加给他们的关于犹太人、斯拉夫人和苏共政治委员的陈规形象，似乎就变成现实了。现在，现实扭转了一切，初上战场时还发挥作用的道德阀门，很快就被抛之脑后了。在成千上万封德
202 国士兵写给他们家人的信中，他们不厌其烦地谈到肮脏、邪恶的犹太人和苏联人，还经常将两者联系在一起，于是就构成了一个特别危险的布尔什维克群体。[33]

尽管如此，“积极支持”类似“行动”，并不能证明国防军本身直接进行了屠杀行为。然而，海德里希的手下呈递上来，并在纳粹党、军方和商界领袖之间分发的“特别行动队”战场报告——《行动局势报告》，却成为鲜活生动、无可辩驳的明证。例如，一个人提到，9月初时，曾有一支国防军部队参与了维捷布斯克地区的“和解行动”，并导致17名犹太人的死亡。特别行动队B支队也呈递了一份类似的报告，称第354步兵团第10连的士兵曾协助“清算”118名游击队员，他们中间的大多数是“犹太活动家”。在斯摩棱斯克，来自第2兵团指挥部的情报官员要求特遣队7b分队协助其“打击游击队的战斗”。通常情况下，所谓的“游击队”其实就是已被捕获的犹太人。

1941年8月20日发布的第58号《行动局势报告》，对军队与特别行动队之间的特殊纽带大加赞赏：

> 与德国军队的关系与先前一样热忱。特别是，军界现在对秘密警察的任务和相关事务表现出持续增长的兴趣和了解。在执行死刑的过程中，这种兴趣与了解表现得尤其明显。另一方面，军队本身也在努力拓展与秘密警察相关的任务范围。因此，所有特别行动队官员总是不断地收到来自军方的报告，涉及其捕获的苏共官员和犹太人的情况。有时候秘密警察甚至成了军队的终极手段。所以，比如在1941年8月5日，拉多密歇当地的军队指挥官由于无法应付当时的局势，曾向立即执行小组4a分组寻求支持。[34]

还有很多“特别行动队”的报告，都记载了类似的与国防军进行合作的事件。

当然，同样罪孽深重的是苏联战俘奇高的死亡率，而他们最初都是由国防军捕获和监禁的。我们一般不将苏联战俘看作“大屠杀”受难者，但他们在国防军和希姆莱的屠杀分队手上，也曾遭受了巨大的苦难。根据克里舍沃夫(G.F.Krivosheev)准将的估算，约有450万苏联战俘将生命永远留在了德国战俘营，而死在苏联战俘营内的德军只有这个数字的37%，死于德国战俘营的英美士兵则占这个数字的3.6%。他们要么死于国防军或党卫军部队的枪口，要么被害于灭绝营或集中营，要么就是在国防军的战俘营慢慢饿死。在纳粹德国对苏联残酷的战争行动之内，慢慢的，犹太人、苏共政治委员和其他苏联公民之间的界线已经越来越模糊了。[35]

德军入侵苏联

1941年6月22日清晨，德国入侵苏联的行动正式拉开大幕。尽管早已得到多次警告，斯大林和其他苏联领导人还是大感震惊。几个月前，希特勒曾经向他的将军们预言:“当巴巴罗萨计划执行之时,整个世界都会屏住呼吸、哑口无言。”[36]进攻打响之后几个小时,约瑟夫·戈培尔前往德国的广播电台,宣读希特勒冗长的公告,宣告入侵的开始。这是一场反对“犹太—盎格鲁—撒克逊好战者阴谋”的斗争,“同样反对的目标,还包括在莫斯科的布尔什维克控制国家内犹太人的支配性势力”。根据希特勒的说法,这场战争不再是为了保卫某些国家的个体,而是承担着“确保整
203 个欧洲的安全,拯救全人类的使命”。最后,他提醒他的士兵们,他已将“日耳曼德国和我们民族的命运与未来”交由他们的手中。“愿全能的上帝帮助我们——特别是在这次战斗中。”[37]

几天之内,苏联报纸和各种各样的宣传出口都将这场战争描绘成一场“苏联人民伟大的卫国战争”,将其与1812年击溃拿破仑·波拿巴的入侵放在了同样的历史高度。根据最新的研究成果,苏德战争导致2 500万至2 700万苏联人死亡,其中接

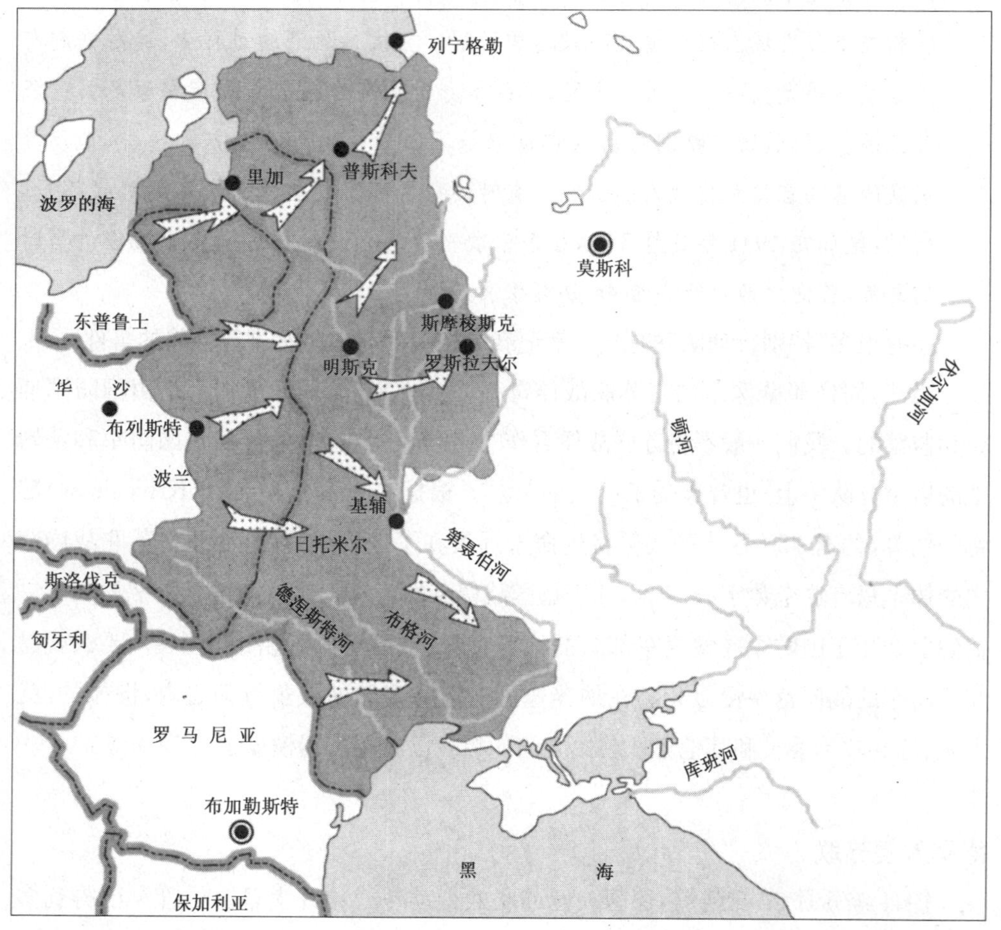

“巴巴罗萨计划”示意图。

近2/3为平民，其余1/3为军人。1941年至1945年间，约100万至150万犹太人死在苏联，绝大多数都是德国人大屠杀行径的受难者。另外还有20万犹太人作为红军战士牺牲在战场上。1941年的20.7万苏联罗姆人中，约3万至3.5万死于这场战争。德国方面，100万以上德国士兵死于苏德战争，约占德军在二战中总死亡人数的1/3。[38]如此高的伤亡率，说明这场战争绝非一般的战争，而是一场“灭绝战争”。[39]1985年，苏联官方将1941年至1945年的战争称为“伟大的卫国战争”，这个措辞准确地表达了苏联人对“法西斯主义者”及其在战争期间施与苏联人民的暴行的态度。两度获得“苏联英雄”称号的瓦西里·崔可夫元帅(Vasily Chuikov, 1900—1982)曾说:“在踏上苏联的国土之前，纳粹统治者就预先赦免了其军官和士兵将在这里犯下的罪行，他们将数百万军人训练成强盗、强奸犯、虐待狂和杀人犯。军队在苏联的所作所为也正如他们事前训练的那样。在这片他们暂时占领的土地上，纳粹残杀了1 000万苏联人民。这些凶手们杀死一切能杀死的人——儿童、老人和妇女。”[40]

在德军刚刚横扫苏联国土的时候，遭遇的抵抗之弱小令他们惊异，“东线取得的军事成就辉煌地超乎所有人的想象”，约瑟夫·戈培尔在6月24日的日记中这样写道:“我们的新型武器正在运往阵前。苏联人如今都吓得浑身颤抖，一天也坚持不下去了。”[41]类似的评论——无论是在战场上还是在德国国内，都加深了德国人对斯拉夫人的普遍态度——他们确实是低等种族。当德军打了一个又一个胜仗之后，甚至希特勒的那些曾持怀疑态度的将军，也开始相信最终的胜利就在眼前，除了彻底击溃苏军的抵抗之外，已经没什么事需要做了。苏德战争爆发的最初六个星期，德军就俘虏了60万苏军士兵;到1941年10月，红军死伤人数已过200万。[42]相比之下，德军的损失就小得多了。德军现在控制着苏联西部一块广袤的狭长地带，从波罗的海沿岸的爱沙尼亚，一直延伸到南面的摩尔达维亚。7月14日，以为胜券在握的希特勒下令裁减军队数量:“打败苏联之后，我们将掌控欧洲地区的军事统治权，这允许我们相应地缩小军队的规模。”[43]接着，他又命令军工厂转变生产重点，由制造陆军武器改为制造U型潜艇和飞机。

然而，即使在一片欢欣鼓舞的氛围中，灾难的征兆其实已经显露出来。当德军在苏联领土上越走越远，他们遭遇的抵抗也越来越强。德军的伤亡人数开始直线攀升。到9月底，被苏军打死、打伤或俘虏的德军人数已超过50万。幸存者大多筋疲力尽，而希特勒手中却没有储备部队去替换他们。德国情报人员错估了红军后备部
队的人数，而到1941年秋天，苏联开始加强对德军进攻的反抗力度，这意味着，在战 204
争开始的最初几个月，希特勒达到其首要军事目标——摧毁红军——的行动，已宣

告失败。

德国人尽管遭遇了多次失败，但还是提前制定了行动方案，用以对苏联西部被占领土内相对稳定的地区施行统治。7 月 17 日，希特勒发布新占领西部领土行政指导原则。未被直接并入德意志帝国、罗马尼亚或芬兰的领土，将置于阿尔弗雷德·罗森贝格管辖下的“东部占领区帝国行政公署”。这一区域后来被分为两个“帝国行政公署”——欣里希·洛泽（1896—1964）为首的“奥斯特兰帝国行政公署”和“乌克兰帝国行政公署”，首脑为欣里希·洛泽（Hinrich Lohse，1896—1964）。加里西亚东部成为总督府的一部分，比亚维斯托克并入东普鲁士。而罗马尼亚——这个已倾其所有军事力量协助德国进攻苏联的国家——则获得顿涅斯克作为奖赏。

德国在苏联的早期屠杀行动

当国防军势如破竹地在苏联的国土上推进时，希姆莱的屠杀部队也很快开始履行他们的使命。除了快速前行的德国军队，已没人能阻止他们的行动。此类屠杀部队的活动，可以分为两个主要阶段——1941 年 6 月至 12 月，以及 1942 年 1 月至 1943 年夏。在集体屠杀的第一个阶段，希姆莱手下的行动取决于德军的征服速度，以及与众多受害者和大量苏军战俘相关的一系列难题。除了正在波罗的海国家执行任务的“特别行动队”A 支队，其余的特别行动队迅速穿越苏联被占领土，所过之处通常仍留下大量犹太人和其他目标族群并未遭到触动。而第二阶段的集体屠杀要残酷得多，其目标是“净化”新近占领地区，清除当地全体犹太人、罗姆人和残疾人。第二波大屠杀的执行者更多，而清除波兰和苏联被占地区先前建立的隔离区，也是这一波大屠杀的组成部分。

海德里希的行动报告强调初期大屠杀的广度，并想方设法为其空前的残酷性辩护。几乎从一开始，他们就将犹太人描绘成破坏者和游击队员，说他们是德国军事安全的最大威胁。例如，在 1941 年 7 月 6 日的一份报告中记载道，“特别行动队”A 支队在加尔格日代射杀了 201 名犹太人，因为他们协助苏联边境守备部队“抗击德军的进攻”。在另一份报告中，特别行动队向柏林方面汇报说，拉脱维亚辅警已逮捕了 1 125 名犹太人，并将其中的大部分处以死刑。“特别行动队”B 支队的报告中写道，他们已在明斯克烧毁数个犹太人的住房，从而成功肃清了这股势力。而“特别行动队”D 支队“特遣队”10a 分队头目则在 8 月初的报告里说，由于乌克兰南部杨博尔地区爆发了针对德国军队的“暴乱和攻击”，他们已枪杀了 97 名犹太人，并将另外 1

756人留作人质。这些犹太囚犯将以“最轻微的罪名被处决”。而在乌克兰的其他地方，根据“特别行动队”C支队7月中旬的报告，国家秘密警察小组已以“极其残忍的方式”杀死7 000名犹太人。[44]

虽然在德国入侵初期表现尚不明显，但苏联游击队的威胁的确是存在的。1941年7月3日，斯大林号召在敌后开展抗德行动，不过在某段时间之内，此类抵抗行动对德国的战争机器的推进起不了多大的阻挡作用。然而，到了1942年初，抗德游击队的威力已非常强大，以至于约瑟夫·戈培尔不得不警告派驻白俄罗斯和乌克兰的国防军，让他们小心提防类似组织。1942年8月18日，国防军最高统帅部下达第46号“元首指令”——“加强打击东线贼党行为的指示”，责令希姆莱和军方尽一切力量，在1942年至1943年的冬天到来之前，“彻底消灭”“不可容忍的东方贼党行为”。 205
希姆莱将负责在“东部占领区帝国行政公署”采取行动，而国防军统帅部首脑弗兰茨·哈尔德(Franz Halder, 1884—1972)中将，则是在军队控制区执行“元首指令”的负责人。[45]

这名“党卫军全国总指挥”将苏联游击队称为彻头彻尾的“土匪”，并命令下属部队加强打击力度。他还任命了一名“对抗土匪全权代表”，负责在苏联境内协调党卫军打击游击队的行动。国防军也效仿这一做法。1942年11月11日，国防军最高统帅部发布“东方剿匪战争战斗指示”。所有游击队员及胆敢对其提供帮助者，都将面临被处决的命运，多数情况下死刑将以绞刑的方式执行。“指示”宣称，士兵处理“土匪”问题时，应避免“投入感情”。这份指示还给德国的大屠杀增加了一类新的受害者——妇女。[46]

12月1日，在希特勒位于东普鲁士的“狼穴”(Wolfsschanze)指挥部里，“元首”与几位德军最高将领会面，讨论威胁日益增大的游击队问题。他认为，在打击游击队的战争中，“最关键的一点”就是：“只要是成功的”就是正确的。德国对苏联游击队采取的行动，最终目的是“彻底剿灭游击队并重建秩序”。他继续说：“任何行为，只要有助于消灭游击队，那就是正确的行为”，任何行为如果无利于德国的军事行动，那就是错误的。如果游击队使用妇女和儿童作为挡箭牌，那么“军官和军士则将得到授予全权，在任何必要的时候，无情地射杀她们”。在当前的情况下，唯一关键的事情就是“彻底摧毁暴徒”。[47]

两周后，国防军最高统帅部负责人威廉·凯特尔下达了一个新的指令，宣称当前打击游击队的战争“与军人之间的友爱精神，以及对《日内瓦公约》的广泛共识毫无关系”。这是一场“没有任何禁忌、没有任何保留的战争”，即允许并实际上鼓励军队，为了赢得胜利，可以使用“一切手段，甚至杀害妇女和儿童”。而且，“在这场打击土匪及其帮凶的战争中，所有德国士兵都不会因为自己的行为，遭到纪律部门的起诉或军事法庭的审判”。[48]

拉脱维亚、立陶宛和乌克兰的胁从行径

8 月 18 日的“国防军最高统帅部指令”还鼓励希姆莱和哈尔德积极利用可靠的“当地武装力量”打击游击队。德军在东线的行动，都得到乌克兰、立陶宛、波兰等地“特别行动队”的支持，而这些力量都是独立于希姆莱的特训屠杀分队之外的。在德军入侵苏联的早期阶段，尤其是在针对犹太人的行动上，很多当地部队就已充分证明了自己的忠心和可信任程度。立陶宛首都考纳斯，在“特别指挥部”及其当地胁从的肆虐下已饱受蹂躏。1941 年 6 月 23 日，党卫军一级突击大队长埃里希·埃尔林格博士（Dr.Erich Ehrlinger，生于 1910 年，卒年不详），这名律师出身的“立即执行小组”1b 分组头目，要求当地的民族主义者组织帮忙对付本城的犹太人。[49]亚布拉罕·托利（Avraham Tory）在他的日记中描述了接下来发生的事情：

> 立陶宛的纳粹党羽就像一群嗜血的野狗一样，在大街小巷和各家院子里游荡，抓捕惊恐万分的犹太人，后者则千方百计地寻找藏匿之地。犹太人被抓住之后，就被成群结队地拖走，带向未知的目的地。
>
> 其他犹太人透过屋顶的通孔和窗户的开口看到街上发生的惨剧；被抓住的
> 206 犹太人排成一列，纳粹帮凶正在用警棍抽打他们，抽打他们身体的每一个部位；立陶宛人纷纷向他们吐口水。病弱的人被亲友搀扶着，因为他们刚遭受立陶宛人的毒打，根本无法靠自己的力量站立。还有一些立陶宛人站在路的两边，嘲笑犹太人的悲剧。
>
> 一群立陶宛的纳粹党胁从包围了一所房子；一些人守住入口，其余的则袭击了这所公寓。他们用枪口对着居住者，强迫他们离开屋子，然后抢走一切值钱的东西，离开时还威胁犹太人将要彻底摧毁他们。很多犹太人就在自己的公寓内惨遭杀害，紧接着又是一场趁火打劫。甚至在他们抢劫和谋杀的同时，同伙还在一边强暴妇女。有一次，纳粹党羽突然聚集到一座房子里。他们咒骂着、叫嚷着：“你们这些该死的犹太佬，你们曾从这所房子向我们射击，承认吧，要不然我们就杀了你们。”一个暴徒开了枪，现场立刻陷入混乱。他们开始寻找犹太男人。“男人们都到哪儿去了，你们这群可恶的布尔什维克！我们马上就

能找到他们。”他们开始一件件地搬柜子、床和桌子;衣柜也被掏空。一片动荡之中,立陶宛暴徒抢走值钱的东西,然后就消失不见了。他们就这样挨家挨户地一遍遍重演暴行,所过之处留下的只剩下被毁的房子和活生生被残杀的人。在斯洛博德卡(即维利亚姆伯勒,从考纳斯起始横跨尼曼河的犹太人定居区,后来成为考纳斯隔离区所在地),谋杀行径进行了两天两夜。真的是大屠杀!他们剃掉拉比和犹太教神学院学生的胡子;猛击他们的头部、扭断他们的胳膊。[50]

德国将东欧占领区当地的部队整编为五支辅助警察队伍。其中两支隶属于“特别行动队”A分队。一支由立陶宛人组成的连队负责“七号堡垒”的守备,这里是考纳斯境内的犹太人集中点之一。立陶宛警卫每天都将犹太裔妇女和儿童聚集在一起,先折磨或者强暴她们,再将他们处以极刑。在他们的自己人之间,此类暴行被称作“要去削土豆皮了”。在德国占领考纳斯的最初六个月,德国人和立陶宛胁从部队杀害了超过10 000名犹太人,其中很多人就死在“七号堡垒”之内。[51]

6月24日,当德军占领维尔纽斯时,57 000名犹太人被困在了这个城市。到7月初,“立即执行小组”9分组在150名立陶宛辅助军队的配合下,开始将城里的犹太男人运往位于波纳利城郊外一处先前苏联人倾倒燃料的垃圾处理厂,这些可怜的犹太人将在那里被杀害,尸体将被抛进垃圾坑。整个1941年7月,德国人及其党羽在波纳利屠杀了5 000名犹太人,8月31日至9月3日之间又有8 000人丧命。一位名叫西玛·卡茨(Sima Katz)的教师描述了后一次大屠杀的情景:

我们被关在那里直到星期四(1941年9月11日)。半夜两点时监狱院子里突然一片通明。我们被赶上卡车,每辆车上都挤着五六十个犹太人和几个扛着来复枪的立陶宛士兵。然后卡车就朝波纳利方向驶去。我们到达一片小树林……筋疲力尽地躺在地上……不远的地方传来来复枪齐射的声音。立陶宛人开始将我们分成每十个人一组,然后一组一组地被带往枪声传来的小山丘。突然间,我们都明白了即将要发生什么。妇女们开始乞求立陶宛人……但根本一点用处也没有……当轮到她们的时候,她们站起来,一言不发,彻底绝望,没有丝毫抗议或者恳求……就这样,一家家一起走上他们最后的旅程。5点30分时,轮到我们这一组了。我低头走着,身边跟着我女儿……我们开始排队,这时我感到我的大女儿从我手中逃脱了。[52]

在接下来的三年里,德国人和立陶宛人一起,在波纳利共残杀了7万至10万犹太人。

207 纳粹德国及其胁从在拉脱维亚犯下了同样的罪孽。7月初，埃尔林格的部队向北方转移至拉脱维亚城市陶格夫匹尔斯，那里的情景使他大吃一惊——拉脱维亚民族主义者已经将当地仅存的“几千名犹太人”全部杀死。8月的第三周，埃尔林格和他的下属、党卫军一级突击大队长约阿希姆·哈曼（Joachim Hamann，1913—1945）监督士兵，在拉脱维亚辅助警察的配合下，将9 000名犹太人变成了刀俎下的鱼肉。1941年7月9日至10日，更惨烈的屠杀发生了。“立即执行小组”1b分组，同样也是与拉脱维亚警察一起，杀害了1 000名犹太人。拉脱维亚人对此的解释是，之所以屠杀犹太人，是因为他们一直试图摧毁拉脱维亚民族及其文化传统。[53]安德鲁·埃泽尔盖利斯（Andrew Ezergailis）认为，拉脱维亚各地民众起初并不关心陶格夫匹尔斯犹太人的命运，是被埃尔林格之徒“哄骗”，才参与了对这一族群的大屠杀。他们最常用的“欺骗伎俩”之一是，令当地辅助警察将犹太人团团围住，然后强迫他们挖掘拉脱维亚杀人犯及先前被苏共处决者的坟墓。埃尔林格对此的解释是，“将犹太人与共产主义联系在一起”的方式，“尤其是要将他们与苏联人”在1940年夏接管拉脱维亚以来，“在这个国家的杀戮行为联系在一起”。[54]

1941年拉脱维亚的耶帕亚，犹太妇女正被处死。美国大屠杀纪念博物馆照片序列号19124，拍照者为卡尔·施陶特（Carl Stout），“司法管理中央办公室”提供图片。

乌克兰也发生了类似的纳粹及其胁从狼狈为奸、共同施行大屠杀的暴行。乌克兰当时存在一个倡导独立的革命团体，名为“乌克兰民族主义者组织”。它的两个派系都试图争取德国人对其民族主义诉求的支持。一派人在史蒂芬·班德拉（Stefan Bandera，1909—1959）的领导下，在创建乌克兰民族主义者自己的军队——“夜莺营”和“罗兰营”——的过程中，扮演了重要的角色。后来，在德军入侵苏联前夕，这两支部队都被并入国防军的战斗序列。“夜莺营”成员身着国防军的原野灰色制服，“罗兰营”的制服则类似于几十年前乌克兰军队内的加里西亚侧翼部队曾穿过的样
式和颜色。[55]到6月底，班德拉宣布新的乌克兰民族国家成立。德国人对此的反应 208
是，逮捕了班德拉及其副手，然后把他们一起押送至柏林接受审讯。班德拉发动的这场民族独立运动很快被镇压下去，他本人也被送往柏林郊外的萨克森豪森集中营。

乌克兰民族主义者组织的另一个派别，以安德烈·梅尔尼克（Andry Melnyk，1890—1964）为领袖。他们试图从班德拉的不幸遭遇中受益，但很快也因为本派的政治诉求，而与国防军发生了严重的冲突。不过在此之前的1941年6月6日，梅尔尼克与乌克兰其他著名民族主义领袖一起，联名上书希特勒，请求德国“在反对布尔什维克暴行的运动中助一臂之力”。在请愿书中，梅尔尼克写道：“在21年的自卫战争中，我们已遭受太多的流血牺牲，特别是在他们的血腥大屠杀中，我们无数的同胞因此遇害。我们要求，元首允许我们与欧洲军团、与我们的解放者——德国国防军——一起，齐心协力地向敌人进军，因此我们请求您的许可，让我们创立一支乌克兰民族自己的军事力量。”[56]

第二次世界大战结束后，“夜莺营”被控参与了1941年7月初在利沃夫对4 000名犹太人进行的集体屠杀。阿尔弗雷德·M·德扎亚斯（Alfred M.DeZayas）在关于“国防军战争罪行公署”的研究中指出，在利沃夫短期内曾发生过两次大屠杀，一次是德国和乌克兰军队对犹太人的迫害与屠杀，另一次则是在1941年夏天德军占领这座城市前夕，“苏联内务人民委员会”对4 000名在押乌克兰民族主义者的屠杀。尽管德扎亚斯提醒读者不能将两者相混淆，但后一次屠杀确实是事实，起诉是成立的。而且在德军占领利沃夫的最初几天，被处死的犹太人不是4 000，而是7 000人。[57]

1941年底，“乌克兰民族主义者组织”由于政治上的不可靠性，被德国人强行解散；其属下的部分武装力量整合进入“乌克兰辅助警察保安队”，这个机构又隶归德国警察管辖。在1942年秋天克拉科夫隔离区的围捕行动中，以及1943年3月14日该隔离区被残酷关闭的过程中，乌克兰辅助警察保安队都发挥了一定的作用。杰克·闵茨（Jack Mintz）是克拉科夫普拉绍夫集中营的幸存者之一。在他的描述中，

集中营里那些穿着黑色“非军事化”党卫军制服的乌克兰警卫，都是“最可怕的杀手”。[58]1943 年，党卫军创建“加里西亚党卫军第 14 武装掷弹兵支队(第 1 乌克兰组)”，其 8 万名成员都是从波兰各大乌克兰人聚居区中挑选出来的。这支部队在武装党卫军中显得十分独特，因为他们对希特勒的忠诚是建立在反对布尔什维主义的
209 诉求之上的。在这支军队中，还有乌克兰拜占庭天主教和乌克兰东正教的随军牧师，这在当时的武装党卫军中也是绝无仅有的。这支由德国人和乌克兰军官共同负责指挥的军队，在战后也以战争罪接受审判。

虽然以上起诉还存在争议。但在战争期间，特别是在基辅郊外的娘子谷，乌克兰辅助警察保安队曾犯下了滔天的罪行，这是毫无疑问的。德军于 1941 年 9 月 19 日占领基辅，一个星期后，他们决定屠杀这个城市残存的 6 万至 7 万名犹太人，以报复苏军游击队对国防军的攻击。党卫军联队长保罗·布洛贝尔(Paul Blobel，1894—1951)率领的“特遣队”4a 分队负责执行这次屠杀，提供辅助的则是武装党卫军、秩序警察以及乌克兰民族主义者组织。从 9 月 27 日至 9 月 29 日，基辅各处犹太人聚居区贴满了粗暴的标语和口号：“基辅城及周边的犹太佬们！9 月 29 日星期一早上 7 点之前，你们必须携带一切财产、现金、文件、贵重物品和保暖的衣服，在犹太人公墓旁边的多洛格兹卡亚街集合。时间到了而未出现的人将被处以死刑。藏匿起来的犹太佬将被处以死刑。待在自己屋子不出来的犹太佬将被处以死刑。”

官方的最后通牒发出之后，一家犹太人担心被围捕，因此试图逃跑：

> 母亲决定带着她的两个孩子离开基辅前往乡间避难。一伙酩酊大醉的德国人在加里茨基市场拦住了他们，并将他们残忍地杀害。当着这位母亲的面，他们砍下一个孩子的头，又杀掉另一个。这个女人因为过度悲伤而精神错乱了，她紧紧地抱着两个孩子的尸体跳起舞来。当德国人看够了这一奇特的景象之后，他们也杀了这位母亲。就在这时，这个家庭中的父亲赶来了。就在家人殒命的地方，这位父亲也遭到同样的结局。[59]

当基辅犹太人到达德国人要求的围捕地点时，他们被驱使着，排队前往西北郊外的娘子谷。《黑皮书》——一部大屠杀目击者的证词汇编——描绘了接下来发生的事情：

> 一队队犹太人加入利沃夫街道上永不停息的人流中，路两边则是荷枪实弹的德军巡逻队。犹太人的人数非常多，以至于这些人沿着人行道从大清早一直走到晚上，期间想横穿马路都很困难。这支走向死亡的队伍持续了三天三夜。人们走着，停下来休息一会儿，彼此默默无言地拥抱道别、祈祷。

> 德国人在一块开阔的空地摆放了很多桌子，作为办公场所。人群都只能在街道尽头竖立的障碍后面等待，他们并不能看到桌子。每30至40个人被分为一组，每次荷枪实弹的守卫都带一组人去“登记”。他们收走犹太人的文件和值钱的东西。可文件立刻就被扔到地上，已有目击者证明，广场的地面上铺满厚厚的一层被丢弃的文档、撕烂的护照和工会身份卡。接着德国人强迫所有人脱光衣服——不论是年轻姑娘、妇女儿童还是老年男子，没有一个人能够幸免。他们的衣服被收集在一起，并仔细叠好。男男女女手上的戒指都被扒掉了。这些将死之人被迫站在深崖边缘，刽子手们排成一排向他们射击。尸体跌入悬崖，小孩子则被活活扔下去。很多人在到达死刑执行地点时就精神崩溃了。[60]

在1941年9月的最后两天，纳粹德国及其胁从在娘子谷杀死了33 771名犹太
人。而这才仅仅是开始。后来娘子谷就成了一个德国人常用的屠杀地点，在之后的 210
两年间，7万名犹太人、罗姆人和苏联战俘都将生命永远留在了那里。

第二次世界大战后，一些人致力于纪念在娘子谷发生的可怕屠杀，但这些行动都遭到苏联政府的抵制。虽然真正的原因在于斯大林的反犹主义思想，及其掩盖苏联确切的战争死亡人数的企图，但苏联官方的解释却是，根据国家政策，将不对“伟大的卫国战争”期间被法西斯所杀害的人，作出族群上的区分。叶甫根尼·叶甫图申科（Yevgeni Yevtushchenko，1933年出生）终于在1961年打破禁忌，发表了诗作《娘子谷》，以反对苏联政府在屠杀地原址建造足球场和停车场的计划。第二年，德米特里·肖斯塔科维奇（Dmitri Shostakovich，1906—1975）以叶甫图申科的这首诗为基调，创作了第13交响曲。1966年，曾在德占基辅生活过的安纳托利·库兹涅佐夫（Anatoly Kuznetsov，1929—1975）发表纪实性小说——《娘子谷》，描述德国人在乌克兰的统治和在娘子谷发生的屠杀。在小说的结尾部分，作者写道，在本书的写作过程中，他已遭受了多年的精神折磨，

在乌克兰的维尼特萨，警察正在处死犹太人。美国大屠杀纪念博物馆照片序列号64407，国会图书馆提供图片。

然而，他认为："我们绝不敢忘记（受难者的）哭号，不仅因为这些东西本身就是终生难忘的，而且因为娘子谷惨案一直像一片乌云一般笼罩在整个人类的头顶。"[61]

1966年，苏联官方允许在娘子谷屠杀地点举行一些小型的纪念活动，但措辞上，只能使用"法西斯受害者"。1974年，此地修建了一个更显著、更正式的纪念碑，但仍没有任何关于受害犹太人的字句或表征。事实上，苏联政府从未进行过任何纪念犹太裔战争死难者的行动，直到1991年，人们才在这个具有深厚纪念意义的地方，树立起一座巨大的石制犹太教烛台。

娘子谷

叶甫根尼·叶甫图申科

在娘子谷没有立下纪念碑，
那悬崖绝壁就像一座粗糙的墓碑，
我心中恐惧，
犹太民族的年岁，
也正是我今天的年岁……
此刻我似乎就是，
一个犹太人，
我似乎就是，
德雷福斯……
我陷身罗网，
我遭到迫害，
污辱，
和诽谤，
我似乎就是，
我是别洛斯托克的小孩，
鲜血直流，流淌一地，
小酒馆的首领横行霸道，
浑身是烧酒和洋葱的气味，
我无力反抗，被皮靴踢倒，
我哀求暴徒也是徒劳，
他们哈哈大笑，
"打死犹太人拯救俄罗斯！"

一个粮商殴打我的母亲，
啊，我的俄罗斯人民！
反犹分子真是厚颜无耻——
多么卑鄙啊，
竟给自己加上，
“俄罗斯人民同盟”的美名！
我似乎就是，
安妮·弗兰克，
玉洁冰清
好似四月树梢的嫩枝……
娘子谷野草飒飒响，
树木好似法官，
投以阴森威严的目光，
这里一切都在无声地喊叫，
我脱下帽子，
我感觉，
我的头发慢慢地白了，
我自己，
就像一片无声的叫喊，
在这千千万万被埋葬的人头上回旋，
我
是被枪杀在这里的每一个老人，
我，
是被枪杀在这里的每一个婴孩，
我无论如何
不能把这一切淡忘！
让《国际歌》唱得更嘹亮， 211
当世界上最后一个反犹分子
永远被埋葬，
我的血管里没有犹太血液，
但我对，

一切反犹分子的深仇大恨，
无异于一个犹太人，
因此，
我是一个真正的俄罗斯人！[62]

匈牙利及罗马尼亚的胁从

在“大屠杀”期间，并不是仅仅有以上乌克兰、拉脱维亚和立陶宛的特殊部队曾起到纳粹德国的协从作用。在德军入侵苏联的过程中，大量匈牙利和罗马尼亚军人也曾扮演了某种角色，而且很快也加入横扫苏联西部国土的集体屠杀行动中。1941年7月，作为与德亲善的姿态，匈牙利王国摄政霍尔蒂·米克洛什（Miklós Horthy，1868—1957）和他的首相巴尔多希·拉斯洛（László Bárdossy，1890—1946）同意帮助德国人围捕30 000至35 000名“外国”犹太人。他们将捕获的约一半犹太人送往乌克兰境内的卡门斯-伯托斯基，这些人于1941年8月27日和28日为党卫军所杀。虽然没有确切的证据表明匈牙利军队实际上参与了“大屠杀”，但有一些记载和报告，可以表明此类行为的存在。

1941年夏天进入苏联领土的罗马尼亚军队，同样在对犹太人的“大屠杀”中扮演了相应的角色。根据“立即执行小组”第10分组的报告，罗马尼亚军队在贝尔泽地区对犹太人作出了“极其残暴的行径”。7月10日，这支德国部队又报告说，罗马尼亚人逮捕了老老少少400名犹太人，并将以攻击罗马尼亚士兵的罪名对他们处以死刑。后来，在德军第170步兵师指挥官瓦尔特·维特克（Walter Wittke，生于1888年，卒年不详）中将的劝说下，罗马尼亚人同意只杀死了其中的15人。[63]当天晚些时候，一个“立即执行小组”在贝尔泽隔离区找到15名犹太人，并将他们活活射杀而死。在“立即执行小组”1b分组的报告中写道，切尔诺夫策的罗马尼亚军队视布科维纳北部为罗马尼亚的领土，因此“打算消灭当地乌克兰领导阶层的全部上层人士”，以确保对该地区的彻底“精神”控制。德国人还撺掇罗马尼亚人“采取措施解决当地的犹太人问题”。[64]“特别行动队”D分队在1941年8月31日的报告中写道：“在罗马尼亚警察的协助下，我们在切尔诺夫策将抓住的约1 200名犹太人中的682名处以死刑。”其他地方的罗马尼亚士兵在各自的行动区域内，也实行恐怖统治，将民众洗劫一空。[65]

然而，罗马尼亚人最可怕的暴行，发生在敖德萨和德涅斯特。黑海港口城市敖德萨战前拥有约18万犹太人口，不过在1941年10月16日该市被第4罗马尼亚军团攻陷之前，将近一半的犹太人已经逃走了。刚刚占领敖德萨没几天，罗马尼亚情报机构和“立即执行小组”11b分组就迫不及待地展开大屠杀，8 000名敖德萨人成为这次屠杀的牺牲品，其中大部分是犹太人。一个星期之后，游击队炸毁了罗马尼亚军队在敖德萨的指挥部，这引发了一场新的集体屠杀。作为回应，罗马尼亚当时的独裁者扬·安东内斯库将军（Marshal Ion Antonescu，1882—1946）命令该城的军事指挥官布里加达将军（General de brigadă）康斯坦丁·特里斯提奥里努（Constantin Trestioreanu，1891—1983）对当地犹太人和共产党采取报复性行动。罗马尼亚军人在城市各处绞死了5 000名犹太人，又将另外2万人驱赶至位于达尔尼克的苏军反坦克壕沟，并在那里置他们于死地。特里斯提奥里努嫌处决的速度太慢，命令士兵将剩余的犹太人赶入沿海港修建的仓库，然后通过仓库墙上的机枪眼洞，将他们射杀。后来在1946年对特里斯提奥里努的战争罪审判期间，这场大屠杀的目击者——当时担任军官的亚历克莎·尼斯库（Alexa Neacsu）提供的证词如下：

> 他们发现仅仅用机关枪开火不能一次杀死仓库里的全部人，那些负责这次 212
> 行动的人和那些已明显筋疲力尽、愁眉苦脸的人，他们开会商议了一下，决定换个方法，将仓库淋满煤油和汽油，然后放一把火烧着房子。火势汹涌之时，那些仍困在房子里的人，那些仅受了轻伤或没受伤的人都试图从屋里逃脱，他们有的跳窗户，有的爬屋顶。屋外士兵得到的命令是，对任何试图逃出屋子的人，都一律射杀。有些被困在大火中的人不堪忍受，跑到窗前做出让士兵向自己射击的手势——用手指着脑袋或者心脏。但是，当武器真的瞄准他们的时候，他们又从窗前消失了，几秒钟之后他们再次出现，向士兵做出同样的动作，然后转过身去背朝窗外，这样他们就不会看到士兵朝自己开火的那一瞬间。整个处决过程持续到晚上，在夜晚火光的映衬下，屠杀的情景显得更为恐怖。那些人都赤身裸体，因为他们的衣服都着火了，不得不脱光。有些妇女将她们的孩子扔出窗外。有一幕我一直不能忘却，一个四五岁的男孩被家人从窗户扔了出来，他在成堆的尸体里举着双手徘徊了5到10分钟，因为罗马尼亚士兵不愿意向他开枪。[66]

德高望重的“罗马尼亚犹太人联盟”领袖威廉·费尔德曼博士（Dr. Wilhelm Filderman，1882—1963）给安东内斯库写信抗议大屠杀的暴行。安东内斯库回复道：

> 在你呈递给我的连续两份关于“巨大悲剧”的请愿书中，都使用诸如“良心”、“慈悲”这些充满感情色彩的词汇“恳求”我……为了给你自己的言论注入更多的悲情色彩，你强调这个措施（将犹太人向德涅斯特转移）“是死亡、死亡、

没犯任何罪行却被判处的死亡，没犯任何罪行——除了生而为一个犹太人”……我理解你的痛苦，但（你）尤其应该理解，我请你就理解我这一次，我（的考虑）是为了整个民族。你要仔细思考一下，你有没有想到去年，当比萨拉比亚被占领、民众被驱赶时，我们的灵魂经历了怎样的震动（应希特勒的要求，1940年6月28日，罗马尼亚将比萨拉比亚和北布科维纳拱手让给斯大林）？在从比萨拉比亚撤离的时候，你们犹太教信徒对我们施与了多大的敌意，当我们回来的时候，他们是怎样对待我们的。你们犹太人进入我们的社会时，我们表现得多么慷慨，我们大方地接受了你们，作为直接回应，你们却加入苏共内务部，践
213 踏公正、滥施恐怖，在德国囚犯的见证下，协助苏联军队进入敖德萨地区进行无益的大屠杀，仅仅就是为了给我们造成更大的损失……你是否扪心自问过，我们对部分苏联犹太人的憎恨从何而来？我和他们没有任何共同点。但是，我们憎恨的对象囊括你们民族的全体成员。这是对你们的憎恨。[67]

与希特勒一样，安东内斯库将他们当前面临的恐怖局面，全部怪罪到犹太人头上。

扬·安东内斯库将军与阿道夫·希特勒。美国大屠杀纪念博物馆照片序列号 80527，国家档案与记录管理局（学院公园）提供图片。

罗姆人和残疾人

罗姆人

在德军猛攻苏联的最初阶段，尽管犹太人和共产党领袖一直是德国人的首要打击目标，但很快，罗姆人和残疾人也被卷入这场横扫半个欧洲的种族灭绝战争中。比较而言，在20世纪20年代和30年代，生活在苏联境内的罗姆人，比生活在中欧和东欧其他部分的罗姆人，能够得到稍多一点的接受和尊重。在苏联刚刚建立的时候，罗姆人——以及这个国家的其他少数民族，还是获得了一些发展本民族文化和教育体系的自由，当然条件是他们继续支持共产党的理想与政策。较为宽松的环境使得罗姆活动家有机会着手解决1917年之前困扰这一民族的诸多严重的社会、经济与教育难题。

苏联领导层给罗姆人分拨土地，鼓励他们改变流浪的生活方式而定居下来。有些人接受了政府的倡议，有些人则不予理睬。从1926年至1928年，苏联境内约15万至20万罗姆人中，有将近20%定居于克里米亚、乌克兰、北高加索等地。苏联官方一系列促进罗姆文化和教育觉醒的行动，的确卓有成效——不但罗姆族的西里尔文字母表有很大的发展，还出现了一些教授罗姆文的语言学校。然而，这一时期对后世影响最大的文化创新，是1931年在莫斯科开张的吉卜赛剧院——“罗姆人”。这家至今尚存的剧院，被看作是一个保存罗姆文化的工具，更重要的是，它有利于将罗姆人更深入地整合进苏联社会的肌理之中。在“罗姆人”剧院刚刚开张的时候，莫斯科吉卜赛剧院的艺术家曾发挥了相当重要的咨询作用，当然罗姆人自己的艺术家一直使该剧院保持着鲜明的民族精神特色。

不幸的是，到30年代，当苏联的少数民族政策转而强调“团结”的时候，罗姆人前二十年获得的成就就要灰飞烟灭了，因为所谓的“团结”，真正的意思其实是俄罗斯化。政府关闭了罗姆人的语言学校，从1937年至1989年，没有任何一本罗姆文著作获准出版。在这场文化清洗运动中，“罗姆人”剧院设法残存了下来，但数千罗姆人还是死于斯大林的“大清洗运动”，或者被迫定居在集体农场里。

在1939年至1941年的苏德蜜月期，随着苏联先后侵占波兰东部、波罗的海三国、比萨拉比亚和布科维纳北部，其境内的罗姆人数量也急速增加。1941年夏天之前，约20.7万罗姆人生活在苏联的国土上。苏联强迫新征服土地上的罗姆人采用新的苏维埃生活方式，结果在当地引起极大的民愤，也导致苏联西部某些地区的罗姆人，特别是波罗的海三国的罗姆人，倾向于将德国人视为解放者。不过，当战争真正到来之后，当那里的罗姆人终于意识到，德国人将自己视为种族上的敌人时，以上态度又迅速发生了改变。

“特别行动队”的报告最初主要聚焦于犹太人和共产党受害者，然而，从1941年秋天开始，他们也开始讨论对罗姆人的屠杀问题。虽然并没有确切的证据表明，德国高层曾下达过屠杀苏联境内罗姆人的明确指令，但是，纳粹党对这一“离群索居”的民族的一贯态度，“特别行动队”的指挥官都是了然于心的，因此也毫不犹豫地鼓励手下屠杀罗姆人，并以此作为更大的打击行动的一个组成部分，而这一打击行动
的对象，将是一切威胁纳粹国家生存和军队安全的个人和群体。“特别行动队”D分 214
队指挥官奥托·奥伦道夫在战后的庭审证词中说道，在他看来，犹太人和罗姆人没有区别，都是对驻苏国防军造成极大威胁的势力。他还说，罗姆人自古以来都有“在（军事）行动中当间谍”的传统。他们本身就是“臭名昭著的情报传递者”。[68]党卫军

一级突击大队长奥托·布拉德费什博士(Dr.Otto Bradfisch, 1903—1994)曾是一名律师,后来成了"立即执行小组"第8分组的头目,他认为1941年5月19日"国防军最高统帅部指令"和1941年6月6日的"纳粹党政委行政命令""为清算犹太人和'其他低级种族'提供了依据"。[69]

8月初,"立即执行小组"8分组报告说,本单位参与了"针对罪犯、离群索居者和携带接触性传染病的亚洲佬所采取的行动"。根据沃尔夫拉姆·韦特(Wolfram Wette)的说法,"罪犯"是德国军队指挥官常用的"伪装"词汇,它指代的其实就是罗姆人。[70]在8月底,有一支部队向柏林通报说,其成员枪杀了6名企图抢劫的罗姆人,而在9月23日,"立即执行小组"8分组的报告中写道,它对23名企图偷窃和"恐吓本国民众"的罗姆人,执行了"特殊处理"。[71]同一时期,"特遣队"4b分队在报告中写道,他们"清算"了6名罗姆人反社会分子,"特遣队"4a分队则说他们在9月中旬拘捕了32名罗姆人,随后在搜捕他们的篷车时发现了几件德国装备。由于罗姆人都不具备充分的身份证明文件,也无法解释清楚他们是从哪得到这些德国东西的,于是就将他们全枪杀了。[72]1941年11月,在一次军警长官和军队长官的联合会议上,奥托·布拉德费什宣布检查点拦下的壮年男性,倘若此人无法出示身份证明文件,并且"自战争爆发以来一直处于游荡状态",那么此人将被视为游击队员,并"将以反社会罪和威胁公共安全罪处死"。[73]以上处理方法很快成了"特别行动队"各分支部队统一遵循的规定。尽管特别行动队是这段时期屠杀罗姆人行动的主要执行者,但至少有一名驻白俄罗斯的国防军将领曾下达命令"就地"杀死全部抓获的罗姆人。[74]

在克里米亚,"特别行动队"D分队在呈递上级的报告中写道:"由于'圣经派信徒'和'克里米亚人派信徒'(为克里米亚半岛的两个主要犹太教派别)的存在以及吉卜赛人制造的麻烦,处理犹太人问题的行动遭遇了比之前更大的困难。"[75]因此,从1941年11月16日至12月15日,这支部队加强了对罗姆人的打击力度,并向柏林方面报告说,他们已"清算"了824名罗姆人。到1942年1月初,奥伦道夫报告说他的部队已彻底"解决"了克里米亚城市辛菲罗波尔的罗姆人问题;他还指出,当地人对德国人的行动表示"普遍欢迎"。直到1月底,他一直持续不断地向柏林报告在当地处决罗姆人的情况。[76]奥伦道夫还报告说,在1941年12月到1942年1月初的这段时间,他连续驱逐了12 000至13 000名犹太人、罗姆人和"克里米亚人派信徒",并再次提到此次行动得到当地民众的支持。这是当然的——德国人的驱逐政策使当地居民大为恐慌,他们只得竭尽所能,表示对德国人的亲善,以避免同样的命运降临到自己头上。[77]

进入 1942 年春季之后，“特别行动队”D 分队仍继续着其对罗姆人的围捕和处决。2 月的后两个星期之内，他们处死了 421 名罗姆人和其他离群索居者，3 月上半月又有“810 名反社会分子、吉卜赛人、精神病患者和破坏者”成为纳粹枪下的冤魂。到了 3 月的下半月，261 名离群索居者——包括罗姆人——又成为下一批受害者。到 4 月 8 日，奥伦道夫终于可以得意地报告称，克里米亚北部已彻底肃清“犹太人、克里米亚人派信徒和吉卜赛人。”[78]

在乌克兰，对罗姆人的围捕与屠杀同样恐怖。安纳托利·库兹涅佐夫曾鲜活地勾画出德国人在娘子谷对罗姆人施与的兽性行为：

> 法西斯捕杀犹太人，就像做游戏一样。虽然官方记载中从未提到这个问
> 题，但是事实是，在乌克兰，吉卜赛人的命运与犹太人的命运一样悲惨，他们都 215
> 遭到了立即的灭绝性屠杀。
>
> 拥有护照至关重要。他们随时会在街上或者闯入私人住宅检查护照。第二重要的是外貌。长着一头黑发、黑色眼睛和长鼻子的人，最好别在街上露面。吉卜赛人一个部落一个部落地被运往娘子谷，直到最后一刻，他们才知道怎样的惨剧将发生在自己和亲人身上。

库兹涅佐夫在著作中写道，当时在基辅流传着一句阴暗的谚语：“犹太人死了，吉卜赛人也死了；接下来就轮到乌克兰人，然后就是你。”[79]

在苏联西部的其他地方，对罗姆人的残酷屠杀同样在发生。党卫军支队长库尔特·冯·戈特贝格(Kurt von Gottberg，1896—1945)后来很快当上了白俄罗斯的“党卫军及警察领袖”。他在 1942 年底，率领一支反游击队特别部队，以德意志帝国敌人的罪名，在当地追捕、抓获并“消灭了……一切匪徒、犹太人、吉卜赛人和游击队员嫌疑者”。在第一波行动中，戈特贝格及其手下屠杀了 2 658 名犹太人和 30 名罗姆人。第二波行动开始后，又有 1 265 名犹太人和 24 名罗姆人遇害，而且按照刚特·路易(Guenter Lewy)的说法，“毫无疑问，真正的吉卜赛受害者比档案中记载的要多得多”。[80]

每一次集体屠杀都极其残酷。“特遣队”7a 分队在律师出身的党卫军一级突击大队长阿尔伯特·拉普博士(Dr.Albert Rapp，生于 1908 年，卒年不详)的指挥下，表现得特别粗暴。在 1965 年的战争罪审判席上，拉普作证道，他确实将犹太人和罗姆人视为“腐败堕落、离群索居的民族，肮脏不堪，传播疾病，因此必须被消灭”。在拉普的监管下，1942 年早春，斯摩棱斯克地区也发生了类似娘子谷的惨剧，无数罗姆人

妇女和儿童遭到屠杀。

尽管天气很冷，受害者在被执行枪决之前，仍被迫脱掉外套。母亲不得不抱着她们的孩子走向壕沟，这是他们的集体埋葬墓地。行刑人猛地将孩子从他们母亲的怀抱中抢走，伸直胳膊抓着他们，朝他们的脖子射击，然后将血肉模糊的孩子扔进壕沟。很多目击者说，执行枪决的过程非常仓促，以至于很多受害者掉进或者被扔进壕沟里的时候，还是活着的。“横七竖八的尸体叠在一起，还有仍活着的人在蠕动，一起一伏。”[81]

在对特别行动队的审判中，控方律师詹姆斯·E·希斯(James E.Heath)询问奥托·奥伦道夫为什么他的部队要处死完全无辜的犹太和罗姆裔儿童。希斯想知道，一个孩子能对“国防军的安全”构成怎样的威胁？虽然奥伦道夫声称自己从未看到自己的部下杀死儿童，但他确实认为，即使真的发生此类屠杀，从“永久性安全”的角度也很容易解释：“因为儿童会长大，而且作为一个父母均被杀害的儿童……他很可能构成比他父母曾经构成的更大的威胁。”而且，奥伦道夫补充道，他下达的命令的确包含处决儿童。[82]

“特别行动队”并不是参与以上集体屠杀的唯一组织。希姆莱将他管辖的多支“秩序警察”队伍和“党卫军全国总指挥统帅本部”的下属部队都投入了这场残酷的进攻中。除此之外，国防军在对犹太人、罗姆人及其他族群的屠杀行动内，也扮演着越来越重要的角色。国防军内部有两支特殊部队——“军警”和“战地秘密警察”，他们毫无疑问都是贝尔恩德·波尔(Bernd Boll)、汉内斯·黑尔(Hannes Heer)和瓦尔特·马努斯切克(Walter Manuschek)所称的“灭绝战争”的直接参与者。[83]苏德战争期间，这些部队与常规国防军一起，在苏联的大地上，发动了这场摧毁性的种族灭绝战争。正如奥梅尔·巴托夫笔下的“纪律倒错”，国防军中的一些军官开始容忍
216 “针对敌方平民和战俘的、‘官方的’和‘有组织的’屠杀行为”，这些行为将导致“蛮横”的要求和任意的杀戮，而这在以前都是指挥官明令禁止的。[84]

一开始，国防军只负责围捕罗姆人和犹太人等族群，然后把他们移交给希姆莱的杀人分队“跟进”。[85]有一次，一名国防军军官试图保护一批定居的罗姆人。1941年11月21日，中央集团军群后方地域指挥官、步兵上将马克斯·冯·申肯多夫(Max von Schenckendorff, 1875—1943)下令，任何在固定住所居住两年以上、“没有任何政治问题或犯罪行为嫌疑”的罗姆人，将被免除死刑。[86]历史学家怀疑这个命令是否真的出自申肯多夫，因为他早前曾在管辖区域创立了一套军事训练课程，专门应对游击战争。一些“特别行动队”的成员在战后接受战争罪审判时提到这则命

令，他们说，当时他们认为这则命令直接出自希姆莱，众所周知后者对德国的某些罗姆人群体甚是着迷。

然而在现实中，任何战区的试图保护罗姆人的命令，都收效甚微。申肯多夫下达关于对待定居罗姆人的规定之后三天，另一支驻白俄罗斯的国防军部队就发布了一份指令，涉及的同样是犹太人和罗姆人的命运问题——必须将犹太人“从农村地区清除出去”，“吉卜赛人也将被消灭”。[87]后来，国防军启动了一项调查，对象是1942年春发生的北方集团军群第281安全师擅自处死128名罗姆人的事件，结果几乎没有人因此受到惩罚。在此之前，第281师就已接到命令，将所有罗姆人视为游击队员对待。国防军的调查结束之后，第281师的指挥官被告知关于罗姆游击队员的命令与申肯多夫11月21日的命令相抵触。这位指挥官虽然对此表示理解，却并不打算对本部队的不当行为负责。他的解释是，罗姆人“在大多数情况下都与游击队有关系，而在此次事件中”，即使没有确切的证据证明罗姆人嫌犯的确是游击队员，但“我们也必须这样假定”。申肯多夫还声称，真正使他们的处决行动合法、合理的因素是，在他的师肃清了这批罗姆人之后，游击队的进攻也销声匿迹了。[88]最终，“安全”成为高于一切的原则，这就意味着德军战斗部队仍可以随时屠杀罗姆人，只要他们认为罗姆人的存在对国防军的安全构成威胁。以下是1942年8月25日，一份呈递给国防军驻苏联“军警”部队首脑的报告：

> 吉卜赛部落的存在是本区域平定的最大障碍，因为他们总是在全国各地游荡，表面行乞，其实经常为游击队做事，比如为他们携带物资等。我们如果只惩罚一部分被怀疑、或被确定为游击队支持者的吉卜赛人，剩下的人对德国军队的态度只会更含敌意，只会比之前更卖力地支持游击队。因此，无情地彻底消灭这些吉卜赛部落，是十分必要的。[89]

这片原先的苏联领土，现在处于德国人的控制下，即便如此，罗姆人的生活状态也并没有任何的好转。特别是在奥斯特兰——这个地理概念包含波罗的海三国、白俄罗斯部分地区以及“乌克兰帝国行政公署”地域。尽管阿尔弗雷德·罗森贝格是这个地区的行政负责人，但希姆莱旗下的各种组织其实在各项事务上都可畅行无阻，并在很大程度上并不受罗森贝格政府的约束。1941年12月底，党卫军总队长兼警察部队中将、时任奥斯特兰“秩序警察”部队头目的格奥尔格·耶迪克（Georg Jedicke，1887—1969）说服“奥斯特兰帝国行政专员”欣里希·洛泽起草并发布了一份文件，并特别将发布日期填写为月初，目的在于使奥斯特兰地区——特别是拉脱维亚——对罗姆人的屠杀合法化。洛泽这份倒填日期的“12月4日法令”规定：

> 在乡村地区游荡的吉卜赛人构成双重威胁：
>
> 1. 接触类传染病，尤其是斑疹伤寒的携带者；
>
> 217 2. 不可信赖分子——既不遵守德国占领当局的法规，也不愿意做有用的工作。
>
> 我们有充足的理由怀疑，他们向敌军传递情报，因为有损于德国的事业。因此我下令，将他们设为犹太人一般对待。[90]

尽管学界一向认为，耶迪克的部队针对罗姆人的行动，仅限于追捕罗姆人，并将他们移送至秘密警察部门。但洛泽的命令，还是为他的部队在全奥斯特兰境内屠杀罗姆人的行为提供了挡箭牌。于是，耶迪克及其手下更加肆无忌惮地、不加区分地逮捕定居罗姆人与流浪罗姆人，之后再将他们移交给“国家秘密警察”处死。

在这样的局势下，党卫军联队长、拉脱维亚“秩序警察”头目卡尔·弗雷德里希·克内希特(Karl Friedrich Knecht)在1942年1月下达指示，令手下尽可拘捕流浪的罗姆人。克内希特在指示中写道，定居并有稳定工作的罗姆人，并不会对社区构成刑事或政治上的威胁，因此将不会逮捕他们，也不会剥夺他们的财产。到了4月3日，他又提醒下属军官，只许拘捕“游荡的吉卜赛人”。

可惜，在蔓延于拉脱维亚和奥斯特兰其他地区的、对罗姆人日益猖獗的追捕和屠杀形势下，克内希特的指示几乎没起到什么抑制性的作用。1942年3月，一群来自弗龙堡的定居罗姆人向驻里加的奥斯特兰官员要求工作机会，并申明他们都是负责任的公民，拥有自己的住宅，并将子女送往当地普通学校就读。然而不幸的是，他们告诉奥斯特兰政治部官员，由于自己的马被收缴，他们无法从事原先的工作了——拉运木材。于是，里加当地的政治部转而向“党卫军及警察高级领袖”办公室询问处理办法。得到的答复是，在洛泽与党卫军总队长兼上将、时任奥斯特兰“党卫军及警察高级领袖”的弗雷德里希·耶克尔恩(Friedrich Jeckeln, 1895—1946)之间，已就“吉卜赛人问题”达成私下的一致安排，即将由警察部门负责此类问题的处理。当里加政治部又转向洛泽的办公室寻求详细解决办法时，“奥斯特兰帝国行政公署”发给他们一份洛泽的“1941年12月4日法令”。

1942年6月11日，奥斯特兰官员又遇到了类似的难题。当时，“东部占领区行政公署”政治处副主任奥托·布罗伊蒂加姆(Otto Bräutigam, 1895—1992)告知洛泽，阿尔弗雷德·罗森贝格打算在东部占领区罗姆人问题上采取更强硬的措施。布罗伊蒂加姆询问洛泽，现在是否应将罗姆人视为犹太人一般对待。他还想知道在奥斯特兰地区，究竟有多少定居的和流浪的罗姆人、他们分别从事何种职业以及此地区“吉卜赛混血儿”的数量。布罗伊蒂加姆向“乌克兰行政公署”也询问了类似的问题。洛泽在7月2日作出了回应,但关于是否将罗姆人视为犹太人同样对待,他却只字未提。他提到下属遇到的关于流浪罗姆人的问题,尤其是在拉脱维亚,还提到了他自己的"12月4日法令"。洛泽认为,流浪的罗姆人"特别擅长偷马",并声称当前"驱逐吉卜赛人的行动已不可改变地与控制斑疹伤寒的治安措施联系在一起了"。洛泽的答复成为以下法令草案的理论基础——即《东部占领区吉卜赛人处理办法》。罗森贝格希望通过此法令的出台,能对解决罗姆人问题有所帮助。根据该法令草案,"在东部占领区之内,拥有住所或经常停留地的吉卜赛人,除非拥有外国国籍,否则将被视为犹太人同等对待。将不对定居罗姆人与流浪罗姆人进行区分。混血吉卜赛人也将一律视为犹太人同等对待,尤其是在其遵循吉卜赛人的生活方式,或者不积极融入社会的情况下"。[91]

最终,"东部占领区行政公署"内部讨论的结果,似乎与希姆莱关于大德意志帝国境内定居的信德人处境的考虑达成了一致。到1943年,罗森贝格的行政部门决定对罗姆人采取与对犹太人一样的打击措施,并提议围捕所有罗姆人,然后将他们 218
置于有武装警卫把守的"特殊营地和定居点"。[92]

在整个奥斯特兰境内,关于以上规程已达成普遍共识,而且6月11日,"拉脱维亚总务特派员"奥托-海因里希·德雷克斯勒(Otto-Heinrich Drechsler, 1895—1945)向上级报告说:"由于拉脱维亚吉卜赛人不但不愿劳动、有犯罪倾向,而且在政治上极不清白,因此将吉卜赛人投入劳动营的政策必将大受赞誉。"[93]耶克尔恩在回复中隐晦地批评了德雷克斯勒的做法,并提醒他"国家秘密警察"才是处理拉脱维亚罗姆人问题的负责人。当年秋天,耶克尔恩告知洛泽,希姆莱已决定将定居罗姆人和"罗姆人杂种",与奥斯特兰的其他罗姆人一样对待,同时流浪的罗姆人和流浪的"吉卜赛混血儿"将与犹太人采取同样的打击手段,并将他们送入集中营。1943年11月15日,根据希姆莱早先处理罗姆人问题的政策,罗森贝格的办公室下达了最终法令:"定居的罗姆人和吉卜赛混血儿,如果在东部占领区拥有住所或惯常停留处,那么他们将被视为一般居民对待。东部占领区的全体流浪吉卜赛人和吉卜赛混血儿,将被指定为与犹太人同等的地位,并将被送往集中营。"[94]

1942年底,希姆莱决定除了极少数特选的德国信德人,其余罗姆人和信德人都送往奥斯维辛。在接下来的章节里,以上政策将与希姆莱的这一决定联系在一起。

残疾人

很少有著作涉及,德国人侵苏联的过程中对残疾人施与的集体屠杀。然而,

1941 年秋天之前，在“特别行动队”的报告中，突然出现了对类似行动的记载，并以此作为德国人在俄罗斯领土上进行的种族和生物战争的一个组成部分而加以强调。早期涉及的对残疾人的处决，主要是围绕着德国人所指的“离群索居的反社会者”，即不思悔改的罪犯和罗姆人。根据德国的法律，他们将被送进精神病院。当德国人开始在精神病患者的研究和收容机构中处决苏联平民时，为了给类似行为披上合法的外衣，他们就指控这些肢体残缺或精神缺陷者为“共产主义分子”，还造谣说苏共曾将他们训练成破坏者。

“特别行动队”5a 分队曾向上级报告道，在两个乌克兰村庄——乌里安诺夫和乌勒多夫卡，他们曾处决了 22 名智障者。在这支屠杀小组指挥官的报告中，“苏联内务部内卫部队”将这些精神病患者训练为破坏者，专门炸毁桥梁和铁轨。“特别行动队”5a 分队声称，虽然这些人智力迟钝，但绝对“具备足够的能力从事犯罪活动”。[95]“立即执行小组”3 分组则在报告中写道，1941 年 9 月 22 日，在阿哥纳精神病院，他们与一支拉脱维亚辅助警察的分遣队一起，处决了 544 名“精神病患者”。在与这家医院的主管人员协商之后，这个杀人小组同意释放 10 名“一定程度上已治愈”的病人，但还是对他们实行了强制绝育。[96]

为了使自己的屠杀行径合理化，“特别行动队”竟然指责这些智力缺陷的病人对他们进行了武力反抗。“特遣队”1b 分队曾处决了 87 名“精神病患者”，理由是他们“持有武器，并在乡村地带漫游、抢劫”，并诬陷他们的行为是受共产党游击队的“唆使”。[97]“特遣队”7b 分队则在报告中写道，红军已向切尔尼戈夫精神病患者收容所的所有病人提供了武器。当他们进入这个城市后，发现这些病人“正在街上成群结队地抢劫”。于是，“特遣队”立即处决了其中的 21 名病人，后来又在当地市民的协助下，开始抓捕幸存者，并将他们送回精神病院，这批人将在那里“接受所谓常规治疗程序”，其实就是处决。大约三个星期之后，“特遣队”4a 分队报告说收容所院长恳请他们“清算”270 名住院病人，他们理解并满足了他的要求。根据“特别行动队”B 分队的其他单位的报告，他们在明斯克处决了 632 名“智力缺陷者”，在吉莫廖夫处
219 决了 836 名。[98]

有时候，苏联被占领区精神病患者收容所中的有些病人是犹太人。“立即执行小组”5 分组在报告中写道，在基辅的一家精神病院，他们“清算”了 300 名犹太人。根据这份报告，这次行动给参与处决行动的小组成员“造成极其严重的心理负担”。尽管如此，这支杀人小组迫害本城身心残疾病人的行为丝毫没有收敛。1942 年，从 1 月 10 日至 2 月 6 日，“立即执行小组”5 分组在基辅的伊戈林精神病院屠杀了 400

名患者，在瓦斯科夫斯卡精神病院屠杀了320名。[99]

随着苏德战争的升级，国防军也开始在对残疾人的屠杀中发挥作用。1941年秋天，瓦尔特·冯·赖歇瑙（Walther von Reichenau，1884—1942）中将统帅下的第六军指挥部批准了“特遣队”4b分队的申请，对波尔塔瓦精神病院的某些病人执行了死刑。作为一个恶毒的反犹主义者，赖歇瑙还企图占有精神病人收容所农场的产品以供应当地的三家德军野战医院，所以他不但批准了“特别行动队”的行动，甚至还鼓励自己的部下尽最大努力对“特别行动队”提供协助。然而，当这家精神病人收容所的主管对赖歇瑙解释，说类似的处决行为可能会激起当地民众的愤怒时，赖歇瑙就有些犯难了。党卫军二级突击大队长、“特遣队”4b分队头目弗里茨·布劳恩（Fritz Braune）想出了一个解决办法：他们骗家属说，这些身患“不治之症”的病人将被送到哈尔科夫一家条件更好的医院，但其实这些人全部被带到城外执行了枪决。当人们都以为，这家收容所的幸存病人“很快将被释放”时，第六军占领了医院及农场。接着，国防军开始强迫200名幸存病人，在收容所的食物生产车间工作，并不给他们一点自由。他们还将被处死病人的衣服和其他个人物品，分配给当地的三家野战医院。在这一地区的其他地方的多家精神病机构，希姆莱的部队共杀害了约1 500名身心残疾病人。[100]

1941年秋天，在第三帝国第一次大规模的集体屠杀试验中，一些明斯克和吉莫廖夫的残疾病人也不幸成为德国人的实验对象。8月中旬，希姆莱视察了明斯克的一次死刑执行过程之后，请“帝国刑事警署”首脑兼特别行动队B分队指挥官阿瑟·内贝（Arthur Nebe，1894—1945）研究一下，要杀死一大群人，使用炸药能达到多高的效率。8月初，内贝曾命令党卫军中尉阿尔伯特·维德曼博士（Dr. Albert Widman，生于1912年，卒年不详）来斯摩棱斯克主持实验。此人曾参与过“T-4计划”，一直倡导使用一氧化碳毒气作为死刑的执行工具，后来还当上了“国家秘密警察”下属的“刑事侦查技术学会”中“化学分析部”的负责人。维德曼带来了他的助手汉斯·施密特（Hans Schmidt，1892—1975），随行的还有一名爆破专家。内贝坚持使用明斯克诺文基精神病院的患者作为爆破试验的对象。他还希望由非军方人士来进行这次“试验”，因为“他无法说服自己手下的部队，朝这些身患不治之症的精神病人开枪”。[101]

第一次实验是在9月中旬。维德曼和施密特将一群精神病收容所的病人锁在一个密封的箱子里，然后用炸药使箱子爆炸，里面的人全部被炸死。实验使用的炸药极具威力，受害者的尸体被炸得七零八落，连周围的树木都被毁得看不出原来的样子了。第二天，内贝听从维德曼的建议，打算改变策略。他们将吉莫廖夫一所收容院的病人锁在一间密闭的房子里，然后用停在外面的一辆轿车和一辆卡车，通过一根管子向屋内释放一氧化碳气体。很快，致命的毒气就充满了整间屋子，里面的人全部窒息而亡。正如我们在下一章将要看到的，窒息性气体不久就成为纳粹最常用的集体屠杀方式。

从1941年夏天至1942年3月，残疾人与犹太人、罗姆人等苏联少数族群一起，
220 都成为“基辅病理学研究所”内的冤魂。威廉·古斯塔夫·许普（Wilhelm Gustav Schueppe，生于1910年，卒年不详）带领一个派驻这家研究所的特别任务小组，这个小组由10名内科医生和10名穿着医生制服的“帝国保安部”人员组成。1945年春，许普在接受美军质询时说，他的这支部队的目标，是“清算‘不值得生存下去的生命’”。他还说，他绝对“确信消灭这样的人的正当性”，不过他认为不必毁灭“这些低级种族——特别是犹太人——中的上等阶层”。[102] 在后来的陈述中，许普又补充道：“我信任这套体系。它就好比修剪树枝，为了达到最高的产量，必须去除老枝、病枝等这些不良的部分。在一个民族之内，我们也必须执行这套做法以防止退化与堕落。”[103]

根据许普的说法，他的部队运用吗啡注射等手段“清算了”约11万至14万“不值得活下去的生命”。受害者的尸体后来都被运往城外的一处公墓。

结论

德国人决定在苏联国土上开展针对犹太人和其他族群的集体屠杀行动，这一政策肇始于纳粹政权的早期阶段，当时纳粹党声称，在日益扩张的纳粹帝国之内，要对各种各样被认为是不适合生存的群体实行迫害、隔离、强制绝育、“安乐死”和屠杀。正如纳粹德国的领袖们在波兰的所作所为一样，他们试图利用战争，掩盖其在苏联进行的屠杀运动的实质——种族灭绝。他们提醒本方的入侵部队，这是一场新的、具有特殊性质的战争，一场将决定种族生存与毁灭的战争，一场高级的雅利安日耳曼民族对抗无神论的、低级的斯拉夫民族的战争，这个斯拉夫民族还是由同样无神论的、犹太人掌控的布尔什维克独裁者所统领的。每一个人——不论是士兵、还是平民，都是他们的敌人。在德军进攻苏联的最初几个月，一波严重的死亡浪潮席卷这个硕大的国家。为了使屠杀合理化，德国领导阶层开始向本国入侵部队的意识中，慢慢灌输对游击队的深深恐惧。当很多士兵和他们的指挥官——不论他们是否隶属于“特别行动队”——进入苏联之后，就开始随意屠杀选定的族群，这个时候，对

游击队的恐惧，就成为他们为自己的行为辩护的理由。

然而，怀着类似的情感踏上苏联国土的，不仅仅是德国人。德国的两个盟国——匈牙利和罗马尼亚——也在入侵行动中扮演了重要的角色。虽然关于匈牙利人在集体屠杀中发挥的作用还有诸多争议，但关于罗马尼亚人的表现，却是有目共睹的——他们将大部分本国军队用于协助德军入侵，并在本国控制区域内大肆、随意杀害犹太人和其他族群。与此同时，德国人发现，拉脱维亚人、立陶宛人和乌克兰人也和他们一样仇恨犹太人、罗姆人和身心残疾者。以上国家发挥的胁从作用，只能加深德国人的“使命感”——致力于在希特勒日益膨胀的东方帝国之内，消灭一切被认为是“不值得活下去的人”。

以上行动都取得了骇人的成功。在德军入侵初期，尽管犹太人和共产党活动家一直是纳粹屠杀的首要目标，但在包裹整个苏联的这张种族灭绝大网上，诸如罗姆人和残疾人等族群，很快也成了德国人捕获的猎物。在一系列“成功”之间，德国的领导阶层也日益被战场上此类“行动”的心理和物质消耗所困扰。入侵苏联之后几个月，希姆莱等人开始探索消灭苏联境内犹太人的新方法。先是在苏联和波兰，之后在全欧洲范围内，纳粹党人致力于寻找一种残杀犹太人的更经济、更高效的方式，这将是下一章涉及的主要内容。这台新开发的杀人机器，将使德国领导阶层得以策划一个对欧洲“犹太人问题”的“最终解决方案”。最后，在这个延伸至全欧洲范围内的屠杀运动中，虽然犹太人自始至终都首当其冲，但其他少数族群也成为日益宽泛的目标群体的成员。

进一步学习和研究的资料

原始史料——

Arad, Yitzhak, Israel Gutman, and Abraham Margaliot, eds. *Documents on the Holocaust*. Translated by Lea Ben Dor. Lincoln and Jerusalem: University of Nebraska Press and Yad Vashem, 1999.

"Directive No.46: Instructions for Intensified Action Against Banditry in the East." Fuehrer Headquarters. August 18, 1942. http://www.geocities.com/Pentagon/1084/hitler_directives/dir46.html 200623.

Domarus, Max, ed. *1939—1940*. Vol.3 of *Hitler: Speeches and Proclamations, 1932—1945: The Chronicle of a Dictatorship*. Translated by Chris Wilcox. Wauconda, IL: Bolchazy-Carducci, 1997.

____. *1941—1945 with Indices*. Vol.4 of *Hitler: Speeches and Proclamations, 1932—1945: The Chronicle of a Dictatorship*. Translated by Chris Wilcox. Wauconda, IL: Bolchaazy-Carducci, 2004.

Dorian, Emil. *The Quality of Witness: A Romanian Diary, 1937—1944*. Edited by Marguerite Dorian. Translated by Mara Soceanu Vamos. Philadelphia: Jewish Publication Society, 1982.

Ehrenburg, Ilya, and Vasily Grossman. *The Black Book: The Ruthless Murder of Jews by the German-Fascist Invaders Throughout the Temporarily-Occupied Regions of the Soviet Union and in the Death Camps of Poland during the War, 1941—1945*. Translated by John Glad and James S. Levine. New York: Holocaust Library, 1981.

The Einsatzgruppen Reports. Edited by Yitzhak Arad, Shmuel Krakowski, and Shmuel Spector. New York: Holocaust Library, 1989.

The Goebbels Diaries, 1939—1941. Translated and edited by Fred Taylor. New York: G.P.Putnam's Sons, 1983.

Halder, Generaloberst[Franz]. *Kriegstagebuch: Bearbeitet Hans-Adolf Jacobsen*. 3 vols. Stuttgart: W.Kohlhammer Verlag, 1962—1964.

The Memoirs of Field-Marshal Wilhelm Keitel, Chief of the German High Command, 1938—1945. Edited by Walter Gorlitz. New York: Cooper Square Press, 2000.

Noakes, Jeremy, and Geoffrey Pridham, eds. *Foreign Policy, War and Racial Extermination*. Vol.2. *Nazism 1919—1945: A History in Documents and Eyewitness Accounts*. New York: Schocken Books, 1988.

Nuremberg Trial Proceedings. Monday, 10 December, 1945, 338. The Avalon Project at Yale Law School. http://ww.yale.edu/lawweb/avalon/int/proc/12-10-45.htm.

Rosenberg, Alfred. *Memoirs of Alfred Rosenberg*. Translated by Eric Posselt. Chicago: Ziff-Davis, 1949.

Testimony of Schueppe, Dr.Wilhelm Gustav. April 14, 1945. http://library.lawschool.cornell.edu/donovan/show.asp?id=481.

Thomas, Georg. *Geschichte der deutschen Wehr-und Rüstungswirtschaft*

(*1918—1943/45*). 2 vols. Boppard am Rhein: Harald Boldt Verlag, 1966.

Tory, Avraham. *Surviving the Holocaust: The Kovno Ghetto Diary*. Edited by Martin Gilbert. Translated by Jerzy Michalowicz. Cambridge, MA: Harvard University Press, 1990.

Trials of War Criminals before the Nuernberg Military Tribunals Under Control Council Law No. 10, vol.4, *Nuernberg, October 1946—1949*. Washington, DC: United States Government Printing Office, 1950.

Warlimont, Walter. *Inside Hitler's Headquarters, 1939—1945*. Translated by R.H.Barry. Novato, CA: Presidio Press, 1964.

次级史料——

Altshuler, Modechai. *Soviet Jewry Since the Second World War: Population and Social Structure*. New York: Greenwood Press, 1987.

Arad, Yitzhak. *Ghetto in Flames: The Struggle and Destruction of the Jews in Vilna in the Holocaust*. New York: Holocaust Library, 1982.

Armstrong, John. *Ukrainian Nationalism*. New York: Columbia University Press, 1963.

Bartov, Omer. *Hitler's Army: Soldiers, Nazis, and War in the Third Reich*. New York: Oxford University Press, 1991.

Breitman, Richard. *The Architect of Genocide: Himmler and the Final Solution*. New York: Alfred A.Knopf, 1991.

Browning, Christopher R. *Ordinary Men: Reserve Police Battalion 101 and the Final Solution in Poland*. New York: HarperCollins, 1992.

____. *The Origins of the Final Solution: The Evolution of Nazi Jewish Policy, September 1939-March 1942*. Lincoln and Jerusalem: University of Nebraska Press and Yad Vashem, 2004.

Butunaru, I.C. *The Silent Holocaust: Romania and Its Jews*. New York: Greenwood Press, 1992.

Cesarani, David. *The Final Solution: Origins and Implementation*. London: Routledge, 1996.

Chodakiewicz, Marek Jan. *The Massacre in Jedwabne, July 10, 1941: Be-*

fore, *During*, *After*. New York: Columbia University Press, 2005.

Chuikov, V. I., and V. S. Ryabov. *Velikaya Otechestvennaya*. Moscow: Izdatel'stvo "planeta," 1985.

Conquest, Robert. *The Great Terror: A Reassessment*. New York: Oxford University Press, 1991.

Cooper, Matthew. *The Nazi War Against Soviet Partisans, 1941—1944*. New York: Stein and Day, 1979.

Cowell, Alan. The Past Erupts in Munich as War Guilt Is Put on Display. *New York Times*, March 3, 1997.

Crowe, David M. *The Baltic States & the Great Powers: Foreign Relations, 1938—1940*. Boulder: Westview Press, 1993.

____. *Oskar Schindler: The Untold Account of His Life, Wartime Activities, and the True Story Behind the List*. Boulder: Westview Press, 2004.

Dallin, Alexander. *German Rule in Russia, 1941—1945: A Study of Occupation Policies*. 2nd ed. London: Macmillan, 1981.

Deletant, Dennis. *Hitler's Forgotten Ally: Ion Antonescu and His Regime, Romania 1940—1944*. New York: Palgrave Macmillan, 2006.

DeZayas, Alfred M. *The Wehrmacht War Crimes Bureau, 1939—1945*. Lincoln: University of Nebraska Press, 1979.

Dupuy, Trevor N. *A Genius for War: The German Army and General Staff, 1807—1945*. Garden City, NY: Military Book Club, 2002.

Ellman, Michael. "Soviet Deaths in the Great Patriotic War: A Note—World War II." *Europe-Asia Studies* (July 1994): 1—8. http://www.findarticles.com/p/articles/mi_m3955/is_n4_v46/ai_15664726/print.

Ezergailis, Andrew. *The Holocaust in Latvia, 1941—1944*. Riga and Washington, DC: The Historical Institute of Latvia and the United States Holocaust Memorial Museum, 1996.

Friedlander, Henry. *The Origins of Nazi Genocide: From Euthanasia to the Final Solution*. Chapel Hill: University of North Carolina Press, 1995.

Goldhagen, Daniel. *Hitler's Willing Executioners: Ordinary Germans and the Holocaust*. New York: Alfred A.Knopf, 1996.

Gross, Jan. *Neighbors: The Destruction of the Jewish Community in Jedwabne, Poland*. Princeton, NJ: Princeton University Press, 2001.

Gutman, Israel, ed. *Encyclopedia of the Holocaust*. 4 vols. New York: Macmillan, 1990.

Hamburg Institute for Social Research. *Crimes of the German Wehrmacht: Dimensions of a War of Annihilation, 1941—1944*. Hamburg: Hamburg Institute for Social Research, 2004.

____. *The German Army and Genocide*. Translated by Scott Abbott. New York: New Press, 1999.

____. *Vernichtungskrieg. Verbrechen der Wehrmacht 1941 bis 1944*. Hamburg: HIS Verlag, 1996.

Harrison, Mark. "Counting Soviet Deaths in the Great Patriotic War: Comment." *Europe-Asia Studies* 55, no.6(2003):939—944.

Hayes, Michael. "Counting Soviet Deaths in the Great Patriotic War: A Note." *Europe-Asia Studies* 55, no.2(2003):303—309.

Heer, Hannes. "Killing Fields: The Wehrmacht and the Holocaust in Belorussia, 1941—1942." Translated by Carol Scherer. *Holocaust and Genocide Studies* 11, no.1(Spring 1997):79—101.

Heer, Hannes, and Klaus Naumann, eds. *War of Extermination: The German Military in World War II, 1941—1944*. New York: Berghan Books, 2004.

Hitchins, Keith. *Rumania, 1866—1947*. Oxford: Oxford University Press, 1994.

Howell, Edgar M. *The Soviet Partisan Movement, 1941—1944*. Washington, DC: Department of the Army, 1956.

Ioanid, Radu. *The Holocaust in Romania: The Destruction of Jews and Gypsies Under the Antonescu Regime, 1940—1944*. Chicago: Ivan R.Dee, 2000.

Kenrick, Donald, and Grattan Puxon. *The Destiny of Europe's Gypsies*. New York: Basic Books, 1972.

Kenrick, Donald, ed. *In the Shadow of the Swastika: The Gypsies During the Second World War*. Hatfield, UK: University of Hertfordshire Press, 1999.

Kershaw, Ian. *Hitler: 1936—1945: Nemesis*. New York: W.W.Norton, 2000.

Krivosheev, G.F., ed. *Soviet Casualties and Combat Losses in the Twentieth Century*. London: Greenhill Books, 1997.

Kuznetsov, Anatoly. *Babi Yar: A Documentary Novel*. Translated by Jacob Guralsky. New York: Dell, 1967.

Levin, Nora. *The Jews in the Soviet Union Since 1917: Paradox of Survival*. 2 vols. New York: New York University Press, 1988.

Levine, Hillel. *In Search of Sugihara*. New York: Free Press, 1996.

Lewy, Guenter. *The Nazi Persecution of the Gypsies*. Oxford: Oxford University Press, 2000.

MacLean, French L. *The Field Men: The SS Officers Who Led the Einsatzkommandos: The Nazi Mobile Killing Units*. Atglen, PA: Schiffer Military History, 1999.

Matthäus, Jürgen. "What About the 'Ordinary Men?' The German Order Police and the Holocaust in the Occupied Soviet Union." *Holocaust and Genocide Studies* 10, no.2(Fall 1996):134—150.

Medoff, Rafael. "Chairman Mao,Holocaust Rescuer Not Quite," 1—2.

http://www.wymaninstitute.org/articles/2003-120-mao.php.

Mitcham, Samuel W., Jr., and Gene Mueller. *Hitler's Commanders: Officers of the Wehrmacht, the Luftwaffe, the Kriegsmarine, and the Waffen-SS*. New York: Cooper Square Press, 2000.

Paldiel, Mordechai. *Diplomat Heroes of the Holocaust*. Jerusalem: KTAV, 2007.

"Poland-Jewish Plight." *New York Times*, March 15, 1940, 10.

Polonsky, Antony, and Joanna B.Michlic, eds. *The Neighbors Respond: The Controversy Over the Jedwabne Massacre in Poland*. Princeton: Princeton University Press, 2003.

Rhodes, Richard. *Masters of Death: The SS-Einsatzgruppen and the Invention of the Holocaust*. New York: Alfred A.Knopf, 2002.

Rich, Norman. *Hitler's War Aims: Ideology, the Nazi State, and the Course of Expansion*. New York: W.W.Norton, 1973

Shanghai Municipal Tourism Administration Commission. *Forever Nostalgia*:

The Jews in Shanghai. Translated by Deng Xinyu. Shanghai Municipal Tourism Administration Commission, 2000.

Stokes, Lawrence D. "From Law Student to Einsatzgruppen Commander: The Career of a Gestapo Officer." *Canadian Journal of History*(April 2002):1—24.

http://findarticles.com/p/articles/mi_qa3686/is_20024/ai_n9027171/print.

Stola, Dariusz. "Jedwabne: Revisiting the Evidence and Nature of the Crime." *Holocaust and Genocide Studies* 17, no.1(Spring 2003):139—152.

Swain, Geoffrey. *Between Stalin and Hitler: Class War and Race War on the Dvina, 1940—1946*. London: Routledge, 2004.

Werth, Alexander. *Russia at War, 1941—1945*. New York: E.Dutton, 1964.

Westermann, Edward B.*Hitler's Police Battalions: Enforcing Racial War in the East*. Lawrence: University of Kansas Press, 2005.

Wette, Wolfram. *The Wehrmacht: History, Myth, Reality*. Translated by Deborah Lucas Schneider. Cambridge, MA: Harvard University Press, 2006.

Wixman, Ronald. *The Peoples of the USSR: An Ethnographic Handbook*. Armonk, NY: M.E.Sharpe, 1988.

注释：

[1] Mordechai Altshuler, *Soviet Jewry Since the Second World War: Population and Social Structure* (New York: Greenwood Press, 1987), 3—4; Nora Levin, *The Jews in the Soviet Union Since 1917: Paradox of Survival* (New York: New York University Press, 1988), 1:335—337.

[2] Levin, *Jews in the Soviet Union*, 1:347.

[3] "Poland: Jewish Plight," *New York Times*, March 15, 1940, 10; Levin, *Jews in the Soviet Union*, 1:340.

[4] 战前立陶宛的犹太人口为16万，在此期间增长至26万。约1.4万犹太难民，其中很多战前波兰宗教界或政界的显赫人士定居于维尔纳。

[5] Shanghai Municipal Tourism Administration Commission, *Forever Nostalgia: The Jews in Shanghai*, trans. Deng Xinyu(Shanghai: Shanghai Municipal Tourism Administration Commission, 2000), 1—10.这个宣传册称是中国人拯救了上海的犹太人，而拉斐尔·麦道夫博士在"Chairman Mao, Holocaust Rescuer? Not

Quite,"一文中质疑了这种说法,声称是日本人、而非中国人拯救了上海的犹太人。http://www.wymaninstitute.org/articles/2003-120-mao.ph.

[6] Hans Halder, *Kriegstagebuch*, Band II, *Von der geplanten Landung in England bis zum Beginn des Ostfeldzerges* (*1. 7. 1940—21. 6. 1941*): *Bearbeitet von Hans-Adolf Jacobsen* (Stuttgart: W.Kohlhammer Verlag, 1963), 49—50.

[7] Jeremy Noakes and Geoffrey Pridham, eds., *Foreign Policy*, *War and Racial Extermination*, vol.2 of *Nazism 1919—1945*: *A History in Documents and Eyewitness Accounts* (New York: Schocken Books, 1988), 809—810.

[8] Robert Conquest, *The Great Terror*: *A Reassessment* (New York: Oxford University Press, 1991), 450.

[9] Max Domarus, ed., *1939—1940*, vol.3 of *Hitler*: *Speeches and Proclamations*, *1932—1945* (Wanconda, IL: Bolchazy-Carducci, 1997), 2170—2171.

[10] Richard Breitman, *The Architect of Genocide*: *Himmler and the Final Solution* (New York: Alfred A.Knopf, 1991), 146.

[11] Noakes and Pridham, *Foreign Policy*, *War and Racial Extermination*, 1086.

[12] Halder, *Kriegstagebuch*, 337.

[13] Norman Rich, *Hitler's War Aims*: *Ideology*, *the Nazi State*, *and the Course of Expansion* (New York: W.W.Norton, 1973), 212.

[14] Noakes and Pridham, *Foreign Policy*, *War and Racial Extermination*, 1090.

[15] Yitzhak Arad, Yisrael Gutman, and Abraham Margaliot, eds. *Documents on the Holocaust*, trans. Lea Ber Don (Lincoln and Jerusalem: University of Nebraska Press and Yad Vashem, 1999), 376.

[16] Arad, Gutman, and Margaliot, *Documents on the Holocaust*, 375; Noakes and Pridham, *Foreign Policy*, *War and Racial Extermination*, 1087—1088.

[17] Hannes Heer, "Killing Fields: The Wehrmacht and the Holocaust in Belorussia, 1941—1942", trans. Carol Scherer, *Holocaust and Genocide Studies* 11, no.1 (Spring 1997): 80; Noakes and Pridham, *Foreign Policy*, *War and Racial Extermination*, 1088—1089.

[18] Heer, "Killing Fields," 80—81; Breitman, *Architect of Genocide*, 150.

［19］ Christopher R.Browning, *The Origins of the Final Solution*: *The Evolution of Nazi Jewish Policy*, *September 1939-March 1942* (Lincoln and Jerusalem: University of Nebraska Press and Yad Vashem, 2004), 244.

［20］ *Trials of War Criminals Before the Nuernberg Military Tribunals Under Control Council Law No. 10*, *Nuernberg*, *October 1946—1949* (Washington, DC: United States Government Printing Office, 1950), 4:244; Browning, *Origins of the Final Solution*, 226—227.

［21］ Browning, *Origins of the Final Solution*, 227—228.

［22］ Jan Gross, *Neighbors*: *The Destruction of the Jewish Community in Jedwabne*, *Poland*, Princeton: Princeton University Press, 2001, 72—78; "Jedwabne: Final Findings of Poland's Institute of National Memory," July 9, 2002, 1—3, http://www.info-poland.buffalo.edu/classroom/J/final.html.

［23］ Browning, *Origins of the Final Solution*, 228.

［24］ Yitzhak Arad, Shmuel Krakowski, and Shmuel Spector, eds., *The Einsatzgruppen Reports* (New York: Holocaust Library, 1989), viii—ix.

［25］ Browning, *Origins of the Final Solution*, 228.

［26］ *Trials of War Criminals before the Nuernberg Military Tribunals*, 4: 90—95; French L.MacLean, *The Field Men*: *The SS Officers Who Led the Einsatzkommandos*: *the Nazi Mobile Killing Units* (Atglen, PA: Schiffer Military History, 1999), 22—23.

［27］ Christopher Browning, *Ordinary Men*: *Reserve Police Battalion 101 and the Final Solution in Poland* (New York: HarperCollins, 1992), 6, 10—11.

［28］ Browning, *Origins of the Final Solution*, 232.

［29］ Ibid., 233.

［30］ Daniel Jonah Goldhagen, *Hitler's Willing Executioners*: *Ordinary Germans and the Holocaust* (New York: Alfred A. Knopf, 1996), 271—274.

［31］ Alan Cowell, "The Past Erupts in Munich as War Guilt Is Put on Display", *New York Times*, March 3, 1997, A3.

［32］ Hamburg Institute for Social Research, *The German Army and Genocide*: *Crimes Against War Prisoners*, *Jews*, *and Other Civilians*, *1939—1944* (New York: New Press, 1999), 7, 14.

[33] Christian Streit, "*Wehrmacht*, *Einsatzgruppen*, Soviet POWs and anti-Bolshevism in the Emergence of the Final Solution," in *The Final Solution*: *Origins and Implementation*, ed. David Cesarani(London: Routledge, 1996), 103—118; "Operation Barbarossa and the Origins of the Final Solution," in Cesarani, *The Final Solution*, 119—136.

[34] Arad, Krakowski, and Spector, *Einsatzgruppen Reports*, 97—98.

[35] G.F.Krivosheev, ed., *Soviet Casualties and Combat Losses in the Twentieth Century*(London: Greenhill Books, 1997), 236.

[36] *Nuremberg Trial Proceedings*, Monday, 10 December, 1945, 338, The Avalon Project at Yale Law School, http://www.yale.edu/lawweb/avalon/imt/proc/12-10-45.htm.

[37] Max Domarus, ed., *1941—1957 with Indices*, vol.4 of *Hitler*: *Speeches and Proclamations*, *1932—1945* (Wanconda, IL: Bolchazy-Carducci, 1997), 2445—2451.

[38] Michael Ellman and S.Maksudov, "Soviet Deaths in the Great Patriotic War: A Note—World War II." *Europe-Asia Studies* 46, no.4(July 1994): 671—680; Michael Haynes, "Counting Soviet Deaths in the Great Patriotic War: A Note," *Europe-Asia Studies* 55, no.2(2003):303—309; Mark Harrison, "Counting Soviet Deaths in the Great Patriotic War: Comment", *Europe-Asia Studies* 55, no.6(September 2003):939—944.

[39] Hamburg Institute for Social Research, *German Army and Genocide*, 8.

[40] V. I. Chuikov and V. S. Ryabov, *Velikaya Otechestvennaya* (Moscow: Izdatel'stvo "Planeta," 1985), 11.

[41] *The Goebbels Diaries*, *1939—1941*, trans. Fred Taylor(New York: G.P. Putnam's Sons, 1983), 426.

[42] Krivosheev, *Soviet Casualties and Combat Losses in the Twentieth Century*, 94.

[43] Domarus, *1941—1957 with Indices*, 2465.

[44] Arad, Krakowski, and Spector, *Einstazgruppen Reports*, 10, 20, 27—28, 31, 76.

[45] "Directive No.46: Instructions for Intensified Action Against Banditry in

the East," Fuehrer Headquarters, August 18, 1942, 1—3. http://www.geocities.com/Pentagon/1084/hitler_directives/dir46.htm? 200623.

[46] Hannes Heer, "The Logic of the War of Extermination: The Wehrmacht and the Anti-Partisan War," in *War of Extermination: The German Military in World War II*, ed. Hannes Heer and Klaus Naumann(New York: Berghan Books, 2004), 114.

[47] Walter Warlimont, *Inside Hitler's Headquarters, 1939—1945*, trans. R.H.Barry(Novato, CA: Presidio Press, 1962), 289—290.

[48] Hamburg Institute for Social Research, *The German Army and Genocide*, 164,在1945年的纽伦堡国际军事法庭审判上,凯特尔被控全部四项战争罪行,然而正如所料,在其狱中写作的回忆录 *The Memoirs of Field-Marshal Wilhelm Keitel*, ed. Walter Gorlitz(New York: Cooper Square Press, 2000)丝毫未提及此事。1946年10月1日,凯特尔被判全部四项罪名成立,15天后被处以绞刑。

[49] 1961年埃尔林格在联邦德国被判战争罪行成立,判处12年监禁,3年后获释。

[50] Avraham Tory, *Surviving the Holocaust: The Kovno Ghetto Diary*, ed. Martin Gilbert(Cambridge, MA: Harvard University Press, 1990), 8—9.

[51] Tory, *Surviving the Holocaust*, 23—24.

[52] Yitzhak Arad, *Ghetto in Flames: The Struggle and Destruction of the Jews in Vilna in the Holocaust*(New York: Holocaust Library, 1982), 115—116.

[53] Geoffrey Swain, *Between Stalin and Hitler: Class War and Race War on the Dvina, 1940—1946*(London: Routledge, 2004), 52—53, 70.

[54] Andrew Ezergailis, The Holocaust in Latvia, 1941—1944(Riga and Washington: The Historical Institute in Latvia and the United States Holocaust Memorial Museum, 1996), 272—275.

[55]"第46号指令"命令此类部队不得佩戴德军军阶徽章、肩章和"鹰及纳粹十字标记",第46号指令第3条。"Directive No.46," 3.

[56] John A.Armstrong, *Ukrainian Nationalism*(New York: Columbia University Press, 1963), 87.

[57] Alfred M.deZayas, *The Wehrmacht War Crimes Bureau, 1939—1945*(Lincoln: University of Nebraska Press, 1979), 214, 224—227; for an example of

such confusion, see Ilya Ehrenburg and Vasily Grossman, *The Black Book: The Ruthless Murder of Jews by the German-Fascist Invaders Throughout the Temporarily-Occupied Regions of the Soviet Union and in the Death Camps of Poland During the War, 1941—1945*, trans. John Glad and James S. Levine(New York: Holocaust Library, 1981), 109, and "Lvov" *Encyclopedia of the Holocaust*, ed. Israel Gutman(New York: Macmillan, 1990), 3:929.

[58] David M. Crowe, *Oskar Schindler: The Untold Account of His Life, Wartime Activities, and the True Story Behind the List*(Boulder: Westview Press, 2004), 243.

[59] Ehrenburg and Grossman, *Black Book*, 5.

[60] Ibid., 7.

[61] Anatoly Kuznetsov, *Babi Yar: A Documentary Novel*, trans. Jacob Guralsky(New York: Dell, 1967), 391.

[62] Yevgeny Yevtushenko, "Babi Yar," in Kuznetsov, *Babi Yar*, x—xi.

[63] "Operational Situation Report USSR No. 25," July 17, 1941, *Einsatzgruppen Reports*, 34.

[64] "Operational Situation Report USSR No. 22," July 14, 1941, *Einsatzgruppen Reports*, 25.

[65] "Operational Situation Report USSR, No.40," August 3, 1941, *Einsatzgruppen Reports*, 63; "Operational Situation Report USSR, No.61," August 23, 1941, *Einsatzgruppen Reports*, 105—106; "Operational Situation Report USSR, No. 64," August 1941, *Einsatzgruppen Reports*, 111.

[66] I.C.Butunaru, *The Silent Holocaust: Romania and Its Jews*(New York: Greenwood Press, 1992), 127; Radu Ioanid, *The Holocaust in Romania: The Destruction of Jews and Gypsies Under the Antonescu Regime, 1940—1944*(Chicago: Ivan R.Dee, 2000), 180—181.伊阿尼德称尼古拉·德勒努上校和米哈·尼库莱斯库-科卡是仓库屠杀的主使者，特莱斯奥尼努将军当时代行罗马尼亚第10步兵师的指挥权。

[67] Butunaru, *Silent Holocaust*, 124.

[68] *Trial of War Criminals Before the Nuremberg Military Tribunals*, 4: 286—287.

[69] Guenter Lewy, *The Nazi Persecution of the Gypsies* (Oxford: Oxford University Press, 2000), 118.

[70] "Operational Situation Report USSR, No. 43," August 1941, *Einsatzgruppen Reports*, 71; "Operational Situation Report USSR No.111," October 12, 1941, *Einsatzgruppen Reports*, 185; Wolfram Wette, *The Wehrmacht: History, Myth, Reality*, trans. Deborah Lucas Schneider(Cambridge: Cambridge University Press, 2006), 198.

[71] Lewy, *Nazi Persecution of the Gypsies*, 119; "Operational Situation Report USSR No.92," September 23, 1941, *Einsatzgruppen Reports*, 153.

[72] "Operational Situation Report USSR no.94," September 25, 1941, *Einsatzgruppen Reports*, 158; "Operational Situation Report USSR, no. 119," October 20, 1941, *Einsatzgruppen Reports*, 198.

[73] Lewy, *Nazi Persecution of the Gypsies*, 118—119.

[74] Ibid., 119.

[75] "Operational Situation Report USSR No.145," December 12, 1941, *Einsatzgruppen Reports*, 256.

[76] "Operational Situation Report USSR No.150," January 2, 1942, *Einsatzgruppen Reports*, 267; "Operational Situation Report USSR No.153," January 9, 1942, *Einsatzgruppen Reports*, 273; "Operational Situation Report USSR No.165," February 6, 1942, *Einsatzgruppen Reports*, 292.

[77] "Operational Situation Report USSR No.157," January 19, 1942, *Einsatzgruppen Reports*, 284.

[78] "Operational Situation Report USSR No. 178,"March 9, 1942, *Einsatzgruppen Reports*, 309; "Operational Situation Report USSR No.184," March 23, 1942, *Einsatzgruppen Reports*, 318; "Operational Situation Report USSR No.190," April 8, 1942, *Einsatzgruppen Reports*, 325—326.

[79] Kuznetzov, *Babi Yar*, 100, 101—102.

[80] Lewy, *Nazi Persecution of the Gypsies*, 121—122.

[81] Ibid., 122.

[82] *Trial of War Criminals Before the Nuremberg Military Tribunals*, 4: 356.

[83] Bernd Boll, Hannes Heer, and Walter Manoschek, "Prelude to a Crime: The German Army in the National Socialist State, 1933—1939," in *The German Army and Genocide: Crimes Against War Prisoners, Jews, and Other Civilians, 1939—1944*, ed. Hamburg Institute for Social Research (New York: New Press, 1999), 33.

[84] Omer Bartov, *Hitler's Army: Soldiers, Nazis, and War in the Third Reich* (New York: Oxford University Press, 1991), 61.

[85] Lewy, *Nazi Persecution of the Gypsies*, 120.

[86] Ibid., 120.

[87] Edward B. Westermann, *Hitler's Police Battalions: Enforcing Racial War in the East* (Lawrence: University Press of Kansas, 2005), 190.

[88] Ibid., 120—121.

[89] Donald Kenrick and Grattan Puxon, *The Destiny of Europe's Gypsies* (New York: Basic Books, 1972), 147—148.

[90] Lewy, *Nazi Persecution of the Gypsies*, 123—124;法令原始版本见 Michael Zimmermann, "The Soviet Union and the Baltic States, 1941—1944: The Massacre of the Gypsies," in *In the Shadow of the Swastika: The Gypsies During the Second World War*, ed. Donald Kenrick (Hatfield, UK: University of Hertfordshire Press, 1999), 2:143; Kenrick and Puxon, *Destiny of Europe's Gypsies*, 148。

[91] Zimmermann, "Soviet Union and the Baltic States, 1941—1944," 147.

[92] Ibid., 147.

[93] Lewy, *Nazi Persecution of the Gypsies*, 126.

[94] Ibid., 127.

[95] "Operational Situation Report USSR, No. 86," September 17, 1941, *Einsatzgruppen Reports*, 135—136.

[96] "Operational Situation Report USSR, No. 88," September 19, 1941, *Einsatzgruppen Reports*, 138.

[97] "Operational Situation Report USSR, No. 94," September 25, 1941, *Einsatzgruppen Reports*, 156—157.

[98] "Operational Situation Report USSR, No. 108," October 9, 1941, *Ein-*

satzgruppen Reports, 181—182; "Operational Situation Report USSR, No. 135," November 19, 1941, *Einsatzgruppen Reports*, 239.

[99] "Operational Situation Report USSR No. 132," November 12, 1941, *Einsatzgruppen Reports*, 228.

[100] "Operational Situation Report USSR, No. 135," November 19, 1941, *Einsatzgruppen Reports*, 239—240;当特别行动队的巨额子弹使用量即将耗尽赖歇瑙部队的储备时,他对特别行动队的支持也逐渐削弱了;他曾向特别行动队指挥官建议,杀死一个犹太人最多使用两颗子弹。到 1942 年底,已有超过 100 万犹太人和其他族群平民死于第六军的控制区内。斯大林格勒战役期间,第六军被彻底摧毁。Samuel W. Mitcham Jr. and Gene Mueller, *Hitler's Commanders: Officers of the Wehrmacht, the Luftwaffe, the Kriegsmarine, and the Waffen-SS* (New York: Cooper Square Press, 2000), 76; "Operational Situation Report No. 143," December 8, 1941, *Einsatzgruppen Reports*, 251.

[101] Henry Friedlander, *The Origins of Nazi Genocide: From Euthanasia to the Final Solution* (Chapel Hill: University of North Carolina Press, 1995), 141.

[102] "Testimony of Dr. Wilhelm Gustav Schueppe," April 14, 1945, http://library.lawschool.cornell.edu/donovan/show.asp?id=481, 3.

[103] Ibid., 7.

225

第七章

最终解决，1941—1944 年

灭绝营和集体屠杀实验

大事年表

1940 年(8 月 27 日):海因里希·希姆莱下令建立奥斯维辛集中营

1941 年(3 月):希姆莱下令建立奥斯维辛二号营区比克瑙集中营

1941 年(6 月 22 日):德国入侵苏联

1941 年(7 月):希姆莱下令开设明斯克隔离区

1941 年:希姆莱访问奥斯维辛、卢布林、科夫诺、里加和明斯克的党卫军屠杀场

1941 年(7 月 20 日):希姆莱与奥迪路·格洛博奇尼克(Odilo Globocnik)讨论“最终解决”计划方案

1941 年(7 月 31 日):赫尔曼·戈林授权莱因哈德·海德里希执行“最终解决”计划

1941 年(8 月):希姆莱下令建立里加隔离区

1941 年(8 月):科夫诺隔离区开设

1941 年(9 月 1 日至 3 日):奥斯维辛首次进行使用“齐克隆 B”的毒气实验

1941 年(9 月 3 日至 5 日):维尔纳集中营一号和二号营区开设

1941 年(9 月 18 日):希姆莱告知阿瑟·格赖泽尔,德意志帝国犹太人将很快被驱逐

1941 年(10 月):第一批囚犯到达马伊达内克集中营

1941 年(10 月 10 日):希姆莱和阿道夫·艾希曼决定开设特雷西恩施塔德隔离区

1941 年(11 月 1 日):“莱因哈德行动计划”灭绝营在贝尔泽克开建

1941年(11月1日至2日):赫伯特·兰格(Herbert Lange)使用毒气卡车在切尔姆诺附近杀害了70至80名犹太人

1941年(12月8日):兰格开始在切尔姆诺灭绝营使用毒气操作

1942年(1月20日):“万湖会议”

1942年(2月):贝尔泽克灭绝营首次实验使用毒气

1942年(3月):“莱因哈德行动计划”灭绝营在索比堡开建,5月份开营

1942年(3月2日):明斯克“犹太人委员会”违背党卫军的命令,拒绝交出5 000名犹太人用于驱逐

1942年(7月23日):“莱因哈德行动计划”特雷布林卡灭绝营首次使用毒气

1942年(11月1日):为应对犹太人的秘密逃亡的行动,里加隔离区被重建

1942年(12月16日):希姆莱下令将德意志帝国境内的“吉卜赛混血儿”驱逐至东方

1943年(1月29日):“帝国刑事警署”发布驱逐“吉卜赛混血儿”的详细指令

1943年(4月19日至5月16日):华沙隔离区暴动

1943年(8月2日):特雷布林卡暴动 226

1943年(8月19日):党卫军着手关闭特雷布林卡灭绝营

1943年(9月1日):维尔纳隔离区的犹太人地下组织攻击德国军队

1943年(9月23日至24日):维尔纳隔离区被清算

1943年(10月14日):索比堡暴动;希姆莱下令关闭该集中营

1943年(10月21日):明斯克隔离区关闭

1943年(11月1日):为应对犹太人的秘密逃亡行动,里加隔离区被重建;11月末关闭

1943年(11月3日):卢布林地区爆发“丰收庆典”大屠杀

1944年(5月16日):罗姆人阻止党卫军关闭奥斯维辛二号营区比克瑙集中营内的吉卜赛家庭营地

1944年(6月23日至8月30日):大部分罗兹犹太人被驱逐至奥斯维辛和切尔姆诺灭绝营

1944年(7月8日):科夫诺集中营(曾是隔离区)关闭

1944年(8月3日至4日):“吉卜赛之夜”;党卫军清算奥斯维辛二号营区吉卜赛家庭营

1944年(10月7日):犹太人“特遣队”在奥斯维辛二号营地炸毁四号焚尸炉;希

姆莱下令摧毁奥斯维辛的所有焚尸炉和毒气室

1941 年夏天和秋天，当德国人制造的屠杀和破坏浪潮席卷整个苏联西部、从波罗的海到黑海的广大区域时，第三帝国的领导集团也开始寻觅一种更高效的方法，杀死犹太人，并处理在这场恐怖、血腥的种族灭绝浪潮中丧命的犹太人的尸体。从长远的眼光看来，将犹太人从欧洲人面前彻底清除出去，这一决定实际上来源于业已在苏联的国土上开展的行动。直到此时，德国人一直试图将此类屠杀合理化为战争的必然后果。在“特别行动队”的报告中，花费了很多笔墨，诬陷犹太人、罗姆人，甚至身心残疾者，说他们对德军战斗人员的安全构成巨大的威胁。然而，接下来将发生的——专门用于对犹太人进行集体屠杀的设备的开发和集中营的开设——就不能以战争为借口，撇清责任了。然而，这一阶段的大屠杀之所以特别可憎，是因为德国将本国最尖端的科学、技术、工业和医学成就都用于一项常人无法想象的杀人计划中。在这一计划的设想中，集体屠杀的对象是唯一的一个族群——犹太人。

党卫军负责围捕那些尚未被“特别行动队”和其他部队杀害的犹太人，并将他们强制送往苏联境内几个大型的隔离区内。1942 年，德国人开始将原先住在波兰和苏联隔离区内的犹太人送往波兰占领区内六个新建的灭绝营——奥斯维辛、贝尔泽克、切尔姆诺、马伊达内克、索比堡和特雷布林卡。在日益猖獗的集体屠杀计划之下，犹太人开始抵抗纳粹的暴行，但大多数情况下都是精神层面的抵抗；然而，随着“最终解决”的扩展，大胆的、英雄般的、实质性的抵抗震惊了整个纳粹领导层。

“最终解决”方案的策划

并没有哪个文件，曾明确记载着希特勒将犹太人从欧洲彻底清除出去的决定。然而，很明显的是，从德军进入苏联领土的那一天起，纳粹领导层就开始计划，将尽其所能，把犹太人、罗姆人、身心残疾者、苏联战俘、共产党活动家等群体赶尽杀绝。纳粹领导集团已进入集体屠杀的下一个阶段——将种族灭绝作为一项巨大的产业加以开发的阶段。推进这一改变的因素，既包括希特勒式的傲慢自大，也包括纳粹德国军事上的不可战胜性。在很多德国人看来，日耳曼民族正处于历史上最辉煌的军事胜利之中，于是，这种自认为的不可战胜性，试图履行纳粹党的梦想：彻底消灭其最大的种族敌手——犹太人。

227 启动一次新的种族灭绝的实验，这个设想很大程度上肇始于 1941 年 7 月 16 日由希特勒召集的一次长达五小时的会议。几天之前，希姆莱会见了党卫军一级突击中队长、总督府内奥斯维辛集中营的指挥官鲁道夫·胡斯（Rudolf Höss，1900—1947）。希姆莱告诉胡斯，希特勒最近已下令，制定“犹太人问题的最终解决”方案。他继续说道，奥斯维辛由于具备与世隔绝的地理位置和绝佳的运输网络，将成为这次新“运动”的执行地点。希姆莱认为胡斯正是完成这项新任务的合适人选。党卫军二级突击大队长、党卫军全国总指挥阿道夫·艾希曼提出，要尽快联络胡斯，敦促他开发“预计装备”的方案。希姆莱希望胡斯在一个月之内就能拿出完整的方案。在与胡斯的会面最后，希姆莱宣称：“犹太人是日耳曼民族永恒的敌人，他们必须被根除。在我们力所能及的范围内，在这场战争期间，所有的犹太人都必须消灭。如果我们现在不能成功地毁灭犹太民族存在的生物基础，总有一天他们将会毁灭日耳曼民族。”[1]

7 月 16 日，在德意志帝国总理府召开的讨论犹太人问题的会议上，就充满着上述类似的思绪。这次的与会者包括赫尔曼·戈林、阿尔弗雷德·罗森贝格、马丁·鲍曼、汉斯·海因里希·拉默斯以及凯特尔陆军元帅。希姆莱没有与会，但后来收到了一份会议记录的副本。由于希特勒感到苏联即将战败投降，所以他始终处于一种欢庆的情绪之中。他最先谈了一些无关紧要的军事困难。然而，这次会议的大部分时间，都花在计划德国胜利之后，对苏联被征服领土的行政安排问题上。希特勒告诉其他与会者，他打算将苏联变成一座“伊甸园”，而为了创造这座新的日耳曼民族的乐园，可以也必须采取一切“必要措施”——包括“枪杀、重新安置等等”。正在这次会议召开之前，斯大林刚刚号召苏联游击队发动起义，反击国防军的进攻，对此希特勒的解释是，这是在给予德国人“机会，去消灭一切与我们为敌的人”。[2]

1940 年的阿道夫·艾希曼。美国大屠杀纪念博物馆照片序列号 74907。

在 1941 年夏天的大部分时间里，希姆莱都不在柏林，但对希特勒言论的精神，他的理解是十分透彻的，因此他很快就从自己的“指挥中心”派遣了一支由 12 000 人组成的部队，前去苏联协助开展屠杀行动。整个 7 月份，希姆莱都在访问多支派驻苏联的“特别行动队”部队。7月20日，他会见了党卫军支队长、卢布林大区的“党卫军及警察高级领袖”奥迪路·格洛博奇尼克(1904—1945)。希姆莱批准了格洛博奇尼克的方案，将卢布林建成一所特殊的“党卫军”城市，并在郊区开设马伊达内克集中营。理查德·布雷特曼(Richard Breitman)和约瑟夫·波普奇克内(Joseph Poprzeczny)都认为，两人的这次会面，还讨论了格洛博奇尼克在“最终解决”计划中将要扮演的角色。[3]

第二次世界大战之后，至少有一名“秩序警察”官员曾作证说，他在7月21日被告知，希姆莱已下令毁灭欧洲的全体犹太人。希特勒一直坚持“特别行动队”向他本人汇报最新的行动进展。在7月21日这一天，他还告诉陆军元帅、新建的亲纳粹的“克罗地亚独立国”军队领袖斯拉夫科·库瓦特尼克(1878—1947)，欧洲的任何一个
228 民族，都不应再容忍哪怕是一个犹太人家庭的存在，因为它可能“变成(社会)肌体再次腐败的细菌来源”。这位“元首”还补充道，如果“欧洲不再有犹太人存在，那么欧洲各国的团结就不会再遭受破坏”。[4]

7月31日，仍在技术层面负责犹太人事务的赫尔曼·戈林签署法令，授权海德里希启动“最终解决”计划：

> 为了补充1939年1月24日委派给你的任务(创建“帝国犹太人移民出境中央办公室”)——即以最合适的方式进行移民出境和疏散，从而找到解决犹太人问题的办法，今日我据此委派你另外一项任务，在关于组织的、技术的和物质的方面，尽最大可能做好一切必要的准备，在欧洲的德国势力范围之内，造成“犹太人问题”的彻底解决。
>
> 无论哪些政府代理机构参与此项任务，他们都将与你合作。
>
> 我要求你于近期，呈递给我一份总体规划，内容应涵盖为了达到我们所期望的——“犹太人问题”的“最终解决”——所必需的关于组织的、技术的和物质的方面的措施。[5]

对于这份文件的主要意义及其与“最终解决”方案的演变之间的关系，尽管在学术界还存在争议，但毋庸置疑的是，在“犹太人麻烦”的彻底解决之路上，它的确标志着德国人正走向一个关键的转折点。[6]

到了8月，在苏联前线被屠杀的犹太人数量经历了显著的增长，在“特别行动队”指挥官的报告中也得意洋洋地向柏林方面通报了这些统计数字。这些报告中体现出的一个新因素，是对妇女和儿童的枪杀。这个极端可怕的、颇具象征意义的转变，表明德国领导阶层正慢慢地转向一个对本国“犹太人问题”的新的解决方案。现

在唯一还需要做的，就是为即将启动的新运动寻找一个组织有序的运行机制。

关于“最终解决”的确切时间表和详细计划，历史学家尚未达成一致，但毫无疑问的是，1941 年初秋之前，当德军似乎已到达彻底打败苏军的边缘之时，希特勒和党卫军则正在讨论一个屠杀计划，这次屠杀的对象不再仅仅是东方犹太人，而是整个欧洲土地上的犹太人。

8 月中旬，海德里希和戈培尔开始向希特勒施压，敦促后者批准将德意志帝国（包括德国、奥地利和波西米亚—摩拉维亚）境内的犹太人驱逐至东方的方案。8 月 18 日，戈培尔与希特勒会面，并对他说，当士兵从前线回到家乡，发现犹太人仍在柏林的大街上游荡，并且靠压迫柏林当地人从事苦工为生，那该是多么令人作呕。戈培尔声称，必须采取措施令日耳曼人摆脱犹太人的纠缠了。希特勒向他的宣传部长允诺，当对苏战争结束之后，将把柏林犹太人驱逐到东方，在那里他们将“在严酷的气候条件下罪有应得”。他还提醒戈培尔自己 1939 年 1 月 21 日在德意志帝国国会发表的讲话。如果全球犹太人将世界拖入战争，那么这场战争结束之日，就是犹太民族彻底灭绝之时。[7]

1941 年 9 月 1 日，“帝国中央保安局”发布治安法令，要求德国境内所有 6 岁以上的犹太人在公共场所佩戴一枚手掌大小的黄色大卫星，并在大卫星中央绣上“犹太人”一词。犹太人前去公共场所时，他们必须将黄星佩戴在外套的左前胸口。这则法令还禁止犹太人在未获得警方许可的情况下，擅自离开居住的街区。根据法律，除了黄色大卫星，犹太人不得在衣服上佩戴一切饰物。这些法律条文不适用于处于异族通婚状态下的犹太人——倘若其子女并非犹太人，或者妻子为犹太人且没有子女。[8]

希特勒本来打算等对苏战争结束之后，再启动驱逐德意志帝国犹太人的运动，229
然而在 9 月中旬的时候，很大程度上由于德军在东线似乎取得了进一步的胜利，总之希特勒开始改变主意了。9 月 18 日，希姆莱写信给瓦尔特兰总督阿瑟·格赖泽尔，称希特勒已决定，“老德意志帝国与（波西米亚和摩拉维亚）保护国，必须尽可能快地清空犹太人，以便从犹太民族的压迫中解放出来”。[9]

从大德意志帝国转运出境

最初，希姆莱想将 7.5 万被驱逐出境者（7 万犹太人加 5 000 罗姆人）中的约 80％送至罗兹。然而，当党卫军支队长、卡利什—罗兹大区行政专区主席弗雷德里希·于贝尔赫尔（Friedrich Übelhör，1893—1945）和罗兹市长维尔纳·芬茨基

(Werner Ventzki,生于1906年,卒年不详)公开表达了强烈的反对之后,希姆莱只得将转运的人数削减为2万名犹太人和5 000名罗姆人。虽然里加、明斯克、科夫诺的纳粹头目也表示了类似的抗议,希姆莱还是将这三个地方选为罗兹之外的驱逐目的地。从1941年10月15日至1942年2月21日,希姆莱先后将遍及大德意志帝国境内诸多城市的共5.3万名犹太人和5 000名罗姆人驱逐至罗兹、里加、明斯克和科夫诺。虽然当时纳粹领导层仍在实验更高效的集体屠杀方法,这些转运行动,实际上已标志着"最终解决"计划的正式启动。纳粹领导层一直致力于为欧洲犹太人的屠杀运动,开发和建立一套复杂的运行机制,而这次集体驱逐行动的首次尝试,虽然也暴露出了一些麻烦,但还是向他们证明了,其是达到上述目的最有效的方式。

特雷西恩施塔德

身处波西米亚和摩拉维亚保护国的犹太人向德意志帝国的领导阶层提出了特殊的挑战。新近获任为"波西米亚和摩拉维亚帝国保护长官"的莱因哈德·海德里希妄图将保护国犹太人问题的处理方式,树立为整个大德意志帝国范围内的标杆。1941年10月初,海德里希和阿道夫·艾希曼决定将一些捷克犹太人送往建于布拉格北方泰雷津(即特雷西恩施塔德)的一座新营地。这里最初是一座为老年和享有特权的犹太人建立的隔离区,但不久艾希曼就将它变成了一座特别的"展示营",用于驱散有关"最终解决"的流言。事实上,特雷西恩施塔德算是一座临时性的中转集中营,专门收纳那些来自东方各国的隔离区、并将去往灭绝营的犹太人。

特雷西恩施塔德是艾希曼的"宠物"计划,那里一直设有他的办公室。1942年春,他告诉盖世太保特工,这座隔离区将"为外部世界挽回些颜面"。[10]为了维持门面,艾希曼给予在这座隔离区内生活的大量学者、作家、音乐家和艺术家一定程度的创造自由,允许他们进行研究、写作和作曲等活动。这座隔离区甚至还拥有一个藏书6万册的图书馆,其中包括大量的犹太教典籍。1944年,约瑟夫·戈培尔开始制作一部宣传性的电影——《特雷西恩施塔德:关于犹太人重新安置的纪录片》(*Theresienstadt: Ein Dokumentarfilm aus dem jüdischen Siedlungsgebeit*),并于1945年4月放映给一个来访的红十字会代表团看。[11]从1941年至1945年,共有157 126名犹太人被送到特雷西恩施塔德,而当电影上映的1945年4月,仍留在这座隔离区里的,只剩下了7 472人。超过33 000人死于特雷西恩施塔德,还有超过87 000人被送往灭绝营。在被送往东方的犹太人中,只有约3 000至

4 000人，逃过了大屠杀。[12]

战争期间，约有1.5万名儿童来到、又离开特雷西恩施塔德，最后幸存下来的，只剩下了他们的玩具、诗作和工艺品。随后有人搜集了这些孩子的艺术作品和诗歌，并发表在《我再未见到另一只蝴蝶》一书中。这是一卷极其动人的文字，透过这些幼小的受害者的双眼，敏锐地捕捉到“大屠杀”（原文为希伯来文 Shoah）给人类带来的 230
痛苦与恐怖，因此必然成为“大屠杀”期间精神抵抗最尖锐与深刻的例证。在书中，一位名叫“泰迪”的儿童写道：“在泰雷津，就像生活在地狱里。”另一位当时15岁的皮特·菲施尔（Petr Fischl）描述说，自己已“习惯了看到人死在自己的排泄物中，看到棺材里堆满尸体，看到在灰尘与污秽之间忍受病痛的人”。菲施尔后来死在奥斯维辛。[13]

特雷西恩施塔德入口。戴维·M·克罗提供图片。

尽管身处巨大的痛苦和恐慌中，米洛斯拉夫·柯泽科（Miroslav Koåek）竟然还能写出“泰雷津充满着美丽的东西”之类的诗句，虽然他也预言，死亡的裁决最终也将降临在那些“将鼻子暴露在自由的空气中”的人身上。哈努斯·哈肯堡（Hanus Hackenburg）梦想着某天早上“醒来，发现自己又回到童年，并开始嬉笑、玩耍”。[14]在特雷西恩施塔德，最令人感动的诗句，出自一名叫帕维尔·弗里德曼（Pavel Friedman）的孩子。他在1942年写下了《蝴蝶》：

那一只，那最后的一只
那么丰富、明亮、耀眼的黄色
或许，那是太阳金色的泪水
滴在白色的石头上……
那样的一种黄色
轻盈地翩然直上
它离去了，我相信，这是因为它想要
向这个世界吻别
我在这里住了七个星期
被囚禁在这座隔离区里
但在这里发现了民族的同胞
蒲公英在招呼着我
还有院子里开着白花的栗树枝条
只是，我未见到另一只蝴蝶
那只蝴蝶，是最后的一只
蝴蝶不住在这里
不住在隔离区里。[15]

这些诗歌反映出特雷西恩施塔德隔离区内充满生机的文化生活。在此地极度恐怖的环境中取得最大成就的，要数饱富才华的年轻捷克指挥家拉斐尔·沙赫特(Rafael Schächter，1905—1944)了。在隔离区内，他痴迷于表演威尔第的《安魂曲》。与作曲家一样，沙赫特也全心全意地将自己的灵魂投入这部作品中。虽然他在特雷西恩施塔德指挥过多部作品，但威尔第的《安魂曲》始终是他的激情所在。比方说，虽然所有的曲谱和乐器都得偷偷运进隔离区，但他拒绝进行小型表演，而坚持使用一支大型的管弦乐队和一支150人组成的合唱队。除此之外，由于隔离区内没有足
231 够容纳整个团队的排练场地，沙赫特不得不将乐队和合唱队分成一个个小组，分别排练。然而，到1944年夏天，他的工作进一步复杂化了。这是因为，正值《安魂曲》在隔离区首演之时，德国人也启动了清空隔离区的行动，将独奏乐手、管弦乐队和合唱队的一些成员送往东方，他们将在那里走向死亡。

尽管如此，在1944年夏天和秋天，沙赫特还是坚持不懈地指挥完成了《安魂曲》在特雷西恩施塔德的首轮共16场演出。首演的那天晚上，当最后一个音符缓缓消逝之时，台下的观众都震惊了，他们先在一片寂静中不知所措，接着全都跳起来，给

予表演者长时间的、起立鼓掌的致意。然而，沙赫特一直将这首曲目的表演视为一种挑衅性的精神抵抗形式，所以他根本就不满足。在下一次表演之前，他改写了《安魂曲》中的“葬礼应答圣咏”旋律，从而使这首曲目的最后几个音符，与路德维希·冯·贝多芬(Ludwig von Beethoven)那三个短音、一个长音的胜利代码相契合，从而获得更加深刻的象征寓意和感染效果。1944 年 6 月 23 日，沙赫特指挥乐队为来访的国际红十字会代表团献演《安魂曲》。在观众中，有一个人正是阿道夫·艾希曼，演出结束后他适度地鼓掌，全然未意识到隐藏在“葬礼应答圣咏”中那全新的秘密代码。[16]

卡雷尔·安切尔(Karel Ancerl)正在指挥特雷西恩施塔德管弦乐队，出自戈培尔的影片《特雷西恩施塔德》。美国大屠杀纪念博物馆照片序列号 59558，摄影师伊万·约特克·弗里奇(Ivan Vojtech Fric)提供图片。

要理解《安魂曲》中巨大的文字力量，其实并不需要多大的想象力：“末日经”(“这个愤怒之日，将把世界烧成灰烬”)、“受判之徒”(“交托给灼热的火焰”)、或“葬礼应答圣咏”(“哦，我的主，将我从那可怕一天的永恒死亡中解救出去”)等等，这些都是那些即将被送进奥斯维辛的毒气室赴死的犹太音乐家的心声。[17]而在最后一次演出时，当一些乐手刚刚获悉他们马上要被驱逐至东方时，这些文字就显得尤其 232

意味深长、含义深刻。他们饱含悲悯、带着尊严、充满勇气地完成了一次光辉灿烂的交响。在肉体存活的最后一刻，他们选择将身心全部奉献给自己的音乐和传统遗产，以此来表达对死亡的无尽藐视。

“死亡机器”实验

运送如此巨量的犹太人去东方，仅仅是德国人在寻求更高效的“犹太人问题”秘密解决办法的过程中，必须面临的诸多困难之一。既然大家都认为枪决不是一个合适的方式，“党卫军”就必须寻觅集体屠杀的替代方式。还有诸多麻烦包括，处决该在什么地方进行？以及怎么处理犹太人的尸体？从 1941 年下半年到 1942 年初，德国人一直在寻找这些问题的答案，这也显示出“最终解决”方案的逐渐演变过程。

首先，希姆莱必须选择屠杀地点。1941 年 7、8 月间，他先后视察了奥斯维辛、卢布林、科夫诺、里加和明斯克。在明斯克，在目睹了一次对 100 名游击队员的处决过程之后，他感到身体极为不适，由此也愈发担心处决行动可能给“特别行动队”杀人小组的成员带来的心理冲击。在这期间，阿道夫·艾希曼也来到奥斯维辛，并与灭绝营指挥官鲁道夫·胡斯讨论使用毒气卡车的可能性。“党卫军”1941 年就曾使用过毒气卡车，来屠杀瓦尔特兰和东普鲁士的身心缺陷者。他们通常在卡车侧面印一个“皇帝咖啡馆”的商标作为掩饰。党卫军二级突击大队长赫伯特·兰格(Herbert Lange，1909—1945)统领下的一支特别“T-4 行动”部队负责监督这一过程。兰格的部队将一个收容所的病人全部驱赶进入一辆特殊的毒气卡车之后，司机开动卡车，同时将纯一氧化碳充进后部的车厢。在 1940 年暮春那令人毛骨悚然的 19 天内，兰格的部下屠杀了 1 559 名德国籍精神病患者，以及 250 名至 300 名来自东普鲁士的波兰籍精神病患者。

毒气卡车所需的瓶装一氧化碳的短缺曾令艾希曼颇为苦恼，于是他告知胡斯，让后者寻觅一种更容易获取的毒气，且使用这种毒气不需要某种特别的装置。随后，胡斯和艾希曼开车在奥斯维辛附近区域巡视，试图找到一个合适的屠杀场地。结果，他们在一个叫布热津卡(即比克瑙)的波兰村庄附近，找到一处废弃的农舍，他们都认为这里将是使用毒气的绝佳地点。根据胡斯的说法，最初的设想是使用毒气在农舍里杀死受害者之后，再将他们的尸体埋入旁边的深坑里。但后来他们认定，火化将是处理尸体的最好办法。胡斯在他的回忆录中声称，几天后他就将一份关于此行动的详尽计划呈递给希姆莱，而希姆莱也批准了这项计划。[18] 1961 年，当艾希曼在以色列接受审判时，他否认自己曾获得执行此项计划的授权。[19]

第一次毒气实验发生于 1941 年 9 月 1 日的奥斯维辛。胡斯当时不在这座集中营，他的副指挥官、党卫军一级突击中队长卡尔·弗里奇（Karl Fritsch，1903—1945）决定使用一种本来用作对付营地周围啮齿类动物和昆虫的杀虫剂——“齐克隆 B”，处决一群苏联战俘，这些人被送到奥斯维辛，就是来执行“清算”的。两天后，胡斯又亲自监督，使用毒气处决了 600 名苏联战俘和 250 名来自灭绝营 11 区地下医务室的波兰病人。当时，党卫军警卫将这 850 人全部关进地下室后，他们又用泥土封死了窗户。接着，戴着防毒面具的党卫军警卫将“齐克隆 B”芯块倾倒在房间地板上，然后关紧房门。第二天，当党卫军打开房门时，他们发现有些受害者还活着。于是，他们倾倒了更多的“齐克隆 B”芯块，并再次密封房间。24 小时之后，20 名戴着防毒面罩的灭绝营囚犯进入 11 区地下室，开始将尸体抬到楼上，放置在营房之间的院子里。这些尸体中，包括 9 月 1 日被毒气处死的人，他们身上还穿着苏联红军的制服。接下来进行的是所有灭绝营和隔离区的惯常程序，囚犯中的牙医，在党卫军的监督下，开始拔除死者嘴里的金牙。然后，所有的尸体将被送往旁边的焚尸炉。[20]令胡
斯感到气恼的是，他们花了两天的时间，才将 11 区地下室的毒气排干净，于是他决定在 233
比克瑙建好之前，暂时使用奥斯维辛焚尸所的停尸房进行以后的毒气实验。

切尔姆诺毒气卡车。以色列犹太大屠杀纪念馆提供图片。

尽管如此，在奥斯维辛和其他集中营及隔离区，毒气并非唯一的处决手段。奥斯维辛的记录显示，越来越多的囚犯被枪杀，或注射苯酚而死；还有很多人死于鞭打、营养失调和筋疲力尽。后来，还有一些人死于残酷的“医学”实验。不过，希姆莱和他的“专家”还是认定，毒气是效率最高的屠杀方式，它也造成1942年至1944年间犹太人的大批死亡。胡斯已预先在奥斯维辛修筑了很多焚尸炉。早自1937年开始，由于当地火葬场的容量已无法满足需要，“党卫军”就已开始使用集中营里的焚尸炉。这一年，党卫军与爱尔福特的“J·A·托普夫(J.A.Topf)父子公司”签订合同，由后者在达豪集中营修建焚尸炉。第二次世界大战爆发后，党卫军又请J·A·托普夫在布痕瓦尔德、奥斯维辛和福洛森堡集中营修建焚尸炉。到1942年初，奥斯维辛一号营区已建起两座焚尸炉，而在新近指定的屠杀中心——奥斯维辛二号营区比克瑙农舍集中营附近，更多的焚尸炉也已开始运作。

在罗兹西面约40英里的切尔姆诺(德国人称为库姆霍夫)，更多的毒气实验也在进行中。1941年秋天，希姆莱将赫伯特·兰格派去这一地区，为罗兹隔离区和瓦尔特兰的犹太人寻找死亡地点，兰格后来也成为切尔姆诺灭绝营的首任指挥官。他之所以选择这个名为切尔姆诺的小型波兰村庄，是因为其相对隔绝的地理位置。11月1日至2日，兰格的团队在从波兹南至切尔姆诺的行军过程中，决定以一群来自卡齐米日—比斯库皮的犹太人的生命，进行毒气卡车的测试。这辆卡车先前就在“安
234 乐死”运动中使用过，现在则装备了一氧化碳气罐。1月下旬，兰格的手下开着这辆车去了科兹米尼克，在那里杀害了70至80名犹太人。这个杀人机器，表面上看起来就像是一个巨大的搬运车，一旦受害者被装进车厢，德国司机就激活一氧化氮气罐，同时把车开往距离犹太人的上车地点很远的地方。在整个11月，兰格一直都在进行他的毒气实验，期间杀害了700名犹太人、包括很多犹太儿童。切尔姆诺的第一次正式屠杀行动则始于1941年12月8日。

在卢布林，奥迪路·格洛博奇尼克正试图将这一地区转变成一个特别的“党卫军”经济与种族乐园，也成为毒气的早期支持者之一。1941年秋，曾负责德国“安乐死”项目的菲利普·布赫勒和维克多·布拉克，前去卢布林与格洛博奇尼克会面，商讨从他们已解散的项目团队中，抽调一些专家到卢布林的可能性。后来，海德里希派艾希曼去卢布林与格洛博奇尼克谈话，内容则是关于在纵贯整个波兰被占领土的范围内，建立集体屠杀网络的问题。于是，格洛博奇尼克令党卫军二级突击大队长、屠杀行动的直接负责人赫尔曼·尤利乌斯·赫夫勒(Hermann Julius Höfle，1911—1962)带艾希曼前去视察卢布林附近那块可能成为贝尔泽克灭绝营的地点。赫夫勒

向艾希曼展示了一座经过特殊密封处理的建筑物，那里将被用于毒气处决行动。他还打算利用一台捕获的苏联潜艇引擎，将一氧化碳泵入毒气室。

同一年秋天，格洛博奇尼克还迎来了另一位来访者——党卫军二级突击队中队长兼武装党卫军中尉克里斯蒂安·维尔特（Christian Wirth，1885—1944），此人曾在德国经营过多家"T-4安乐死"中心。维尔特迅即成为贝尔泽克灭绝营的指挥官，不久又兼任了"'莱因哈德行动计划'的党卫军特遣队督察官"，给予格洛博奇尼克更多的、关于计划中的灭绝营的运作建议。在那个时候，大部分过去曾服务于"安乐死"计划和"T-4"计划的专家，都已成为德国在苏战线后方的医学支援人员。一直迫切需要专家支持的格洛博奇尼克，此刻已将他们中的很多人接到波兰，并利用他们协助开发"最终解决"最后一个阶段的行动方案。结果，到1941年底至1942年初，大部分"最终解决"的基本计划已准备就绪。1942年1月20日，臭名昭著的"万湖会议"召开。在这里，来自纳粹党和德国政府各个部门的代表齐集一堂，讨论在"最终解决"执行过程中进行广泛协调的问题。正如理查德·布雷特曼所指出的，这次会议的目的，"是给一项优先的政策，盖上一枚官方的认可印章"。[21]万湖会议也象征着，德国人将在一个遍布总督府等地的、由灭绝营和其他杀人设施组成的网络之内，采取如机器般冷酷的方式，计划对数百万无辜的犹太人、罗姆人等族群进行集体屠杀。

万湖会议

莱因哈德·海德里希本来筹备于1941年12月8日召开"万湖会议"。"万湖"是柏林郊外一处党卫军别墅所在地。但由于12月7日日本偷袭了珍珠港，四天后希特勒又决定向美国宣战。突然的事变促使海德里希将会议推迟至1942年1月的第三周。这座别墅是海德里希一年前为"诺德哈夫党卫军基金会"购置的。他建立这个基金会的目的，是为"帝国保安部"建筑和维护度假房屋。万湖别墅坐落在距离柏林市中心数英里远的一处高档社区，旁边就是一个安静的小湖，是满足海德里希私人与办公需要的绝佳场所。

"万湖会议"与"最终解决"主要阶段的策划并无太大关系，因为早在1941年夏
末、初秋，策划工作就已基本完成。尽管如此，这次会议的意义在于传递情报，即在 235
德国政府和纳粹党的主要机构之间，共享关于对全欧洲范围内的犹太人实施集体屠杀的计划和安排。从1941年10月30日那一天开始，党卫军就开始向纳粹党官僚体系内的成员通告"最终解决"方案进展的某些方面。当时，党卫军总队长、盖世太保

首脑海因里希·穆勒给德国外交部长约阿希姆·冯·里宾特洛甫送去最初的五份报告，内容全是关于"特别行动队"在苏联的行动。在这些报告中，穆勒谨慎而翔实地描述了对犹太人和"布尔什维克"活动家进行的大规模屠杀，并解释道，之所以采取类似的行动，是因为他们对国防军的安全构成的威胁。

穆勒的报告迅速在德国政府上层官员之间流传，到 1941 年 12 月，在德国政府和纳粹党高级领袖中，在东部地区对犹太人的集体屠杀，已尽人皆知。11 月 18 日，阿尔弗雷德·罗森贝格秘密告知一批记者，说德意志帝国必须解决"犹太人问题"。而为了达到这个目标，唯一的方式是"从生物学的方面，彻底消灭整个犹太民族"。只有在德国境内，或整个欧洲"直至乌拉尔山脉"范围内再也没有一个犹太人，问题才能得到解决。最后他总结道，必须将犹太人驱逐至乌拉尔山脉以外，或者"以某种方式……根除他们"。[22]

万湖别墅。戴维·M·克罗提供图片。

到 11 月底，海德里希认定，会见来自政府和党各个部门的代表的时机已到，而且他认为这次会面对"最终解决"成功与否相当关键。在发出 12 月 9 日会议的邀请函时，他还附上了一份戈林的"7 月 31 日文件"，文件授权海德里希监督"犹太人问题的最终解决"方案的实施。[23]后来会议因为珍珠港事件的爆发而宣告取消，在原定时间三天之后，希特勒会见了几名纳粹党的重要领袖，讨论战争问题。当话题转向东线战事时，希特勒提出了“犹太人问题”。他提醒与会者，自己于1939年1月21日在德意志帝国国会的讲话。他当时就宣告，如果犹太人挑起战争，那将导致“他们的毁灭”。希特勒继续 236 说道，现在欧洲正处于战争中，所以“犹太民族的毁灭将是不可避免的”。16万德国军人已死于欧洲的“犹太人战争”，犹太人必须“用自己的生命”为德国的损失付出代价。[24]

几天后，汉斯·弗兰克在总督府与几位纳粹党首脑会面时，又复述了希特勒关于犹太人命运的言论。他们必须“消失”。弗兰克计划将他们驱逐至东方，他们将在那里被消灭。他提醒下属注意，绝不可对犹太人表现出任何同情，必须将这个民族摧毁，只有这样，德国才能得到保护，牢记这一点十分重要。[25]

几个星期之后，海德里希又送出了新的邀请函，这一次的会议日期为1月20日。从某种意义上说，身处这么一个充满田园风味的环境之中，与会者却在讨论纳粹党和德国政府在屠杀欧洲犹太人行动中的协调与合作问题，显得极不协调。然而，从另一个角度来看，这里又是一个绝佳的地点，因为德国人在策划“最终解决”方案时，使用的是一种类似会议室式的方法，而午餐时间的会谈和周遭平和的环境，则正是这一方法的完美象征。在灭绝营、隔离区或集中营内的每一个杀人凶手背后，都还有一群“办公桌杀人犯”，正在策划这场史无前例的大规模屠杀。1942年1月20日，他们就围坐在圆桌旁。根据阿道夫·艾希曼的说法，每一名万湖会议的与会代表，对正在东线进行的集体屠杀行动，都具有完全的了解。[26]

莱因哈德·海德里希。美国大屠杀纪念博物馆照片序列号79522，达豪集中营提供图片。

这一天天气寒冷、大雪纷飞，万湖会议在中午时分准时开始。阿道夫·艾希曼为海德里希的陈述准备了背景资料，他还要负责监督坐在他身边的男性速记员完成会议记录。艾希曼虽然前一天晚上才从特雷西恩施塔德返回柏林，但很显然，在会议召开之前，他已为此做好了充足的准备。根据他战后的描述，会议的氛围十分轻松，这在很大程度上是因为别墅看护人不断地给与会代表端上法国白兰地。海德里希的开场白，是提醒与会者赫尔曼·戈林已任命他为开发欧洲“犹太人问题”的“最终解决”方案的全权代表。接下来他解释道，之所以召集1月20日会议，是为了澄清几个关于“最终解决”的“基本问题”。他说，自己和海因里希·希姆莱将正式负责在整个欧洲范围内“处理‘最终解决的关键性事务’”。海德里希宣称，为了确保在“最终解决”的各个方面，“所有相关中央机构立即启动协同行动”，这次会议将十分关键。在海德里希看来非常重要的一点是，出席万湖会议的各部门代表都接受党卫军在处理“犹太人问题”——尤其是在东方处理“犹太人问题”——时的至高无上地位。[27]

237

万湖会议参与人员

莱因哈德·海德里希：曾担任海军军官，后因丑闻被逐出军队，党卫军高级总队长，帝国中央保安局局长，波西米亚—摩拉维亚保护国代理保护长官，“最终解决”方案的总设计师；1942年5月27日被捷克游击队员刺杀。

阿道夫·艾希曼：曾是旅行推销员，党卫军一级突击大队长，帝国中央保安局的“犹太事务‘专家’”，组织将超过300万犹太人运送至灭绝营，1960年在阿根廷被以色列人绑架，在以色列接受审判后，战争罪成立，1962年5月31日被处决。

约瑟夫·布勒博士：曾为律师，波兰占领区次长及副总督，汉斯·弗兰克的部下，被引渡至波兰审判，1948年被处决。

罗兰德·弗莱斯勒博士（Dr.Roland Freisler）：曾为律师，德意志帝国司法部次长，“人民法院”院长，死于盟军对柏林的轰炸中。

奥托·霍夫曼（Otto Hoffman）：曾是葡萄酒商人，党卫军高级总队长兼警察部队中将，党卫军“种族与安置办公室”负责人，1943年被希姆莱解职，后来担任西南区（总部设在斯图加特）“党卫军及警察高级领袖”，1948年被判监禁25年，1954年被释放。

格哈德·克洛普弗博士（Dr.Gerhard Klopfer）：曾为律师，党卫军区队长，纳粹党务中心党务副秘书长，马丁·鲍曼的助手，1945年至1949年被拘禁，在调查结论出台，将他定性为“最低限度涉案”之后，被释放，1956年重返法律界，死于弗吉尼亚州费尔法克斯。

弗雷德里希·腓特烈·克里钦格博士（Dr.Friedrich Wilhelm Kritzinger）：曾为律师和法官，德意志帝国总理府副秘书长，战后被逮捕，后因病释放。

鲁道夫·欧文·兰格博士（Dr.Rudolf Erwin Lange）：曾为律师，党卫军联队长，立即执行小组A分组指挥官，拉脱维亚占领区国家秘密警察与帝国保安部首脑，毒气卡车专家，1945年2月自杀身亡。

乔格·赖布兰博士(Dr.Georg Leibbrandt):曾为律师,“东北部占领区帝国行政公署”政务委员,1945 年被逮捕和监禁,1950 年盟军取消对他的战争罪调查。

马丁·路德:曾为家具运输代理商,冲锋队支队长,德国外交部次官,“犹太问题”专家,希姆莱和艾希曼的外交部联络官,由于试图推翻里宾特洛甫外交部长,于 1943 年被监禁在萨克森豪森,战争结束后被红军释放,一个月后死亡。

阿尔弗雷德·迈耶博士(Dr.Alfred Meyer):政治学博士,冲锋队高级总队长,东部占领区帝国行政公署驻柏林首长,阿尔弗雷德·罗森贝格的副手,1945 年 5 月自杀。

海因里希·穆勒:党卫军总队长兼警察部队中将,盖世太保头目,1945 年 5 月失踪。

埃里希·纽曼博士(Dr.Erich Newmann):曾为律师,党卫军区队长,“四年计划全权负责人办公室”秘书长,赫尔曼·戈林派驻万湖会议的私人代表,“大陆石油协会”副主席,“德意志钾辛迪加”总经理,1945 年至 1948 年在监狱服刑,后因健康原因获释。

卡尔·艾伯哈特·舍恩戈特博士(Dr.Karl Eberhard Schöngowth):曾为律师,党卫军支队长兼警察部队少将,总督府境内安全警察和帝国保安部指挥官,后来赴荷兰担任同样职务(1944 年至 1945 年),1941 年夏在波兰和白俄罗斯指挥三支屠杀突击队。最后被英国人逮捕并处决。

威廉·斯图卡特博士(Dr.Walhem Stuckart):曾为律师,党卫军高级总队长,德国内政部次长,战后被捕,判处 3 年监禁,服刑 10 个月,1953 年因“纳粹同情者”罪名被罚款 5 万德国马克,后死于车祸。

海德里希接下来介绍了德国试图将犹太人驱赶至帝国东方领土这一方案的理 238
论基础,以及实践过程的演变和目前面临的困难。但他仍不忘自吹自擂道,至 1941 年秋,已有 53.7 万犹太人被迫离开德国。而且,此类移民出境行动还不用德国政府花一分钱。尽管如此,海德里希继续说道,战争阻碍了驱赶犹太人计划的继续执行,这意味着德意志帝国领导层必须另寻他法,解决“犹太人麻烦”。最终的解决办法正是“将犹太人全部疏散至东方”。[28]

海德里希提请与会者注意,欧洲共有 1 100 万犹太人。在将他们送往东方的过程之中以及之后,他们将被男女隔离,并实行强制劳动,这样“很大一部分人将由于自身身体原因而被除掉”。幸存者也“同样将被消灭”,因为如果将他们释放,这些人将成为“新的犹太民族复兴的种子”。假定能够获得希特勒的批准,德国计划将全体欧洲犹太人送往东方。他们将在“转送隔离区”内短暂停留后再前往东方。党卫军将把老年犹太人和曾获得过勋章的犹太退伍军人送往特雷西恩施塔德。外交部和承担德国外交任务的“帝国中央保安局”的各部门官员将负责处理德国或诸如意大利等纳粹盟国占领区内的犹太人的驱逐问题。外交部次官马丁·路德称，他认为将犹太人转移至东方的那些国家，将“不会有多大的困难”。[29]

海德里希解释道，他打算使用《纽伦堡法令》来认定谁是犹太人，以及谁将被驱逐。考虑到有些犹太人已与雅利安日耳曼人通婚，并生下混血子女，这将构成一个敏感问题。第一等级的犹太人混血儿——即拥有两个犹太人祖父母、进行犹太教实践或与犹太人结婚的人——将被视为犹太人。与日耳曼人结婚，但只有一个犹太人祖父母的混血儿将被视为日耳曼人。在执法过程中，虽然总是有例外与豁免的情况，但将就每一个人进行具体分析。拥有豁免权的犹太人将被实行绝育，而那些具有糟糕的治安或政治记录者，将被驱逐至东方。党卫军高级总队长霍夫曼，是与会代表中为数不多的，拥有相当多关于集体屠杀技术的实践经验的人。他说，绝育的应用范围将很广泛，因为很多犹太人混血儿会选择被绝育，而不是被“流放”。斯图卡特博士则抱怨道，确定谁是、谁不是犹太人，将给他的部门带来大量的行政工作。纽曼博士则坚称，必须想办法保护那些在关乎战争经济的工业部门工作的犹太人。布勒博士则补充道，由于犹太人不仅是“传染病携带者”，而且“通过持续不断的黑市交易，引发经济结构的永久性混乱”，因此，总督府的官员很高兴看到“最终解决”从自己的辖区启动。他还说，总督府境内250万犹太人中的绝大部分，都“不适合工作”。他完全支持海德里希的计划，只恳请他“尽可能快地解决”总督府境内的“犹太人问题”。[30]

其他与会人员都散去之后，海德里希、穆勒和艾希曼坐下来，喝着白兰地，抽着雪茄，一边讨论会议的成果，一边等待速记员把会议记录打成定稿。速记员完成他的工作后，海德里希仔细地阅读了会议记录，并编辑了几处注释。这份会议记录被复制了30份，用于在相关党政官员中分发。艾希曼后来回忆说，会议上讨论的大部分事项，其实都没有出现在官方的会议记录上：

> 这些先生们站在一起，然后又坐在一起，用十分生硬、直率的语言讨论这项事务（“最终解决”），他们的话却都没有被记下来……看看斯图卡特，我们认为他对法律问题总是一丝不苟、注重细节，可在这里，他讲话的口气和方式，却与他一贯使用的司法语言完全不同。[31]

239 **最终解决**

紧随“万湖会议”之后的，就是一场大规模的集体屠杀，其主要行动，就是将欧洲各地隔离区、集中营以及其他监禁区域的大量犹太人，转运至波兰和苏联占领区内新建的灭绝营和隔离区。阿道夫·艾希曼在“盖世太保IVB4”柏林办公室工作人员的协助下，变成戴维·切萨拉尼(David Cesarani)笔下的“史上最大规模的单个种族灭绝行动的执行总管”。[32]他的任务就是贯彻其他相关人员业已确定的政策。艾希曼——作为一名极度高效的管理者——负责监督一群专家，通过一场大规模的行动，将犹太人和其他族群的成员运往东方的灭绝营和隔离区。他的高效与忠心，使他总是能够克服不断变化的规则带来的麻烦，以及由于“政治或军事原因而千变万化的”“形形色色的制度、机构、个性以及先后顺序等”。[33]在接下来的三年里，艾希曼监管的这个行动项目，共屠杀了300万至350万犹太人、数十万罗姆人和残疾人等。虽然还有成千上万人都参与了这场不可名状的恐怖行动，在纳粹德国清除欧洲犹太人和其他“遭人厌烦”的少数族群的行动中，阿道夫·艾希曼无疑一直都是最典型的象征。

绝大多数受害者——尤以总督府境内的犹太人为甚——都被送往六个新建的灭绝营。德国人建立这些灭绝营的主要目的，就是为了屠杀欧洲的犹太人。贝尔泽克、索比堡和特雷布林卡，这三个灭绝营都属于“莱因哈德行动计划”的组成部分，这一行动由奥迪路·格洛博奇尼克主持，目标在于屠杀总督府境内的犹太人。另外三个规模相当的灭绝营——奥斯维辛、切尔姆诺和马伊达内克，都位于波兰占领区，它们被用于屠杀整个欧洲境内的犹太人和其他族群。约350万犹太人和数万罗姆人将死于这些杀戮中心之内。此外，在隔离区、在被占领的社区、在强制劳动或奴役劳动机构、在转运至东方的途中，纳粹德国及其胁从还要杀死数百万人。

切尔姆诺

切尔姆诺(德国人称为库姆霍夫)是第三帝国境内最先开始完全运作的灭绝营。1941年底希姆莱建立这座灭绝营，是为了屠杀大德意志帝国罗兹隔离区和瓦尔特兰大区的犹太人和罗姆人。切尔姆诺位于罗兹市西北50英里，其营区被分为两个部分。中央营区坐落于切尔姆诺村一座古老的城堡之内，党卫军在那里使用毒气杀死受害者。然后，他们的尸体被运往2.5英里之外的“森林营”，早期是掩埋，后来是火化。希姆莱对他的第一座灭绝营报以很大兴趣，亲自选任了指挥官——赫伯特·兰格，并派遣了一支由10到15名党卫军士兵组成的“特遣队”，和一支由80名秩序警察组成的分遣队协助兰格的工作，秩序警察分遣队主要担任灭绝营的警卫。在切尔姆诺，每一个屠杀参与者，都根据各自每天的工作量获得津贴。第一次施放毒气的行动发生于1941年12月8日。来自附近社区的第一批犹太人受害者被带进城堡，一个党卫军官员告诉他们，即将送他们去德国的劳动营，所以要给他们消毒。接下来，警卫扒光他们的衣服，记下他们之前物品的清单，然后将他们驱赶进地下室，然后爬上一个斜坡，就走进了灭绝营的毒气卡车。当受害者全部进入卡车后部一个经过特殊密封处理的毒气室之后，大门"砰"的一声紧闭了。这时候，司机发动引擎，然后爬到卡车下面，将排气管与一根通往毒气室的管子接通。接下来，他加大引擎的运转速度，慢慢地用一氧化碳将这50至70名犹太人窒息而死。1941年秋天，阿道夫·艾希曼曾目睹了切尔姆诺的第一次毒气实验。1960年，他在以色列接受警方质询时，曾描述了当毒气开始蔓延时，从卡车里传出的尖叫和哀嚎声。他当时深受震
240 动，以至于都不敢透过玻璃窥视孔查看里面的情景。行刑完毕之后，艾希曼坐着自己的私人轿车，跟着这辆毒气卡车，进入"森林营"：

> 在那里，我看到了人生中最可怕的景象。它(毒气卡车)开到一条非常长的壕沟前。警卫打开门，把尸体扔出来。他们的四肢还很柔软，跟活着的时候一样。他们就这样被扔进壕沟。我还看到一个平民在用钳子拔尸体的牙齿。我上前鞭打他。然后我就坐上车，开走了。我一句话也说不出。在好几个小时的旅途上，我就那样坐在座位上，一句话也没有对司机说。我受够了，我再也不想看这样的场景了。[34]

不过，艾希曼表现得足够专业，他仍履行了自己的职责，将目睹的景象报告给穆勒："这种事情做多了谁受得了？"[35]之后，他就开始准备履行"最终解决"的其余方案。

最初，受害者的尸体都被埋在大坑里。但由于当地居民总是投诉气味太大，党卫军不得不开始使用大型的木柴堆焚烧尸体。1942年1月，希姆莱又给切尔姆诺送去两辆新的毒气卡车。灭绝营的幸存者之一瓦尔特·波德切夫尼克(Walter Podchlewnik)在艾希曼的审判法庭上作证时说，党卫军警卫站在毒气卡车门口，任何人胆敢拒绝或者迟缓进入，就遭到一顿毒打。然后，由一小队犹太人囚犯，对受害者的衣服和私人物品进行分类、整理，这些东西最终将送给原先居住在德国境外、新近来到瓦尔特兰定居的日耳曼裔人。有一次，波德切夫尼克被派往"森林营"，在那里，他看到自己妻子和两个孩子的尸体，被丢弃在一处集体墓穴中："我摆好妻子和两个孩子的尸体，想让他们开枪打死我。这时一个党卫军成员走过来对我说，'你还有足够的力气，你还能工作'，他用手中的棍子打了我两下，然后又把我拖进队伍，继续工作。"[36]

切尔姆诺灭绝营的犹太人正在等候毒气处决。美国大屠杀纪念博物馆照片序列号 33399，舍瓦·齐尔伯格(Sheva Zilberberg)提供图片。

切尔姆诺的集体屠杀经历了好几个阶段。1941 年 12 月至 1943 年 3 月间为第一个阶段。在此阶段，党卫军已将瓦尔特兰的所有犹太人杀死，唯一的例外是在罗兹隔离区内，其居民都在从事被认为是对战争至关重要的工作。后来，希姆莱命令 241
毁掉城堡和"森林营"内的焚尸炉。1944 年夏天，切尔姆诺灭绝营重开，以便屠杀罗兹市剩余的犹太人。当年秋天，一支特殊的"1005 行动"部队被派往"森林营"，负责辨识和焚烧仍埋在那里的尸体。"1005 行动"计划是希姆莱于 1942 年夏天创立的，其职责是处理灭绝营内与日俱增的尸体，后来则负责销毁"最终解决"行动留下的所有痕迹。在党卫军联队长保罗·布洛贝尔(Paul Blobel，1894—1951)的率领下，"1005 行动"特遣队最初在切尔姆诺、贝尔泽克、特雷布林卡和索比堡的灭绝营工作，专门焚烧尸体。布洛贝尔原先是一名工程师，他开发了一套特殊的系统，用于焚烧尸体、压碎骸骨以及处理骨灰。1943 年夏，希姆莱命令布洛贝尔"净化"灭绝营以及其他集体坟墓的所在地。这项工作几乎完全是由布洛贝尔特遣队驱使下的犹太人奴工完成的。"1005 行动"部队每"净化"一处地点，往往在原址种上树苗和灌木以便"再生利用"。切尔姆诺是布洛贝尔的部队"净化"的最后一批地点之一。1945 年 1 月 17 日，苏联红军解放了切尔姆诺。从 1941 年至 1944 年，在切尔姆诺，德国人共屠杀了 14.7 万犹太人和 5 000 名罗姆人。

“莱因哈德行动计划”的灭绝营：贝尔泽克、索比堡与特雷布林卡

奥迪路·格洛博奇尼克。美国大屠杀纪念博物馆照片序列号 45251，杰弗里·吉尔斯(Geoffrey Giles)提供图片。

“万湖会议”召开之前几个月，希姆莱请奥迪路·格洛博奇尼克开发“莱因哈德行动计划”的执行方案。这是一个党卫军的行动计划，即在三个灭绝营——贝尔泽克、索比堡与特雷布林卡内，屠杀总督府境内的 230 万犹太人。赫尔曼·赫夫勒担任格洛博奇尼克的参谋长，前者曾被约瑟夫·波普奇克内描述为“格洛博奇尼克‘杀手阵营’里最凶残、最强力的一个”。[37]格洛博奇尼克从德国先前的“安乐死”计划中，抽调了一些成员进入“莱因哈德行动计划”下辖的杀戮中心。希姆莱从来也没打算令“莱因哈德行动计划”的灭绝营永久存在，所以在 1943 年 3 月决定，一旦党卫军杀死总督府境内的全部犹太人，就将关闭以上灭绝营。

贝尔泽克

贝尔泽克位于卢布林东南 85 公里。之所以选择这个地点，就如同“莱因哈德行动计划”中其他灭绝营的选址标准一样，都是看中了僻远而又靠近铁路干线的地理位置，以及周边就有总督府或苏联占领区的大型犹太人口聚居区存在。1940 年初，德国人为贝尔泽克犹太人建了一个小型的强制劳动营，但当年秋天又将其关闭。灭
242 绝营的修建工作于 1941 年 11 月 1 日开始，而 12 月就开张了。与其他“莱因哈德行动计划”的灭绝营一样，这里规模不大，但功能齐全。贝尔泽克的指挥官名为克里斯蒂安·维尔特。他对切尔姆诺使用的毒气卡车十分熟悉，并打算在贝尔泽克建造永久性的毒气室。维尔特与艾希曼一样，也不喜欢瓶装的一氧化碳毒气，因此决定在

他的毒气室使用柴油引擎。维尔特一共在营房内建造了三个毒气室，大小为 13 英尺乘 26 英尺，屋顶和墙壁都用锡密封，并用一条狭窄的沙袋墙将彼此隔开。

贝尔泽克的第一次毒气实验发生于 1942 年 2 月底。一位居住在附近村庄的波兰人米茨拉夫·库迪巴(Mieczylaw Kudyba)描述道：

> 德国人从卢贝恰—克鲁莱夫斯卡选取了一批犹太人，用车将他们送到贝尔泽克营。这批犹太人中的一个对我说，他已经在这个营地待了很久了，一直在砍伐松树。有一天，所有犹太人都被带进一个营房，并被锁在里面。而之前跟我交谈过的那个犹太人得以藏匿起来，后来逃跑了。在藏着的时候，他听到从那间营房里传来长时间凄厉的嚎叫，不久一切都安静了。这就是贝尔泽克的第一次屠杀实验。[38]

在后来的几天里，维尔特又将几百名犹太人送进了毒气室。他和他的副官、党卫军二级突击队中队长兼武装党卫军中尉约瑟夫·奥伯豪泽尔(Josef Oberhauser，1915—1979)在贝尔泽克开发了一整套用于运送囚犯、施放毒气以及掩埋尸体的方法，这些方法后来又将应用于索比堡和特雷布林卡灭绝营。维尔特认为，必须蒙骗即将到来的受害者，让他们以为自己是被送到了德国境内的强制劳动营。贝尔泽克营的一切设计，都是为了给囚犯营造以上假象。党卫军二级突击队中队长兼武装党卫军中尉库尔特·格施泰因(Kurt Gerstein，1905—1945)在 1942 年夏天拜访了贝尔泽克，在他充满争议的《格施泰因报告》中，写道：

> 在靠近小火车站的地方，有一处标记为“衣帽间”的大棚子，里面还有一扇小门，写着“贵重物品”。这里还有一个房间，里面摆放着 100 把理发椅，空旷地带则是一条 150 米长的走廊，两边都用铁丝网围起来，标志上写着“淋浴及吸入室”。我们进入一座房子，这是一个洗澡间，两面都摆放着巨大的水泥花盆，种
> 植着天竺葵等花卉。登上几级台阶后，我们来到一处地点，左右各有三间屋子， 243
> 就像车库那样，面积都是 5 米乘 4 米，1.9 米高。在后面不显眼处，堆放着一堆木材。屋顶上悬挂着一个黄铜制的大卫星。在这座建筑前方，还有一个标识上写着“黑肯霍夫基金会”。[39]

一旦受害者到达贝尔泽克，他们就被成群驱赶至城堡里。接下来发生的，正如格施泰因描绘的那样：

> (这些人被几名乌克兰警卫粗暴地赶出火车车厢之后)从一个巨大的喇叭中，又传来各种命令。他们必须在外面的空地上，或者在棚子里脱光所有衣服，还要移除假肢、卸掉眼镜。鞋子都用一根细绳子系在一起，交给一个 4 岁的犹

太男孩。所有值钱的东西都必须交到“贵重物品”柜台，却得不到任何确认证明或者收据一类的东西。接下来，妇女和女孩被带去理发师那里，她们的头发两三下就被剃光。剪掉的头发全都装进大土豆麻袋里，将做“特殊用途”，比如潜水艇的隔离层等。[40]

贝尔泽克的犹太奴役劳工。美国大屠杀纪念博物馆照片序列号 51528，托马斯佐夫·卢贝尔斯基地区博物馆提供图片。

以上一切都迅速完成，因为维尔特指望新来者完全处于困惑和震惊的情绪中，这样他们就没机会发起暴动或者抗议。在这“有组织的混乱中”，一个党卫军士兵仍试图迷惑大家，让人们不要起疑心。“不会有什么事的”，一个党卫军士兵继续欺骗这些受害者，让他们以为接下来要去“淋浴”。“（在淋浴间）你们唯一需要做的，就是深呼吸。为了预防传染病，这种吸入式药剂非常必要。可以对你们进行充分消毒。”如果有人问接下来要他们做什么，党卫军士兵通常这样回答：“男人当然得工作，筑路建房，但女人不用工作。如果她们愿意，她们最多在房子里或厨房里帮帮手。”格施泰因总结道，其实大多数受害者已明白将要发生什么，因为“气味已带来关于他们命运的消息”。[41]

维尔特挑选了一群健康的犹太人分类、整理和收纳受害者的衣服和值钱物品，此外还负责清理毒气室。在一次施行毒气处决之后，毒气室的门被打开了，格施泰因描绘了他看到的情景：

尸体都直立着，就像玄武岩柱子，因为根本没有躺下、或者倒下的空间。即使他们已死，还是能辨认出家庭成员之间紧握着手。他们的手握得如此之紧，以至于清理毒气室时，想把他们分开、为下一次执行死刑做准备都很困难。

这些尸体——面色忧郁、全身被汗和尿浸湿、满腿都是脏土和月经血，他们就这样被扔在外面；其中还有很多婴儿、很多孩子的尸体。40个劳工负责检查尸体的口腔，他们用铁制钳子强行扳开尸体的嘴。“有金牙的放左边，没金牙的放右边！”还有一些人负责检查尸体的性器官和肛门，试图寻找现金、钻石、黄金等等。牙科大夫用钳子和锤子拔掉金制的牙齿、牙冠和牙桥。[42]

维尔特一边陪格施泰因参观，一边洋洋自得地向他展示自己的手下从犹太人受害者身上搜集到的金子和其他值钱货。他拿起一个装满金牙的罐子，请格施泰因“自己掂量掂量这些金子的重量”。[43]

没过几天，被迫从事以上工作的犹太人也被枪决了，一批新的犹太人将取代他们的位置。还有一小队绰号为“宫廷犹太人”的德裔犹太人，他们通常都是有手艺的工匠，为德国和乌克兰警卫工作。贝尔泽克灭绝营的工作人员包括20至30名党卫军成员，以及从卢布林的特拉夫尼基战俘营抽调过来的90至120名乌克兰警卫。令 244
毒气室里的人全部死亡通常需要20至30分钟。等毒气室内的一氧化碳毒气消散殆尽之后，警卫带人进去把尸体拖出来，运往集体墓地；再在埋尸坑上铺垫薄薄的一层土。党卫军一级突击中队长弗兰茨·斯坦格（Franz Stangl，1898—1971）曾是索比堡灭绝营的指挥官，后来又去特雷布林卡担任同样的职务。他在1942年春天的一次访问中，描述了集体墓地带来的麻烦：

维尔特不在他的办公室，工作人员说他去营地了……我问出什么事了。跟我交谈的人说一个坑溢出来了。他们在这个坑里扔了太多的尸体，而且尸体腐烂的速度太快，结果下层的液体把上层的尸体都推出了坑顶，溢到了外面，然后尸体就滚下了山岗。我见过这样的情景——哦，我的上帝，这太可怕了。[44]

贝尔泽克灭绝营开张以来，屠杀进行的规模和速度令维尔特和他的手下都一时不知所措。于是，1942年春天他们关闭了这座灭绝营，以便建造更大的毒气室。到1942年12月，当德国人快将总督府境内的所有犹太人屠杀殆尽之时，贝尔泽克被指令关闭。从1942年2月至12月，60万犹太人在贝尔泽克失去生命。希姆莱关闭这个灭绝营后，一支“1005行动”部队被派往贝尔泽克，打开集体墓穴，焚烧尸体。后来，整个营地被拆毁。为了阻止附近村民劫掠这片区域，这里被改造成一座农场，并交给一名曾在灭绝营当警卫的乌克兰士兵经营。

索比堡

索比堡位于卢布林东北 65 英里处，其建造和运营规则都与党卫军在贝尔泽克的行动如出一辙。德国人在 1942 年 3 月开始修建索比堡，4 月就开始运营了。由弗兰茨·斯坦格担任首任指挥官。索比堡分为四个小型营区，共有 20 至 30 名党卫军人员和 90 至 120 名乌克兰警卫管理。索比堡三号营区是毒气室、集体墓穴以及犹太人奴工的营房所在地。斯坦格与维尔特一样，坚信迷惑手法与快速行动是灭绝营成功的关键。在索比堡设有三个一氧化碳窒息毒气室。第一次施放毒气的实验是在 1942 年 4 月，维尔特还特意前去提供咨询。到 5 月初，索比堡已做好准备，吞噬其第一批犹太人受害者。

索比堡的毒气处决行动分为以下几个阶段。从 1942 年 5 月至 7 月，斯坦格和他的手下杀害了 9 万至 10 万来自波兰、斯洛伐克和大德意志帝国各地的犹太人。到 8 月，由于通往灭绝营的铁路出了问题，再加上还需要时间修建三个新的毒气室，所以斯坦格暂时叫停了毒气处决行动。在此期间，希姆莱将斯坦格调往特雷布林卡灭绝营，并以党卫军一级突击中队长弗兰茨·赖希莱特纳（Franz Reichleitner，1906—1944）取而代之。1942 年 10 月毒气处决行动恢复，直至 1943 年夏天希姆莱决定将索比堡改造成一座集中营。从 1942 年 4 月至 1943 年 9 月，德国人在索比堡屠杀了 25 万犹太人。

索比堡暴动与“丰收庆典”大屠杀

在关于“大屠杀”的研究中，抵抗是最敏感的话题之一。劳尔·希尔伯格（Raul Hilberg）认为，大屠杀期间几乎从未发生过犹太人的抵抗事件，至少就传统意义上的“抵抗”而言；然而，在这个问题上，以色列大屠杀纪念馆和美国大屠杀纪念博物馆却采取了很不同的，却也十分微妙的态度：他们指出所谓抵抗，不仅指武装抵抗，而应包含相当重要的“精神”抵抗——意为“面对纳粹企图使犹太人丧失人性、贬低尊严的行动，个人所进行的维护自己的人性和尊严的努力”。[45]

约瑟夫·马斯扎雷克（Józef Marszalek）对“大屠杀”抵抗行动广度的描述最为准确：

> 生存的本能、幸免的愿望、使灭绝营铁丝网内发生的惨剧公之于众的愿望，
> 245 使囚犯们开始反抗强加于他们的规则与秩序。此类反抗采取多种方式，有时候是最简单的自发行动，有时候则周密计划、完善组织。每一次的行动，只要目标是拯救灭绝营内同胞的生命、维护他们身体和心理的健康，它就是抵抗的形式

之一。因此，抵抗包括灭绝营内囚犯的自助行动、文化生活、宗教生活、与外部世界的接触、政治活动、破坏、怠工和逃亡等等。一句话而言，根据意大利学者安德烈·德沃托(Andrea Devoto)对集中营囚犯心理问题的研究，“一切行为都是抵抗，因为一切行为都是被禁止的”。[46]

托马斯·托尔维·布拉特(Thomas Toivi Blatt)是索比堡的幸存者之一。他说“保留人的身份……这本身就是一种强有力的、颠覆性的抵抗方式。犹太人为死难同胞祈祷，并不顾极大的危险，庆祝犹太民族自己的节日”。布拉特觉得，甚至于自杀，虽然很多人视为一种“严重的罪行”，但由于此类行为剥夺了德国人决定“这个犹太人死亡的精确时间与地点的权力”，所以从某种程度上说，也是一种“抗议”行动。[47]根据约瑟夫·特鲁什津(Joseph Telushkin)拉比的说法，从传统上来讲，拉比一直试图“寻找某种理论基础”，以避免宣告某人死于自杀，因为这种行为对死者的家庭是莫大的耻辱。尽管如此，在犹太民族的历史上，如果一个人“被迫在可耻的状态下生存”，那么其自杀则是正当、合理的。[48]

“大屠杀”期间曾爆发过若干次受害者在身体上的和精神上的抵抗行动。其中最著名的一次，发生于1943年10月14日的索比堡。其实在这座灭绝营，类似的行动从未停歇过，但当华沙隔离区犹太人暴动的消息传到索比堡之后，促使这里的领袖人物开始思考使抵抗运动更加组织化的可能性。1943年春天，佐尔基夫“犹太人委员会”前任主席利奥·菲尔德亨德勒(Leon Feldhendler)建立了一个小型的地下秘密组织，并开始设计逃亡计划。以斯帖·拉布(Esther Raab)解释了个中原因：“你感觉你正在做些什么、正在计划些什么。你正试图做些什么。如果你能成功那当然好极了。如果不能成功，一颗子弹将射入你的后背——那也好过进毒气室。我曾向自己保证，绝对不进毒气室。”[49]他们最初的逃亡计划，包括给看守下毒、夺取他们的武器，然后逃跑。可惜，这个计划没能成功。党卫军发现了毒药，并枪杀了5名犹太人作为报复。菲尔德亨德勒也曾设想过向营地放火，然后趁警卫灭火之机逃走。然而，1943年夏天，党卫军决定在灭绝营周边安放地雷，这就使一切逃亡计划都更加复杂了。现在，逃离索比堡的唯一安全方式，就是通过营地的正门。

1943年9月，德国人在索比堡三号营区发现了一条逃亡地道，接着就处决了150名囚犯以示惩罚。当月底，从明斯克转运来一队苏联战俘。其中一位是亚历山大·佩歇尔斯基(Alexander Pechersky，1909—1990)中尉。这位老练的苏联红军军官很快就成为菲尔德亨德勒小组的领袖。佩歇尔斯基再次重新提出了逃亡地道的想法，不过后来又否决了这个方法，理由是洪水可能带来的麻烦。在菲尔德亨德勒的帮助下，佩歇尔斯基制订了一个新的计划，包括杀死灭绝营的主要党卫军成员、夺取营地兵工厂的武器，然后从营地正门杀出一条血路。10 月 11 日至 12 日，党卫军又屠杀了一大批囚犯，这促使抵抗者决定立刻采取行动。

后来，佩歇尔斯基形容了 10 月 11 日发生的事情："一批转运来的新囚犯刚刚到来。当这批人遵命脱光衣服之时，他们意识到自己将被带到哪里，于是纷纷开始跑、赤裸着跑。但是他们能跑到哪里呢？……所以他们跑到铁丝网那儿。在那里等待他们的是一排自动步枪射出的如雹般的子弹。很多人就地倒下而亡。其他人则被引领着，走向毒气室。"[50]

索比堡暴动的犹太人参与者。美国大屠杀纪念博物馆照片序列号 10625，米莎・列夫（Misha Lev）提供图片。

第二天，党卫军杀死了 18 名灭绝营内生病的犹太裔工人。佩歇尔斯基和菲尔德亨德勒的小组决定：行动的时候已到，因为他们将是下一批被处决的对象。

246 计划很简单。10 月 14 日下午 3 点 30 分，一小队囚犯将杀死 4 名关键的党卫军士兵。30 分钟后，另一些人切断营地的电话线。与此同时，其他党卫军人员将被单独邀请至营地的工作坊；囚犯将在那里杀死他们。下午 4 点 30 分，趁灭绝营的 550 名犹太工人排队接受点名之机，一些苏联战俘将夺取索比堡兵工厂的控制权。一旦他们获得武器，苏联战俘将加入工人的队伍，走向营区正门。逃亡者们的计划，是让大门看守以为工人们要排队出营执行某个特殊的任务。倘若党卫军士兵或者乌克兰看守切断了通过大门的逃亡路线，工人们将在铁丝网上割开一个洞，然后使用木头和砖块清理出一条穿越雷区的通道。

逃亡开始后，一开始一切都如计划者所愿。被安排杀死党卫军六级小队长瓦尔特·里巴(Walter Ryba)的切伊姆·恩格尔(Chaim Engel，生于1916年，卒年不详)对这次攻击是这样描述的："我刺死了我们的看守(里巴)。每刺一刀，我就大喊一声'这是为我父亲、我母亲、为所有被你杀害的犹太人'。刀子滑落了，割伤了我自己，我全身都是血。"[51]在灭绝营的另一个地方，一个乌克兰警卫发现了一个党卫军士兵的尸体。剩余的德国人，在乌克兰警卫的胁从下，在犹太工人向营区正门行进时，向他们猛烈地开火。逃亡者纷纷开始翻越铁丝网，或者在上面开洞，然后试图开辟一条穿越雷区的小径。托马斯·布拉特(Thomas Blatt)说，共有330名犹太人成功地逃出了灭绝营，但有80人在逃亡行动的最初阶段就惨遭杀害。犹太人的起义和逃亡令德国人大感惊骇，他们启动了一场大规模的追捕行动，并将逃亡者中的170人又抓了回去。还有90名逃亡者加入游击队，后来战死疆场或被当地波兰人所杀。62名索比堡灭绝营的犹太人在大屠杀中幸存了下来，其中有9名是这次行动之前逃出来的。德国人处决了所有人——包括被抓回的逃亡者和没能成功逃出去的囚犯。这次起义和逃亡行动令希姆莱大为震惊，恼羞成怒的他下令关闭索比堡灭绝营，并将这里改造成一个农场，同贝尔泽克一样，移交给一名前乌克兰警卫打理。 247

希姆莱还决定，鉴于华沙、特雷布林卡等地都发生了犹太人的暴动，将杀掉卢布林大区仍幸存的所有犹太人。他将这次为期两天的行动命名为"丰收庆典行动"。1943年11月3日，党卫军高级总队长兼警察部队上将、时任总督府"党卫军及警察高级领袖"的弗雷德里希·威廉·克吕格(Friedrich Wilhelm Krüger，1894—1945)负责在三个强制劳动营——特拉夫尼基、波尼阿托瓦和马伊达内克——监督集体屠杀计划的执行。党卫军总队长兼警察部队中将、时任卢布林大区"党卫军及警察高级领袖"的雅克布·施波伦贝格(Jakob Sporrenberg，1902—1951)，调遣了数千名"武装党卫军"和"秩序警察"执行这项高度机密的快速灭绝行动——在三个强制劳动营，48个小时之内，屠杀4.2万至4.5万名犹太人。大多数受害者是被枪杀的，不过在波尼阿托瓦，一群曾参加起义的犹太人在营房里被活活烧死。这场大屠杀结束后，党卫军还命令几百个犹太人清理现场，然后又枪杀了他们。

特雷布林卡

特雷布林卡是仅次于奥斯维辛的、夺去生命最多的灭绝营。从1942年7月23

日至1943年8月2日特雷布林卡暴动之日，德国人总共在这里屠杀了87.4万犹太人和几千名罗姆人。纳粹之所以选择这个地点，仍旧是因为其偏远的位置和为森林所环抱的隐蔽性。特雷布林卡一号营区于1941年夏天开张，起初是一个华沙大区波兰人和犹太人的强制劳动营，内部包含两个营地。特雷布林卡的强制劳工主要在马基尼亚火车站附近的一个采砾场和巴格河谷之内的一个灌溉区域内劳动。特雷布林卡一号营区规模很小，劳工数量始终徘徊在100至2 000人之间。从1941年至1944年，共有约两万人曾在特雷布林卡一号营区工作过，这些人中的半数，都将生命永远留在了那里。他们要么被处决，要么死于筋疲力尽或虐待。

格洛博奇尼克于1942年7月开设了特雷布林卡二号营区，这是一座纯粹的灭绝营。投入运行后不久，希姆莱就任命斯坦格取代党卫军三级突击中队长伊姆弗里德・埃贝尔(Imfried Eberl，1910—1948)，担任特雷布林卡二号营区的指挥官，很显然希姆莱希望一个有经验的人来运作这座德国第二大的集体屠杀机构。特雷布林卡位于华沙东北方向65英里。格洛博奇尼克最初在这里屠杀了华沙大区残存的36.6万犹太人，后来又杀害了来自拉多姆的33.7万、来自卢布林的3.5万和来自比亚维斯托克的10.7万犹太人。此外，还有来自欧洲其他地方的2.9万犹太人，也死在特雷布林卡。

特雷布林卡的运作方式与索比堡类似。不过，斯坦格对这里卸载和毒气处决受害者的总用时很不满，希望提高特雷布林卡屠杀行动的运作效率。他赴任之后，不仅将从火车车厢卸载囚犯的时间缩短了一半，而且在现已运行的三个毒气室基础上，又增加了十个。现在，任何一个窒息毒气室，杀死几百名犹太人，只需要约15分钟的时间。在两个或者三个小时之内，斯坦格就能够完成20个车厢受害者的卸载和毒气处决，这一“才能”令他自己非常自豪。他坚持先处决妇女和儿童，当然前者的头发要预先剃光。在斯坦格看来，特雷布林卡的犹太人和罗姆人都是彻头彻尾的“货物”。他记得有一次，与维尔特站在一个堆满犹太人死尸的大坑前，但丝毫都不觉得他们是人类的成员；相反，他们只是“一堆正在腐烂的肉”。在毒气室里，当他目睹一群行将死亡的囚犯时，他也怀着同样的想法。[52]

与维尔特一样，斯坦格认为，为了向新来的受害者掩盖其真实功用，对灭绝营的入口进行伪装是十分重要的：

> 在营地侧线外墙的平台上，我们建起了一座假的车站。附近的营地街区墙
> 248 上，都挂着候车室、小卖部、售票处等等假的标识。我们还伪造了一些指示牌，
> 写着换乘比亚维斯托克等地的字样。最具讽刺意义的是，我们还假造了一座

“医院”。它就坐落于管理部门所在的街区，在一座被高大、坚固的栅栏所包围的小型建筑里。要进入这座假医院，需要通过一座小木棚，我们还在上面挂了一幅红十字会的旗帜。穿过木棚子，就进入一座写着“候诊室”的小屋，里面摆着一些豪华的绒毛沙发。穿过假候诊室，是一个院子。我们已在院子里挖了一个坑。就在坑旁边，一名灭绝营的党卫军士兵将使用一把小口径手枪向受害者的后脑开枪。这座“医院”用于清算那些无法跟随大部队、快速从门口的坡道走向毒气室的囚犯，换句话说，这里是专门为生病者、残疾者、无人看管的儿童以及年老者准备的。[53]

通往特雷布林卡的纪念铁路。戴维·M·克罗提供图片。

犹太人“大屠杀”幸存者的证词，经常能给我们提供一些关于罗姆人命运的有用信息。在特雷布林卡这一点表现得特别明显。一位名叫雅克布·维尔尼克(Jakob Wiernik)的犹太劳工，向我们描述了一群罗姆人到达特雷布林卡之后的情景：

有一天，我正在大门附近劳动时，注意到德国人和乌克兰人正在做某种特别的准备工作。一名上士——这是个矮小、粗壮、约五十岁左右、面露凶相的男人——坐车离开营地好几次。正在这时，大门打开了，约1 000名吉卜赛人被带进营地(这是第三批运到这里的吉卜赛人)。其中有约二百人是男人，其余都是妇女和儿童。他们所有的家当都堆在身边的货车上——污秽的破布、撕烂的床单，还有各种行乞所得的物品。他们来到这里，几乎没有警卫看守，只有两个身穿德军制服的乌克兰人把他们带进来，恐怕这两个人也并不了解全部的真相。两名警卫开始办理相关手续，得到了一张转运交付完成的收据。甚至他们两人
249 也不得进入营区。他们本来提出进入要求了，可是只得到一个讽刺性的微笑。当手续都完成之后，他俩才从营区的其他乌克兰警卫那里获悉，自己刚刚运送的这批人，将被带进灭绝营。他们顿时脸色惨白，不敢相信刚刚听到的事实，并且试图进入营区。接着那个上士走出去，交给这两名乌克兰警卫一个密封的信封。他们就离开了。所有的吉卜赛人都被带进毒气室，然后被掩埋。

另一位犹太工人——西蒙·戈德伯格（Shimon Goldberg）描述了在特雷布林卡毒气处决罗姆人的情景：

> 我在那里的那段时间，他们杀了约两千名吉卜赛人。吉卜赛人都疯狂了，惨烈地尖叫着，试图打破毒气室的围墙。他们爬上墙壁，甚至试图打破安着栅栏的窗户。德国人爬到屋顶上，向里面开火，然后封死孔径，里面所有人都窒息而亡。[54]

特雷布林卡暴动

逃亡企图和小规模抵抗运动，是始终困扰特雷布林卡管理层的问题。在一些犹太人领袖——诸如朱利安·肖拉茨基（Julian Chorazycki, 1883—1943）、遭受争议的本杰明·拉科夫斯基（Benjamin Rakowski，出生年份不详，卒于 1943 年）以及马奇利·格拉夫斯基（Marceli Galewski, 1889—1943）——的组织下，灭绝营的犹太人也曾采取过一些大规模的行动。肖拉茨基是一位皈依了基督教的犹太人，后来被强制在灭绝营的党卫军诊所工作。他在 1943 年春天特雷布林卡二号营区第一次大规模逃亡行动的计划过程中，扮演了非常重要的角色。肖拉茨基与一个小型的秘密组织委员会合作，负责从乌克兰警卫那里购买武器，后者经常替灭绝营囚犯走私武器，以换取巨额贿赂。肖拉茨基博士购买武器的经费，来自“金子犹太人”——即那些被强制在毒气处决之后搜集和整理受害者衣物的犹太人。他们寻到的值钱物品，大多数被党卫军没收，但也暗自藏匿一小部分交给肖拉茨基博士。有一次，斯坦格的副指挥官、党卫军三级突击中队长库尔特·弗兰茨（Kurt Franz, 1914—1998）发现他私藏现金。肖拉茨基用一把外科手术刀攻击弗兰茨后，吞下毒药自杀。这次攻击令弗兰茨火冒三丈，即使肖拉茨基已中毒而亡，他还是丧心病狂地鞭打肖拉茨基的尸体。

特雷布林卡的其他地下抵抗组织成员继续肖拉茨基的未竟之业。1943 年 4 月，特雷布林卡起义者们吩咐一些“普策尔”(putzers)——即负责清洗党卫军制服和靴子的男孩——偷来一些手榴弹(这些男孩们，使用一位犹太人锁匠复制的钥匙，完成了这一壮举)。一旦获得武器，起义者就开始计划袭击灭绝营看守并逃亡的行动了。不幸的是，他们发现男孩们偷来的手榴弹里竟然没有炸药，只得把它们迅即放回了营地的武器库。继任肖拉茨基成为灭绝营犹太人“长老”的本杰明·拉科夫斯基主持制订了一个新的逃亡计划。可惜，当党卫军发现他私藏的用于购买武器的现金后，将他处决于“野战医院”。“野战医院”是特雷布林卡二号营区的管理者对营地内一些坑洞的称呼，党卫军在那里枪杀囚犯，或者掩埋转运途中死去的犹太人。

拉科夫斯基的继任者是马奇利·格拉夫斯基。华沙隔离区犹太人暴动的消息曾令他大受震动。他为组织委员会带来了新的活力，并开发了几套新的起义和逃亡方案。其中的第二套方案，涉及在 2 点 30 分至 4 点 30 分期间从灭绝营兵工厂偷窃武器，随即进攻营区指挥部和党卫军。起义者还打算切断营区的电话线，并向每一座建筑放火。一旦毁掉营房和毒气室，他们将会逃至周边的茫茫深林中。几经拖延，格拉夫斯基和组织委员会选定 8 月 2 日星期一的傍晚时分，作为起义的发动时间。

当天早些时候，一位负责在灭绝营喷洒消毒剂的犹太人劳工，在他的消毒剂罐里装满煤油，然后洒在营区木制建筑的地基周围。几位“普策尔”偷来一些武器和手 250
榴弹，这意味着当暴动开始的时候，起义者将拥有武器。然而，当党卫军四级小队长库尔特·库特纳(Kurt Küttner)在一个年轻的起义者处发现一大笔现金后，详细的起义计划瞬间分崩离析。为了避免暴露，其他起义者当场击毙了库特纳。此举标志着特雷布林卡起义的开始。

紧随其后的则是彻头彻尾的混乱。枪声和爆炸声响彻整个灭绝营，营区内 840 至 850 名囚犯中的 740 名开始攀爬铁丝网，使尽全身力气向外逃亡。很多人在铁丝网上被击毙，不过还是有几百人成功越过铁丝网，进入森林。卡尔曼·提戈曼(Kalman Tiegman)就是从灭绝营中逃脱的幸运者之一：“德国人骑马或者开车追踪我们。逃亡者中有的人拥有武器。和我一起跑的那些人，也拥有一杆来复枪和一把左轮手枪。人们向德国人还击，最后德国人撤回了。这样我们终于得以进入灭绝营旁边的森林。”[55]

特雷布林卡遇难者纪念碑。戴维·M·克罗提供图片。

在接下来的几天，德国人又抓回了约 100 名逃亡者。还有约 100 人藏匿在波兰境内一些地方，特雷布林卡逃亡者中约有 70 名在“大屠杀”中幸存了下来。

起义者在暴动过程中摧毁了灭绝营的部分建筑和设施，不过砖砌的毒气室却完好无损。这使得格洛博奇尼克能够继续向特雷布林卡运送犹太人，直至 8 月 19 日，他终于决定关闭这座灭绝营。斯坦格知道格洛博奇尼克肯定会因暴动一事惩罚他，果然，他被送往的里雅斯特。在那里，他将和格洛博奇尼克、克里斯蒂安·维尔特和弗兰茨·赖
251 希莱特纳一起，打击游击队。库尔特·弗兰茨接替斯坦格的特雷布林卡指挥官职务，并奉命销毁那里罪行的所有实体证据，后来他也去的里雅斯特加入斯坦格的部队。他驱使 100 名犹太人囚犯进行毁证工作，后来又送了其中的 30 名去协助拆除索比堡的建筑。特雷布林卡二号营区的清除工作一旦完成，这些犹太人奴工也都成为弗兰茨枪下的冤魂。这处地点被移交给一名曾在这里当差的、名叫斯特雷贝尔(Strebel)的乌克兰警卫种植农作物。他从原先的毒气室拆下来一些砖块，建造了自己在农场上的住宅。

截至 1943 年秋天，在“莱因哈德行动计划”和“丰收庆典大屠杀”期间，党卫军共屠杀了将近 180 万犹太人。然而，上文所述的这些灭绝营，仅仅是党卫军运作的各

种各样的屠杀机构和设施中的一部分，其他的还包括直至第二次世界大战的最后一刻，由党卫军发动的一切针对犹太人的行动。而且，与“莱因哈德行动计划”灭绝营内可怕的屠杀情景一样，在总督府境内的另外两个灭绝营——奥斯维辛和马伊达内克，纳粹德国及其胁从也同样犯下了滔天的罪行。

奥斯维辛

奥斯维辛一号营区入口，“工作使你自由”。戴维·M·克罗提供图片。

奥斯维辛给所有人呈现的，都是“大屠杀”最恐怖的印象，就像这里曾给艾希曼留下的印象一般。从1940年至1945年间，德国人将110万犹太人、14万至15万波兰人、2.3万罗姆人和1.5万苏联战俘驱逐至奥斯维辛，他们中的大多数都在那里被残忍屠杀。奥斯维辛的犹太人受害者中，一半以上来自匈牙利(43.8万)和波兰(30万)。罗姆人都来自大德意志帝国境内。此外，令奥斯维辛在人类历史上留下永远的印记的，还包括其他一些因素——无可名状的医学实验及其巨大的奴役劳工工厂体系。[56]

尽管所有的灭绝营都被分为若干个营区，奥斯维辛却是个特例，一方面是因为其规模，另一方面则是在于将其永久化的初衷。除了三个主要营区——奥斯维辛一号、二号和三号营区，这里还拥有一个由28块农业与工业“附属营区”组成的庞大网 252

络，1944 年之前，共有 4.15 万囚犯在这个网络中劳动和生活。奥斯维辛一号营区为“主营区”，这里是一座集中营。奥斯维辛二号营区——比克瑙，则是一座灭绝营。而奥斯维辛三号营区——布纳/莫诺维兹则是 I·G·法本的工厂，使用营区囚犯劳工生产合成橡胶。与“莱因哈德行动计划”下辖的一些小型灭绝营不同，奥斯维辛是一座占地 25 平方英里，由杂乱无序扩展的建筑和灭绝营等构成的复合建筑群。尽管从 1940 年至 1944 年期间，德国人向奥斯维辛运送了超过 130 万人，但在任何一个时刻，那里关押的囚犯只有 12 万至 15 万人。

从一开始，在人们心目中，奥斯维辛就背负着无情和残酷的恐怖名声。大部分暴行都是由营区内庞大的党卫军哨兵部队执行的。这支队伍截至 1945 年，共包括 4 480 名男性党卫军警卫和 71 名女性警卫。[57]协助他们的，是一支由营区囚犯领袖组成的大型分遣队。这些为德国人服务的人中，有的被称为“带队囚犯”（德文为 Kapos，意大利文为 capo，法文为 caporal），有的叫“营区或营房长老”（德文为 Blockälteste），或者“劳工领班”（德文为 Vorarbeiter）。在奥斯维辛二号营区比克瑙，由囚犯组成的“犹太人特遣队”负责清理毒气室中的尸体，并运至焚尸所火化。胡斯生动地描述了“犹太人特遣队”的工作：

> 他们从毒气室拖出尸体，拔掉金牙，剪掉头发，然后全部拖至深坑（作为焚尸所的补充设施）或者焚尸炉。最关键的是，他们必须保证深坑里的火一直燃烧着，倾倒出积累的油脂、在堆积如山的尸体上戳一些洞，以便进入更多的氧气。[58]

奥斯维辛一号营区的焚尸所和毒气室。戴维·M·克罗提供图片。

斯特拉·穆勒-马德伊是300名“辛德勒妇女”中的一个。1944年秋天，在她们被送入奥斯卡·辛德勒在布瑞恩利兹新建的工厂之前，她在奥斯维辛待过三个星期。斯特拉这样形容那里的女警卫反复无常、任意妄为的残酷行径：如果囚犯没有按要求在她们的囚服上缝制自己的号码，那警卫就强迫她们爬过压碎的砖块。斯特拉还记得，一个 253
“营区或营房长老”朝她脸上扔橘子果酱，原因是她在排队索取果酱时，手持面包的方式不对。遭受鞭打也是奥斯维辛囚犯日常生活的一个组成部分。[59]西姆·凯赛尔（Sim Kessel）被打的原因，用他自己的话说是“最具有价值的努力”——在两个月的时间里只装备出两个弹药板条箱。为此他必须得接受惩罚——侧背部鞭打25下：

> 我的惩戒者用力地挥舞鞭子，皮鞭割开皮肤和肌肉，几乎就触碰到全无保护的骨头。每抽一下，我的膝盖就不由自主地弯曲……当我一次次地试图站直时，我后背的血滴滴答答地流下来，我以为我的腰部已经瘫痪了。在接下来的至少一个星期里，我既不能坐下，也不能站直，只能贴着肚子躺下，以将痛苦降低到最小程度。去公共厕所才是难以名状的折磨，比遭受鞭打本身还要痛苦。[60]

约瑟夫·门格尔博士（左），鲁道夫·胡斯（中）和约瑟夫·克拉默（Josef Kramer）（右二）在奥斯维辛索拉胡特休息处合影。美国大屠杀纪念博物馆照片序列号34755，匿名捐赠者。

党卫军还在11号街区的地下室折磨囚犯，并使用外面的“黑墙”处决了1 000名以上犹太人。11号街区隔壁就是10号街区，党卫军内科医生正是在那里，使用囚犯，进行恐怖的医学实验。

即使没有被折磨至死，或者送进毒气室，奥斯维辛的囚犯也经常死于残酷的奴役劳动环境。在奥斯维辛一号营区的入口处，悬挂着一个“欢迎”标语——“工作使你自由”。现实却与这句“祝福”截然相反，因为奥斯维辛奴役劳工的预期工作期限，通常只有几个月。在此之前，大多数人就已被艰苦的工作环境和无情的虐待行为折磨致死了。即使勉强存活下来的，通常都成了一具“行走的骨骼”。鲁道夫·弗巴(Rudolf Vrba，1924—2006)描绘了奥斯维辛囚犯们日常的艰难生活：

> 我再一次目睹，100个人排成五队，向门口艰难地行进。弗里斯[指党卫军四级
> 254 小队长雅克布·弗里斯(Jakob Fries)]，人高马大、不知疲倦的弗里斯，和平常一样，挥舞手上一根巨大的棍子，剔除病弱者，同时咒骂着，还偶尔朝“带队囚犯”踢上几脚。
>
> 我看着那些被剔除出来的人，大步慢跑回营地，匆匆进行着可悲的尝试，他们知道，事到如今只剩下唯一的希望了。他们都是一些“活死人”，出于一些奇怪的原因，被认为是穆斯林，他们眼神空洞、肉体几近消逝、血液稀薄得像水一样。他们排着散乱的队伍，在那里，一些正直的囚犯监工也许会给他们一份工作维持生计，否则，他们知道，就只能进入医院收容，这就意味着一剂苯酚打入心脏与死亡。[61]

集中营内的工作意味着难以想象的痛苦。根据普里莫·列维(Primo Levi，1919—1987)的描述，那些长期营养不良的工人却试图将一个庞大的两吨重的铁桶从一辆货车上卸载下来，并通过“木枕”运送到附近的工厂。

> 但是那木枕焊在地上，重约175磅；这基本上就是我们力气的极限了。我们中比较强健的人，两人配合，能扛着走几个小时；对我来说那真是一种折磨，我的肩膀不堪重负而残废了。走了一圈之后我就因劳累过度丧失了听力，而且几乎瞎了，只要不让我再继续受这种折磨了，我什么卑贱的事情都愿意做。[62]

丽娜·科恩里希·加里森(Rena Kornreich Gelissen)曾与其他一些囚犯一起搬运一堆砖块，她谈到席卷她内心的痛苦和恐惧。女警卫命令所有青年女性排成一队，一个挨一个地传递砖块，并不停地吆喝“快点！快点！”很快，“血液从我的双手渗透出来，”她回忆道，“砖块尖利的边缘刺入我们的手掌，一次次地刺伤我们。”[63]

一个名叫奥托·罗森贝格(Otto Rosenberg)的罗姆人囚犯，将自己在奥斯维辛做奴役劳工的经历形容为“毫无意义的工作”。用铁铲“将沙子或者石头从一处运送到另一处”，给卡车装载水泥和石块。“当你扛着100公斤(220磅)的水泥袋子，而行动不够迅速，他们就在你的肩膀上再压上一袋。”[64]

对奥斯维辛的所有囚犯而言，饥饿和口渴是永恒的状态，因为他们真正得到的食物供应量，仅仅是配给量的很少一部分。奥托·罗森贝格回忆道："我们只准喝茶。不能喝水。任何人，试图获取水和喝水，如果被抓住，将被鞭打致死，因为水容易传播斑疹伤寒。他们希望阻止斑疹伤寒的传播。"

尽管如此，人们还是不断地找水，以至于营区管理机构都关闭了水闸，以阻止犯人饮水。不过罗森贝格还是在他的外套里藏了一只红色的杯子，趁没人看管之机，从某个关闭的水龙头里接一点凉水。"你必须打开水龙头，用嘴吮吸，一旦感到水流涌出，就用舌头堵住水管。然后我端着杯子紧贴着水管。从里面滴下来一些水。我吸出来的含在嘴里的那些水，我也吐回杯子里。"[65]

奥斯维辛的管理人员中腐败行为蔓延，他们总是把最好的食物扣留下来，自己吃或者拿去卖。面包通常都是锯末和生面团做的，所谓的汤则是营地周围的荒草、死老鼠、人类毛发等物的混合物。一般的奥斯维辛奴役劳工每日只靠 750 至 1 500 卡路里的能量生存。根据法国政治犯夏洛特·戴尔博(Charlotte Delbo)的说法，女性囚犯每日的早餐是替代咖啡、午餐是水状的汤、晚餐则是干面包。冬天的早晨，偶尔会有茶水供应：

> 喝茶意味着在一场野蛮拔河中的胜利，意味着棍棒混战、肘击、掌掴和尖叫。由于口渴外加发烧，我们在一片混乱中头晕眼花、天旋地转。我们站着就喝完了茶，那些担心喝不到和想出去的人把我们挤得东倒西歪，因为一旦他们站起身来， 255
> 即必须迅速离开。随着最后一阵哨响，所有人都必须"迅速行动"。[66]

一名叫佩拉吉雅·来文斯卡(Pelagia Lewinska)的波兰囚犯，对恐怖的口渴状态记忆犹新：

> 从一开始口渴就煎熬着我们，第一勺汤喝起来就像硝石的味道。供应给我们的咖啡或者液体根本就不足以祛除我们体内的盐分。在很多街区，特别是犹太妇女居住的街区，到了晚上根本就什么喝的都没有。这些可怜的妇女围在其他棚屋周围，或者在路上缠着我们，祈求我们卖给她们一点水，任何价格都可以。为了那么一点水，她们愿意放弃所有食物。[67]

"死亡工厂"：奥斯维辛二号营区比克瑙

奥斯维辛二号营区比克瑙距离"大本营"两英里路程。胡斯将一座老农舍改造成了这里的第一个毒气室。后来，他又逐渐建造了四个大型的焚尸—毒气室(二号、三号、四号和五号)，并计划建造第五个(六号)。奥斯维辛一号营区也有一个焚尸所(一号)。比克瑙由三片营地组成(B1，B2 和 B3)，共下属九片附属营地(B1a-b，B2a-

B2f 和 B3 区）。比如说 B2b 区就是特雷西恩施塔德家庭营区，而 B2e 区为吉卜赛人家庭营区。每当运送受害者的火车抵达比克瑙，胡斯就是用类似于“莱因哈德行动计划”中开发的方式，进行卸载、毒气处决与处理尸体。一旦走下火车，受害者就分成男女两队，并被迫放弃自己的所有私人物品。当他们排队前往约四分之一英里远的毒气室时，将穿过一个由党卫军内科医生组成的小组，后者通过左手或者右手打手势，决定谁将被送入毒气室，谁将作为奴役劳工暂时苟活。当囚犯抵达某个毒气
256 室的入口时，他们将看到指示牌上面写着：“通往浴室”和“通往消毒室”，他们将遵循着指示走下楼梯。进入脱衣区域时，“党卫军”军官和犹太人“特遣队”成员将向他们保证，他们洗完澡后，将获得新的衣服，然后再送他们去劳动营。如果一次送进来的受害者过多而出现了积压，多出来的人将被带到灭绝营后部用枪处决。毒气行刑完成之后，党卫军医生将选择一些尸体用于解剖实验。

通往奥斯维辛二号营区比克瑙的入口。戴维·M·克罗提供图片。

胡斯本人很少观看毒气处决的过程。在一次目睹毒气室内受害者的情形后，这名奥斯维辛指挥官这样描述他的记忆：

> 门很快被闩住了，毒气从毒气室天花板上的通风孔中释放出来，一根杆直通地板，以确保毒气的迅速扩散。我们通过门上的窥视孔可以看到，站着离通风口最近的人，立刻就毙命了。据说约三分之一的人即刻死去。剩余的人蹒跚踱步、开始尖叫，并拼命地寻找新鲜空气。不过，尖叫声很快就被死前的喉鸣所取代，几

分钟后，所有人都直挺挺地躺着……毒气释放半小时后我们打开门，同时开启通风设备……这时特别分遣队出动，移除死者的金牙、剪掉妇女的头发。之后，尸体通过升降机，堆到焚尸炉前，与此同时给焚尸炉填满燃料。根据尸体的大小，一个焚尸炉同时最多能放进三具尸体。火化尸体所需的时间……大约是20分钟。[68]

毒气室的毒气排空之后，犹太人“特遣队”将进入毒气室，寻找金子和其他藏匿的物品。他们在一个焚烧炉里烧掉不值钱的东西，然后将尸体搬运上楼等待焚烧。他们还要分拣骨灰，将骨头和其他存余物分开。所有骨灰都被倒进维斯杜拉河或当地的小河或水塘，其他的尸体残余物则被碾碎后埋入附近的深坑。

其他囚犯将分类和储藏受害者留下的食物、衣服和其他私人用品。从犹太人和其他种族的受害者遗物中偷来的东西将被分别储藏在几十个营房里，奥斯维辛的囚犯们给这些地方起了个绰号叫“加拿大”，他们将这个名字与财富、繁华等联系在一起。大多数还有用处的东西都交给党卫军处置，或者在波兰或乌克兰的海外日耳曼族人殖民地内分发。1943年2月，胡斯从奥斯维辛和马伊达内克运出了824火车皮的货物，送给德意志境内其他地方的居民使用。当苏军于1945年1月进入奥斯维辛之时，他们找到了约35万套男性西装、80万条以上女性裙装，还有很多私人物品，此外，那里还堆放着大量儿童服装，以及将近7吨重的人类头发。

奥斯维辛二号营区比克瑙的“加拿大”仓库。美国大屠杀纪念博物馆照片序列号50788，摄影者为斯塔尼斯拉夫·卢奇科(Stanislaw Luczko)，“波兰国家纪念协会”提供图片。

吉卜赛家庭营

1942年12月16日，希姆莱下令将大德意志境内的所有“吉卜赛混血儿”运往奥斯维辛。这名党卫军头子深深地迷恋关于雅利安民族起源的神话，竟为此建立了“祖先遗产研究与教学协会”(Ahnenerbe Forshcungs-und Lehrgemeinschaft)，以便调查雅利安主义的起源。希姆莱确信，纯种的罗姆人群体——诸如信德人和拉勒瑞人——由于其印度—日耳曼或印度—雅利安的起源，可以为破解这一神话提供关键的线索。所以，当他策划将罗姆人驱逐出大德意志帝国的方案时，打算将纯种的信德人和拉勒瑞人排除在外，以便进一步研究。希特勒的私人秘书马丁·鲍曼，在1942年12月3日给希姆莱写了一封信，反对他的纯种罗姆人豁免方案：

> 我认为你的专家[指格奥尔格·瓦格纳(Georg Wagner)博士，“祖先遗产研究与教学协会”的罗姆人问题专家]的观点太过分了。对这样一个种族上纯粹的吉卜赛群体采取特殊的对待政策，从根本上偏离了现行的措施。我们执行这些措施，是为了反抗吉卜赛瘟疫。而你们的豁免方案，将为普通老百姓和低阶
> 257 党的领袖阶层所不解。你们要重新给予这部分吉卜赛人他们旧有的自由权利，
> 元首也不会批准这样的方案的。[69]

希姆莱后来私下与希特勒和鲍曼会面，并最终说服元首站到了他这一边。于是他于12月6日发布法令，只简单地提到要将“吉卜赛混血儿”运往奥斯维辛。1943年1月29日，“德意志帝国刑事警察办公室”发布备忘录，宣布所有大德意志德国和巴尔干诸国境内的“吉卜赛混血儿”和其他罗姆人群体将被围捕，并运往奥斯维辛的吉卜赛家庭营，并公布了详细的实施方案。例外者包括与其他族群结婚的罗姆人、已归化的罗姆人、在军队服役的罗姆人、有特殊技能的罗姆人工人、拥有外国国籍的罗姆人，以及以上罗姆人的子女和配偶。然而现实是，自从“德意志帝国刑事警察办公室”给予“帝国刑事警署”的官员决定谁将被驱逐、谁是例外者的大权之后，真正享受到豁免权的罗姆人是少之又少的。更糟的是，帝国刑事警署要求所有被允许留在德意志帝国境内的罗姆人接受强制绝育。首次围捕行动发生于1943年2月，到这一年年底，帝国刑事警署已将将近1.8万罗姆人运至奥斯维辛，截至1944年春天，奥斯维辛之内共监禁着2.3万罗姆人。他们中的大多数人，都将生命永远留在了那里。

在吉卜赛家庭营之内的生活极度艰苦、疾病蔓延。赫尔曼·朗贝因(Hermann Langbein, 1912—1955)是奥斯维辛的地下组织领袖，同时担任党卫军二级突击大队长、奥斯维辛的党卫军首席医师爱德华·维尔茨博士(Dr. Eduard Wirths, 1909—1945)的秘书。根据朗贝因的回忆：

吉卜赛人全部都营养不良。我负责控制和品尝他们厨房内的食物。大多数时候他们只有谷物汤,不,更准确地说是清汤,上面飘着几颗谷物。关在这里 258
的吉卜赛人通常都瘦成了骨架。有一次我去厨房,发现那里的食物没达到规定的 1 680 卡路里。我立刻写了一个备忘录,但哈特延施泰因[指党卫军一级突击大队长弗雷德里希·哈特延施泰因(Friedrich Hartjenstein, 1904—1954),奥斯维辛二号营区比克瑙指挥官]说:"哦,他们毕竟仅仅是犹太人而已。"

罗姆人,特别是罗姆儿童,特别容易罹患一种严重的疾病,名为"诺玛症"(即脸部干性坏疽症,或称"走马牙疳")。"这些孩子都是皮包骨。薄薄的皮肤与骨头相摩擦,很容易感染。生病的孩子也只能喝洗涤衣物后用剩的水,因为也没有别的水能喝。有时候他们把儿童的毯子(在病房营地)洗了,然后还没晾干就拿回来铺在床上。""走马牙疳"让朗贝因想起麻风病:"他们小小的身体,被巨大洞孔侵蚀着,有时候脸颊上的溃烂如此之大之深,我们都可以看透到另一边,疾病就这样使一个个鲜活的肉体慢慢腐烂。[70]

1944 年春天,希姆莱决定关闭吉卜赛家庭营。在那个时候,仍有约 6 000 罗姆人被关在比克瑙,奥斯维辛一号营区也有 1 500 人。1944 年 5 月 16 日早上 7 点,党卫军部队包围了比克瑙的罗姆人营区。此前一天,党卫军三级小队长、吉卜赛家庭营的指挥官格奥尔格·伯尼古特(Georg Bonigut),将上级清算家庭营的计划,告诉了一位为他工作的罗姆人。当党卫军士兵就位之后,罗姆人手持各种原始的武器,冲出营房,准备与党卫军决一死战。罗姆人家庭营周边还有很多犹太人营区,彼此仅仅以一条安装了倒刺的铁丝网隔开,党卫军担心暴力对峙可能使冲突蔓延至其他营区,只得放弃进攻。在接下来的三个星期中,德国人逐渐压缩吉卜赛家庭营的规模,为此将其内三分之二的囚犯都运送至帝国境内的各处劳动营。8 月 2 日,党卫军又将奥斯维辛一号营区的罗姆人运至布痕瓦尔德。8 月 3 日晚上——这一天被称作"吉卜赛之夜",党卫军围捕了比克瑙残余的所有 2 897 名罗姆人,把他们全部送进了毒气室。

当德国的罪犯们使用棍棒、牵着狗,对营区内的妇女、儿童和老人任意施暴时,可怕的最终场景通过声音传到我们的耳中。一位年轻的、说捷克语的小伙子突然发出一声绝望的惨叫:"求求您,党卫军先生,请让我活下去。"一阵棍棒之声就是对这个乞求的回答。最终,所有囚犯都被塞进卡车,运往焚尸所。他们再一次企图抵抗,很多人抗议说,他们是德国人。

最恐怖的情景发生了。妇女和儿童都跪在门格尔和伯格尔[即党卫军五级

> 小队长，威廉·伯格尔(Wilhelm Boger，生于1096年，卒年不详)]面前哭号："可怜可怜我们吧。"一切都无济于事。士兵无情地鞭打她们、践踏她们，将她们推上卡车。那是一幕无比可怕的景象。有些人遭受了一顿鞭打，已昏死过去，她们也被扔上卡车。[71]

在比克瑙残存的罗姆人被送进毒气室之前，吉卜赛家庭营的医生约瑟夫·门格尔博士(Dr.Josef Mengele，1911—1979)，在十二对罗姆裔双胞胎的胸前画上"Z.S."的标志。他在这个营区拥有一个实验室，希望保留这些人的尸体，用来做未来的医学实验。[72]

奥斯维辛一号与二号营区的医学实验

纳粹最惨无人道的实验都是在奥斯维辛进行的。在欧洲范围内，从1939年至1945年间，德国人创设了75个医学实验项目。约200名内科医生和他们的团队在7 000名以上的受害者身上，进行了可怕的实验。共有两个医学实验项目在奥斯维辛进行。一个由党卫军二级突击大队长卡尔·克劳贝格博士(Dr. Carl Clauberg，
259 1898—1957)主持，他原先是柯尼斯堡大学的妇科医学教授。1933年他加入纳粹党，因为对纳粹运动的狂热支持，而得以在党卫军军阶序列中迅速攀升。克劳贝格的专业是治疗不孕不育症。1940年，他与希姆莱见面，并告诉后者自己的计划：建立一个专门治疗不孕不育症的机构，并寻觅廉价、快速的非医学途径，对病人施行绝育。希姆莱只对克劳贝格方案中施行绝育的那一部分感兴趣，遂同意资助他的研究。1941年，希姆莱建议克劳贝格将其项目搬到柏林郊外的拉文斯布吕克妇女营。然而，克劳贝格成功说服希姆莱，同意他在奥斯维辛建立新的实验室，理由是这里更加靠近克劳贝格设在柯尼斯堡的诊所。

克劳贝格曾一共对700名以上的受害者进行过实验，其中很多是在奥斯维辛一号营区位于第10街区的医学实验室内进行的，实验对象都是犹太人或罗姆人妇女。克劳贝格的一位受害者陈述道：

> 克劳贝格博士命令我平躺在一架妇科检查台上。我能看到西尔维娅·弗里德曼(Sylvia Friedman，一名监狱勤务兵)正在准备一支注射器，注射器前端带着一根长针。克劳贝格博士用这支注射器，扎向我的子宫，给我注射(福尔马林)。我的肚子剧痛，感觉像要快爆炸了。我开始大声惨叫，可能整个街区都能听到我的惨叫。克劳贝格博士严厉地告诉我立即闭嘴，否则我将被立即送回营区，送回比克瑙(也就是毒气室)……自从那次试验之后，我的卵巢就发炎了。[73]

克劳贝格的助手，是一名曾经的主任药剂师——约翰内斯·格贝尔博士(Dr.Johannes Göbel，1891—1952)。后者在为德国先灵制药公司工作时，曾主持开发了福尔马林(一种甲醛、水和氧化甲醇的混合物)。后来他们发现，福尔马林对实施绝育效果不佳，不过克劳贝格仍不顾奥斯维辛其他医生的批评，继续在自己的试验中使用福尔马林。1944年底，他带着一些病人逃到拉文斯布吕克妇女营。后来红军抓住了他，接受审判后，苏联的一个法庭判处他25年监禁。1955年获释后他回到联邦德国，但仍顽固不化地到处吹嘘他的“成就”。不久他再次入狱，1957年神秘地死去。

党卫军二级突击大队长兼纳粹空军中尉霍斯特·舒曼博士(Dr. Horst Schumann，1906—1983)也在10号街区工作。他使用强X光，强制绝育了约1 000名犹太人和波兰人。他的大多数“病人”，在绝育的执行过程中就死去了。对幸免于死者，他移除女性的卵巢，割去男性外生殖器。1945年初他也离开奥斯维辛，加入克劳斯贝格在拉文斯布吕克妇女营的实验室，并在那里使用罗姆妇女作为实验对象。爱德华·维尔茨博士和他的兄弟赫尔穆特·维尔茨博士(Dr. Helmut Wirths)则在10号街区开展宫颈癌研究。这个街区还是党卫军下辖的“武装党卫军卫生研究所”的一个小型分支机构的所在地；这个机构的头目是党卫军一级突击中队长布鲁诺·韦伯博士(Dr. Bruno Weber，1915—1956)，他和他的手下在病人身上开展痛苦的血液和细菌试验。

然而，奥斯维辛最臭名昭著的医学实验，是由党卫军一级突击中队长约瑟夫·门格尔博士主持的。此人确实是一名才华出众的医学专家，拥有慕尼黑大学哲学博士学位和法兰克福大学医学博士学位，专业领域是遗传性与生理特征之间的关系。当战争打断他的研究进程后，门格尔开始为多支“武装党卫军”部队服务，直至在苏联的一次行动中负伤。后来，他请求转岗至某个集中营。1943年春天，门格尔被送至奥斯维辛。维尔茨很钦佩门格尔的医学水平，遂任命他当上吉卜赛家庭营的主任医师。门格尔对双胞胎以及感染“走马牙疳”症的罗姆儿童特别感兴趣，此外他还进行关于侏儒的实验。[74]他的希望是，自己的研究能够“对社会及其预防卫生学进行 260
生物学和医学意义上的净化”。[75]

门格尔在法兰克福大学的导师是奥特玛·弗雷尔·冯·费许尔(Otmar Freiherr von Verschur，1896—1969)，此人后来成为声望很高的柏林“威廉皇帝人类学、人类遗传学及优生学研究所”所长。他帮助门格尔获得了一笔政府资助，以便在奥斯维辛开展关于双胞胎的研究。门格尔在奥斯维辛期间，还协助费许尔在“威廉皇帝研究所”的工作，向他提供了很多有关罗姆人、双胞胎、人类头部、眼球和其他器官的数据，以便费许尔开展进一步的“研究”。战争结束后，联邦德国政府以费许尔战争期间进行非法活动为由，对他处以600马克罚款。1951年直至1969年去世，他一直在明斯特大学担任人类遗传学专业主任。

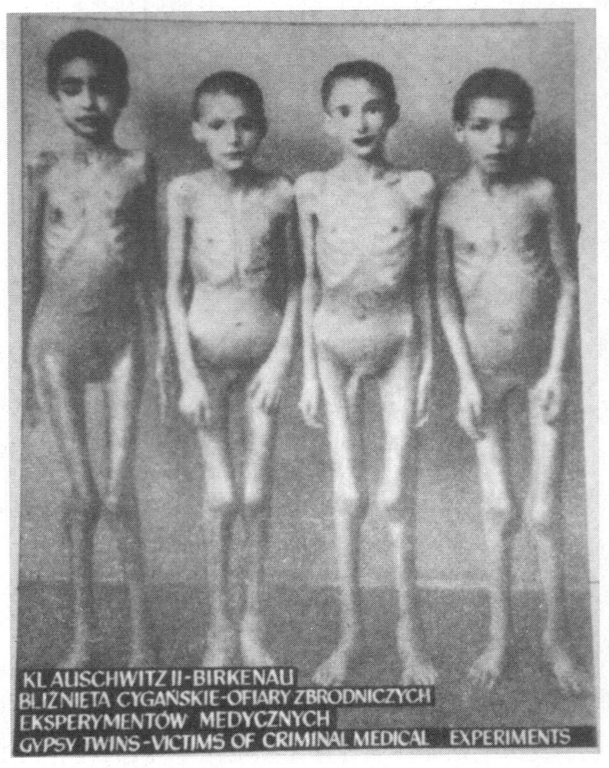

门格尔实验中使用的罗姆人双胞胎。戴维·M·克罗与奥斯维辛国家博物馆提供图片。

为了加强研究团队的实力，门格尔下令将享誉世界的犹太裔儿科医生贝托尔德·爱泼斯坦博士（Dr.Bertold Epstein）转运至奥斯维辛二号营区，治疗身患“走马牙疳”的罗姆儿童。爱泼斯坦的助手鲁道夫·维特克-魏斯科普夫博士（Dr.Rudolf Vitek-Weisskopf）是这样描述“走马牙疳”的：“先是口腔内侧粘膜上出现一个水泡，然后迅速扩展，直至水泡覆盖至整个面部皮肤。面部组织迅速衰退，很快整个口腔就完全暴露在外了。通常腐烂过程还会迅速蔓延至颧骨，这时候如果病人还没死，他的半张脸将被彻底毁坏。”[76]

党卫军关闭吉卜赛家庭营之后，门格尔将研究重点转向特雷西恩施塔德家庭营的犹太人囚犯，在那里，他的助手是一名来自匈牙利的犹太裔医生——尼茨利·米克洛斯博士（Dr.Miklos Nyiszli，1901—1956）。“吉卜赛之夜”之后，门格尔命令尼茨利对12对罗姆人做双胞胎畸形依次病理学研究，这些孩子是他从焚尸炉中预留出来的。尼茨利在他的回忆录《奥斯维辛：一名医生的亲历陈述》中，描述了他与门格尔的合作经历，以及那些在毒气室和焚尸炉工作的"犹太人特遣队"的生活状态。他的这部回忆录也为2001年的电影《灰色地带》提供了剧本的基础。门格尔也与其他"党卫军"内科医生一起，对新近运送至比克瑙灭绝营的囚犯进行"筛选"，而且，似乎还是少数几个对这项生死抉择的工作颇感享受的人之一。

门格尔在吉卜赛家庭营内开设了一个幼儿园，专门收容实验所用的儿童。他为这些孩子提供较好的食物、玩具，甚至还有一个游乐场。而这些孩子也善意地称他为"佩皮叔叔"。然而，这所幼儿园仅仅是为应付党卫军领袖的访问而创造的展示品。从1943年至1944年，门格尔究竟在多少孩子身上做了实验，现在已很难确切统 261
计，但尼茨利博士说他们共从整个奥斯维辛范围内选取了几百个孩子。

海因里希·希姆莱(中左者)访问奥斯维辛三号营区布纳/莫诺维兹。美国大屠杀纪念博物馆照片序列号50777，"波兰国家纪念协会"提供图片。

门格尔对作为其实验对象的双胞胎进行各种精确的测试。他经常抽取这些孩子的血液，或者给他们输血，以上行为都经常导致实验对象的死亡。有一次，门格尔将一对吉卜赛双胞胎缝在了一起。一个名叫薇拉·亚历山大(Vera Alexander)的犹太人护士，描述了这个惨烈的过程：

有一天，门格尔带来巧克力和一些特制的衣服。第二天，根据门格尔的指示，

> 一个党卫军士兵前来带走两个孩子，碰巧是我最喜欢的两个孩子：吉多和尼诺，他们大约四岁。两三天后，党卫军把他们带回来了，当时的情景令人毛骨悚然。他们被缝在了一起，就像暹罗连体双胎一样。其中一个驼背的孩子，被绑在另一个孩子背上，他们的手腕也绑在一起。门格尔将他们的静脉都缝在一起了。他们身上的伤口污秽不堪，严重溃烂。坏疽发出浓烈的臭气。一整夜，这两个孩子都在哭号。后来他们的母亲不知从哪里弄来吗啡，终结了他们的痛苦。[77]

奥斯维辛三号营区布纳/莫诺维兹

每当新运送来的囚犯抵达奥斯维辛，他们将立刻接受筛选，要么被隔离检疫，要么被处死：

> 在那个斜坡上，极少数死亡筛选中的“欢乐”幸存者，将被驱赶至隔离检疫营房，在那里，他们将经历一系列固定程序，目的在于摧毁他们的身份认同、个性品格以及随之而来的——抵抗能力。他们先被带到15街区与16街区之间的院子里，受命脱光所有衣服。他们的头发全部被剃光。然后，囚犯们跑步去旁
> 262 边的一个公共浴室，冲个凉水澡。接下来，他们再跑去另一个院子，德国人在那里发给他们极不合身的蓝白条狱服和木屐。根据囚犯类型的不同，他们的狱服上打着不同颜色的三角性标记——绿色代表专业罪犯、红色代表政治反对派、黑色代表卖淫和其他“反社会罪行”、粉色代表同性恋、紫色代表“倡导圣经”的“基要主义者”①（每个类型的囚犯，都在代表其类型的彩色三角形上，再打上一个黄色的三角形，这就形成了一个“大卫星”）。最后，狱卒再给每个囚犯的前臂上烙上他们的囚禁号码，并告知所有人，以后，他们不再有名字，只有号码。[78]

在隔离检疫中幸存下来的囚犯，将被送进一个强制劳动单位，可能在奥斯维辛一号营区或二号营区比克瑙，也可能在奥斯维辛三号营区布纳/莫诺维兹的复合企业，或者其附属的某个营区；还有一些囚犯被选出来预留做医学实验使用。附属营区有多种类型，但大多数使用犹太人奴役劳工作为劳动力；很多附属营区并不在奥斯维辛附近，那里的囚犯在工厂、矿井等其他场所工作，这些设施和设备都属于几家德国的大企业，诸如I·G·法本、克虏伯、西门子-舒克特，以及赫尔曼·戈林的维尔克公司。约三分之二的附属营区都在为德国的军事工业进行生产。这些工厂从党

---

① 基督教基要主义，意称原教旨基督教，是基督教内从19世纪末开始的一个运动，主张圣经绝对无误，反对自由派神学（或称现代派神学），反对对于《圣经》的高等批判，现在常常被用于一个比较窄的含义，指比一般福音派更严格地按字面理解圣经的神学派别。——译者注

卫军那里租借劳工（约三分之二的劳工都是犹太人），租金是男性劳工一天 5 波兰兹罗提（约合 1.56 美元）、女性劳工一天 4 波兰兹罗提（约合 1.25 美元）。党卫军允许这些工厂每天从租金内扣除最多 1.6 波兰兹罗提作为劳工的“生活费”。[79]

奥斯维辛的抵抗

奥斯维辛庞大的奴役劳工群体，决定了其地下抵抗运动的广度。地下抵抗运动不仅包括叛乱、逃亡计划的制订和实施等，还包括将同胞从死亡中拯救出来的尝试。1943 年，三个营区共同建立了一个由各国囚犯组成的“奥斯维辛战斗小组”。在特雷西恩施塔德家庭营，一批年轻的捷克锡安主义者组织了一个单独的抵抗小组。可惜，其领袖之一弗莱迪·希尔施（Freddy Hirsch，出生年份不详，卒于 1943 年）自杀之后，这个小组的起义计划也破产了。奥斯维辛营区内的个人和组织，都与那些有机会接近食物和药物供应的囚犯建立了联系。然后，地下组织再用这些物品贿赂持同情态度的警卫，以此建立与外部世界的联系。奥斯维辛地下组织中的一些成员还能够打探到战争的演变进程，并通过波兰人的地下组织，向伦敦的英国政府传递有关奥斯维辛的最新情况。

尽管如此，那些最勇敢的抵抗行动，总是爆发于计划之外。1943 年 10 月 23 日，1 800 名波兰犹太人转运到达奥斯维辛。他们对自己的命运浑然不觉。同样的，男女被分开，妇女被送往二号焚尸所，男性被送往三号焚尸所。直到她们开始脱衣服时，有些妇女才意识到，她们即将被送去执行死刑。一个妇女脱光后，突然将衣服扔向党卫军六级小队长约瑟夫·席林格（Joseph Schillinger），并夺下了他的手枪。她向席林格连开三枪，并打伤了另一名警卫——威廉·埃梅里希（Wilhelm Emmerich）。一位幸存的波兰人吉杰·塔布尤描述了接下来发生的事情：“其他妇女赤手空拳，放倒好几个党卫军；一个人鼻子被咬伤了，一个人的脸被抓破了……一些妇女被就地枪决，剩余的则被带进毒气室残杀。席林格在被送往医院的途中死去。埃梅里希后来恢复了健康。不过，他的腿永远地瘸了。”[80]

奥斯维辛最激动人心的起义爆发于 1944 年 10 月 7 日。当时，300 名专门负责 263
处理尸体的犹太人“特遣队”成员，突然听说希姆莱关闭奥斯维辛的计划，于是炸毁了四号焚尸所，并用锤子和斧头，与党卫军士兵战斗。在这次暴动中，党卫军屠杀了 451 名犹太人，后来又处死了很多涉嫌参与起义计划的人。

10 月 7 日起义之后，希姆莱下令捣毁奥斯维辛一号和二号焚尸所，并将仍可利用的设备运往大罗森集中营。接下来，他又派遣了一支特殊部队，前往奥斯维辛，移除一切比克瑙集体屠杀的证据和痕迹，然后在掩埋骨灰的大坑上种树，以便彻底改造这片区域。1945 年 1 月 17 日，德国人开始强制奥斯维辛存余的 5.8 万囚犯步行向西迁徙。很多人死在这趟艰苦的迁徙途中。10 天后，苏联红军解放奥斯维辛。这里曾经十分庞大的囚犯人口，如今只剩下了约 7 000 名患病或者垂死的人。

奥斯维辛二号营区比克瑙的二号焚尸所废墟。戴维 · M · 克罗提供图片。

马伊达内克

与奥斯维辛一样，马伊达内克也是一座不停扩建的灭绝营兼强制劳工营（占地 676 英亩）。1941 年夏天，希姆莱命令格洛博奇尼克在卢布林市郊开辟一个容纳 2.5 万至 5 万强制劳工的劳工营。格洛博奇尼克后来使用马伊达内克的囚犯，在卢布林区域建筑了一座党卫军中心，后来这里成为党卫军在苏联境内的作战基地之一。马伊达内克刚开张的时候，叫“卢布林武装党卫军战俘营”。在马伊达内克存在的三年时间里，50 万以上的囚犯被运送至此。其中的 36 万人，却是有进无出，他们中的 60%都是死于恶劣
264 的劳动环境、营养不良和疾病。受害者中有 10 万名波兰人、8 万名犹太人，还包括 5 万名苏联战俘。[81]他们要么死于严酷的生存条件，要么将生命永远留在了马伊达内克灭绝营的绞刑架、断头台，或者四个毒气室中的一个里。这四个毒气室，两个既可以使用一氧化碳，也可以使用“齐克隆 B”毒气，另外两个只能使用“齐克隆 B”。奇怪的

是，大多数卢布林隔离区内的犹太人死在贝尔泽克而非马伊达内克，不过，在这座隔离区于 1944 年夏天被最终关闭之前还是有好几千人被送往马伊达内克处决。

在马伊达内克区域内，布满了若干强制劳工的附属卫星营区，还有一个设在华沙。主营区由两百名党卫军士兵和 900 至 1 200 名警卫看守和运营。警卫大多是立陶宛人，或者来自克罗地亚和罗马尼亚的“日耳曼裔人”。马伊达内克的首任指挥官是党卫军联队长卡尔·奥托·科赫(Karl Otto Koch，1897—1945)，他曾是布痕瓦尔德集中营的指挥官。希姆莱很喜欢科赫，因此无视他人对布痕瓦尔德管理腐败和行为残酷的指控，而坚持将科赫和他的妻子伊尔斯·科赫(Ilse Koch，1906—1967)派到了马伊达内克。伊尔斯·科赫被称为“布痕瓦尔德的女巫”，她和她的丈夫很快就与党卫军发生了严重的冲突，后者再一次指责他们在马伊达内克犯下了与在布痕瓦尔德同样的罪行。1945 年 5 月，党卫军逮捕了夫妻两人，并处死了卡尔·奥托·科赫。希姆莱后来释放了伊尔斯·科赫。战后她在美国接受战争罪审判，并被判处终身监禁。德国美占区司令卢修斯·D·克莱中将(General Lucius D.Clay，1897—1978)曾赦免了她，但公众的抗议导致其于 1951 年再次被捕。1967 年伊尔斯·科赫在狱中自杀而死。

马伊达内克的焚尸炉。戴维·M·克罗提供图片。

科赫在马伊达内克的继任者是党卫军二级突击队中队长兼武装党卫军中尉马克斯·克格尔(Max Koegel，1895—1947)，此人曾任拉文斯布吕克妇女营的指挥官。

后来，希姆莱用科赫曾经的副官、党卫军联队长赫尔曼·弗洛施泰特（Hermann Florstedt，1895—1945）取而代之。弗洛施泰特忠实地执行导师的恐怖和集体屠杀政策，并经常出现在对新来囚犯的“筛选”现场。

> 265 一群犹太人抵达之后，他们就被关在一片空地中间，四周以铁丝网包围，旁边的一座建筑就是浴室和毒气室所在地……这批犹太人就在这里、在露天，度过他们抵达马伊达内克的第一个夜晚。天亮以后，弗洛施泰特在图曼[指党卫军二级突击队中队长兼武装党卫军中尉安东·图曼（Anton Thumann，1912—1946），监禁部门头目]和焚化所主任穆施泰特[指党卫军四级小队长埃里希·穆施泰特（Erich Muhstedt，1913—1947）]的协助下，开始筛选囚犯。健康的年轻人被带往浴室。老弱病残者和儿童则被带向另一个房间，这里表面上看起来也像个浴室，但其实是一间毒气室……
>
> 还有一小部分囚犯，出于各种原因尚未被施与毒气处决，则被集中在老焚尸所旁边的一个小屋里，这里就是一号与二号复合建筑之间的所谓“中央地段”。晚点名之后，当灭绝营内人车通行归于平静后，通往相邻房间的门将被打开，囚犯一个接一个地被叫进来。两名暴徒手执铁棒，站在门口，猛烈敲击每一名进来的人的头部。这样可怕的行径一直持续到所有人都被处理完毕。[82]

马伊达内克的奴役劳工。美国大屠杀纪念博物馆照片序列号 50496，“波兰国家纪念协会”提供图片。

弗洛施泰特与科赫一样贪污、腐败。一个党卫军法庭指控他私藏死亡囚犯的财产，而未按规定交付柏林。后来希姆莱任命党卫军一级突击大队长马丁·魏斯(Martin Weiss，1905—1946)取代弗洛施泰特。马伊达内克的最后一任指挥官叫阿瑟·莱贝亨舍尔(Arthur Liebehenschel，1901—1948)。在苏联红军于1944年7月23日解放这座灭绝营之前，他在这里服役了几个月。

尽管在德国人的每一座集中营内，生活都极其严酷，马伊达内克仍以残酷著称于世。最初的囚犯都是被枪杀致死的，从1942年秋天之后，党卫军开始使用毒气。
不过到第二年9月，党卫军又恢复了枪决的屠杀方式。最可怕的一次大屠杀——作 266
为"丰收庆典"行动的一部分——发生于1943年11月3日。在此之前一个星期，警卫驱使囚犯在焚尸所后面挖了三条大沟。格洛博奇尼克将100名党卫军士兵和秩序警察，从奥斯维辛、克拉科夫和华沙等地转派到马伊达内克，负责执行死刑。在短短的24小时之内，在马伊达内克及其卫星营，纳粹及其胁从共枪杀了1万名犹太人。

一位名叫菲利克斯·希日瓦(Feliks Siejwa)的波兰囚犯描述了处决的过程：

> 当第一批人到达和水塘相平的地点时，德国人开始将他们每一百人分为一队，然后把他们引向大门。第一个100人、第二个100人、第三个100人、第四个100人(Sic，拉丁文：原文如此)，还有更多，这些可怜的犹太人，一个也没剩下。
>
> 第一阵机关枪的扫射声已经传来，但很快，一片军队阅兵的行军声就淹没了它。这声音是从一个个大喇叭中传出来的，喇叭是前一天晚上德国人特意放置在那里的。从此刻，一直到下午2点，嘈杂的管弦乐曲一遍又一遍地重复着：进行曲、探戈舞曲、伤感的华尔兹。这些音乐就像来自地狱，一遍遍地重复，没有停歇，整整持续了八个小时；在这八个小时里，死亡一次次地演奏出可怕的断音。[83]

另一名在"大屠杀"中幸存下来的囚犯伊达·马佐瓦尔(Ida Mazower)，谈到她的恐惧：

> 我们仍不确定，自己的命运如何。最肯定的一点是，他们只会将我们单独留在这里一会儿，等轮到我们前去时，也会有人来接我们。一个从营区诊疗所来的先生走近我们说："你们知道他们对你们的狱友做了些什么吗？马上他们也要同样地对你。"接着他突然放声大哭。不久，一个监管员走过来让我们每个人都排进队伍。诊疗所那个人带走了约15个妇女，她们都是他的熟人。他带我们走向一号场地(一号场地是营区五个复合场地之一，是离处决地点最远的场地)，我们进入一个街区，那里摆放着很多碗，碗里的汤还热着，而刚刚喝过这些汤的人却已经被屠杀了。[84]

支撑着诸如菲利克斯·希日瓦和伊达·马佐瓦尔这样的囚犯，在马伊达内克活下去的动力，是他们自己的精神抵抗行动。一些波兰女性囚犯彼此组成集中营“家庭”，不过一位马伊达内克的幸存者吉塞拉·艾布拉姆森(Gizella Abramson)却说，自从失去一位亲密的人之后，她就害怕在这里交朋友了。一旦诸如此类的事情发生，残存者往往转向自闭，惧怕再失去一位亲友。斯洛伐克犹太人晚上秘密地使用希伯来文唱歌。他们还创作了一些秘密音乐作品，比如《卢布林隔离区犹太人之歌》和《马伊达内克：我们的生与死》。此外，马伊达内克也发生了一些身体上的抵抗行动；比如，吉塞拉·艾布拉姆森的儿子，趁打扫党卫军办公室之机，偷了一些空白的党卫军表格和信纸。然后，吉塞拉设法将这些东西运出集中营，交给波兰抵抗组织，后者用其制造假文件和假命令。此外，这里还爆发过数不清的逃亡行动，有些人的确曾成功逃出了马伊达内克。

主要隔离区的清算

希姆莱将华沙、维尔纳、明斯克、里加、科夫诺和罗兹，作为波兰和苏联占领区主要的犹太人聚居中心。他从来也没打算将这一设置永久化，只希望隔离区履行集中营或劳工营和/或转运点的使命，而一旦隔离区完成了使命，希姆莱即下令将它们统统关闭。他清算德意志帝国境内最大的犹太人隔离区——华沙隔离区的行动，促发了“大屠杀”期间，最激动人心的犹太人起义。

华沙犹太人隔离区起义：1943年4月19日至5月16日

1942年夏天，党卫军开始从华沙隔离区驱逐犹太人。7月22日，党卫军二级突
267 击大队长赫尔曼·霍夫勒与隔离区“犹太人委员会”首领亚当·捷尼亚科夫会面，告
知后者“所有犹太人，无论性别与年龄，都将被驱逐至东方，某些特殊情况例外”。霍夫勒命令捷尼亚科夫在当天下午4点之前“提供”6 000人以供驱逐，这是以后每天必须被驱逐的最低人数限额。[85]

那天下午，霍夫勒告诉捷尼亚科夫，他妻子可以免遭驱逐。不过，如果捷尼亚科夫以任何方式干扰驱逐的实施，那么她将“作为人质第一个被枪决”。第二天，捷尼亚科夫为了免于向霍夫勒提供更多的犹太人受害者，不得已选择了自杀。他最后一篇日记，写于7月23日下午3点：“目前，我已准备了4 000人，而德国人的命令是，下午4点之前必须提供9 000人。”[86]在吞下一片氰化物结束自己的生命之前，捷尼亚科夫给他的妻子——菲利希亚(尼乌尼亚)·捷尼亚科夫博士[Dr. Felicja(Niunia) Czerniaków]写了一封信，告诉她霍夫勒23日的命令，并提到驱逐者将包括儿童。而他

绝不可能把儿童送去赴死。捷尼亚科夫死后，菲利希亚设法逃出了隔离区，藏匿在波兰友人家中。她还将丈夫的日记偷带出隔离区，并于战后将日记出版。

1943 年华沙犹太人隔离区起义纪念碑，华沙。戴维·M·克罗提供图片。

雅努什·柯扎克(Janusz Korczak, 1878—1942)对隔离区内的孩子采取了同样的立场。柯扎克是波兰著名的儿童文学作家兼儿科医生亨利克·戈德兹密(Henryk Goldszmit)的笔名，1912 年他在华沙开设了一家专门收容犹太儿童的“多姆·希劳特”孤儿院。在接下来的 30 年间，他在斯蒂芬妮·维茨尼斯卡(Stefania Wilczyvska, 1886—1942)的协助下，一直致力于帮助华沙的犹太裔孤儿。柯扎克在日俄战争(1904—1906)和第一次世界大战期间曾在沙俄军队中服役，1939 年德国入侵波兰之后，他曾试图加入波兰军队。但因年龄过大遭拒。他拒绝承认德国对波兰的占领，并不肯佩戴大卫星，此类抵抗行为导致他被关进监狱。获释之后，柯扎克将他的孤儿院搬进隔离区，并全身心地投入，为他心爱的孩子们创造福祉。一些波兰友人试图劝说柯扎克离开隔离区，但他拒绝了。1942 年 8 月 6 日，党卫军袭击了柯扎克的孤儿院，将这里 268
的 192 名儿童和 10 名老师——包括柯扎克和维茨尼斯卡——劫掠到隔离区内令人毛骨悚然的乌姆斯约转运广场，准备转运至特雷布林卡。和他们一起的，还有 4 000 名儿童和他们的老师。一路上全是党卫军部队、乌克兰志愿者和犹太人警察。

马雷克·埃德尔曼(Marek Edelman，生于 1922 年，卒年不详)，是华沙隔离区犹太人起义的领袖之一，他曾描述了乌姆斯约转运广场的恐怖景象：

现在的乌姆斯约，任何一种人类语言中都没有哪个词具备足够的力度，形容这里。这里丧失了一切希望，没有任何人能将人们从这里解救出来。生病的成人和儿童，德国人将他们从医院带到这里，将他们丢弃在这冰冷的走廊里。他们木然地躺在地上，周围全是臭气熏天的粪便和尿液。护士们到处寻找他们的父亲和母亲，找到以后，就向他们的静脉注射一剂致命的吗啡，他们双眼最后一次放光，迎接渴望已久的解脱。一个医生，满怀同情地给那些饱受疾病折磨的陌生儿童、那些颤抖的嘴唇里放入氰化钾。将自己的氰化钾送给别人，那真是最勇敢的牺牲，因为现在氰化钾成了最宝贵、最不可替代的东西。它给人带来安静、平和的死亡，使他们免遭一会儿火车车厢里的痛苦。[87]

柯扎克是个纪律严明的人，他竭尽所能安抚孩子。在乌姆斯约转运广场，他发现一些有权势的波兰友人曾以他的名义干预此事，使他得以回到孤儿院，但不能带着孩子们。然而，柯扎克拒绝了友人的好意。

当柯扎克带着他的孩子们平静地走向平板车厢时，犹太警察拉起警戒线，为他们开出一条小道，并自觉地做出致意、敬礼的手势。当德国人询问此人是谁时，莱姆巴[指纳胡姆·莱姆巴(Nahum Remba)，一个"犹太人委员会"的官员]突然泪如雨下。仍滞留在广场上的人纷纷发出哀嚎。柯扎克走着，头颅高高扬起，一手拉着一个孩子，他的眼睛直视前方，带着他一贯充满个性的凝视眼神，好像在看着遥远地方的什么东西。[88]

雅努什·柯扎克的雕像，华沙犹太人公墓。戴维·M·克罗提供图片。

第二次世界大战结束之后，鉴于他传奇性的勇气和义举，柯扎克成为一位闻名世界的殉道者。他是以色列的国家英雄，因为他为儿童写的书、为儿童做的事，波兰人也很尊崇他。在扩建的华沙犹太人公墓，主入口右侧就竖立着一尊柯扎克的雕像。1978 年，"联合国教科文组织"宣布 1978 年至 1979 年为"柯扎克年与儿童年"。

随着驱逐行动的逐渐升级，犹太人决心抵抗的英勇行动也在同等升级。“犹太 269
人委员会”和“犹太人互助协会”协商合作，开展隔离区内的地下活动。1942 年 7 月底，一些秘密组织共同开创了“犹太人防御组织”。“犹太人防御组织”最迫切需要的就是武器，于是他们联络波兰地下抵抗组织——“本土军”，后者只给他们送来一小批武器。以色列·古特曼(Israel Gutman)曾问，波兰“本土军”为什么非常不愿意帮助华沙隔离区内的犹太人呢？首先，

> “本土军”军官并不认为犹太人能够做好武装抵抗的准备。另一个原因是，他们怀疑犹太人是潜在的共产党。当然还有一个原因，“本土军”的首要政治和战略目标指向，是着眼于在战争结束时复兴和激发波兰军队的力量，而不是在华沙煽动起义氛围，或在这座城市创造另一个斗争的中心。[89]

很明显，波兰“本土军”领袖们并未意识到，在第二次世界大战爆发伊始，曾有约 20 万犹太人在波兰军队服役。

第一波驱逐浪潮之后，仍残留在华沙隔离区的犹太人，就更愿意支持诸如“犹太人防御组织”和“犹太人军事联盟”之类的地下抵抗组织了。于是，1943 年 1 月 18 日，当德国人启动第二波驱逐行动时，很多地下组织展开了反击。越来越多的犹太人拒绝去乌姆斯约转运广场报到，而是在隔离区寻找藏匿处。作为回应，也为了确保完成驱逐定额，党卫军在隔离区内发动了多次袭击行动。逾越节前夜的 1943 年 4 月 19 日，是德国人对华沙隔离区进行最后一次扫荡的日子。希姆莱派遣了一支由 868 人组成的部队，在华沙大区“党卫军及警察领袖”、党卫军区队长斐迪南·冯·扎梅恩-弗兰肯内格(Ferdinand von Sammern-Frankenegg，1897—1944)的带领下，围捕了所有仍留在隔离区的犹太人。弗兰肯内格及其手下遭遇强烈的抵抗，以至于希姆莱剥夺了他的指挥权，并迅即以党卫军总队长兼武装党卫军中将于尔根·施特洛普(Jürgen Stroop，1895—1952)取而代之。然而，施特洛普的军队突袭隔离区时，也遭到同样强烈的抵抗。

“犹太人防御组织”指挥官莫迪凯·阿涅莱维奇(Mordecai Anielewicz，1919—1943)，在给另一位抵抗领袖伊萨克·祖克曼(Yitzhak Zuckerman，1915—1981)的信中写道：

> 即使是在最狂野的梦中，我们也无法想象到发生的事情。德国人从隔离区逃走了两次……从今夜开始，我们将采取游击队的行动战术。今晚我们将派三个小队出动，目的有两个：弄点食物和获取武器……我无法描述犹太人当前的生存状态。很少有人能坚持下来。或早或晚，我们都将毁灭。死亡是必然的。我们的同志藏身的地窖，由于缺乏空气，晚上甚至都不能点亮一根蜡烛……保重，我的朋友。也许我们还有机会见面。但最关键的是——我此生的愿望已经成真。我活

着见证了隔离区内犹太人防御力量的出现，它是伟大与荣誉的象征。[90]

在接下来的23天内，由750名衣衫褴褛的犹太人组成的军队，拿着少得可怜的武器，抵挡着2 000名德国士兵的进攻。当遭遇灼热的火焰、毒气、毒药或警犬时，抵抗者总是战斗至死。马雷克·埃德尔曼描述了以下情景：

> 火焰附着在我们的衣服上，衣服已经开始烧焦了。我们脚下的人行道已经融化，变成了一种黑色的、粘性的物质。大街上到处是碎玻璃，如今也成了粘液，粘我
> 270 们一脚。滚烫的石砌人行道把我们的鞋底都烧糊了。我们一个接一个，踉踉跄跄穿过大火。我们路过一座座房子，穿过一个个院子，竟没有一点空气。我们的头嗡嗡作响，就像有一百把锤子在捶打，烧焦的橡树不断地倒向我们，终于，我们到达火场尽头。就站在那里——就像从地狱逃脱出来，我们感到幸运。[91]

一旦到达隔离区的中心地带，埃德尔曼和其他犹太人继续与德国人战斗，一直坚持到5月10日，在那一天，埃德尔曼写下这样一句话："华沙犹太人的历史终结了。"[92]

6天后，施特洛普向党卫军高级总队长兼警察部队上将、总督府"党卫军及警察高级领袖"弗雷德里希·威廉·克吕格递交了一份报告，声称"180名犹太人、土匪和非人类，已被毁灭"。他还写道："华沙的犹太人区已不复存在！华沙犹太教会堂被摧毁，标志着这次宏伟行动的终结，共耗时2 015小时。根据记录，被捕和被杀的犹太人总数为56 065人。"[93]

华沙隔离区犹太人起义的地下组织幸存者，站在"米拉18号"地窖的废墟上。美国大屠杀纪念博物馆照片序列号17920，利亚·哈默尔斯坦·希尔维斯坦(Leah Hammerstein Silverstein)提供图片。

施特洛普战后在波兰接受审判，并被执行了死刑。在 5 月 24 日的最终报告中，他曾向克吕格汇报道，德国人在战斗中杀死了 7 000 名犹太人，并把另外 6 929 人送往特雷布林卡。他还写道，除了由他的军队处决的 65 065 名犹太人之外，还有 5 000 至 6 000 人死于爆炸。施特洛普的手下还缴获了 9 支来复枪和 59 把手枪。施特洛普声称，犹太人战士仅仅杀死了 16 名德国人，打伤 85 人。不过这些数据跟他之前的那份报告不甚相符。而且，施特洛普还没有将一直藏匿在隔离区地窖内的几百名犹太人计算在内，此外还忽略了在犹太人起义爆发之前，就已逃出隔离区，进入波兰人区的约两万人。比方说，埃德尔曼向上级报告说至少有两个“犹太人防御组织”的战 271
斗小组在德国人的猛攻行动中幸存了下来，而且一直待在隔离区内直到 6 月。[94]很多 1943 年犹太人起义的幸存者，在 1944 年 8 月 1 日至 10 月 2 日的华沙波兰人起义中，又再一次拿起武器，奋勇抗敌。

1943 年华沙隔离区起义期间，党卫军正在逮捕犹太人地下组织的成员。美国大屠杀纪念博物馆照片序列号 46193，国家档案与记录管理局（学院公园）提供图片。

维尔纳

维尔纳（即维尔纽斯）被称作“北方的耶路撒冷”，战前曾拥有 20 万犹太人口。德国人于 1941 年 6 月 24 日攻入这座城市之后，当时这里只剩下了 5.7 万至 5.8 万犹太人。德军占领之后，党卫军在位于波纳利的一个从前苏联人倾倒燃料的垃圾处理场，制造了一场大屠杀。在接下来的两个月内，他们共杀害了1.3万犹太人。这年秋天，维尔纳大区行政长官汉斯·克里斯蒂安·兴斯特（Hans Christian Hingst），与他的犹太问题专家、被称为“维尔纳屠夫”的弗兰茨·穆尔（Franz Murer，1917—1963）一道，在这个城市开辟了两块隔离区。[95]没有“工作许可”的犹太人将被送到二号隔离区；具备合格工作许可的人则进入一号隔离区。在10月的前三个星期，德国人清空了二号隔离区，将9 000至1.1万人送往波纳利处死。鉴于仍有2.7万至2.8万犹太人在隔离区内生活，兴斯特计划通过限制对隔离区居民发放“黄色工作许可”，从而在当年夏天将隔离区总人数削减至1.2万人。除此之外，党卫军还发动了多次对隔离区的扫荡行动，最终将隔离区人口降低至1.2万人。此外还有8 000名犹太人处于藏匿状态。

当时存在一个名为“先锋”的犹太人青年运动，致力于培养和鼓励青年人回巴勒斯坦定居。“先锋”的成员发布了一份呼吁书，号召隔离区居民奋起抵抗德国占领当局，以此作为对不断升级的大屠杀的回应。1942年1月1日，“先锋”组织用意第绪文和希伯来文发布了一个宣言，宣言的作者为阿巴·科夫纳（Abba Kovner，1918—1988）。这个宣言写道：

> 犹太青年人们！
>
> 272 不要再信任那些曾欺骗你们的人。在这座“立陶宛的耶路撒冷”中，8万名犹太人，只有2万人仍留在这里。我们眼睁睁地看着他们将我们的父母、我们的兄弟、我们的姐妹，从我们身边生生夺走。那几百名被掠去充当劳工的人，现在身在何处呢？
>
> 那些赤身裸体的妇女和儿童，在那个恐惧之夜，被他们从我们身边掠走，她们现在身在何处呢？赎罪日（希伯来文为Yom Kippur，犹太教中最神圣的一天）那天被带走的犹太人，现在身在何处呢？
>
> 二号隔离区我们的兄弟姐妹们，现在身在何处呢？排队进入那座隔离区的大门之后，就再也没人回来。盖世太保走的每一条路，最终都通向波纳利。而波纳利就意味着死亡。那些还在犹豫、彷徨的人啊，放弃一切幻想吧。你们的孩子、你们的妻子、你们的丈夫，已不复存在了。波纳利不是一座集中营。每一个到那里的人都被枪杀而死。希特勒正阴谋杀死欧洲的所有犹太人，立陶宛的犹太人则是他们的首批目标之一。我们决不能再做任人宰割的羔羊了！
>
> 的确，我们力量弱小，手无寸铁。但对待屠杀者，我们唯一的答复是：拿起武器，奋起抵抗！

同胞们！作为战士倒下，好过在凶手的施舍下苟活。奋起抵抗吧！奋起抵抗，直至生命的最后一刻！[96]

奇怪的是，兴斯特将隔离区的人口削减至他的目标数字后，在一段时间内，并未采取进一步的行动。1942年夏天当上"犹太人委员会"领袖的雅各布·基恩斯（Jacob Gens，1905—1943）倡导建立一个广泛的社区福利体系，并开发一些表面性的隔离区文化生活。基恩斯曾是一家医院的院务主任，后来当上了隔离区警署的负责人。他对"联合游击队组织"的活动丧失了信心，特别是惧怕他们将引致德国人的疯狂报复。赫尔曼·克鲁克（Herman Kruk）在自己的日记中，讨论了当时隔离区内部的冲突：

1. 警察的行为是其参与隔离区干部活动的合理结果。警察现在俨然已成为一个固有组织。（"联合游击队组织"）则是一支敌对性的政治力量，并妄图令警察的活动瘫痪。

2. 一切形式的反对犹太人警察力量的武装抵抗，都将被视为对德国人的"外部"挑衅，并可能导致对隔离区的彻底清算。

3. 组织内的参与。"联合游击队组织"意味着，以殉道者的形象，像个男人一样死去。武装对抗隔离区当局则意味着给隔离区带来灭顶之灾。

4. 我们必须试图影响隔离区警察。但绝不容忍社会性的或历史性的犯罪在隔离区爆发。[97]

7月中旬的"维滕贝格事件"之后，以上冲突愈发升级。德国政府高层命令基恩斯逮捕"联合游击队组织"的领袖伊萨克·维滕贝格（Itsak Wittenberg），否则就将清理隔离区。抓捕行动失败后，兴斯特遂警告基恩斯，如果还不拘留维滕贝格，党卫军就将关闭隔离区。隔离区内对此事的普遍态度

1944年，阿巴·科夫纳在维尔纳。美国大屠杀纪念博物馆照片序列号24561，维特卡·坎普特纳·科夫纳（Vitka Kempner Kovner）提供图片。 273

是：维滕贝格应该投降。维滕贝格也决定投降，7月16日他自己去“国家秘密警察”处自首。第二天，人们发现他已死在牢房中。原来，基恩斯在前一天晚上给了他一粒氰化钾。现在，在隔离区民众心目中，维滕贝格因其牺牲行为而成了一个英雄。

1943年8月至9月间，党卫军将7 000名以上的隔离区居民驱逐至爱沙尼亚的一个集中营。在9月1日的一次“行动”中，“联合游击队组织”的武装力量攻击了隔离区内的德国部队。在攻击行动开始之前，“联合游击队组织”的领袖们发表了以下的战斗宣言：

> 犹太人们！拿起武器保护自己吧！德国和立陶宛刽子手已到达隔离区的大门口。他们是来屠杀我们的。只消短短的一段时间，他们就将驱使我们一队跟着一队通过那扇大门。赎罪日那天，他们就是这样驱使我们走出隔离区的！他们就这样驱使着我们，在白色、黄色和粉色通道之夜走出隔离区。他们就这样驱使着我们的兄弟姐妹、我们的父母、我们的孩子。数万同胞就这样被带去赴死！但我们不应该去！我们不能像待宰羔羊一样，将脖子伸向屠刀！犹太人们！拿起武器保护自己吧。不要相信杀人犯安抚我们的搪塞之辞。不要相信叛徒的声明。任何人，一旦走出隔离区的大门，就只有一个目的地——波纳利。而波纳利就意味着死亡！犹太人们！我们已一无所有，没什么可失去的，无论如何，横竖都是一死。刽子手已向每一个人举起了屠刀。逃亡和胆怯并不能活命！只有拿起武器，才能拯救我们的生命和荣誉。兄弟们！在隔离区的战斗中倒下，远好过成为波纳利的待宰羔羊。而且你们要知道：在隔离区的围墙之内，存在一支组织有序的犹太人力量，他们将拿起武器、奋起抵抗。参与到起义中来吧！不要在藏匿处和马里尼①(malines)里退缩。在屠杀者的爪牙下，你们的结局将是灭亡。
>
> 犹太民众们！走出房子，到大街上！没有武器的，就拿起短斧；没短斧的，就拿起金属、棍棒、手杖！为了我们的父亲，为了我们被杀害的孩子！为波纳利的行径报仇，猛击屠杀者！在每一条大街，在每一个院子，在每一间房子。在隔离区内，在隔离区外。向猛击恶狗一样猛击屠杀者！犹太人们！我们没什么可失去的！只有彻底摧毁屠杀者，我们才能拯救自己的生命。自由万岁！武装抵抗万岁！毁灭所有屠杀者！
>
> 1943年9月1日，维尔纳隔离区
>
> 联合游击队组织司令部[98]

① 马里尼(Malines)，源自希伯来文词“Malon”，是犹太人隔离区内常用的一个词汇，为藏匿处的意思。——译者注

基恩斯向德国人保证，他将负责围捕后者所需、用于驱逐的犹太人，以此作为条件，德国人最终同意撤军。此时，仍有1.1万至1.2万犹太人生活在隔离区内。在这短暂的平静期，几百名“联合游击队组织”的成员逃出隔离区，进入森林，参加了当地的游击队。两周后，基恩斯被当地盖世太保指挥部传唤，后来被枪杀。其实在此之前，就有人警告过他：德国人正计划处决他。但他认为，如果自己试图逃跑，德国人将“给整个隔离区施加巨大的灾祸”。[99]

1943年9月23日和24日，德国人终于启动了清理隔离区的行动。他们将3 700名犹太人送至拉脱维亚和爱沙尼亚的集中营，将4 000名以上儿童、妇女和老人送往索比堡，他们都在那里被处决。还有几百人死于波纳利。此外，还有2 500名犹太人在若干德国的军备制造工厂充当奴役劳工，80名犹太人为“1005行动计划”部队服役，负责清理波纳利的屠杀现场。当他们完成清理工作后，党卫军将他们全部处死。 274
1944年7月13日，当苏联红军解放维尔纳集中营时，这里只剩下了几百名犹太人。1941年夏天，德军占领维尔纳的时候，这里生活着约5.7万至5.8万犹太人，这些人中，只有2 000至3 000人幸运地逃过了“大屠杀”。

1941年，明斯克的犹太男人被当众羞辱。美国大屠杀纪念博物馆照片序列号22064，波兰“犹太历史研究所”提供图片。

明斯克

在德军入侵苏联前夕，白俄罗斯苏维埃社会主义共和国（今白俄罗斯共和国）首都明斯克的犹太人口约在7.5万至8万之间。德国人在6月28日占领明斯克，三周后下令开设犹太人隔离区，初始人口为10万人。党卫军发动了一些“行动”，逐渐缩减隔离区的人口规模，以便为来自大德意志帝国的犹太人腾出收容空间。从1941年8月至11月，德国人在这座隔离区内共杀害了2.4万名俄罗斯犹太人；到第二年，又从德意志帝国境内转运来3.5万犹太人。

在如此残酷的暴行之下，活跃的抵抗运动自然应运而生。明斯克隔离区犹太人抵抗组织的领袖为赫什·斯莫勒（Hersh Smolar，生于1905年）等人。这里的犹太人地下运动，与苏联游击队保持着密切的联系，并使用由当地“犹太人委员会”提供的资金，秘密购买武器。1942年3月2日，德国占领当局要求明斯克“犹太人委员会”提供5 000名以上犹太人用于转运，这引发了第一次大规模的抵抗行动。“犹太人委员会”与犹太人地下组织联合起来，拒绝了德国人的要求。作为惩罚，德军攻击了一支犹太人的劳工队伍，屠杀了5 000多人，其中很多人来自同一家孤儿院：

> 275 这些各个年龄的孩子——从最小的到十三四岁的——构成一幅恐怖的景象。在孤儿院院长的带领下，他们排队向前走着。这些孩子叫喊着：“为什么？我们的同胞会来为我们报仇，为我们的性命报仇，我们父亲和母亲的性命报仇！”德国人用鞭子抽打他们的头部，不停地鞭打，他们全身淤青，脸部因为被抽打而肿了起来，衣衫也被打成碎条。如果哪个孩子落在队伍后面，他就将被枪杀。整个街道，到处都是孩子们的尸体。[100]

第二次大屠杀发生于1942年7月28日至31日之间，德国人在明斯克隔离区杀死了3万名来自德国和苏联的犹太人。瓦西里·格劳斯曼（Vasily Grossman）描述了屠杀的过程：

> 法西斯的行径超越了人类想象力的极限。喝醉了的德国人和警察，恬不知耻地强暴女孩，就当着众人的面，当着他们母亲的面，这些母亲通常不是昏过去了，就是丧失了理智。他们用匕首割掉女孩们的性器官，强迫她们——不论是已死的，还是活着的——摆出最屈辱的姿势，砍掉她们的鼻子、乳房和耳朵。
>
> 母亲们在暴怒中冲向法西斯，试图与他们决一死战，结果纷纷头被打碎，倒地死去。[101]

那年夏天，德国人还将几千名明斯克隔离区的居民送往索比堡灭绝营。1943年10月21日，德国人最终屠杀了全部剩余的4 000名犹太人，并关闭了明斯克隔离区。

赫什·斯莫勒(Hersh Smolar)是这样描述德国人的“行动”的:

> 21日破晓时分,行动开始了。整个隔离区各面都被包围。在他们一贯的吼叫声的伴奏下——“出来!出来!”(原文为德文 Raus! Raus!)——纳粹将人们从各自家里赶出来,很多人还没穿好衣服。先头部队由爱波斯坦、罗森布拉特之徒组成,他们大叫着:“犹太人,躲藏是没用的,我们最终都将找到你们!”被发现的藏匿者,通常都遭到就地枪决。死者的尸体都摆放在街上。狗叫声掩盖了受伤者的呻吟声。明斯克隔离区成千上万的犹太人,从此不复存在。[102]

德国人在白俄罗斯的暴行,引发了“大屠杀”期间几次最大规模的犹太人游击队行动。其中最成功的一次,是由图维亚·毕尔斯基(Tuvia Bielski,1906—1987)率领的。他的部队对德国人及其白俄罗斯胁从发动了多次武装袭击。而且,毕尔斯基及其游击队并不仅仅抗击德国人,他们还在白俄罗斯浓密的森林深处,建立了一个规模庞大的犹太人家庭营区;在那里,毕尔斯基犹太人仍得以保持最基本的民族文化和宗教。“大屠杀”期间,在整个白俄罗斯和乌克兰西部,犹太人游击队开设了很多类似的营区。

里加

根据1935年的统计,拉脱维亚境内共有93 479名犹太人,其中约一半生活在里加。1941年7月1日,德军夺取里加。这个城市的第一次大屠杀行动是在一支拉脱维亚的“犹太人特遣队”的唆使下发生的。这支特遣队的头目名叫维克多·阿拉斯(Viktors Arajs,1910—1988),成员主要来自一个拉脱维亚法西斯运动——“雷十字”运动。在之后的六个月间,德国人及其拉脱维亚胁从,屠杀了6万拉脱维亚犹太人。在第一次屠杀浪潮中幸免于难的犹太人,被迫搬进里加隔离区。这里是由“特别行动队”a分队指挥官弗兰茨·施塔勒克(Franz Stahlecker),在1941年秋天开设的。开设伊始,里加隔离区的犹太人口为2.9万至3.2万。1941年11月19日,德国人强迫相对健康的犹太人,进入隔离区边缘的一座特殊复合工厂劳动。11天后,他们开始屠杀所有未进入工厂的犹太人。大多数屠杀行动发生于里加郊外10英里处的伦布拉森林,时间是11月30日和12月8日。据估计,在这段时间里,在奥斯特兰“党卫军及警察高级领袖”弗雷德里希·耶克尔恩的主使下,德军和拉脱维亚军队共屠杀了约2.5万至2.8万里加犹太人。一位伦布拉森林屠杀的幸存者——弗里达· 276
迈克尔逊(Frida Michelson)——描述了11月30日的围捕:

> 我走到窗前,观察外面发生了什么。天已经开始蒙蒙亮了。人们排着看不

到尽头的队伍，在全副武装的警察的监视下，正从楼下经过。年轻妇女、怀抱婴儿的妇女、老年妇女、残疾人——被旁边的同伴搀扶着，小男孩和小女孩——都在队伍中走着、走着。突然，就在我们的窗前，一个德国党卫军手持一把自动步枪，开始朝人群近距离平射。人们在子弹面前成群倒下，倒在鹅卵石地上。队伍立即乱成一团。人们从倒下的同胞尸体上踩过，他们互相推搡，试图躲过那个党卫军士兵疯狂的扫射。犹太人扔掉背包，以便跑快一点。拉脱维亚警察则一边大喊："快点！快点！"一边用鞭子抽打人们的头部。[103]

现在，里加隔离区只剩下4 000名犹太人了。隔离区被分为两部分——一部分用于收容从大德意志帝国各地送来的犹太人，另一部分用于收容拉脱维亚犹太人，两部分都有各自的"犹太长老委员会"管理。在后来的几个月间，德国人又运送了约1.6万德国犹太人来到里加。

1942年，党卫军开始"清理"隔离区内的老年犹太人，他们都被带出去枪决。最惨烈的一次屠杀行动发生于1942年3月15日，那一天，党卫军射杀了将近2 000名里加犹太人，外加1 840名来自将芬诺夫（即将普拉夫姆扎）集中营的犹太人。这个集中营位于比克尼基森林附近。剩余者被送往里加近郊，修筑萨拉斯皮尔斯集中营。德国人打算在萨拉斯皮尔斯区域内修建两座集中营。战争期间，有10万以上的人将生命永远留在了这两座集中营里。

1942年11月1日，为了报复几天前一次地下组织领导的犹太人逃亡行动，德国人重组了这座隔离区。他们宣布关闭拉脱维亚犹太人所在的营区，并在大德意志帝国隔离区内开辟了两个区域——一个容纳拉脱维亚人，一个容纳来自德国的犹太人。在这次逃亡行动中，一些犹太人地下组织成员与一支"帝国保安部"部队在隔离区外激烈交火。德国人后来发现，很多隔离区的重要领袖——包括隔离区警察部队的一些成员——都曾参与逃亡计划的策划。他们逮捕了一大批人质——包括很多上了年纪的人和大约39名隔离区警察，然后将他们全部枪杀。

以下是一位德国犹太人的陈述，他从楼上的窗户，目睹了这场大屠杀的过程：

在距离布吕赫广场（即锡恩广场，一个位于隔离区德国人区的广场）入口不远的地方，安纳托利·内森（Anatoly Nathan，隔离区警察署头目）向拉脱维亚人大喊："男孩们，为了活命，快跑！"犹太人隔离区警察纷纷紧握拳头，猛揍德国警卫，后者则以机关枪开火还击。内森的助手西里格逊（Seligson）向克劳泽（Krause）声嘶力竭地大叫："你这嗜血的恶狗！"有些男孩设法逃至临近的街道，但纳粹的子弹还是没有放过他们。

> 腿部严重受伤的根金(Genkin),跑到德国犹太人隔离区的一处地下室公寓内。几个人正在那里进行装修工作。盖世太保质问这几位德国犹太人,有没有看到任何人藏匿在这里。他们回答说,没见到。这时,盖世太保当着他孩子的面,射杀了这位父亲。不久,盖世太保发现了根金,并就地枪决。
>
> 只有两个人——达姆斯基[即迈拉赫·达姆斯基(Meilach Damsky)]和以色列洛维茨[萨沙·以色列洛维茨(Sasha Israelowitz)]设法在这场大屠杀中幸存了下来(可是后来他们也被盖世太保抓住,并被处决)。
>
> 就这样,拉脱维亚犹太人隔离区警署的41名英勇的男人在这场血腥的屠杀中失去了生命。后来,当人们脱下受害者的外套和靴子时,发现这些东西已被密 277
> 集的子弹打成了筛子。一个盖世太保成员被他的同伙发出的流弹击中丧命。[104]

到1943年春夏,党卫军仍致力于继续缩减隔离区的人口规模,为此将近8 000名犹太人被送往里加附近新近建成的凯撒瓦尔德集中营。11月,党卫军将隔离区剩余的全部犹太人送往奥斯维辛。到12月,隔离区原先所在区域,被送还给里加市政府。

科夫诺

党卫军于1941年8月开设了科夫诺(即考纳斯)隔离区。在之后的几个月间,德国人逐渐将隔离区最初的29 760人,缩减了三分之一,方法就是在"九号堡垒"执行处决。"九号堡垒"是围绕这座城市的一系列19世纪的防御工事中的一座。1941年10月28日,党卫军在那里处决了9 000名犹太人。一位杰出的犹太人游击队领袖——亚布拉罕·托利(Avraham Tory, 1909—2002),描述了屠杀的情形:

> 这些可怜的人一进碉堡,立刻遭到立陶宛杀手们的攻击。他们扒掉受害者身上一切值钱的东西——金戒指、金耳环、金手镯等。他们强迫受害者脱光衣服,将他们推进大坑,这些大坑都是提前准备好的,然后用同样提前架设好的机关枪,朝坑里面的人开枪。屠杀者们没时间朝每一个人开枪,因为这一批受害者还没杀完,下一批受害者就已到达了。后来者与新来者的遭遇完全一样。他们被推进坑里,脚下踩着先前受害者的尸体。就这样一次次的射击、一批批的受害者到达,直到一万名男人、女人和儿童惨遭屠杀。[105]

隔离区内的残存者,都在隔离区外德国人的军工厂劳动。1942年初,德国人发布法令,禁止隔离区居民保留任何书籍和书面材料。当年夏天,他们关闭了隔离区内的犹太人学校和犹太教会堂。科夫诺隔离区"犹太长老委员会"在伊勒哈南·伊勒克斯博士(Dr. Elhanan Elkes, 1879—1944)和犹太复国主义者里布·加芬克尔

(Leib Garfunkel,生于1876年,卒年不详)的率领下,积极发展各种形式的秘密宗教、政治和文化活动。本城"犹太长老委员会"内很多持犹太复国主义理念的成员,共同创立了"科夫诺维利雅波勒犹太复国主义者中心",并与隔离区内的其他地下组织协同行动。"犹太人战斗组织"拥有600名成员,他们帮助隔离区犹太人逃亡,大多数逃亡者加入了当地的苏军游击队。在逃亡行动施行之前,隔离区警察署会协助训练"犹太人战斗组织"的成员使用武器。"犹太人战斗组织"最大胆的一次行动,发生于1943年底,当时其170名成员逃往森林。12月25日,一位苏联战俘——科里亚·瓦西兰科(kolya Vassileuko)上尉,在九号碉堡附近帮助64名犹太人囚犯成功逃亡。

在科夫诺隔离区,曾发生过350多起逃亡事件;三分之二都成功了。作为报复,1944年3月27日,这座城市的行政长官、冲锋队上将汉斯·克拉默(Hans Kramer)下令处决1 800名犹太老人和儿童。德国人还屠杀了40名犹太警察,他们都曾协助训练逃亡者。克拉默还取缔了"犹太长老委员会",并重组本城的犹太人警察力量。

1943年秋,希姆莱将科夫诺隔离区转变为一座集中营,并将4 000名科夫诺犹太人转运至城市郊外的卫星营区。还有2 800名犹太人被送往爱沙尼亚的劳动营。随

1942年,罗兹,犹太儿童在驱逐队伍中等候。美国大屠杀纪念博物馆照片序列号50328,"波兰国家纪念协会"提供图片。

着苏联红军的先头部队离这座城市越来越近，1944 年 7 月 8 日，德国人开始清空科夫诺隔离区。他们计划将隔离区残余的犹太居民运往其他地方的集中营。当获悉德国人的关闭计划后，很多犹太人藏匿起来。克拉默将 4 000 名科夫诺犹太人送往考弗灵和斯图特霍夫集中营。尽管如此，仍有几千名隔离区犹太人，为了躲避纳粹的围捕，而藏匿在特制的地窖里。克拉默向隔离区派遣军队，后者使用寻血猎犬、烟 278
雾手榴弹等武器，妄图将这些藏匿的犹太人驱赶出来。在纳粹的猛烈袭击下，只有约 90 人存活了下来。科夫诺 1941 年之前的 3 万犹太人中，只有 2 000 人熬过了“大屠杀”。

罗兹

虽然罗兹隔离区初建的时候，是作为一项权宜措施，不过后来，这里竟然成为波兰占领区隔离区的典范。罗兹隔离区的“犹太长老委员会”由饱受争议的莫德柴·鲁姆科夫斯基领衔。委员会成员都认为，维持隔离区内居民生命的唯一方式，就是使这里实现自给自足，并尽可能建成一座大型的复合型工厂，专门生产战争所需的物资，从而使这里对德国人具有价值。隔离区刚刚开设的时候，其内的犹太人口为 16.4 万；在接下来的 18 个月间，德国人又从德意志帝国其他地方运送来大量犹太人，从而使这里的人口增加到 20.48 万。1942 年，德国人启动了一系列向切尔姆诺的转运计划，从而使罗兹隔离区的人口规模急剧缩减，最后一次大规模驱逐发生于 1944 年夏天。从 1940 年至 1944 年，罗兹隔离区内 21％的居民死于疾病等原因。截至 1943 年 1 月，隔离区内 96 家工厂雇用着 78 946 名犹太工人。1944 年夏，希姆莱决定关闭罗兹隔离区。从 1944 年 7 月 23 日至 8 月 30 日，党卫军在负责组织转运的“犹太长老委员会”的协助下，将隔离区 7.7 万犹太人中的 90％运往奥斯维辛。剩余的 10％，绝大多数死在切尔姆诺。党卫军还将 600 名罗兹犹太人送往德国境内的强制劳动营，并将 830 人送往“清扫部队”，负责搜集和整理隔离区居民遗留的财物，准备运往德国。这批人设法逃过了德国人的围捕，苏联红军 1945 年 1 月 19 日解放罗 279
兹的时候，发现他们竟还活着。第二次世界大战结束后，很多犹太人幸存者又回到了罗兹，到 1945 年底，这里的犹太人口已达 3.8 万。这个城市成为战后波兰犹太人的聚居中心，并成为“中央犹太历史委员会”总部所在地。在战争刚刚结束的那几年里，各种犹太学校、剧院、报纸如雨后春笋般涌现。可惜，在后来的 20 年间，波兰的社会主义化与传统反犹主义的卷土重来，迫使罗兹犹太人又陆续逃离了这座城市。

结论

“最终解决”是德国人屠杀全欧洲所有犹太人的系统性计划，是人类历史上最恐怖的种族灭绝罪行之一。虽然“最终解决”的端倪较早时候已经初现——德国人已采取行动，将犹太人驱逐出德国，或将他们隔离于波兰主流社会之外，但“最终解决”的真正发端，是在1941年夏天德国军队横扫苏联西部领土、并展开对各类人群的大屠杀之时。国防军启动入侵苏联行动的最初几个月，希特勒、希姆莱等纳粹党首脑，为前所未有的胜利所驱使，再加上他们发现，“特别行动队”在苏联西部的城镇和村庄屠杀犹太人过程中，正面临越来越多的困难，最终，他们开始探寻更高效、同时却更秘密的屠犹方式。在大德意志帝国境内，德国人已极度成功地运作了一个处理身心残疾者的“安乐死”计划；如今，那些“安乐死”专家再次被召集在一起，协助研发一架效率更高的杀人机器——灭绝营，来屠杀波兰和苏联被占领土上的犹太人，以及德占欧洲其他地方的犹太人。1942年1月20日，当海德里希和艾希曼在万湖别墅，会见所有参与“最终解决”的纳粹党和德国政府机构的代表时，“最终解决”方案中的第一次大规模屠杀已在进行之中。截至1942年夏天，德国人共开设了六个灭绝营——奥斯维辛、贝尔泽克、切尔姆诺、马伊达内克、索比堡和特雷布林卡，在这六个灭绝营内，在接下来的两年半时间里，他们将夺走300万犹太人和数万罗姆人的生命。

德国人总是想法设法迷惑犹太人，让他们以为自己将被送去进行强制劳动，甚至以为强制劳动营的环境会比波兰和苏联境内拥挤不堪的隔离区好。尽管一直以来，犹太人总是能禁得起纳粹打垮这一民族精神的企图，但当他们逐渐意识到自己真正的命运时，就变得越来越大胆了。当一些犹太人决心要尽一切努力抵制德国人的屠杀行动时，身体层面的抵抗就愈发加强了。六个灭绝营中，有三个曾发生过大规模的犹太人起义，这使纳粹领导层大为惊恐。尽管犹太人想要挫败党卫军和国防军的势力极其困难，但此类真刀真枪、真血真肉的抵抗，表现出了这个民族的勇气，表现出犹太人绝不愿意屈服、绝不愿意“像待宰羔羊”一般任人摆布。

进一步学习和研究的资料

原始史料——

Blatt, Thomas(Toivi). *Sobibor: The Forgotten Revolt*. Issaquah, WA: Thomas Blatt, 2004.

Bor, Josef. *The Terezín Requiem*. Translated by Edith Pargeter. New York:

Alfred A. Knopf, 1963. Czech, Danuta. *Auschwitz Chronicle, 1939—1945*. New York: Henry Holt, 1990.

Delbo, Charlotte. *Auschwitz and After*. Translated by Rosette C. Lamont. New Haven: Yale University Press, 1995.

Der Führer Schent der Juden ein stadt. Berlin: Reichsministerium für Volksaufklärung und Propaganda, 1944.

Der Gerstein-Bericht, in *NS-Archiv: Dokumente zum Nationalsozialismus*. http//www.ns-archiv.de/verfolgung/gerstein/gerstein-bericht.php.

Eichmann Interrogated: Transcripts from the Archives of the Israeli Police. Edited by Jochen von Lang in collaboration with Claus Sibyll. Translated by Ralph Manheim. New York: Farrar, Straus & Giroux.

Ehrenburg, Ilya, and Vasily Grossman, eds. *The Black Book*. New York: Holocaust Library, 1981.

Friesová, Jana Renée. *Fortress of My Youth: Memoir of a Terezín Survivor*. Translated by Elinor Morrisby and Ladislav Rosendorf. Madison: University of Wisconsin Press, 2002.

Gelissen, Rena Kornreich. *Rena's Promise: A Story of Sisters in Auschwitz*. With Heather Dune Macadam. Boston: Beacon Press, 1995.

Goebbels, Joseph. *Die Tagebücher von Joseph Goebbels*. Edited by Elke Fröhlich. Pt.2, *Diktate 1941—1945*, vol.1, *Juli-September 1941*. Munich: K.G. Saur, 1996.

____. Edited by Elke Fröhlich. *Die Tagebücher von Joseph Goebbels*. Pt.2, *Diktate 1941—1945*, vol.2, *Oktober-Dezember 1941*. Munich: K.G.Saur, 1996.

Höss, Rudolf. *Death Dealer: The Memoirs of the SS Kommandant at Auschwitz*. Edited by Steven Paskuly. New York: Da Capo Press, 1996.

... I Never Saw Another Butterfly ...: Children's Drawings and Poems from Terezín Concentration Camp, 1942—1944. New York: Schocken Books, 1978.

Kessel, Sim. *Hanged at Auschwitz: An Extraordinary Memoir of Survival*. New York: Cooper Square Press, 2001. Korczak, Janusz. *Ghetto Diary*. New Haven: Yale University Press, 2003.

Krall, Hanna. *Shielding the Flame: An Intimate Conversation with Dr.Mark*

Edelman, the Last Surviving Leader of the Warsaw Ghetto Uprising. Translated by Joanna Stasinska and Lawrence Weschler. New York: Henry Holt, 1986.

Kruk, Herman. *The Last Days of the Jerusalem of Lithuania: Chronicles from the Vilna Ghetto and the Camps, 1939—1944*. Translated by Barbara Harshav. New Haven: Yale University Press, 2002.

Langbein, Hermann. *People in Auschwitz*. Translated by Harry Zohn. Chapel Hill: University of North Carolina Press, 2004.

Lengyel, Olga. *Five Chimneys: The Story of Auschwitz*. Chicago: Ziff-Davis, 1947.

Levi, Primo. *Survival in Auschwitz* and *The Awakening: Two Memoirs*. Translated by Stuart Woolf. New York: Summit Books, 1986.

Michelson, Frida. *I Survived Rumbuli*. New York: Holocaust Library, 1979.

Minutes of the Wannsee Conference, January 20, 1942. http://prorev.com/wannsee.htm.

Müller-Madej, Stella. *A Girl from Schindler's List*. London: Polish Cultural Foundation, 1997.

Noakes, Jeremy, and Geoffrey Pridham, eds. *Foreign Policy, War and Racial Extermination*. Vol.2 of *Nazism 1919—1945: A History in Documents and Eyewitness Accounts*. New York: Schocken Books, 1988.

Nyiszli, Dr.Miklos. *Auschwitz: A Doctor's Eyewitness Account*. Translated by Tibère Kremere and Richard Seaver. New York: Frederick Fell, 1960.

Rittner, Carol, and John K. Roth, eds. *Different Voices: Women and the Holocaust*. New York: Paragon House, 1993.

Rosenberg, Otto. *A Gypsy in Auschwitz*. Translated by Helmut Bögler. London: London House, 1999.

Schneider, Gertrude, ed. *Muted Voices: Jewish Survivors of Latvia Remember*. New York: Philosophical Library, 1987.

Smolar, Hersh. *The Minsk Ghetto: Soviet-Jewish Partisans Against the Nazis*. New York: Holocaust Library, 1989.

State of Israel, Ministry of Justice. *The Trial of Adolf Eichmann: Record of Proceedings in the District Court of Jerusalem*. Vol.5. Jerusalem: Israel State Archives and Yad Vashem, 1994.

The Stroop Report. Translated by Sybil Milton. New York: Pantheon, 1979.

Suhl, Yuri, ed. *They Fought Back: The Story of the Jewish Resistance in Nazi Europe*. New York: Schocken Books, 1975.

Testimony of Chaim Engel. United States Holocaust Memorial Museum. http://www.org/outreach/id1184.htm.

Testimony of Esther Raab. United States Holocaust Memorial Museum. http://www.ushmm.org/outreach/erp0620f.htm.

Tory, Avraham. *Surviving the Holocaust: The Kovno Ghetto Diary*. Cambridge, MA: Harvard University Press, 1990.

Verdi, Giuseppe. *Requiem in Full Score*. Mineola, NY: Dover, 1998.

Vrba, Rudolf. *I Escaped from Auschwitz*. Fort Lee, NJ: Barricade Books, 2002.

The Warsaw Diary of Adam Czerniaków: Prelude to Doom. Edited by Raul Hilberg, Stanislaw Staron, and Josef Kermisz. Translated by Stanislaw Staron and the staff of Yad Vashem. New York: Stein and Day, 1979.

We Are Children Just the Same: Vedem, the Secret Magazine of the Boys of Terezín. Edited by Marie Rút Køíková, Kurt Jiøí Kotouè, and Zdenìk Ornest. Philadelphia: Jewish Publication Society, 1995.

Wiesenthal, Simon. *The Murderers Among Us: The Simon Wiesenthal Memoirs*. New York: Bantam Books, 1968.

次级史料——

Aly, Götz. "*Final Solution*": *Nazi Population Policy and the Murder of the European Jews*. Translated by Belinda Cooper and Allison Brown. London: Arnold, 1999.

Ancel, Jean. "The German-Romanian Relationship and the Final Solution." *Holocaust and Genocide Studies* 19, no.2(Fall 2005):252—275.

Arad, Yitzhak. *Belzec, Sobibor, Treblinka: The Operation Reinhard Death Camps*. Bloomington: Indiana University Press, 1987.

____. *Ghetto in Flames: The Struggle and Destruction of the Jews in Vilna in the Holocaust*. New York: Holocaust Library, 1982.

Bankier, David. *The Germans and the Final Solution: Public Opinion under Nazism*. Oxford: Blackwell, 1996.

Browning, Christoper R.*Fateful Months: Essays on the Emergence of the Final Solution*. Rev. ed. New York: Homes & Meier, 1991.

____. *The Origins of the Final Solution: The Evolution of Nazi Jewish Policy, September 1939-March 1942*. Lincoln and Jerusalem: University of Nebraska Press and Yad Vashem, 2004.

Breitman, Richard. *The Architect of Genocide: Himmler and the Final Solution*. New York: Alfred A.Knopf, 1991.

Cesarani, David. *Becoming Eichmann: Rethinking the Life, Crimes, and Trial of a "Desk Murderer."* New York: Da Capo Press, 2004.

____, ed. *The Final Solution: Origins and Implementation*. London: Routledge, 1996.

Chládková, Ludmilla. *The Terezín Ghetto*. Translated by Vlasta Basetlíková. Prague: Naåe vojsko, 1995.

Crowe, David M.*Oskar Schindler: The Untold Account of His Life, Wartime Activities, and the True Story Behind the List*. Boulder: Westview Press, 2004.

Fleming, Gerald. *Hitler and the Final Solution*. Berkeley: University of California Press, 1982.

Friedlander, Saul. *Kurt Gerstein: The Ambiguity of Good*. Translated by Charles Fullman. New York: Alfred A.Knopf, 1969.

Friedrich, Otto. *The Kingdom of Auschwitz*. New York: Harper Perennial, 1994.

Gryñ, Edward, and Zofia Murawska-Gryñ. *Majdanek*. Lublin: Pañstwowe Muzeum na Majdanku, 1984.

Gumkowski, Janusz, and Kazimierz Leszcyñski. *Poland Under Nazi Occupation*. Warsaw: Polonia, 1961.

Gutman, Israel. *Resistance: The Warsaw Ghetto Uprising*. Boston: Houghton Mifflin, 1994.

Gutman, Yisrael, and Michael Berenbaum. *Anatomy of the Auschwitz Death*

Camp. Bloomington：Indiana University Press，1994.

Herbert，Ulrich，ed. *National Socialist Extermination Policies*：*Contemporary German Perspectives and Controversies*. New York：Berghan Books，2000.

Hilberg，Raul. *The Destruction of the European Jews*. Vol. 3. 3rd. ed. New Haven：Yale University Press，2003.

Iwaszko，Tadeusz，Helena Kubica，Franciszek Piper，Irena Strzelecka，and Andrzej Strzeleck，eds. *Auschwitz*，*1940—1945*. Vol. 2，*The Prisoners*：*Their Life and Work*. Oświęcim：Auschwitz-Birkenau State Museum，2000.

Karas，Joa. *Music in Terezín*. New York：Beaufort Books，1985.

Kenrick，Donald，and Grattan Puxon. *The Destiny of Europe's Gypsies*. New York：Basic Books，1972.

Kogon，Eugen，Hermann Langbein，and Adalbert Rückerl，eds. *Nazi Mass Murder*：*A Documentary History of the Use of Poison Gas*. New Haven：Yale University Press，1993.

Lasik，Aleksander，Franciszek Piper，Piotr Setkiewicz，and Irena Strzelecka，eds. *Auschwitz*，*1940—1945*：*Central Issues in the History of the Camp*. Vol. 1，*The Establishment and Organization of the Camp*. Oświęcim：Auschwitz-Birkenau State Museum，2000.

Lewy，Guenter. *The Nazi Persecution of the Gypsies*. Oxford：Oxford University Press，2000.

Lifton，Betty Jean. *The King of the Children*：*A Biography of Janusz Korczak*. New York：Schocken Books，1988.

Lifton，Robert Jay. *The Nazi Doctors*：*Medical Killing and the Psychology of Genocide*. New York：Basic Books，1986.

Marszalek，Józef. *Majdanek*：*The Concentration Camp in Lublin*. Warsaw：Interpress，1986.

Piper，Franciszek. *Auschwitz*：*How Many Perished*：*Jews*，*Poles*，*Gypsies* .... Kraków：Poligrafia，1991.

Poprzeczny，Joseph. *Odilo Globocnik*：*Hitler's Man in the East*. Jefferson，NC：McFarland，2004.

Pucher，Siegfried J. "... *in der Bewegung führend tätig*"：*Odilo Globocnik*—

Kämpfer für den "Anschluß" Vollstrecher des Holocaust. Klagenfurt: Drava Verlag, 1997.

Rajca, Czeslaw, and Anna Wisniewska. *Majdanek Concentration Camp*. Lublin: Pañstwowe Muzeum na Majdanku, 1983.

Rein, Leonid. "Local Collaboration in the Execution of the 'Final Solution' in Nazi-Occupied Belorussia." *Holocaust and Genocide Studies* 20, no. 3 (Winter 2006):381—409.

Richie, Alexandra. *Faust's Metropolis: A History of Berlin*. New York: Carroll & Graf, 1998.

Roseman, Mark. *The Wannsee Conference and the Final Solution*. New York: Metropolitan Books, 2002.

Rosen, David. *Verdi: Requiem*. Cambridge: Cambridge University Press, 1985.

Rovit, Rebecca, and Alvin Goldfarb, eds. *Theatrical Performance During the Holocaust*. Baltimore: Johns Hopkins University Press, 1999.

Sereny, Gitta. *Into That Darkness: An Examination of Conscience*. New York: Vintage Books, 1974.

Sofsky, Wolfgang. *The Order of Terror: The Concentration Camp*. Translated by William Templer. Princeton: Princeton University Press, 1997.

Telushkin, Rabbi Joseph. *Jewish Wisdom: Ethical, Spiritual, and Historical Lessons from the Great Works and Thinkers*. New York: William Morrow, 1994.

Totten, Samuel, William S. Parsons, and Israel W. Charny. *Century of Genocide: Critical Essays and Eyewitness Accounts*. 2nd ed. New York: Routledge, 2004.

United States Holocaust Memorial Museum. *Resistance During the Holocaust*. Washington, DC: United States Holocaust Memorial Museum, n.d.

The Wannsee Conference and the Genocide of the European Jews: Guide and Reader to the Permanent Exhibit in the House of the Wannsee Conference. Berlin: Gedenkstätte Haus der Wannsee-Konferenz, 2002.

The Warsaw Ghetto: The 45th Anniversary of the Uprising. Warsaw: Interpress, 1988.

Zimmermann, Michael. "The National Socialist 'Solution of the Gypsy Question': Central Decisions, Local Initiatives, and Their Interrelation." *Holocaust and Genocide Studies* 14, no.3(Winter 2001):412—427.

____. *Rassenutopie und Genozid: Die nationalsozialistische "Lösung der Zigeunerfrage."* Hamburg: Hans Christians Verlag, 1996.

注释:

[1] Rudolf Höss, *Death Dealer: The Memoirs of the SS Kommandant at Auschwitz*, ed. Steven Paskuly(New York: Da Capo Press, 1996), 27—28.

[2] Christopher R.Browning, *The Origins of the Final Solution: The Evolution of Nazi Jewish Policy, September 1939-March 1942*(Lincoln and Jerusalem: University of Nebraska Press and Yad Vashem, 2004), 309.

[3] Richard Breitman, *The Architect of Genocide: Himmler and the Final Solution*(New York: Alfred A. Knopf, 1991), 190; Joseph Poprzeczny, *Odilo Globocnik: Hitler's Man in the East*(Jefferson, NC: McFarland, 2004), 176, 206; Siegfried J. Pucher "*... in der Bewegung führend tätig*": *Odilo GloboOnik—Kämpfer für den "Anschluß" Vollstrecher des Holocaust*(Klagenfurt: Drava Verlag, 1997), 94—95.

[4] Browning, *Origins of the Final Solution*, 315.

[5] Jeremy Noakes and Geoffrey Pridham, eds., *Foreign Policy, War and Racial Extermination*, vol.2 of *Nazism 1919—1945: A History in Documents and Eyewitness Accounts*(New York: Schocken Books, 1984), 1104.

[6] Browning, *Origins of the Final Solution*, 315—316; Götz Aly, *Final Solution: Nazi Population Policy and the Murder of the Jews of Europe*, trans. Belinda Cooper and Allison Brown(London: Arnold, 1999), 200; Gerald Fleming, *Hitler and the Final Solution*(Berkeley: University of California Press, 1982), 67; Christopher R. Browning, *Fateful Months: Essays on the Emergence of the Final Solution*, rev. ed. (New York: Holmes & Meier, 1991), 21—22.

[7] *Die Tagebücher von Joseph Goebbels*, ed. Elke Fröhlich, pt.2, *Diktate 1941—1945*, vol.1, *Juli-September 1941*(Munich: K.G.Saur, 1966), 265—266, 269.

[8] Noakes and Pridham, *Foreign Policy, War and Racial Extermination*, 1107—1108.

[9] Ibid., 1113.

[10] David Cesarani, *Becoming Eichmann*: *Rethinking the Life*, *Crimes*, *and Trial of a "Desk Murderer"*(New York: Da Capo Press, 2004), 135.

[11] 戈培尔的这部特雷西恩施塔德宣传影片为世间更为熟知的名字是《元首送给犹太人一座城市》[*Der Führer Schent der Juden ein stadt* (The Führer Gives the Jews a City)]。

[12] Ludmilla Chládková, *The Terezín Ghetto*, trans. Vlasta Basetlíková (Prague: Naåe vojsko, 1995), 47.

[13] ... *I Never Saw Another Butterfly* ... : *Children's Drawings and Poems from Terezín Concentration Camp*, *1942—1944* (New York: Schocken Books, 1978), 10, 14;更多特雷西恩施塔德灭绝营内的儿童绘画和诗歌,请见 *We Are Children Just the Same*: *Vedem*, *the Secret Magazine of the Boys of Terezín*, ed. Marie Rút Køíková, Kurt Jiøí Kotouè, and Zdenìk Ornest(Philadelphia: Jewish Publication Society, 1995)。

[14] Ibid., 17, 22.

[15] Ibid., 33.

[16] Aaron Kramer, "Creation in a Death Camp," in *Theatrical Performance during the Holocaust*, ed. Rebecca Rovit and Alvin Goldfarb(Baltimore: Johns Hopkins University Press, 1999), 181—183; Jana Renée Friesová, *Fortress of My Youth*: *Memoir of a Terezín Survivor*, trans. Elinor Morrisby and Ladislav Rosendorf (Madison: University of Wisconsin Press, 2002), 142—147; Joa Karas, *Music in Terezín*(New York: Beaufort Books, 1985), 139—141; Josef Bor, *The Terezín Requiem*, trans. Edith Pargeter(New York: Alfred A.Knopf, 1963).

[17] Giuseppe Verdi, *Requiem in Full Score*(Mineola, NY: Dover Publications, 1998), vii—ix. This is the full score for Verdi's *Messa de Requiem per l'anniveresario della morte di Manzoni 22 maggio 1874*; for more on the history of the *Requiem*, see David Rosen's *Verdi Requiem*(Cambridge: Cambridge University Press), 1995.

[18] Höss, *Death Dealer*, 28—29.

[19] State of Israel, Ministry of Justice, *The Trial of Adolf Eichmann*: *Record of Proceedings in the District Court of Jerusalem*(Jerusalem: Israel State Archives and Yad Vashem, 1994), 5:2217.

[20] Höss, *Death Dealer*, 29—30; Danuta Czech, *Auschwitz Chronicle*,

1939—1945(New York: Henry Holt, 1990), 84—87.

[21] Breitman, *Architect of Genocide*, 229.

[22] Browning, *Origins of the Final Solution*, 404.

[23] Noakes and Pridham, *Foreign Policy, War and Racial Extermination*, 1104.

[24] *Die Tagebücher von Joseph Goebbels*, pt.2, *Diktate 1941—1945*, vol.2, *Oktober-Dezember 1941*, ed. Elke Frölich(Munich: K.G.Saur, 1996), 498—499.

[25] Browning, *Origins of the Final Solution*, 408—409.

[26] *Trial of Adolf Eichmann*, 4:1799.

[27] Ibid., 4:1826; *Minutes of the Wannsee Conference*, 3—4, http://prorev.com/wannsee.htm.此版本的万湖会议记录在纽伦堡审判期间被翻译和编辑后用作呈堂证供。想获取更加原始的翻译版本以及德文原版,请见万湖会议厅,http://www.ghwk.de/engl/kopfengl.htm.

[28] Minutes of the Wannsee Conference, 7.

[29] Ibid., 8—9.

[30] Ibid., 13—14.

[31] *Trial of Adolf Eichmann*, 4:1826.

[32] Cesarani, *Becoming Eichmann*, 117.

[33] Ibid., 125.

[34] *Eichmann Interrogated: Transcripts from the Archives of the Israeli Police*, ed. Jochen von Lang in collaboration with Claus Sibyll, trans. Ralph Manheim(New York: Farrar, Straus & Giroux), 77—78.

[35] Ibid., 77.

[36] *Trial of Adolf Eichmann*, 3:1191.

[37] Poprzeczny, *Odilo Globočnik*, 102.

[38] Yitzhak Arad, *Belzec, Sobibor, Treblinka: The Operation Reinhard Death Camps*(Bloomington: Indiana University Press, 1987), 26.

[39] *Trial of Adolf Eichmann*, 3:1228; *Der Gerstein-Bericht*, in *NS-Archiv: Dokumente zum Nationalsozialismus*, 4, http//www. ns-archiv. de/verfolgung/gerstein/gerstein-bericht.php.

[40] *Trial of Adolf Eichmann*, 3:1228; *Der Gerstein-Bericht*, 4.

[41] *Trial of Adolf Eichmann*, 3:1228; *Der Gerstein-Bericht*, 4.

[42] *Trial of Adolf Eichmann*, 3:1228—1229; *Der Gerstein-Bericht*, 5.

[43] *Trial of Adolf Eichmann*, 3:1229; *Der Gerstein-Bericht*, 5.

[44] Gitta Sereny, *Into That Darkness*: *An Examination of Conscience*(New York: Vintage Books, 1974), 111.

[45] Raul Hilberg, *The Destruction of the European Jews*, 3rd. ed. (New Haven: Yale University Press, 2003), 3:1104; United States Holocaust Memorial Museum, *Resistance During the Holocaust*(Washington, DC: United States Holocaust Memorial Museum, n.d.), 37.

[46] Józef Marszalek, *Majdanek*: *The Concentration Camp in Lublin*(Warsaw: Interpress, 1986), 145.

[47] Thomas(Toivi) Blatt, *Sobibor*: *The Forgotten Revolt*(Issaquah, WA: Thomas Blatt, 2004), 55.

[48] Joseph Telushkin, *Jewish Wisdom*: *Ethical*, *Spiritual*, *and Historical Lessons from the Great Works and Thinkers*(New York: William Morrow, 1994), 53.

[49] Testimony of Esther Raab, United States Holocaust Memorial Museum, http://www.ushmm.org/outreach/erp0620f.htm.

[50] Alexander Pechersky, "Revolt in Sobibor," in *They Fought Back*: *The Story of the Jewish Resistance in Nazi Europe*, ed. Yuri Suhl(New York: Schocken Books, 1975), 30—31.

[51] Testimony of Chaim Engel, United States Holocaust Memorial Museum, http://www.org/outreach/id1184.htm.

[52] Sereny, *Into That Darkness*, 201.

[53] Janusz Gumkowski and Kazimierz Leszcyñski, *Poland Under Nazi Occupation*(Warsaw: Polonia, 1961), 74.

[54] Arad, *Belzec*, *Sobibor*, *Treblinka*, 152—153.

[55] *Trial of Adolf Eichmann*, 3:1211.

[56] Franciszek Piper, *Auschwitz*: *How Many Perished*: *Jews*, *Poles*, *Gypsies* ...(Kraków: Poligrafia, 1991), 51—53.

[57] Aleksander Lasik, "The Auschwitz SS Garrison," in *Auschwitz*, *1940—1945*: *Central Issues in the History of the Camp*, ed. Aleksander Lasik et al.,

vol.1, *The Establishment and Organization of the Camp*(Oświęcim: Auschwitz-Birkenau State Museum, 2000), 299.

[58] Höss, *Death Dealer*, 160.

[59] Stella Mülle-Madej, *A Girl from Schindler's List*(London: Polish Cultural Foundation, 1997), 172; David M. Crowe, *Oskar Schindler: The Untold Account of His Life, Wartime Activities, and the True Story Behind the List*(Boulder:Westview Press, 2004), 392.

[60] Sim Kessel, *Hanged at Auschwitz: An Extraordinary Memoir of Survival*(New York: Cooper Square Press, 2001), 103—104.

[61] Rudolf Vrba, *I Escaped from Auschwitz*(Fort Lee, NJ: Barricade Books, 2002), 89—90.

[62] Primo Levi, *Survival in Auschwitz* and *The Awakening: Two Memoirs*, trans. Stuart Woolf(New York: Summit Books, 1986), 67.

[63] Rena Kornreich Gelissen, *Rena's Promise: A Story of Sisters in Auschwitz*, with Heather Dune Macadam(Boston: Beacon Press, 1995), 83.

[64] Otto Rosenberg, *A Gypsy in Auschwitz*, trans. Helmut Bögler(London: London House, 1999), 58—59.

[65] Ibid., 61.

[66] Charlotte Delbo, *Auschwitz and After*, trans. Rosette C. Lamont(New Haven: Yale University Press, 1995), 62—63.

[67] Carol Rittner and John K.Roth, eds., *Different Voices: Women and the Holocaust*(New York: Paragon House, 1993), 89.

[68] Otto Friedrich, *The Kingdom of Auschwitz, 1940—1945*(New York: Harper Perennial, 1994), 32.

[69] Guenter Lewy, *The Nazi Persecution of the Gypsies*(Oxford: Oxford University Press, 2000), 140.

[70] Donald Kenrick and Grattan Puxon, *The Destiny of Europe's Gypsies*(New York: Basic Books, 1972), 156, 158.

[71] Ibid., 163.

[72] Miklos Nyiszli, *Auschwitz: A Doctor's Eyewitness Account*, trans. Tibère Kremere and Richard Seaver(New York: Frederick Fell, 1960), 132.

[73] Danuta Czech, *Auschwitz Chronicle, 1939—1945*(New York: Henry Holt, 1997), 810.

[74] Nyiszli, *Auschwitz*, 31.

[75] Robert Jay Lifton, *The Nazi Doctors: Medical Killing and the Psychology of Genocide*(New York: Basic Books, 1986), 273.

[76] Helena Kubica, "Children and Adolescents in Auschwitz," in *Auschwitz, 1940—1945*, ed. Tadeusz Iwaszko et al., vol. 2, *The Prisoners: Their Life and Work*(Oświęcim: Auschwitz-Birkenau State Museum, 2000), 262.

[77] Helena Kubica, "The Crimes of Josef Mengele," in *Anatomy of the Auschwitz Death Camp*, ed. Yisrael Gutman and Michael Berenbaum(Bloomington: Indiana University Press, 1994), 324.

[78] Friedrich, *Kingdom of Auschwitz*, 34—35.

[79] Wolfgang Sofsky, *The Order of Terror: The Concentration Camp*, trans. William Templer(Princeton: Princeton University Press, 1997), 175.

[80] Hermann Langbein, "The Auschwitz Underground," in Gutman and Berenbaum, *Anatomy of the Auschwitz Death Camp*, 497—498; Czech, *Auschwitz Chronicle*, 513.

[81] Marszalek, *Majdanek*, 18, 23; Edward Gryñ and Zofia Murawska-Gryñ, *Majdanek*(Lublin: Pañstwowe Muzeum na Majdanku, 1984), 93—95, 98—99.

[82] Marszalek, *Majdanek*, 40—41.

[83] Gryñ and Murawska-Gryñ, *Majdanek*, 91.

[84] Czeslaw Rajca and Anna Wisniewska, *Majdanek Concentration Camp*(Lublin: Pañstwowe Muzeum na Majdanku, 1983), 83—84.

[85] *The Warsaw Diary of Adam Czerniakow: Prelude to Doom*, ed. Raul Hilberg, Stanislaw Staron, and Josef Kermisz, trans. Stanislaw Staron and the staff of Yad Vashem(New York: Stein and Day, 1979), 384.

[86] Ibid., 385.

[87] Marek Edelman, "The Ghetto Fights," in *The Warsaw Ghetto: The 45th Anniversary of the Uprising*(Warsaw: Interpress, 1988), 36.

[88] Betty Jean Lifton, *The King of the Children: A Biography of Janusz Korczak*(New York: Schocken Books, 1988), 345.

[89] Israel Gutman, *Resistance: The Warsaw Ghetto Uprising* (Boston: Houghton Mifflin, 1994), 173.

[90] *Trial of Adolf Eichmann*, 1:91.

[91] Edelman, "Ghetto Fights," 42.

[92] Ibid., 46.

[93] *The Stroop Report*, trans. Sybil Milton(New York: Pantheon, 1979).

[94] Edelman,"Ghetto Fights," 45.

[95] Simon Wiesenthal, *The Murderers Among Us: The Simon Wiesenthal Memoirs*(New York: Bantam Books, 1968), 60.

[96] Yitzhak Arad, *Ghetto in Flames: The Struggle and Destruction of the Jews in Vilna in the Holocaust*(New York: Holocaust Library, 1982), 231—232.

[97] Herman Kruk, *The Last Days of the Jerusalem of Lithuania: Chronicles from the Vilna Ghetto and the Camps, 1939—1944*, trans. Barbara Harshav (New Haven: Yale University Press, 2002), 562.

[98] Arad, *Ghetto in Flames*, 411—412.

[99] Ibid., 425.

[100] Vasily Grossman, "The History of the Minsk Ghetto," in *The Black Book*, ed. Ilya Ehrenburg and Vasily Grossman(New York: Holocaust Library, 1981), 158—159.

[101] Ibid., 170.

[102] Hersh Smolar, *The Minsk Ghetto: Soviet-Jewish Partisans Against the Nazis*(New York: Holocaust Library, 1989), 143.

[103] Frida Michelson, *I Survived Rumbuli*(New York: Holocaust Library, 1979), 77.

[104] Gertrude Schneider, ed., *Muted Voices: Jewish Survivors of Latvia Remember*(New York: Philosophical Library, 1987), 29.

[105] Avraham Tory, *Surviving the Holocaust: The Kovno Ghetto Diary* (Cambridge, MA: Harvard Univeristy Press, 1990), 58.

283 # 第八章
西欧及纳粹盟国的“最终解决”

大事年表

1938年(5月28日):匈牙利《第一号犹太人法》出台

1938年(9月2日至11月17日):意大利公布反犹主义的种族法律

1939年(5月4日):匈牙利《第二号犹太人法》出台

1940年(4月9日):德军入侵挪威与丹麦

1940年(5月10日):德军入侵比利时、卢森堡和荷兰

1940年(6月29日):罗马尼亚军队在撤出比萨拉比亚和布科维纳时,大肆屠杀犹太人

1940年(9月5日):扬·安东内斯库成为罗马尼亚独裁者

1940年(10月3日):《犹太人身份法》(Status des Juifs)在法国的两个区域共同采用

1940年(10月28日):意大利军队入侵希腊

1940年(11月15日):比利时教会领袖抗议《民族保护法》草案

1941年(2月25日):荷兰举行全国范围的罢工,抗议对犹太人的围捕

1941年(4月6日):德军入侵希腊和南斯拉夫

1941年(5月13日):“克罗地亚独立国”创建

1941年(6月22日):德军入侵苏联

1941年(6月28日):罗马尼亚“雅西计划”出台

1941年(7月16日至17日):维希法国开始围捕犹太人

1941年(8月2日):匈牙利《第三号犹太人法》出台

1941年(8月30日):“德涅斯特河沿岸共和国”创立

1942年:“保护国”境内的勒提和霍多宁两地被改造成罗姆人集中营

1942年(春):斯洛伐克建立犹太人工作小组,对犹太人实施援救

1942年(3月至10月):斯洛伐克人将犹太人驱逐至奥斯维辛;罗马尼亚对罗姆

人实行人口普查

1942年(7月5日):玛格特·弗兰克(Margot Frank)被命前去报到,以待驱逐;一家人躲进房子秘密增建的“后宅”

1942年(8月29日):党卫军总队长哈拉尔德·特纳(Harald Turner)宣布塞尔维亚已肃清犹太人和罗姆人

1942年(11月10日):挪威的路德教会主教抗议犹太人围捕;并在教会宣讲

1943年(1月31日):德军在斯大林格勒投降

1943年(3月4日):在保加利亚控制下的色雷斯和马其顿,展开对犹太人的围捕

1943年(3月9日至4月15日):保加利亚政治家和教会领袖抗议犹太人围捕

1943年(7月24日至25日):墨索里尼被解职;北方成立“意大利社会共和国”

1943年(8月29日):德国宣布对丹麦实行军事管制

1943年(9月8日):意大利与同盟国签订停战协定

1943年(10月2日):瑞典宣布接收所有丹麦的犹太裔难民;丹麦拯救了7 220名犹太人

1943年(10月16日):德国占领的“意大利社会共和国”开始对犹太人实行围捕 284

1944年(3月19日):德军占领匈牙利

1944年(4月25日):乔尔·布兰(Joel Brand)与阿道夫·艾希曼第一次会谈,后来两人又见面两次

1944年(5月15日至7月17日):艾希曼将匈牙利犹太人驱逐至总督府

1944年(7月9日):罗尔·瓦伦贝格(Raoul Wallenberg)抵达布达佩斯

1944年(8月29日至10月27日):斯洛伐克民族大起义

1944年(11月7日):汉娜·泽尼斯(Hannah Szenes)作为英国军事间谍,在布达佩斯被处死

1945年(1月13日):罗尔·瓦伦贝格作为美国间谍被苏联逮捕

1945年(2月至3月):安妮·弗兰克(Anne Frank)和她的姐姐玛格特死在卑尔根—贝尔森集中营

1940年春天和初夏,当德国人征服了大半个西欧之后不久,他们便开始采取行动,隔离与迫害犹太人、罗姆人以及其他雅利安民族的敌人。很快,西欧各国境内的犹太人,都被收纳进“最终解决”的计划之中。对纳粹在中欧和东欧的盟国来说,其境内的犹太人也面临同样的命运。然而,德国人很快意识到,要想围捕犹太人及之

后的罗姆人，并将他们送往东线的集中营和杀戮中心，是非常困难的。这一计划能否成功，在很大程度上将取决于纳粹的胁从国是否积极配合，以及当地民众是否对犹太人采取同情的立场。虽然围捕犹太人的行动经常遭遇阻力，但德国人发现，他们通常可以得到当地官员、警察以及各种各样的准军事化组织的支持，这些机构和个人很乐意替德国人执行残忍的杀戮任务。在几乎每一个被德国征服的国家，或其盟国网络中的一部分国家，情况大多如此。当然，也有例外。

时机也是一个要素。1943 年德军在斯大林格勒等地的战败，令很多纳粹德国先前的盟国意识到，希特勒也许不会赢得这场战争。纳粹德国卫星国的首脑纷纷开始寻求出路，向同盟国发出信号，试图表明自己对纳粹事业越来越衰减的同情与支持。类似态度的变化，虽然在有些时候也会影响这些国家对本国犹太人的政策，但其显然对外交政策的影响更大。即便如此，这些国家的领袖们，仍在德国人的迫使下，不顾内心的道德谴责，在国内积极配合纳粹围捕犹太人的行动，并将他们驱逐至东线的各个集中营和灭绝营。正是在这样险恶的环境中，“大屠杀”期间最英勇的犹太人拯救行动纷纷涌现。

西欧的“大屠杀”

比利时与卢森堡

虽然估计数字差异较大，但得到较广泛认可的是，1940 年约有 5.5 万至 7 万犹太人居住在比利时，他们中的大多数是难民。当时的比利时由国防军管辖，最高长官是步兵上将亚历山大·冯·法尔肯豪森（Alexander von Falkenhausen, 1878—1966）及民事行政官埃格斯·雷德尔（Eggert Reeder, 1894—1959）。比利时国王利奥波德三世（Leopold III, 1901—1983），仍保持着自己的权力，并试图与法尔肯豪森合作，共管比利时。不过，他的很多内阁部长却已逃往英国，并在伦敦组成了一个流亡政府。法尔肯豪森的总体政策设定，目标在于为德国的战争行动赢得比利时的支持，尽管如此，他对待犹太人的政策，却与欧洲其他地方的纳粹占领区别无二致。法尔肯豪森的第一个犹太人法令，致力于达到两个目的——第一，定义并明确规定“犹太性”；以及第二，将犹太人从比利时的社会经济学肌理中剔除出去。1941 年 8 月，法尔肯豪森宣布对犹太人施行宵禁；同年晚些时候，他下
285 令所有犹太人必须加入“比利时犹太人联盟”，这个组织的宗旨是监督犹太人的教育与福利事业。[1]

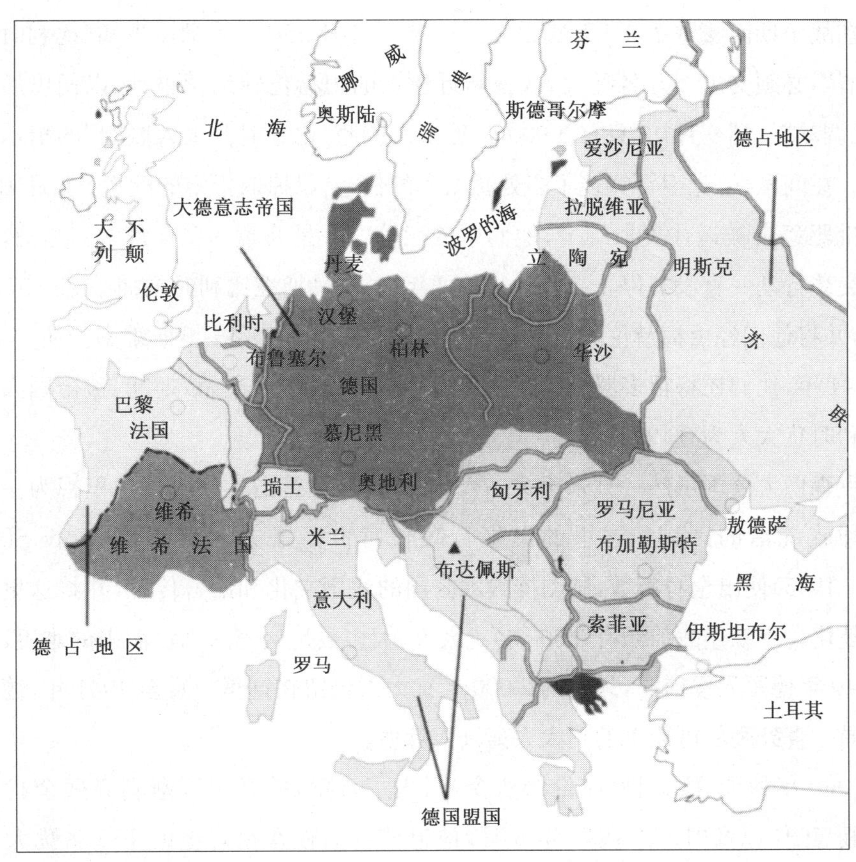

1941 年的欧洲。

法尔肯豪森与党卫军二级突击大队长、希姆莱派驻比利时的党卫军代表恩斯特·埃勒斯(Ernst Ehlers, 1909—1980)一直存在权限冲突。1942 年春,埃勒斯发布法令,强迫全体犹太人去劳工部门报到,并开始佩戴黄色大卫星。这些措施引起公众强烈的抗议;布鲁塞尔的城市首脑告诉法尔肯豪森,他们不允许德国人使用市政办公室分发黄色袖章。一份名叫《比利时自由报》的地下报纸呼吁读者:“公民们,出于对纳粹的憎恨,以及对自己良心的忠诚,做一些你们未曾做过的事吧:向犹太人致敬。”[2]

然而,并非所有的比利时人都对犹太人抱同情态度。一些亲纳粹的比利时组织——诸如斯塔尔·德·克勒克(Stal de Clerq, 1884—1942)领导下的“弗兰德民族联盟”以及未来的武装党卫军一级突击大队长莱昂·约瑟夫·玛丽·德格勒尔(Léon Joseph Marie Degrelle, 1906—1994)领导下的“雷克斯运动”,他们就积极支持德国的反犹主义政策。不过,在很大程度上,比利时民众的同情态度是很明显的,他们在战争期间藏匿了2.5万犹太人。1942年7月25日，埃勒斯告知“比利时犹太人联盟”，必须交出1万名犹太人，去新近建立的梅赫伦转运营报到，以便以后进行“劳工调动”。到9月初，只有3 900名犹太人遵照“比利时犹太人联盟”的指示前去
286 报到。在间歇期，党卫军突袭了多处犹太人的住宅，以掠取指定的配额。8月18日，第一批驱逐者被运往奥斯维辛，他们中的三分之一是儿童。在9月中旬之前，德国人的突袭行动一直没有停止。在后来的两年内，埃勒斯在比利时围捕了25 257名犹太人，并将他们经由梅赫伦运往总督府境内，最多的是被运往奥斯维辛。从1943年至1944年，他们还将很多罗姆人运往奥斯维辛。整个“大屠杀”期间，被德国人杀害的比利时犹太人为29 902人。

卢森堡大公国虽然一直未正式并入第三帝国，但德国人一直将这里视为一个日耳曼种族统治的区域。这里的民事行政长官古斯塔夫·西蒙（Gustav Simon，1900—1945）使出全身解数，试图摧毁大公国的法国文化和语言传统，并将这里彻底日耳曼化。卢森堡战前约有3 800名犹太人，大多数是从德国逃亡而来的难民，不过到1940年德军入侵前夕，只有约2 000名犹太人仍留在这里。直至1941年，德国占领当局一直鼓励尽可能多的犹太人离开卢森堡。

1940年秋天，西蒙将《纽伦堡法令》引入卢森堡，并开始逐渐剥夺残余犹太人的权利、工作以及财产。1941年8月，他迫使曾居住在卢森堡的750名犹太人迁入“五喷泉修道院”营区。到了9月，西蒙又强迫他们佩戴黄色大卫星。1941年10月6日，党卫军开始驱逐“五喷泉修道院”的犹太人，并将他们统统送往罗兹，以及波兰和波西米亚—摩拉维亚保护国境内的集中营。“大屠杀”期间，德国人杀害了将近2 000名卢森堡犹太人。这个数字包括那些在战争刚刚爆发时，逃离大公国的犹太难民。

丹麦

1940年时，约有7 500名犹太人生活在丹麦境内，其中约1 500名为难民。丹麦人与其邻国的民众不同，不仅没有对德国的入侵施以强烈的抵抗，反而似乎很乐意与纳粹合作，正因如此，德国人起先也并未干涉丹麦的犹太人问题。在德国占领丹麦的最初几年，生活一切照旧，似乎和战前没有什么区别。丹麦政府与军队仍正常运转，德意志帝国战前派驻丹麦的大使塞西尔·冯·伦特-费恩科（Cecil von Renthe-Fink，1885—1964），仍在哥本哈根做他的大使。虽然早些时候，丹麦政府就已告知德国人，“犹太人问题”并不在两国讨论的范围之内，不过德国占领

当局官员仍经常就此事纠缠丹麦政府。在1942年1月7日发给德意志帝国外交部的电报中，伦特-费恩科向上司汇报了关于一篇流传甚为广泛的文章的情况。这篇文章的作者是哥本哈根大学杰出的教会史专业教授哈尔·科赫（Hal Koch，1904—1963）。科赫写道，既然丹麦已同其他纳粹盟国一样，与希特勒签订了《反共产国际协定》，很多人就会认为，丹麦政府应该开始采纳一套"积极的反犹主义政策"。科赫宣称，丹麦人必须抵制这一理念，因为如果这样做，"将对丹麦政治活动带来强烈的打击，并将动摇丹麦政治的根基"。科赫还写道："在犹太人问题上保持诚实与公正，与对整个丹麦民族的全体生灵保持诚实与公正同样重要。"伦特-费恩科认为，科赫的文章已在丹麦民众中间，勾画出一条"内部的政治分界线"；他警告柏林方面不要卷入此番争端，否则将"犹太人问题，以前所未有的广度和深度，进入丹麦的公众意识"。[3]

伦特-费恩科继续写道，"抓住每一个机会根除犹太人的影响"是德国的政策取向，这意味着德意志帝国应竭尽所能，"彻底赶走犹太人"。他的结论是，德国官员"未来应继续采取行动，激发对犹太人问题的更深刻的了解"。[4]希特勒后来撤了伦特-费恩科的职，以党卫军联队长维尔纳·贝斯特博士（Dr. Werner Best，1903—1989）取而代之。自此以后，德国对丹麦国家以及丹麦犹太人的态度都开始发生转变。尽管贝斯特仍希望尽可能地维持与丹麦政府的热忱关系，但随着丹麦民间针对 287
纳粹统治的抵抗日益升级，贝斯特的目的越来越难以达到。1943年3月的大选之后，由于越来越多的丹麦民众已意识到德国战败将在所难免，他们在当年春天和夏天，组织了一波大规模的罢工等激进行动，反对纳粹德国的占领。

1943年8月28日，德国政府要求丹麦政府将公共群集与罢工定为非法，实行宵禁，并启动针对报纸的出版审查。柏林方面还坚持丹麦政府允许德意志帝国官方在丹麦建立军事法庭，并有权对破坏行为的实行者判处死刑。丹麦政府对以上要求统统说"不"；第二天，陆军上将、国防军派驻丹麦的军事指挥官赫尔曼·冯·汉纳根（Hermann von Hanneken，1890—1981），宣布解散政府，并实行军事管制，然后，他开始强行在丹麦实行8月28日最后通牒中的一切要求。

由于对丹麦动荡不安的局面治理无效，贝斯特的名声已大遭污损，他认为，现在重提犹太人问题，也许是个合适的时机。希特勒同意了他的诉求，党卫军也开始搜集犹太人的家庭住址。9月11日，贝斯特告知哥本哈根德国公使馆随员格奥尔格·斐迪南·杜克维茨（Georg Ferdinand Duckwitz，1904—1973），德国人将在10月1日至2日夜间采取"行动"。到9月底，杜克维茨飞往斯德哥尔摩出差，并询问瑞典政府是否愿意接收丹麦犹太人。回到哥本哈根后，杜克维茨向汉斯·黑托夫特（Hans Hedtoft，1903—1955）诉说了德国人的计划。黑托夫特是一位卓越的政治家，同时也是纳粹的坚定批判者。他迅速将贝斯特的行动计划告知丹麦抵抗组织的首脑。杜克维茨也将驱逐计划告诉了一些犹太人领袖。现在，一个又一个丹麦人，终于纷纷站了出来，开始协助犹太裔亲朋好友躲藏。

与此同时，瑞典外交部新闻秘书斯文·格拉夫斯特伦（Sven Grafström，1902—1955），于10月2日星期六晚上告知报界，瑞典政府已做好准备"接收全部来到瑞典的丹麦犹太裔难民"。[5]第二天，一封有丹麦全体路德派教会主教签名的公开信，在全国的教堂宣读。公开信写道，德国人对犹太人的暴行有悖于《新约》的教义，并承诺，丹麦基督徒将"为我们犹太人兄弟、姐妹的权利而战斗，以维护我们共同的自由——比生命还要重要的自由"。[6]

丹麦传奇国王克里斯蒂安十世（Christian X，1912—1947年在位）也表达了自己对德国人"行动"的反对态度。随着时间的推移，人们围绕这位国王，谱写了一段神话，将他树立为丹麦民族抵抗精神的象征——他的民众普遍相信，克里斯蒂安十世曾威胁道，如果德国人强迫犹太人佩戴黄色大卫星，那他自己也要佩戴。另一个故事则是说在国王早晨8点的公开骑马活动中，他佩戴了一颗大卫星以示对犹太人的支持。而事实上，由于担心丹麦人的反应，德国占领当局从未强迫丹麦犹太人佩戴大卫星。

在接下来几个星期内，丹麦人援救犹太人的努力，由最初的无序状态，转变成整个国家范围内、高度组织化的行动。他们先是藏匿犹太人，后来开始将他们用船横跨丹麦海峡，运往瑞典。有些渔民曾试图收取犹太人的船票钱，但地下组织随即介入，并制止了此类行为。最终，富裕的丹麦人为救援行动偿付了大部分花销。虽然盖世太保竭尽所能，试图阻止丹麦犹太人的逃亡，但由于人手不足，只俘获并监禁了约461人，这些人后来被送往特雷西恩施塔德灭绝营。在丹麦民众的共同努力下，7 220名犹太人最终得以安全逃到瑞典。后来，负责计划驱逐行动的阿道夫·艾希曼，被派到哥本哈根调查到底哪里出了问题。结果他发现，说服当地官员，令他们愿意在未来的驱逐行动扮演关键性的角色，是十分重要的。以色列大屠杀纪念馆后来将丹麦命名为"正义之国"，而且丹麦是唯一一个获此殊荣的
288 国家。1971年，以色列大屠杀纪念馆又宣布授予格奥尔格·斐迪南·杜克维茨"国际义人"称号。

美国大屠杀纪念博物馆中陈列的、丹麦犹太人救援行动所使用的船。美国大屠杀纪念博物馆提供图片，摄影者为阿诺德・克拉默(Arnold Kramer)。

法国

1940年暮春至初夏，德国人以迅雷不及掩耳之势征服了法国，并给法兰西民族带来永远的耻辱。作为欧洲最重要的国家之一，这一打击几乎是致命的。法国其实一直未从灾难性的第一次世界大战中恢复过来；那次战争的严重后果不仅体现在法国社会的方方面面，而且对德雷福斯时代的反犹主义情绪在两战间法国的复活，扮演了关键性的角色。一战爆发之前，法国反犹主义呈衰落之势，不过仅仅是表面的衰落。大萧条到来之后，反犹主义也卷土重来，再加上，按人均来算，法国已成为世界上最大的移民移入国家，这一事实使情况愈演愈烈。迈克尔・马鲁斯(Michael Marrus)和罗伯特・布拉克斯顿(Robert Braxton)曾称，法国人的仇外情绪和反犹主义，主要围绕以下三个主题展开——对本土人工作机会的威胁、对法国民族文化的稀释，以及担心法国庞大的移民人口从某种程度上可能使国家卷入无谓的国际纷争中。[7]

1936年夏天，莱昂・布鲁姆(Leon Blum)当选法国总理，他是这个国家的第一位犹太人总理。他的当选彻底激怒了法国的右翼政党，后者称布鲁姆的新政府为"塔木德内阁"。两年后布鲁姆内阁的倒台，也未能平息极端分子的怒火，他们称法国庞大的犹太族群正以某种方式将国家拖入战争。德国吞并奥地利、西班牙内战、苏台德危机，以及 1938 年 11 月 7 日恩斯特·冯·拉特在巴黎的遇刺，都使法国人的恐惧愈发升级。“水晶之夜”之后几天，一份法国报纸声称：“今天犹太教会堂被烧毁；明天就轮到我们的基督教教堂了。”然而，并非所有法国人都认同这样的说法。在法国也出现了强烈的抗议反犹主义回潮的呼声，而且大多数法国报纸都对“水晶之夜”极端可怕的情景表达了恐惧。[8]

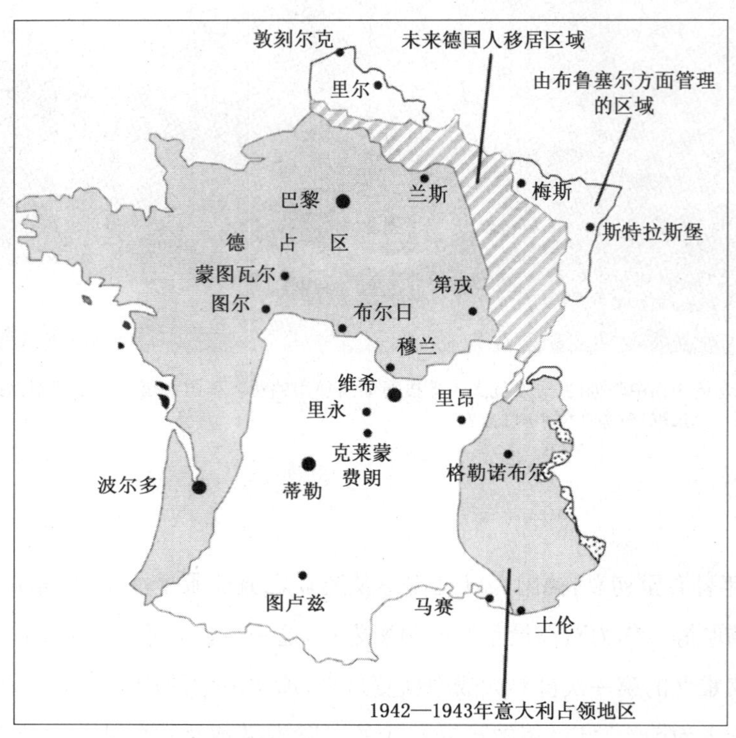

1940—1943 年的法国被占领土。

289 尽管如此，20 世纪 30 年代，一股排外情绪还是横扫整个法国，以上抵制因素也往往无济于事。1939 年春天，爱德华·达拉第（Edouard Daladier，1884—1970）沿法国与西班牙边界地区建立了一系列拘留营。新法律则给予法国政府控制移民组织和关闭移民报刊的权力。《时报》（*Le Temps*）称法国的安全比传统意义上的自由更重要。

1940 年，当德军入侵法国时，与它的欧洲邻居一样，法国同样也是严重战备不足。总理保罗·雷诺（Paul Reynaud，1878—1966）及副总理菲利普·贝当元帅（Marshal Philippe Pétain，1856—1951）于 6 月 13 日宣布巴黎为“不设防的城市”。9 天后，贝当元帅统领的新政府宣布与德国停战，6 月 24 日又宣布与意大利停战。停战协议使法国一分为二。北面和西面五分之三的领土——包括巴黎——成为德国的直接军事控制区。阿尔萨斯和洛林被定为特殊省份，直接合并进入第三帝国。法国剩余领土为贝当及其新副总理皮埃尔·赖伐尔（Pierre Laval，1883—1945）的通敌傀儡政府所管辖，首都设在维希。一战英雄贝当认为，他可以与德国人达成某种程度的合作，从而改善法国大部分国民的生活状态。赖伐尔则对德意志帝国的政策抱有更多的同情，并希望使他的国家在希特勒的新欧洲帝国中保持一个位置。

最初，法国33万至34万犹太人中的大多数，生活在德占区。然而，德军入侵的最初几天，数千法国犹太人开始南逃。正因如此，到法国国民议会宣布建立维希政府的7月10日，后来成为维希法国的这块领土上共聚集了15万至19.5万犹太人。几个月后，维希政府颁布了其影响最大的“大屠杀”法令——《犹太人身份法》（Status des Juifs），并计划于1940年10月3日在两个法国同时实施。《犹太人身份法》根据 290
纳粹德国制定的标准，明确规定了所谓犹太人的“定义”，并剥夺了这一民族成员的大部分公民权和职业权。第二天，又一部新法出台，命令各法国地方行政长官开始围捕犹太人，将他们拘禁在特殊的设施之内，或置于警察的监视之下，并与其他居民隔离开来。10月7日，维希法国的第三部法律剥夺阿尔及利亚犹太人的法国公民权。10月末，法国政府下令所有犹太人的实业，都必须向当地政府注册，并迅速雅利安化。

二战期间法国犹太人政策的总设计师共有两个。一个是党卫军一级突击中队长西奥多·丹内克（Theodor Dannecker，1913—1945），此人是艾希曼最信任的下属之一，并担任“帝国中央保安局”下辖的巴黎“犹太事务部”负责人。另一个则是萨维耶·瓦拉（Xavier Vallat，1891—1972）。他是一个虔诚的罗马天主教徒，既是激进的反日耳曼民族主义者，也持有同样强烈的反犹主义思想。1941年初，丹内克与另外两名德国驻法国的高级官员——“法国德占区军事长官”奥托·冯·施蒂尔普纳格尔（Otto von Stülpnagel，1878—1948）大将和法国德占区民事行政长官维尔纳·贝斯特博士，都开始向贝当施加压力，试图促使他采用更富侵略性的犹太人政策。结果就是1941年3月29日的新法律。此法律创立了瓦拉治下的“犹太事务警察总部”。就在被任命为“犹太事务警察总部”负责人后不久，瓦拉在向一批即将担任公职的人的演讲中说道：“犹太人不仅是一群无法同化的异族人，在他们的内心深处，一直试图建立一个国中之国。而且，依据性格脾性而言，犹太人还与他们的同族亲友一起，试图使这个国中之国超越并统治母国。”[9]

除了少数政府部门、公司企业以及专业领域的犹太人，维希社会之内的所有犹太人都成了瓦拉建立的警察部队消灭的目标。“犹太事务警察总部”还帮助德国人搜寻犹太人，并将他们驱逐到东方。瓦拉认为，他的行为都是为了法国好，而并非为了帮助德意志帝国，这样的态度最终导致他的垮台。

在丹内克的敦促下，1941 年底，瓦拉在两个法国同时创办了“法国以色列人总联盟”。所有居住在法国的犹太人，都必须向“法国以色列人总联盟”缴纳会费，而且很快，这个机构就掌控了全法国犹太人救济组织的所有资产。虽然丹内克承诺，将允许“法国以色列人总联盟”在两个法国的分支维持自治，但他不久就要求这个组织为在法国的抵抗行动中丧生的德国士兵，偿付 10 亿法郎（约合 228 万美元）的补偿性罚款。贝斯特和施蒂尔普纳格尔都对瓦拉不满，认为他不具备杀手的本能，因此无法负责德国在法国犹太人政策的下一个阶段——“最终解决”。另一方面，贝当政府内的一些成员也谴责瓦拉的极端主义反犹政策，不过贝当本人却认为政府应在反对犹太人方面再严厉一些。1942 年初，贝斯特将瓦拉解职，理由是后者只想当“犹太人保护行动的执行长官”。然而丹内克却认为，在法国促进和贯彻德国的反犹主义政策方面，瓦拉做得还不错。

贝当以达奎尔·德·佩尔波（Darquier de Pellepoix, 1897—1980）取代瓦拉的位置，此人显然更愿意支持德国致命的反犹主义政策。瓦拉被解职也是当时法国政坛发生的人事巨变的一个组成部分，与此同时，卡尔·海因里希·冯·施蒂尔普纳格尔（Karl Heinrich von Stülpnagel, 1886—1944）中将取代他的表哥，当上了法国德占区的军事长官。海因里希·希姆莱则控制着法国的全部警察组织，并将其置于“党卫军及警察高级领袖”兼党卫军区队长卡尔·阿尔伯特·奥伯格（Carl Albert Oberg, 1897—1962）的掌管之下。丹内克被调去比利时，他原来在法国的职位由党卫军二级突击队中队长兼武装党卫军中尉海因茨·罗特克（Heinz Röthke）接替。雷内·布斯凯（René Bousquet, 1909—1952）当上了法国国家警察部队头目，而皮埃尔·赖伐尔则成为维希法国影响最大的政治家。首次制订将法国本土的犹太人驱
291 逐出境的计划，开始于 1942 年春天。几个月后，德国人在德军管制区围捕并枪杀了数千名外国犹太人。德国人曾声称，法国抵抗组织每打死一个德国士兵，德国将处决 50 至 100 个法国人，这次行动就是这一疯狂报复的体现。1942 年 6 月，希姆莱告知其下属，他打算将 10 万名法国犹太人送到东方“服劳役”，其中 5 万人将来自维希政府管辖区。6 月 17 日，德国占领当局要求所有年龄在 6 岁以上、生活在德军占领区的犹太人开始在各自外套左上方佩戴大卫星。虽然维希政府拒绝命令其境内的犹太人佩戴大卫星，它却强迫他们在重要的身份证明文件和卡片上印盖“犹太人”字样。

维希法国对犹太人的首次大规模围捕，发生于 1942 年 7 月 16 日至 17 日的巴黎。按计划是逮捕 2.8 万犹太人，并将他们拘禁在“冬季赛车场”运动中心，以备东

运。行动开始几天前，很多法国犹太人已听说了围捕的消息，并纷纷躲藏起来；结果，警察只抓到约 9 000 人。这些不幸的人被带到巴黎北部市郊的德朗西转运营。在接下来的两年里，约 7.5 万法国犹太人挤在从德朗西开出的火车内，被驱逐至东线赴死。约 7 万名法国犹太人死在奥斯维辛。

德国人未因首次行动的低效而退缩，他们继续扩大围捕的规模。到 1942 年底，他们已将 4.25 万犹太人驱逐至东方，其中三分之一来自维希政府辖区。1942 年底，希特勒命令国防军占领维希法国领土，以巩固德意志帝国的南方军事侧翼，这一行动加强了丹内克的行动力度。意大利如今获得了法国东南地区原属维希法国的 8 个省份。不过，丹内克还是面临诸多问题。其中之一是，维希政府的官员在驱逐法国犹太人事务上的犹豫态度，当然如果是驱逐法国境内的外国犹太人，他们就一点也不会遭受良心的谴责。事实上，根据理查德・柯布(Richard Cobb)的说法，德国官员"如果失去了替……盖世太保法国人效力的意愿，他们在围捕犹太人事务上将普遍效率极低"。[10]不过，造成这一倾向的原因，并不是他们对犹太人的深刻同情，而在于纳粹德国在这场战争中逐渐变化的形势。不论怎样，截至 1942 年底和 1943 年初，很多罗马天主教会领袖，不再沉迷于维希极端主义的幻想，而是与赖伐尔和贝当政府决裂，并开始公开批评维希政府对犹太人的围捕。

在这个问题上，最响亮的反对声来自法国的一些小型新教社区，原因很显然在于感同身受——新教徒自己过去就是被迫害的对象。从 1941 年至 1944 年，仅仅维希政府领土上的一个胡格诺教徒村庄——利尼翁河畔的勒尚邦，就藏匿了 3 000 至 5 000名犹太人。勒尚邦的宗教领袖安德烈・特罗克梅(André Trocmé，1901—1971)牧师，与新教地下援救组织"移民难民国际运动委员会"(Comité intermouvements auprès des évacués，CIMADE)秘密合作，源源不断地将犹太人送往这座胡格诺教徒的村庄。在 1942 年夏天对教区居民的布道中，特罗克梅说，提到"冬季赛车场"的围捕，"基督教会应双膝下跪，祈求上帝原谅自己目前表现出的无能与怯懦"。后来，维希政府坚持对特罗克梅实施停职处罚，他回应道："这些人来到这里，请求帮助、请求庇护。我是他们的牧羊人。牧羊人绝不将其羊群置于危险之中……我不知道什么样的人算犹太人。我只知道我们都是人。"[11]以色列大屠杀纪念馆后来宣布，利尼翁河畔勒尚邦的 35 位居民为"民族义人"。

马克・多纳迪耶(Marc Donadille)牧师在阿尔萨斯拯救了约 80 名犹太人的生命，并将另外 100 人送往勒尚邦村，他说，他是在 1942 年秋天一次与其他新教牧师的会议上，首次听到"最终解决"这个字眼的。50 年后，他解释了他当时对此的反应，及其如何影响了他与藏匿犹太人的关系：

> 你必须了解我们的处境。通知我们此事的人，是我们信任的人……那么，之后
> 292 我们为什么不过多地谈论此事呢？首先，与我们藏匿的犹太人朋友谈论此事是很不明智的，他们就住在我们家里："过段时间，他们将杀掉你们全部的人呢，小心啊。"与其分析"希特勒到底是不是想要杀死他们全部的人"，我们还有很多其他事要做。
>
> 使我们饱受困扰的是，这些就和我们生活在同一屋檐下的犹太朋友的命运。我们不能无视此事，你必须理解，所以这件事就够令我们忙活的了！如果他们藏匿得好，他们就是安全的，当我们一起吃饭时——这些时候我们总是很满足，我们在一起很开心，我们还唱歌！你必须设身处地地想想。我们并不会把每天的时间都花在评估和对这些困难作出理论性的应对上，因为我们现在就像优秀的知识分子般行事！我们不是新闻记者！我们一天天地过日子，每天都对彼此说："最终，我们现在试图拯救的人都将得救，在某个美丽的日子，希特勒终将灭亡。"我只能稍微这样解释，为什么，要知道，我们的行动，就犹如我们已经忘记了。
>
> 我们没有忘记，但生存才是最紧急的事。人不能永远在天启的笼罩下活着。[12]

1941年，利尼翁河畔勒尚邦，犹太儿童在拉吉普西儿童之家的合影。美国大屠杀纪念博物馆照片序列号03686，汉妮·里布曼(Hanne Liebmann)提供图片。

法国的贵格教徒、“基督教青年会”(YMCA)以及“美国犹太人联合分配委员会”(AJJDC),也在救援法国犹太人的事业上发挥了积极的作用。1941 年,一些贵格教徒给瓦拉写了一封公开信:

> 将战争责任完全施加在犹太民族身上,很容易,但极不公正,就像令资本家和政府为战争负责,也是不公正的:我们都对战争负有责任,而基督徒——仅仅由于他们自称为基督徒——就要负担更多的战争罪责。
>
> 而且,不加抗辩和上诉,就将这项定罪视为合理,这样的犯罪行为存在吗?
> 例如,什么样的罪行能够促使政府将尚未出生的孩子判为有罪?所有的暴力都 293
> 将带来更多的暴力,根据经验,我们知道,类似的措施只能滋生仇恨与暴力,我们必须设法避免。
>
> 而且,我们不能,也不会愿意忘记,耶稣基督——我们都是他的门徒——也属于犹太民族。
>
> 换言之,法国的贵格教徒——一直以来宁愿工作也不愿批评——请求您,阁下,请赐予一次见面的机会,不仅仅为了确认他们的态度,还为了献给您他们的志愿服务,他们承诺,将履行他们对您的忠诚与责任,将为您努力工作,只有一个目的,希望至少将针对犹太人的政策与行动,变得更人道、更仁慈一些。

然而,瓦拉拒绝了贵格教徒的见面请求。他回信道:“我限定我自己,保持基督教的慈善之情,就像你们胸怀的那样。我向你们证实,我非常乐意接受你们志愿提供的服务,去帮助某些正在经历不幸事件的悲惨的犹太家庭。”[13]

在其他地方,与美国紧急救援委员会合作的新闻记者瓦里安·弗里(Varian Fry, 1907—1967),在 1941 年秋天被捕、并被维希政府驱逐之前,曾协助 2 000 名以上的难民偷逃出马赛。可惜,以上行动并没能拯救 7.5 万犹太人的生命,他们大多在“大屠杀”期间丧生。这些人中,约三分之一为法国公民。

希腊

与东南欧的其他国家一样,第一次世界大战以后的希腊也试图建立一个稳定的民主政体。不幸的是,20 世纪 20 年代至 30 年代初的一系列军事政变,使希腊的民主体系大受损伤,到 1936 年,国王乔治二世(George II,在位时间为 1922—1925 年及 1935—1947 年)任命伊奥纳·梅塔克萨斯将军(General Ioannis Metaxas, 1871—1941)为总理。梅塔克萨斯惧怕愈演愈烈的工人罢工和共产党暴动,随即解散议会,并宣布整个国家进入紧急状态。在国王和军方的支持下,同时兼任外交事务部长和教育部长的梅塔克萨斯，逐渐将希腊政治转变成了一个意大利式的法西斯独裁政体。1939年，随着战争的到来，希腊宣布本国为中立国。1940年夏天，贝尼托·墨索里尼怀揣着野心——征服希腊，并将其变成自己伟大的意大利地中海王国版图的一部分——击沉了希腊的“伊利号”巡洋舰，试图以此将梅塔克萨斯拖入战争。梅塔克萨斯没有上钩，并重申希腊的中立立场。当年秋天，墨索里尼嫉妒希特勒在西线新近取得的胜利，再联想到本国军队在法国战场上遭受的屈辱，遂决定入侵希腊。1940年10月28日，意大利军队带着“闪电战”速战速胜的梦想，踏上希腊的国土。

希腊人用他们的山间小径阻挡住了意大利人的进攻，迫使敌人退回至阿尔巴尼亚——墨索里尼已于1939年征服了这个国家。希腊军队进入阿尔巴尼亚，为盟军提供了另一条可用于打击轴心国的前线。1941年初，乔治二世接受了英国的提议，将10万军队及相应的物资转运至希腊，以协助英军抵抗意大利的战争。希特勒由于惧怕同盟国的势力进入东南欧，遂于1941年4月6日同时入侵希腊和南斯拉夫，这一行动也导致德国入侵苏联的计划不得不推迟。国防军只用了不到两个星期的时间，就征服了希腊，并迫使乔治二世国王与大部分英国远征军逃至克里特岛。

德国占领当局将希腊分为三个势力范围。意大利人占据中希腊和南希腊的大部分，包括雅典，保加利亚人占据色雷斯西北面，德国人则占据马其顿和东色雷斯的一部分。在那个时候，约7.7万犹太人居住在希腊，其中5万人在德占区内的萨洛尼卡市（即塞萨洛尼基）。1943年2月，艾希曼将党卫军一级突击中队长迪特尔·威斯里舍尼（Dieter Wisliceny，1912—1948）和同为党卫军一级突击中队长的阿洛伊斯·布伦纳（Alois Brunner，生于1912年，卒年不详）——此人被称为“艾希曼最得力的工
294 具”——派遣至萨洛尼卡，启动德占区的“最终解决”方案。[14]在接下来的7个月间，在威斯里舍尼和布伦纳的监督下，德国人共围捕了4.8万萨洛尼卡犹太人，并将他们全部驱逐至奥斯维辛。这批犹太人中的三分之二立刻就被送进毒气室处决。在此期间，还有4 000名来自希腊其他地方的犹太人，也被转运至奥斯维辛和卑尔根—贝尔森灭绝营。

纳粹的驱逐行动在希腊政界和宗教界引发了尖锐的批评，不过这些声音对保加利亚人和德国人并未发挥多大的影响。保加利亚政府将本国希腊控制区域内的4 300名犹太人几乎驱逐殆尽，这些人全部于1943年春天被送往特雷布林卡。不过，在希腊的意大利控制区，当地犹太人，本来并未像他们生活在其他地方的同胞一样，遭到如此残酷的虐待。然而，随着1943年夏天墨索里尼政府的垮台，一切都发生了巨变。国防军长驱直入，进入希腊中部和南部，到1944年春天，威斯里舍尼起初在

党卫军总队长于尔根·施特洛普的协助下，开始围捕和驱逐犹太人，约8 000名以上犹太人被送往奥斯维辛。据估计，“大屠杀”期间，约六万希腊犹太人丧生，其中的80％来自希腊的德国占领区。

荷兰

荷兰的犹太社区是欧洲范围内最大的犹太人聚居区之一，截至1930年，41％的荷兰犹太人都与异族通婚。大部分荷兰犹太人生活在这个国家的各个大城市，尤其是阿姆斯特丹，1920年，这个城市的犹太人口为6.9万。20世纪30年代，来自德国和奥地利的犹太难民，也成群地涌向荷兰，到1940年，在荷兰的土地上共生活着14万犹太人。荷兰的犹太社区建立了“犹太人特殊利益委员会”，援助新来的犹太难民。1939年，荷兰政府在韦斯特博克开设了一个居留营，专门收容非法犹太移民，并强迫本国犹太人社团承担此居留营的日常运营开销。1942年，德国人占领这座居留营，并将它改造成“韦斯特博克转运营”；从此，这个地方成为集中和转运荷兰犹太人的主要场所。

1940年5月，德国人以压倒之势，迅速入侵和征服荷兰，这使荷兰人大为震惊。虽然希特勒的“德意志帝国荷兰占领区总督”阿图尔·赛斯-英夸特（Arthur Seyss-Inquart）将这个国家的犹太人视为帝国的敌人，不过一开始，德国占领当局似乎对荷兰的犹太人问题并不感兴趣。然而，从1940年秋天开始，赛斯-英夸特采用了一系列打击犹太人的法律和法规，并查封了所有的犹太人出版物，只留下了一份报纸，即《犹太周报》。所有荷兰公职人员也必须填写一份表格，声明自己是否犹太人，以及是否与犹太人通婚。11月4日，赛斯-英夸特开除了全体犹太裔政府雇员和教师，并援引《纽伦堡法令》作为此类行为的法律依据。几周之前，赛斯-英夸特就曾命令他的财政部长汉斯·费施伯克博士（Dr. Hans Fischböck，1895—1967），调查并登记所有犹太人拥有或参股的商业企业。以此为根据，赛斯-英夸特关闭了约两万家犹太人的公司。剩下的3 000家仍被允许营运的公司，则必须接受德国人的严密监管。作为回应，荷兰的犹太人社区建立了“犹太人协调委员会”，监督整个国家范围内的犹太人事务。

德国占领荷兰期间，荷兰的纳粹党成员也希望在国家管理中扮演重要的角色。阿德里安·穆瑟特（Adrian Mussert，1894—1946）创办了“国家社会主义运动”，这个组织的成员在德国占领初期，很乐意与德国人结成联盟。穆瑟特还建立了一支类似于党卫军的部队，名叫“防御师”，致力于将犹太人从荷兰的国土上全部“清除出去”，这支部队在荷兰警察中拥有大量追随者。到1940年底，“防御师”成员一直在荷兰的大街小巷转悠，凭外貌判断、骚扰和袭击犹太人。为了抵御“防御师”的无端侵 295

扰，犹太人和基督徒组织了一些武装小组，在阿姆斯特丹的犹太人街区执行防御任务。1941年2月11日，“防御师”与一个犹太人抵抗组织在阿姆斯特丹交火，结果导致一个荷兰纳粹党成员死亡。赛斯-英夸特立即下令封闭这个犹太人街区，并将这里改造成一座隔离区。他还创立了“犹太人理事会”，负责与占领当局行政机构就犹太人事务进行协调。2月22日至23日，“党卫军及警察高级领袖”、党卫军支队长汉斯-阿尔宾·劳特尔（Hanns-Albin Rauter，1895—1945）下令逮捕389名年轻犹太男性，并将他们驱逐至布痕瓦尔德和毛特豪森集中营；两天后，荷兰爆发了全国规模抗议罢工，以示对占领当局政策的不满。赛斯-英夸特迅速镇压了这次罢工，并对阿姆斯特丹、希尔弗瑟姆和杂旦山等地处以大额罚款。他还开始采用严酷的反犹主义政策，并开设“犹太人移民出境中央办公室”。这个机构作为艾希曼的“帝国中央保安局”“IVB4办公室”的分支，负责监管逮捕和将荷兰犹太人驱逐至东方的行动。1941年底，劳特尔通知“犹太人理事会”，必须向新近在韦斯特博克和富格特附近开设的强制劳动营提供犹太裔劳工。到1942年春天，劳特尔已将1.5万荷兰犹太人驱逐至上述劳工营。

犹太人从韦斯特博克被转运走，1943—1944年。美国大屠杀纪念博物馆照片序列号05198A。

赛斯-英夸特还下令，所有犹太人不得在除阿姆斯特丹、韦斯特博克和富格特三城以外的任何地方居住。1942 年 5 月 3 日，他责令全体犹太人佩戴黄色大卫星；违规者将被驱逐至毛特豪森。这枚黄色大卫星，成为接下来一系列悲惨事件的先兆：6 月26 日，“犹太人移民出境中央办公室”德方主任斐迪南·奥斯·德·芬腾（Ferdinand aus der Fünten，1909—1989）告知“犹太人理事会”副主席戴维·科恩博士（Dr.David Cohen，1882—1967），一些犹太人和家庭将被围捕，并送往德国境内的强制劳工营。第一批被驱逐的将是年轻、健康的犹太人，他们将先收到 296
一份“驱逐通知”，然后必须前去“犹太人理事会”报到。在收到“驱逐通知”的犹太年轻人中，有一位名叫玛格特·弗兰克（1926—1945）的姑娘，她正是安妮·弗兰克的姐姐。由于在收到“驱逐通知”的人中，其实很少有人去“犹太人理事会”报到，为此劳特尔在7 月中旬启动了一次追捕行动，抓获了 740 名犹太人。科恩接到最后通牒，如果他还不向“犹太人移民出境中央办公室”提供 4 000 名犹太劳工，这 740 人将被送往毛特豪森。

荷兰新教教会和罗马天主教会领袖向赛斯-英夸特和劳特尔发送了一份电报，声明他们对围捕行动的反对态度，并下令在教会礼拜活动中宣读电报内容。赛斯-英夸特则威胁道，如果教会领袖在礼拜中宣读电报内容，他将驱逐“所有非雅利安种族的基督徒”。在这样的形势下，新教领袖决定妥协，不在教会集会上宣读电报，因为他们不愿意为基督徒教友的死亡负责。然而，乌特勒支和罗马天主教会荷兰大主教约翰内斯·德·琼（Johannes de Jong，1885—1955）却坚持在荷兰境内所有天主教教堂，宣读电文内容。作为报复，德国占领当局将 201 名已皈依罗马天主教的犹太人驱逐至奥斯维辛。[15]

如果教会的抗议的确曾起过什么作用的话，那就是使赛斯-英夸特令荷兰“彻底摆脱犹太人”的决心更加坚定了。1942 年 10 月 2 日，在荷兰“国家社会主义运动”和“绿警”（或称边界警察）志愿者的协同下，党卫军开始在全国的劳工营围捕所有犹太男性，并将他们转运至韦斯特博克。在 11 个月的时间里，德国人共将 10.5 万至 10.7 万荷兰犹太人驱逐至东方。约 6 万人被送往奥斯维辛，3.4 万人被送往索比堡，其他则被送往特雷西恩施塔德和卑尔根—贝尔森。在这些犹太人中，只有 5 200 人在“大屠杀”中存活了下来。

1942 年围捕行动开始以后，约 2.5 万名荷兰犹太人藏匿了起来。而德国人拿着荷兰警方的犹太人登记簿，对这些藏匿者穷追不舍。在众多荷兰告密者的胁从下，德国占领当局共找到约三分之一的藏匿者，并将他们全部送往灭绝营或集中营。在

1944年夏天被发现和驱逐的犹太人藏匿者中，有一些人正来自安妮·弗兰克的秘密“后宅”。

> 安妮·弗兰克
>
> 我至今没有放弃所有的理想真是个奇迹，虽然它们看上去有些荒唐，甚至根本无法实现。但我要保留它们，因为无论如何我仍然相信人类本性是美好的。我当然不能将自己的希望仅仅建立在由迷茫、悲伤和死亡构成的基础上。我眼看着这个世界渐渐地蜕化成一片荒野，我听到永无止境的雷鸣般的谴责声，那也会将我们毁灭，我能感受到千万人正经历着的苦难。然而，假如我仰望苍穹，我相信一切还会变好的，相信这样的残酷终究会结束，相信和平和安宁一定会复返。
>
> 与此同时，我必须坚持自己的理想，因为我有可能实现它们的那一刻或许会来临。[16]

对很多人来说，安妮·弗兰克的故事是“大屠杀”中无数个悲剧故事的同义语。很多人发现她在“大屠杀”中的经历是不完整的，尤其是，如果我们只通过阅读她那本著名的日记来了解她的话。安妮·弗兰克1929年6月12日出生于德国法兰克福。1933年，安妮的父亲奥托·弗兰克（Otto Frank，1889—1980）将整个家搬到了阿姆斯特丹，他自己则在这个城市开办了两家公司，经营食品制剂产品。1938年，奥托试图获得签证，以便全家迁往美国，可惜他的努力没能成功。1941年春天，他写信给小内森·施特劳斯（Nathan Straus，Jr.，1889—1961），询问关于移民至美国的可能性。小内森·施特劳斯是奥托在海德堡大学时期的旧友，当时是纽约梅西百货公
297 司的所有者。奥托告诉施特劳斯，美国是唯一一个能接收他的家庭的国家，而且他之所以想移民，完全是为了他的两个女儿：安妮和玛格特。施特劳斯先生同意帮助他的老朋友，并写了一份宣誓书以示支持，奥托的妻子在波士顿的两位兄弟——尤利乌斯和瓦尔特，也签署了同样的宣誓书。然而，弗兰克一家的移民申请再次无功而返，因为当时恰逢美德关系急剧恶化的时期，美国遂出台了一系列反犹主义移民政策，对接收移民施与严格限制。[17]

1942年7月5日，弗兰克家的大女儿玛格特收到一份驱逐报到通知单。奥托·弗兰克在他的助理梅普·吉斯（Miep Gies，生于1909年①）的帮助下，和他的家人一

① 梅普·吉斯于2010年1月11日在荷兰阿姆斯特丹去世。——译者注

1934 年，安妮・弗兰克(左)和玛格特・弗兰克(右数第二位)在阿姆斯特丹与伙伴玩耍。美国大屠杀纪念博物馆照片序列号 63541，潘妮・鲍耶尔(Penny Boyer)提供图片。

起搬进位于阿姆斯特丹王子运河大街 263 号的公司办公室的秘密“后宅”内居住。和他们一起搬进藏匿处的，还有奥托的一位生意伙伴——赫尔曼・范・佩尔斯(Herman van Pels，1898—1944)一家。后来，牙医弗里茨・普菲菲(Fritz Pfeffer，1889—1944)也藏了进来。在梅普・吉斯和其他一些荷兰朋友的协助下，这两个家庭连同普菲菲，成功地躲避德国人的追捕长达两年。然而，1944 年 8 月 4 日，不幸还是降临了。“帝国保安部”在一个匿名告密电话的指引下，破门进入秘密后宅，逮捕了里面的所有人。两个月后，他们全部被送往奥斯维辛。只剩下奥托、玛格特和安妮在这座杀人魔窟中幸存了下来。安妮和玛格特后来又被送往德国的卑尔根—贝尔森集中营。身患斑疹伤寒的玛格特从她的吊床上摔了下来，死于 1945 年 3 月初；几个月后，可怜的安妮也死于营养不良和孤独、伤心。她的尸体被扔在一处集体乱葬岗里。

梅普・吉斯在遭遇洗劫后的秘密后宅内发现了安妮的日记本。战争结束后，当奥托从奥斯维辛返回荷兰后，吉斯把日记本交给了这位父亲。1947 年，奥托出版了日记的节选本，到 1952 年，他又出版了英文版，题名为《安妮・弗兰克日记》。她的日记的其他节选本还包括《安妮・弗兰克作品》(1959 年和 1974 年出版)、《后宅故事》 298

(1966 年出版)和《安妮·弗兰克的秘密后宅故事》(1983 年出版)。一部名为《安妮·弗兰克日记》的戏剧曾赢得 1955 年的托尼奖和普利策奖。在为 1952 年英文版《安妮·弗兰克日记》撰写的引言中,埃莉诺·罗斯福(Eleanor Roosevelt, 1884—1962)解释了安妮的作品之所以能赢得如此大的成功的原因:"在我曾阅读过的书籍中,这是对战争影响的描述最为聪慧和动人的记载之一。"[18]

当然,也有人声称这本日记是奥托·弗兰克伪造的。1986 年,"荷兰国家战争文件研究所"出版了一个安妮日记的"最终权威版",以示对以上质疑的反击,不过关于日记真假的讨论至今尚未平息。在 1997 年《纽约客》杂志上一篇名为《谁拥有安妮·弗兰克》的文章中,作者辛西娅·奥兹克(Cynthia Ozick)写道,人们对这本日记及其中故事的滥用和扭曲,已严重破坏了它的深刻内涵和重大意义。不过,类似的批评并未削弱安妮的作品及其传达的信息中蕴藏的普世性,现在,"国际安妮·弗兰克基金会"经营的"阿姆斯特丹安妮·弗兰克之家"仍每天都在表达着对这个小女孩的纪念。奥托·弗兰克坚持将"安妮·弗兰克基金会"的资源,全部用于对抗世界各国的反犹主义和种族主义。

挪威

1940 年的挪威生活着约 1 700 至 1 800 名犹太人。德国人最初并未对挪威犹太人施加严酷的打击政策,然而从 1942 年开始,他们开始将犹太人送往挪威北部的强制劳动营,并要求所有犹太人在各自身份证明文件和卡片上加盖"J"标记。当年底,挪威纳粹党(挪威文名称为 Nasjonal Samling,意为"民族统一党")头目、同时担任挪威傀儡政权首脑的维德孔·吉斯林(Vidkun Quisling, 1887—1943)下令对所有挪威犹太人进行统计调查。到 1942 年秋天,他开始使用之前普查获得的信息,在全国范围内逮捕犹太男子。10 月 26 日至 27 日,挪威警察部队在党卫军和挪威纳粹党的胁从下,在奥斯陆逮捕了 260 名男性犹太人,并将他们全部收监。一个月后,警方采取行动,围捕了所有仍留在奥斯陆的犹太人,并全部送往奥斯维辛。11 月 10 日,挪威的 7 名路德派主教给吉斯林递交了一封信,公开反对政府对犹太人的围捕。这几位主教在挪威抵抗运动的精神层面都扮演了重要的角色,为了表示对吉斯林政策的抗议,他们先前已集体辞去教职。主教们的抗议信是这样写的:

> 教会在上帝的召唤下,拥有宣告上帝法则和上帝福音的全部权力。因此,当上帝的诫命被践踏时,它不能再保持沉默了。当前,基督教最基本的价值观正被亵渎。上帝的诫命是一切社会的根本原则……停止迫害犹太人、停止种族

仇恨，不要再使种族仇恨，通过报纸在全国蔓延。[19]

12月6日和13日，挪威各地的教会都举行了特殊的礼拜日活动，抗议政府对犹太人的拘捕。在礼拜上，神职人员向集会的教友宣读了7位主教写给吉斯林的信。德国人最终拘捕了挪威教会的主教，然而绝大多数教士一直拒绝与吉斯林政府产生任何形式的瓜葛。约900名挪威犹太人逃往瑞典，还有一些人藏匿起来。吉斯林将那些没能逃走的犹太人送交德国人处理，这些人都被送往灭绝营或劳工营。“大屠杀”期间，约760名挪威犹太人失去了生命。

纳粹盟国

在第二次世界大战的大多数时间内，很多欧洲国家与德国是处于结盟关系之下的，这些国家在“大屠杀”中也扮演了重要的角色。在希特勒的盟国网络中，保加利亚、匈牙利、罗马尼亚和斯洛伐克，都拥有一些在欧洲属于大型的犹太人和罗姆人社区。另一些国家，比如芬兰、意大利、克罗地亚、塞尔维亚，虽然本国犹太裔和罗姆裔人口较少，但在对这两类族群的监禁、屠杀以及救助过程中，都发挥了关键性的作 299
用。他们的行动往往受到传统偏见的驱使，并希望证明本国对纳粹盟国的忠诚态度。不过有时候，在这些国家之内，公众对犹太人命运的强烈抗议，以及对罗姆人命运的不那么强烈的抗议，往往使本国首脑的愿望不能完全实现。形势于1943年开始变化，当德军在斯大林格勒和北非被击败，本身就不甚坚定的各个盟国纷纷开始寻觅方式，改弦更张。这也将对犹太人、罗姆人以及其他少数族群政策产生影响。

保加利亚

在第二次世界大战爆发前夕，保加利亚境内生活着约5万犹太人与15万罗姆人。他们中的大多数从“大屠杀”中幸存了下来。保加利亚在第一次世界大战中支持德国的立场，并因此付出了惨重的代价——在战后的解决方案中，它不得不将大片领土割让给罗马尼亚、塞尔维亚和希腊。一战之后，保加利亚在政治上一直极度不稳定，并因此见证了1923年军队与国王力量的蹿升，并成为这个国家的统治性政治势力。两次世界大战之间，犹太人在保加利亚的经济界和文化界都取得了一定程度的成功，并在这个国家的城市经济生活中扮演着举足轻重的作用。相比较犹太人，这个国家的罗姆人在经济上和文化上就更边缘化了，不过在两次大战期间，他们也经历了一定程度的文化觉醒。保加利亚还有一个特殊的族群——穆斯林罗姆人，对他们来说，不仅因种族属性，还会因宗教信仰而遭受歧视，共同的伊斯兰教信仰，使他们与这个国家的土耳其族群联系到了一起。

1935年的一次军事政变，创造了一个鲍里斯三世（Boris III，在位时间为1918—1943年）掌控下的、以意大利法西斯政体为模板的王权独裁政体。很多反犹主义组织——诸如“保加利亚民族军团”、“保加利亚民族精神进步守护者”，以及模仿纳粹党建制的青年组织“防御党”等等——在这个王权独裁政体之下逐渐繁盛起来。德国纳粹主义的出现与上台，对保加利亚影响很深。1939年，当欧洲与战争日益临近之时，保加利亚人逐渐发现，无论是政治上还是在经济上，本国已都与德国—意大利轴心紧密联系在一起了，尽管当战争最终爆发时，鲍里斯三世宣布中立，但这其实并不能改变既成形势。1940年，当斯大林允诺给予保加利亚领土时，希特勒为了与之相抗衡，也答应将多布罗加南部奉送给保加利亚。1941年3月1日，保加利亚正式加入轴心国，并出兵参与德国对南斯拉夫和希腊的入侵行动。作为酬答，保加利亚获得了马其顿和西色雷斯部分领土。从那时起，作为一个活跃的德国盟国，保加利亚开始了一段与希特勒的德意志帝国长达三年的、却不甚合意的关系。

1941年早些时候，保加利亚议会通过《民族保护法》。《民族保护法》以德国的《纽伦堡法令》为蓝本，不过其对“犹太性”的定义，并不像后者那么严厉，这一点也令德国人甚为难堪。《民族保护法》禁止任何国际性的犹太人组织在保加利亚开展活动，并规定犹太人从此不得再竞选公职。法律还要求保加利亚的所有政府部门立即开除犹太裔雇员，并在婚姻、教育、经济和居民权身份年限等方面，对犹太人施以严格的限制。1940年10月，当政府公布《民族保护法》草案时，很多著名律师和医生结成联盟，公开反对该法，与他们站在同一阵线上的还有多位保加利亚东正教会的领袖。索菲亚教会的首脑斯蒂芬大主教（Metropolitan Stefan，1878—1957），召集了一次教会领袖会议，讨论《民族保护法》。11月15日，他们发表了如下的声明：

> 我们认为，法案包含的一些措施既不公正，也无益于民族的保护。如果我
> 们的民族真的正面临危险，那么抗击敌人所采取的步骤应以行动为目标，而非
> 着眼于某些少数民族或宗教群体；然而，法案似乎将其目标确定为对保加利亚
> 的某个少数民族施以特别处理。所有人、所有民族都必须维护自己的权力，保
> 300 护自己免遭伤害，但这样的愿望决不能成为对其他人、其他民族施与不公正和
> 暴力行为的托辞。[20]

在发表以上言论之后，保加利亚的大主教们提出了两条建议。第一条是，对那些已皈依基督教的犹太人，必须将他们与其他保加利亚基督徒完全同样对待。此外，他们还指责政府，要求其不得制定针对犹太人的歧视性政策。相反，政府应该做

的是“采取令人满意的措施，抗击保加利亚民族的精神、经济、社会与政治生活中真正面临的危险，无论这些危险来自何处”。[21]可惜，大主教们的抗议，对《民族保护法》的命运几乎毫无影响，1941年1月初，此项法案在保加利亚“议会”获得通过。很快，经由鲍里斯三世签署，法案开始正式实施。

在此之前的五个月，保加利亚政府已创办了“犹太人问题警察总部”，专门负责本国犹太人政策的实施和监控。“犹太人问题警察总部”的头目是一名刚从德国归来的律师——亚历山大·别廖夫（Alexander Belev，出生年份不详，卒于1944年）。正是在德国，他研究了《纽伦堡法令》，并以此为蓝本编纂了保加利亚《民族保护法》。“犹太人问题警察总部”的启动经费，正是政府从犹太人那里抢夺来的。后来，保加利亚又出台了一系列法律法规，限制某些专业领域之内犹太裔从业者的数量，以种族血统的标准定义“犹太性”，为日后攫取犹太人财产的行动奠定法律基础，并提案将索菲亚犹太人驱逐至农村，等等。犹太人的商业企业必须申明种族属性。犹太人也被迫戴上了黄色大卫星。

德国政府不断向鲍里斯三世施加压力，令他将《民族保护法》的原则扩展至罗姆人身上，不过保加利亚官方在此问题上一直犹豫不决。1942年5月，政府下令罗姆人必须前去强制劳动部门报到，几个月后，官方又将罗姆人与保加利亚人之间的通婚定为非法。以上政策引发了针对罗姆人的暴力攻击；尤其是当有些媒体报道，指责政府在监管罗姆人方面浪费了太多经费，这使保加利亚人与罗姆人之间的冲突愈演愈烈。

1942年底，别廖夫的部门开始讨论将保加利亚犹太人驱逐至波兰的可能性。1943年2月22日，艾希曼派驻保加利亚的代表西奥多·丹内克，与别廖夫达成协议，“将保加利亚新获得领土——即色雷斯和马其顿——境内的两万犹太人”转运至“德国东部区域”。[22]艾希曼战后在以色列接受审判时，当时的首席检察官吉迪恩·豪斯纳(Gideon Hausner，1915—1990)指出，保加利亚“是唯一一个签订书面契约、同意‘向德国提供犹太人’的国家，它还承诺将承担转运费用，并保证在任何情况下绝不要求本国犹太族群返回”。[23]1943年3月4日，保加利亚军队和警察开始在曾经的希腊和南斯拉夫省份围捕犹太人，结果11 500人成为受害者。他们先被送到位于保加利亚境内的转运营。罗莎·雅科娃(Rosa Yakova)曾在其中一个转运营担任护士，她在报告中写道：“我们看到儿童、老人、母亲，所有人都全身赤裸、没有鞋子、极为无助。天黑了，风很大。奥夫沙罗夫先生(Ovcharov，‘犹太人问题警察总部’派来的代表)开始大声叫嚷：‘立刻出发，都快上那些小敞篷车！’他还命令那些警察和士兵：‘用你们的来复枪揍他们，让他们动作快点。我们可不能等一晚上。’”[24]到3月底，绝大多数色雷斯和马其顿的犹太人都已被运往特雷布林卡，并在那里被处决。

即便如此，别廖夫还是没达到德国人给他下达的定额，所以在3月初，他决定以保加利亚西部城市丘斯滕迪尔的犹太人来充数。保加利亚议会副议长兼司法部长季米特尔·佩舍夫（Dimitar Peshev，1894—1973），从索菲亚犹太社团领袖那里获悉别廖夫的计划。他称驱逐行动“无论从宪政角度看，还是从道德、仁慈的角度看，都是一项重大的罪行”，并设法于3月9日，递交了一份由43名议员签名的请愿书，表达对此计划的抗议。请愿书中写道，类似行动“不可理喻”，并将使“她（保加利亚）背上沉重的道德负担，使她的一切道德地位归于无效”。此外，类似行动还对全体保加
301 利亚人带来不利影响：“保加利亚及其人民的荣誉，全在乎与其政策的这么一点点因素。这是一笔拥有最大价值的政治财产，因为任何人都无权，未经全体民族成员的同意，就滥用和浪费这笔政治财产。”[25]

1940年，鲍里斯三世国王与希特勒。美国大屠杀纪念博物馆照片序列号80526，国家档案与记录管理局（学院公园）提供图片。

保加利亚东正教会也严厉抗议别廖夫的驱逐计划。3月10日，别廖夫下令围捕普罗夫迪夫的犹太人。当普罗夫迪夫大主教基里尔（Kiril，1901—1971）获悉驱逐计

划，立刻向鲍里斯国王发了一封电报，恳请他停止转运犹太人。然后，他来到当地火车站，并告知警察，如果火车试图运载犹太人离开这里，他将躺在铁轨中央，阻止火车开动。1953 年基里尔成为总主教，以色列大屠杀纪念馆授予他“民族义人”称号。

由于类似的情况在保加利亚相继出现，驱逐行动很快就不得不宣告破产。不过，教会的抗议并未因此平息。4 月 2 日，东正教领袖在保加利亚集会，讨论政府的犹太人政策问题；他们还起草了一份抗议信，并递交给首相和国王。抗议信中称，全国民众都请求东正教会援助犹太人，并责令政府不得剥夺犹太人的基本权利，不得剥夺他们作为正常人类，生活在保加利亚国土上的权利。抗议信还要求政府放宽对犹太人的种种限制，取消犹太人基督教皈依者必须同时佩戴十字架和大卫星的规定及其向“犹太人问题警察总部”支付税收的规定。这封抗议信还提请首相和国王注意《马太福音》中的诫命：“你们用什么器量量给人，他们必用什么器量量给你们。”[26]

在以上抗议信之后，保加利亚的东正教领袖又给鲍里斯三世国王写信，要求单
独会面。又气又怕的国王答应 4 月 15 日会见教会代表。当天，他先花半小时时间攻 302
击犹太人，严厉批判几个世纪以来他们“牟取暴利”的行径，并声称此类行为已严重损害了“诸世纪的人性”。他解释道，犹太人牟取暴利的行径在历史上曾造成数不清的动荡与争端，而且就是当前战争的主要原因。鲍里斯三世指出，欧洲其他国家正在进行的终结犹太人影响的行动，就是试图加强“本民族的情感和爱国主义”。最后他总结道，保加利亚政府将寻求方式，减轻犹太人因此遭受的痛苦，并竭尽所能，停止对犹太人基督教皈依者的迫害。[27]

然而，3 月以来保加利亚民众对驱逐计划的公开抗议，迫使鲍里斯三世不得不改变行动方向。5 月 21 日，政府批准一项计划，强迫索菲亚犹太人搬往乡间居住。斯蒂芬大主教宣布，教会将为任何前来寻求帮助的犹太人施洗。然而，保加利亚宗教事务部却称官方将拒绝承认类似的洗礼方式，并将照旧驱逐当年接受洗礼的犹太人。为此斯蒂芬告诉宗教事务部官员，他将把这一决定告知所有教区神父。内政部的回应则是责令斯蒂芬关闭索菲亚所有教堂。斯蒂芬严令拒绝，作为报复，内政部下令以反对国家的“罪行”逮捕斯蒂芬。此时别廖夫出面干预，并说服内政部官员不要再与大主教直接对抗，但同时声称这件事还没完。5 月 24 日，别廖夫下令将保加利亚首都的全体犹太人，驱逐至遍布全国的 20 个城镇和村庄。在整个 1943 年夏天，约 19 000 名犹太人被迫离开索菲亚，前往乡间居住。

保加利亚政府还决定，强迫所有 17 岁至 50 岁之间的罗姆人前往设在农村的强制劳动营工作；结果在此期间，数千罗姆人不得不离开首都，前往乡间。1943 年 8

月，保加利亚官方命令各地政府限制罗姆人的活动，借口是他们携带传染病，特别是斑疹伤寒。此类针对罗姆人的行动产生了一个有趣的衍生物——即一个罗姆人的新分支：祖提人。祖提人指的是那些在强制劳动营中结识并通婚的贫苦罗姆人和犹太人。由于两个族群都不愿意接纳他们，他们只得创建了独立的封闭型社会。

随着形势的演变，德国政府发现在驱逐犹太人和罗姆人事务上屡屡向保加利亚人施压，是很不明智的。党卫军高级总队长、德国驻保加利亚大使阿道夫-海因茨·贝克勒（Adolph-Heinz Beckerle，1902—1976）在 1943 年 6 月 7 日告知约阿希姆·冯·里宾特洛甫，保加利亚人之所以拒绝将本国犹太人驱逐至波兰，是因为在他们民族的集体心态中，意识形态的力量不足；尤其是保加利亚人与亚美尼亚人、希腊人和吉卜赛人长期共存、一起长大，因此与欧洲北部的民族不同，他们对犹太人并没有天然的歧视。[28]

8 月 28 日鲍里斯三世国王离奇死亡，引发了保加利亚政策的转向及其与纳粹德国关系的巨变。在此两周之前，国王曾在位于东普鲁士的军事指挥总部与希特勒见面，当时他拒绝了“元首”提出的，要保加利亚向苏联宣战的要求。鲍里斯三世的继任者，是他的儿子西米恩二世（Simeon II，1943 年至 1946 年在位），随着而来的还有一个多布里·勃日洛夫（Dobri Bozhilov，1884—1945）领导下的新政府。尽管这个政府仍执行先前的反犹主义政策，但它决定不再讨论驱逐事宜。1944 年春，伊万·巴格瑞安诺夫（Ivan Bagrianov，1891—1945）治下的新政府宣布对犹太人执行新的政策。巴格瑞安诺夫打算恢复犹太人的全部权利，不过，鉴于德国国防军经常出其不意地出现在保加利亚的领土上，所以政府执行起类似政策来也不得不小心翼翼。巴格瑞安诺夫撤销了别廖夫的职务，并在当年夏天宣布《民族保护法》和其他施与犹太人的限制性法律和法规一律无效。1944 年 9 月 5 日，苏联政府对保加利亚宣战，4 天后，在斯大林的扶持下，一个亲苏政府攫取了索菲亚的政权。

战争结束后，保加利亚犹太人和罗姆人将保护本族群成员免遭“大屠杀”的功
303 绩，记载到了鲍里斯三世头上。鲍里斯三世的确是一个受民众爱戴的国王，再加上其神秘的死亡，这样，一种关于他以死力争，拯救犹太人与罗姆人的浪漫主义观点就逐渐形成了。有些人说他由于拒绝将本国犹太人运往希特勒的灭绝营，而遭到德国人的囚禁。然而，真相却截然不同。鲍里斯三世国王在死亡之前十年，一直都是保加利亚政治的掌控性人物，他是一个彻头彻尾的反犹主义者，愿意采取一切必要的措施，打击本国的犹太人和罗姆人，同时向纳粹德国表明效忠。我们还不应忘记的

是，很多公开声明反对驱逐犹太人的议员，其实在保加利亚一些早期的反犹主义法案上，都曾投了赞成票。只有极少数组织，自始至终都坚持抗议对犹太人施行限制性措施，其中之一是保加利亚东正教会。“大屠杀”期间，无论各组织与个人的动机如何，保加利亚民众最终还是以团结的力量，将本国犹太人和罗姆人从灭绝营的边缘拯救了出来。然而，在保加利亚控制下的马其顿和色雷斯，那里 1.15 万犹太人的命运就要不幸得多了，因为保加利亚人不关心他们的生死，也几乎没有进行任何拯救他们的努力。

芬兰

第二次世界大战爆发之时，芬兰的犹太人口约为 2 000 人，他们大多生活在赫尔辛基、图尔库和维伊普里，享受着丰富的文化与宗教生活。20 世纪 30 年代，芬兰的各个右翼组织，在纳粹德国写手和宣传家的影响下，炮制了大量反犹主义材料。在与苏联进行的“冬季战争”中（1939—1940），犹太士兵在芬兰军队中英勇战斗。1944 年，芬兰总统卡尔·古斯塔夫·埃米尔·曼纳海姆元帅（Marshal Carl Gustaf Emil Mannerheim，1867—1957），因对战争的贡献，表彰了芬兰的犹太族群。夹在本地区的两大咄咄逼人的强国——苏联和德国——中间，芬兰一直试图维持中立的立场和脆弱的平衡，不过，在 1941 年德国向苏联发动进攻之前一个星期，芬兰终于在军事上被德国拉入本方阵营。

芬兰加入第三帝国的阵营，共同进攻苏联，最主要的目的是夺回对卡累利阿地区的控制权，这里是“冬季战争”之后被苏联夺走的。就在 6 月 22 日攻击之前的几天，德国军队开始在芬兰北部地区大规模集结。6 月 22 日攻击的三天后，芬兰议会趁苏联红军空军进入芬兰领空之机，向苏联宣战。6 月 29 日，芬兰军队踏上苏联国土，并迅速占领卡累利阿。之后，芬兰军队的前进就停止了。1943 年初，当德军在斯大林格勒最终宣告战败时，芬兰政府已开始想办法，试图从战争中全身而退。1944 年初，他们与莫斯科方面达成一致的努力终归失败，当年夏天，苏联军队进入芬兰。芬兰人迅即接受了德国提供的军事援助，代价是答应绝不向苏联寻求单独的和平协议。虽然德军对苏军之势并未形成太大的冲击，但其先进的武器装备还是帮助芬兰人，在 1944 年 7 月中旬，暂时止住了红军的推进步伐。此时的斯大林，试图将全部力量用于向柏林进军，因此同意和谈。1944 年 9 月 19 日，曼纳海姆元帅政府违背了先前对柏林的诺言，与克里姆林宫签订了一个单独的和约。虽然苏联开出的条件极端苛刻，但芬兰好歹保住了独立的地位。随之而来的是芬兰人的第三场战争，他们现在与苏联人结盟，共同将20万德国军队赶出拉普兰。

战争期间，虽然芬兰成功避免了被德国占领的命运，但第三帝国的官员仍将芬兰犹太人，算进“最终解决”方案的统计数字中。海因里希·希姆莱在1942年夏天访问芬兰期间，曾向芬兰首相约翰·威廉·兰格尔（Johann Wilhelm Rangell，1894—1982）询问他们国家的犹太人情况。兰格尔告诉希姆莱，芬兰犹太人都是忠实的国民，与其他芬兰人一道，在军队中服役。他还说，在芬兰，“我们没有犹太人问
304 题”。[29]传统学界认为，“大屠杀”期间只有8名芬兰犹太人丧命。然而最近，一位名叫塞拉·贝塞尔（Serah Beizer）的学者，在以色列大屠杀纪念馆下属的“大屠杀研究国际学院”进行的研究中，对这个数字表示了质疑。她的这项研究是由一笔来自芬兰的奖学金资助的。她表明，战争期间，芬兰人曾将一批混在3 000名苏联战俘的犹太人，移交给德国人，这批犹太人的人数可能有多达500至600名。这些人中，至少有70人被盖世太保逮捕。2000年，时任芬兰首相的帕沃·利波宁（Paavo Lipponen，生于1941年）曾就此类驱逐事件，向本国犹太家庭道歉。芬兰的福音路德派教会也表达了歉意：“教会承认，在政府迫害犹太人事宜上，我们选择了保持沉默，我们希望因此向犹太社团道歉……移交犹太人——哪怕一个犹太人——都是罪恶……在本国各个教区，我们应该更多地进行犹太教教义以及犹太教与基督教共同根源的教育。”芬兰国家教会领袖也称，马丁·路德关于犹太人的观点，“应该被重新审视”。[30]

匈牙利

1941年时，共有72.5万犹太人生活在匈牙利境内，此外还有10万已皈依基督教的犹太人，但他们在法律上仍被当作犹太人看待。当时匈牙利的罗姆人数量为10万人。“1867年协定”之后，犹太人在匈牙利国家的创建过程中扮演了重要的角色，而由于他们支持匈牙利民族愿望的立场，作为报偿，他们也得到了平等的政治权利和公民权利。不过，犹太教从未获得与基督教平等的地位。在后来的75年间，由于犹太人在社会经济及某些职业领域内的突出地位，反犹主义也随之暗流涌动。匈牙利为第一次世界大战付出了极其惨重的代价：一纸《特利亚农和约》（1919年），使这个国家失去了60％的人口和70％的土地。一战后的匈牙利，变成了一个纯粹的马扎尔语（即匈牙利民族的语言）国家。某些匈牙利人开始将各种困境怪罪到本国的少数民族头上，他们当时约占全国人口总数的10％。在整个20世纪20年代，鉴于匈牙利人对少数民族的态度，特别是在不断推进中的马扎尔化政策之下，后者获得更

多平等权利的愿望化为泡影。

匈牙利政治开始向右漂移的过程，比它的中欧邻国都早。总理根伯什·久洛(Gyula Gömbös，1886—1936)，是匈牙利摄政兼国家元首霍尔蒂·米克洛什上将的长期幕僚。1932年，他曾试图将匈牙利转变成一个意大利法西斯式的国家，但是没有成功。1935年，根伯什的党在议会选举中获胜之后，他在柏林与赫尔曼·戈林签订了私人协议，声明在两年内，将建成一个“与第三帝国极度类似的政治体系”。[31]根伯什于第二年死亡，霍尔蒂试图阻挡本国倒向德国和意大利的过程，于是用达兰伊·卡尔兰(Kálmán Darányi，1886—1939)取代了根伯什的职位。

不幸的是，人们发现达兰伊也具有强烈的右倾倾向，他与新近被定为非法的“匈牙利国家社会主义党”党魁萨拉斯·佛伦斯(Ferenc Szálasi，1897—1945)结成联盟，推动议会通过了匈牙利的《第一号犹太人法》(即“第15号法”)，时间正是在希特勒促成“德奥合并”之后几个月。虽然这部法律在自由派知识分子界引发了巨大的质疑之声，但却得到匈牙利罗马天主教会和各新教教会的强烈支持。根据兰道尔夫·L·布拉汉姆(Randolph L.Braham)的说法，教会的支持不仅保障此项法案的通过，而且导致“反犹主义及很多反犹运动的合法化”。[32]《第一号犹太人法》规定，在商业和专业领域，犹太裔从业者所占比例不得超过20%；它还在报纸和娱乐行业创办了德国式的“议院”。其实“议院”已在法律、医疗和工程技术等领域广泛存在，任何人想在这些行业工作，必须属于相应的“议院”。

达兰伊出台《第一号犹太人法》的动机，在很大程度上是为了对抗一些右翼派 305
别逐渐增长的政治威胁。这些右翼派别的一个典型代表，就是以德国纳粹党为模板运作的“剑十字团—匈牙利人运动”。“剑十字团”在1939年春天的全国大选中赢得了空前的胜利，获得全部选票的25%。达兰伊与萨拉斯及其他右翼组织的联盟，导致自己政权的垮台。达兰伊的继任者伊姆雷迪·贝拉(Béla Imrédy，1891—1946)对以上组织大加镇压，并以非法活动的罪名将萨拉斯关进了监狱。然而，伊姆雷迪很快就钻进德国与意大利设下的圈套：当年晚些时候，他参加了“第一次维也纳仲裁”谈判，并迫使德意容许匈牙利重新占领斯洛伐克部分领土。这样，他算是部分奠定了1919年以来匈牙利政治的基石之一——夺回通过《特利亚农和约》割让给其他国家的领土。后来，伊姆雷迪向全国宣称，他打算与德意志帝国走得更近。在新的反犹立法的酝酿过程中，他的政敌攻击他有犹太血统。虽然伊姆雷迪是个虔诚的罗马天主教徒，但1939年初，霍尔蒂还是解除了他的职务。

伊姆雷迪的继任者是个公认的反犹主义者，名叫泰莱基·帕尔（Pál Teleki，1879—1941），他支持《第二号犹太人法》，并设法令议会于1939年5月4日通过此法案。《第二号犹太人法》宣称："任何人，只要他属于犹太教教派，那么他同时就是犹太种族社团的成员，然而，倘若一个人终止自身作为犹太教教派成员的身份，并不意味着其与犹太种族社团的联系发生任何形式的改变，这是再正常不过的。"[33]

《第二号犹太人法》严厉限制犹太人的政治权力和公民权利，并禁止犹太人从事政府雇用性质的工作。法律还规定，在教育和专业领域，犹太人所占比例不得超过6%。新的措施还包括对犹太人在商业和其他经济活动方面施行限制。

在纳粹一手操纵的"第二次维也纳仲裁"中，匈牙利获得了对特兰西瓦尼亚北部的控制权。在此之后，泰莱基又加入了"三国同盟"（德国、意大利、日本），从而加强了与纳粹德国的政治纽带。[34]从此，德国在匈牙利政治中开始扮演越来越重要的角色。随着一个新的亲德国政党——"匈牙利复兴党"——的建立，纳粹在匈牙利的势力更强了。柏林方面将这个组织视为"在想象中的纳粹导向的匈牙利，稳定、法律与秩序的最佳保障"。[35]"匈牙利复兴党"具备"剑十字团"不具备的一切特征：纪律、组织，并严格服从德国纳粹的意志。泰莱基后来总结道，想要抑制德国人的控制和右翼极端主义的滋长，唯一的方式就是比纳粹更纳粹。

1941年，泰莱基将萨拉斯从监狱中释放出来，并对他承诺将制定更多的反犹主义法律。然而，1941年春天，当霍尔蒂同意加入希特勒的军队、入侵南斯拉夫后不久，泰莱基自杀身亡，因为他认为霍尔蒂的决定违背了匈牙利刚刚与南斯拉夫签订的友好条约。他的继任者巴尔多希·拉斯洛在这个问题上坚持贯彻霍尔蒂的承诺。作为对入侵行动中协助作用的报偿，匈牙利获得了南斯拉夫的戴尔维戴克地区。几个月后，当纳粹德国启动进攻苏联的"巴巴罗萨计划"时，匈牙利也成了胁从国之一。在德国人施加的压力之下，匈牙利议会不久通过了《第三号犹太人法》。这部法令以《纽伦堡法令》为蓝本，以种族和血统定义"犹太性"。它还禁止犹太人与非犹太人之间的通婚。

1942年春，由于巴尔多希的强烈亲德情感，再加上他拒绝支持霍尔蒂之子伊什特万担任副摄政之职，霍尔蒂终于将他解职。巴尔多希的继任者为卡拉伊·米克洛斯（Miklós Kállay，1887—1967），他本来也是与德国结盟政策的坚定支持者。然而，
306 从1943年开始，卡拉伊和霍尔蒂开始对德国能否取得战争胜利产生质疑。另一方

面，对苏联共产主义势力的惧怕，又令他们不得不与第三帝国保持密切的关系。在德国的支持下，卡拉伊考虑了与同盟国达成协议的可能性。随着战事的推演，德国越来越担心匈牙利可能退出战争。1944 年 3 月 17 日，由于希特勒的坚决态度，霍尔蒂解除了卡拉伊的职务，并且德军于两天后占领了整个匈牙利。新政府首脑为斯托尧伊·德迈（Döme Sztójay，1883—1946）将军，作为前匈牙利驻德国大使，他是一个强烈的亲德分子。斯托尧伊政府承诺，将继续参与战争，并支持阿道夫·艾希曼驱逐匈牙利犹太人的行动。

1942 年春天，德国先要求匈牙利政府将其国土上的犹太人运往东部的集中营。卡拉伊本来采取避而不谈的策略，在德国的一再施压下，他只好解释道，犹太人对匈牙利的国家经济和轴心国发动的驱逐战争实在太关键了。然而，随着 1944 年春天德国彻底占领匈牙利，一切都发生了巨变。尽管匈牙利的犹太族群在战争中已遭到严重损害，不过，“与临近的波兰和斯洛伐克的同胞相比，他们并未遭到特别惨烈的劫掠”。[36]然而，正如戴维·切萨拉尼指出的，接下来发生的事件，绝不是单纯的嗜血欲望驱使下的反犹主义运动。德国人发现，匈牙利庞大的犹太人社团，将是奴役劳工和经济掠夺的新来源。[37]

在关于以上事务的所有问题上，核心人物都是阿道夫·艾希曼。此人带领一支特殊突击部队，紧随德国国防军之后，气势汹汹地横扫匈牙利。在一次会议上，霍尔蒂已答应希特勒，将驱逐 10 万名犹太人，去德意志帝国的强制劳工营内劳动。到 1944 年 4 月初，艾希曼在一帮匈牙利官员的协助下，制订了一个计划，借以将这个国家的犹太人赶进隔离区，并攫取他们的财产。驱逐行动原定于 5 月 15 日开始。然而，人们突然发现，大部分装运犹太人的火车并不是开往德国，而是开往奥斯维辛。到达目的地后，党卫军将挑选其中的约三分之一充当奴役劳工，剩下的则迅速被处决于比克瑙的毒气室。从 5 月 15 日至 7 月 8 日，德国人和匈牙利人一起，共将 437 403名犹太人运往总督府境内。7 月 7 日，霍尔蒂在不断增强的国际和国内压力之下，终于下令停止驱逐行动。

随着犹太人驱逐计划的启动，救援行动也几乎同时开始。匈牙利最重要的救援机构之一，名叫“布达佩斯救济与救援委员会”。这个创建于 1941 年末的组织，专门帮助从欧洲邻国成群涌入匈牙利的犹太裔难民。两年后，“布达佩斯救济与救援委员会”成为“巴勒斯坦犹太事务代办处”的正式分支机构。到 1944 年，这个组织还与“美国犹太人联合分配委员会”以及新近成立的“战时难民委员会”建立了联系。后一个组织是富兰克林·罗斯福总统于 1944 年初创办的。当时美国承受的压力越来越大，在纳粹的残酷迫害下，整个世界都希望它承担救助受害者，尤其是犹太人的责任，“战时难民委员会”就是因此而建的。

德国占领匈牙利后不久，“布达佩斯救济与救援委员会”一位名叫乔尔·布兰（Joel Brand，1906—1964）的领袖，与艾希曼举行了三次会议，讨论匈牙利犹太人的救援事宜。早在一年之前，“布达佩斯救济与救援委员会”就开始承担为“斯洛伐克犹太人劳动组织”募集资金的任务，后者是在迪特尔·威斯里舍尼授意下建立的，而此人正是希姆莱派驻斯洛伐克的代表。虽然威斯里舍尼仅仅从“劳动组织”征收到16.9万美元，但艾希曼还是大受启发，认为可以凭借犹太人的资源，帮助加强党卫军的势力。

根据艾希曼受审期间布兰的证词以及他后来的回忆录——《绝望的使命》，艾希曼曾打算在一笔“血肉货物”交易中，卖给他100万犹太人。艾希曼索要的价格，是10万辆新卡车和数吨茶叶、咖啡和肥皂。艾希曼还向布兰保证，这些卡车将被应用于东线与苏联的战争中。布兰又问，他该怎样支付这些“血肉货物”的要价，艾希曼回答道，他可以从同盟国募集资金。这个党卫军头子还说，布兰可以自由选择任何
307 想要的犹太人。在两人的最后一次会面中，艾希曼告诉布兰，他打算“关闭奥斯维辛，并将允诺的100万犹太人中的十分之一带到前线”。他还说：“你可以带走10万犹太人，之后带来1 000辆卡车就行。以后我们都这样做交易。每1 000辆卡车，换10万犹太人。你在哪儿也找不到这么划算的买卖了。”[38]艾希曼给布兰两周的时间，将他的条件汇报给伊斯坦布尔的同盟国代表，并坚持在谈判期间将布兰的家人扣做人质。

布兰于5月17日离开布达佩斯。与他同行的是一个叫班迪·格罗茨（Bandi Grosz）的间谍，此人后来利用布兰的会谈为掩护，安排了一次“帝国保安部”高级官员与盟军官员之间的谈判，妄图撇开希特勒签订一份单独的和约。格罗茨对布兰说，纳粹党知道自己已经输掉了这场战争：“他们知道，只要有希特勒在，就不能达到和平。希姆莱希望寻找一切门路，与盟军认真地坐下来谈判。你的犹太人事务仅仅是一个附属问题。”[39]

布兰并未被格罗茨的恐吓吓住，他决心履行自己的使命。布兰与“犹太事务代办处”代表的协商，最初在伊斯坦布尔进行，后来移至阿勒波，但却没取得多少成果。尽管“犹太事务代办处”认可这项交易的基本原则，但当英国人在阿勒波逮捕了布兰之后，协商就不了了之了。

在奥斯维辛二号营区比克瑙，格扎·拉特布斯（Geza Lajtbs，最前者）与其他匈牙利犹太人正在接受筛选。美国大屠杀纪念博物馆照片序列号 77236，摄影者为伯恩哈特·瓦尔特（Bernhardt Walter）/恩斯特·霍夫曼（Ernst Hofmann），以色列大屠杀纪念馆提供图片。

不过，艾希曼的交易提议，还是被人报告给伦敦和华盛顿。英国政府拒绝了这项提议，因为议员们惧怕卡车将加强国防军的势力，并使战争拖延更长的时间。他们还担心这项交易将使同盟国与苏联之间的关系产生裂痕，从而妨碍盟军在欧洲的军事行动，这是希姆莱一直以来盼望出现的局面。7 月 19 日，《纽约先驱论坛报》将这场谈判称作“盖世太保的阴谋”，英国《泰晤士报》则将其称为整个战争期间“最令 308
人作呕”的事件之一。7 月 21 日，英国广播公司报道称，艾希曼的交易提议为“人道主义敲诈”。[40]直到当年秋天，布兰一直处于英国人的监控之下。后来，他们担心如果他回到匈牙利，党卫军可能会谋杀他，所以将他送到了巴勒斯坦。

当艾希曼计划中的驱逐行动开始之后，《奥斯维辛议定书》已在整个欧洲和美国政界广泛流传。这是由两位从奥斯维辛逃出来的犹太人撰写的一份 32 页的文件。两位作者分别为鲁道夫·弗尔巴（Rudolf Vrba，1924—2006）和阿尔弗雷德·海茨勒（Alfred Weltzler，1918—1988）。6 月 15 日，在三篇关于德国人在比克瑙实施屠杀行动的报道中，英国广播公司将议定书的内容公之于众；5 天后，一篇《纽约时报》的文章出炉。富兰克林·罗斯福总统、教皇庇护十二世以及瑞典国王古斯塔夫五世

(Gustav V)都作出回应,纷纷向霍尔蒂上将施加压力,敦促其停止驱逐。6月7日,后者终于下令停止行动。可惜,对那些已在奥斯维辛和其他地方被屠杀的犹太人来说,已经无济于事。1944年秋天,德国震怒于霍尔蒂倒向西方的立场,迫使他辞职,并任命萨拉斯当上总理兼国家首脑,于是,形势又恶化了。随之而来的将是一段恐怖统治,并一直持续到1945年4月4日匈牙利解放。

亲德的"剑十字团"在匈牙利进行血腥的反犹主义清洗过程中,对汉娜·泽尼斯进行了残酷的折磨,并最终将她野蛮处死。汉娜·泽尼斯是一位犹太裔匈牙利人,她在英国接受突击队员的训练,后来跳伞进入南斯拉夫,协助救援匈牙利犹太人。汉娜出生于布达佩斯,1939年"移民"(原文为希伯来文 aliyah,意为"向着高山上行")至英国控制下的巴勒斯坦。在斯多特雅姆的集体农场居住几年后,她加入"打击连队"(希伯来文为 Plugot Mahatz,缩写为 Palmach)。这是一个小型的精英打击力量,隶属于巴勒斯坦的犹太人地下自卫组织"防御团"(原文为希伯来文 Haganah)。待她作为军士加入英军后,她的任务是跳伞进入匈牙利,协助组织游击队打击德军的行动,并对犹太人实施救援。德军占领匈牙利后,英国决定将汉娜带领的这支由犹太突击队员组成的小组,空投到南斯拉夫境内。与匈牙利游击队合作了令人沮丧的三个月后,汉娜终于踏上匈牙利本土,可惜很快被捕。匈牙利警察对她施以残酷的虐待,后来又把她移交给盖世太保。后者几乎每天都盘问她,可汉娜拒绝透露任何关于她任务的细节。同时,她热情地向盘问她的德国人宣扬巴勒斯坦的神话,并警告他们,当战争结束之时,他们必将为自己曾犯下的罪行偿付代价。最终,汉娜被定罪为英军间谍,并

1944年,汉娜·泽尼斯(Hannah Szenes)与兄弟乔拉(Giora)在巴勒斯坦。美国大屠杀纪念博物馆照片序列号60133,贝特·汉娜·塞内什(Beit Hannah Senesh)提供图片。

于1944年11月7日被处决。1950年，人们把她的遗体运回以色列；她后来归葬于赫茨尔山上的一处军人墓地。1993年，汉娜在以色列的家人获悉，一个匈牙利军事法庭已撤销了对她的叛国罪起诉。 309

汉娜·泽尼斯进入匈牙利之时，德国人正在将大批犹太人运往奥斯维辛。与她的个人英勇行为同时，布达佩斯的各个外交团体也正在积极采取救援行动。“布达佩斯救济与救援委员会”与一些人建立了合作关系，从而将数千犹太人从赴死的驱逐之路上解救了出来。这些人包括瑞士公使馆的外交官卡尔·卢茨(Carl Lutz, 1895—1975)、罗马教廷特使安吉洛·罗达(Angelo Rotta, 1872—1965)、意大利外交官乔吉奥·佩拉斯卡(Giorgio Perlasca, 1910—1992)以及瑞士的“国际红十字会”代表弗雷德里希·伯恩(Friedrich Born, 1903—1993)等。不过，最著名的行动出自瑞典外交官伯·安哲(Per Anger, 1913—2003)、瑞典公使馆负责人卡尔·伊万·丹尼尔森(Carl Ivan Danielsson, 1880—1963)以及罗尔·瓦伦贝格(Raoul Wallenberg, 1912—1947)。以色列大屠杀纪念馆后来授予以上所有外交官“民族义人”称号。

驱逐行动于7月停止后几天，瑞典公使馆一等秘书罗尔·古斯塔夫·瓦伦贝格抵达布达佩斯。他与丹尼尔森、安哲等与在布达佩斯的外交官群体密切合作，运用“美国犹太人联合分配委员会”的资金，通过美国“战时难民委员会”，向匈牙利犹太人发放特殊的“保护通行证”。拥有此通行证的人，将被视为等候遣返的瑞典公民。虽然此类文件都是伪造的，但看起来非常正式，足以令大多数德国和匈牙利官员对其有效性信以为真。瓦伦贝格和安哲还利用“战时难民委员会”的资金，在布达佩斯租了30幢房子，供这些“瑞典”犹太人在等待转移期间居住，并对外宣称这些房子都是不可侵犯的瑞典领土。在这30幢房子里，瓦伦贝格和安哲共藏匿着将近一万名犹太人。瓦伦贝格一次又一次地冒着生命危险，尽可能多地救

1985年，斯德哥尔摩，伯·安哲在罗尔·瓦伦贝格的照片前。美国大屠杀纪念博物馆照片序列号00018，伯·安哲与艾伦娜·安哲(Ellena Anger)提供图片。

援犹太人。约翰·毕尔曼(John Bierman)描述了他的一次冒险经历：

> 他爬上火车车顶，透过尚未被封死的窗户，向车里的人分发保护通行证。德国人命令他下来，可是他全然不为所动，“剑十字团”成员开始向他开枪，并大声叫嚷让他赶快离开。他仍旧不为所动，还在冷静地将护照递给那些伸出来的手中。我相信“剑十字团”成员故意不想让他死，因为没有一发子弹打中他，如果不是故意的，这几乎是不可能的。我想他们有意不打死他，就是为他的勇气所感动。瓦伦贝格发完护照后，他令所有拥有护照的犹太人下车，走向附近停着的大篷车，这些车都喷成瑞典国旗的颜色。我不知道确切数字，但他的确拯救了好几火车犹太人的性命，德国人和“剑十字团”成员全部惊得目瞪口呆，眼睁睁地看着他带着人离开。[41]

310 1945年1月，苏军到达布达佩斯后，在这个城市的两座隔离区内，仍居住着9.7万犹太人。1月13日，瓦伦贝格要求与苏联官方会谈。4天后，他前往匈牙利东部的德布勒森，与苏联军方首脑协商，一去未返，就此失踪。1957年，苏联宣告瓦伦贝格为美国间谍，称他10年前已死于莫斯科臭名昭著的卢比扬卡监狱，不过几年后关于瓦伦贝格的报告，却坚持认为他死于苏联的战俘营系统中。以色列大屠杀纪念馆授予瓦伦贝格“民族义人”称号，1981年，美国授予他荣誉公民权。尽管在“大屠杀期间”匈牙利涌现了这么多英雄事迹，但这个国家三分之二的犹太人，仍失去了自己的生命。

罗姆人

比起犹太人来说，匈牙利罗姆人的命运要好得多。1941年时这个国家共有10万罗姆人生活，其中很多人代表匈牙利军队，在苏联前线战斗，即便如此，从这一年夏天开始，政府还是启动了严厉镇压罗姆人的行动。官方还在全国各地，开设了多处罗姆人隔离区。右派人士叫嚣道，“处理完犹太人，就该轮到罗姆人了”；匈牙利媒体也宣称，本国有30万罗姆人，并批评政府在监控罗姆人方面花费了太多钱财。一些匈牙利官员也对罗姆人与匈牙利人之间的通婚表示了忧虑，担心这将在本国创造一个新的“半种姓”。1942年夏天，布达佩斯农业议院要求政府开始对所有罗姆族男性施行绝育，而半官方的《晚间新闻报》则提议开设劳工营，解决“吉卜赛人问题”。[42]

在此期间，一些匈牙利罗姆人随更大规模的奥地利罗姆人一道，被驱逐至奥斯维辛。但直到1944年秋天，匈牙利官方才启动了针对罗姆人的致命打击行动。当时，“剑十字团”成员在匈牙利宪兵的协助下，开始围捕罗姆人，并将他们送往特别设置的收容营或转运营。很多人被送往附近的一处营地。一位罗姆人幸存者，后来向我们描述了围捕行动和科马罗姆营的情况：

> 警察一大早就来带走我们。他们说我们永远也回不来了。他们把年轻男子挑出来，所有的年轻男子。我们再也没看到他们。我们也再没能见到我父亲。我被交给一队人，我母亲在地窖里看着我，给我使眼色："跑，我的孩子，回来。"我快速跑向她。我母亲用一块大围巾围住我的头，我们有一个婴儿，所以她把婴儿让我双手抱着，这样他们就不会把我带去德国了……营地里罗姆人太多了，根本容纳不下。人太多了，就像成群的蚂蚁一样。营区里有一个罗马尼亚女人，她用一根弯曲的棍子抽打我们。她自封为"囚犯委托人"，威胁说任何人只要发出声音或者采取任何小动作，就打我们。她真的打我们。愿上帝惩罚她。她是坏人。营地的警卫都很坏，但她是最坏的一个。
>
> 我们在地窖里关了整整一天，一个荷枪实弹的警卫看着我们。任何人胆敢出去，被抓住就是一顿鞭打，任何人发出声响，就会被枪杀。一整天我们身上全是灰尘和泥土。而任何人，敢去外面的垃圾堆（寻找食物），如果被抓住又是死路一条。有一个可怜的小姑娘，在垃圾堆里被生生活埋。她自己挣扎着爬出来，跑进地窖。她全身恶臭。"你去哪儿了？"我问。"我被埋了。"我为她感到伤心。她满头金发，胖嘟嘟的。她一直到处乱跑。结果再次被抓住，并再次埋进垃圾堆。这一次她再也没回来。她怎么样了？死了？我不知道。[43]

根据最近的研究成果，在此期间，匈牙利政府共驱逐了3万至3.1万罗姆人，大 311
多数人被运送至奥斯维辛。"匈牙利战争受害者协会"认为，战后只有3 000人返回家乡。根据卡塔林·卡茨（Katalin Katz）的估计，"大屠杀"期间共有5万匈牙利罗姆人丧生。[44]

意大利

1940年生活在意大利国土上的4.25万犹太人中，约85%在"大屠杀"中幸存了下来。意大利犹太人在19世纪后半期赢得了解放，在第一次世界大战停战后的最初几年，他们充分享受到了解放的胜利成果，并在意大利的政治领域和专业生活中扮演着积极的角色。1922年10月30日贝尼托·墨索里尼攫取政权之后，情况几乎没发生多大的改变。很多犹太人加入了墨索里尼的"国家法西斯党"，其中一些还爬到了很高的政治地位。事实上，根据苏珊·祖可蒂的研究，相对而言，"国家法西斯党"并不执行反犹主义政策，并认为其原因在于整个意大利社会反犹主义情绪的总体缺乏。[45]不过，R·J·B·博斯沃茨（R.J.B.Bosworth）却提出，虽然大多数意大利人接受犹太人作为意大利民族国家的一个组成部分，“但在很多意大利人心中，反犹主义时刻处于潜伏状态”。[46]

不论怎样，墨索里尼政府中确实有好几个犹太裔高官显要。奥尔多·芬兹（Aldo Finzi，1891—1944）曾担任内政部副部长。他后来被“国家法西斯党”驱逐出党，并于1944年3月24日的“阿德阿堤涅洞穴大屠杀”中被处决。基多·容格（Guido Jung，1876—1949）在1932年至1935年间曾担任墨索里尼的财政部长。毛里奇奥·拉瓦（Maurizio Rava）曾先后担任意属索马里副总督和意属利比亚总督。他还是墨索里尼的法西斯民兵组织“黑衫军”的将军之一。墨索里尼的长期情妇玛格丽塔·萨尔法蒂（Margherita Sarfatti，1880—1961）也是一名犹太人。不过，1938年，当墨索里尼开始反犹主义运动时，便与她分了手。

最初，墨索里尼对很多纳粹关于种族的观点似乎并不认同。1932年，他曾对德国传记作者埃米尔·路德维希（Emil Ludwig，1881—1948）说：

> 当然现在根本已没有纯粹的种族流传下来了。即使是犹太人，他们也不能保证血统不与外族混杂。成功的交杂，通常能提升一个民族的活力与美感。所谓“种族”！这只是一种感觉，而不是现实。至少95%，是一种感觉。无论如何我也不会相信，当今还存在什么生物学上纯粹的种族。可笑的是，那些整日宣扬条顿种族“高贵性”的人，他们没有一个是真正的条顿人……民族自豪感没必要演变成种族狂热。

他又说：

> 意大利不存在反犹主义。意大利土生土长的犹太人，已充分证明他们都是好公民，并在战争中英勇为国战斗。他们中的很多人，在大学、军队和银行中担任高级领导职位。他们中的很多人是将军；摩德纳（指安吉洛·摩德纳将军，Gen. Angelo Modena）就是炮兵将军，撒丁尼亚的指挥官。

路德维希问，那么，为什么没有犹太人在意大利皇家科学院任职？墨索里尼回答道：“这是个荒谬的指控。因为在我这个时代，还没有合适的犹太人可以进入科学院。目前有一个叫戴拉·塞塔（Della Seta）的人正是候选人之一；他学术水平很高，是意大利史前时代研究的领军人物。”

路德维希又问：

> 如果您在这个问题上遭到错误的指控，那您将有个好伙伴。在德国，流传着一个无稽之谈，说俾斯麦和歌德都歧视犹太人。而法国人在没有任何根据的情况下，就宣称这一异常情况为“日耳曼人的缺陷”。这个词似乎应用于反犹主

义更为合理。

墨索里尼请路德维希解释这个问题:"每当德国出现任何糟糕的状况,犹太人总是难逃被怪罪的命运。现在,我们就正处于一个格外恶劣的例子中!""哦,是的,"墨 312
索里尼回答道,"替罪羔羊!"[47]

墨索里尼发表以上言论的时候,正值意大利在国际事务上开始表现出侵略性,但与希特勒德国的关系并未稳定的时期。1935 年墨索里尼入侵埃塞俄比亚,并越来越深地介入西班牙内战(1936—1939)。意大利人现在发现,在这场冲突中,本国正处于与德国的结盟关系中。法西斯党与纳粹党正联合对付他们共同憎恶的共产党。意大利曾经的一场反犹太复国主义运动,很快改头换面,演变成了一场反犹主义运动,并在 1938 年的种族立法中达到高潮。意大利出台这些法律,与德国人并无太大关系,后者从未强迫意大利人制定类似于《纽伦堡法令》的种族性法律。相反,这些法律其实是西班牙内战期间浮出水面的反布尔什维克情绪的产物。乔吉奥·阿尔米兰特(Giorgio Almirante, 1914—1988)曾是"国家法西斯党"的一名碌碌之辈,第二次世界大战后成为"新法西斯运动"的著名领袖。根据他的解释,20 世纪 30 年代末期的反犹主义是一种"向我们阐明自己"的方式。他宣称,墨索里尼发动的那场反犹主义运动,是"意大利历史上从未尝试过的、最大规模、最咄咄逼人的自我认知行动"。[48]

一直处于这场运动的核心地位的是贝尼托·墨索里尼,而非阿道夫·希特勒。当然,这并不意味着纳粹的种族理念,对墨索里尼的反犹主义运动未发生丝毫影响。1938 年 7 月 14 日,饱受争议的《种族科学家宣言》出台,其作者是基多·兰德博士(Dr.Guido Lander)。他就深受尤金·菲舍尔博士学说的影响,后者是柏林大学威廉皇帝人类学研究所的主任。根据亚伦·吉列(Aaron Gillette)的说法,正是这篇《种族科学家宣言》,将墨索里尼引入"一场大规模的种族宣传与歧视运动"。[49]

《种族科学家宣言》的主要观点如下:

> 种族是纯粹生物上的概念
>
> 当今意大利人口起源于雅利安民族,意大利文明属于雅利安文明
>
> 当今存在一个纯粹的"意大利种族"
>
> 意大利人公开声明自己是种族主义者的时刻已到
>
> 犹太人不属于意大利种族。[50]

公众对《种族科学家宣言》的批判"迅即到来,并十分激烈"。一位耶稣会神父称:"德国人的种族主义是纯粹唯物主义性质的,它不适用于整个人类,我们不能把

一类具备理性的生物降格至动物的层次。”与大多数意大利人一样，教皇庇护十一世对以上批判表示赞同，并对墨索里尼政府采纳基于“德国新野蛮主义”政策的行径感到耻辱。亚伦·吉列认为，意大利民众对《种族科学家宣言》的批判极端尖锐，以至于“在墨索里尼政权余下的日子里，其整个种族主义宣传运动都处于一种混乱无序的状态”。[51]

不过，以上批判并未阻止墨索里尼于1938年秋天开始执行反犹主义种族性法律的步伐。法律禁止犹太人与非犹太人通婚、禁止犹太人与军工行业建立经济联系，也不许犹太人拥有雇用100名以上意大利工人的商业企业。政府还对犹太人可拥有的土地面积规定了最大限额；法律还将所有“国家法西斯党”和意大利军队中的犹太人驱逐出去。犹太裔教师也不得在意大利的大学和公立中小学任教或从事研究。最后，法律还责令所有外国犹太人以及1918年之后加入意大利国籍的犹太人，必须于1939年3月中旬之前离开意大利。只有退伍军人和“国家法西斯党”资深党员可以享受豁免权。

以上种族性立法对意大利犹太人的经济与社会权益，造成了毁灭性的打击。它们还使意大利社会愈发虚弱和分裂，这个国家对日益严重的国际危机准备不足，可这场危机却很快将欧洲拖入大战。墨索里尼深知本国的麻烦，所以1939年战争爆
313 发之时，他决定宣布中立。然而，情况于1940年春开始发生变化，当时的墨索里尼打算加入希特勒的阵营，在1940年6月10日入侵法国。意大利军队在与法军的战斗中表现得极其糟糕，墨索里尼不得不请求德国国防军施与援手，这才征服了分给他的法国东南部小片领土，不过他很快又放弃了这块地方。深感羞辱的墨索里尼现在打算发动一次新的冒险，以证明自己的军事实力。由于对1939年占领阿尔巴尼亚的战果不甚满意，墨索里尼于1940年秋又出兵希腊。然而，希腊人很快就将意大利军队赶回了阿尔巴尼亚，这迫使希特勒不得不延迟其入侵苏联的计划，集结军队征服了希腊，以保证重要军事侧翼的稳固。

墨索里尼军事冒险的惨败，使意大利经济顿时陷入狼藉不堪的混乱境地。再加上，意大利军队在北非的地盘逐渐萎缩，而1943年夏天盟军又成功进入了西西里，这一切最终导致于1943年7月24日至25日的事件——墨索里尼被“法西斯党大委员会”解职。意大利国王任命彼得罗·巴多格里奥（Pietro Badoglio，生卒年份为1871—1956年）元帅为新的政府首脑。虽然巴多格里奥宣布意大利仍将对德国保持忠诚，但暗地里，他正想尽一切办法，试图使本国退出战争。9月8日——即盟军在意大利南部海岸登陆之后5天，巴多格里奥与西方强国签订了一份停战协定。9月

12日，德国伞兵将墨索里尼从囚禁处解救出来，并把他带到巴伐利亚，9月18日他在巴伐利亚宣布，在北意大利成立一个新的“傀儡”国家——“意大利社会共和国”，首都设于萨罗。在接下来的几个星期，德军占领了罗马以北的广大意大利领土。被迫将政权迁至布林迪西的巴多格里奥，在10月3日对轴心国宣战。而此时此刻，大部分意大利犹太人都被困于德国占领区。

德军占领意大利中部和北部的最初几个星期，似乎一切都风平浪静。然而在大幕后方，希姆莱正在制订驱逐意大利犹太人的计划。9月12日，希姆莱办公室宣布党卫军一级突击大队长赫伯特·卡普勒(Herbert Kappler, 1907—1978)担任设在罗马的、负责犹太人驱逐事宜的“德国安全警察署”负责人。两周后，卡普勒接到命令，所有德占区的意大利犹太人都将“被转运至德国进行清算”。[52]9月26日，卡普勒与“意大利犹太人社团联盟”主席但丁·阿尔曼西(Dante Almansi，出生年份不详，卒于1949年)以及“罗马以色列人社团”主席乌戈·弗阿(Ugo Foà)见面。他告诉这两位犹太人领袖，给他们36个小时，搜集50公斤(110磅)黄金。卡普勒还解释说，这些黄金将用于给驻扎在意大利境内的30万德国国防军购买武器。他警告说，如果时限到了他们没能拿来足够的黄金，他将把200名犹太人驱逐至德国。战后艾希曼在以色列接受审判时，卡普勒在书面证词中写道，是自己想出的这个“赎金”主意，目的在于保护意大利犹太人免遭围捕和驱逐。苏珊·祖可蒂对卡普勒的辩解提出质疑，她解释道，即使卡普勒不认同上级的命令，他也绝不会在如此大的程度上违抗这些命令。在祖可蒂看来，卡普勒当时之所以提出“赎金”事宜，可能是为了给犹太人一个虚假的印象，以为他们只要付钱就能获得安全，其实背地里，德国人一直都在制订未来的驱逐计划。[53]

当德国人索要赎金的消息传至意大利的犹太人社区，当地犹太人和一些基督徒纷纷聚集起来，试图想办法渡过难关。在某一时间，教皇庇护十二世(1939—1958年在位)曾承诺，倘若最后募集的黄金不足，教廷将向犹太人社团提供贷款。不过最终，教皇贷款被证明并不需要。9月28日下午四点，几位犹太代表带着50公斤黄金，来到位于罗马维亚塔索的盖世太保总部。开普勒试图以虚假的安全承诺蒙蔽罗马犹太人的阴谋，没有得逞太长时间。第二天，党卫军袭击了“意大利犹太人社团联盟”的办公室，劫掠走数百万意大利里拉，还有一些珍贵的犹太人社团记录。这一行动促使很多有权有势的犹太人纷纷藏匿起来；罗马天主教会和无数勇敢的非犹太人，纷纷向罗马犹太人提供帮助。

卡普勒在罗马的“行动”开始于10月16日，他将1 259名犹太人送进了奥斯维 314

辛。意大利的“宪兵与军警”在围捕犹太人的过程中，开始扮演越来越活跃的角色，此类行动一直持续至1944年6月4日盟军解放罗马。德国人总共将7 500至1万名意大利和外国犹太人驱逐至奥斯维辛，他们中的三分之二将生命永远留在了那里。5 000至6 000名意大利犹太人逃至瑞士，还有2 000至3 000人加入了意大利抵抗组织。

卡普勒启动其“行动”的几周前，奥迪路·格洛博奇尼克带着他的“特别小组”抵达的里亚斯特，他们都是经过特殊训练的杀手，前来处理党卫军在柏林方面所称的“亚德里亚海岸领土区域”之内的事务。约瑟夫·波普奇克内认为，格洛博奇尼克抵达的里亚斯特，简直就是“特别行动队1939年9月进入波兰和1941年进入苏联行动的重演”。当然，唯一的不同在于，格洛博奇尼克的手下现在“对施行集体屠杀和整顿秩序已积累了多年的经验”。格洛博奇尼克很快将一处位于圣安息日米厂的集中营变成了一座灭绝营。负责协助这项工作的，是党卫军三级小队长洛伦茨·哈肯霍尔特(Lorenz Hackenholt，1914—1945)，此人是一个毒气专家，曾在贝尔泽克、特雷布林卡和索比堡都服役过。圣安息日米厂灭绝营拥有一座功能完善的焚尸所，据估计，约3 000至4 500名犹太人就死在那里，他们中的大多数是游击队员。此外，在格洛博奇尼克设在的里亚斯特的集中营内，还有约50名犹太人被处决。在1943年10月至1944年11月，这座营地还是前往奥斯维辛的驱逐行动的主要中转站。在此期间，德国人将约1 100名犹太人从圣安息日米厂送到奥斯维辛。在意大利的4.25万犹太人中，约15%死于“大屠杀”。

波西米亚—摩拉维亚保护国与斯洛伐克

1939年3月15日，德军入侵捷克剩余领土波西米亚和摩拉维亚，并将此地并入第三帝国，成为“波西米亚与摩拉维亚德意志帝国保护国”。斯洛伐克保持名义上的独立，但其政权仅仅是德国的傀儡。从1938年11月2日至1939年3月，匈牙利吞并部分斯洛伐克东部领土，连同这片领土上的约7万名犹太人。在德国与匈牙利的入侵和吞并行动之前，保护国境内约生活着9.2万犹太人，斯洛伐克境内则有13.6万犹太人。接下来的两年间，约2.6万斯洛伐克犹太人设法逃出祖国，移民他国。保护国境内的罗姆人只有6 540人，斯洛伐克区域内则生活着6万罗姆人。而且，四年间，又有5万罗姆人难民逃到斯洛伐克，这样在战争行将结束之时，斯洛伐克的罗姆人口已达10万。

德国统治者最初对保护国采取相对温和的政策，然而从1939年秋天横扫捷克大地的社会动荡与民众抗议风潮之后，形势发生了剧烈的变化。再加上，保护国理论上属于大德意志帝国的一部分，这意味着，波西米亚和摩拉维亚的犹太人与罗姆人，与其生活在纳粹帝国境内的同族一样，都将面临极其严峻的形势。德国人希望波西米亚与摩拉维亚首任“帝国保护长官”康斯坦丁·冯·纽赖特(Konstantin von Neurath)镇压保护国境内捷克人的抵抗运动，但后者似乎无能为力。1941 年秋天，希姆莱任命莱因哈德·海因里希顶替了纽赖特的职位。海因里希上任后，立刻下令在布拉格北面的特雷津(即特雷西恩施塔德)开设一个新的集中营，专门用于驱逐保护国境内的犹太人。在接下来的三年里，德国人共将 7.3 万捷克犹太人送至特雷西恩施塔德，还有 8 700 人被送往波兰占领区的集中营。大屠杀期间，在各个集中营和灭绝营，德国人共杀害了 7.1 万保护国犹太人，还有 7 000 人死于保护国境内。

保护国内的罗姆人

虽然与犹太人比起来，波西米亚—摩拉维亚保护国境内的罗姆人数量要少得多，但他们同样成为严酷政策的牺牲品。在 1940 年夏天至深秋，德国人在保护国开设了两座奴役劳动营——勒提和霍多宁，后来这两座强制劳动营都专门关押罗姆人。1940 年，政府责令所有罗姆人不得再自由旅行。两年后，保护国的捷克裔内政 315
部长理查德·别内尔特(Richard Bienert, 1881—1949)，下令对罗姆人实行人口普查。根据普查信息，党卫军二级突击队中队长、武装党卫军中尉、警察部队中校兼保护国安全警察部门头目霍斯特·伯梅(Horst Böhme, 1909—1945)，将全部捷克罗姆人驱逐至勒提和霍多宁。这两个强制劳动营都由捷克警察负责运作。然而，1942 年底勒提集中营爆发了斑疹伤寒病疫，使营地遭受重大损失，这迫使捷克人于第二年春关闭了这个集中营。勒提还是德国人和捷克人将捷克罗姆人驱逐至奥斯维辛行动的中转中心。从 1942 年 12 月至 1943 年 5 月，他们共将 511 名罗姆人运往这座臭名昭著的灭绝营。后来，勒提营地关闭之后，所有剩余的罗姆人又被转运至霍多宁。1 300名捷克罗姆人中，有约三分之一死于勒提。1941 年秋天，捷克政府宣布霍多宁只负责关押罗姆人，它运营的第一个月，就有 1 229 名罗姆人被送到那里。将罗姆人运往奥斯维辛的行动始于 1942 年 12 月 2 日。就是在这段时间，斑疹伤寒也开始肆虐这座营地。到 1943 年 5 月，霍多宁营地内约 90%的罗姆人感染了这种可怕的传染病。从 1943 年秋天，政府再次启动了向奥斯维辛的转运，行动一直持续至 1944 年霍多宁营地被关闭。捷克人从霍多宁运往奥斯维辛的罗姆人，共计 863 名，另有 207 人死于这座捷克境内的强制劳动营，还有 67 人成功逃亡。

斯洛伐克

第二次世界大战期间的斯洛伐克，一直处于一种三头统治之下。这三个领袖都是反犹主义者，都支持纳粹德国的大部分种族政策。约瑟夫·季索神父（Jozef Tiso，1887—1947），是一名罗马天主教教士，担任斯洛伐克总统。首相兼外交大臣伏伊特赫·都卡（Vojtech Tuka，1880—1946），同时亦是“希宁卡斯洛伐克人民党”激进派别“纳斯图派”的首脑。第三头是亚历山大·马赫（Alexander Mach，1902—1980），此人为“希宁卡斯洛伐克人民党”武装纳粹—法西斯派别“希宁卡护卫队”的头目。三头政治逐渐将斯洛伐克转变为一个法西斯国家。后来，希姆莱把迪特尔·威斯里舍尼派去布拉迪斯拉发，指导斯洛伐克政府处理犹太人事务。1941 年，“希宁卡护卫队”和由斯洛伐克的日耳曼裔青年男性组成的“志愿党卫军”按照党卫军军阶进行了重组。这两个组织成为斯洛伐克政府推行反犹主义政策的准军事化先锋。

在布拉迪斯拉发，“希宁卡护卫队”正在看守等待驱逐的犹太人。美国大屠杀纪念博物馆照片序列号 33005，伊胡德·纳希尔(Ehud Nahir)提供图片。

自战争爆发之后，笼罩在斯洛伐克国土上空的纳粹式氛围，曾居住在特尔瓦纳的格丽塔·弗尔博娃(Greta Vrbová)至今记忆犹新。她家族的商业被强制雅利安化,并不得不经常遭受"希宁卡护卫队"的骚扰。由于犹太人身份,格丽塔被迫退学。316
每当她碰到先前的朋友,他们总会高喊:"犹太人滚出去、捷克人滚出去。"有一次,她和她的犹太朋友决定对之前的同学实施报复,他们放掉同学自行车轮胎的气,并在轮胎与钢圈之间嵌入小石子。还有一次,格丽塔和她的朋友,不堪"希宁卡青年团"三个成员的攻击,决定再次报复:

> 我们满脸涂上煤灰,用上一切伪装手段,静待我们的牺牲品出现。我们的埋伏很成功,并且把那三个人猛揍了一顿,然而,我们谁也没有因此感到满意,事实上,我们为自己的行为感到羞耻。不过,以某种奇怪的方式,我们还是感觉好了一点。这令我们感到,我们并不是只能躺倒认输,接受一切侮辱,我们还要试图维护自己的尊严。[54]

季索最终彻底剥夺了犹太人的权利和财产。他建立了一个中央经济办公室,专门处理犹太人财产的"雅利安化"事宜。1940 年秋天,一个"犹太人中心"或称为"犹太人委员会"开始充当政府与犹太人社团之间的联络机构。1941 年夏天,斯洛伐克的反犹主义政策再次升级。政府要求所有犹太人佩戴黄色大卫星的臂章。1941 年 9 月 10 日,斯洛伐克发布以《纽伦堡法令》为蓝本的《犹太人法典》,将 1939 年以来出台的一切反犹主义法律和法令汇编成册,严令实施。第二天,政府又公开声明,犹太人是本国历史上一切问题与麻烦的根源。声明还调用"希宁卡斯洛伐克人民党"创始人安德烈·希宁卡神父(Andrej Hlinka, 1864—1938)的名义和思想,为斯洛伐克当前的反犹主义政策辩护。作为希宁卡的继承人,季索神父也已"(就犹太人)的新形势,清晰地表达了类似的观点"。[55]到 1941 年底,一些严厉的反犹主义居住与宵禁法规,已在斯洛伐克全国广泛执行。

斯洛伐克支持希特勒入侵苏联的行动。那年秋天,都卡和马赫分别与希特勒进行了私人会谈,并同意启动将斯洛伐克犹太人驱逐至波兰的行动。斯洛伐克政府还答应,"为每一个'重新安置'的犹太人"向德国"支付 500 帝国马克的津贴"。[56] 1942 年间,从 3 月至 10 月,斯洛伐克警察在"希宁卡护卫队"和"志愿党卫军"的协同下,共围捕了 5.6 万至 6 万犹太人,并将他们送往遍布斯洛伐克境内的强制劳动营和集中营。他们将从那里被转运至边界,移交给德国当局,后者再将他们驱逐至奥斯维辛、马伊达内克、索比堡等总督府境内的灭绝营。季索政府还承诺将向德国奉送 12 万斯洛伐克人充当强制劳工。爱丽扎·巴拉克-鲁斯勒(Aliza Barak-Rewssler)描述了在米哈洛夫采发生的一次围捕的情景:

> （斯洛伐克）军队极端恶毒，已丧失了一切人性。不论年龄很大的老人、还是很小的孩子，他们都不放过，行为如禽兽一般。他们把犹太人带到一座当地高中，这些人就在学校院子里度过了三天，然后又都被塞进一辆货运卡车，运到波兰东部的卢布林地区。不久，我们就收到他们寄来的第一批明信片，上面全是关于杀戮和饥饿的描述。[57]

犹太社团领袖于1942年春获悉驱逐的消息，并组成以基希·弗赖希曼（Gisi Fleischmann，1897—1944）和迈克尔·道夫·魏斯曼德拉比（Rabbi Michael Dov Weissmandel，1903—1956）为首的事务委员会，竭尽所能，对犹太人施与救援。在法律框架内的救援努力归于失败之后，事务委员会决定贿赂威斯里舍尼，试图使他停止驱逐行动。学者对具体数额的估计仍有差别，但事务委员会支付给威斯里舍尼的贿金，一般认为在4万至5万美元之间。战后，威斯里舍尼声称，停止转运犹太人正是
317 他的功劳。而利维亚·罗斯科肯（Livia Rothkirchen）则认为，来自梵蒂冈的压力，以及德军败走斯大林格勒之后斯洛伐克民众愈演愈烈的抗议风潮，也是运送行动最终归于停止的原因。然而，正如约尔格·赫尔施（Jörg Hoensch）写到的，犹太人运送虽然停止了，但德国人仍试图说服斯洛伐克政府重启驱逐。在这个问题上，都卡和马赫都完全站在德国人一边。季索神父则支持原先的驱逐方案，并拒绝再次讨论这个问题。[58]

斯洛伐克日利纳，犹太人正在等候被驱逐。美国大屠杀纪念博物馆照片序列号80643，莉迪亚·查格尔（Lydia Chagoll）提供图片。

斯洛伐克的犹太社团领袖为表面上的成功所鼓舞，于是又制定了一个新方案——“欧罗巴计划”，试图通过向威斯里舍尼支付200万至300万美元的代价，救援其他国家的犹太人。这正中希姆莱下怀。威斯里舍尼正是执行希姆莱的命令，诱骗斯洛伐克犹太人“事务委员会”误以为，付更多的钱就能拯救希腊和匈牙利犹太人的生命。事实上，这些阴谋诡计都只是烟幕弹，目的在于掩盖“最终解决”中更可怕的计划，并测试一下，外域犹太人究竟愿意付多少钱来救援欧洲犹太人。1943年8月，希姆莱下令终止与“事务委员会”的一切协商。

到1944年夏天，“事务委员会”获悉了很多关于奥斯维辛灭绝营每天都在上演的屠杀惨剧的详细信息；于是，它向同盟国传递消息，请求西方强国炸毁通往比克瑙的铁路线。“犹太事务代办处”也向英国政府提出了类似的议案。然而，温斯顿·丘吉尔首相和他的政府却对这个问题毫不关注，并声称一系列“技术困难”令类似的攻击无法开展。面对诸如“世界犹太人大会”提出的炸毁比克瑙毒气室等要求，美国陆军部也一概拒绝，借口是此类行动会分散盟军空军的力量，不利于战争的胜利。事实上，自从罗斯福总统在1944年初创办“战时难民委员会”之后，陆军部就已决定将在民间救援行动中扮演消极的角色。

1944年8月29日至10月27日的斯洛伐克民族大起义极大地削弱了“事务委 318
员会”的行动效果。当时，犹太人游击队员在这场反对季索政府的起义中，发挥了积极的作用，而起义的结局之一，则是德国出兵，占领了斯洛伐克全境。在4 000至5 000名参加了游击队的犹太人中，约40%在战斗中牺牲，其中包括跳伞进入斯洛伐克境内的巴勒斯坦犹太人伞兵部队，他们是前来帮助犹太人游击队抵抗德国人及其斯洛伐克胁从的。起义失败后，“特别行动队”H分队立即展开围捕，他们将1.2万犹太人送往奥斯维辛和特雷西恩施塔德。约10万斯洛伐克犹太人死于“大屠杀”。“大屠杀”期间，被德国人杀害的捷克斯洛伐克犹太人共为20.3万人，其中包括逃往匈牙利的难民。

罗姆人

1940年时，斯洛伐克境内的罗姆人共为8万人，其中79 000人在“大屠杀”中幸存了下来。然而，这绝不意味着斯洛伐克政府对罗姆人采取的是和平政策。1939年斯洛伐克傀儡政权建立之后几个月，政府就下令国内罗姆人不得再自由迁徙。后来，任何一个罗姆人，倘若希望保持斯洛伐克的公民身份，就必须证明自己：

第二次世界大战前斯洛伐克乌日霍罗德的罗姆人学生。照片来源:《吉卜赛人:生活与习俗》,马丁·弗雷德里希·布洛克著,AMS 出版有限公司,1939 年版。

> 具备有序的生活方式;拥有稳定居所和工作;是体面的公民——这将反映在受教育程度、道德和政治上的可信赖性,以及在社区内的活动上;只有具备以上条件,才能继续留在斯洛伐克民族共同体之内。如果他们没有履行上述条件,或只履行了部分条件——比如他们仅仅是不定期工作,或在族群内说吉卜赛语,或他们的道德和政治可信赖性遭到质疑,等等——他们就将不能被当作斯洛伐克民族共同体的成员。换句话说,流浪的吉卜赛人,将不具备获得公民权的资格。[59]

319 鉴于很多罗姆人将自己视为斯洛伐克人,政府于 1940 年 6 月 18 日出台了《1940 年第 30 号法》,将罗姆人界定为:父母双方都是罗姆人,且过流浪生活,或者虽然过定居生活却不愿工作的人。1941 年,政府开始将罗姆人送至季节性劳工营。这些营区内的生活环境非常险恶,有一次,斯洛伐克国家立法部门的一名成员,引发了一次罗姆人抗议。

政府还对所有罗姆人的行动施加严格的限制,并责令他们不得离开所在社区,除非具备某种特别的许可证。倘若他们的居所位于公共道路上,他们也必须搬离。一首罗姆歌谣,就描述了这些旅行限制措施之下,罗姆人郁闷的生活:

二二二二十二

我不愿走、我不愿进城
在城里他们会劫掠我
剪掉我心爱的头发
普雷绍夫城里所有的娼妇都将哭泣。[60]

1944年夏天以后，斯洛伐克罗姆人的生存环境更险恶了。6月，政府以传播斑疹伤寒症为由，逮捕了多名罗姆人，并发布法令，规定所有罗姆人倘若需要乘坐火车，必须持有一种特别通行证，并具备医疗文件，证明自己不是斑疹伤寒患者。7月，内政部又责令罗姆人搬离斯洛伐克的一切道路，并称拒不执行命令者将被处决。同时，官方开始制订计划，打算将罗姆人全部送往永久性的强制劳动营。

斯洛伐克民族大起义之后，罗姆人的命运再次恶化。一些罗姆人曾在暴动中扮演了活跃的角色，这成了德军疯狂镇压罗姆人的原因。“希宁卡护卫队”当着其家人的面，处决了一支罗姆人起义部队的全体成员，然后又对围观者大开杀戒。另一支“希宁卡护卫队”将65名罗姆人活活烧死在他们的帐篷里，然后又强迫其他罗姆人为他们的同伴挖掘埋尸坑。据一位目击者说：“妇女和儿童都在小木屋里被活活烧死，男人则被拉到维德洛沃山谷中枪杀。”[61]1944年11月底，“希宁卡护卫队”在伊利亚（位于班斯卡-什佳夫尼察）屠杀了一个罗姆社区的全体成员，然后又在斯拉金纳和内日尼采犯下了同样的暴行，在那里，只有两个罗姆人家庭幸存了下来。

罗马尼亚

罗马尼亚在第一次世界大战之后获得了大片土地，结果使其人口从720万增加到1 600万以上。1930年，生活在罗马尼亚的犹太人超过75.6万，罗姆人则为262 501人，而且根据一些学者的研究，第二次世界大战爆发时，这个国家的罗姆人族群人数超过40万。[62]一战之后，在整个20年代，罗马尼亚一直都在遭受政治动荡之苦，结果就是这个国家一直在政治常态与军事管制之间徘徊。1925年，卡罗尔亲王(Prince Carol)在一次婚姻丑闻之后，宣布放弃王位继承权，然而，到1930年，他却违背承诺，推翻儿子米哈伊[Mihai(Michael)，即米迦勒]的统治。他本人则作为卡罗尔二世(Carol II，1930—1940年在位)，开始了一段灾难性的统治。罗马尼亚政治之所以长期不稳定，根源之一是科尔内留·泽莱亚·科德雷亚努(Corneliu Zelea Codreanu，1899—1938)为首的亲纳粹的“大天使米迦勒联盟”及隶属于它的准军事化组织“铁卫队”。“铁卫队”通常被称为“军团”，其行为方式与20世纪20年代和30年代初的德国纳粹党“冲锋队”颇为相似。1933年，政府下令取缔“铁卫队”和其他准军事化组织，于是科德雷亚努着手将“大天使米迦勒联盟”改造成一个具有活力的政党，并在1937年大选中，作为右翼联盟“一切为了祖国”的成员党之一，获得了将近16%的选票。为了打击右翼势力的威胁，卡罗尔二世宣布“铁卫队”为非法组织，并处决了科德雷亚努及其他“铁卫队”头目。然而，这个国王自己，其实就是一个右翼分子。在接下来的几年中，面对欧洲大国之间日渐激烈的冲突，卡罗尔二世一直试图置身事外。然而到1940年，罗马尼亚发现，本国与德国—意大利联盟的距离越来越近了。

320 1940年夏天，在苏联的要求下，经希特勒批准，卡罗尔二世同意将比萨拉比亚和北布科维纳让渡给苏联。后来，面对匈牙利和保加利亚的领土诉求，罗马尼亚一再让步。将特兰西瓦尼亚北部割让给匈牙利，将多布罗加南部割让给保加利亚之后，罗马尼亚领土上的犹太人只剩下了328 968人。1940年9月5日，卡罗尔二世新任命的首相扬·维克托·安东内斯库迫使国王退位，并以王储米哈伊一世（Mihai I，1927—1930年，1940—1947年在位）继之。安东内斯库则宣布自己就任“领袖”，并成为这个国家的新独裁者。然而，罗马尼亚多数政党都拒绝加入安东内斯库政府，他只得转而寻求与“铁卫队”结成政治联盟。

整个两战之间的那段时间，作为少数民族，罗马尼亚的大型犹太人社区饱受权利缺乏与保护不足之苦。到20世纪30年代，形势更加恶化，这个国家的犹太族群已成为“铁卫队”和其他右翼组织的首要攻击目标。1938年，首相欧塔菲安·高戈（Octavian Goga，1881—1938）与卡罗尔二世共同发布法令，要求对全体罗马尼亚犹太人的公民权进行“重新审查”。这两个国家领袖都声称，本国相当大一部分犹太人都不是罗马尼亚公民。高戈还提议将50万罗马尼亚犹太人送往马达加斯加。当年的另一部法律，则以“种族”和“居住地”作为罗马尼亚人与其他族群的区别。[63]两年后，政府又出台了多部纽伦堡式的法律，其中用以定义犹太性的指导方针，甚至比德国模板还要严厉。1940年12月5日，罗马尼亚官方宣布犹太人必须在强制劳动单位内服役。

罗马尼亚对犹太人进行的第一次大屠杀始于1940年夏天，当时正值罗马尼亚军队从比萨拉比亚和布科维纳撤退之时。当年秋天，“铁卫队”在全国范围内到处招惹是非，其暴力性和破坏性之大，甚至已影响到罗马尼亚正常的经济秩序。阿道夫·希特勒担心形势再恶化下去，对德意志帝国至关重要的罗马尼亚石油工业将遭到冲击，所以在1941年1月14日的一次会面中，他提醒安东内斯库，现在重要的事务是摆脱“那些狂热分子，他们认为摧毁一切就是他们的使命”。[64]一周后，“铁卫队”启动了一系列新的行动计划，试图推翻安东内斯库的政权。罗马尼亚杰出的犹太裔作家埃米尔·多里安（Emil Dorian，1893—1956）描述了其中一次大屠杀的情景：

> 我们在通往伊尔福夫（位于布加勒斯特郊区）的路上找到了很多具尸体，他们的身份证件散落一地。这些人被杀之前，鼻子都被砸碎、四肢被打断、舌头被割掉、眼睛被挖出。一个老年拉比的两个儿子在他的臂弯中被打死。犹太人的尸体被悬挂在这个城市停尸所内的钩子上，或者被无情地丢弃在大街上。我的一个病人就住在那一带，并目睹了这些尸体的惨状，其中有些人已经被狗吃掉了……他们就如被宰掉的羔羊一般，一排排地躺在停尸所的院子里，被白雪所覆盖。停尸所门前的人行道上挤满了他们的亲人，都在焦急地等待消息。惨遭殴打和折磨的人更是无以计数，即使是最疯狂的想象，也无法完全描述他们犯下的罪行——他们强迫犹太人喝下加了泻盐的汽油——以十字架的形状割下他们背上的皮肤——折磨与杀戮——永无停歇。[65]

安东内斯库派出 15 个师，随德国入侵苏联。罗马尼亚军队很快就进入比萨拉比亚、布科维纳和乌克兰南部，他们在那里犯下了多起屠杀暴行。入侵行动 6 天后，罗马尼亚和德国军队在雅西启动了一个计划，残忍杀害了 3 200 至 13 266 名犹太人。在布科维纳和比萨拉比亚的行动中，他们又屠杀了 1 万名犹太人。残存者都被驱逐至转运营和隔离区。然后，罗马尼亚人再将他们从那里运往特朗斯尼斯蒂尔，这是他们在罗马尼亚与苏联边界地区新建的一个种族保留区。据估计，仅仅在 1941 年 321
夏天，就有 2.7 万犹太人死于上述集中营和特朗斯尼斯蒂尔。总体算来，罗马尼亚人和德国人一共在特朗斯尼斯蒂尔屠杀了 21.7 万犹太人。其中由德国人直接执行处决的有 5 万人，其余均为罗马尼亚人所为。还有 3.3 万犹太人死于营养不良、疾病侵扰、风吹雨淋等原因，这就使死于特朗斯尼斯蒂尔的犹太人数量增加到了 25 万。此外，根据安东内斯库的指示，罗马尼亚军队还在其他地方执行屠杀行动，在敖德萨、博格达诺夫卡、阿切米塞卡和杜曼诺夫加的大屠杀中，共夺走了 9.5 万至 9.6 万犹太人的生命。

在入侵苏联前夕，安东内斯库获悉了德国人将所有欧洲犹太人转运至波兰的计划。几个月前，阿道夫·艾希曼派党卫军一级突击中队长古斯塔夫·李希特（Gustav Richter，生于 1912 年，卒年不详）担任安东内斯库的犹太事务顾问；他亦与安东内斯库的犹太问题专家卡杜·莱加（Radu Lecca，1902—1980）密切合作。1942 年 8 月，这个“领袖”最亲密的辅佐者米哈伊·安东内斯库（Mihai Antonescu，

1907—1946）同意，在德国人的协助下，将罗马尼亚犹太人驱逐至贝尔泽克灭绝营。罗马尼亚犹太人德高望重的领袖威廉·费尔德曼博士，与另一些犹太社团首脑一起，继续激烈抗议政府采取驱逐行动。一些知识分子向国王递交了一封抗议信，费尔德曼则请求罗马尼亚很多重要的政治家、外交官和东正教教士，共同反对安东内斯库的计划。罗马教廷特使安德烈·卡索罗（Andrea Cassulo，1869—1952）就此事宜与安东内斯库商谈多次。为了拯救罗马尼亚剩余的30万犹太人的生命，各界正义人士进行了一系列英勇的行动。随着战争形势的转折，以上努力的效果逐渐开始发挥出来。1942年11月，相关人士告知费尔德曼，政府打算将仍滞留在特朗斯尼斯蒂尔的50 741名罗马尼亚犹太人遣返回国。在遣返行动终止之前，政府已准许
322 10 800名犹太人回到祖国。

与此同时，安东内斯库开始尝试与同盟国走得更近。他希望签署一个单独的停战协议，以便阻止苏联红军占领罗马尼亚。西方国家的外交官都告诉他，要想达到上述目的，罗马尼亚必须改弦更张，加入同盟国阵营。1944年8月23日，米哈伊国王下令逮捕安东内斯库；然后，他旋即建立了一个康斯坦丁·克雷楚列斯库将军（General Constantin Sanatescu，1885—1947）领导的联合政府。新政府很快发现，本国已陷入一个危险的两难境地。他们必须面对的，一边是仍在负隅顽抗的德国军队的占领，另一边则是即将踏上罗马尼亚国土的苏联红军。国王将罗马尼亚剩余的全部武装力量交由盟军支配，于是这些军队加入红军，共同将德军赶出了罗马尼亚领土。1944年秋天，米哈伊一世再次改组政府，这次的首脑名叫尼古拉·勒代斯库将军（General Nicolae Radescu，1874—1953），他废除了安东内斯库一切针对犹太人和罗姆人的不利政策。1945年2月6日，勒代斯库政府发布《少数民族法令》；新法令"给予全体罗马尼亚公民完全平等的权利，不因民族、语言或宗教信仰而施以歧视"。

根据2004年"罗马尼亚国家大屠杀委员会"（缩写为ICHR）的估算，"大屠杀"期间，在罗马尼亚境内及其控制的领土上，共有28万至38万本国和乌克兰犹太人被杀或饿死。此外，在匈牙利控制的北特兰西瓦尼亚境内，还有13.5万罗马尼亚犹太人在"大屠杀"中丧生，再加上，生活在其他国家的罗马尼亚犹太人中，另有约5 000人死于"大屠杀"。关于罗马尼亚在"大屠杀"中扮演的角色，正如劳尔·希尔伯格所总结的："除德国之外，再没有哪个国家像罗马尼亚一般，以如此大的规模，卷入对犹太人的集体屠杀行动。"[66]

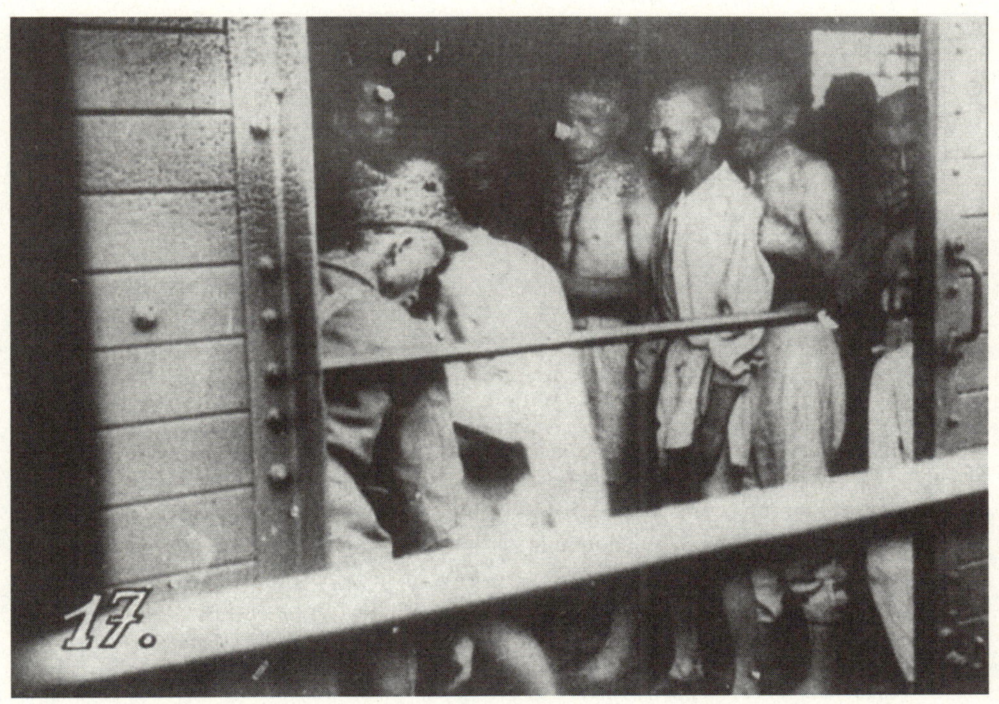

犹太人在雅西-卡拉拉西的死亡列车上。美国大屠杀纪念博物馆照片序列号 74157A，罗马尼亚犹太人社团联盟提供图片。

罗姆人

对很多散居在欧洲各地的罗姆人来说，罗马尼亚是他们的家乡，然而，这个国家也是给他们带来最大苦难的地方。在这里，他们长期处于被奴役的地位，在罗马尼亚历史上的一些省份——诸如沃来基亚和摩尔达维亚，罗姆人则一直被歧视性的称作“罗比”（罗马尼亚文为 Robi）。19 世纪 50 年代获得解放之后，很多罗姆人逃离了罗马尼亚，然而，大部分留下来的罗姆人仍未摆脱先前的被奴役地位，仍旧遭受土地所有者的残酷剥削。对大量罗马尼亚罗姆人来说，解放并未带来生活状态的改善，即使历史早已进入 20 世纪，他们中的大多数仍处于赤贫和文盲状态。20 世纪 30 年代晚期以后，罗姆人的境况更糟了。在 1941 年 7 月 8 日的一次演讲中，安东内斯库谈到将少数族群从罗马尼亚民族生活中清除出去的重要性。1946 年，当他作为战犯接受审判时，他解释道，之所以下令围捕罗姆人，是因为公众抱怨他们经常破门而入、偷窃财物。安东内斯库声称，警方的调查结果也表明，拥有大量武器的罗姆人确实应为频发的入室盗窃现象负责。[67] 1991 年，流亡在国外的米哈伊一世国王说，安东内斯库政府将流浪和半流浪状态的罗姆人视为“反社会的离群索居者”。他们之所以沦为迫害政策的牺牲品，主要原因是身份证明文件或档案往往不足，而且在国外也没有有钱有势的亲友或同族，能为他们提供保护。[68]

关于驱逐罗姆人事宜的讨论开始于1941年初，主要观点是迫使布加勒斯特罗姆人前往罗马尼亚乡村定居。1942年春天，安东内斯库个人决定，在1942年5月25日对罗马尼亚的罗姆裔族群进行人口普查的基础上，将“有问题的”罗姆人驱逐至特朗斯尼斯蒂尔。人口普查的结果是，40 909名罗姆人被确定为流浪者，并且具有犯罪记录，或者没有稳定的工作。1942年和1943年已被驱逐至特朗斯尼斯蒂尔的2.5万名罗姆人并不在上述40 909人之中。

根据一位名叫佩特勒·拉蒂塔(Petre Radita)的幸存者的回忆，罗姆人：

> 都被驱赶上运牲口的卡车，从布加勒斯特出发，整个运送过程持续了好几
> 个星期，由于晚上天气寒冷，又缺乏毛毯和足够的食物，很多人在抵达乌克兰的
> 323 布格河之前就已饿死或者冻死。残活下来的人则被安置在帐篷里，被迫挖战
> 壕。嘴里的金牙也被强行拔出。两个替游击队传递消息的孩子被抓住之后，宪
> 兵就当着孩子父母的面将他们处决。[69]

当时德国官员唯恐罗姆人渡过布格河进入乌克兰。1942年8月，乌克兰帝国行政专员埃里希·科赫给奥斯特兰的帝国公使阿尔弗雷德·罗森贝格写信，诉说这个潜在的麻烦。到了9月，罗森贝格给德国外交部长约阿希姆·冯·里宾特洛甫写了一封信，指出类似的危险。罗森贝格在信中指出，河对岸的乌克兰领土，主要居民为日耳曼裔人，并请里宾特洛甫尽一切可能，说服安东内斯库政府将来不要再向这一地区输送罗姆人。罗马尼亚战争罪行委员会的报告中写道：“数十万毫无防御能力的吉卜赛人，就像牲畜一样，群集于特朗斯尼斯蒂尔。”“他们中一半以上都罹患斑疹伤寒。宪兵的所作所为，恐怖程度史上未有；每个人都有生命危险，并经常被残酷地折磨；军队指挥官霸占美丽的吉卜赛女人，放纵声色、荒淫无度。”[70]

康斯坦丁·布勒迪亚努(Constantin Bratianu，1866—1951)是第二次世界大战前后罗马尼亚政坛的一名重要人物。在罗森贝格刚刚给里宾特洛甫写信后不久，他也给安东内斯库写了一封信，对罗姆人的运送行动提出质疑：

> (罗姆人)都是东正教徒，并且在国家经济中扮演重要的角色，他们是优秀的工匠，充当马掌匠、铁匠、砌砖匠或者不需特殊技能的临时日工。他们中还有很多小商人、小块土地所有者、送奶工，等等。我国的大部分小提琴手都是吉卜赛人，人们度假时，到处都能欣赏到他们的音乐。[71]

而现在，布勒迪亚努写道，罗姆人却被迫离开罗马尼亚。要知道，“他们曾经为

这个国家流下热血（由于进入军队服役的缘故）”。他继续写道，冬天就要到来了，这对老年人、妇女和儿童将会特别痛苦。布勒迪亚努认为罗姆人也配得上忠诚公民的称号，因为他们都是熟练的手艺人和工人。他认为，转运行动是在安东内斯库不知情的情况下进行的；并要求立即停止对罗姆人的迫害和驱逐，理由是此类行动“将使我们倒退到几个世纪之前的世界历史中”。[72]

康斯坦丁·布勒迪亚努。美国大屠杀纪念博物馆照片序列号 61927，丹尼斯·德勒坦特（Dennis Deletant）提供图片。

然而，罗马尼亚政府的决策圈子成员对罗姆人的态度，却与布勒迪亚努截然不同。1942 年 10 月，罗马尼亚报纸《英雄报》发表文章称，“吉卜赛人问题”与犹太人问题一样严重，并批评那些认为罗姆人也属于罗马尼亚民族的观点。文章的作者写道，与罗姆人通婚造
就了 60 万“杂种”，他们使罗马尼亚背上了沉重的负担。因此，文章提议将罗姆裔 324
“混血儿”与罗马尼亚妇女的婚姻定为非法，并禁止罗姆人参与罗马尼亚人的社会生活。作者还指出，罗姆人问题的解决方式之一，就是将流浪的罗姆人全部送进强制劳动营。

不过，当这篇文章问世之时，罗马尼亚政府其实已决定，终止将罗姆人大规模运往特朗斯尼斯蒂尔的行动，不过零星的运送直到 1943 年底才渐渐停止。驱逐行动的停止，与道德谴责或良心不安毫无关系，更主要的原因恐怕是军方的抱怨，他们认为罗姆人的运送对这一区域的军事行动造成了不利的影响。1942 年底，一名罗马尼亚情报人员在报告中写道：

> 吉卜赛人在亚历山德罗达的营房里居住的那段时间，他们的生存状态真是悲惨到了无法用语言形容的程度。他们没有足够的食物。能劳动的罗姆人每天能得到 400 克面包，老人和孩子则只能分到 200 克。他们还能吃一点土豆，极少数情况下能得到一点咸鱼，不过土豆和咸鱼的分配量就更少了。
>
> 由于严重营养不良，很多吉卜赛人——他们其实占大多数——的体重都急

剧下降,后来简直瘦成了骨架。基本上每天——特别是最后那段时间——都有10至15名吉卜赛人死亡。他们满身、满屋都是寄生虫。不再有医生来替他们诊治,他们也得不到任何药品。他们全身赤裸……既没内衣、也没外衣。妇女们都全身赤裸,真正意义上的一丝不挂。自从他们来到这里,就从没得到过肥皂。这就是为什么他们从来没洗过澡,也没法洗他们唯一的衬衫。

总体来说,吉卜赛人的生存条件极度恶劣,我们根本没法想象有多么恶劣。
由于悲惨的境遇,他们都心情阴郁,很多人几乎已处于野蛮、狂怒的状态。这种
325 状态是由于险恶的居住环境、营养不良以及挨冻造成的。因为饥饿难耐……他
们不得不到处偷窃,结果把乌克兰人吓得够呛。如果我国曾发生过吉卜赛人入
室盗窃的现象……那并不仅仅是出于习惯,这里有一个吉卜赛人,曾经很忠诚
老实,现在则开始偷东西,是饥饿使他犯下了这项耻辱的罪行。[73]

战前的布加勒斯特,罗姆儿童在音乐学校。照片来源:《吉卜赛人:生活与习俗》,马丁·弗雷德里希·布洛克著,AMS出版有限公司,1939年版。

到1942年底,已有三百多名罗姆人死在亚历山德罗达。

1942年至1943年的那个冬天,一场斑疹伤寒疫病在朗道郡爆发,结果造成将近5 000名罗姆人丧命。为了应对这场传染病,罗马尼亚政府关闭了当地的罗姆人定居点,并将他们转移至附近村庄。政府亦加强行动,试图为罗姆劳工寻找工作机会。一位戈勒塔郡官员写道:“犹太人经常几个月都得不到食物供应;罗姆人也是一样。

在戈勒塔的一处(罗姆人)营地,关押着40个人。”“他们都是劳工,营地管理者强迫他们劳动,直至因饥饿而筋疲力尽。请指示。”[74]

当地官员对戈勒塔营地罗姆人生存状态的控诉仍在持续。1943年秋天,一位叫扬·斯坦库(Ion Stancu)的卡米纳-巴卡罗姆人领袖在报告中写道:“白天我们在考霍兹(即集体农庄)里工作,夜间则在管区巡逻。”“他们给我们的食物少得可怜:每人300克玉米粉,500克土豆和10克盐,除此之外再没别的了;我们已经8个月没有得到食油了。”[75]

在这样险恶的生存环境下,“大屠杀”期间被送往特朗斯尼斯蒂尔的2.5万罗姆人中,有1.1万人将生命永远留在了那里,就丝毫不足为奇了。

南斯拉夫(克罗地亚和塞尔维亚)

第一次世界大战之后,六个南斯拉夫民族集团——波斯尼亚族、克罗地亚族、马其顿族、门的内哥罗族、塞尔维亚族和斯洛文尼亚族——联合创建了塞尔维亚、克罗地亚与斯洛文尼亚王国。这个新国家的统治者是塞尔维亚的卡拉德约基维奇王朝,正是这个政权,在两战之间引发了持续不断的国内民族冲突,其中以克罗地亚人与塞尔维亚人之间的冲突最为严重。1929年,亚历山大国王(King Alexander, 1921—1934年在位)宣布解散议会,创建了一个由塞尔维亚王室掌控的独裁政体,并将这个国家重新命名为南斯拉夫。

20世纪30年代,是南斯拉夫政局剧烈动荡的时期。1934年,克罗地亚和马其顿族分离主义者,在匈牙利势力的背后支持下,在马赛刺杀了亚历山大国王和法国外交部长路易·巴尔都(Louis Barthou, 1862—1934)。南斯拉夫的新国王为彼得二世(Peter II, 1934—1945年在位),实权则掌握在他的表兄、摄政王保罗亲王(Prince Paul, 1934—1941年间摄政)手中。保罗亲王竭尽全力,希望维持国家的统一,并试图解决日益激化的塞尔维亚族与克罗地亚族之间的冲突。后者一直要求,在南斯拉夫联盟之内得到更大的自治权力。

第二次世界大战爆发之时,南斯拉夫宣布中立。在那一时刻,其国土上生活着82 242名犹太人和79 500名罗姆人。犹太人中,约60%为德系,其余为西班牙系。罗姆人中,约一半为穆斯林。1940年,南斯拉夫出台了一系列反犹主义法律,降低犹太人就读公立中小学和大学的入学率,并对他们参与特定领域的工商业施予限制。已当上国王的保罗最初对盟军一方报以同情,但最终,他还是没能顶住德国人的强大压力,于1941年3月25日,加入了希特勒的《三国同盟条约》。两天后,反对本国加入轴心国阵营的军官发动政变，推翻了保罗的统治，重新将彼得二世推上王位。4月6日，德国、意大利、匈牙利和罗马尼亚联合入侵南斯拉夫，每个国家都占据了一块领土。德国人在本国占领区建立了两个纳粹党操纵的傀儡政权：一个是“克罗地亚独立国”——其领土范围为波斯尼亚和黑塞哥维那，另一个是国防军占领的塞尔维亚。

克罗地亚独立国

“克罗地亚独立国”首脑为安特·帕韦利奇（Ante Pavelic，1889—1959），此人曾
326 为“乌斯塔沙（克罗地亚文为Ustase，起义者之意）运动”的领袖。“克罗地亚独立国”的领土内，生活着200万塞尔维亚人、70万波斯尼亚穆斯林、4万犹太人和2.85万罗姆人。“克罗地亚独立国”官方将塞尔维亚人、犹太人和罗姆人都视为“法外之人”。1941年春天，“克罗地亚独立国”武装部队统帅拉夫科·库瓦特尼克元帅（Marshal Slavko Kvaternik，1878—1947）宣布，以上族群的成员不得在军队中服役。[76] 1941年4月17日和4月30日接连颁布的两部法律——《民族与国家防御法》和《公民权法》，为“克罗地亚独立国”对塞尔维亚人、犹太人、罗姆人和“不爱国”的克罗地亚人采取的打击政策，提供了“法律上”的依据。依据4月17日的法律，帕韦利奇获得授权，可以处决任何人，只要他认为此人的行为“破坏了克罗地亚民族荣誉与关键利益”或对“克罗地亚独立国”构成威胁；而4月30日的这部法律则规定：“只有具备雅利安人血缘的居民，才能获得公民权。”这条规定，再加上另外两部《纽伦堡法令》式的法律——《种族归属法令》（4月30日）和《雅利安血统与克罗地亚民族荣誉保护法》（4月30日），就将犹太人和罗姆人完全隔离在克罗地亚社会之外了，此外，以上法令还禁止克罗地亚雅利安人与非雅利安人发生性关系。[77]不久，政府又强令犹太人和塞尔维亚人实行财产登记，并一点点地将他们的家资剥夺殆尽。“克罗地亚独立国”官方还要求这些少数族群佩戴标有“犹太人”或“东正教徒”（绝大部分塞尔维亚人都是东正教徒，克罗地亚人则多数为罗马天主教徒）的徽章。最终，至少根据帕韦利奇于1941年6月26日颁布的《特别法律与命令》：

> 犹太人传播虚假信息，试图在民众中引发动荡；他们的投机行为增加了供给百姓的困难；由于以上的所作所为，整个犹太民族都须为此负责。因此，政府将采取行动，打击这一民族，令其成员承担刑事责任，他们将被隔离在露天集中营地之内。[78]

1941 年，安特·帕韦利奇与阿道夫·希特勒。美国大屠杀纪念博物馆照片序列号 85432，南斯拉夫革命民族博物馆提供图片。

政府还下令对罗姆人施行人口普查，并将战争爆发后逃亡至日后的“克罗地亚独立国”领土上的罗姆人驱逐出境。根据安东尼·胡博(Èedonil Huber)的说法，“克罗地亚独立国”对犹太人与罗姆人基本上采取的是与纳粹德国类似的政策。而另一方面，对塞尔维亚人的政策，则是“迥异于克罗地亚人的‘国内民族主义’的产物。”[79] 327

帕韦利奇在 1941 年夏天开设了第一批集中营，用以处理“克罗地亚独立国”的各类种族与政治敌人，尤其是塞尔维亚人。本来，帕韦利奇以为可以将所有塞尔维亚族人驱逐至相邻的塞尔维亚国，从而彻底解决这一问题。然而，国内民众大举抗议“克罗地亚独立国”对待少数民族的方式，纳粹党也为此提出了异议，这令帕韦利奇很快意识到，要想摆脱这个规模庞大的少数民族——塞尔维亚族人占“克罗地亚独立国”人口总数的将近三分之一，唯一的方式就是将他们屠杀殆尽。然而，公众对政府屠杀计划的反对极其激烈，迫使“克罗地亚独立国”首脑决定改变策略，把他们的敌人全部关进集中营。“克罗地亚独立国”境内已建成数所集中营，不过，1941 年夏天开张的亚塞诺瓦茨，始终是规模最大、无疑也是最具毁灭性的。究竟多少人死于这里？这一直是一个学者们很感兴趣的争论焦点，而且他们对具体数字的估计也差异很大，特别是克罗地亚学者与塞尔维亚学者得出的结论，更是天壤之别。不过，最新的研究成果表明，“大屠杀”期间，克罗地亚人在亚塞诺瓦茨，共屠杀了约 4.8 万塞尔维亚人、1.3 万犹太人、1 万至 2 万罗姆人、1.2 万克罗地亚人和穆斯林。

亚塞诺瓦茨集中营的残酷与无情很快尽人皆知，其中对塞尔维亚囚犯行径更是令人发指。波佐·斯瓦茨(Bozo Svarc)描述了一个可怕的情景：

> 天气好的时候，就像今天，“乌斯塔沙”成员们就将进行一项残忍的游戏。他们把一些儿童从牢房里带出来。这些孩子全身剧烈颤抖，犹如风中的树枝。
> 328 然后，我就看到，“乌斯塔沙”抓起孩子们，在空中旋转他们，旋得很高，超过头顶，他们疯狂地快速旋转，直到将孩子们的胳膊都撕裂了，最后“乌斯塔沙”手里剩下的只有小孩的胳膊。其余的“乌斯塔沙”，则试图用刺刀，追赶并刺入孩子们飞扬旋转的身体。[80]

莎迪克·达隆(Sadik Darron)则描述了另外一个场景，一个警卫试图从一位母亲的怀抱中抢走她的婴儿，母亲奋起反抗，结果不幸的事发生了：

> 他(警卫)双手抓着孩子，孩子放声大哭，他则一边不停地咒骂，一边解开孩子的襁褓。当把孩子脱得一丝不挂时，他就用三个手指抓住孩子的小脚丫，开始在空中旋转孩子。他转得越来越快，突然，就紧贴着母亲的脸，猛地将孩子重重摔到地上(在刚才的反抗中，这位母亲已被按倒在地)。婴儿小小的头颅就像熟透的南瓜一般瞬间碎裂，血液和脑浆溅了母亲一脸。这个女人惊恐万状，绝望地尖叫，不久就失去了意识。我看到他们抓着她的腿，把她一路拖走了。[81]

在亚塞诺瓦茨集中营，“乌斯塔沙”警卫杀害儿童的方式可谓花样百出。达隆有一次看到一个警卫带着一批约 200 至 250 名波斯尼亚塞尔维亚族儿童：

> “过来，跟我走，我带你们去找妈妈、奶奶和爸爸。”约 20 个天真无邪的孩子，相信了他的鬼话，紧紧跟着他。当他们走到一个大坑边时，一伙“乌斯塔沙”成员跑过来，将孩子们团团围住。他们站成一排，孩子们被一条铁链子拴着，离大坑越来越近。最后一个“乌斯塔沙”手持一把普通工匠用的锤子，每走过来一个孩子，他就朝他们后脑勺猛击一下，然后将他们扔进坑里。接下来就是一片死亡般的寂静。”[82]

塞尔维亚人并不是唯一一群遭受这般无情虐待的囚犯。克罗地亚人认为罗姆人都是不服法律约束的罪犯，所以通常，罗姆人儿童和妇女一到营区，就立刻被带上刑场处决。罗姆男性则被送往亚塞诺瓦茨集中营下设的工厂，可以想见，那里的劳动条件也无比艰苦。他们只能得到很少的食物，有时候甚至根本没吃的，却被迫从事繁重的建筑类工作，或掩埋屠杀痕迹。有时候，克罗地亚警卫甚至强迫罗姆男性自己动手,处决营区内的同胞。营区工厂内的所有罗姆男性都死在了那里,无一幸免。

"乌斯塔沙"警卫在亚塞诺瓦茨处决囚犯。美国大屠杀纪念博物馆照片序列号 78512,贝尔格莱德犹太历史博物馆提供图片。

塞尔维亚

1941 年,在德国占领下的塞尔维亚,共生活着约 1.6 万犹太人和 4 万罗姆人。三分之二的塞尔维亚犹太人都住在贝尔格莱德。国防军将塞尔维亚被占领土视为德国本土一样对待,将这里的大部分犹太人和一部分罗姆人送进了塞尔维亚境内的集中营和灭绝营。1941 年 5 月 31 日,德国军队官方宣布,将所有罗姆人与犹太人同等处理,并要求这两个族群的成员都佩戴臂章,以表明各自作为"犹太人"或"吉卜赛人"的身份。不过,到 7 月,占领当局又宣布,塞尔维亚罗姆人,只要能证明其家族从 19 世纪中期以来就一直定居本国,并已成为塞尔维亚社会生活的有机组成部分,就可以免受以上约束措施的限制。然而,不符合这一豁免条件的犹太人和罗姆人,很快就失去了工作,并被迫前往强制劳动营报到。这两个族群的成员都被禁止进入公共场所,并必须遵守每天晚上 8 点至次日早晨 6 点的宵禁。1941 年 10 月下旬,国防军当局宣布在会展中心附近开设集中营。到 12 月初,他们又通知贝尔格莱德犹太人上交房屋的钥匙，并前往安全警察部门注册。不久，围捕行动就开始了，犹太人都被转运至会展中心集中营。营地内的生存状况令人震惊，很多人不是冻死，就是饿死。男性囚犯多由德国军队枪杀而死；妇女和儿童则都在1942年春被送进一辆特制的毒气卡车。据估计，除了犹太人和罗姆人，会展中心集中营还曾
329 关押过约10万名塞尔维亚族人。约4万塞尔维亚人和7 500名犹太人在这个集中营失去生命。

在塞尔维亚警卫的监视下，罗姆人被押往刑场。美国大屠杀纪念博物馆照片序列号85181，南斯拉夫革命民族博物馆提供图片。

德国占领当局开设会展中心集中营的基本目的，是应对日益严重的游击队威胁。国防军通常将罗姆人当作人质，每当游击队发动一次针对德国人的进攻，往往就将导致一场对罗姆人的处决行动作为报复。1941年10月26日，党卫军总队长、设在贝尔格莱德的“德国军事管理委员会”主任哈拉尔德·特纳（Harald Turner，1891—1947）在一份交给当地国防军指挥官的备忘录中，提到了此类行动：

> 由于他们的内在及外部“构造”（Konstruktion），吉卜赛人无论如何都不可能成为“国际性社会”（ölkergemeinschaft）的有用之才……作为一个原则性问

题，我们必须说，犹太人和吉卜赛人代表了社会的不稳定因素，因而对公共秩序与安全构成威胁……因此，在所有情况下，将全体犹太和吉卜赛男性，交由军队任意当作人质使用，将是一个原则性事务。[83]

国防军还驱使罗姆人充当奴役劳工，修筑集中营。比方说，会展中心集中营就是罗姆人修建的，其位置正好就处于贝尔格莱德的一处罗姆人聚居区旁。奴役劳动营内的罗姆人同样遭受残酷的鞭打、过劳、疾病和营养不良的折磨。在特纳看来，国防军对罗姆人和犹太人的打击行动，正如他在 1942 年 9 月 29 日的报告中写道的："出于达成和解与平定混乱局面的目标，吉卜赛人问题已彻底肃清。塞尔维亚已成为唯一一个犹太人问题和吉卜赛人问题均告解决的国家。"[84]

当然，就"罗姆人问题"而言，特纳的结论显然是错误的。事实上，在塞尔维亚，特别是在贝尔格莱德，国防军占领当局严重高估了自己已经屠杀的罗姆人的数量。 330
"大屠杀"期间，虽然他们已成功夺走大部分塞尔维亚犹太人的性命，但这个国家巨量罗姆人中的大多数，其实还活着。德国官方本来认为，塞尔维亚共有 15 万罗姆人，并预计在会展中心集中营开张后，将运送 1.6 万犹太人和罗姆人去那里。然而，大量贝尔格莱德罗姆人其实成功逃离了德国人的搜索网，他们或藏匿起来，或潜入保加利亚或意大利境内。还有一些罗姆人加入抵抗组织，虽然他们通常并不受欢迎。学者们估计的数字是，"大屠杀"期间，被德国占领当局杀害的塞尔维亚犹太人已占族群总人数的 95%，而被杀害的罗姆人比例则约为 20%。

总体而言，南斯拉夫犹太居民中的将近 82%死于"大屠杀"。犹太人口损失最惨重的是克罗地亚，战争期间"独立国"领土不仅囊括波斯尼亚和黑塞哥维那，还占领着斯洛文尼亚和塞尔维亚的部分土地。罗姆人口的损失比较难以确定。第二次世界大战后，南斯拉夫政府宣称"乌斯塔沙"在亚塞诺瓦茨杀死了约 4 万罗姆人。然而，鉴于当时"克罗地亚独立国"境内的罗姆总人口大概只有约 2.5 万，上一个数字就不得不令人怀疑了。当然，可以肯定的是，"大屠杀"期间，克罗地亚、波斯尼亚和黑塞哥维那土地上的罗姆人几乎被"清算"殆尽。另一方面，那些传统的大型罗姆人聚居区——比如塞尔维亚、科索沃和马其顿，其罗姆人口的存活率要高得多。

结论

德国对西欧广大地区的征服，令"大屠杀"暴行的执行范围急剧扩大。然而，德国人逐渐发现，在希特勒不断膨胀的帝国西欧部分，要彻底解决犹太人问题，将十分困难。在纳粹占领下的中欧和东欧，情况也基本类似。不过，在大多数纳粹化的国家，德国人至少能指望一类人的积极支持，即那些民族领袖和各地的合作者。鉴于日后东线战争的困境，德意志帝国官员开始越来越依靠这批胁从，执行他们的“最终解决”计划。

德国占领初期，外国犹太人更加脆弱、更容易遭受迫害和逮捕。事实上，当各国民众对犹太人的支持和同情逐渐展露之时，在外国出生的犹太人与作为本国公民的犹太人之间，一条分界线也越来越清晰地呈现出来。尽管如此，当全欧洲的德国占领当局及其胁从国政府，开始采用纳粹式的种族法律之时，上述分界线却反而日益模糊了。维希法国领导人积极支持驱逐外国犹太人的方案，并在德国人的围捕和运送行动中，扮演了关键性的协助者角色，结果，非法裔犹太人群体的成员被大批运往东部的灭绝中心。即使是在荷兰——那里反对围捕行动的人更多，占领的范围也更广，德国当局还是发现，仍有很多人——尤其是警察与荷兰纳粹党等群体的成员——愿意帮助自己将三分之二以上的犹太人运往东方赴死。同样的，很多被驱逐者都不是荷兰公民。

然而，即使在处于德国严密控制下的西欧各国，在上述胁从关系之内，仍有很多人采取了多次大胆的行动，试图援助犹太人。当然，最著名的故事发生在丹麦，这个国家的民众全部行动起来了，目标在于拯救只占本国人口极小一部分的犹太人社团，把他们送往瑞典，从而使他们免遭向东方的转运，躲过毒气室内的屠杀。在荷兰和法国，一幕幕救援犹太人的英勇行动也在上演。荷兰人为他们的拯救目标，付出了惨重的代价。面对德国人杀心已决、咄咄逼人的“最终解决”方案，他们的救援行动无法取得多大的成效。另一方面，尽管大多数法国官员都采取了与德国人合作的立场，特别是在维希法国，然而，仍有一部分新教领袖、犹太人救济组织以及零星单枪匹马的个人，在不停地活跃奔走，致力于拯救尽可能多的犹太人的生命；他们的努力，再加上二战期间法国特殊的行政管理结构，使得这个国家四分之三的犹太人口，最终都在纳粹的魔爪之下，找到了一条逃脱之路。

在中欧与东欧的纳粹盟国，情形也同样复杂。保加利亚、克罗地亚、匈牙利和罗
331 马尼亚的民族领袖对德国人将犹太人驱逐至总督府的方案相当赞同。克罗地亚的独裁者安特·帕韦利奇及其罗马尼亚“同行”扬·安东内斯库，似乎决心做得比纳粹党更“纳粹”——通过残暴对待本国的少数民族，来证明自己对希特勒的忠诚。而在匈牙利，政府对犹太人和罗姆人采取的是一系列飘忽不定的政策，当然对这两个族群的隔离和迫害始终未变。随着 1944 年春天德国正式出兵占领匈牙利，这个国家

犹太人残存的一点生活品质瞬间荡然无存。阿道夫·艾希曼急迫地想将自己丰富的屠杀“经验”,应用于“最终解决”计划的围捕和转运行动中。面对中欧这最后一个大型犹太人社团聚居区,在匈牙利政府、“剑十字团”和当地警察部队的协助下,艾希曼终于得以将匈牙利三分之二的犹太人都围捕、驱逐并屠杀殆尽。

保加利亚的罗姆族群人口众多,犹太社区规模却相对较小。结果,“大屠杀”期间,在弥漫于整个中、东欧上空的种族主义嗜血氛围中,保加利亚却是成功免疫的一国。尽管这个国家的决策圈子成员都心甘情愿、绝对执行德国人的命令,然而当将犹太人驱逐至波兰的方案出台之后,宗教界、政界和知识分子界领袖立刻纷纷站了出来,成功组成一个抗议派联盟,反对并试图阻止政府将犹太人移交给德国人处理的企图。不过,我们同样不应忘记,保加利亚作为一个活跃的纳粹盟国,在二战期间占领了大片中欧领土,然而在那些地方,面对同样残酷的对犹太人与罗姆人的虐待,上述抗议派联盟却几乎只字未提。在中欧和东欧其他地方,公众对犹太人和罗姆人所遭受的迫害和屠杀所表现出来的态度,至少在部分程度上时刻受到战争进程和战局转折的影响。在保加利亚、法国、匈牙利和罗马尼亚,面对政府对犹太人和罗姆人的严酷政策,民众的态度曾发挥了很明显的缓解和调和作用,然而,试想一下,如果德国人赢了斯大林格勒战役,这本应是出于道德的义愤,又是否会有什么不同呢?

进一步学习和研究的资料

原始史料——

Affidavit of Dieter Wisliceny. *Nazi Conspiracy and Aggression*. Vol.8. Washington, DC: United States Government Printing Office, 1946, 606—619.

Alpern, Joil. *No One Awaiting Me: Two Brothers Defy Death During the Holocaust in Romania*. Calgary, AB: University of Calgary Press, 2001.

Ancel, Jean, ed. *Documents Concerning the Fate of Romanian Jewry During the Holocaust*. 12 vols. New York: Beate Klarsfeld Foundation, 1985.

____. *Transnistria, 1941—1942: The Romanian Mass Murder Campaigns*. Translated by Rachel Garfinkel and Garen Gold. 3 vols. Tel Aviv: Goldstein-Goren Diaspora Research Center, Tel Aviv University, 2003.

Anger, Per. *With Raoul Wallenberg in Budapest: Memories of the War Years in Hungary*. Translated by David Mel Paul and Margareta Paul. New York: Holocaust Library, 1981.

Barak-Ressler, Aliza. *Cry Little Girl: A Tale of the Survival of a Family in Slovakia*. Jerusalem: Yad Vashem, 2003. Barnouw, David, and Gerrold van der Stroom, eds.

The Diary of Anne Frank: The Critical Edition. Translated by Arnold J.Pomerans and B.M.Mooyaart-Doubleday. New York: Doubleday, 1989.

Belpoliti, Marco, and Robert Gordon, eds. *The Voice of Memory. Primo Levi: Interviews, 1961—1987*. Translated by Robert Gordon. New York: The New Press, 2001.

Bluglass, Kerry. *Hidden from the Holocaust: Stories of Resilient Children Who Survived and Thrived*. Westport, CT: Praeger, 2003.

Bolle, Kees W., ed. *Ben's Story: Holocaust Letters with Selection from the Dutch Underground Press*. Carbondale, IL: Southern Illinois University Press, 2001.

Cahan, Maier. *Between My Father and the Old Fool: A Holocaust Memoir*. Adapted into English by Yosef Neumark. Brooklyn, NY: Menorah Publications, 2004.

Carmelly, Felicia Steigman. *Shattered! 50 Years of Silence: History and Voices of the Tragedy in Romania and Transnistria*. Scarborough, Canada: Abbeyfield, 1997.

Carp, Matatias. *Holocaust in Romania: Facts and Documents on the Annihilation of Rumania's Jews, 1940—1944*. Translated by Sean Murphy. Budapest: Primor, 1994.

Cecil von Renthe-Fink to German Foreign Ministry, Berlin, January 7, 1942, 1—3. http://www.jewishvirtual libary.org/jsource/Holocaust/Denmarkdis.html.

Danon, Braco, and I.Cadik. *The Smell of Human Flesh: A Witness of the Holocaust—Memories of Jasenovac*. Translated by Nadežda Obradović. Beograd: Slobodan MaåiN, 2002.

"Decree for the Establishment of the Association of the Jews in Belgium (November 25, 1941)," 102. http://www.jewishvirtuallibrary.org/jsource/Holocaust/decreesjb.html.

Dedijer, Vladimir, ed. *The Yugoslav Auschwitz and the Vatican: The Croatian Massacre of the Serbs During World War II: Selected Documents*. Translated by Harvey L.Kendall. Buffalo, NY: Prometheus Books, 1992.

"Defining the Legal Position of the Jews in Slovakia," September 11, 1941. http://www.jewishvirtuallibrary.org/source/Holocaust/definingjewbud.html.

Dorian, Emil. *The Quality of Witness: A Romanian Diary, 1937—1944*. Edited by Marguerite Dorian. Translated by Mara Soceanu Vamos. Philadelphia: Jewish Publication Society of America, 1982.

Dunai, Eleanor C. *Surviving in Silence. A Deaf Boy in the Holocaust: The Harry I.Dunai Story*. Washington, DC: Gallaudet University Press, 2002.

Feldman, Alfred. *One Step Ahead: A Jewish Fugitive in Hitler's Europe*. Carbondale: Southern Illinois University Press, 2001.

Frank, Anne. *Anne Frank's Tales from the Secret Annex*. Translated by Michel Mok. New York: Pocket Books, 1983.

____. *The Diary of a Young Girl*. Translated by B.M.Mooyaart-Doubleday. New York: Pocket Books, 1952.

____. *Works from the House Behind*. London: Pan Books, 1971.

____. *The Works of Anne Frank*. Westport, CT: Greenwood Press, 1974.

Friedlander, Henry, and Sybil Milton, eds. *Archives of the Holocaust*. 22 vols. New York: Garland, 1989—1995.

Friedländer, Saul. *When Memory Comes*. Translated by Helen R.Lane. New York: Farrar, Straus and Giroux, 1979.

Gies, Miep, and Allison Gold. *Anne Frank Remembered: The Story of the Woman Who Helped to Hide the Frank Family*. New York: Simon & Schuster, 1987.

Goldberg, Michel. *Namesake*. New Haven: Yale University Press, 1982.

Gross, Elly. *Storm Against the Innocents: Holocaust Memories and Other Stories*. New York: E.Gross, 2000.

Haas, Albert. *The Doctor and the Damned*. New York: St.Martin's Press, 1984.

Halivni, David Weiss. *The Book and the Sword: A Life of Learning in the*

Shadow of Destruction. Boulder: Westview Press, 1998.

Hannah Senesh: Her Life and Diary. Translated by Marta Cohn. New York: Schocken Books, 1972.

Hausner, Gideon. *Justice In Jerusalem*. New York: Holocaust Library, 1968.

Herskovic, Patricia. *Escape to Life: A Journey Through the Holocaust: The Memories of Maria and William Herskovic*. Jerusalem: Yad Vashem, 2002.

Jagendorf, Siegfried. *Jagendorf's Foundry: Memoirs of the Romanian Holocaust, 1941—1944*. New York: HarperCollins, 1991.

Joffo, Joseph. *A Bag of Marbles*. Translated by Martin Sokolinsky. Chicago: University of Chicago Press, 2000.

"Julius Hollander to Nathan Straus," June 3, 1941, YIVO Institute for Jewish Research. http://www.npr.org/templates/story.php?storyId=7400998#7401663.

Kahn, Annette. *Why My Father Died: A Daughter Confronts Her Family's Past at the Trial of Klaus Barbie*. Translated by Anna Cancogni. New York: Summit Books, 1991.

Kalmanovits, Sarah. *An Orphan of the Transnistria Concentration Camp*. Jerusalem: Sarah Kalmanovits, 2005.

Koller, Mark. *Surviving Transnistria: An Autobiographical Account*. S.I. Mark Koller, 2001.

Kroh, Aleksandra. *Lucien's Story*. Translated by Austryn Wainhouse. Evanston, IL: Marlboro Press/Northwestern, 1996.

Levi, Primo. *Survival in Auschwitz* and *The Reawakening: Two Memoirs*. Translated by Stuart Woolf. New York: Summit Books, 1966.

Lindwer, Willy. *The Last Seven Months of Anne Frank*. Translated by Alison Meersschaert. New York: Random House, 1991.

Lituchy, Barry M. *Jasenovac and the Holocaust in Yugoslavia: Analyses and Survivor Testimonies*. New York: Jasenovac Research Institute, 2006.

Loy, Rosetta. *First Words: A Childhood in Fascist Italy*. Translated by Gregory Cohn. New York: Henry Holt, 2000.

Lubac, Henri de. *Christian Resistance to Anti-Semitism: Memories from 1940—1944*. Translated by Sister Elizabeth Englund. San Francisco: Ignatius

Press, 1990.

Ludwig, Emil. *Talks with Mussolini*. Translated by Eden and Cedar Paul. Boston: Little, Brown, 1933.

Micheels, Louis J. *Doctor # 117641: A Holocaust Memoir*. New Haven: Yale University Press, 1989. Nossiter, Adam. *The Algeria Hotel: France, Memory, and the Second World War*. Boston: Houghton Mifflin, 2001.

Ofer, Dalia, and Lenore J.Weitzman, eds. *Women in the Holocaust*. New Haven: Yale University Press, 1998.

"Otto Frank to Nathan Straus," April 30, 1941, YIVO Institute for Jewish Research. http://www.npr.org/templates/story.php?storyId=7400998#7401663.

Raoul Wallenberg: Dossierdokumentation från Beskickningen I Budapest och Utrikesdepartementet, 1944—1957. Stockholm: Utrikesdepartementet, 1980—1982.

Rittner, Carol, and Sondra Myers, eds. *The Courage to Care: Rescuers of Jews During the Holocaust*. New York: New York University Press, 1986.

Rosengarten, Israel J. *Survival: The Story of a Sixteen-Year-Old Jewish Boy*. Syracuse, NY: Syracuse University Press, 1999.

Samuel, Vivette. *Rescuing the Children: A Holocaust Memoir*. Translated by Charles B.Paul. Madison: University of Wisconsin Press, 2002.

Sebstian, Mihail. *Journal, 1935—1944*. Chicago: Ivan R. Dee in association with the United States Holocaust Memorial Museum, 2000.

Seel, Pierre. *Liberation Was for Others: Memoirs of a Gay Survivor of the Nazi Holocaust*. Translated by Joachim Neugroschel. New York: DaCapo Press, 1997.

Sonnino, Piera. *This Has Happened: An Italian Family in Auschwitz*. Translated by Ann Goldstein. New York: Palgrave Macmillan, 2006.

State of Israel Ministry of Justice. *The Trial of Adolf Eichmann: Record of Proceedings in the District Court of Jerusalem*. 9 vols. Jerusalem: Israel State Archives and Yad Vashem, 1993—1995.

Stein, André. *Quiet Heroes: True Stories of the Rescue of Jews by Christians in Nazi-Occupied Holland*. New York: New York University Press, 1988.

Steinberg, Paul. *Speak You Also*. Translated by Linda Coverdale with Bill Ford. New York: Henry Holt, 2000.

Stivelman, Michael. *The Death March*. Translated by Peter Lewnny. Rio de Janiero: Imago Editora, 1997.

Swiebocki, Henryk, ed. *London Has Been Informed: Report by Auschwitz Escapees*. Oświęcim: The Auschwitz-Birkenau State Museum, 1997.

Tamler, Gisela. *Before and After: Surviving the Romanian Holocaust in Transnistria*. Montreal: G.Tamler, 2002.

Todorov, Tzvetan, ed. *The Fragility of Goodness: Why Bulgaria's Jews Survived the Holocaust: A Collection of Texts with Commentary by Tzvetan Todorov*. Translated by Arthur Denner. Princeton: Princeton University Press, 2001.

Transylvanian World Federation. *Genocide and Ethnocide of the Jews and Hungarians in Rumania: Testimony Submitted by the Transylvanian World Federation to the International Conference on the Holocaust and Genocide, Tel Aviv, Israel*, 1982. Tel Aviv: n.p., 1982.

Valensi, Lucette, and Nathan Wachtel, eds. *Jewish Memories*. Translated by Barbara Harshav. Berkeley: University of California Press, 1990.

Vegh, Claudine. *I Didn't Say Goodbye*. Translated by Ros Schwartz. New York: E.P.Dutton, 1984.

Velmans, Edith. *Edith's Book*. London: Penguin Books, 1999.

Vrba, Rudolf. *I Escaped from Auschwitz*. Fort Lee, NJ: Barricade Books, 2002.

Vrbová, Gerta. *Trust and Deceit: A Tale of Survival in Slovakia and Hungary, 1939—1945*. London: Vallentine Mitchell, 2006.

Wallenberg, Raoul. *Letters and Dispatches, 1924—1944*. Translated by Kjersti Board. New York: Arcade, 1995.

Weissberg, Alex. *Desperate Mission: Joel Brand's Story*. Translated by Constantine FitzGibbon and Andrew Foster-Melliar. New York: Criterion Books, 1958.

Wilson, Cara. *Love, Otto: The Legacy of Anne Frank*. Kansas City, KS: Andrews and McMeel, 1995.

Wolf, Jacqueline. *"Take Care of Josette": A Memoir in Defense of Occupied France*. New York: Franklin Watts, 1981.

次级史料——

Abrahamsen, Samuel. *Norway's Response to the Holocaust*. New York: Holocaust Library, 1991.

Achim, Viorel. *The Roma in Romanian History*. Translated by Richard Davies. Budapest: Central European University Press, 2004.

Acković, Dragoljub. *Roma Genocide in Jasenovac Camp*. Translated by Ljubomir Vukosavljević and Vesna Ajnåpiler. Belgrade: Museum of the Victims of Genocide, 1997.

Adeli, Lisa. "From Jasenovac to Yugoslavism: Ethnic Persecution in Croatia During World War II." PhD diss., University of Arizona, 2004.

Adler, Franklin Hugh. "Why Mussolini Turned on the Jews." *Patterns of Prejudice* 39, no.3(September 2005):285—300.

Adler, Jacques. *The Jews of Paris and the Final Solution: Communal Response and Internal Conflicts, 1940—1944*. New York: Oxford University Press, 1987.

Angier, Carole. *The Double Bond: Primo Levi—A Biography*. New York: Farrar, Straus & Giroux, 2002.

Anissimov, Myrian. *Primo Levi: Tragedy of an Optimist*. Translated by Steve Cox. Woodstock, NY: Overlook Press, 2000.

Anne Frank Stichting. *Anne Frank in the World*. Amsterdam: Anne Frank Stichting, 1985.

Bar-Zohar, Michael. *Beyond Hitler's Grasp: The Heroic Rescue of Bulgaria's Jews*. Avon, MA: Adams Media Corporation, 1998.

Bauer, Yehuda. *Jews for Sale: Nazi-Jewish Negotiations, 1933—1935*. New Haven: Yale University Press, 1994.

____. *Rethinking the Holocaust*. New Haven: Yale University Press, 2001.

Beker, Avi, ed. *The Plunder of Jewish Property During the Holocaust: Confronting European History*. New York: New York University Press, 2001.

Bierman, John. *Righteous Gentile: The Story of Raoul Wallenberg, Missing Hero of the Holocaust*. New York: Viking Press, 1981.

Bijlsma, Frans. *Raoul Wallenberg: 1912—1947?* Soersterberg, The Netherlands: Aspekt, 2005.

Bosworth, R. J. B. *Mussolini's Italy: Life Under the Fascist Dictatorship, 1915—1945*. New York: Penguin Books, 2006.

Boyens, Armin F.C. "The Ecumenical Community and the Holocaust." *The Annals of the American Academy of Political and Social Science*, no.450(July 1980):140—152.

Braham, Randolph L., ed. *The Destruction of Romanian and Ukrainian Jews During the Antonescu Era*. New York and Boulder: Social Science Monographs and Columbia University Press, 1997.

____. *The Politics of Genocide: The Holocaust in Hungary*. 2 vols. New York: Columbia University Press, 1994.

____. *Genocide and Retribution: The Holocaust in Hungarian-Ruled Northern Transylvania*. Boston: Kluwer-Nijhoff, 1983.

Braham, Randolph L., and Scott Miller, eds. *The Nazis' Last Victims: The Holocaust in Hungary*. Detroit: Wayne State University Press in association with the United States Holocaust Memorial Museum.

Breitman, Richard. "New Sources on the Holocaust in Italy." *Holocaust and Genocide Studies* 16, no.3(2003):401—414.

Bryant, Chad. *Prague in Black: Nazi Rule and Czech Nationalism*. Cambridge, MA: Harvard University Press, 2007.

Buckser, Andrew. *After the Rescue: Jewish Identity and Community in Contemporary Denmark*. New York: Palgrave Macmillan, 2003.

____. "Group Identities and the Construction of the 1943 Rescue of Danish Jews." *Ethnology* 37, no.3(1998):209—226.

BulajiN, Milan. *Tudjman's "Janesovac Myth": Genocide Against Serbs, Jews, and Gypsies*. Translated by Miroslava JankoviN and Ann PeåiN. Belgrade: Struèna knj, 1996.

____. *Ustashi Genocide in the Independent State of Croatia (NDH) from 1941—1945*. Translated by Vida Jankovic and Svetlana Raicevic. Belgrade: Ministry of Information of the Republic of Serbia, 1992.

Burleigh, Michael. *The Third Reich: A New History*. New York: Hill and

Wang, 2000.

Butnaru, I. C. *The Silent Holocaust: Romania and Its Jews*. New York: Greenwood Press, 1992.

Bútorová, Zora, and Martin Bútorá. *Attitudes Toward Jews and the Holocaust in Independent Slovakia*. New York: American Jewish Committee, 1995.

Campion, Joan. *In the Lion's Mouth: Gisi Fleischmann & the Jewish Fight for Survival*. Lanham, MD: University Press of America, 1987.

Caracciolo, Nicola. *Uncertain Refuge: Italy and the Jews During the Holocaust*. Translated and edited by Florette Rechnitz Koffler and Richard Koffler. Urbana: University of Illinois Press, 1995.

Carpi, Daniel. *Between Mussolini and Hitler: The Jews and the Italian Authorities in France and Tunisia*. Hanover, NH: Brandeis University Press and University Press of New England, 1994.

Cesarani, David. *Becoming Eichmann: Rethinking the Life, Crimes, and Trial of a "Desk Murderer."* Cambridge, MA: Da Capo Press, 2004.

Chary, Frederick B. *The Bulgarian Jews and the Final Solution, 1940—1944*. Pittsburgh: University of Pittsburgh Press, 1972.

Cobb, Richard. *French and Germans, Germans and French: A Personal Interpretation of France Under Two Occupations, 1914—1918/1940—1944*. Cambridge, MA: Brandeis University Press, 1983.

Cohen, Richard I. *The Burden of Conscience: French Jewish Leadership During the Holocaust*. Bloomington: Indiana University Press, 1987.

Constantinesco, Nicholas. *Romania in Harm's Way, 1939—1941*. Boulder and New York: East European Monographs and Columbia University Press, 2004.

Courtine-Denamy, Sylvie. *The House of Jacob*. Translated by William Sayers. Ithaca: Cornell University Press, 2003.

Crowe, David M. *A History of the Gypsies of Eastern Europe and Russia*. 2nd ed. Updated and rev. ed. New York: Palgrave Macmillan, 2007.

Crowe, David M., and John Kolsti, eds. *The Gypsies of Eastern Europe*. Armonk, NY: M.E.Sharpe, 1991.

Dallinn, Alexander. *Odessa, 1941—1944: A Case Study of Soviet Territo-*

ry Under Foreign Rule. Iaçi and Portland, OR: Center for Romanian Studies, 1998.

De Costa, Denise. *Anne Frank and Etty Hillesum: Inscribing Spirituality and Sexuality*. Translated by Mischa F. C. Hoyinck and Robert E. Chesal. New Brunswick, NJ: Rutgers University Press, 1998.

De Felice, Benzo. *The Jews in Fascist Italy: A History*. Translated by Robert L. Miller. New York: Enigma Books, 2001.

De Jong, Louis. *The Netherlands and Nazi Germany*. Cambridge, MA: Harvard University Press, 1990.

Dlugoborski, Waclaw, ed. *The Tragedy of the Jews of Slovakia, 1938—1945: Slovakia and the "Final Solution of the Jewish Question."* Oświęcim: Auschwitz-Birkenau State Museum, 2002.

Dobroszycki, Lucjan, and Jeffrey S. Gurock, eds. *The Holocaust in the Soviet Union: Studies and Sources on the Destruction of the Jews in the Nazi-Occupied Territories of the USSR*. Armonk, NY: M.E.Sharpe, 1993.

Fatram, Gila, and Naftali Greenwood. "The 'Working Group.'" *Holocaust and Genocide Studies* 8, no.2(1944):164—201.

Feinstein, Wiley. *The Civilization of the Holocaust in Italy: Poets, Artists, Saints, Anti-Semites*. Madison, WI: Fairleigh Dickinson University Press, 2003.

Final Report of the International Commission on the Holocaust in Romania, Bucharest, Romania, November 11, 2004. http://www.yad.vashem.org.il/about_yad/what_new/data_whats_new/report1/html 及 http://www.ushmm.org/research/center/presentation/details/2005-03-10/pdf/english/executive-summary.pdf。

Fings, Karola, Herbert Heuss, and Frank Sparing, eds. *From "Race Science" to the Camps*. Vol.1, *The Gypsies During the Second World War*. Translated by Donald Kenrick. Hatfield, UK: University of Hertfordshire Press, 1997.

Finkielkraut, Alain. *Remembering in Vain: The Klaus Barbie Trial and Crimes Against Humanity*. Translated by Roxanne Lapidus with Sima Godfrey. New York: Columbia University Press, 1992.

"Finland's Tarnished Holocaust Record: An Interview with Serah Beizer." Jerusalem Center for Public Affairs, March 1, 2007, 1—7. http://www.jcpa.org/JC-

PA/Templates/ShowPage.asp?DBID=1&LNG.

Fisher, Julius S. *Transnistria: The Forgotten Cemetery*. South Brunswick, NJ: T.Yoseloff, 1969.

Flender, Harold. *Rescue in Denmark*. New York: Waldon Press, 1963.

Freidenreich, Harriet Pass. *The Jews of Yugoslavia: A Quest for Community*. Philadelphia: Jewish Publication Society of America, 1979.

Friedländer, Saul. *The Years of Extermination: Nazi Germany and the Jews, 1939—1945*. New York: HarperCollins, 2007.

Fuchs, Abraham. *The Unheeded Cry: The Gripping Story of Rabbi Weissmandl, the Valiant Holocaus Leader Who Battled Both Allied Indifference and Nazi Hatred*. Brooklyn, NY: Mesorah, 1984.

Geller, Jay Howard. "The Role of Military Administration in German-Occupied Belgium, 1940—1944." *Journal of Military History* 63, no.1(January 1999): 99—125.

Gerlach, Christian, and Götz Aly. *Das letzte Kapitel: realpolitik, Ideologie und der Mord an der ungarischen Juden 1944—1945*. Stuttgart: Deutsches Verlags-Anstalt, 2002.

Gersten, Alan. *A Conspiracy of Indifference: The Raoul Wallenberg Story*. Philadelphia: Xlibris, 2001.

Gilbert, Martin. *Auschwitz and the Allies*. London: M. Joseph/Rainbird, 1981.

Gillette, Aaron. "The Origins of the 'Manifesto of Racial Scientists.'" *Journal of Modern Italian Studies* 6, no.3(2001):305—323.

Goldstein, Slavko. *Jews in Jasenovac*. Translated by Nikolina Jovanovi N.Jasenovac, Croatia: Jasenova Memorial Area, 2003.

Goslan, Richard J., ed. *Memory, the Holocaust, and French Justice: The Bousquet and Touvier Affairs*. Translations by Lucy B.Goslan and Richard J. Goslan. Hanover, MA: University Press of New England, 1996.

____. *The Papon Affair: Memory and Justice on Trial*. Translations by Lucy B.Goslan and Richard J.Goslan. New York: Routledge, 2000.

Gur, David. *Brothers for Resistance and Rescue: The Underground Zionist*

Youth Movement in Hungary During World War II. Edited by Eli Netzer. Translated by Pamela Segev and Avri Fischer. Jerusalem：Gefen，2004.

Hanebrink，Paul A. *In Defense of Christian Hungary*：*Religion*，*Nationalism*，*and Antisemitism*，*1890—1944*. Ithaca：Cornell University Press，2006.

Hay，Peter. *Ordinary Heroes*：*The Life and Death of Chana Szenes*，*Israel's National Heroine*. New York：Paragon House，1989.

Hewins，Ralph. *Count Folke Bernadotte*：*His Life and Work*. Minneapolis：T.S.Denison，1950.

Hilberg，Raul. *The Destruction of the European Jews*. 3 vols. New York：Holmes & Meier，1985.

____. *The Destruction of the European Jews*. 3rd ed. 3 vols. New Haven：Yale University Press，2003.

Homer，Frederic D.*Primo Levi and the Politics of Survival*. Columbia：University of Missouri Press，2001.

Hondius，Dienke. *Return*：*Holocaust Survivors and Dutch Anti-Semitism*. Translated by David Colmer. Westport，CT：Praeger，2003.

Hyman，Paula E. *The Jews of Modern France*. Berkeley：University of California Press，1998.

Institute for Political Studies of Defense and Military History. *The Holocaust and Romania*：*History and Contemporary Significance*. Tel Aviv：Goldstein Goren Diaspora Research Center，2003.

Ioanid，Radu. *The Holocaust in Romania*：*The Iasi Pogrom of June 1941*. Translated by Maria Vamos Soceanu. Cambridge：Cambridge University Press，1993.

____. *The Holocaust in Romania*：*The Destruction of Jews and Gypsies Under the Antonescu Regime*，*1940—1944*. Chicago：Ivan Dee，2000.

Jensen，Mette Basthold，and Steven L.B.Jensen，eds. *Denmark and the Holocaust*. Copenhagen：Institute for International Studies and Department for Holocaust and Genocide Studies，2003.

Kárnü，Miroslav，ed. *Terezinska pametni kniha*. 2 vols. Prague：Melantrich，1995.

Kayfetz, Victor, trans. *Raoul Wallenberg*. Stockholm: Swedish Institute, 1988.

Kenrick, Donald, ed. *The Final Chapter*. Vol.3 of *The Gypsies During the Second World War*. Hatfield, UK: University of Hertfordshire Press, 2006.

____, ed. *In the Shadow of the Swastika*. Vol.2 of *The Gypsies During the Second World War*. Hatfield, UK: University of Hertfordshire Press, 1999.

Kenrick, Donald, and Grattan Puxon. *The Destiny of Europe's Gypsies*. New York: Basic Books, 1972.

Kertzer, David I. *The Popes Against the Jews: The Vatican's Role in the Rise of Modern Anti-Semitism*. New York: Alfred A. Knopf, 2001.

Kitchens, James H. *The Bombing of Auschwitz Re-Examined*. Lexington, VA: Society of Military History by the George C. Marshall Foundation and the Virginia Military Institute, 1994.

KljakiN, Slobodan. *A Conspiracy of Silence: Genocide in the Independent State of Croatia and Concentration Camp Jasenovac*. Belgrade: Ministry of Information of the Republic of Serbia, 1991.

Korey, William. *The Last Word on Wallenberg? New Investigations, New Questions*. New York: American Jewish Committee, 2001.

KostiN, Lazo M. *The Holocaust in the "Independent State of Croatia": An Account based on German, Italian, and the Other Sources*. Chicago: L.M. Kostich Fund, 1981.

Kranzler, David. *The Man Who Stopped the Trains to Auschwitz: George Mantello, El Salvador, and Switzerland's Finest Hour*. Syracuse, NY: Syracuse University Press, 2000.

Kritzman, Lawrence D., ed. *Auschwitz and After: Race, Culture, and "the Jewish Question" in France*. New York: Routledge, 1995.

Larsen, Anita. *Raoul Wallenberg: Missing Diplomat*. New York: Crestwood House, 1992.

Larsen, Jan. *Raoul Wallenberg*. Translated by Victor Kayfetz, 1995. Uppsala, Sweden: Swedish Institute, 1995.

Last, Dick Van Galen, and Rolf Wolfswinkel. *Anne Frank and After: Dutch*

Holocaust Literature in Historical Perspective. Amsterdam: Amsterdam University Press, 1996.

Latour, Anny. *The Jewish Resistance in France (1940—1944)*. New York: Holocaust Library, 1981.

Lazare, Lucien. *Rescue as Resistance: How Jewish Organizations Fought the Holocaust in France*. New York: Columbia University Press, 1996.

"Le Chambon." Jewish Virtual Library. http://www.jewishvirtuallibrary.org/jsource/Holocaust/Chambon/html.

Lee, Carol Ann. *The Hidden Life of Otto Frank*. New York: HarperCollins, 2003.

Lester, Elenore. *Wallenberg: The Man in the Iron Web*. Englewood Cliffs, NJ: Prentice-Hall, 1982.

Linnéa, Sharon. *Raoul Wallenberg: The Man Who Stopped Death*. Philadelphia: Jewish Publication Society, 1993.

Mamatey, Victor S., and Radomír Luža, eds. *A History of the Czechoslovak Republic, 1918—1948*. Princeton: Princeton University Press, 1973.

Mandel, Maud S. *In the Aftermath of Genocide: Armenians and Jews in Twentieth-Century France*. Durham, NC: Duke University Press, 2003.

Manoschek, Walter. *"Serbien ist judenfrei": militärische Besatzungpolitik und Judenvernichtung in Serbian 1941/42*. Munich: R.Oldenbourg, 1993.

Marino, Andy. *A Quiet American: The Secret War of Varian Fry*. New York: St.Martin's Press, 1999. Marrus, Michael R., and Robert O.Paxton. *Vichy France and the Jews*. Stanford: Stanford University Press, 1995.

Marton, Kati. *Wallenberg*. New York: Random House, 1982.

Mason, Henry L. "Testing Human Bonds Within Nations: Jews in the Occupied Netherlands." *Political Science Quarterly*. 99, no.2(Summer 1984):315—343.

Matsas, Michael. *The Illusion of Safety: The Story of the Greek Jews During the Second World War*. New York: Pella, 1997.

McArthur, Debra. *Raoul Wallenberg: Rescuing Thousands from the Nazis' Grasp*. Berkeley Heights, NJ: Enslow, 2005.

Mendelsohn, John. *Relief in Hungary and the Failure of the Joel Brand*

Mission. New York: Garland, 1982.

Michlic, Joanna Beata. *Poland's Threatening Other: The Image of the Jews from 1880 to the Present*. Lincoln: University of Nebraska Press, 2006.

Milton, Sybil. "The Context of the Holocaust." *German Studies Review* 13, no.2(May 1990):269—283.

Moore, Bob. *Victims & Survivors: The Nazi Persecution of the Jews in the Netherlands, 1940—1945*. London: Arnold, 1997.

Moyn, Samuel. *A Holocaust Controversy: The Treblinka Affair in Postwar France*. Waltham, MA: Brandeis University Press, 2005.

Müller, Melissa. *Anne Frank: The Biography*. Translated by Rita Kimber and Robert Kimber. New York: Henry Holt, 1998.

Neufeld, Michael J., and Michael Berenbaum, eds. *The Bombing of Auschwitz: Should the Allies Have Attempted It?* Lawrence: University of Kansas Press in association with the United States Holocaust Memorial Museum, 2003.

"Newly Discovered File Documents Efforts of Anne Frank's Father to Escape from Nazi-Occupied Holland." YIVO Institute for Jewish Research, February 14, 2007. http://www.yivoinstitute.org/events/index.php.

Ozick, Cynthia. "Who Owns Anne Frank?" *New Yorker* (October 6, 1997): 76—87.

Palmklint, Ingrid, and Daniel Larsson, eds. *Raoul Wallenberg: Report of the Swedish-Russian Group*. Stockholm: Ministry for Foreign Affairs, Department for Central and Eastern Europe, 2000.

Petrow, Richard. *The Bitter Years: The Invasion and Occupation of Denmark and Norway: April 1940—May 1945*. New York: William Morrow, 1974.

Poznanski, Renée. *Jews in France During World War II*. Translated by Nathan Bracher. Hanover, NH: Brandeis University Press in Association with the United States Holocaust Memorial Museum 2001.

Presser, J. *Ashes in the Wind: The Destruction of Dutch Jewry*. Translated by Arnold Pomerans. Detroit:Wayne State University Press, 1988.

Ranki, Vera. *The Politics of Inclusion and Exclusion: Jews and Nationalism in Hungary*. New York: Holmes & Meier, 1999. Rautkallio, Hannu. *Finland and the Holocaust*: *The Rescue of Finland's Jews*. Washington, DC: United States Holocaust Memorial Museum, 1988.

Rayski, Adam. *The Choice of the Jews Under Vichy*: *Between Submission and Resistance*. Translated by François Bédarida. Notre Dame, IN: University of Notre Dame Press, 2005.

"Reactions to the Trap." Joods Museum van Deportatatie en Verzet-Judaico. http:www.cicb.be/eng/shoah/jewishlifebefore.html.

"The Righteous Among the Nations: France." http://www.yadvashem.org/righteous/bycountry/france/andre_trocme.

Rittner, Carol, ed. *Anne Frank in the World*: *Essays and Reflections*. Armonk, NY: M.E.Sharpe, 1998.

Robbins, Christopher. *Test of Courage*: *The Michel Thomas Story*. New York: Free Press, 2000.

Rosenfeld, Harvey. *Raoul Wallenberg*: *Angel of Rescue*: *Heroism and Torment in the Gulag*. Buffalo, NY: Prometheus Books, 1982.

Rothkirchen, Livia. "The Slovak Enigma: A Reassessment of the Halt to the Deportations." *East Central Europe* 10, nos.1—2(1983):3—13.

____. *The Jews of Bohemia and Moravia*: *Facing the Holocaust*. Lincoln: University of Nebraska Press, 2005.

Rozen, Marcu. *The Holocaust under the Antonescu Government*: *Historical and Statistical Data About Jews in Romania*, *1940—1944*. Bucharest A.R.J.V.H., 2004.

Schwab, Gerald. *The Day the Holocaust Began*: *The Odyssey of Herschel Grynszpan*. New York: Praeger, 1990.

Shachan, Avigdor. *Burning Ice*: *The Ghettos of Transnistria*. Translated by Shmuel Himelstein. Boulder and New York: East European Monographs and Columbia University Press, 1996.

Shelach, Menachem. "Sajmiåte: An Extermination Camp in Serbia." *Holocaust and Genocide Studies* 2, no.2(1987):243—260.

Skoglund, Elizabeth R. *A Quiet Courage*: *Per Anger*, *Wallenberg's Co-Liberator of Hungarian Jews*.

Grand Rapids, MI: Baker Books, 1997.

Smith, Danny. *Lost Hero: Raoul Wallenberg's Dramatic Quest to Save the Jews of Hungary*. London: HarperCollins, 2001.

Steinberg, Jonathan. *All or Nothing: The Axis and the Holocaust, 1941—1943*. London: Routledge, 1990.

Stille, Alexander. *Benevolence and Betrayal: Five Italian Jewish Families Under Fascism*. New York: Summit Books, 1991.

Stræde, Therkel. *October 1943: The Rescue of the Danish Jews from Annihilation*. Copenhagen: Royal Danish Ministry of Foreign Affairs, 1993.

Streissguth, Thomas. *Raoul Wallenberg: Swedish Diplomat and Humanitarian*. New York: The Rosen Publishing Group, 2001.

Slvob, Melita. *Jews in Croatia: Holocaust Victims and Survivors*. Zagreb: Jewish Community Zagreb, Research and Documentation Center of the Holocaust Victims and Survivors in Croatia, 2000.

Szabolics, Szita. *Trading Lives: Operations of the Jewish Relief and Rescue Committee in Budapest, 1944—1945*. Budapest: Central European University, 2005.

Szita, Szabolcs. *Trading in Lives? Operations of the Jewish Relief and Rescue Committee in Budapest, 1944—1945*. Translated by Sean Lambert. Budapest: Central European University Press, 2005.

Thomas, John Oram. *The Giant-Killers: The Story of the Danish Resistance Movement, 1940—1945*. London: Michael Joseph, Ltd. 1975.

Tomasevich, Jozo. *War and Revolution in Yugoslavia, 1941—1945: Occupation and Collaboration*. Stanford: Stanford University Press, 2001.

____. *War and Revolution in Yugoslavia, 1941—1945: The Chetniks*. Stanford: Stanford University Press, 1975.

Touw, H.C. "The Resistance of the Netherlands Churches." *ANNALS of the American Academy of Political and Social Science* 245(May 1946):149—161.

Tschuy, Theo. *Dangerous Diplomacy: The Story of Carl Lutz, Rescuer of 62,000 Hungarian Jews*. Grand Rapids, MI:William B.Eerdmans, 2000.

United States Holocaust Memorial Museum. *Hungary and the Holocaust*:

Confrontation with the Past. Washington, DC: Center for Advanced Holocaust Studies, 2001.

____. *Roma and Sinti: Under-Studied Victims of Nazism*. Washington, DC: Center for Advanced Holocaust Studies, 2002.

Vickers, Miranda. *The Albanians: A Modern History*. London: I.B.Taurus, 1997.

Vinen, Richard. *The Unfree French: Life Under the Occupation*. New Haven: Yale University Press, 2006.

Webster, Paul. *Pétain's Crime: The Full Story of French Collaboration in the Holocaust*. Chicago: Ivan R.Dee, 1991.

Weisberg, Richard H.*Vichy Law and the Holocaust in France*. New York: New York University Press, 1996.

Werbell, Frederick E. and Thurston Clarke. *Lost Hero: The Mystery of Raoul Wallenberg*. New York: McGraw-Hill, 1982.

Werner, Emmy E.*A Conspiracy of Decency: The Rescue of the Danish Jews during World War II*. Boulder: Westview Press, 2002.

Wolf, Diane L. *Beyond Anne Frank: Hidden Children and Postwar Families in Holland*. Berkeley: University of California Press, 2007.

Wolf, Joan B. *Harnessing the Holocaust: The Politics of Memory in France*. Stanford: Stanford University Press, 2004.

Wyman, David S. *The Abandonment of the Jews: America and the Holocaust, 1941—1945*. New York: Pantheon Books, 1984.

Yahil, Leni. *The Rescue of Danish Jewry: Test of a Democracy*. Philadelphia: The Jewish Publication Society of America, 1969.

Zasloff, Tela. *A Rescuer's Story: Pastor Pierre-Charles Toureille in Vichy France*. Madison: The University of Wisconsin Press, 2003.

Zuccotti, Susan. *The Holocaust, the French, and the Jews*. Lincoln: University of Nebraska Press, 1999.

____. *The Italians and the Holocaust: Persecution, Rescue, and Survival*. Lincoln: University of Nebraska Press, 1988.

注释：

[1] "Decree for the Establishment of the Association of the Jews in Belgium" (November 25, 1941), 102. http: www.jewishvirtuallibrary.org/jsource/Holocaust/decreeesjb.html.

[2] "Reactions to the Trap," Joods Museum van Deportatie en Verzet-Judaico, http: www.cicb.be/eng/shoah/jewishlifebefore.html.

[3] Cecil von Renthe-Fink to German Foreign Ministry, Berlin, January 7, 1942, 1—3, http://www.jewishvirtual libary.org/jsource/Holocaust/Denmarkdis.html.

[4] Ibid., 2.

[5] Emmy E. Werner, *A Conspiracy of Decency: The Rescue of the Danish Jews During World War II* (Boulder: Westview Press, 2002), 83.

[6] Raul Hilberg, *The Destruction of the European Jews* (New York: Holmes & Meier, 1985), 2:566.

[7] Michael R. Marrus and Robert O. Paxton, *Vichy France and the Jews* (Stanford: Stanford University Press, 1995), 36.

[8] Ibid., 39.

[9] Ibid., 88.

[10] Richard Cobb, *French and Germans, Germans and French: A Personal Interpretation of France Under Two Occupations, 1914—1918/1940—1944* (Cambridge, MA: Brandeis University Press, 1983), 60.

[11] "Le Chambon," Jewish Virtual Library, http://www.jewishvirtuallibrary.org/jsource/Holocaust/Chambon/html; "The Righteous Among the Nations: France," http://www.yadvashem.org/righteous/bycountry/france/andre_trocme.

[12] Tela Zasloff, *A Rescuer's Story: Pastor Pierre-Charles Toureille in Vichy France* (Madison: University of Wisconsin Press, 2003), 165.

[13] Henry Friedlander and Sybil Milton, eds., *Archives of the Holocaust*, vol.2, pt. 2 (New York: Garland, 1990), 197—198.

[14] David Cesarani, *Becoming Eichmann: Rethinking the Life, Crimes, and Trial of a "Desk Murderer"* (New York: Da Capo Press, 2004), 128.

[15] H.C.Touw, "The Resistance of the Netherlands Churches," *ANNALS of the American Academy of Political and Social Science* 245(May 1946):159.

[16] Anne Frank, *The Diary of a Young Girl* (New York: Simon & Schuster, 1952), 233.

[17] "Otto Frank to Nathan Straus," April 30, 1941, YIVO Institute for Jewish Research, http://www. npr. org/templates/story. php? storyId = 7400998 # 7401663. "Julius Hollander to Nathan Straus," June 3, 1941, YIVO Institute for Jewish Research, http://www. npr. org/templates/story. php? storyId = 7400998 # 7401663; "Newly Discovered File Documents Efforts of Anne Frank's Father to Escape from Nazi-Occupied Holland," YIVO Institute for Jewish Research, February 14, 2007, http://www.yivoinstitute.org/events/index.php.

[18] Frank, *Diary*, 233.

[19] Samuel Abrahamsen, *Norway's Response to the Holocaust* (New York: Holocaust Library, 1991), 141—142.

[20] Tzvetan Todorov, *The Fragility of Goodness: Why Bulgaria's Jews Survived the Holocaust: A Collection of Texts with Commentary by Tzvetan Todorov*, trans. Arthur Denner(Princeton: Princeton University Press, 2001), 56.

[21] Michael Bar-Zohar, *Beyond Hitler's Grasp: The Heroic Rescue of Bulgaria's Jews* (Avon, MA: Adams Media Corporation, 1998), 34—35.

[22] "The Dannecker-Belev Agreement," in Frederick B.Chary, *The Bulgarian Jews and the Final Solution, 1940—1944* (Pittsburgh: The University of Pittsburgh Press, 1972), 208.

[23] Gideon Hausner, *Justice in Jerusalem* (New York: Holocaust Library, 1968), 124.

[24] Bar-Zohar, *Beyond Hitler's Grasp*, 92.

[25] Ibid., 150.

[26] Ibid., 173.

[27] Ibid., 174—175.

[28] David M.Crowe, *A History of the Gypsies of Eastern Europe and Russia* (New York: Palgrave Macmillan, 2007), 19.

[29] Hannu Rautkallio, *Finland and the Holocaust: The Rescue of Finland's*

Jews(New York: Holocaust Library, 1987), 168.

[30] "Finland's Tarnished Holocaust Record: An Interview with Serah Beizer," Jerusalem Center for Public Affairs, March 1, 2007, 1—7, http://www.jcpa.org/JCPA/Templates/ShowPage.asp?DBID=1&LNG.

[31] Randolph L.Braham, *The Politics of Genocide: The Holocaust in Hungary*(New York: Columbia University Press, 1994), 1:54.

[32] Ibid., 127.

[33] Ibid., 158.

[34] 1939年春天德国征服捷克斯洛伐克剩余领土之后,匈牙利亦获得斯洛伐克东部(即鲁塞尼亚)。

[35] Braham, *Politics of Genocide*, 1:179.

[36] Cesarani, *Becoming Eichmann*, 160.

[37] Ibid., 162.

[38] Alex Weissberg, *Desperate Mission: Joel Brand's Story*, trans. Constantine FitzGibbon and Andrew Foster-Melliar (New York: Criterion Books, 1958), 104;布兰关于其与艾希曼的会谈的证词,也可在以下文献找到:State of Israel Ministry of Justice, *The Trial of Adolf = Eichmann: Record of Proceedings in the District Court of Jerusalem*, vol.3(Jerusalem: Israel State Archives and Yad Vashem, 1993), 1020—1024, 1034—1036, 1062—1064。

[39] Miroslav Kárný, "Genocida Českých Židů(The Genocide of the Czech Jews)," in Miroslav Kárnü, ed., *Terezinska pametni kniha*(Prague: Melantrich, 1995), 1:45—46.

[40] Yehuda Bauer, *Jews for Sale: Nazi-Jewish Negotiations, 1933—1935* (New Haven: Yale University Press, 1994), 192.

[41] John Bierman, *Righteous Gentile: The Story of Raoul Wallenberg, Missing Hero of the Holocaust*(New York: Viking Press, 1981), 91.

[42] Crowe, *History of the Gypsies*, 90.

[43] Katalin Katz, "The Roma of Hungary in the Second World War," in *The Final Chapter*, vol.3, *The Gypsies During the Second World War*, ed. Donald Kenrick(Hatfield, UK: University of Hertfordshire Press, 2006), 70—71.

[44] Ibid., 83.

[45] Susan Zuccotti, *The Italians and the Holocaust: Persecution, Rescue, and Survival* (Lincoln: University of Nebraska Press, 1988), 25.

[46] R.J.B.Bosworth, *Mussolini's Italy: Life and the Fascist Dictatorship, 1915—1945* (New York: Penguin Books, 2006), 243.

[47] Emil Ludwig, *Talks with Mussolini*, trans. Eden and Cedar Paul (Boston: Little, Brown, 1933), 69—71.

[48] Bosworth, *Mussolini's Italy*, 421.

[49] Aaron Gillette, "The Origins of the 'Manifesto of Racial Scientists,'" *Journal of Modern Italian Studies* 6, no.3(2001):318—319.

[50] Ibid., 318—319.

[51] Ibid., 305, 314—315.

[52] Zuccotti, *Italians and the Holocaust*, 109.

[53] State of Israel, Ministry of Justice, *The Trial of Adolf Eichmann: Record of the Proceedings in the District Court of Jerusalem*, vol.5(Jerusalem: Israel State Archives and Yad Vashem, 1994), *1965—1968*; Zuccotti, *Italians and the Holocaust*, 111.

[54] Gerta Vrbová, *Trust and Deceit: A Tale of Survival in Slovakia and Hungary, 1939—1945* (London: Vallentine Mitchell, 2006), 21.

[55] "Defining the Legal Position of the Jews in Slovakia," September 11, 1941, http://www.jewishvirtuallibrary.org/source/Holocaust/definingjewbud.html.

[56] Jörg Hoensch, "The Slovak Republic, 1939—1945," in *A History of the Czechoslovak Republic, 1918—1948*, ed. Victory S.Mamatey and Radomír Luža (Princeton: Princeton University Press, 1973), 291.

[57] Aliza Barak-Ressler, *Cry Little Girl: A Tale of the Survival of a Family in Slovakia* (Jerusalem: Yad Vashem, 2003), 60.

[58] Livia Rothkirchen, "The Slovak Enigma: A Reassessment of the Halt to the Deportations," *East Central Europe* 10, nos.1—2(1983):3—13; Hoensch, "Slovak Republic," 291.

[59] Crowe, *History of the Gypsies*, 51—52.

[60] Milena Hübschmannová, "Roma in the So-Called Slovak State (1939—1945)," in Kenrick, *Final Chapter*, 25.

[61] Ibid., 37.

[62] *Final Report of the International Commission on the Holocaust in Romania* (November 11, 2004, Bucharest, Romania), chap.8, "Roma," 3. http://www.yad.vashem.org.il/about_yad/what_new/data_whats_new/report/html.

[63] Radu Ioanid, *The Holocaust in Romania: The Destruction of Jews and Gypsies Under the Antonescu Regime, 1940—1944* (Chicago: Ivan R.Dee, 2000), 19.

[64] Ibid., 53.

[65] Emil Dorian, *The Quality of Witness: A Romanian Diary, 1937—1944*, ed. Marguerite Doran, trans. Mara Soceanu Vamos(Philadelphia: The Jewish Publication Society of America, 1982), 139.

[66] *Final Report of the International Commission on the Holocaust in Romania*, "Executive Summary,"1.

[67] Ioanid, *Holocaust in Romania*, 227.

[68] Crowe, *History of the Gypsies*, 133.

[69] Donald Kenrick and Grattan Puxon, *The Destiny of Europe's Gypsies* (New York: Basic Books, 1972), 129.

[70] Ibid., 130.

[71] Crowe, *History of the Gypsies*, 134.

[72] Ibid., 134.

[73] *Final Report of the International Commission on the Holocaust in Romania*, chap. 8, "Roma," 13—14.

[74] Ibid., 17.

[75] Ibid., 18.

[76] Jozo Tomasevich, *War and Revolution in Yugoslavia, 1941—1945: Occupation and Collaboration* (Stanford: Stanford University Press, 2001), 380.

[77] Ibid., 383—384.

[78] Ibid., 593.

[79] Lisa M. Adeli, "From Jasenova to Yugoslavism: Ethnic Persecution in Croatia during World War II"(PhD diss., University of Arizona, 2004), 40—41.

[80] Božo Švarc, "The Testimony of a Survivor of Jadovno and Jasenovac," in *Jasenovac and the Holocaust in Yugoslavia: Analysis and Survivor Testimonies*,

ed. Barry M.Lituchy(New York: Jasenovac Research Institute, 2006), 141.

[81] Sadik Darron,"Recollections of Jasenovac," in Lituchy, *Jasenovac and the Holocaust in Yugoslavia*, 178.

[82] Ibid., 180.

[83] Dennis Reinhartz, "Damnation of the Outsider: The Gypsies of Croatia and Serbia in the Balkan Holocaust, 1941—1945," in *The Gypsies of Eastern Europe*, ed. David Crowe and John Kolsti(Armonk, NY: M.E.Sharpe, 1991), 89.

[84] Kenrick, *Final Chapter*, 90.

第九章 339

大屠杀与欧洲中立国扮演的角色

历史与当今

大事年表

1922—1939 年：教皇庇护十一世在位时期

1929 年（2 月 11 日）：梵蒂冈与意大利签订《拉特兰协定》

1933 年（7 月 20 日）：梵蒂冈与德国签订《政教协定》

1936—1939 年：西班牙内战

1937 年：庇护十一世发布《深表不安通谕》

1938 年：德国政府开始在所有德国犹太人的护照上加盖“J”（“犹太人”德文拼写的首字母）字样

1939—1958 年：教皇庇护十二世在位时期

1939 年（10 月 19 日）：土耳其与英国、法国签订互助条约

1939 年（10 月 19 日）：瑞士政府下令将所有非法难民驱逐出境

1941 年（6 月 18 日）：土耳其与德国签订友好条约

1942 年：旨在援助犹太人的“扎高塔”组织在华沙创立

1942 年（8 月 4 日）：瑞士警方责令所有非法难民——主要为犹太难民——离开瑞士国土

1942 年（11 月 25 日）：波兰政府公布杨·卡思基（Jan Karksi）关于“最终解决”的报告

1942 年（12 月 3 日）：瑞典政府宣布将接收全体丹麦犹太人

1943 年：同盟国向中立国和德国胁从国发布“黄金警告”

1943 年（3 月 31 日）：犹太人从中立国和纳粹盟国遣返回国的最后截止日期

1944 年：同盟国宣布“安全港计划”，对瑞士的经济活动进行监控

1945 年(3 月 9 日至 4 月 15 日):“白色巴士”行动，拯救了 5000 至 1.1 万名犹太人和其他族群成员的生命

1946 年(5 月 25 日):同盟国与瑞士政府达成《华盛顿协议》

1962—1965 年:在罗马召开“第二次梵蒂冈大公会议”

1963 年:罗尔夫·霍赫胡特(Rolf Hochhuth)的剧作《代理人》在柏林上演

1979 年:教皇约翰·保罗二世(Pope John Paul II)访问奥斯维辛

1986 年:教皇约翰·保罗二世访问罗马的犹太教会堂

1993 年:梵蒂冈与以色列建立外交关系

1994 年:“世界犹太人大会”对瑞士各家银行启动犹太人失踪资产调查

340 1996 年:美国国会调查瑞士的黄金问题

1996 年:瑞士议会任命“国际专家委员会”调查本国在第二次世界大战中扮演的角色问题;2002 年发表详尽报告

1997 年(1 月):克里斯托夫·迈利(Christoph Meili)在苏黎世发现一批即将被销毁的“大屠杀”时代的档案

1997 年(1 月):瑞士政府和银行为“大屠杀”受害者开设特别基金

1998 年:梵蒂冈发布《我们铭记:关于大屠杀的思考》

1998 年(8 月 18 日):瑞士银行与“世界犹太人大会”宣布一次性出资 12.5 亿美元作为“大屠杀”赔偿结算基金

1999 年:梵蒂冈发布《铭记与和解》

2000 年:约翰·保罗二世访问以色列大屠杀纪念馆

2002 年:布鲁克林联邦法院任命“特别专家组”制定了一个 12.5 亿美元瑞士基金的分配方案

2002 年:梵蒂冈发布《基督教圣经中的犹太民族及其神圣经典》

2005 年:本笃十六世(Benedict XVI)当选教皇

欧洲中立国

在 20 世纪的人类战争史中，“中立”似乎是一种彻头彻尾的受交战国双方支配的地位。在那个世纪的两次世界大战中，欧洲的中立国通常不惜牺牲本国的领土完整与民族尊严，只为维持一种非参战的状态。在第二次世界大战中，情况正是如此。

第二次世界大战中，几乎所有的欧洲中立国——葡萄牙、西班牙、瑞士、瑞典和土耳其——都在不同程度上支持德国的战争诉求:有的国家向纳粹直接提供关键性

原料，有的国家则充当德国黄金和其他流动资产的导流渠道，而这些财富中的大多数，都是从“大屠杀”受害者身上残酷剥夺而来的。还有一个学术界激烈争论的问题是，“大屠杀”期间，作为欧洲最重要的精神与道德势力，持中立立场的梵蒂冈，是否尽了最大的努力、采取了一切可行的行动，来拯救犹太人、罗姆人和其他遭到迫害的族群。另一方面，欧洲的各个中立国在援助“大屠杀”受难犹太人方面，发挥的作用差异巨大。正因以上不同意见的存在，欧洲的中立国在“大屠杀”暴行中扮演的角色问题，自始至终都是争议与辩论的焦点之一。

葡萄牙

葡萄牙战前的国内犹太人口不超过 1 000 人。“大屠杀”期间葡萄牙最大的过失，就是充当德国人的洗钱导流渠道。要知道，纳粹资产中的相当大一部分，都是从“大屠杀”受害者那里偷盗而来的。此外，葡萄牙还是德国战争所需的钨金属的主要供应国，当然它也向同盟国出售钨金属。与此同时，葡萄牙作为“大屠杀”援助行动重要中心的地位，也不容小觑。与当时欧洲的很多国家一样，葡萄牙也为一个法西斯式的独裁者所统治，他就是安东尼奥·德·奥利维拉·萨拉查（António de Oliveira Salazar，1889—1970）。此人于 1932 年攫取权力，并统治直至 1968 年。

根据格哈德·魏因贝格（Gerhard Weinberg）的说法，葡萄牙人自认为一直处于极易遭受德国攻击的危险境地，因此在整个战争期间，一直不敢采取贸然行动，唯恐引发对方的入侵。[1]尽管如此，在其历史渊源深厚的亲密盟友——巴西——的敦促下，葡萄牙政府还是允许英国军队在打击德军潜艇的行动中，使用本国位于亚速尔群岛的空军基地。诸如“美国犹太人联合分配委员会”和“战时难民委员会”等组织，意识到葡萄牙逐渐偏向支持盟军的立场，就开始试图将这个国家变成其欧洲救援行动的基地之一。特别是葡萄牙的地理位置，使得其成为离开欧洲的一个重要转运点。犹太人倘若想逃到拉丁美洲，就首先得获得前往葡萄牙的签证，只有如此，他们
才有资格申请通过西班牙的过境签证。葡萄牙有一个地方组织，名叫“葡萄牙犹太 341
难民援助委员会”，二战爆发伊始，它就在奥古斯托·德萨盖伊博士（Dr. Augusto d'Esaguy）的带领下，开始了与“美国犹太人联合分配委员会”的合作。根据耶胡达·鲍尔（Yehuda Bauer）的说法，从 1940 年夏天至 1942 年初，“葡萄牙犹太难民援助委员会”被迫解散之时，约有 4 万犹太人经由西班牙进入葡萄牙。而在这个组织关闭之后，“美国犹太人联合分配委员会”转而与里斯本的“犹太事务代办处”合作，救援葡萄牙境内的犹太难民。[2]而到 1944 年春季，当海因里希·希姆莱和阿道夫·艾希

曼厌倦了与乔尔·布兰和"布达佩斯救济与救援委员会"的政治"猜谜游戏",德国人终于建议,双方在里斯本会面,讨论这桩"血肉"买卖。

在是否接收犹太难民这个问题上,葡萄牙在大多数情况下还是表现出了足够的同情心。不过,在阿里斯蒂德斯·德·索萨·门德斯(Aristides de Sousa Mendes,1885—1954)的英勇行动面前,其他人的经历就都黯然失色了。索萨·门德斯是"马拉诺"①后裔,他的父亲为葡萄牙最高法院的一名法官,他本人则在葡萄牙派驻法国波尔多的领事馆担任总领事一职。1940 年春德军入侵法国后,索萨·门德斯的领事馆立即充斥了各类难民,他们都试图获得签证,以逃离即将开始的纳粹迫害行动。亚伯拉罕·米尔格拉姆(Avraham Milgram)在著作中写道,当时葡萄牙对犹太难民的政策相当简单:他们将获得 30 天的旅游签证,但不得在葡萄牙境内长期停留。[3]然而,犹太族群也同时出现在不受欢迎外国人的名单上,他们将可能遭遇拒绝入境。虽然官方规定如上,但数千犹太人还是在索萨·门德斯等个人以及"美国犹太人联合分配委员会"和"葡萄牙犹太难民援助委员会"等组织的帮助下,得以踏上葡萄牙的国土。

索萨·门德斯是在与一位名叫哈伊姆·克鲁格(Haim Kruger)的比利时拉比商谈时,作出帮助波尔多难民的决定的。后者当时正试图为自己和家人申请签证。与此同时,他还恳求索萨·门德斯也帮帮正聚集在领事馆大门外的大量犹太难民。这些人个个惊恐万状,悲惨的情景终于打动了索萨·门德斯,从而同意为所有申请者签发签证。面对其下属的质疑,他解释道:

> 我国政府已明确拒绝了所有难民的签证申请。但是,我不能眼睁睁地看着这些人死去。他们中的很多人的确是犹太人,然而我国宪法规定,不能因某个外国人的宗教信仰或政治立场,而拒绝接纳其进入葡萄牙避难。我决定遵循以上原则。我打算向所有申请者签发签证——无论他们有没有能力偿付签证费。我相信德·索萨·门德斯夫人也将支持我的决定。即使我因此被解职,我也无愧于基督徒的身份,无愧于我的良心。[4]

索萨·门德斯的豪言壮语立刻在波尔多的难民圈子中流传开来,数不清的签证申请表如雪片一般飞来。他只得开放领事馆和自己家的房子,以容纳挤得水泄不通的申请者。他的侄子——小塞萨尔·门德斯(Cesar Mendes Jr.)描述了当时领事馆内的情景:

---

① 指西班牙、葡萄牙改信罗马天主教的犹太人。——译者注

> 从1940年5月10日至这座城市被占领之日,餐厅、画室和领事办公室都允许难民任意使用,男男女女、老老少少充满了屋子,而且大多数是老人和病人。他们来来去去,有的怀孕妇女感到身体不适,有的人看起来那么无助、完全无力保护自己,有的亲友被德军飞机上的机关枪打死在公路上。他们睡在椅子上、地板上、地毯上,他们已彻底失去了对自己生活的掌控权。连领事办公室里也挤满了难民,他们已在大街上、楼梯上等待了很多个日日夜夜,当他们终于来到办公室时,早已筋疲力尽。他们早已不顾身体的需要,不吃不喝,唯恐失去在队
> 伍中的位置。一旦此类事情发生,必然引发一场争端。难民们个个看起来都糟 342
> 透了,很多天没洗澡、没刮胡子。他们中的大多数已一无所有,只剩下身上的一套衣服。这里经常发生骚乱,以至于我们必须求助(法国)军队,前来维持秩序。每个房间和每个办公室内都配备了一名士兵……前门的人行道上和通往领事馆的大楼梯上,也都挤了几百名难民,他们已在那待了几天几夜,都焦急地等待着轮到自己的那一时刻……领事馆内的工作人员整个白天和半个晚上连轴转。我叔叔因为劳累过度而生病了,下不了床。他权衡利弊得失之后,决定将领事馆的全部设施向所有难民开放,而不以其国籍、种族或宗教信仰而作出区分。他已决心承担一切可能的后果。在某种"神圣力量"(这是他自己的话)的支撑下,他从病床上走下来,下令向所有申请者免费发放签证。[5]

葡萄牙外交部对索萨·门德斯的行为大为震怒,并命令他立即返回里斯本。其实这一年早些时候,当他试图向两个犹太难民家庭颁发签证时,外交部就已警告过他。相关人士告诉索萨·门德斯,如果他再次违背外交部的命令,就将面临严重的纪律处分。也就是说,在作出向大批犹太难民发放签证的决定之前,索萨·门德斯就已清楚地意识到,此类行为极有可能终结自己的职业生涯。为了确保索萨·门德斯迅速回国,外交部派遣了两名"密使",将他挟持至葡萄牙。半路在巴约讷稍作停留时,索萨·门德斯询问下属、巴约讷副领事,面对犹太人难民问题,他做出了怎样的应对。那个人回答道,自己只是一切遵照政府的命令行事,并无独立作为。索萨·门德斯则提醒后者,自己仍是他的上级,并也开始向巴约讷领事馆办公室外群集的难民发放签证。在当天的剩余时间里,索萨·门德斯一直持续不断地签发签证,所有难民签证上都标记着以下文字:"葡萄牙政府恳请西班牙政府友好配合,允许此签证持有者自由通过西班牙国境。此人为来自欧洲冲突的难民,正处于赴葡萄牙的途中。"[6]

第二天,索萨·门德斯和他的同事抵达西班牙城镇比亚里茨。在那里他发现,

西班牙边境警察正依照葡萄牙政府的外交请求行事，阻挡波尔多领事馆的签证持有者通过边境，不允许他们进入西班牙境内。接下来的故事说法就不同了，总之，索萨·门德斯最终还是成功说服西班牙边境警察，犹太难民拿着来自波尔多的签证，得以通过西班牙的边检站。

索萨·门德斯回到里斯本后，葡萄牙外交部不但解除了他的职务，甚至还剥夺了他应得的所有政府津贴。后来他虽然竭力向萨拉查政府申诉，却没得到任何回应。这个男人失去了工作、失去了前程，却有妻子和 13 个孩子需要赡养。为了生存，他不得不变卖了所有家产。总部设在美国的“希伯来人收容与移民援助协会”向他提供了些许支持，并帮他的两个孩子移民至美国。他的妻子死于 1945 年，6 年后，阿里斯蒂德斯·德·索萨·门德斯在“被遗忘、心碎、赤贫”的状态中去世。[7] 1966 年，以色列大屠杀纪念馆宣布授予他“民族义人”称号。22 年之后，葡萄牙政府恢复他的名誉与声望。1996 年，外交部重新给予他领事资历，这一年晚些时候，政府决定对他的家庭“作出赔偿”。[8] 战争结束之后，在一次与克鲁格拉比的谈话中——正是此人激励他作出上述英勇举动的，索萨·门德斯说道：“如果就因为那一个基督徒（指希特勒），而导致成千上万犹太人受难，那么，当然也可以以一个基督徒受难为代价，换取成千上万犹太人的福祉。对于我曾经做的一切，我毫不后悔，所以我也完全能够接受爱我的上帝，降临到我身上的一切遭遇。”在另一个场合，索萨·门德斯还曾说：“我的愿望，是与上帝一起对抗恶人，而不是与恶人一起对抗上帝。”[9]

西班牙

343 中世纪的西班牙，是欧洲最具活力的犹太人社团聚集区。然而，14、15 世纪之后，形势急转直下：日益凶猛的反犹主义暴力浪潮，迫使很多犹太人为了求生，只得要么皈依基督教，要么逃离西班牙。根据一些学者的研究，截至 15 世纪末，西班牙的犹太人“皈依者”（conversos）已达 30 万之多。1492 年，斐迪南和伊莎贝拉责令所有未皈依基督教的犹太人自行离开西班牙。若想留下，则必须改信罗马天主教。这样，西班牙国土上剩下的犹太人，就组成了一个“皈依者”社团。那些改信罗马天主教的犹太人，通常被嘲弄性地称作“马拉诺”。当然，仍有很多犹太人宁愿付出生命的代价，也要保持对民族信仰的真诚。不过，对仍留在西班牙国土上的犹太人来说，他们中的绝大多数恐怕既不拥护罗马天主教教义，也无法在欧洲和奥斯曼帝国之内日益膨胀的西班牙裔犹太人社团中找到安稳的庇护所。

斐迪南和伊莎贝拉在 1492 年向犹太族群下达驱逐令，而这一驱逐令直到 1968

年才在官方层面正式取消。西班牙1868年宪法，在一定程度上对宗教信仰多元化予以保护，于是到19世纪末左右，大量犹太人开始重返故土，不过政府仍不允许他们形成固定的社团组织。截至20世纪30年代早期，西班牙的土地上生活着约2 000名犹太人，他们中的大多数是1912年至1913年一系列巴尔干战争的难民。[10]到19世纪末，那个曾经显赫一时的西班牙帝国，已丧失了大部分海外领土。在第一次世界大战中，西班牙扮演的是中立者的角色。到阿方索十三世(Alfonso XIII，1886—1931年在位)统治期间，虽然政治仍不稳定，但西班牙还是享受了一段繁荣的复兴期。1923年，米格尔·普里莫·德·里维拉(Miguel Primo de Rivera，1870—1930)上将推翻了议会制政府，开创了自己掌控下的军事独裁政体。在接下来的7年中，里维拉将西班牙逐渐转变成了一个意大利法西斯式的国家。1924年，政府颁布法令，给予海外西班牙裔犹太人诉求西班牙公民权的权力，并允许他们返回西班牙定居。海外西班牙裔犹太人遭遇的困境，成为“大屠杀”期间西班牙政府关注的一个重要问题。

1930年，里维拉下台，接替者为达马索·贝伦格尔将军(General Damaso Berenguer，1873—1953)。一年后，贝伦格尔被推翻，一个民主制的第二共和国得以建立，临时政府总统名叫尼塞托·阿尔卡拉·萨莫拉(Niceto Alcala Zamora，1877—1949)。萨莫拉启动了一系列改革措施，包括给予非罗马天主教徒以平等的公民权。在后来的几年中，西班牙向4 000名犹太人打开国门，其中很多人是从纳粹德国逃亡而来的。可惜，在“大萧条”的艰难时世中，共和派在与保守派的权力争夺中逐渐失势，再加上萨莫拉在土地改革问题上的无能表现，这场共和制的实验最终还是陷于崩溃。在1936年2月的大选中，左翼自由派的“人民阵线”击败保守派的“民族阵线”，勉强赢得了对议会的控制权。这一年夏天，军队参谋长弗朗西斯科·佛朗哥(Francisco Franco，1892—1975)将军，发动了一次军事政变，试图推翻曼努埃尔·阿扎尼亚(Manuel Azaña，1880—1940)总统的政权。随之而来的就是“西班牙内战”(1936—1939)时期。随着希特勒、墨索里尼和斯大林相继决定，将西班牙的国土作为追逐各自意识形态和军事目标的战场，西班牙内战就变成了一场彻头彻尾的悲剧。

共和国军队支持合法选出的萨莫拉政府，并得到民主派、左翼组织以及海军的支持；佛朗哥的“国民军”的主使者则为一些重要的军队领袖、大部分罗马天主教徒、君主主义者以及“长枪党”成员。“长枪党”的创始人和头目为米格尔·普里莫·德·里维拉的儿子何塞·安东尼奥·普里莫·德·里维拉(José Antonio Primo de

Rivera，1903—1936）。德国和意大利在背后大力支持佛朗哥统帅下的“国民军”，斯大林给予效忠派的援助则相对有限。

据估计，在那支由外国志愿者组成的共和国“国际纵队”中，约有 6 500 至 8 000 名犹太裔成员。在这些犹太族热血青年看来，西班牙的内战是一次对抗“国民军”的
344 机会，后者与意大利和德国具有紧密的联系，代表的正是当时在中欧和东欧盛行的反民主主义和反犹主义倾向。有将近 2 000 名西班牙犹太人代表共和军而战，除此之外，还有约 200 名犹太战士为佛朗哥的军队所杀。虽然历史学家的估算结果差异很大，但得到认可的数字是，约 50 万至 100 万西班牙人死于内战时期。而在战后佛朗哥发动的血腥清洗中，又有数千名共和国战士丧生。与此同时，这位独裁者还宣布西班牙境内的所有犹太人组织为非法。

“西班牙内战”对国家的损伤无可估量，且严重影响到这个国家在整个二战期间的立场和政策。1939 年战争爆发后，佛朗哥虽宣布中立，但仍保持着对纳粹—法西斯“事业”的忠诚，并允许德国将西班牙作为情报活动的重要中心。战争期间，德国潜艇可任意使用西班牙港口补充燃料或接受维修。西班牙还为德国人充当洗钱管道，这些资产很多是从“大屠杀”受害者身上剥夺而来的。1940 年春夏德国的大举征服，创造了另一波更大的难民潮，很多人试图进入西班牙。虽然西班牙政府试图通过收紧入境规则以抑止难民涌入，但它还暂时允许持入境签证的犹太难民借道西班牙前去葡萄牙。

从 1940 年至 1942 年，约三万名犹太人以临时居留者的身份，取道西班牙以便逃往他国。然而，到 1942 年秋天，当维希政府在德国占领当局的压力下，宣布终止向试图进入西班牙的犹太人发放旅游签证，形势开始恶化。而这一年底，当国防军彻底占领维希之后，更大批量的犹太难民再一次非法进入西班牙。面对大量无法及时遣返回法国的难民，西班牙政府只好建立了一些临时性的收容营。在温斯顿·丘吉尔及另一些同盟国首脑介入此事并进行私人调停之后，佛朗哥终于同意暂时不将滞留在这些收容营内的 7 000 至 7 500 名犹太人移交给德国。佛朗哥宣称，只要同盟国支付给他相应的报酬，他就可以允许这些犹太人留在西班牙境内。此外，西班牙政府还同意一些救济组织的成员来到西班牙，监督和照管犹太难民的生活。萨缪尔·塞克拉博士（Dr.Samuel Sequerra）作为葡萄牙红十字会的代表，负责对“美国犹太人联合分配委员会”提供的救济资金进行合理的发放。由于西班牙政府不承认贵格派为合法的宗教派别，“贵格教派美国教友服务委员会”代表戴维·布里肯斯塔夫（David Blickenstaff）只得作为国际红十字会的代表在西班牙工作。布里肯斯塔夫的工

作资金，大部分也来自“美国犹太人联合分配委员会”。德国人对布里肯斯塔夫可谓恨之入骨，竭尽污蔑之能事。1944 年 12 月，《汉堡异闻报》发表文章称，布里肯斯塔夫的真名为赫希菲尔德（Hirschfeld），他曾协助苏联，将共产党间谍送往美国和北非。[11]

生活在德占欧洲地区的约四千名西班牙裔犹太人，往往能够得到西班牙政府的特别外交保护。有些人甚至拥有西班牙护照。1943 年初，德国外交部通知佛朗哥政府，令他必须在 3 月 31 日之前将这批人全部遣返回国。对于生活在希腊的西班牙裔犹太人，马德里方面可将遣返最后期限推迟至 6 月 15 日。佛朗哥向纳粹保证，他每次只允许一小部分西班牙裔犹太人进入西班牙，而且只允许他们将西班牙用作前往其他国家的中转国。这就意味着，要想从别国进入西班牙，犹太人必须拥有第三国的签证，所以，实际上只有约五分之一的西班牙裔犹太人拥有借道西班牙逃亡的机会。他们一踏上西班牙国土，往往立即被转移至“联合国善后救济总署”设在卡萨布兰卡和巴勒斯坦的难民营。虽然佛朗哥之前曾对 600 名居住在希腊萨洛尼卡的犹太人保证将施予援助，但这个独裁者又反悔了，并对他们进入西班牙的旅程设置了重重障碍。最终，德国人发现，佛朗哥仍无法下定决心，究竟要怎样处理这批人，他们就将仍滞留在萨洛尼卡的犹太人全部送进了卑尔根—贝尔森集中营，等候佛朗哥的决定。1944 年初，600 人中只有 367 人最终得以进入西班牙。在救援希腊的西班 345
牙裔犹太人社团的行动中，萨巴斯蒂安·德·罗密欧·拉迪加勒斯（Sebastian de Romero Radigales）成了关键人物。作为西班牙派驻雅典的总领事，他在拯救数百名犹太人生命的英勇行动中，扮演了重要的角色。

西班牙外交官还参与了救援匈牙利犹太人的行动。1943 年，西班牙政府同意向 500 名匈牙利儿童及 50 至 70 名成人颁发签证。尽管最终此类努力还是无果而终，不过，从 1944 年夏天开始，西班牙驻布达佩斯公使馆负责人安赫尔·萨恩斯·布利兹（Angel Sanz Briz，1910—1980）与卡尔·卢茨密切合作，向犹太人发放“保护通行证”。在这座匈牙利的首都城市，布利兹还建立了八座西班牙领馆下属的庇护所，试图暂时保证犹太人的安全。他聘请了一名叫乔吉奥·佩拉斯卡的意大利人，负责监管这些庇护住宅。佩拉斯卡曾在“西班牙内战”中代表“国民军”而战，因此新近加入了西班牙国籍。由于西班牙政府一直拒绝给予匈牙利萨拉斯政府“法理上”的承认，于是后者就不断向萨恩斯·布利兹施加压力。1944 年 11 月 29 日，不堪忍受的萨恩斯·布利兹决定离开布达佩斯。他对佩拉斯卡说，如果自己公开离开这座城市，匈牙利人就会认定本国与西班牙的外交关系已“正式中止”，并将关闭领事馆。他还说，已给佩拉斯卡准备了一份德国签证，几天后后者还可以凭此签证进入瑞士，佩拉斯卡颇感困惑，说道："那么，我现在该怎么办？"

第二天，佩拉斯卡发现萨拉斯政府已获悉萨恩斯·布利兹离开的消息，并下令袭击所有西班牙领馆设立的庇护住宅。佩拉斯卡只得一幢房子接着一幢房子地奔走，试图阻止"剑十字团"的围捕。当时，他朝一个"剑十字团"头目大声呼吁：

> 等一下！你们错了。萨恩斯·布利兹没逃跑，他只是去了伯尔尼。在这里他根本没办法跟他的政府保持联络，他只是去伯尔尼好向马德里汇报工作。你们正在犯一个严重的错误。去问问你们外交部！萨恩斯·布利兹已向你们外交部的两名官员通报了暂时离开的计划。他此行涉及一个极端重要的外交任务！

他几乎不假思索，带着极度自信，大声宣称："请你们去询问外交部！萨恩斯·布利兹已留下特别指示，在他不在布达佩斯的这段时间，任命我全权履行他的一切
346 权力与职责！现在站在你们面前的，就是西班牙政府的正式外交代表！"那个"剑十字团"头目跑去给外交部打电话，几分钟后他回来了，并宣布对西班牙庇护住宅的袭击行动"将推后'几天'执行。"[12]

在接下来的六个星期里，佩拉斯卡竟成功地令匈牙利和德国官员都相信，自己就是西班牙政府的新代办，要知道，他根本不具备任何官方外交职位，也没有国书一类的证明文件。当他自己给自己任命了这个新"官职"之后的一天早上，他前去布达佩斯的约采夫法罗斯火车站寻找两名犹太儿童，他们是匈牙利人刚刚从一所庇护住宅内劫走的。在一队等待驱逐的人群中，他找到了这两个男孩，于是催促他们赶紧上他的黑色别克轿车，这辆车属于领事馆，悬挂着西班牙国旗。佩拉斯卡刚刚把这两个孩子塞进后座，一个德国士兵走上来，质疑他的行动，并命他交出孩子。佩拉斯卡厉声对德国士兵说，自己的车属于"外国领土"，如果他胆敢碰这两个男孩一根汗毛，那就触犯了"国际法"。这个德国警卫遂推开佩拉斯卡，试图抓住孩子。正在双方推搡扭打之际，一个党卫军官员走过来，命令士兵别再管那孩子。然后他告诉佩拉斯卡，"走吧，尽管带他们走吧。反正迟早他们得死。"罗尔·瓦伦贝格正好当时也在火车站，他认识佩拉斯卡，于是走到这位西班牙"外交官"面前，问道："你知道刚才那人是谁吧，知道吗？"佩拉斯卡答道："我不知道，他是谁啊？"瓦伦贝格满脸惊异，告诉他："他是阿道夫·艾希曼。"[13]

佩拉斯卡与全副武装的军队发生正面冲突，上述事件可不是唯一的一次。还有一次，一支"剑十字团"部队闯入一座西班牙庇护住宅，掠走了一批犹太人。然后，他们胁迫这批人朝多瑙河走，并打算在那里处决他们——他们将被子弹击中后脑，然后被推进多瑙河。佩拉斯卡再一次及时出现，并警告这支部队的头目，他打算给马德里政府发电报，告知这次对"西班牙外交权力的野蛮侵犯"。佩拉斯卡信誓旦旦地

说，这一行动将破坏匈牙利和西班牙的关系，并影响这个“剑十字团”头目的事业。于是，那个人心虚了，最终，他将所有犹太人又交还给佩拉斯卡，后者把他们全部安全送回了庇护住宅。[14]以色列大屠杀纪念馆后来宣布乔吉奥·佩拉斯卡、安赫尔·萨恩斯·布利兹和萨巴斯蒂安·德·罗密欧·拉迪加勒斯为“民族义人”。

SCHUTZ-PASS Nr 28/69.

Name: Lili Katz

Wohnort: Budapest

Geburtsdatum: 15.Sept.1913.

Geburtsort: Budapest

Körperlänge: 164 cm.

Haarfarbe: blond Augenfarbe: grau

Unterschrift:

SCHWEDEN SVÉDORSZÁG

Die Kgl. Schwedische Gesandtschaft in Budapest bestätigt, dass der Obengenannte im Rahmen der — von dem Kgl. Schwedischen Aussenministerium autorisierten — Repatriierung nach Schweden reisen wird. Der Betreffende ist auch in einen Kollektivpass eingetragen.

Bis Abreise steht der Obengenannte und seine Wohnung unter dem Schutz der Kgl. Schwedischen Gesandtschaft in Budapest.

Gültigkeit: erlischt 14 Tage nach Einreise nach Schweden.

A budapesti Svéd Kir. Követség igazolja, hogy fentnevezett — a Svéd Kir. Külügyminisztérium által jóváhagyott — repatriálás keretében Svédországba utazik.

Nevezett a kollektív útlevélben is szerepel.

Elutazásáig fentnevezett és lakása a budapesti Svéd Kir. Követség oltalma alatt áll.

Budapest, den 25.August 1944

KÖNIGLICH SCHWEDISCHE GESANDTSCHAFT

SVÉD KIRÁLYI KÖVETSÉG

Kgl.SchwedischerGesandte

布达佩斯西班牙领馆颁发给莉莉·卡特克斯(Lili Katx)的“保护通行证”(Schutzpass)。美国大屠杀纪念博物馆照片序列号 71944，莱娜·库尔茨·多伊奇(Lena Kurtz Deutsch)提供图片。

瑞典

第二次世界大战之前，约 6 000 至 7 000 名犹太人生活在瑞典，他们已成为瑞典社会的一个有机组成部分。正如保罗·A·莱文(Paul A.Levine)写道：

> 作为一个整体，几乎没有哪个瑞典人对 20 世纪 30 年代纳粹迫害犹太人的行动，表现出明显的同情，而且瑞典社会的很大一部分成员，至少与纳粹运动持有同样的诉求和偏见(在很多自由民主国家，都存在类似的情况)。虽然瑞典国内的“纳粹”式政党一直相对弱小，在国家层面的政治中也几乎没发挥什么重要的作用，然而，在瑞典人对犹太移民的整体态度问题上，这些政党的确施予了一定的影响力。
>
> 尽管瑞典纳粹主义一直是一支边缘化的、低调的社会经济势力，不过毫无疑问的是，构成纳粹主义政治运动基础的、对犹太民族的歧视和负面评价，却在文化和意识形态层面，在其他社会经济群体——诸如政府官员、政策制定者和其他领域的精英——之内，吸引了众多的支持者。[15]

19 世纪中期以来，瑞典就致力于在欧洲的国际争端中保持中立，且此立国政策一直延续至今。第二次世界大战爆发后，瑞典虽重申了本国的中立立场，尽管如此，纵观其对纳粹的政策，却的确“相当地亲德”。[16]

德意志帝国的战争经济，对瑞典铁矿石的依赖极其严重。截至 1940 年，德国使用的铁矿石一半以上依赖进口，进口额中又有83%是来自瑞典。事实上，根据亚当·图兹(Adam Tooze)的说法，当二战爆发时，如果瑞典停止向德国输送铁矿石，德
347 国的军工生产将遭受剧烈且长效的打击。[17]可惜，德国人从来不用担心，瑞典人会切断供应。1939年4月，瑞典首相佩尔·汉森(Per Hansson, 1886—1946)向柏林方面作出保证，本国将向德意志帝国提供其所需的全部铁矿石。当然公平而言，汉森这个看似助纣为虐的政策，并非出于对德国战争目标和政策的同情，在更大程度上，他是为了确保瑞典远离战争——只要国家不被卷入交战，付出任何代价都在所不惜。

然而，无论出于何种目的，汉森确实向纳粹出售了大量关键性战争原料，这才换来瑞典的中立地位。此外，他还允许德国国防军使用瑞典的铁路网络，运送了超过200万士兵前往或离开德国，他们中的大多数是派驻挪威的士兵。然而，国防军利用瑞典的铁路网络，可不仅仅是为了运送休假士兵；德意志帝国还用它来加强挪威的部队，以及在与苏联的战争行动中，向德军提供补给。对瑞典在二战中所扮演的角色，克劳斯·维特曼(Klaus Wittman)的结论是："瑞典对德国战争行动的支持，在相当大的程度上缓解了纳粹的压力，但其作用并非决定性的、并非绝对不可或缺。"[18]

瑞典乐于向德国开放市场和铁路网的态度，令帝国决策层确信，将这个国家更近地拉向纳粹阵营，将对未来的战争走向起到重要的作用。一些德国组织，诸如阿尔弗雷德·罗森贝格的"北欧人协会"和"德国国家社会主义工人党下辖海外组织"，都试图改变瑞典的大众意愿，并将这个国家拉进"大德意志"国家集团。尽管在战争的前两年，德国人的宣传攻势的确曾对瑞典人的大众意愿造成明显的冲击，然而，1942年之后，形势开始发生变化。除了试图操纵瑞典的大众意愿，德意志帝国各级各部官员，还都希望说服瑞典的公司，采取德国式的雅利安化政策。在那个时候，瑞典与德国在经济上确实保持着非常密切的联系。瑞典境内的各家德国公司率先开始了雅利安化运动，并雇佣间谍，试图找出所有在本公司内工作的犹太人。为了保护自己免遭雅利安化政策的侵害，那些与德国人有生意往来的犹太老板，不得不建立了很多空壳公司，以掩盖自己的犹太人身份。德军征服挪威和丹麦后，其雅利安化政策也随之加剧，不过究竟取得了多大的预期成果，就不得而知了。而且，此类政策还经常允许一些重大的例外处理。比如在1941年，德国商会就提请柏林官方，允许斯德哥尔摩的一家百货公司——"北欧百货"——举办一次家具特展。虽然这家公司的部分股权由犹太人所有，但由于其坚实的信誉，再加上与德国的强大经济纽带，因此享有雅利安化政策的豁免权。

尽管如此，从1941年以后，瑞典人的政策还是开始经历改变，原因是，政府越来越担忧那些与瑞典有联系的"大屠杀"受害者。瑞典的各家报纸，都争相报道德军在

苏联的暴行。尽管如此，促发瑞典人态度转折的一个关键因素，是德国人打算将挪威犹太人驱逐至波兰灭绝营的消息。1942 年 12 月 3 日，汉森首相要求瑞典驻柏林大使阿尔维德·里歇特（Arvid Richert, 1887—1981）通知德国外交部，“如果德国人决定将挪威境内剩余的犹太人驱逐至别国”，瑞典“准备将他们全数接收”。[19] 整个 1943 年 1 月，瑞典官员都不断与德国人接洽、商谈，致力于寻找途径，拯救那些仍留在挪威的犹太人。

1943 年初，柏林方面通知瑞典及同盟国，3 月 31 日为各国遣返本国犹太公民的最后期限。1 月 26 日，瑞典外交部法律部负责人、本国战前移民政策的总设计师格斯塔·恩格策尔（Gösta Engzell）称，瑞典将采取一切可能的行动，援助那些希望重新回到瑞典的前公民及其家庭。不久，斯德哥尔摩向柏林发出警告：倘若德国人胆敢伤害瑞典公民——特别是在 3 月 31 日的截止日期之后，此类行动将严重影响两国关系。瑞典政 348
策的转变，为 900 名挪威犹太人打开了国门，这一年晚些时候，又有一些丹麦犹太人从中受益。当所有丹麦犹太人都安全抵达瑞典后，德高望重的美国犹太人领袖史蒂芬·怀斯拉比（Rabbi Stephen Wise, 1874—1949）给瑞典外交部发电报，称瑞典人拯救丹麦犹太人的行动令人激动，不仅是一次“人道主义的胜利”，而且“在为共同人性重建古老的精神价值的斗争中，划下了转折性的一笔”。他还写道，瑞典的帮助是一次“道德壮举”，并使这个国家在“人类最珍视的永恒记忆中”成为一个“荣誉之地”。[20]

丹麦犹太难民逃往瑞典。美国大屠杀纪念博物馆照片序列号 62191，丹麦自由博物馆提供图片。

尽管瑞典人绝对配得上怀斯的赞誉，不过我们也不应忘记，在二战之前，瑞典却拥有全欧洲最严格的移民政策，尤其是针对犹太人的限制方面。1938 年，瑞典政府请德国外交部设法确定德国犹太裔移民的身份。不过，由于德国根本不愿意阻止大批逃离本国的犹太人，所以面对瑞典的要求，柏林方面一直也没采取任何明确的行动。经过多次协商之后，德国外交部终于同意在所有犹太人的护照上加盖大红色的"J"字，作为德文"犹太人"的缩写。第二次世界大战爆发之后，瑞典境内的犹太难民只有区区 2 000 人，这个国家的人口总数可是 600 万。瑞典严格的移民政策，一方面是因为传统的仇外倾向，另一方面也是害怕移民潮的涌入，会令本国人失去工作机会。1938 年，"医疗与福利国家委员会"官员竟问："倘若瑞典公民邀请'非雅利安人'前来做客，是否事实上犯下了对祖国不忠的罪行。"[21] 虽然，反犹主义毫无疑问在瑞典战前的犹太难民政策中曾扮演了某种角色，不过，要想明确地估量，它究竟在多大程度上发挥了影响，仍是十分困难的。

形势在 1942 年底发生了巨变。正如瑞典派驻匈牙利的诸位外交官日后的壮举所表明的，这个国家在"大屠杀"中最伟大的时刻还没到来。当阿道夫·艾希曼于 1944 年春天启动大规模的驱逐匈牙利犹太人的行动后，一幕幕的恐怖景象就开始在驻布达佩斯的瑞典官员眼前上演。6 月 28 日和 29 日，布达佩斯瑞典公使馆向古斯
349 塔夫五世国王（1907—1950 年在位）递交了两封申诉信，恳请他尽力阻止德国人的驱逐行动。国王立即作出回应，并要求霍尔蒂将军"采取措施，救援那个不幸的民族（指犹太民族）仍幸存的成员"。[22] 霍尔蒂则告知瑞典驻布达佩斯公使馆负责人卡尔·伊万·丹尼尔森及其代办伯·安哲，德国人将负责驱逐行动，自己对此完全无能为力。不过大约一周后，霍尔蒂就下令停止犹太人的运送，这一举动就为接下来罗尔·瓦伦贝格的匈牙利任务创造了条件。

瑞典仍旧与纳粹德国保持着密切的经济联系，但同盟国已决定采取行动，打破这种联系。美国的决心尤其坚定，并且对瑞典称本国保持中立其实有利于盟军的言论，全然不屑一顾。美国政府的行动简单而直率：倘若瑞典拒不改变与德国的经济联系，前者的石油运输线将被切断。在美国人看来，斯德哥尔摩继续与德国合作，"就表明瑞典人对战争的雇佣兵式的唯利是图的态度"。[23] 1943 年秋天，瑞典与同盟国签署了一份特别协议，保证本国将不再给予德国及其胁从国任何经济信贷融资，并削减向轴心国的出口量，因此换取来自美国和英国的持续性"基本配给"运送。斯德哥尔摩还誓言，将终止向德国出口武器和铁矿石，并允诺将保证一切从同盟国处得到的物资都不会落入德国人之手。可惜，瑞典人发现了这些协议的诸多漏洞，从而得以继续给纳

粹提供战争物资，当然出口规模已不可能与1942年之前同日而语了。

瑞典政府明显的政策变化，创造了一种宽松的气氛，促使一位名叫所罗门·阿德勒-吕代尔（Salomon Adler-Rudel, 1894—1975）的"犹太事务代办处"代表前去与瑞典官方接洽，讨论采取行动，拯救更多欧洲犹太人的可能性。阿德勒-吕代尔提议瑞典政府出面救援两万名犹太儿童，可惜没有盼来丝毫结果。事实上，种种迹象表明，对阿德勒-吕代尔的提议，瑞典政府甚至根本就没有认真考虑过。另一方面，在1945年初，相关组织曾制定过一个计划，试图救援仍滞留在大德意志帝国各集中营的斯堪的纳维亚国家公民——包括犹太人，而瑞典政府也对这个行动计划表示了支持。

这个想法的最初提出者，是挪威流亡政府派驻斯德哥尔摩的代表尼尔斯·克里斯蒂安·迪特莱夫（Niels Christian Ditleff, 1881—1956）。1944年底，他向瑞典政府提交了关于这个行动的提案草案，并建议前者向柏林派遣一支红十字会代表团，负责协商此事，争取达成一致。在迪特莱夫的行动中，就包含着救援斯堪的纳维亚犹太人的计划。1945年2月，瑞典政府命瑞典红十字会副主席福克·伯纳多特伯爵（Count Folke Bernadotte, 1895—1948，此人与瑞典王室关系密切）前往柏林，就这一行动与德国人展开商谈。伯纳多特会见的第一批德国官员，为党卫军高级总队长兼警察部队将军、"帝国保安部"首脑恩斯特·卡尔滕布伦纳（Ernst Kaltenbrunner, 1904—1946），以及党卫军支队长和"帝国中央保安局"反情报办公室负责人瓦尔特·舍伦贝格（Walter Schellenberg, 1910—1952）。后来，他又与外交部长里宾特洛甫会谈，并最终见到了海因里希·希姆莱。希特勒看到这一系列会谈的记录之后说："在一场全面战争中，这般荒谬的无稽之谈绝不可能实现。"[24]不过，当瑞典人答应支付行动花费后，希姆莱经过再三犹豫，还是批准了救援提案。他还同意将全体斯堪的纳维亚囚犯，转移至汉堡郊外的诺因加默集中营，其地理位置和交通设施有利于将这批囚犯经由丹麦送往瑞典。

瑞典政府于3月2日正式批准了救援计划，一周后，就派遣了一支"白色巴士"小组前往德国，并以汉堡附近的弗雷德里希斯罗赫城堡为基地，积极展开行动。这支瑞典远征军由250名军方人员组成，不过他们都卸掉了制服上的军徽，以红十字会 350
的标记代之。他们有75辆车，包括36辆救护车，并拥有足够的装备和给养，可供这支队伍在德国滞留不确定的一段时间。在任何时候，它都有能力处理一切突发事件，满足约1 000至1 200名囚犯的医疗和其他所需。救护车都被喷成了白色，并带有明显的红十字会标记。由于"白色巴士"小组将进入一片危险的军事作战区域，所以他们所有的车辆都在醒目位置悬挂了瑞典国旗。

福克·伯纳多特伯爵。美国大屠杀纪念博物馆照片序列号 80532，国家档案与记录管理局(学院公园)提供图片。

希姆莱曾答应，将所有斯堪的纳维亚国家的囚犯都转移至诺因加默，然而，他从未履行自己的承诺，这意味着这支瑞典远征军不得不在全德意志帝国境内的多家集中营里，一个接一个地寻找目标。他们将队伍分成两拨，分别前往萨克森豪森和特雷西恩施塔德。到 4 月初，绝大多数斯堪的纳维亚国家的囚犯——包括 400 名犹太人，都已成功找到，并集中在诺因加默，等待转运回瑞典。就在这时，瑞典救援小组的一半成员回国了，代之以一批新来的丹麦人。伯纳多特现在又与希姆莱展开协商，试图启动新一轮的疏散和转运，这一次的主要对象是拉文斯布吕克集中营的女性囚犯。

战争结束后，休·特雷弗-罗珀(Hugh Trevor-Roper)在为希姆莱的男按摩师费利克斯·克斯滕(Felix Kersten)的回忆录撰写的序言中称，伯纳多特曾拒绝救援犹太人，只是因为后来在与希姆莱、克斯滕和“世界犹太人大会”代表诺伯特·马苏尔(Norbert Masur)的谈判中陷入困境、没有退路时，才同意的。[25]然而，事实绝非如此。根据马苏尔的说法，伯纳多特根本就从没有参加过与希姆莱的会谈。[26]苏恩·珀尔森(Sune Persson)也说，伯纳多特对犹太人的悲惨命运十分同情，并一直与斯德哥尔摩的犹太社团领袖以及“世界犹太人大会”瑞典代表希莱尔·施托赫(Hillel Storch，生于 1910 年，卒年不详)保持着密切的联系。施托赫战后也说，他认为伯纳多特很关心困在德国的犹太人的境况，并称他(施托赫)为“白色巴士”行动的幕后推动力。在与卡尔滕布伦纳的首次会谈中，伯纳多特就提出了犹太囚犯的问题，结果前者同意将 800 名犹太人转运至诺因加默集中营。后来当德国人再次食言时，伯纳多特愤怒地要求瑞典驻柏林大使馆就此事向里宾特洛甫施加压力。而瑞典政府则建议，伯纳多特在 4 月即将到来的与希姆莱的会谈中，再讨论这一事宜。[27]

事实上，“白色巴士”远征军于 4 月中旬到达特雷西恩施塔德，其主要目标就是救援犹太人。结果，从这座波西米亚和摩拉维亚保护国境内的集中营内，他们带回了 423 名犹太人。在此期间，施托赫一再敦促伯纳多特，希望他能着手救援卑尔根—贝尔森的犹太人，就在特雷西恩施塔德的行动小组回到诺因加默之后几天，伯纳多特告诉施托赫，希姆莱刚刚向他承诺："在盟军即将到来之际，将不会疏散或清洗各个拘留营——特别是卑尔根—贝尔森、布痕瓦尔德、特雷西恩施塔德，以及德国 351
南部的集中营，他们将在有序状态下向盟军投降。"[28] 特雷西恩施塔德行动成功之后，"白色巴士"小组就将行动焦点放在拉文斯布吕克。从这座集中营，他们令人惊异地救出了 7 000 名妇女，其中一半是犹太人。虽然历史学家的估计差别很大，但可以肯定的是，为伯纳多特的"白色巴士"远征军所拯救的斯堪的纳维亚和其他地区的囚犯，约有 2 万至 3.1 万名，其中犹太人有 5 000 至 1.1 万名。然而，这次高尚而伟大的行动，却不得不在 1948 年 9 月 17 日，加上一个悲惨的脚注——这一天，伯纳多特伯爵在耶路撒冷遇刺，行凶者都属于一个名叫"斯特恩团"的犹太复国主义者组织。当时伯纳多特正在耶路撒冷，代表联合国调停以色列—巴勒斯坦冲突。

拉文斯布吕克集中营的囚犯为瑞典"白色巴士"小组所解救。美国大屠杀纪念博物馆照片序列号 10859，西格蒙·鲍姆(Sigmund Baum)提供图片。

瑞士

瑞士——作为“国际红十字会委员会”和“国际联盟”总部所在地、当今则是联合国部分分支机构所在地，传统上一直被看作是一个与世界和平与公正联系在一起的国家，不过，在第二次世界大战期间，这样的光辉形象将彻底破碎。拿破仑战争之
352 后，瑞士在一切国际争端中，就一直保持中立的立场。一战和二战爆发伊始，瑞士也都重申了本国的中立立场。从古至今，瑞士人都将自己的国家视为一个难民庇护所，愿意接受那些来自欧洲其他国家的政治压迫受害者。1943 年，一份罗马天主教会的报纸还宣称，瑞士是“仁慈的撒玛利亚人在欧洲的标杆”，是“欧洲的病员舱”，是“全世界难民儿童的避难所”。[29]

然而，对 1.9 万瑞士犹太人来说，这个国家可绝不是什么安全港，很多本土人甚至将犹太人在瑞士的遭遇，看作“与瑞士的天性截然相反”。雅克・皮卡德(Jacques Piccard)的解释是：“瑞士人对犹太人形形色色的敌意，蒙蔽了人们的双眼，使他们看不到种族性反犹主义的危险，连精英阶层和政府决策者，暗地里也持同样的观点。”[30]类似的态度，深刻影响了 20 世纪 30 年代瑞士针对犹太人的移民政策。期间瑞士政府一直想方设法，阻止犹太移民潮流入瑞士。当德国政府建议在犹太人的德国护照上加盖红色“J”标记(“犹太人”德文拼写的首字母)时，瑞士人又犹豫了，因为他们担心此类标记对生活在德国的瑞士犹太人造成的冲击。即使是瑞士国民警察部门负责人、20 世纪 30 年代晚期本国移民政策的总设计师海因里希・罗特蒙德(Heinrich Rothmund，1881—1961)，也对此举的合法性表示了质疑。不过，到 1938 年秋天，瑞士人最终还是同意了德国人的提议。与此同时，他们还请德国边境官员竭尽所能，阻止所有持红色“J”标记护照的犹太人，靠近德国与瑞士的边界地带。

1939 年 10 月 19 日，瑞士政府发布法令，强化对犹太移民的严格限制。法令规定，将驱逐所有非法进入瑞士领土的难民。有些官员无情地执行如上法令，然而在另一些地方，比如巴塞尔—兰德、巴塞尔—施塔德、纳沙泰尔、沙夫豪森和格劳宾登等州，当地官员为帮助非法难民，还是付出了很多努力。不过，瑞士政府对违反移民法规的官员，惩罚是十分严厉的。1939 年春天，圣加仑市警察局长保罗・格吕宁格尔上尉(Captain Paul Grüninger，1891—1972)，为了使 3 600 名犹太人继续留在瑞士境内，修改了他们的签证，结果招致革职处分。尽管很多人警告他停止此类非法行动，但格吕宁格尔坚持依凭自己的良心行事，终于招致盖世太保的关注，后者将他的行动报告至伯尔尼的瑞士警察部门。格吕宁格尔失去了公职和所有政府津贴，并在卑微、贫困中度过了余下的一生。1971 年，以色列大屠杀纪念馆宣布他为“民族义

人”。在耶路撒冷举行的“国际义人”称号授予典礼上，格吕宁格尔对自己行动的解释是：“在我的内心深处，那施予救援的倾向，根植于我深刻的基督教信仰和我的世界观……虽然我经常令自己处于困难的境地，但解决问题的出路总会呈现。我感到，上帝一直在以一种充满力量的方式帮助我。”[31]

在犹太人移民事务上，瑞士人之所以愿意对德国人采取合作态度，很大程度上是出于对德军潜在入侵威胁的恐惧。1940 年夏天，国防军的确曾制定过一个入侵瑞士的方案，名叫“圣诞树行动”。不过，这个方案没能得到希特勒的批准，因为“元首”希望将帝国的军事力量及关注重心，首先放在征服英国、然后放在入侵苏联上。事实上，德国要想获得瑞士的自然资源和重要的铁路枢纽，根本不需要出兵征服这个国家，因为瑞士政府万分乐意将任何德国人想要的东西卖给对方。于是，瑞士法郎成为轴心国集团的通用货币。而法国陷落之后，瑞士在地缘上就完全处于被轴心国及其胁从国包围的状态了。德意志帝国现在希望将这个国家变成它的“延伸工作台”，纳粹的目标是“将瑞士的一切经济潜能，整合进入德国本国的经济轨道，从而为军工事业的发展出力”。[32]在接下来的两年里，国防军一直“可随时、任意、毫不费力地获取极大数量的瑞士军备”。[33]不过，瑞士对德意志帝国的武器出口量，从未超过德国本国军工生产额的 1%。尽管如此，在其他工业领域，瑞士一直向德国提供占后者工业生产总值 3%至 10%的产品，其中有很多都对德国的战争行动至关重要，比如 353
德军所需定时引信的 10%以及大量防空武器都来自瑞士。作为交换，轴心国向瑞士提供煤、纺织品、生铁、有色金属以及机器零件。

瑞士还有一个行业在二战对德关系中扮演了关键性的角色，那就是银行业。德国从各个占领国攫取了大量黄金储备，而瑞士银行就是这些资产的主要流传导管。当然，可想而知，这些财富中还有很大一部分，是从“大屠杀”受难者身上剥夺而来的。事实上，德国黄金运输量的将近 4/5，将通过瑞士的银行进行。在 1940 年至 1945 年间，德意志帝国银行向各家瑞士人所有的商业银行出售了价值 1.012 亿瑞士法郎（合 23 226 367 美元）的黄金，向瑞士国家银行出售了价值 12.31 亿瑞士法郎（合 283 011 490 美元）的黄金。据估计，战争期间德国人共偷窃了价值 6.2 亿美元的黄金，这个数字还不包括盗取自受害者的财富。这些赃物中超过一半都存放在秘密的瑞士银行账户里。根据美军情报部门的报告：“瑞士构成巨额德国黄金的主要海外市场，纳粹通过出售这些黄金，为其战争行动提供财政支撑。”[34]

虽然瑞士官方一直试图限制犹太难民潮的涌入，不过，随着战争形势的变化起伏，这个国家的难民政策也如墙头草般随时改变倒向。1942 年 8 月 4 日，罗特蒙德担心再一次移民潮的到来，于是又颁布了一个新指令。指令声称，进入瑞士领土的移民“大多数为各国犹太人”，出于安全及经济原因，必须将他们驱逐至边境之外。唯一的豁免条款将针对政治难民，他们将不被遣送回国；否则，“那些单纯出于种族原因——比如犹太人——而逃亡到瑞士的人，将不被视为政治难民对待”。尽管如此，在月底的伯尔尼警察部门长官会议上，大多数与会者又同意将犹太人视为政治难民；然而，出于外交和政治考虑，他们又不能得到政治难民的豁免待遇。[35]在同一个月的苏黎世会议上，瑞士联邦司法与警政部首脑爱德华·冯·施泰格(Eduard von Steiger)解释道，由于“在瑞士的‘救生艇’上已没有多余的空间了”，所以自己的部门已采用上述政策。[36]当年晚些时候，随着国防军占领维希法国，瑞士的移民政策进一步收紧，拒绝一切难民入境。整个二战期间，约有29.5万难民曾通过瑞士领土，其中51 129人为不具备入境签证的平民，超过2.1万名为犹太人。“大屠杀”期间，总共有约3万犹太人在瑞士国土的某一个角落，找到了避难所。

那些成功进入瑞士领土，并得以在这个国家定居的幸运者，往往能得到一些私人组织的照料，比如“瑞士犹太人社团联邦”、“瑞士犹太人福利组织联盟”、“瑞士难民救助联合委员会”和“美国犹太人联合分配委员会”，此外还有三个犹太人救助组织联合成立了“HICEM”(为首字母缩写；三个组织分别为“希伯来移民救助协会”，英文缩写为HIAS；“犹太殖民联合会”，英文缩写为JCA；以及“移民指挥组织”)。瑞士政府几乎没为犹太难民救助行动花一分钱。“美国犹太人联合分配委员会”和“世界犹太人大会”在日内瓦建立了办公部门，并在这里获取关于正在东欧进行的集体屠杀的详尽消息。1942年7月30日，一个与纳粹显要关系密切的德国商人——爱德华·舒尔特(Eduard Schulte，1891—1966)与一位名叫伊斯多尔·科佩尔曼(Isidor Koppelman)的人会面。此人为出生于奥地利的瑞士银行家，同时还是一名盟军间谍。舒尔特告诉科佩尔曼，他刚刚获得确切的信息，德国正计划杀死全体欧洲犹太人。科佩尔曼又将详细信息告知“世界犹太人大会”派驻日内瓦的代表格尔哈特·里格纳博士(Dr.Gerhart Riegner，1911—2001)，再由他将消息传至英国下院议员西德尼·西尔弗曼(Sidney Silverman，1898—1968)。

里格纳还试图劝服美国驻瑞士公使利兰·哈里森(Leland Harrison)，将这些惊
354 人的消息经由华盛顿的美国国务院转送给史蒂芬·怀斯拉比。哈里森虽然认为这份报告“是个疯狂的谣言，完全是惊恐的犹太人幻想出来的”，不过还是将信息汇报给了华盛顿的上级部门。[37]与此同时，西尔弗曼也通过其他渠道，将消息告知怀斯。西尔弗曼在给怀斯的信中写道：

惊闻元首的指挥部已在讨论、并严肃考虑如下计划：所有被德国占领或控制的国家内的全体犹太人——根据德国人的估计约为325万至350万人——将被驱逐并集中在东欧，然后再一举屠杀殆尽，以彻底解决欧洲的犹太人问题。计划于秋季开始行动，目前讨论的处决方式包括氢氰酸（即齐克隆B）。我们尽量使用一切渠道传递消息，但消息的准确性并不能保证。一般情况下，与德国高阶官员密切相关的信息及报告是可信的。[38]

怀斯收到电报后，安排了一次与美国副国务卿萨姆纳·维尔斯（Sumner Welles，1892—1961）的会面。维尔斯请怀斯在电报内容得到确证之前，不要公开其内容。

在得到确信的材料中，有一份报告是由一位名叫扬·卡尔斯基（Jan Karski，1914—2000）的人撰写的。此人为波兰流亡政府于1942年秋天派驻波兰本土的外交官，主要职责是汇报国内的情况。就在他动身之前，正好碰到了几位伦敦的犹太人领袖；他们恳请他传回一些关于波兰犹太人近况的信息。后来卡尔斯基两次访问了华沙隔离区的残余部分，还去了贝尔泽克。11月他返回伦敦后，就分别与外交大臣安东尼·艾登（Anthony Eden，1897—1977）、西德尼·西尔弗曼等英国政府要员会面，还见了几位犹太人领袖。后来，在华盛顿，他又觐见了富兰克林·罗斯福总统、国务卿科德尔·赫尔（Cordell Hull，1871—1955）、首席大法官费利克斯·弗兰克福特（Felix Frankfurter，1882—1965）以及史蒂芬·怀斯拉比。他的详尽报告于1944年发表，题名为《一个秘密国家的故事》，提供了大量关于“最终解决”的确切细节信息。在会谈开始之前，弗兰克福特大法官询问卡尔斯基，是否知道他本人就是犹太裔。当卡尔斯基向他生动地描述了自己波兰之行的所见所闻后，弗兰克福特对他说：“我无法相信你。”荷兰驻美国大使扬·切恰诺夫斯基（Jan Ciechanowski，生于1887年，卒年不详）因此深感冒犯，他愤怒地说，卡尔斯基拥有祖国政府的全力

格尔哈特·莫里茨·里格纳（Gerhart Moritz Riegner）。美国大屠杀纪念博物馆照片序列号17309，拍照者为J.科尔南（J.Kernen），琳达·米特尔（Linda Mittel）提供图片。

支持，而且将完全倾诉真相。弗兰克福特则回应道：“我不是说这个年轻人在撒谎。我只是说，我无法相信他。这两者是不同的。”[39]11月25日，波兰流亡政府向“世界犹太人大会”政治秘书A·L·伊斯特曼（A.L.Easterman）递交了一份卡尔斯基报告

355 的副本。第二天，伊斯特曼和西尔弗曼与英国副外交大臣理查德·劳（Richard Law，1901—1980）会面，讨论这份报告的内容。又过了4天，史蒂芬·怀斯在纽约和华盛顿召开新闻发布会。报界对这份报告的反应各异。《纽约先驱论坛报》登出大标题云：“怀斯称希特勒下令于1942年致400万犹太人以死命”。[40]其他报纸对怀斯的警告却并不重视，称这只不过是犹太人的又一次歇斯底里大发作而已。《基督徒世纪报》写道，报告中的信息“令人很不愉快地回忆起关于‘尸体工厂’的谎言，那曾是第一次世界大战中最成功的宣传战略之一”。[41]

尽管如此，随着关于纳粹暴行的报告纷纷问世，瑞士人的大众意愿也在逐渐转向，尤其是随着罗特蒙德在8月4日发布另一项新法令，这个国家的难民政策也在被迫作出修改。接下来发生的，将是一场组织有序的民众抗议运动。在宗教界领袖、工会、形形色色的自由派和左翼团体以及救济组织的领导下，瑞士百姓纷纷站出来，公开反对政府的移民政策。就这样，瑞士的移民限制慢慢放松了；截至1943年底，又有3万名平民和军事难民进入瑞士。一些犹太人也获得了庇护，当然还有另一些人仍不被准许入境。尽管如此，其实直到1944年7月12日，瑞士政府才正式决定，允许所有面临人身伤害威胁的人进入本国避难。

瑞士政府移民政策的转向，也为本国外交官们提供了机会，使他们得以于1944年采取行动，救助匈牙利犹太人。其实早在1941年，瑞士政府就卷入了匈牙利的犹太难民事务，当时政府允诺，将令瑞士驻布达佩斯的领事馆也代表英国的利益。比如在1944年夏天，瑞士政府就同意资助7 000名犹太人，他们都已获得英国政府的批准，移民至巴勒斯坦。瑞士政府在处理难民事务时表现出的日趋慷慨的态度，在很大程度上是受到一场瑞士媒体运动的驱使，而这场运动的发起和组织者，则是一名叫乔治·曼特罗（George Mantello，1901—1992）的犹太裔外交官。曼特罗出生于特兰西瓦尼亚，当时在日内瓦的萨尔瓦多领事馆工作。不过，1944年暮春初夏的布达佩斯，却是瑞士公使馆外交事务部负责人卡尔·卢茨，扮演了推动本国采取行动的关键性角色。卢茨与“犹太事务代办处”驻派匈牙利首都的代表摩舍·克劳茨（Moshe Krausz）及其他外交官亲密合作，终于成功为数千匈牙利犹太人弄到了集体护照。卢茨还开设了多处由瑞士领馆所有的庇护住宅，在这些犹太人等待匈牙利政府颁发出境许可时，向他们提供保护。

在难民问题上，瑞士政府姗姗来迟的政策变化，是与本国和德意志帝国经济关系的变化同时发生的。作为中立国，瑞士既与同盟国保持外交和经济联系，与轴心国的关系也从未间断；不过，随着1940年的法国陷落和紧接其后的意大利参战，一般认为瑞士与西方强国之间的联系相对削弱了。尽管如此，当1943年盟军占领意大利南部以后，情况又发生了改变。这一年初期，美国和英国政府发表了首次“黄金警告”，提请中立国和交战国都不要从德国人处购买黄金，因为这些财富中的绝大多数都是偷来或者抢来的赃物。此外，同盟国还试图迫使瑞士加入所谓的“热爱自由国家”联盟，共同抵抗纳粹德国的侵略，从而进一步削弱这个中欧小国与德国的经济纽带。[42]

1944年，英国和美国启动“安全港行动”，主要目标在于监控中立国，尤其是瑞士的经济活动。一份美国情报部门的报告指出，瑞士“在金融领域对敌国的经济援助，很明显早已超越了中立国必须继续与交战国保持贸易往来的义务，此类援助完全是出自瑞士各家银行获取利润的动机”。[43]不过，直到1945年初，美国人才终于说服瑞士，冻结德国人的资产、禁止德国使用本国铁路，以及削减与第三帝国的贸易往来。保罗·B·米勒(Paul B. Miller)写道：“‘同盟国’的目的，是确保瑞士不会变成下一代纳粹战士的‘财政藏匿点’ 356
[这是美国财政部长小亨利·摩根索(Henry Morgenthau, Jr.)使用的措辞]。”[44]

瑞士红十字会的工作人员正在给从特雷西恩施塔德解救出来的犹太人分发食物。美国大屠杀纪念博物馆照片序列号98439，摄影者为瓦尔特·沙威勒(Walter Scheiwiller)，圣加仑州城市档案馆提供图片。

事实的确如此，瑞士与德意志帝国的金融联系，确实给这个国家的名誉蒙上了一层厚厚的阴影。雅克·皮卡德写道，传统上将瑞士看作“不幸遭遇到敌人威胁，从而不得不牺牲人道主义福利，与敌为伍，然而已有越来越多的人意识到，这个弱小的、深深卷入欧洲事务的瑞士，其实从战争造就的商业机会中大获其利”。[45]

战争结束后，关于大量秘密瑞士银行账户、保险公司以及商业企业股份中包含的无人认领财产的问题，成为那些幸存者、受害者子女以及各类犹太人组织非常关心的事务。这些财产的所有者，很可能早已在“大屠杀”中遇害。此外，还存在大量纳粹及其胁从窃取的犹太人资产和黄金，其中有很多是从毒气室冤魂的口腔里拔下来的。1946 年，美国与瑞士签订《华盛顿协议》，要求瑞士政府拿出 2.5 亿瑞士法郎（合 5 810 万美元），纳入同盟国的“黄金总库”，用以抵补德国人存放在瑞士银行内的战争赃物。战争期间，很多国家的财政被德国侵略者洗劫一空，这笔钱将用来对这些国家进行赔偿。同盟国当时的估算是，在瑞士各家银行内，仍存放着价值约 18 亿至 35 亿美元的纳粹黄金。同盟国还要求瑞士政府清算德国存放在瑞士的资产，并拿出来与同盟国平分。作为报偿，同盟国答应不会冻结瑞士的资产，并将瑞士从同
357 盟国的贸易黑名单中剔除。考虑到战争期间瑞士从本国与德国的经济往来中获得的巨额利润，在同盟国的欧洲重建计划中，为其规定的总捐助份额为 8 600 万美元。为什么国际社会仅仅对瑞士施与这么一点点惩罚，就放过了这个国家？西方强国不但担心瑞士的资金被用作复兴欧洲纳粹运动之途，更重要的是，在冷战初露端倪之际，他们极度渴望将瑞士留在西方盟国的阵营之内。西方盟国对瑞士在欧洲重建中将扮演的关键性角色寄予厚望，当他们发现这个国家已开始与苏联大做生意之时，他们绝不愿意再加强其与克里姆林宫的经济纽带了。[46]

战争期间，有大量在瑞士银行拥有账户的匈牙利人和波兰人死亡，到 20 世纪五六十年代，各家银行又与这两国签订了一系列秘密协定，就无人认领的账户作出适度的补偿。然而，用于补偿的资金，有相当大的一部分来自“可能的大屠杀受害者所拥有的不活跃账户”。[47]当涉及“大屠杀”受害者及其家庭成员的债权问题时，瑞士的银行家们又使出了类似的欺诈诡计。实力强大而又讳如莫深的“瑞士银行协会”利用种种迷惑性、敷衍性的证明文件，千方百计地拒付“大屠杀”时代的资产索赔。最终，在成千上万的“大屠杀”受害者及其家庭提交的资产索赔申请中，真正得到瑞士各家银行受理的少之又少。直到 20 世纪 90 年代中期，这些银行竟称，他们能够定位的盗窃资产只有约 250 万美元。

不过，1994 年，当“世界犹太人大会”秘书长以色列·辛格拉比（Rabbi Israel

Singer)读完保罗·埃尔德曼(Paul Erdman，1932—2007)所著的名为《瑞士账户》一书时，情况终于开始发生改变。辛格拉比认定，是时候重新审视瑞士银行的“大屠杀”资产问题，并启动一项关于1933年至1945年间犹太人在瑞士银行户口内存款去向的调查了。1995年，“世界犹太人大会”主席埃德加·布朗夫曼(Edgar Bronfman，生于1929年)访问瑞士，并与一些显赫的瑞士银行家讨论以上问题。当年晚些时候，以色列的“犹太事务代办处”要求瑞士向幸存者及其家属全额退还“大屠杀”期间的资金。不到一个月后，瑞士的银行家们声称，他们突然发现了一笔总额为3 400万美元的战争资产，其中相当大的一部分可能就出自“大屠杀”受害者的账户。

1996年，在一位名叫阿方斯·达马托(Alfonse D'Amato，生于1937年)的参议员的主持下，美国国会启动了一次针对瑞士“黄金”问题的调查。同一年，由“美国联邦储备委员会”前主席保罗·沃尔克(Paul Volcker，生于1927年)为首，由“瑞士银行协会”、“世界犹太人赔偿协会”以及“世界犹太人大会”的代表组成了一个特别委员会，致力于解决神秘的犹太人瑞士银行资产问题。1996年底，瑞士议会又创建了一个特别的“瑞士——第二次世界大战专家独立委员会”，负责调查所有“大屠杀”期间瑞士与纳粹德国的金融和贸易交易。

在以上形势演进过程中，瑞士驻美国大使卡洛·雅格梅提(Carlo Jagmetti)在一封给本国政府的电报中警告道，与犹太人组织的谈判“是一场瑞士必须进行的战争——不论是在国内战场还是国际战场，而且，瑞士必须赢”。雅格梅提还写道：“如果你们以为那些犹太人和达马托参议员轻易就会满足(那就错了)，而你们希望做个交易以解决此事，这倒是看待此事的方式。”

尽管如此，雅格梅提还是警告本国政府，瑞士银行中的犹太人“大屠杀”资产问题，“将是一项长期事务”，并将“触发艰难的自我反省”。[48]

甚至当雅格梅提的以上评论还未公开之前，瑞士联邦总统帕斯卡尔·德拉米拉(Pascal Delamuraz，1936—1998)就已声称，“世界犹太人大会”在与“瑞士银行协会”的谈判中，正在使用“敲诈和勒索的手段”。他说，派驻双方会谈的一位名叫托马斯·鲍尔(Thomas Borer，生于1957年)的瑞士代表在最近的报告中暗示，目前存在一股“强大的政治意愿，试图动摇瑞士人的决心，逼迫我们妥协”，华盛顿和伦敦渴望“摧毁瑞士的金融核心实力”。[49]

事实上，至少根据“世界犹太人大会”的说法，沃尔克委员会的讨论是诚恳的，特 358
别是后来瑞士人提议建立一个“特别大屠杀基金”(约2.3亿至3亿美元)，用以对“大屠杀”受害者及其家属在瑞士失踪的资产作出赔偿。德拉米拉的言论令美国的犹太人领袖大为震惊，他们威胁要发动对瑞士银行的抵制运动。雅格梅提只得立即道歉，并宣布辞职。处于任期末尾的德拉米拉总统也作出同样的举动，不过不久他又出任瑞士的经济部长。

1997 年 1 月初，在位于苏黎世的“瑞士联合银行”一位名叫克里斯托弗·迈利(Christoph Meili，生于 1968 年)的夜班警卫发现了两卡车即将送交碎纸机器销毁的总账和相关档案。其中很多文件，很明显与“大屠杀”相关。迈利将这些文件全数拿给苏黎世的“以色列文化中心”，后者又将它们交给警方。迈利的发现一经见诸媒体，瑞士政府的相关机构立即启动了一次预备调查，以决定迈利的行为是否可能违反了关于银行保密制度的瑞士法律。迈利失去了工作，而且由于惧怕被起诉，只得逃往美国，后者允诺为他及其家人提供政治庇护。“瑞士联合银行”后来承认，这批文件可能确实与犹太人向瑞士银行的“大屠杀”索赔存在某些联系。

1997 年 1 月底，瑞士政府和“瑞士银行协会”终于同意，为了保持“瑞士的人道主义传统”，将为“大屠杀”受害者建立一笔特别基金。这笔基金最初的金额为 7 000 万美元，后来又增加到 1.92 亿美元。美国、英国和法国对此的反应是，宣布冻结剩余的价值 6 800 万美元(1997 年价值为 40 亿美元)的金条。这些金条都是德国人四处劫掠而来的，当时存储在纽约的联邦储备银行和英格兰银行，西方国家称这笔资金将可能用来补偿“大屠杀”受害者在战争期间的被盗资产。不到一个月之后，瑞士政府又宣布，将建立一个价值 47 亿美元的“瑞士团结基金会”，用以救助“大屠杀”及其他种族灭绝罪行的受害者。这笔资金主要来自瑞士黄金储备的替代消费和出售所得，不过，在这笔资金投入使用之前，必须先得到瑞士议会的批准，并经由全民公决通过。最终，虽然提案得到了议会的批准，但在 2002 年 9 月 22 日的公投中，以微弱的劣势遭到否决。

就在瑞士银行宣布为“大屠杀”受害者建立特别基金的几个月前，美国商务部副部长斯图尔特·E·埃森斯塔特(Stuart E.Eizenstat，生于 1943 年)公布了一份报告。这份报告是由比尔·克林顿(Bill Clinton，生于 1943 年)总统任命的一个特别委员会撰写的，旨在调研二战期间德国偷盗和掠夺的资产情况。《埃森斯塔特报告》严厉批评杜鲁门政府，尤其是国务院，谴责其在二战后未采取冻结瑞士资产的行动。报告称，美国当时的无所作为，使本国无法强迫瑞士，在解决纳粹黄金和其他资产问题上再进一步。报告还写道，瑞士人当然知道战争期间德国存放在本国银行内的黄金，都是从别的国家偷来的，不过也许他们并不知道，其中很多黄金竟然就直接掠取自“大屠杀”受害者。根据这份美国政府报告的估计，约有价值 50 亿美元的德国偷窃黄金，曾存放在瑞士银行。报告还涉及另一些国家——包括葡萄牙、西班牙、瑞典和土耳其，批判它们与纳粹德国的经济胁从关系，不过批判力度并不像对瑞士那么严厉。

1998 年 8 月 13 日，“瑞士信贷”与“瑞士联合银行”宣布，已与“世界犹太人大会”及此次针对瑞士银行的集体诉讼涉及的代理律师达成一个价值 12.5 亿美元的结算方案。不过结算方案制定出来三年之后，人们发现幸存者还未从中拿到一分钱。1999 年，10 万名“大屠杀”幸存者已从形形色色的独立瑞士人道主义基金会那里，分别得到了 500 至 1 200 美元的偿付。而这 12.5 亿美元的分配问题，将由位于纽约布鲁克林的联邦法院作出裁决，这里一直是针对瑞士银行的集体诉讼的受理法院。美 359
国地区法院纽约东区法院首席法官爱德华・R・科曼（Edward R. Korman，生于 1942 年）将负责审查和监督这笔资产的分配，而这日后将变成一场引发极大争议的法律斗争。

2000 年，科曼法官任命犹大・格里贝茨（Judah Gribetz，生于 1929 年）为特别专家，负责制定这批瑞士“黄金”的分配方案。格里贝茨在纽约，是一位杰出的代理律师，同时还是当地犹太人社团的领袖。他建议，预留出 8 亿美元，用以对那些“大屠杀”期间在瑞士银行持有存款的个人及其家属进行补偿。根据格里贝茨的估算，有 83.2 万至 96 万犹太人“大屠杀”幸存者仍然活在人世，除此之外还有大量的非犹太人幸存者。剩余的 4.5 亿美元将用于另外四类“大屠杀”受害者。“劫掠资产类”将获得 1 亿美元，不过格里贝茨称，此类支付必须基于提交的需求证明。还有 9 000 万美元将分配给犹太人“大屠杀”幸存者，另外 1 000 万美元则给予纳粹迫害下的其他受难者，比如罗姆人、“耶和华见证人派”、残疾人和同性恋者。除此之外，格里贝茨还建议，应给两类奴役劳工群体，发放部分瑞士黄金基金。由德国“记忆、负责与未来基金会”予以赔偿的一类奴役劳工每人将得到 1 000 美元。[50]二类奴役劳工则包括那些为一个“瑞士实体”工作的个人，他们将得到 500 至 1 000 美元不等的赔偿。

最终，这位特别专家建议，还应为一个“难民类”人群筹措一笔资金，这类人既包括那些被允许在瑞士定居者，也包括那些被虐待，或在边境地区被赶走的人。格里贝茨援引“专家独立委员会”1999 年的报告《纳粹时代的瑞士与难民》，称战争期间瑞士共接纳了 5 万名平民难民。还有 4 000 人遭遇驱逐出境或拒绝入境。[51]

科曼法官很快就批准了格里贝茨的方案。早先他已创建了一个“索赔决议法庭”，专门在“瑞士黄金结算”方案下处理索赔申诉。“索赔决议法庭”本来以为将收到 8.5 万份索赔申诉，然而，直到 2001 年 8 月，只有 3 万人提交了索赔申诉文件。而在这 3 万起索赔申诉中，与瑞士银行先前公布的 2.1 万“大屠杀”时代账户有直接联系的，只有 5 000 起。截至 2002 年，布鲁克林法院已向少数索赔者偿付了 1 000 万美元。虽然仍有数千索赔申诉有待裁决，然而很有可能的是，在这个瑞士黄金账户内将留下数亿美元，分配不出去。2004 年，格里贝茨又递交了一份报告，建议将过剩资产中的 75%，用于救济前苏联境内贫困的犹太人。这位特别专家的提议一出，以色列政府立即向该法庭提出书面抗议，一些“大屠杀”幸存者组织也表达了类似的反对立场，他们都认为这笔过剩资产应该更加平均地分配。到 2007 年，针对向“大屠杀”时代的瑞士银行账户资金提出索赔申诉的个人，“索赔决议法庭”共支付了 3.829 亿美元。除此之外，超过 17 万奴役劳工每人都得到了 1 450 美元赔偿。该法庭还向“难民类”索赔者偿付了 1 000 万美元，向其他生活艰苦的幸存者支付了 2.05 亿美元，这些人主要生活在前苏联及其东欧集团国家境内。[52]

就在以上行动的进展过程中，瑞士“专家独立委员会”发布了关于瑞士在第二次世界大战中所扮演角色的一系列报告中的最后一份。报告解释道，瑞士在战争中处于被德国、意大利及法国包围的境地，为了生存，不得不与轴心国集团保持密切的经济关系。对当时瑞士极易遭受攻击的脆弱处境，这份详尽而又颇具学术性的研究报
360 告表示了理解，然而，它也对如下问题表达了质疑：瑞士与德国的经济关系，是否已超越了“无法避免的妥协与国际合作”之间的界线。战争结束后，瑞士人在欧洲重建中又占据了关键和核心的经济地位，并且再一次，选择以同样实际的立场，看待自己所扮演的角色。这份报告对瑞士的战时难民政策，表达了强烈的批判，尤其是涉及犹太人和罗姆人的政策，称这些政策“与瑞士作为人道主义与开放国家的形象，构成了完全的反差”。“当然，瑞士人张开双臂欢迎外国人的钱进入本国，并以客户保护原则和银行保密政策对外国资产实施严密保护；然而，当那些试图从纳粹政权的剥削与迫害威胁中逃离出来的人，终于到达瑞士国界时，却往往遭遇拒绝入境。”

关于难民问题，这份报告继续写道：“中立的瑞士不但没能实践本国的立国标准，而且违背了基本的人道主义原则。”[53]“专家独立委员会”还批评了瑞士与德国的经济关系，以及一些瑞士公司采用德国式的种族与政治标准的意愿。报告写道，瑞士银行只关心各轴心国存在本行户头里的钱，而毫不在乎这些资产的出处。报告的结论是，瑞士“通常藏在自己的中立立场之后，而这样的中立，被错误地用来担当为一切行为辩解的借口——不论是其所有领域的决定，还是国家作为一个整体的毫无作为”。归根结底，瑞士之所以能在战争之外独善其身，根本原因是“同盟国的坚决斗争，以及这个国家的好运气”。[54]

土耳其

第一次世界大战之后，在奥斯曼帝国的废墟上，诞生了土耳其民族国家。在奥斯曼帝国之内，犹太族群享受着宽容的生活氛围，在1908年革命期间，有些犹太人甚至支持“青年土耳其人”运动，并由此奠定了现代土耳其的基础。然而可悲的是，在一战前夕及期间，社会上一直流传着这么一个说法——尤其是在英国人的圈子内，即1908年革命其实是犹太人与共济会会员共同策划的反对苏丹政权的阴谋。一战之后，随着奥斯曼帝国的崩溃，现代土耳其之父凯末尔·阿塔土尔克(Kemal Atatürk，1881—1938)尽心竭力地工作，试图将他一手打造的这个新祖国，从传统上僵硬、复杂的穆斯林政权，改造成一个世俗国家。犹太人和基督徒都获得了与伊斯兰教徒同等的权利，不过阿塔土尔克针对宗教教育的限制政策还是对犹太人的情感造成了严重的伤害。结果就是，在两战之间，犹太族群的文化生活大大地衰落了。1927年时，生活在土耳其国土上的犹太人超过8.1万人，到了二战结束之际，这个数字降到了约7.7万人。

1939年秋天，土耳其与英法签订了一个互助条约，并由此加强了本国的军事实力，同时得到一笔1 600万英镑(合345万美元)的贷款。作为回报，土耳其必须与英法“积极合作”，但不须介入与苏联的协同作战。1940年法国陷落，彻底改变了土耳其与同盟国的关系，果然在1941年，它就与德国签订了一份友好条约。尽管如此，在土耳其政治决策圈子的成员看来，尽一切可能避免参战，才是本国的头等大事。1943年以后，无论是同盟国还是轴心国，都加大了对土耳其的压力，试图迫使它加入本方阵营。伊斯麦特·伊诺努(Ismet İnönü，1884—1973)总统出于对苏联的惧怕，于1944年8月终止了与德国的外交关系，并于次年2月向德意志帝国宣战。[55]

战争期间，土耳其成为各种犹太人救援组织的活动中心，尤其是巴尔干地区的救援行动，更是将这个国家当作大本营。最重要的组织是“犹太事务代办处”，其运作范围遍布伊斯坦布尔、安卡拉、伊兹密尔和埃迪尔内。到1942年，伊斯坦布尔已成为“全欧洲犹太事务代办处的行动中心”，是很多犹太欧洲人“通往巴勒斯坦的桥梁”。[56]一年后，“犹太事务代办处”又在土耳其建立了本组织下属的“联合救援委员会”。可惜，由于土耳其政府一直拒绝承认该机构的合法性，而这就意味着“联合救 361
援委员会”无法将外汇带入或带出这个国家，所以这个机构的运作遭到重重阻碍。尽管如此，“联合救援委员会”还是能够充当东欧犹太人社团资金和信息的流通渠道；此外，它还提供前往巴勒斯坦的逃亡路径。从1944年3月至12月，仅仅通过合法渠道，“联合救援委员会”就成功地将5 250名犹太难民送往巴勒斯坦。据估计，

“大屠杀”期间，这个组织曾帮助至少 1 万名犹太难民逃出欧洲。

根据斯坦福・肖(Stanford Shaw)的统计，共有 16 474 名犹太人，曾将土耳其用作前往巴勒斯坦的入口，此外，战争期间，还有 7.5 万“非正式”难民曾经过土耳其前往其他国家。土耳其的“犹太事务代办处”曾为欧洲犹太人提供了总额为 523 547 英镑(合 129 912 美元)的救济款。此外，诸如“美国犹太人联合分配委员会”等美国的救济组织还向犹太难民分发了 21.5 万美元。在波兰积极参与此类救济款发放行动的人中，有一位就是奥斯卡・辛德勒。在 1942 年底，辛德勒就因善待犹太劳工而多获赞誉。这促使“布达佩斯救济与救援委员会”和“犹太事务代办处”都试图求得他的帮助，将信件和现金偷运进克拉科夫隔离区以及后来的普拉佐集中营，以便在黑市上为当地犹太人购买食物、药品和其他急需物品。辛德勒与“犹太事务代办处”最初的联系是通过鲁迪・塞德拉切克博士(Dr.Rudi Sedlacek)进行的，此人是维也纳的一名牙医，同时还为阿勃韦尔国防军谍报局工作。[57]乔尔・布兰说，塞德拉切克“是一名情报人员，他为谍报局同事们的所作所为感到羞愧。他希望比那些人表现得更好，在与我们的谈话中，他一直强调自己对其他谍报局特工的蔑视”。[58]

到 1942 年秋天，“布达佩斯救济与救援委员会”已接收了一大批来自波兰的犹太难民，因此极度迫切地需要资金来对他们实施援助。在班迪・格罗茨的协助下，他们与伊斯坦布尔的一些犹太复国主义者组织建立了联系，尤其是“犹太事务代办处”，后者决定建立一个“通讯员服务”部，与下属的“联合救援委员会”进行合作。[59]格罗茨还帮助“联合救援委员会”与布达佩斯的“国防军谍报局”建立了重要联络。根据布兰的说法：“这些人(指谍报局特工)不仅重建了我们与中立国的联络，还帮助我们与波兰、捷克斯洛伐克、德国本国以及其他德国占领区域内的犹太人社团架设了联系渠道。”[60]

土耳其的“犹太事务代办处”竭尽所能，对欧洲纳粹占领区的犹太人提供援助，以上联络就是其行动的一个有机组成部分。[61]“联合救援委员会”的首要目标之一，就是与中欧和东欧的犹太人社团保持联系。以色列未来的外交部长和首相摩西・夏里特(Moshe Sharett，1894—1965)，战争期间就曾见证过“联合救援委员会”的行动，并将该组织在伊斯坦布尔的行动，称为“透析敌方的窥视孔”。[62]“联合救援委员会”刚刚在伊斯坦布尔建立办公点之后，其工作人员就立即向德占东欧的犹太人发出数百封信，询问他们此刻的生存状态，以及需要何种形式的帮助。这些信最初通过普通的土耳其邮政系统投递，后来“联合救援委员会”则派遣专门的通讯员，将信带入纳粹统治区。一般情况下，这些通讯员都是卡车司机或商人，也有一些是外交官。连罗马教皇派驻安卡拉（当时的土耳其首都）的使节安杰洛·龙卡利（Angelo Roncalli），也就是未来的教皇约翰二十三世（1958—1963年在位），都与“联合救援委员会”建立了合作关系。当获悉纳粹集中营和灭绝营内的集体屠杀暴行之后，“联合救援委员会”向幸存者发出吊唁函，并希望后者能够继续提供关于当地情况的信息。他们还将集体屠杀的消息传递给英国政府，试图说服英国人放宽限制，允许更多的犹太人进入巴勒斯坦。通讯员的任务十分艰巨和关键，况且，诸如辛德勒这样的通讯员，他们做的事情，其实并不仅仅是在纳粹统治区域内外传递信件。他们还给被困犹太人带去食物、衣服和现金。给他们带钱，是因为“联合救援委员会”希望他们能在黑市买更多的食物和衣服，或者贿赂那些可能提供帮助的德国官员。[63]

奥斯卡·辛德勒和他克拉科夫艾玛利亚的犹太工人。美国大屠杀纪念博物馆提供图片。

“联合救援委员会”尤其致力于将德国和匈牙利的间谍招募为通讯员，寄希望于 362
这些双重间谍能为困在德国的犹太人提供帮助。其中一个，他们试图拉入本方阵营的间谍，就是奥斯卡·辛德勒。[64]塞德拉切克博士以一双慧眼，没花多长时间就看透了辛德勒的内质，并认定他将肯定愿意，为“布达佩斯救济与救援委员会”以及后来的“联合救援委员会”担当通讯员。作为考验，他先给了辛德勒 5 万帝国马克（合 11 905 美元）现金、一些信件以及口讯，请他传递给驻克拉科夫的“联合救援委员会”代表。当辛德勒精确地按指示完成此次任务后，“联合救援委员会”认定，此人是值得信赖的。[65]

在接下来的一年内，塞德拉切克六次或七次前去克拉科夫与辛德勒会面。他不但给克拉科夫普拉佐集中营内的犹太人带去现金，还带给他们来自巴勒斯坦的私人信件。莱斯佐·卡茨特纳博士（Dr.Reszo Kasztner）在 1946 年发布的《布达佩斯犹太人救援委员会报告：1942—1945 年》（*Der Bericht des Jüdischen Rettungskomitees aus Budapest*，1942—1945）中称，塞德拉切克在其三次克拉科夫之行中，共给辛德勒带去了“数十万帝国马克”。[66]辛德勒转而又把这些钱交给克拉科夫附属营区艾玛利亚的一位犹太医生——切伊姆·希尔弗斯坦博士（Dr.Chaim Hilfstein）。希尔弗斯坦后来告诉布兰，辛德勒“总是准时、准确地将这些钱分给”集中营内的犹太代表。[67]

随着“联合救援委员会”对辛德勒的品格和立场愈发信任，他们邀请后者来到布达佩斯，请他详细告知波兰占领区犹太人的悲惨处境。“联合救援委员会”不仅将辛德勒看作克拉科夫的领衔德国工业家之一，还将其当成重要的联系人。[68] 1943 年 11 月，在布达佩斯的“匈牙利人宾馆”，辛德勒见到了“联合救援委员会”的代表“施米尔”[即施米尔·施普林曼（Shmuel Springmann）]和“以色列”（即莱斯佐·卡茨特纳）。与辛德勒会面后，施普林曼和卡茨特纳向委员会递交了一份详尽的报告，名称为《X 先生的告白》（*Bekenntnisse des Herrn X*）。“X 先生”指的当然就是奥斯卡·辛德勒。报告作者写道，他们已与辛德勒见面，目的在于“发现真相”。他们说，他们尽量精确地记录下当时谈话的内容，而不添任何注解或评论。在报告的描述中，X 先生是一位“高大、金发、宽肩膀的男人”，大约四五十岁。辛德勒“来自敌方区域”，而他们试图从其口中获悉的，就是总督府境内犹太人的真实处境，他们究竟遭到了怎样的迫害。“在这个勉强能称得上‘客观’的观察者看来，在高墙之后，那个可怕的世界究竟是什么样子的？”当时房间里还有另一个人——一个“密使”（或称为“通讯员”），他给了辛德勒一个大包裹，里面装着“衣服、一些特别牌子的香烟盒和盥洗用
363 品”。根据施普林曼和卡茨特纳的说法，这些东西都是给那位党卫军头目的[指阿蒙·歌德（Amon Göth，1908—1946），此人为普拉佐地区大权在握而又腐败透顶的指挥官]，因为“两万犹太人的生死，都将由此人的意愿来决定”。[69]

辛德勒见到施普林曼和卡茨特纳的第一件事，是交给他们一些自己劳工营内的

犹太人给他们在巴勒斯坦的亲友写的信。双方先简单讨论了一下将物品运送给波兰犹太人囚犯的困难,然后他们向辛德勒询问当地的具体状况。辛德勒对“这巨大的悲剧”相当直言不讳,并将此描述为“德国人在欧洲犯下的一个政治错误”,还说,“脚蹬皮靴踩碎一个婴儿的头颅,这可不是体面的军事行为”。[70]

“联合救援委员会”又问,目前波兰还存留多少犹太人。辛德勒回答道,在波兰境内有约17座集中营,关押着22万至25万犹太人。除此之外,还有大致相同数量的犹太人要么藏匿着,要么以伪造的雅利安人身份证明文件生存,要么加入了游击队。施普林曼和卡茨特纳又问,德国官方是否已下达统一命令,要消灭欧洲境内的全体犹太人。如果存在此类命令,为什么还有那么多犹太人仍存活着?或另一方面说,如果不存在此类命令,为什么德国人已屠杀了那么多犹太人?辛德勒的回答是,他不认为存在此类命令:“我宁愿相信,造成大规模屠杀的原因是,每一个党卫军领袖,都希望在犹太人灭绝人数方面,超越其他指挥官。没人愿意被上级认为不积极工作,而损害自己的职业生涯。”[71]可是,辛德勒又补充道,有些党卫军士兵却自作主张。“上级的命令大概只是让他们消灭危险的或无用的犹太人,可他们执行起命令来,却使用了更加残暴的手段,造成更多的死亡,类似的手段他们在本国就已使用过。”[72]后来辛德勒将党卫军领袖描述为“带着兽性本能的原始人”,他们以前曾在达豪这样的集中营服役,在那里他们已变得“阴暗、野蛮”。[73]

令施普林曼和卡茨特纳难以相信的是,那些中阶党卫军军官在没有上级命令的情况下,竟然也能发动如此大规模的暴行。辛德勒说,也许某位上层人士已“下达了消灭令”,不过他认为,德国官方的目标并不是“彻底灭绝”。[74]然而,如果德国人真的打算彻底灭绝犹太种族呢,两位“联合救援委员会”的代表忧心忡忡地问道,那么现在被困波兰的犹太人,在这场战争中还有存活的机会吗?辛德勒对他们说,他可以肯定,现在仍活着的那些人都将熬过战争。他提到希姆莱于几周前的决定,终止对全波兰占领区奴役劳工营内的犹太裔劳工进行屠杀性攻击。辛德勒强调:“趋势是很明显的……有人希望保存这些犹太劳工。”他还说在过去的几个月间,“党卫军清算了一些小型营区,各地有劳动能力的犹太人都被集中在几个工业中心城市周边”。[75]

对辛德勒的上述言论,施普林曼和卡茨特纳表示怀疑,并想知道希姆莱的那个新命令是否会得到尊重。辛德勒对此的回答是:“某种程度上吧。”他继续解释道,一些党卫军军官还难以改变每天射杀10至100个犹太人的旧习惯。他还说,在军工厂劳动的犹太人所面临的处境,与隔离区内犹太人的前景,两者是有所不同的,因为前者在某种程度上还得到每个工厂的军方监督员的保护。[76]

施普林曼和卡茨特纳又问，自战争爆发以来，究竟已有多少犹太人被杀？辛德勒说这个问题很难回答，他唯一可以提供的数字，是自己从党卫军方面获得的——400万至450万。不过辛德勒又补充道，他认为这个数字被夸大了，因为党卫军似乎对此类数字颇感自豪。[77]鉴于以上情况，施普林曼和卡茨特纳最后问道，现在他们究竟能做些什么，来帮助德国占领区那些仍然存活的犹太同胞呢？辛德勒回答道，目前有三种可能的渠道："给他们可支配的钱、给他们包含食物和药品等物品的包裹、尝试劝说和感化党卫军指挥官。"[78]

364 辛德勒提到，从伊斯坦布尔通过布达佩斯，并试图送往克拉科夫的钱，其实很少能最终送到当地犹太人手里。不过，他向两位代表保证，这绝不意味着克拉科夫犹太人对"犹太事务代办处"的救济资金忘恩负义，事实上，这些钱"是一个伟大的赐福"。他们用这些钱买面粉，有时候还多买3 000至4 000个面包。这不仅增加了集中营囚犯的食物供给量，还迫使黑市面包价格大幅下降，原来一个面包130兹罗提（合40.65美元），现在已经降到了50兹罗提（合12.5美元）。辛德勒和他的伙伴，还在黑市上为那些打赤脚的工人，买了80双鞋。[79]

施普林曼和卡茨特纳还想知道，总督府境内是否还有儿童存活。辛德勒回答道："只剩下很少了……孩子确实是被灭绝了。"[80]根据他的估计，14岁以下儿童中约90%都已被"枪杀或者毒气处决"。不过，零星孩子"出于某些偶然情况"因而还活着，还有一些儿童得到某些"特别保护"或是"警察或'犹太保安警察'的子女"。[81]比如，他就认识一个犹太人，就是"犹太保安警察"的成员，而且"得到普拉佐商业办公室一位军方监督员的庇护"，所以他的两个孩子就没有被杀。"因此现在仍留在犹太人营区内的儿童，都是犹太警察的子女。"[82]

辛德勒还说，老年人的命运与孩子们的类似，尤其是50岁以上的人。集中营内的每一位老年人，都竭尽全力令自己看上去年轻一些，他们有的染发、有的化妆。不过，仍残活在营区内的犹太人，绝大多数处于14至50岁之间。[83]辛德勒对关于年龄和幸存者的问题十分敏感。他说，自战争爆发后，他将他的工人的很多老年父母，也雇佣到自己的工厂中来，"甚至有些人都已经丧失了劳动能力"。[84]虽然其实根本不需要，1942年和1943年，他还是设法又新招募了200至300名工人，为每个工人，他每天都须向党卫军支付5兹罗提（合1.56美元）的高额使用费，因为他"必须让对方以为，我的工厂一直处于缺乏劳动力的状态"。根据辛德勒自己的估计，战争爆发至今，为这些根本不符合受雇条件的犹太裔劳工，他已花了72万兹罗提（合22.5万美元）。[85]

接下来施普林曼和卡茨特纳试图获悉的，是仍存活的犹太人在波兰所处的方位。辛德勒说他们大部分在奥斯维辛。他估计奥斯维辛仍关押着 8 万犹太人，但不知道数十万被驱逐到那里的人中，究竟有多少还活着。令人惊异的是，辛德勒提供的数字基本上是准确的。奥斯维辛集中营的记录显示，在 1943 年 12 月 31 日这一天，在奥斯维辛一号、二号（比克瑙）和三号（布纳/莫诺维兹），共关押着 85 298 名囚犯（其中 55 785 名男性、29 513 名女性）。施普林曼和卡茨特纳对辛德勒说，他们曾听说奥斯维辛是一座“灭绝营”。辛德勒说这很有可能，尤其对那些“老年人和儿童来说”。他又补充道，自己曾听说犹太人在那里“被送进毒气室，死后再焚尸灭迹”。他认为，德国人“为了避免类似‘卡廷大屠杀’的事件，已开发出一套严密运作的体系”。“卡廷大屠杀”指的是 1940 年春天，苏联在卡廷森林处决并埋葬 1.5 万波兰军官的暴行。[86]

施普林曼和卡茨特纳都想知道，犹太人逃亡成功的可能性有多大。辛德勒回答说，由于所有集中营“看守都极其严密”，所以逃跑将十分困难。“犹太保安警察”也不想“拿自己的职业和地位冒险”，为了阻止逃亡行动，他们往往一天点两三次名，并确保每个囚犯都在。还有一个更严重的问题是，犹太人内部的“告密者”（Konfidenten），他们才是“威胁最大的”。辛德勒指出，在总督府境内，他得应付五级警察部门：盖世太保、德国警察、波兰警察、乌克兰民兵以及犹太保安警察，而且他们并不都是 365
能够成功贿赂的。[87]他解释道，唯一可能逃出波兰的犹太人，就是那些住在集中营区之外的。比如说，他曾听说 18 名极其富有的犹太人收买一位“德国劳工阵线”的卡车司机，把他们带到斯洛伐克边境。那个司机把他们藏在卡车的夹层里，但在边境被阻、接受检查时，事情还是败露了，这些犹太人全部被拘留。其中 16 人被就地处决，剩下的两人则被送回波兰。辛德勒说活下来的两个人都是告密者。而且他知道几百桩类似的失败逃亡企图。[88]

辛德勒补充道，你们也许可以设法救出一些人，但只能三三两两地救，而且必须经过长期周密的准备。如果事实如此，两位“联合救援委员会”代表问道，总督府境内的犹太人有足够的钱实施自救吗？或者，他们“能以其他的方式实施自救吗”？辛德勒解释道，有些犹太人确实曾藏了很多钱。他提到，最近党卫军以处死惩罚相威胁，在艾玛利亚进行了一次搜身行动，结果发现“六个大洗衣篮的黄金、美元、钻石、金表、兹罗提现钞等等”。[89]他们把这些东西全部掠走，连一份收据都没留下。这些东西送到歌德家后，其中三分之一就“灰飞烟灭了”，意思就是被歌德中饱私囊了。

剩余的三分之二则移交给总督府的党卫军集中营基金。尽管如此，辛德勒承认，只有极少数犹太人拥有“藏匿财产”，而且大多数藏钱的地方，现在他们已经去不了了。所以，“犹太事务代办处”向普拉佐和艾玛利亚的犹太人提供财政援助，将十分关键。[90]施普林曼和卡茨特纳接下来就想知道，是否可以通过说服和感化党卫军头目，来帮助波兰犹太人。可是对这个问题，辛德勒一直没作出正面回答。

在施普林曼和卡茨特纳与辛德勒这次漫长的会面的最后时刻，他们问起关于1943年华沙隔离区犹太人起义的情况。辛德勒说，他曾听说犹太人确实建立了一个自卫组织，“他们铺设水泥脱轨器破坏火车运输，修筑自己的燃料库，从意大利和德国士兵那里购买枪支并处决可能出卖他们的可疑犹太人”。[91]根据辛德勒的估计，在起义爆发时，隔离区内共生活着约12万至15万犹太人。整个起义持续了约两到三周，并且构成“波兰犹太人（历史上）英勇的一章”，“当一切看起来都陷入绝望境地之时，他们搏命一击，希望拯救波兰犹太人的荣光”。[92]辛德勒还告诉施普林曼和卡茨特纳，在战斗中，约有五万犹太人从沿维斯瓦河的隔离区中逃了出来。他不知道这些逃亡者后来怎么样了。不过，他曾听说，曾有一些犹太女孩在坦克内使用0.8口径的左轮手枪射击。数万犹太人在起义中牺牲，隔离区也被夷为平地，“价值连城的大量贵重物品”也随之化为灰烬。辛德勒提到，当时一个国际组织（波兰红十字会）正在前往卡廷调查苏军大屠杀的途中，他们在报告中写道，能够听到远方传来的枪声，并看到隔离区方向的火光。[93]很明显，辛德勒对这次起义的描述并不完全准确，不过这至少表明，他仍与党卫军和德国国防军保持着密切的联系。

在三人关于如何帮助波兰犹太人的讨论中，施普林曼和卡茨特纳曾问辛德勒，他是否有可能前去土耳其，与当地“犹太事务代办处”合作，“将波兰犹太人当前的遭遇，以及党卫军种种政策（隔离区的清算、灭绝营的开设等）的可怕后果，告知那些显赫要员”。[94]他们特别提到，如果有可能的话，将安排辛德勒与美国驻土耳其大使劳伦斯·斯坦因哈特（Lawrence Steinhardt，1892—1950）见面。[95]不过，辛德勒的计划中的土耳其之行从来未能变成现实。

366 虽然在“大屠杀”期间，土耳其在犹太人救援行动中扮演了十分重要的角色，然而，后来被以色列大屠杀纪念馆授予“民族义人”称号的土耳其人，却只有一位——塞拉哈廷·乌尔库曼（Selahâttin Ülkümen，1914—2003）。乌尔库曼是土耳其派驻希腊罗兹岛的领事。1941年春天，罗兹岛被德军占领。到1944年夏，盖世太保开始陆续将岛上的1 700名犹太人驱逐至奥斯维辛。乌尔库曼找到当地军事长官乌尔里希·克勒曼（Ulrich Kleeman，1892—1963）中将，要求后者释放15名拥有土耳其国籍的犹太人及其家属。克勒曼问这 15 个人的家属是否土耳其公民，乌尔库曼撒谎了，给出了肯定的答复。当克勒曼抵制乌尔库曼的要求时，乌尔库曼威胁道，他拒绝释放土耳其犹太人的行动，将可能导致一起“严重的国际事件”。他还说，在土耳其，“并不会对犹太人、基督徒和穆斯林公民区别对待”。[96]后来，虽然克勒曼最终同意释放这 15 名犹太人及其家属，但规定他们不得离开罗兹岛，还时不时派人去骚扰他们。作为报复，德国人还炸毁了当地的土耳其领事馆，很多人因此丧命，其中包括乌尔库曼身怀六甲的妻子茉瑞妮莎。1945 年 1 月初，就在国际红十字会访问罗兹岛前夕，克勒曼将这批犹太人送到乌尔库曼处。在乌尔库曼的安排下，这批人乘坐小船，经过一段很短的航程，安全抵达土耳其。

梵蒂冈

在“大屠杀”研究中，梵蒂冈的作用，尤其是教皇庇护十二世（1939—1958 年在位）曾扮演的角色，是最具争议性的问题之一。在某种程度上，这个问题的核心是罗马天主教会的立场，及其与贝尼托·墨索里尼的意大利的关系。1870 年，教皇庇护九世(Pope Pius IX，1846—1878 年在位)拒绝承认意大利对罗马城的占领，而在接下来的 59 年间，教廷官方一直自视为被困顿在梵蒂冈城内的囚徒。这一切都在 1929 年发生了改变。这一年，墨索里尼与教皇庇护十一世(Pope Pius XI，1922—1939 年在位)签署《拉特兰协定》，终于完成了已拖延数十年之久的教廷—国家和解。很多持保守立场的罗马天主教徒，早就被墨索里尼那意大利民族主义和反共产主义的混合理念迷住了，因此他们也支持他攫取政权的行动。就在墨索里尼 1922 年当上总理后不久，他就做出姿态，着手在公立学校中逐渐恢复罗马天主教的势力，同时加强天主教神职人员的社会身份。《拉特兰协定》还解决了长期以来的罗马天主教会财政损失问题，并承认梵蒂冈的独立地位。最重要的是，这份政教协定废除了意大利战前的多部反教会立法，并在很大程度上，将罗马天主教会在整个意大利社会内的地位，恢复到了 1860 年(意大利统一运动爆发的年份)之前的水平。韦布斯特(R.A.Webster)认为，《拉特兰协定》使法西斯意大利“变成了一个宗教国家，这在当代欧洲大国中是十分独特的”。[97]

在与墨索里尼政权的新型关系中，尽管罗马天主教会收获了极大的利益，然而，为了自己的新身份，教廷也付出了高昂的道德代价。在这个问题上，杰莫洛(A.C.Jemolo)写道，在这份政教条约的很多方面，罗马天主教会其实都是输家：正由于它与墨索里尼法西斯政府的特殊关系，与其军国主义倾向及其反教权主义内核的纽带，致使罗马教廷在日后面对不断升级的“大屠杀”暴行时，根本无法公开、坚定地表示反对。[98]

尽管如此，当墨索里尼在1938年启动反犹运动时，还是对罗马教廷有所忌惮，因为毕竟，至少在意大利本土，梵蒂冈仍保持着一股相当强大的道德势力。“大屠杀”期间，在所有罗马天主教占主导地位的欧洲国家，面对犹太人的悲惨境遇，梵蒂冈和天主教会究竟采取何种道德立场，完全取决于两个人的态度——一位是教皇庇护十一世，另一位是教皇庇护十二世。庇护十一世曾对德国不断升级的反犹主义暴力运动表示过关注，后来面对在整个欧洲范围内蔓延的同样倾向，庇护十一世也只是随大流似地泛泛抗议了之。1937年，庇护十一世在其通谕性质的《灼热的忧虑》中
367 攻击德国人的做法。后来，有人把《灼热的忧虑》偷偷带进德国，并在当年的圣枝主日①礼拜中宣读。这一次，庇护十一世严厉批评希特勒的种族主义臆想，及其对罗马教廷的亵渎和攻击。当然纳粹党也对《灼热的忧虑》发动了激烈的反击，称之“试图发动一场反对德意志帝国的战争”。[99]

第二年，教皇又对墨索里尼的《种族科学家宣言》表达了谴责，并号召罗马天主教徒起而对抗。他对一群年轻人说，教会清楚地意识到，“种族主义与夸大了的民族主义，正在人与人之间、民族与民族之间、种族与种族之间架设藩篱”。[100]就在1939年庇护十一世去世前夕，这位教皇还在准备一份名为《人类种族团结》的新通谕，并在其中再次攻击种族主义与反犹主义。虽然这份通谕延续了传统天主教会的立场——在大多数情况下拒绝犹太人皈依基督教，这在很多学者看来是教会软弱性和妥协性的体现，然而，由于它谴责种族主义和反犹主义，因此仍是一份非常重要的教皇文件。这份通谕完成后不久，老教皇就与世长辞了，他的继任者庇护十二世，正试图改善梵蒂冈与纳粹德国之间的关系，因此决定暂时不发布这份通谕。

庇护十二世于1939年3月2日正式加冕为教皇，从此开始了他作为近代教会史上最富争议教皇的生涯。从1920年至1929年，他曾担任驻魏玛德国的教廷大使。1929年晋升为枢机主教，并很快当上梵蒂冈的秘书长——这个职位，令他在教廷与纳粹德国之间就《政教协定》的谈判中，扮演了非常关键的角色。然而，与意大利的《拉特兰协定》一样，罗马天主教会的《政教协定》也作出了重大妥协，并由此失去了本身道德上的自主地位。克劳斯·爱泼斯坦(Klaus Epstein)对此的评论是：“那个

① 又称“棕枝主日”、“耶稣受难主日”等，因耶稣在本周被出卖、审判，最后被钉上十字架，这一天是主复活日前的主日，标志着圣周的开始，为罗马天主教会、圣公会、东正教等各派纪念的节日。——译者注

曾经强大的政治性天主教,现在只剩下了一个千疮百孔的空壳——这是半个世纪以来的软弱表现、机会主义以及对民主制度和代议制政府缺乏忠诚的必然结果。”[101]

尽管如此,我们十分有必要将这份协定放入当时的历史背景下进行考察。一开始,庇护十二世并非一个反犹主义者。在他的心目中,永远处于第一位的考虑,就是教会在欧洲的命运。这位未来的教皇还深受英法绥靖政策的影响,倾向于无视纳粹主义的罪恶,并将阿道夫·希特勒看作一个可用理性考量的政治家。而且,在最初与墨索里尼,后来与德国的关系中,他还十分担心教廷的立场可能产生的严重后果。另一个担忧是共产主义。索尔·弗里德兰德(Saul Friedländer)坚称,最令庇护十二世惧怕的是欧洲的“布尔什维克化”,并寄希望于德国一旦成功修复其与同盟国之间的关系,他们就能共同抗击无神论者统治的苏联。不过,何塞·M·桑切斯(José M. Sánchez)对此说法并不认可。[102]新教皇还担心梵蒂冈的立场可能疏离欧洲的罗马天主教徒,或者伤害他们的情感。战争期间,庇护十二世曾接受一家名为《罗马观察家报》的梵蒂冈报纸的采访。当被问及是否将采取行动,保护犹太人免遭灭绝时,这位教皇回答道:“亲爱的朋友,别忘记了,有数百万天主教徒在德国军队中服役。难道我应该将他们拉进可怕的自我良心冲突中吗?”[103]

在整个欧洲都在寻求公正之时,教皇庇护十二世未能以某种更强有力的方式运用其巨大的道德权威,这就使“大屠杀”悲剧愈发升级。最终,在纳粹和法西斯意识形态统治之下的欧洲,面对强烈的反基督教倾向,庇护十二世出于保护和保存教会的强烈愿望,终于坚定了在道德上保持中立的决心。

鉴于上述因素,随着犹太人和其他族群所遭受的迫害不断升级,如果庇护十一世和庇护十二世能发出抗议言论,究竟又会不会发挥作用呢?答案当然是肯定的。在纳粹和法西斯迫害犹太人、罗姆人和其他族群的问题上,如果教廷能保持一个强烈的反对立场,它就能为自由世界的其他领导人创造一个道德基础,使他们更容易站出来公开抵制那些暴行。苏珊·祖可蒂就曾写道,庇护十二世:

> 是数百万天主教徒的领袖。教徒们一直以来接受的教育就是,教皇是高于 368
> 一切的,是自己精神与道德的指导与楷模。全世界还都将他视为道德原则的象征和代言人。他在第二次世界大战中必须承担引导和指教大众的责任,他的责任比那些政治家、政客、外交官、士兵、慈善家以及低阶的基督教牧师和神父都重大得多。当600万犹太人被迫背井离乡、被塞进火车、驱逐至无名的荒蛮之地,然后在深沟前被枪杀,或被送进毒气室,最后在焚尸工厂里化为灰烬之时,所有人——不论男女、不论其宗教信仰——都转而盯着他,等待他的一句话、一

个信号、一个指示。当6 746名意大利犹太人也被送往北方,加入他们同胞的悲惨命运时,在这位教皇的祖国,人们同样转而盯着他,等待他的表率行动。然而,人们什么都没有等到。[104]

在大德意志帝国境内、在意大利、在其他纳粹控制的欧洲国家,面对犹太人和其他少数族群遭受的残酷迫害,梵蒂冈未能发动一场强大的道德运动予以抵抗。然而,这并不意味着罗马教廷未采取行动帮助犹太人,也不意味着它曾试图阻止罗马天主教徒个人,向"大屠杀"受害者施予人身救援和道德支持。尽管如此,在各类书面作品和演讲中,庇护十二世的确极少特别提到犹太人,他总是拐弯抹角、隐晦间接地处理犹太人和其他族群面临的困境。在很多人看来,梵蒂冈方面唯一关心、唯一愿意施予援手的族群,就是那些已经皈依罗马天主教的犹太人。

不过在另一方面,不论是"大屠杀"幸存者的回忆录,还是其法庭证词,却充满了形形色色的罗马天主教徒、神父和修女等人,向他们施救的故事。当维尔纽斯大学图书馆管理员翁娜·希米阿特(Ona Simiate, 1899—1970)获悉犹太人遭遇虐待的信息后,她感到无比痛苦,经常夜不能寐:"我简直为自己不是犹太人感到羞愧。我知道这(指帮助犹太人的行动)有多危险,但我不在乎。有一股比我本身强大得多的力量,正在发生作用。"[105]她对当局说,需要从曾经在维尔纽斯大学就读的犹太学生那里,索回他们借出去的书,因此为理由,她终于获准进入维尔纳隔离区。事实上,一进入隔离区,她就立即开始从"依浮意第绪语研究所"搜集尽可能多的书,然后把它们拿出隔离区藏匿起来。她还为隔离区内的朋友带去食物、药品和其他所需之物。翁娜还帮助藏匿那些成功逃出隔离区的犹太人。在她自己的公寓内,就藏着一个名叫塔尼娅·斯特恩塔尔(Tanya Sterntal)的10岁小女孩,"就像这个不幸孩子的亲生母亲一般"无微不至地照顾她。[106]德国人对她的行为已侦查多日了。1944年她最终被捕,并遭到残酷的折磨,脊椎都被打断了。她在图书馆的朋友想方设法贿赂警方,终于令她捡回了一条命。希米阿特被送往达豪集中营,后来又去了法国。在维尔纳,她为当地犹太人做了那么多,但她一直拒绝因此接受任何奖赏,不过最终,以色列大屠杀纪念馆还是授予她"民族义人"称号。塔尼娅·斯特恩塔尔在一份对以色列大屠杀纪念馆的声明中写道,翁娜是那种特别的人,她"急切地想要施予,但却不愿意获取"。在翁娜心目中,"大屠杀"的真正英雄不是自己,而是犹太民族。阿巴·科夫纳称:"即使只有十个人配得到'民族义人'的赞誉,翁娜·希米阿特也绝对是其中之一。"[107]

在法国里昂,耶稣会教士皮埃尔·查莱特神父(Father Pierre Chaillet, 1900—

1972)曾积极参与当地的抵抗运动,并负责地下报纸《基督教箴言信笺报》的出版工作。此外,他还抽出时间,专门去大街上寻找犹太孤儿。有一天,他在一个地窖里发现了四名犹太儿童,“半死不活、因恐惧而瑟瑟发抖”。[108]他把这四个孩子带回当地的一座修道院,那里已经藏着数百名犹太孤儿了。此外,他还从警察局等地救出了很多犹太儿童。他为这些孩子搞到一些假的身份证明文件,并建立了一个由愿意藏匿他们的家庭组成的行动网络。1942 年 9 月,维希政府命令查莱特神父交出 120 名犹太儿童,用以驱逐。他严厉拒绝并因此被捕。与此同时,这些被通缉捉拿的儿童 369
都藏匿在当地村民家中。查莱特神父的行动得到里昂枢机大主教皮埃尔·马里·热利耶(Pierre Marie Gerlier, 1880—1965)的支持,后者的犹太事务顾问、一位皈依罗马天主教的乌克兰犹太人——亚历山大·格拉斯伯格神父(Abbé Alexandre Glasburg, 1902—1981)也对查莱特神父的行动持赞同态度。除此之外,格拉斯伯格神父还从韦尼雪居留营救出了 180 名儿童,使他们免遭驱逐厄运。大屠杀终结之后,在一次访问中,格拉斯伯格神父说道:“我不是个英雄。我从未做出过什么英勇事迹。我拯救的那 2 000 名犹太人……仅仅是沧海一粟。600 万犹太人惨遭屠杀。如果我们有更多的钱,我们本应能救更多的人。”[109]

伊琳娜·森德勒洛娃。马里乌斯·库比克(Mariusz Kubik)摄。

在波兰,时至今日,人们还在谈论一位波兰的奥斯卡·辛德勒。她的名字叫伊琳娜·森德勒洛娃(Irena Sendlerowa,生于 1910 年①)。伊琳娜是“扎高塔”组织的成员,这个名称是波兰地下组织“犹太人救助委员会”的代号。“扎高塔”的成员多来自罗马天主教会,或者一些犹太人组织,他们的共同点就是“对我们的同胞公民——犹太人,遭受的残暴对待,无法保持漠不关心的态度”。[110]“扎高塔”自 1942 年建立之后,通过提供假身份证明文件和资金,以帮助犹太人冒充波兰基督徒生活在总督府境内,拯救了 4 000 名犹太人的生命。“犹太民族委员会”与“犹太人战斗组织”密切合作,又保护了另外 5 600 名犹太人免遭厄运。此外,“犹太人劳工同盟”

① 伊琳娜·森德勒洛娃于 2008 年 5 月 12 日在波兰华沙去世。——译者注

还藏匿了1 500人。总体而言，在 28 000 名藏匿在华沙隔离区之外的犹太人中，三分之一都得到以上三个组织的照管，他们的工作还涉及 1 000 名总督府其他地区的犹太人。波兰人藏匿犹太人是非法的，如果暴露就意味着死刑的惩罚。据估计，大屠杀期间，在20 万曾帮助藏匿犹太人的波兰人中，有 700 人被德国人抓获并处以极刑。

伊琳娜·森德勒洛娃负责在华沙藏匿犹太儿童。她将这些孩子中的大多数送往寄养家庭，或者藏在罗马天主教女修道院和孤儿院。战争爆发时，她正为华沙市社会救济局工作。纳粹及其胁从的暴行令她震惊不已。伊琳娜曾经假造文件照顾赤贫的犹太人，并最终将 3 000 名犹太人置于自己的羽翼之下，不过到 1940 年秋天，当华沙隔离区开设的时候，他们中的大多数都被强制关入。她与朱利安·格罗贝尔尼(Julian Grobelny，代号为“特洛伊人”，1893—1944)建立了密切的合作，而且此人正是“扎高塔”组织背后的推动力量。虽然饱受结核病的困扰和盖世太保的通缉，“特洛伊人”却“总是想着他人，从没想过自己，特别是在救援犹太儿童这项事业上”。[111]伊琳娜化名为“约兰塔”，她的另一位亲密战友叫伊琳娜·舒茨(Irena Schutz)，后者从华沙卫生及流行病办公室获得非法文件，令两位女性每天都能进入隔离区。在隔离区内，“约兰塔”总是佩戴着一颗大卫星，这不仅是为了混人耳目，同时还为了“表示与隔离区民众的团结一致”。[112]

某一天，伊琳娜偶然遇到雅努什·柯扎克博士，正领着他的孤儿院的孩子们前往隔离区的乌姆斯约广场。眼前的景象令她遭受严重的精神创伤：“我几乎都没法走回家，而回到家后，我一直处于一种神经性休克的状态，以至于我母亲不得不叫来
370 医生。”[113]伊琳娜现在意识到，“扎高塔”必须竭尽所能拯救犹太人。他们通过秘密渠道，将儿童偷送出隔离区。然后这些孩子被迅即送往一些特殊的“安全”公寓，然后再分送至各个波兰家庭。这些波兰家庭很多都“很贫穷，一家人挤在一间小公寓里”，并且“还有自己的孩子”。这些家庭：

> 不仅给予极大的协助，无私、热情地全身心奉献于这项事业，而且，对这些曾生活在人间地狱中的孩子，他们都给予爱心与温暖。在这些拥挤不堪的地下室和阁楼房间里……在那些劳动阶级妇女布满老茧的双手的爱抚下，那些在隔离区饱受虐待的孩子，他们冰冻的心开始融化，刚到来时他们的双眼还充满恐惧，如今则开始以不同的目光看待这个世界。[114]

“扎高塔”为这些藏匿的孩子提供医疗服务，在力所能及的时候，还给这些家庭一些钱，帮助他们支付医食所需。很多孩子由于长期营养不良、生活环境肮脏而体弱多病，因此必须接受特殊的治疗。还有一些孩子身体状况极差，人们只好将他们

送往特别的罗马天主教庇护所或诸如“圣玛丽之家”这样的女修道院，以便接受特殊治疗。“扎高塔”还与“犹太人战斗组织”合作，试图救援成年犹太人，特别是那些每天在隔离区外参加强制劳动的人。“扎高塔”向“犹太人战斗组织”提供一些安全住所的地址，以备从隔离区逃出来的成年人藏匿。一旦进入安全住所，这些逃亡者就能得到仿造的雅利安人身份文件，并混进当地的波兰人社区。

“扎高塔”还尝试为藏匿在波兰家庭中的女性逃亡者寻找工作。不过她们的行为必须万分小心，举手投足都必须表现得像一个优秀的天主教徒。“扎高塔”教给她们“十诫”、罗马天主教的祈祷文，并向她们分发罗马天主教的弥撒经书和圆形大奖章。在奥特沃克，一位年轻犹太妇女被派去给一个波兰警察家庭当女佣。她看起来“每一英寸都是个雅利安人”，并在工作方面表现得极其出色。主人家庭对她大加赞赏，唯一的挑剔就是她“去教堂过于频繁了”。于是伊琳娜与这位年轻妇女取得联系，劝告她不能表现得过于“虔诚”。

盖世太保于 1943 年秋天逮捕了伊琳娜，并将她送往帕菲雅克。这里是一座沙皇时代建造的监狱，德国占领波兰后则为盖世太保所用。伊琳娜在那里遭到残酷的拷打和审讯。不过，朱利安·格罗贝尔尼通过某种方式贿赂了负责她案子的盖世太保官员，后者释放了伊琳娜。当天晚些时候，全华沙都贴出通告，公布那些刚刚因叛国罪被处死的罪犯名单，伊琳娜的名字赫然在列。当贿赂和私放事件败露之后，盖世太保开始四处搜寻伊琳娜。幸运的是，她逃脱了德国人的搜索网并藏匿起来。后来，当她丈夫被送进集中营后，她“就将全部精力……投入‘犹太人救助委员会’(即‘扎高塔’)的工作”。[115]

大屠杀期间，诸如伊琳娜·森德勒洛娃这样的罗马天主教徒以及很多其他教派的基督徒，为拯救犹太人付出了巨大的努力。然而在战后，他们的努力却并未得到相应的承认和感激。另一方面，教皇庇护十二世却受到广泛一致的赞誉，理由是“圣座对意大利犹太人、尤其是罗马犹太人社区的儿童、妇女和老人所慷慨施与的巨大的善行与无可比拟的慈悲”。[116]“世界犹太人大会”为对教皇的行动表示感谢，向他的慈善项目捐献了 2 万美元。当庇护十二世 1958 年去世时，时任以色列外交部长的果尔达·梅厄夫人(Golda Meier，1898—1978)，向梵蒂冈发去了以下的信息：“我们共同承受这一人类的悲痛……在纳粹恐怖统治的十年间，当可怕的灾难降临到我们的民族之上时，教皇站出来为受害者振臂高呼。他那饱含伟大道德真理的呐喊，在持续不断的冲突和骚乱中，使我们这个时代的生命变得充实。在此，我们深切哀悼一位伟大的和平公仆。”[117]教皇去世后不久，在一场纽约爱乐乐团的音乐会期间，伦纳德·伯恩斯坦(Leonard Bernstein)“请众人静默一刻，为一位极端伟大的人——

教皇庇护十二世——的离去默哀”。[118]

371 不过，到20世纪60年代初，随着罗尔夫·霍赫胡特（Rolf Hochhuth，生于1931年）饱受争议的剧作《代理人：一名基督徒的悲剧》（*Der Stellvertreterer*：*Ein christliches Trauerspiel*）的问世，教皇庇护十二世的光辉形象开始逐渐黯淡。霍赫胡特在这部剧作中，抨击庇护十二世在大屠杀期间拒绝站出来保护受害者。最近，一位名叫伊万·米哈伊·帕切帕（Ion Mihai Pacepa）的前罗马尼亚情报部门官员，则指责《代理人》实际上是一个克格勃制造的巨大阴谋的组成部分，目的在于诋毁庇护十二世及罗马天主教会。[119]霍赫胡特将他的剧作献给马克西米连·科尔伯神父（Father Maximilian Kolbe，1894—1941）和伯纳德·李希滕贝格牧师（Provost Bernhard Lichtenberg，1875—1943）。科尔伯是一位来自罗兹的方济各派教士，在华沙附近运营着一座宗教中心。由于帮助难民，他曾多次被德国人逮捕。不过，科尔伯神父之所以享有盛名，主要是因为他心甘情愿地替奥斯维辛的另一位囚犯赴死。到1971年，有人对科尔伯神父那宣福式的英勇行为提出质疑，因为他们发现，科尔伯竟然是一个反犹主义者，并将伪造的《锡安长老议定书》视为箴言。他曾写过关于“堕落的犹太人—共济会报界”的内容，并声称《塔木德》“充斥着对基督和基督徒的憎恨”。科尔伯还认为大屠杀是上帝对犹太民族罪行的惩罚。[120]1982年，教皇约翰·保罗二世以“慈善殉道者”的名义将他封为圣徒。

与科尔伯相反，伯纳德·李希滕贝格却是一名真正的英雄人物，并在最近获得以色列大屠杀纪念馆授予的“民族义人”称号。不论是担任郊区牧师期间，还是后来成为柏林圣海德维格大教堂的教长牧师之后，李希滕贝格一直都是纳粹行为的坚定批判者。希特勒掌权后不久，面对一波又一波对犹太人的迫害，他开始参与各项阻止和反对行动。1933年，莱因哈德·海因里希曾对他提起诉讼，不过没有成功。后来，李希滕贝格又强烈声讨伊斯特维根集中营内犹太人遭受的非人待遇，以至于党卫军派驻该集中营的监察官西奥多·艾克要求将李希滕贝格置于“保护性监禁”之下。在“水晶之夜”之后的一次宗教集会上，李希滕贝格发表演讲道：“我们知道昨天发生了什么。我们不知道明天将会发生什么。然而，我们对今天发生的事情却有所感知。在外面，犹太教会堂在燃烧。那里同样也是上帝的居所啊。”[121]

从此以后，李希滕贝格开始每天为犹太人和基督徒举行公开祈祷。1940年，在与一位名叫卡尔·亚当（Karl Adam，1876—1966）的罗马天主教神学家的辩论中，李希滕贝格说：“民族共同体的理念不是基督教性质的，‘圣灵前往哪里完全由它自己的意愿决定，而无关对象的民族属性。’”[122]一年后，盖世太保逮捕了李希滕贝格，并以攻击国家和纳粹党的罪名将他送上法庭。在搜查李希滕贝格的公寓时，盖世太保特工发现了一份布道文的副本，这是他准备在下一次礼拜中使用的。这份布道文写着："民族社会主义者的神学体系，与天主教会的教义和诫命互不相容。"[123]

后来，李希滕贝格的罪名成立，并被判处两年监禁。他的主教——康拉德·冯·普莱辛格(Konrad von Preysing，1880—1950)——将李希滕贝格被定罪的事宜告知了梵蒂冈，但庇护十二世却拒绝干预此事。普莱辛格力所能及的最大范围，就是说服盖世太保允许李希滕贝格在刑满释放后重获人身自由，为此付出的代价是承诺在战争结束之前不再公开讲道。然而，李希滕贝格拒绝做出类似的承诺。结果刑满之后，德国官方将他送至一个劳动营，他在那里饱受拷打，不久又被送至达豪集中营。李希滕贝格最终死于转运途中。

霍赫胡特的剧作中有一个主要角色，此人就是党卫军一级突击大队长库尔特·格施泰因，正是他撰写了关于贝尔泽克毒气处决行动的第一份报告。对格施泰因在将齐克隆B毒气处决方式传播至奥斯维辛等集中营的过程中所扮演的角色，霍赫胡特显然并不知情，由此，他在剧中试图将格施泰因竖立为庇护十二世的道德对位者。

在汉娜·阿伦特(Hannah Arendt)关于20世纪上半叶"黑暗时代"杰出男性与女性的研究中，她曾讲述过一个从别处听来的关于教皇约翰二十三世的故事。教皇读过霍赫胡特的剧作之后，人们问他将如何作出反击，"面对这个问题，据说他回答道：'反击？面对真相，我们如何反击呢？'"[124]学界普遍认为这个故事极有可能是 372
虚构的，但无论如何，它的确提供了一条纽带，连接着教皇庇护十二世与安杰洛·龙卡利——即未来的教皇约翰二十三世——两人在大屠杀期间所扮演的截然不同的角色。从1934年至1944年，安杰洛·龙卡利先后担任驻土耳其和希腊的"罗马教廷特使"。在这两个国家，他都曾积极行动，为犹太难民提供了数千份受洗证明。当他最终于1958年登上教皇宝座之后，立即开始寻求各种方式，试图填补罗马天主教会与犹太民族之间深深的嫌隙。数个世纪以来基督徒的反犹主义倾向，再加上对大屠杀期间罗马天主教会默然无为的指责，已使两个群体之间的嫌隙越来越大、越来越深。

在登基大典举行之前的那个耶稣受难日，未来教皇龙卡利告知德国枢机主教奥古斯丁·贝亚(Augustin Bea，1881—1968)，删除"脱利腾弥撒"①中冒犯性的"背信

① 脱利腾弥撒，又称特伦特弥撒、天特弥撒等，是罗马天主教拉丁礼弥撒的祭祀仪式。这个仪式来源于1563年12月4日举办的特伦特天主教大公会议，"脱利腾"的拉丁文原文即为"与特伦特城市有关"之意。——译者注

弃义的犹太人”等措辞。后来，教皇又要求担任“促进基督徒团结秘书处”负责人的贝亚枢机主教，为第二次梵蒂冈会议准备一份宣言，谴责反犹主义，并承认犹太教对基督教教义和精神的重要意义。约翰二十三世的立场得到德国罗马天主教会主教们的支持，后者曾发布过一封主教信，恳请对大屠杀中的纳粹罪行作出救赎。这封主教信问世的时间，正值罗马天主教会历史上最重要的会议之一——“第二次梵蒂冈大公会议”(1962—1965 年，或简称为第二次梵蒂冈会议)——召开前夕。一旦公众获悉，教廷与犹太民族的历史关系问题，将成为第二次梵蒂冈会议的讨论议题之一，很多保守派的罗马天主教神学家和一些阿拉伯国家立即公开发表言论，反对教廷关于犹太人问题的陈述。后者声称，教廷的行为很可能“危及本国信奉天主教的民众的社会地位”。[125]经过无数稿的修改草案和激烈争论，第二次梵蒂冈会议终于在 1965 年批准了一个名为《在我们的时代》的决议，即《天主教会对非基督宗教态度宣言》。不幸的是，在宣言完成之前，约翰二十三世就病逝了。所以，《在我们的时代》最终发布，是在约翰二十三世的继任者、教皇保罗六世(Paul VI, 1963—1978 年在位)主持之下进行的。这份宣言承认基督教与犹太教之间的特殊关系，尤其是精神信仰之间的共通性。虽然宣言承认耶稣基督之死的罪恶不应由犹太人来承担，但它却仍旧声称：“当时犹太当局及其追随者促使了基督的死亡。”不过，宣言还痛斥“一切仇恨、迫害，以及在任何时代和由任何人所发动的反犹太人民的措施”。[126]

不过，在改善罗马天主教会与全世界犹太人的关系方面，却属下一任教皇——约翰·保罗二世(Pope John Paul II, 1978—2005 年在位)贡献最大。以色列大屠杀纪念馆“国际义人”部门负责人莫迪凯·帕迪尔博士(Dr. Mordecai Paldiel)曾经写道，约翰·保罗二世“以最直接的方式，在急剧改变教廷针对犹太民族的传统神学体系方面，迈出了巨大的一步”。“对犹太民族，他总是不加掩饰地表现出由衷的喜爱，丝毫不因此觉得难堪，在天主教会内部，他已刻下了一个鲜明的印记，对这个印记他的继任者们将很难漠视。”[127]这位未来的教皇生于小镇瓦多维采，原名卡罗尔·约泽夫·沃伊蒂瓦(Karol Józef Wojtyła, 1920—2005)，儿时就拥有很多犹太朋友。其中的一位名叫杰西·克拉格(昵称为“朱雷克”)，他曾回忆起一个偶然事件，却能凸显这位未来教皇对犹太人的态度。克拉格刚刚获悉自己和“洛莱克”(卡罗尔的昵称)都成功通过了马钦—瓦多维采高中的入学考试，于是狂奔至圣玛丽教堂，想把这个消息告诉正在那里担任祭台助手的“洛莱克”。礼拜仪式结束之后，一个年长的教区居民问“朱雷克”，他是不是本城犹太社区领袖威廉·克拉格的儿子。这位老妇人气鼓地走开之后，“洛莱克”出现了，并问“朱雷克”“发生了什么事?”“朱雷克”把刚刚的事件告诉朋友，并说他认为这位老妇人“对在教堂里看到一位犹太人而大感惊奇”。“为什么？”“洛莱克”微笑着说：“难道我们不都是上帝的子民吗？”[128]

1938年，卡罗尔·沃伊蒂瓦进入克拉科夫的亚捷隆大学学习，在那里他对戏剧和音乐产生了浓厚的兴趣。整个战争期间他都居住在克拉科夫，并被在那里目睹的恐怖景象深深触动。1942年，在他的精神导师斯特梵·萨皮阿大主教（Archbishop 373
Stefan Sapieha，1881—1951）创办的一个地下研讨班内，卡罗尔开始了他的神学研究生涯。他很快显露出学者和教育家的天赋，并在波兰教会的教阶体系中迅速蹿升，1958年当上克拉科夫辅理主教，11年后则成为枢机主教。那段时期的波兰，正处于共产主义体制控制之下，而卡罗尔·沃伊蒂瓦正是这一体制内部最冷静，却也是最严厉的批判者。在1979年的“团结工会运动”早期，他曾对这次工人运动表达了公开的支持立场。

从登上教皇宝座的那一刻起，约翰·保罗二世就致力于架设通往世界犹太人的友谊与关爱之桥。1979年，他访问了奥斯维辛，且这已经不是他第一次到访这座灭绝营了。在11号营房外面的“死亡之墙”前，他下跪祈祷，而在当天晚些时候的弥撒中，他称奥斯维辛为“当代世界的各各他（Golgotha）”。[129]7年后，他又成为第一位访问犹太教会堂的教皇。1986年4月13日，约翰·保罗二世在罗马犹太教会堂发表布道，强调犹太人与基督徒之间存在深刻的宗教与文化纽带。他说，犹太人“曾被上帝‘以一种不可撤销的命令’召唤”，而“天主教徒在思考自己的信仰时，必须同时思考犹太教教义”。他继续讲道，犹太人不仅是“我们深深挚爱的兄弟”，还是“我们的长兄”。他反复申明教廷对反犹主义的谴责态度，并明确反对将基督之死归咎于犹太人。在布道的最后，他用希伯来语朗诵了《诗篇》第118章的词句。[130]

不过，到1987年，当约翰·保罗二世接见了时任奥地利总统的前联合国秘书长库尔特·瓦尔德海姆（Kurt Waldheim）之后，他访问犹太教会堂表达出的善意就立刻消解了一大部分。一年之前，有人指责瓦尔德海姆在竞选奥地利总统期间，曾就自己在二战期间在南斯拉夫充当国防军情报官员的这段职业生涯撒谎，并称他已承认了自己的战争罪行。后来，一个奥地利政府任命的国际学者委员会证实了以上指控。不久，约翰·保罗二世在“庇护九世秩序”之下，册封瓦尔德海姆为骑士。令这位教皇饱受批判的另一个原因，是他对伊迪斯·施泰因（Edith Stein，1891—1942）行宣福礼之事宜。后者是一位皈依了罗马天主教的犹太人，在加尔默罗修会当修女，后来由于具有犹太血统而被屠杀于奥斯维辛。1987年在科隆的一次布道中，约翰·保罗二世对关于此事的质疑作出了回应。他将伊迪斯·施泰因誉为“上帝的仆人，以色列的女儿”。教皇还说，她之所以被杀，是因为生为犹太人，同时还是一名罗马天主教徒。在这次集会上，教皇宣读了伊迪斯·施泰因本人对自己宗教信仰转变过程的解释。当她还是一名年轻少女时，就已放弃了自己的信仰，但又说，她“回归上帝的怀抱令（她）又重新感受到了自己的犹太民族属性”。最后教皇总结道，她是“以色列的伟大女儿”。[131]到1998年，罗马教廷又以“圣特里萨本尼狄克塔十字”的称号，正式将伊迪斯·施泰因封为圣徒。

自此之后，纵观其整个教皇任期，约翰·保罗二世一直积极努力，试图填补罗马天主教会与犹太民族之间的历史嫌隙。1993年，梵蒂冈与以色列建立外交关系；1998年，教廷发布《我们铭记：关于大屠杀的思考》，就罗马天主教徒在大屠杀期间未能采取更强有力的态度反抗暴行对信徒提出告诫，并批判教会传统的反犹主义倾向。不过，《我们铭记：关于大屠杀的思考》并未对大屠杀期间教廷的无所作为道歉。尽管仍存在种种局限，正如约翰·保罗二世的附信中明确表达的，《我们铭记：关于大屠杀的思考》一文的精神内核仍是安抚、和解与深刻悔恨。他希望，《我们铭记：关于大屠杀的思考》能“有助于治愈过去的误解与冤案给犹太民族成员带来的伤痛”。他还写道：“但愿它使记忆在塑造未来的过程中发挥必要的作用，但愿在未来，那无法用语言形容的邪恶暴行，永远不再重现。”[132]

约翰·保罗二世一系列和解姿态的最高潮，莫过于2000年对以色列大屠杀纪念馆的访问。老教皇当时身体虚弱，并饱受晚期帕金森症的折磨。在约翰·保罗二
374 世面前，以色列总理埃胡德·巴拉克（Ehud Barak）不但对其到访表示欢迎，还称这次访问“将作为一个真理闪耀的神奇瞬间，和公正与希望的胜利时刻而被永远铭刻在人类史册之中”，并因此对教皇的这次访问表示诚挚的感谢。巴拉克还说，教皇约翰·保罗二世在“改变教廷对犹太民族的历史态度方面做出的贡献，比任何其他人都大”。[133]约翰·保罗在致辞中则说，在这个充满黑暗记忆的地方，自己心中最希望获得的就是平静。他仍旧记得自己的犹太人邻居和朋友，也无法忘却他们在“大屠杀”期间遭受的恐怖暴行。他想对犹太民族保证“天主教会，在真理与友爱的福音律法驱使下，将无视一切政治考量，对任何时代、任何地方的基督徒直接针对犹太人的一切仇恨、迫害行动以及反犹主义一切方式的体现，表示深刻的哀悼”。他希望，基督徒和犹太人能够携起手来，“共创一个崭新的未来——在那时，基督徒中将再不会存在针对犹太人的敌意，犹太人中也不会存在针对基督徒的敌意。两个族群之间将只存在相互尊重，在这样的条件下，两个族群将尊奉同一个造物主、同一个上帝，并深信亚伯拉罕为我们共同的祖先”。[134]2005年4月3日，约翰·保罗二世去世的

消息传到以色列后，时任外交部长的西尔万·沙洛姆（Silvan Shalom，生于1958年）用以下文字，表达了对这位教皇的崇高赞誉：“以色列、犹太民族及整个世界，今天都失去了一位伟大的战士。他的一生，是为不同信仰之间的和谐共存和兄弟情义而战斗的一生。这是一个巨大的损失，不但是天主教会即其数亿信徒的损失，也是全人类的损失。”[135]

约翰·保罗二世逝世之后成为罗马天主教会掌门人的本笃十六世（Benedict XVI，2005年起在位）是一位出生于德国的教皇。他作为“希特勒青年团”和国防军成员的背景，曾令很多犹太人心存芥蒂。不过本笃十六世很快就作出回应。他的解释是，在德国，每一位少年都别无选择，必须加入“希特勒青年团”。而他进入国防军并在炮兵部队中服役，也是被逼无奈。很多犹太社团首脑接受了新教皇的解释，并寄希望于他的经历反而能够使他对反犹主义的威胁格外敏感。令这些犹太领袖宽慰和振作的还有，本笃十六世在还未成为教皇的1999年，曾积极参与梵蒂冈的《铭记与和解：教廷与历史过失》的准备工作。在这篇通谕中，罗马教廷就基督徒在“大屠杀”期间没能采取更多的行动，请求犹太民族和公众的原谅。这篇通谕还质问，历史上的反犹主义是否曾有助于纳粹更轻易地施与暴行。到2002年，约瑟夫·拉辛格枢机主教（Joseph Cardinal Ratzinger，生于1927年）发布了《基督教圣经中的犹太民族及其神圣经典》，其中承认犹太人和基督徒具有共同的弥赛亚信仰。对有些人曾使用《圣经》的某些部分为反犹主义辩护的行为，文章表示了悲哀，并申明《律法书》对基督徒的重要性。

尽管如此，本笃十六世还是传达出了一些其他的信号，看似对维护天主教会与犹太民族之间的良好关系不甚有益。他曾表达过传统的天主教观点，即希望犹太人皈依罗马天主教，并允许重新为犹太教信仰的转变举行“脱利腾弥撒”及耶稣受难日祈祷。虽然约翰二十三世早已剔除了这一弥撒仪式中一些攻击性语言，不过，单单是这个传统的罗马天主教弥撒仪式的回归及其为犹太人皈依天主教行动的祈祷，就已被一些犹太社团领袖斥为“天主教徒宗教生活一次在神学上的退步，以及对天主教徒与犹太民族关系的一次沉重打击”。不过，还有一些犹太首脑仍采取观望态度，认为教廷关于犹太人的措辞问题最终可能将自行消亡，如果没有，未来再和罗马天主教会领袖讨论也为时不晚。[136]

结论

第二次世界大战期间，葡萄牙、西班牙、瑞典、瑞士、土耳其以及梵蒂冈的中立战略，能否取得实际上的成功，在很大程度上将取决于经济的、政治的和地理的因素。375 为了维持表面上的独立与自治，以上国家其实都违背了传统国际法中关于中立立场的规定。每个国家，都小心翼翼地试图在轴心国与同盟国之间维持脆弱的平衡，尽管如此，在大多数情况下，尤其是在战争早期，他们事实上都倾向于与希特勒及其胁从国靠得更近。地理与政治因素对西班牙和葡萄牙十分有利，且这两个国家与法西斯—纳粹阵营都存在密切的精神纽带。虽然安东尼奥·萨拉查的政府曾对在波尔多向犹太难民颁发非法签证的阿里斯蒂德斯·德·索萨·门德斯施与严厉的惩罚，然而，对那些试图逃离欧洲的犹太人来说，葡萄牙仍是一个关键的中转站。在大难临头的犹太难民眼中，西班牙也是一个暂时的安全港，虽然这个国家在战争的大部分时间内，一直与意大利和德国保持着忠诚的联盟关系。1944 年和 1945 年，两位勇敢的西班牙外交官——安赫尔·萨恩斯·布利兹和乔吉奥·佩拉斯卡——都曾在救援匈牙利犹太人的过程中，扮演了十分重要的角色。

作为另一个中立国，瑞典占据的立场处于更严格意义上的中间地带。它是德国战争所需铁矿石的主要供给国，并担当德占挪威、德国本土与芬兰—苏联前线之间的关键铁路枢纽。然而与此同时，瑞典也乐意向试图逃出纳粹魔爪的斯堪的纳维亚犹太难民打开国门。尽管如此，随着战争形势的转折和同盟国施与的日益增大的压力，直到 1943 年，瑞典才开始逐步削减本国与德意志帝国的贸易联系。到 1944 年，在救援犹太人方面，瑞典人的表现比先前更加积极主动。正是在瑞典的支持下，罗尔·瓦伦贝格才得以前往布达佩斯采取行动。在第二年福克·伯纳多特伯爵远赴德国履行的“白色巴士”使命中，瑞典也同样发挥了重要的作用。

在第二次世界大战中，瑞士和梵蒂冈作为中立国的立场往往遭到更大的质疑。虽然长期以来瑞士一直都是欧洲各国难民的庇护所，然而二战期间，一方面由于其执行极其严厉的移民政策，另一方面因为其充当纳粹德国最重要的工业与经济伙伴之一，结果就是，瑞士的所谓“中立性”其实大打折扣。瑞士之所以采取以上立场，在很大程度上是受到种族主义和经济机会主义的驱使。战争结束后的几十年间，瑞士人的真实面目仍一直隐藏在良心、善意的中立立场的表面之下。直到 20 世纪 90 年代，随着一系列国际性调查的结果纷纷出台，公众才逐渐意识到，战争期间，这个国家不仅严重违背了中立原则，更恶劣的是，这个国家的银行至今还藏匿着巨额资产，这些钱要么是大屠杀受害者在战前存进来的，要么就是纳粹从大屠杀受害者身上剥夺或偷盗而来的。

同样的争议也笼罩在梵蒂冈的上空，尤其是涉及教皇庇护十二世及其作为欧洲最重要的道德领袖，在大屠杀期间所扮演的角色问题上。庇护十二世堪称一名外交家，面对纳粹德国对犹太人、罗姆人及其他族群的疯狂迫害，由于惧怕可能对整个欧洲德占区的罗马天主教会产生不利的影响，这位教皇选择不公开也不激烈地表达反对意见。梵蒂冈这块弹丸之地，先是被意大利包围，后来又被德国包围，所以庇护十二世还必须考虑教皇国的自治与独立问题。然而，教皇的态度并没有阻止许多罗马天主教修女、教士以及世俗信徒，以一种英勇的方式，履行自己的信仰——他们冒着生命危险，救助了数千犹太人及其他族群的成员，从纳粹迫害的摧残中逃离出来。战争结束后，庇护十二世作为犹太人的拯救者获得了极大的赞誉，不过，当罗尔夫·霍赫胡特在《代理人》中对他在大战中的无所作为提出批评之后，这位教皇的光辉形象就大为黯淡了。罗马天主教会对此的反应是坚决替庇护十二世辩护，而接下来的两任教皇——约翰二十三世和约翰·保罗二世，则努力行动，试图填平犹太人与罗马天主教徒之间的传统嫌隙。至于当今教皇本笃十六世①，他是否能够成功延续前两任教皇开创的良好趋势，就只能等待历史来作出回答了。

进一步学习和研究的资料

原始史料——

Adler, David, and Karen Ritz. *Hiding from the Nazis*. New York: Holiday House, 1997.

Adler-Rudel, Salomon. "A Chronicle of Rescue Efforts." *Leo Baeck Institute Yearbook*. Vol.11. Leo.

Baeck Institute, 1966. Alland, Bronislawa. *Memoirs of a Hidden Child During the Holocaust: My Life During the War*. Lewiston, ME: Edwin Mellen Press, 1992.

Bartoszewski, Wladyslaw and Zofia Lewin, eds. *Righteous Among Nations: How Poles Helped the Jews, 1939—1945*. London: Earlscourt, 1969.

Die Bekenntnisse des Herrn X, Budapest. November 1943. Bundesarchiv(Koblenz). Nachlaß Oskar Schindler, 1908—1974. Bestand N 1493. No.1. Band 18.

Bernadotte, Count Folke. *The Curtain Falls: Last Days of the Third Reich*. Translated by Count Eric Lewenhaupt. New York: Alfred A. Knopf, 1945.

① 本笃十六世已于2013年2月11日宣布辞职，2月28日生效。——译者注

____. *Instead of Arms*: *Autobiographical Notes*. Stockholm: Bonniers, 1948.

Bieberstein, Aleksander. *Zaglada ¢ydów w Krakowie*. Warsaw: Wydawnictwo Literackie, 1985.

Braitstein, Marcel. *Five to Ten*: *A Story of a Hidden Child*. Montreal: Concordia University Chair in Canadian Jewish Studies and the Montreal Institute for Genocide and Human Rights, 1999.

Buchignani, Walter. *Tell No One Who You Are*: *The Hidden Childhood of Regine Miller*. Montreal: Tundra Books, 1994.

Cahn, Eric, and Marilyn Saltzman. *Maybe Tomorrow*: *A Hidden Child of the Holocaust*. Arvada, CO: Casan, 1995.

Catholic Church. Commission for Religious Relations with the Jews. *We Remember*: *A Reflection on the Shoah*. Boston: Pauline Books & Media, 1998.

Ciechanowski, Jan. *Defeat In Victory*. London: Gollanz, 1948.

Cretzmeyer, Stacy. *Your Name Is Renée*: *Ruth's Story as a Hidden Child*. Brunswick, ME: Biddle, 1994.

Czech, Danuta. *Auschwitz Chronicle*, *1939—1945*. New York: Henry Holt, 1990.

Eizenstat, Stuart. *Imperfect Justice*: *Looted Assets*, *Slave Labor*, *and the Unfinished Business of World War II*. New York: Public Affairs, 2003.

Epstein, Helen. *Children of the Holocaust*: *Conversation with Sons and Daughters of Survivors*. New York: Penguin Books, 1979.

Friedländer, Saul. *Pius XII and the Third Reich*: *A Documentation*. Translated by Charles Fullman. New York: Alfred A.Knopf, 1966.

Greenfeld, Howard. *The Hidden Children*. New York: Ticknor & Fields, 1993.

"Holocaust Victims Assets Litigation(Swiss Banks): Certified Awards Rendered by the CRT."1 page. http://www.crt-ii.org/_awards/index.phtm.

"Holocaust Victim Assets Litigation(Swiss Banks)CV-96-4849." http://www.swissbankclaims.com/home_main.asp.

Independent Commission of Experts Switzerland—Second World War. *Switzerland*, *Nationalism and the Second World War*: *Final Report*. Zurich: Pendo

Verlag, 2002.

International Theological Commission. *Memory and Reconciliation: The Church and the Faults of the Past*. December 1999. http://vatican.va/roman_curia/congregations/cfaith/cti_documents/rc_con_cfaith_doc_20000307-memory-recon-itc_en.html#Christians%20and20%Jews.

Jacobsen, Ruth. *Rescued Images: Memories of Childhood in Hiding*. New York: Mikaya Press, 2001.

Jeruchim, Simon. *Hidden in France: A Boy's Journey Under Nazi Occupation*. Santa Barbara, CA: Fithian Press, 2001.

Karski, Jan. *Story of a Secret State*. Boston: Houghton Mifflin, 1944.

Kasztner, Reszö. *Der Bericht des Jüdischen Rettungskomittes aus Budapest*. Privately published, 1946.

Keller, Stefan. *Documents Relating to the Paul Grueninger Case*. Washington, DC: United States Holocaust Memorial Museum Archives. Kersten, Felix. *The Kersten Memoirs, 1940—1945*. Translated by Constantine Fitzgibbon and James Oliver. London: Hutchinson, 1956.

Kessel, Barbara. *Suddenly Jewish: Jews Raised as Gentiles Discover Their Jewish Roots*. Hanover, NH: University Press of New England, 2000.

Krajewski, Stanislaw. *Poland and the Jews: Reflections of a Polish Jew*. Warsaw: Wydawn. Austeria, 2005.

Kuper, Jack. *Child of the Holocaust*. New York: New American Library, 1987.

Kustanowitz, Esther. *The Hidden Children of the Holocaust: Teens Who Hid from the Nazis*. New York: Rosen, 1999.

Law-Related Resources on Nazi Gold and Other Holocaust Assets, Swiss Banks During World War II, and Dormant Accounts. http://www2.lib.uchicago.edu/~llou/nazigold.html.

"Letter of Pope John Paul II." *We Remember: A Reflection on the Shoah*. March 12, 1998. Commission for Religious Relations with the Jews. http://vatican.va/roman_curia/pontifical_councils/chrstuni/documents/rc_pc_chrstuni_doc_16031998_shoah_en.html.

Lubac, Heenri de. *Christian Resistance to Anti-Semitism: Memories from*

1940—1944. San Francisco: Ignatius Press, 1990.

Lukas, Richard C., ed. *Forgotten Survivors: Polish Christians Remember the Nazi Occupation*. Lawrence: University of Kansas Press, 2004.

Mann, Delbert. Papers. Vanderbilt University Special Collection Library.

Marchione, Margherita. *Yours Is a Precious Witness: Memoirs of Jews and Catholics in Wartime Italy*. New York: Paulist Press, 1997.

Marks, Jane. *The Hidden Children: The Secret Survivors of the Holocaust*. New York: Ballantine Books, 1993.

Mendelsohn, John, ed. *The Holocaust: Selected Documents in Eighteen Volumes*. Vol.16, *Rescue to Switzerland: The Musy and Saly Mayer Affairs*. New York: Garland, 1982.

Moskovits, Sarah. *Love Despite Hate: Child Survivors of the Holocaust and Their Adult Lives*. New York: Schocken Books, 1983.

Noakes, Jeremy, and Geoffrey Pridham. *Nazism: A History in Documents and Eyewitness Accounts, 1919—1945*. 4 vols. New York: Schocken Books, 1988.

Nostra Aetate: Declaration on the Relation of the Church to Non-Christian Religions. Proclaimed by His Holiness, Paul VI on October 28, 1965. Boston: Pauline Books & Media, n.d.

"Oskar Schindler Financial Report 1945." July 1945. Yad Vashem Archives, 01/164.

Paul, John II. *John Paul II on the Holocaust*. Selected by Eugene J. Fisher. Washington, DC: National Conference of Catholic Bishops, 1988.

Plunder and Restitution: Presidential Advisory Commission on Holocaust Assets in the United States and Staff Report. December 2000. http://www.pcha.gov/PlunderRestitution.html/html/Home_Contents.html.

The Pontifical Biblical Commission. *The Jewish People and Their Sacred Scriptures in the Christian Bible* (2002). http://www.vatican.va/roman_curia/congregations/cfaith/pcb_document/rc-concfaith_ doc_20020212_popolo-ebraico_en.html.

"Prime Minister Barak's Speech at Yad Vashem During Visit by Pope John Paul II (23/03/2000)." Yad Vashem. http://www.yadvashem.org/about_yad/what_new/data_pope/Barak.html.

Ratzinger, Joseph Cardinal. *Milestones: Memoirs, 1927—1977*. San Francisco: Ignatius Press, 1998.

____. *Salt of the Earth: The Church at the End of the Millenium. An Interview with Peter Seewald*. San Francisco: Ignatius Press, 1997.

Richman, Sophia. *A Wolf in the Attic: The Legacy of a Hidden Child of the Holocaust*. New York: Haworth Press, 2002.

Rosenberg, Maxine B. *Hiding to Survive: Stories of Jewish Children Rescued from the Holocaust*. New York: Clarion Books, 1994.

Rudel, Shlomo Adler. *Jüdische Selbsthilfe unter dem Naziregime, 1933—1939: Im Spiegel der Berichte der Reichsvertretung der Juden in Deutschen*. Tübingen: J.C.Mohr, 1974.

Schellenberg, Walter. *The Labyrinth: Memoirs of Walter Schellenberg, Hitler's Chief of Counterintelligence*. Translated by Louis Hagen. New York: Da Capo Press, 2000.

Stein, Andre. *Hidden Children: Forgotten Survivors of the Holocaust*. Toronto: Penguin Books, 1994.

Stein, Edith. *Life in a Jewish Family*. Translated by Josephine Koeppel. Washington, DC: ICS, 1999.

____. *Self-Portrait in Letters, 1916—1942*. Translated by Josephine Koeppel. Washington, DC: ICS, 1994.

Summary of Special Master's Plan of Allocation and Distribution of Settlement Fund. United States District Court, Eastern District of New York. Case No. CV96—4849(ERK)(MDG).

Sutters, Jack. *American Friends Service Committee*. Vol.2. *Archives of the Holocaust: An International Collection of Selected Documents*. Edited by Henry Friedlander and Sybil Milton. New York: Garland, 1989—1995.

"Text of Pope John Paul II's Speech at Yad Vashem (23/3/2000)." Yad Vashem. http://www.yadvashem.org/about_yad/waht_new/data_pope/speech.html.

Tittmann, Harold H. *Inside the Vatican of Pius XII: The Memoirs of an American Diplomat During World War II*. Edited by Harold H. Tittmann, III. New York: Image Books/Doubleday, 2004.

Tolly, Nelly S. *Behind the Secret Window: A Memoir of a Hidden Childhood During World War Two*. New York: Dial Books, 1993.

Trudi, Alexy. *The Mezuzah in the Madonna's Foot: Oral Histories Exploring Five Hundred Years in the Paradoxical Relations of Spain and the Jews*. New York: Simon & Schuster, 1993.

United States House of Representatives. *The Disposition of Assets Deposited in Swiss Banks by Missing Nazi Victims: Hearing Before the Committee on Banking and Financial Services, December 11, 1996*. Washington, DC: U.S. Government Printing Office, 1997.

United States Senate. *Current Developments in Holocaust Assets Restitution: Hearing Before the Committee on Banking, Housing, and Urban Affairs*, July 22, 1998. Washington, DC: U.S. Government Printing Office, 1999.

____. *Swiss Banks and Attempts to Recover Assets Belonging to the Victims of the Holocaust: Hearing Before the Committee on Banking, Housing and Urban Affairs, May 15, 1997*. Washington, DC: U.S. Government Printing Office, 1997.

____. *Swiss Banks and the Shredding of Holocaust Era Documents: Hearing Before the Committee on Banking, Housing, and Urban Affairs, May 6, 1997*. Washington, DC: United States Government Printing Office, 1997.

____. *Swiss Banks and the Status of Assets of Holocaust Survivors or Heirs: Hearing Before the Committee on Banking, Housing, and Urban Affairs, April 23, 1996*. Washington, DC: U.S. Government Printing Office, 1996.

Weinstein, Frida Scheps. *A Hidden Childhood, 1942—1945*. New York: Hill and Wang, 1985.

Weissberg, Alex. *Desperate Mission: Joel Brand's Story as Told by Alex Weissberg*. Translated by Constantine FitzGibbon and Andrew Foster-Melliar. New York: Criterion Books, 1958.

Winter, Miriam. *Trains: A Memoir of a Hidden Childhood During and After World War II*. Jackson, MI: Kelton Press, 1997.

次级史料——

Aalders, Gerard, and Cees Wiebes. *The Art of Cloaking Ownership: The Se-*

cret Collaboration and Protection of the German War Industry by the Neutrals: The Case of Sweden. Amsterdam: Amsterdam University Press, 1996.

Ahnborg, Bertil. *Commission on Jewish Assets in Sweden at the Time of the Second World War: Progress Report*. Stockholm: Ministry of Foreign Affairs, 1998.

Alvarez, David. "No Immunity: Signals Intelligence and the European Neutrals, 1939—1945." *Intelligence and National Security* 12, no.2(April 1977):22—43.

____. *Spies in the Vatican: Espionage & Intrigue from Napoleon to the Holocaust*. Lawrence: University of Kansas Press, 2002.

Angst, Kenneth, ed. *Der Zweite Weltkrieg und die Schweiz*. Zürich: Neue Züricher Zeitung, 1997.

Arendt, Hannah. *Men in Dark Times*. New York: Harcourt, Brace & World, 1968.

Banki, Judith H., and John T.Pawlikowski, eds. *Ethics in the Shadow of the Holocaust: Christian and Jewish Perspectives*. Franklin, WI: Sheed & Ward, 2001.

Bartoszewski, Wladyslaw. *The Convent at Auschwitz*. New York: G.Braziller, 1991.

Bartov, Omer. *Hitler's Army: Soldiers, Nazis, and War in the Third Reich*. New York: Oxford University Press, 1991.

Bauer, Yehuda. *American Jewry and the Holocaust: The American Jewish Joint Distribution Committee, 1939—1945*. Detroit: Wayne State University Press, 1981.

____. *Jews for Sale? Nazi-Jewish Negotiations, 1933—1945*. New Haven: Yale University Press, 1994.

Bauminger, Arieh L. *The Righteous Among the Nations*. Jerusalem: Yad Vashem, 1990.

Bazyler, Michael J., and Roger P.Alford, eds. *Holocaust Restitution: Perspectives on the Litigation and Its Legacy*. New York: New York University Press, 2006.

Bazyler, Michael J. "Suing Hitler's Willing Business Partners: American Justice and Holocaust Morality." *Jewish Political Studies Review* 16, nos.3—4(Fall 2004):1—27. http://www.jcpa.org/phas-bazyler-f04.htm.

Beevor, Antony. *The Battle for Spain: The Spanish Civil War, 1936—1939*. Rev. ed. London: Penguin, 2006.

Beker, Avi, ed. *The Plunder of Jewish Property During the Holocaust*. New York: New York University Press, 2001.

Berger, Alan L., Harry Cargas, and Susan E.Nowak. *The Continuing Agony: From the Carmelite Convent to the Crosses at Auschwitz*. Binghamton, NY: Global Publications, 2002.

Bernstein, Carl, and Marco Politi. *His Holiness: John Paul II and the History of Our Time*. New York: Penguin, 1996.

Bosworth, R.J.B. *Mussolini's Italy: Life Under the Fascist Dictatorship, 1915—1945*. New York: Penguin, 2006.

Bottum, Joseph, and David G.Dalin, eds. *The Pius War: Responses to the Critics of Pius XII*. Lanham, MD: Lexington Books, 2004.

Bower, Tom. *Nazi Gold: The Full Story of the Fifty-Year Swiss-Nazi Conspiracy to Steal Billions from Europe's Jews and Holocaust Survivors*. New York: HarperCollins, 1997.

Bradsher, Greg, and Stuart E.Eizenstat. *Appendix: U.S. and Allied Efforts to Recover and Restore Gold and Other Assets Stolen or Hidden by Germany During World War II: Finding Aid to Records at the National Archives at College Park*. Washington, DC: Department of State, 1997.

Braham, Randolph L., ed. *The Vatican and the Holocaust: The Catholic Church and the Jews During the Nazi Era*. New York: Rosenthal Institute for Holocaust Studies, Graduate Center/City University of New York, 2000.

Braillard, Phillipe. *Switzerland and the Crisis of Dormant Assets and Nazi Gold*. Translated by Denys Crapon de Caprona and André Lötter. London: Kegan Paul International, 2000.

Breitman, Richard. "American Rescue Activities in Sweden." *Holocaust and Genocide Studies* 7, no.2.

____. *Official Secrets: What the Nazis Planned, What the British and the

Americans Knew. New York: Hill and Wang, 1998. Brown-Fleming, Suzanne. *The Holocaust and Catholic Conscience: Cardinal Aloisius Muench and the Guilt Question in Germany, 1946—1959*. South Bend, IN: University of Notre Dame Press, 2006.

Bugnion, Francois. "ICRC Action During the Second World War." *International Review of the Red Cross*, no.317(March 1, 1997):156—177.

Burns, Margie. "Turkey Served as Safe Haven for Jews during the Holocaust." Raoul Wallenberg International Foundation. January 18, 2005. http://www.raoulwallenberg.net/?en/saviors/diplomats/turkey-served-safe-havenjews.2110.htm.

Cargas, Harry James, ed. *Holocaust Scholars Write to the Vatican*. Westport, CT: Greenwood Press, 1998.

Carigren, W. M. *Swedish Foreign Policy During the Second World War*. Translated by Arthur Spencer. New York: St.Martin's Press, 1977.

Carroll, James. *Constantine's Sword: The Church and the Jews*. Boston: Houghton Mifflin, 2001. Cassels, Alan. *Fascist Italy*. 2nd ed. Arlington Heights, IL: Harlan Davidson, 1985.

Catholic Church. National Conference of Catholic Bishops: Secretariat for Ecumenical and Interreligious Affairs. *Catholic Teaching on the Shoah: Implementing the Holy See's We Remember*. Washington, DC: United States Catholic Conference, 2001.

Cesarani, David, and Paul A.Levine, eds.*"Bystanders" to the Holocaust: A Re-Evaluation*. London: Frank Cass, 2002.

Conti, Gregory. "A Most Unlikely Hero: A Fascist Who Saved Jews—Giorgio Perlasca." *Commonweal*(December 3, 1999):1—3. http://findarticles.com/p/articles/mi_m1252/is_21_126/ai_58675361.

Coppa, Frank J. *The Papacy, the Jews, and the Holocaust*. Washington, DC: Catholic University of America Press, 2006.

Cornwell, John.*Hitler's Pope: The Secret History of Pius XII*. New York: Viking, 1999.

Cowell, Alan. "How Swiss Strategy on Holocaust Fund Unraveled." *New York Times*, January 26, 1997, 6.

Dalin, David G. *The Myth of Hitler's Pope: How Pope Pius XII Rescued Jews from the Nazis*. Washington, DC: Regnery, 2005.

Deaglio, Enrico. *The Banaltiy of Goodness: The Story of Giorgio Perlasca*. Translated by Gregory Conti Notre Dame, IN: University of Notre Dame Press, 1998.

Doobov, Arieh. *The Vatican and the Shoah: Purified Memory or Reincarnated Responsibility?* Jerusalem: Institute of the World Jewish Congress, 1998.

Dulles, Avery Robert. *The Holocaust, Never to Be Forgotten: Reflections on the Holy See's Document "We Remember."* New York: Paulist Press, 2001.

Eizenstat, Stuart E., and William Z.Slany.*U.S. and Allied Efforts to Recover and Restore Gold and Other Assets Stolen or Hidden by Germany During World War II: Preliminary Study*. Washington, DC: Department of State, 1997.

____. *U.S. and Allied Wartime and Postwar Relations and Negotiations with Argentina, Portugal, Spain, Sweden, and Turkey on Looted Gold and German External Assets and U.S.Concerns About the Fate of the Wartime Ustasha Treasury*. Washington, DC: Department of State, 1998.

Ekman, Stig, Klas Åmark, and John Toler. *Sweden's Relations with Nazism, Nazi Germany, and the Holocaust: A Survey of Research*. Stockholm: Universitet Stockholms, 2003.

Engel, David. "The Western Allies and the Holocaust." *Holocaust and Genocide Studies* 5, no.4, pp.363—380.

Erdman, Paul. *The Swiss Account*. New York: Tor Books, 1993.

Favez, Jean-Claude. *The Red Cross and the Holocaust*. Edited and translated by John and Beryl Fletcher. Cambridge: Cambridge University Press, 1999.

Felice, Renzo de. *The Jews in Fascist Italy: A History*. Translated by Robert L.Miller. New York: Enigma Books, 2001.

Fischer, Klaus P.*Nazi Germany: A New History*. New York: Continuum, 1995.

Fox, Frank. "A Jew Talks with Himmler." *Liberty* 17, nos.9—10(September-October 2003): 1—10. http://www.libertyunbound.com/archive/2003_10/fox-himmler.html.

Fralon, José Alain. *A Good Man in Evil Times: The Story of Aristides de Sousa Mendes*. Translated by Peter Graham. New York: Carroll & Graf, 2001.

Friedenson, Joseph, and David Kranzler. *Heroine of Rescue: The Incredible Story of Recha Sternbuch Who Saved Thousands from the Holocaust*. Brooklyn, NY: Menorah Publications, 1984.

Friedländer, Saul. *The Years of Extermination: Nazi Policy and the Jews, 1939—1945*. New York: HarperCollins, 2007.

Friedman, Philip. *Their Brothers' Keepers*. New York: Holocaust Library, 1978.

Gallo, Patrick J. *Pius XII, the Holocaust, and the Revisionists*. Jefferson, NC: McFarland, 2006.

Gaon, Solomon, and M. Mitchell Serels, eds. *Sephardim and the Holocaust*. New York: J.E. Safra Institute of Sephardic Studies, Yeshiva University, 1987.

Garlinski, Josef. *The Swiss Corridor: Espionage Networks in Switzerland During World War II*. London: J.M. Dent & Sons, 1981.

Gilbert, Martin. *Auschwitz and the Allies*. New York: Holt, Rinehart and Winston, 1981.

____. *The Righteous: The Unsung Heroes of the Holocaust*. New York: Henry Holt, 2003.

Goldhagen, Daniel Jonah. *A Moral Reckoning: The Role of the Catholic Church in the Holocaust and Its Unfulfilled Duty of Repair*. New York: Alfred A. Knopf, 2002.

Halbrook, Stephen. *The Swiss and the Nazis: How the Alpine Republic Survived in the Shadow of the Third Reich*. Drexel Hill, PA: Casemate, 2006.

____. *Target Switzerland: Swiss Armed Neutrality During World War II*. Rockville Centre, NY: Sarpedon, 1998.

Hartmann, Frederick H. *Swiss Press and Foreign Affairs in World War II*. Gainesville: University of Florida Press, 1960.

Häsler, Alfred. *The Lifeboat Is Full: Switzerland and the Refugees, 1933—1945*. Translated by Charles Lam Markmann. New York: Funk & Wagnalls, 1969.

The Heart Feels an Extreme Need for Silence: The Visit of Pope John Paul

II to Yad Vashem, Jerusalem, March 23, 2000. Jerusalem: Yad Vashem, 2000.

Hedin, Sven Fredrik. *Sweden and the Shoah: The Untold Chapters*. Jerusalem: Institute of the World Jewish Congress, 1997.

Hewins, Ralph. *Count Folke Bernadotte: His Life and Work*. Minneapolis: T.S.Denison, 1950.

Hilberg, Raul. *The Destruction of the European Jews*. 3rd ed. 3 vols. New Haven: Yale University Press, 2003.

Hochhuth, Rolf. *The Deputy*. Translated by Richard and Clara Winston. New York: Grove Press, 1964.

Huonker, Thomas, and Regula Ludi. *Roma, Sinti und Jenische: Schweizerische Zigeunerpolitik zur Zeit des Nationalsozialismus*. Zurich: Chronos Verlag, 2001.

Katz, Robert. *Fatal Silence: The Pope, the Resistance and the German Occupation of Rome*. London: Weidenfeld & Nicolson, 2003.

Keller, Stefan. *Grüningers Fall: Geschichten von Flucht und Hilfe*. Zürich: Rotpunktverlag, 1993. Kertzer, David I. *The Popes Against the Jews: The Vatican's Role in the Rise ofModern Anti-Semitism*. New York: Alfred A. Knopf, 2001.

Kessell, Joseph. *The Man with the Miraculous Hands: Himmler's Private Doctor*. Translated by Helen Weaver and Leo Raditsa. New York: Dell, 1961.

Kestenberg, Judith S., and Ira Brenner. *The Last Survivor: The Child Survivor of the Holocaust*. Washington, DC: American Psychiatric Press, 1996.

Koblik, Steven. *The Stones Cry Out: Sweden's Response to the Persecution of the Jews, 1933—1945*. Translated by David Mel Paul and Margareta Paul. New York: Holocaust Library, 1988.

Kranzler, David. *The Man Who Stopped the Trains to Auschwitz: George Mantello, El Salvador, and Switzerland's Finest Hour*. Syracuse, NY: Syracuse University Press, 2000.

Kurek, Ewa. *Your Life Is Worth Mine: How Polish Nuns Saved Hundreds of Jewish Children in German-Occupied Poland, 1939—1945*. New York: Hippocrene Books, 1997.

Laquer, Walter. *The Terrible Secret: Suppression of the Truth About Hitler's "Final Solution."* Harmondsworth, UK: Penguin, 1980.

Laquer, Walter, and Richard Breitman. *Breaking the Silence*. New York: Simon & Schuster, 1986.

Lawler, Justus George. *Popes and Politics: Reform, Resentment, and the Holocaust*. New York: Continuum, 2002.

LeBor, Adam. *Hitler's Secret Bankers: The Myth of Swiss Neutrality During the Holocaust*. Secaucus, NJ: Carol Publishing Group, 1997.

Levin, Itamar. *The Last Deposit: Swiss Banks and Holocaust Victims' Accounts*. Translated by Natasha Dornberg. Westport, CT: Praeger, 1999. Levine, Paul A. *From Indifference to Activism: Swedish Diplomacy and the Holocaust, 1938—1944*. Uppsala, Sweden: Almqvist & Wiksell International, 1996.

Lewy, Guenter. *The Catholic Church and Nazi Germany*. New York: McGraw-Hill, 1964.

Lipschitz, Chaim U.*Franco, Spain, the Jews, and the Holocaust*. Edited by Ira Axelrod. Hoboken, NJ: KTAV Publishing House, 1984.

Lipstadt, Deborah. *Beyond Belief: The American Press & the Coming of the Holocaust, 1933—1945*. New York: Free Press, 1986.

Littell, Franklin, and Hubert G. Locke, eds. *The German Church Struggle and the Holocaust*. Detroit, MI: Wayne State University Press, 1974. Luckas, Richard C. *Did the Children Cry? Hitler's War Against Jewish and Polish Children, 1939—1945*. New York: Hippocrene Books, 2001.

____, ed. *Out of the Inferno: Poles Remember the Holocaust*. Lexington: The University of Kentucky Press, 1989.

Ludwig, Carl. *Die Flüchtlingspolitik der Schweiz seit 1933 bis zur Gegenwart: Beilage zum Bericht des Bundesrates an die Bundesversammlung über die Flüchtlingspolitik der Schweiz seit 1933 bis zur Gegenwart*. Bern: Bundesrat, 1957.

Manhattan, Avro. *The Vatican's Holocaust: The Sensational Account of the Most Horrifying Religious Massacre of the 20th Century*. Springfield, MO: Ozark Books, 1986.

Mattioli, Aram, ed. *Antisemitismus in der Schweiz, 1848—1960*. Zürich: Orell Füssli, 1998.

McInery, Ralph M. *The Defamation of Pius XII*. South Bend, IN: St. Augustine's Press, 2001.

Meier, Heinz K. *Friendship Under Stress: U. S.-Swiss Relations, 1900—1950*. Bern: Herbert Lang, 1970.

Milgram, Avraham. "Portugal, the Consuls, and the Jewish Refugees, 1938—1941." Shoah Resource Center, The International School for Holocaust Studies, Yad Vashem, 2004, 1—31.

Miller, Paul B. "Europe's Gold: Nazis, Neutrals and the Holocaust." *Dimensions: A Journal of Holocaust Studies* 11, no.1(1997):11—13.

Morley, John F. *Vatican Diplomacy and the Jews During the Holocaust, 1939—1943*. Hoboken, NJ: KTAV Publishing House, 1980.

O'Brien, Darcy. *The Hidden Pope: The Personal Journey of John Paul II and Jerzy Kluger*. New York: Doubleday, 1998.

Pacepa, Ion Mihai. "Moscow's Assault on the Vatican." *National Review* (January 27, 2007):1—5. http://article.nationalreview.com/?q=YTUzYmJhMGQ5Y2UxOWUzNDUyMWUwODJiOTEzYjY4NzI=.

Padfield, Peter. *Himmler*. New York: Henry Holt, 1990.

Paldiel, Mordecai. *Churches and the Holocaust: Unholy Teaching, Good Samaritans, and Reconciliation*. Hoboken, NJ: KTAV Publishing House, 2006.

____. "Fear and Comfort: The Plight of Hidden Children in Wartime Poland." *Holocaust and Genocide Studies* 6, no.4(1992):397—413.

____. *The Path of the Righteous; Gentile Rescuers of Jews During the Holocaust*. Hoboken, NJ, and New York: KTAV Publishing house in association with The Jewish Foundation for Christian Rescuers/ADL, 1993.

Palmer, Raymond. "Felix Kersten and Count Bernadotte: A Question of Rescue." *Journal of Contemporary History* 29, no.1(January 1994):39—51.

Paul, Allen. *Katyn: The Untold Story of Stalin's Polish Massacre*. New York: Charles Scriber's Sons, 1991.

Perry, Marvin, and Frederick M. Schweitzer, eds. *Jewish-Christian Encoun-*

ters Over the Centuries. New York: Peter Lang, 1994.

Phayer, Michael. *The Catholic Church and the Holocaust, 1930—1964*. Bloomington: Indiana University Press, 2000.

Picard, Jacques. *On the Ambivalence of Being Neutral: Switzerland and Swiss Jewry Facing the Rise and Fall of the Nazi State*. Washington, DC: United States Holocaust Memorial Museum, 1998.

Pike, David Wingeate. *Spaniards in the Holocaust: Mauthausen, the Horror on the Danube*. London: Routledge, 2000.

Pius XII and the Holocaust: A Reader. Milwaukee, WI: Catholic League for Religious and Civil Rights, 1988.

Popper, Nathaniel. "Israel Criticizes Report on Swiss Holocaust Funds." *Forward.com* (April 30, 2004): 1. http://www.forward.com/articles/israelcriticizes-report-on-swiss-holocaust-funds/.

Rader, John S., and Kateryna Fedopryka. *The Pope and the Holocaust*. Alexandria, SD: Family Apostolate, 1994.

Ramati, Alexander. *The Assisi Underground: The Priests Who Rescued Jews*. New York: Stein and Day, 1978.

____. *While the Pope Kept Silent: Assisi and the Nazi Occupation*. London: Boston: Allen & Unwin, 1978.

Rein, Raanan. *In the Shadow of the Holocaust and the Inquisition. Israel's Relations with Francoist Spain*. Translated by Martha Grenzeback. London: Frank Cass, 1997.

Reisman, Arnold. *Turkey's Modernization: Refugees from Nazism and Ataturk's Vision*. Washington, DC: New Academia, 2006.

Rogow, Sally M. *They Must Not Be Forgotten: Heroic Priests and Nuns Who Saved People from the Holocaust*. Martinsburg, WV: Holy Fire, 2005.

Rychlak, Ronald J. *Righteous Gentiles: How Pius XII and the Catholic Church Saved Half a Million Jews from the Nazis*. Dallas, TX: Spence, 2005.

Rittner, Carol, and John K. Roth, eds. *Memory Offended: The Auschwitz Convent Controversy*. New York: Praeger, 1991.

____. *Pope Pius XII and the Holocaust*. London: Leicester University Press,

2002.

Sachar, Howard. *A History of the Jews in the Modern World*. New York: Alfred A.Knopf, 2005.

Sánchez, José M. *Pius XII and the Holocaust: Understanding the Controversy*. Washington, DC: Catholic University of America, 2002.

Sanger, David E. "Swiss Envoy to U.S. Resigns: He Urged 'War' Over Holocaust-Fund Dispute." *New York Times*, January 28, 1997.

Schmitt, Hans A. *Quaker & Nazis: Inner Light and Outer Darkness*. Columbia: University of Missouri Press, 1997.

Scholder, Klaus. *The Churches and the Third Reich*. Translated by John Bowden. Philadelphia: Fortress Press, 1988.

Schwarz, Ted. *Walking with the Damned: The Shocking Murder of the Man Who Freed 30 000 Prisoners*. New York: Paragon House, 1992.

Shaw, Stanford J. *The Jews of the Ottoman Empire and the Turkish Republic*. New York: New York University Press, 1991.

____. *Turkey and the Holocaust: Turkey's Role in Rescuing Turkish and European Jewry from Nazi Persecution, 1933—1945*. New York: New York University Press, 1993.

Steinberg, Jonathan. *Why Switzerland?* 2nd ed. Cambridge: Cambridge University Press, 1996.

Szulc, Tad. *Pope Paul II: The Biography*. New York: Scribner, 1995.

Tenembaum, Baruch. "The Example of Grüninger." International Raoul Wallenberg Foundation. http://www.raoulwallenberg.net/?en/saviors/others/example-gr-uuml-n.

Thavis, John. "Pope Relaxes Restrictions on use of Tridentine Mass." *Catholic News Service*, July 9, 2007, 1—5. http://www.catholicnews.com/data/stories/cns/0703892.htm.

Tomaszewski, Irene, and Tecia Werbowski. *Zegota: The Rescue of Jews in Wartime Poland*. Montreal: Price-Patterson, 1994.

Tooze, Adam. *The Wages of Destruction: The Making and Breaking of the Nazi Economy*. New York: Viking, 2006.

United States Holocaust Memorial Museum. *Children and the Holocaust: Symposium Presentation*. Washington, DC: Center for Advanced Holocaust Studies, 2004.

____. *Confiscation of Jewish Property in Europe, 1933—1945: New Sources and Perspectives*. Washington, DC: Center for Advanced Holocaust Studies, 2003.

Vincent, Isabel. *Hitler's Silent Partners: Swiss Banks, Nazi Gold, and the Pursuit of Justice*. New York: William Morrow, 1997.

Wagner, Meir, Andreas C.Fischer, and Graham Buik, eds. *The Righteous of Switzerland: Heroes of the Holocaust*. Hoboken, NJ: KTAV Publishing House, 2001.

Waller, John H. *The Devil's Doctor: Felix Kersten and the Secret Plot to Turn Himmler Against Hitler*. New York: John Wiley, 2002.

Waters, Donald Arthur. *Hitler's Secret Ally, Switzerland*. Le Mesa, CA: Pertinent, 1994.

Weigel, George. *Witness to Hope: The Biography of Pope John Paul II*. New York: Cliff Street Books, 2001.

Weinberg, Gerhard. *A World at Arms: A Global History of World War II*. Cambridge: Cambridge University Press, 1994.

Weisbord, Robert G. *The Chief Rabbi, the Pope, and the Holocaust: An Era in Vatican-Jewish Relations*. New Brunswick, NJ: Transaction, 1992.

Wood, E.Thomas, and Stalisław M.Jankowski. *Karski: How One Man Tried to Stop the Holocaust*. New York: John Wiley, 1994.

Wooden, Cindy. "ADL Head Calls Pope's Tridentine Mass Letter a 'Theological Setback.'" *Catholic News Service*, July 9, 2007, 1—3. http://www.catholicnews.com/data/stories/cns/0703900.htm.

"World Reaction to Death of Pope." BBC News. April 3, 2005. http://news.bbc.co.uk/2/hi/europe/4404971.stm.

Ziegler, Jean. *The Swiss, the Gold, and the Dead: How Swiss Bankers Helped Finance the Nazi War Machine*. Translated by John Brownjohn. New York: Harcourt Brace, 1998.

Zimmerman, Joshua D., ed. *Contested Memories: Poles and Jews During the Holocaust and Its Aftermath*. New Brunswick, NJ: Rutgers University Press, 2003.

Zohar, Zion. *Sephardic and Mizrahi Jewry: From the Golden Age of Spain to Modern Times*. New York: New York University Press, 2005.

Zuccotti, Susan. *Under His Very Windows: The Vatican and the Holocaust*. New Haven: Yale University Press, 2000.

Züricher, Erik J. *Turkey: A Modern History*. London: I.B.Taurus, 1997.

注释:

[1] Gerhard L. Weinberg, *A World at Arms: A Global History of World War II* (Cambridge: Cambridge University Press, 1994), 373.

[2] Yehuda Bauer, *American Jewry and the Holocaust: The American Jewish Joint Distribution Committee, 1939—1945* (Detroit: Wayne State University Press, 1981), 48.

[3] Avraham Milgram, "Portugal, the Consuls, and the Jewish Refugees, 1938—1941," Shoah Resource Center, International School for Holocaust Studies, Yad Vashem(2004), 10.

[4] Mordechai Paldiel, *The Path of the Righteous: Gentile Rescuers of Jews During the Holocaust* (Hoboken, NJ, and New York: KTAV Publishing House in association with The Jewish Foundation for Christian Rescuers/ADL, 1993), 60—61.

[5] Milgram, "Portugal, the Consuls, and the Jewish Refugees," 20—21.

[6] Paldiel, *Path of the Righteous*, 61.

[7] Ibid., 62.

[8] Milgram, "Portugal, the Consuls, and the Jewish Refugees," 25.

[9] Ibid., 62.

[10] Howard M. Sachar, *A History of the Jews in the Modern World* (New York: Alfred A. Knopf, 2005), 560.

[11] Hans A. Schmitt, *Quakers & Nazis: Inner Light and Outer Darkness* (Columbia: University of Missouri Press, 1997), 202—203.

[12] Enrico Deaglio, *The Banality of Goodness: The Story of Giorgio Per-*

lasca, trans. Gregory Conti(Notre Dame: University of Notre Dame Press, 1998), 77—79.

[13] Greogry Conti, "A Most Unlikely Hero: A Fascist Who Saved Jews—Giogio Perlasca,"*Commonweal*, December 3, 1999, 1, http://findarticles.com/p/articles/mi_m1252/is_21_126/ai_58675361.

[14] Martin Gilbert, *The Righteous: The Unsung Heroes of the Holocaust* (New York: Henry Holt, 2003), 400—401.

[15] Paul A.Levine, *From Indifference to Activism: Swedish Diplomacy and the Holocaust, 1938—1944*(Uppsala, Sweden: Uppsala University, 1996), 93.

[16] Ibid., 84.

[17] Adam Tooze, *The Wages of Destruction; The Making and Breaking of the Nazi Economy*(New York: Viking, 2006), 380—381.

[18] Gunnar Åselius, "Sweden and Nazi Germany," in *Sweden's Relations with Nazism, Nazi Germany and the Holocaust*, ed. Stig Ekman and Klas Åmark, and John Toler(Stockholm: Almquist & Wiksell International, 2003), 94.

[19] Levine, *From Indifference to Activism*, 139.

[20] Ibid., 245.

[21] Sven Nordlund, "'The War Is Over—Now You Can Go Home!' Jewish Refugees and the Swedish Labour Market in the Shadow of the Holocaust," in *"Bystanders" to the Holocaust*, ed. David Cesarani and Paul Levine(London: Frank Cass, 2002), 177.

[22] Levine, *From Indifference to Activism*, 274.

[23] Ibid., 193.

[24] Walter Schellenberg, *The Labyrinth: Memoirs of Walter Schellenberg: Hitler's Chief of Counterintelligence*(New York: Da Capo Press, 2000), 383.

[25] Felix Kersten, *The Kersten Memoirs, 1940—1945*, trans. Constantine Fitzgibbon and James Oliver(London: Hutchinson, 1956), 15.

[26] Frank Fox, "A Jew Talks with Himmler," *Liberty* 17, nos.9—10(September/October 2003): 2—5, http://www.libertyunbound.com/archive/2003_10/fox-himmler.html.

[27] Sune Persson, "Folke Bernadotte and the White Buses," in Cesarani and

Levine, "*Bystanders" to the Holocaust*, 248—256.

[28] Schellenberg, *The Labyrinth*, 387.

[29] Independent Commission of Experts Switzerland—Second World War, *Switzerland, National Socialism and the Second World War* (Zürich: Pendo Verlag, 2002), 67.

[30] Jacques Picard, *On the Ambivalnce of Being Neutral: Switzerland and Swiss Jewry Facing the Rise and Fall of the Nazi State* (Washington, DC: United States Holocaust Memorial Museum, 1998), 10.

[31] Baruch Tenembaum, "The Example of Grüninger," International Raoul Wallenberg Foundation, 2, http://www.raoulwallenberg.net/?en/saviors/others/example-gr-uuml-n.

[32] Independent Commission of Experts Switzerland, *Switzerland, National Socialism and the Second World War*, 188.

[33] Ibid., 189.

[34] Paul B.Miller, "Europe's Gold: Nazis, Neutrals and the Holocaust," *Dimensions: A Journal of Holocaust Studies* 11, no.1(1997):11.

[35] Saul Friedländer, *The Years of Extermination: Nazi Policy and the Jews, 1939—1945* (New York: HarperCollins, 2007), 448—449.

[36] Jacques Picard, "Switzerland, National Socialist Policy and the Legacy of History," in Cesarani and Levine, "*Bystanders" to the Holocaust*, 131.

[37] Walter Laquer and Richard Breitman, *Breaking the Silence* (New York: Simon & Schuster, 1986), 149.

[38] Martin Gilbert, *Auschwitz and the Allies* (New York: Holt, Rinehart and Winston, 1981), 57—58.

[39] E. Thomas Wood and Stanisław Jankowski, *Karski: How One Man Tried to Stop the Holocaust* (New York: John Wiley, 1994), 188. 1982年,卡尔斯基被命名为"民族义人",1994年,他又获得以色列议会授予的以色列荣誉公民称号。

[40] Laquer and Breitman, *Breaking the Silence*, 160.

[41] Deborah E. Lipstadt, *Beyond Belief: The American Press & the Coming of the Holocaust, 1933—1945* (New York: Free Press, 1986), 184.

[42] Independent Commission of Experts Switzerland, *Switzerland, National*

Socialism and the Second World War, 183.

[43] Isabel Vincent, *Hitler's Silent Partners: Swiss Banks, Nazi Gold, and the Pursuit of Justice*(New York: William Morrow, 1997), 112—113.

[44] Miller, "Europe's Gold," *Dimensions* 11, no.1, (1997): 12.

[45] Picard, *On the Ambivalence of Being Neutral*, 5.

[46] Vincent, *Hitler's Silent Partners*, 135, 146.

[47] Ibid., 259.

[48] David E.Sanger, "Swiss Envoy to U.S.Resigns; He Urged 'War' Over Holocaust-Fund Dispute," *New York Times*, January 28, 1997, A4.

[49] Alan Cowell, "How Swiss Strategy on Holocaust Fund Unraveled," *New York Times*, January 26, 1997, 6.

[50] 德国在2000年建立了"记忆、负责与未来基金会",负责向强制劳工及其他大屠杀受害者发放人道主义偿付。德国联邦议会拨款3.58亿欧元,用于支付前奴役劳工和强制劳工的申诉,这笔基金也可用于其他人道主义、教育等项目,条件是其须有益于加强国际合作与社会正义。

[51] *Summary of Special Master's Plan of Allocation and Distribution of Settlement Fund*, United States District Court, Eastern District of New York, Case No.CV96—4849(ERK) (MDG), 27—36.完整的特殊标准版本报告请见 http://www.swissbankclaims.com。

[52] Nathaniel Popper, "Israel Criticizes Report on Swiss Holocaust Funds," *Forward.com*(April 30, 2004): 1, http://www.forward.com/articles/israel-criticizes-report-on-swiss-holocaust-funds/; "Holocaust Victims Assets Litigation (Swiss Banks): Certified Awards Rendered by the CRT," 1 page, http://www.crt-ii.org/_awards/index.phtm (所有关于瑞士银行案件的庭审材料,均可见 http://www.swissbanksclaims.com/home_main.asp); Stuart E.Eizenstat, "The Unfinished Business of the Unfinished Business of World War II," in *Holocaust Restitution: Perspectives on the Litigation and Its Legacy*, ed. Michael J.Bazyler and Roger Alford(New York: New York University Press, 2006.

[53] Independent Commission of Experts Switzerland, *Switzerland, National Socialism and the Second World War*, 497, 499.

[54] Ibid., 508.

［55］ Erik J. Züricher, *Turkey*: *A Modern History* (London: I. B. Tauris, 1997), 212—213.

［56］ Stanford J.Shaw, *Turkey and the Holocaust*: *Turkey's Role in Rescuing Turkish and European Jewry from Nazi Persecution*, *1933—1945* (New York: New York University Press, 1993), 256, 258.

［57］ "Oskar Schindler Financial Report 1945," July 1945, Yad Vashem Archives, 01/164, 6.

［58］ Alex Weissberg, *Desperate Mission*: *Joel Brand's Story as Told by Alex Weissberg*, trans. Constantime FitzGibbon and Andrew Foster-Melliar (New York: Criterion Books, 1958), 36.

［59］ Bauer, *American Jewry and the Holocaust*, 385—386.

［60］ Weissberg, *Desperate Mission*, 33.

［61］ Shaw, *Turkey and the Holocaust*, 257, 270, 271, 275.

［62］ Ibid., 272—273.

［63］ Ibid., 273—276.

［64］ Ibid., 275—276.

［65］ "Interview with Hansi Brand," Martin A.Gosch and Howard Koch, "The Story of Oskar Schindler," 12-A, 12, 12-B, 1, Delbert Mann Papers, Special Collections Library, Vanderbilt University.

［66］ Reszö Kasztner, *Der Bericht des Jüdischen Rettungskomitees aus Budapest* (privately printed, 1946), 14.

［67］ Weissberg, *Desperate Mission*, 37; Aleksander Bieberstein, *Zaglada ¢ydów w Krakowie* (Warsaw: Wydawnictwo Literackie, 1985), 16, 149.

［68］ Weissberg, *Desperate Mission*, 37; "Schindler Financial Report 1945," YVA, 6.

［69］ *Die Bekenntnisse des Herrn X*, Budapest, November 1943, Bundesarchiv (Koblenz), Nachlaß Oskar Schindler, 1908—1974, Bestand N 1493, no.1, band 18, 1, 7.

［70］ Ibid., 1.

［71］ Ibid., 2.

［72］ Ibid.

[73] Ibid.

[74] Ibid.

[75] Ibid.

[76] Ibid.; Jeremy Noakes and Geoffrrey Pridham, *Nazism: A History in Documents and Eyewitness Accounts, 1919—1945* (New York: Schocken Books, 1988), 2:1087, n1; Omer Bartov, *Hitler's Army: Soldiers, Nazis, and War in the Third Reich* (New York: Oxford University Press, 1991), 84—88.

[77] *Die Bekenntnisse des Herrn X*, BA(K), 3.

[78] Ibid., 4.

[79] Ibid., 4—5.

[80] Ibid., 5.

[81] Ibid.

[82] Ibid.

[83] Ibid.

[84] "Schindler Financial Report 1945," YVA, 3.

[85] Ibid., 3.

[86] *Die Bekenntnisse des Herrn X*, BA(K), 5; Danuta Czech, *Auschwitz Chronicle, 1939—1945* (New York: Henry Holt, 1990), 556—557; Allen Paul, *Katyn: The Untold Story of Stalin's Polish Massacre* (New York: Charles Scribner's Sons, 1991), 114.

[87] *Die Bekenntnisse des Herrn X*, BA(K), 5—6.

[88] Ibid., 6.

[89] Ibid.

[90] Ibid.

[91] Ibid.

[92] Ibid.

[93] Ibid., 6—7; Paul, *Katyn*, 270—274.

[94] Die Bekenntnisse der Herrn X, BA(K), 7.

[95] Ibid., 7; Richard Breitman, *Official Secrets: What the Nazis Planned, What the British and the Americans Knew* (New York: Hill and Wang, 1998), 200—201; Shaw, *Turkey and the Holocaust*, 291; Bauer, *American Jewry and*

the Holocaust, 406.

[96] Shaw, *Turkey and the Holocaust*, 253.

[97] Alan Cassels, *Fascist Italy*, 2nd ed. (Arlington Heights, IL: Harlan Davidson, 1985), 64—65.

[98] Ibid., 64—65.

[99] Frank J.Coppa, *The Papacy, the Jews, and the Holocaust* (Washington, DC: Catholic University of America Press, 2006), 163.

[100] Ibid., 167.

[101] Klaus Fischer, *Nazi Germany: A New History* (New York: Continuum, 1995), 281.

[102] José M.Sánchez, *Pius XII and the Holocaust: Understanding the Controversy* (Washington, DC: Catholic University Press of America, 2002), 32—33; Saul Friedländer, *Pius XII and The Third Reich: A Documentation*, trans. Charles Fullman(New York: Alfred A.Knopf, 1966), 236.

[103] Guenter Lewy, *The Catholic Church and Nazi Germany* (New York: McGraw-Hill, 1964), 304.

[104] Susan Zuccotti, *Under His Very Windows: The Vatican and the Holocaust in Italy* (New Haven: Yale University Press, 2000), 323—324.

[105] Paldiel, *The Path of the Righteous*, 240.

[106] Ibid., 240.

[107] Ibid., 241.

[108] Philip Friedman, *Their Brothers' Keepers* (New York: Holocaust Library, 1978), 52.

[109] Ibid., 53.

[110] Wladyslaw Bartoszewski and Zofia Lewin, eds., *Righteous Among Nations: How Poles Helped the Jews, 1939—1935* (London: Earlscourt, 1969), 43.

[111] Ibid., 44.

[112] Ibid., 45.

[113] Ibid., 46.

[114] Ibid., 47.

[115] Ibid., 59.

[116] Zuccotti, *Under His Very Windows*, 300.

[117] David G.Dalin, *The Myth of Hitler's Pope: How Pope Pius XII Rescued Jews from the Nazis* (Washington, DC: Regenery, 2005), 102.

[118] Ibid., 102.

[119] Ion Mihai Pacepa, "Moscow's Assault on the Vatican," *National Review* (January 27, 2007): 1—5, http://article.nationalreview.com/?q=YTUzYmJhMGQ5Y2UxOWUzNDUyNWUwODJiOTEzYjY4NzI=.

[120] Paldiel, *Churches and the Holocaust*, 202.

[121] Ibid., 51.

[122] Ibid., 51—52.

[123] Ibid., 52.

[124] Hannah Arendt, *Men in Dark Times* (New York: Harcourt, Brace & World, 1968), 63.

[125] Coppa, *The Papacy, the Jews, and the Holocaust*, 226.

[126] *Nostra Aetate: Declaration on the Relation of the Church to Non-Christian Religions, Proclaimed by His Holiness, Pope Paul VI on October 28, 1965* (Boston: Pauline Books and Media, n.d.), 6.

[127] Paldiel, *Churches and the Holocaust*, 362.

[128] Darcy O'Brien, *The Hidden Pope: The Personal Journey of John Paul II and Jerzy Kluger* (New York: Daybreak Books, 1998), 98—99.

[129] Carl Bernstein and Marco Politi, *His Holiness; John Paul II and the History of Our Time* (New York: Penguin, 1996), 228.

[130] George Weigel, *Witness to Hope: The Biography of Pope John Paul II* (New York: Cliff Street Books, 2001), 485.

[131] Ibid., 541—542.

[132] "Letter of Pope John Paul II," *We Remember: A Reflection on the Shoah*, Commission for Religious Relations with the Jews, 12 March 1998, http://www.vatican.va/roman_curia/pontifical_councils/chrstuni/documents/re_pc_chrstuni_doc_16031998_shoah_en.html.

[133] "Prime Minister Barak's Speech at Yad Vashem During Visit by Pope John Paul II (23/03/2000)," Yad Vashem, http://www.yadvashem.org/about_

yad/what_new/data_pope/Barak.html.

[134] "Text of Pope John Paul II's Speech at Yad Vashem(23/3/2000)," Yad Vashem, http://www.yadvashem.org/about_yad/what_new/data_pope/speech.html.

[135] "World Reaction to the Death of Pope," BBC News, April 3, 2005, http://news.bc.co.uk/2/hi/europe/4404971.stm.

[136] John Thavis, "Pope Relaxes Restrictions on Use of Tridentine Mass," *Catholic News Service*, July 9, 2007, 1—5, http://www.catholic news.com/data/stories/cns/0703892.htm; Cindy Wooden, "ADL Head Calls Pope's Tridentine Mass Letter a 'Theological Setback,'" *Catholic News Service*, July 9, 2007, 1—3, http://www.catholicnews.com/data/stories/cns/0703900.htm.

第十章 383

解放、难民与寻求正义

欧洲、美国和以色列的战争罪行调查与审判

大事年表

1917年(11月2日):《贝尔福宣言》允诺犹太人在巴勒斯坦建立本民族的家园

1939年:一份英国的白皮书违背《贝尔福宣言》的承诺

1941年:同盟国创办“联合国战争罪行委员会”;斯大林拒绝加入

1943年(7月14日至17日):苏联克拉斯诺达尔审判

1943年(11月1日):丘吉尔、罗斯福和斯大林以战争罪警告德国与日本

1943年(12月15日至18日):苏联哈尔科夫审判

1944年(11月22日):卢布林地区的马伊达内克审判开始

1945年(5月7日至9日):第二次世界大战欧洲战场停战

1945年(7月17日至8月2日):波茨坦会议

1945年(8月8日):《伦敦协议》与《国际军事法庭宪章》问世

1945年(8月14日):第二次世界大战亚洲战场停战

1945年(9月17日至11月17日):卑尔根—贝尔森审判

1945年(10月18日至1946年10月1日):“国际军事法庭”纽伦堡审判

1945年至1946年:法国对皮埃尔·赖伐尔、查尔斯·莫拉斯、约瑟夫·达纳德和贝当元帅进行“摆样子公审”

1946年(1月10日):巴尔多希·拉斯洛在匈牙利以战争罪被处以死刑

1946年(2月28日):伊姆雷迪·贝拉在匈牙利以战争罪被处以死刑。

1946年(3月29日至4月12日):匈牙利“驱逐出境三人组”被处决

1946年(5月3日至1948年11月12日):“国际军事法庭”东京审判

1946 年(7 月 4 日):波兰“凯尔采计划”出台

1946 年(7 月 30 日至 8 月 2 日):莫斯科的安德烈・弗拉索夫“摆样子公审”

1946 年(8 月 22 日至 9 月 5 日):克拉科夫的阿蒙・歌德审判

1946 年(10 月 25 日至 1947 年 8 月 20 日):对医生的审判

1946 年(12 月 5 日至 1947 年 2 月 3 日):拉文斯布吕克审判

1947 年(3 月 11 日至 29 日):波兰的鲁道夫・胡斯审判

384 1947 年(4 月 8 日至 11 月 3 日):“党卫军经济管理总局”波勒审判

1947 年(7 月 11 日):“出埃及号”离开马赛驶往巴勒斯坦

1947 年(7 月 3 日至 1948 年 4 月 10 日):“特别行动队”审判

1947 年(8 月 27 日至 1948 年 7 月 31 日):I・G・法本审判

1947 年(11 月 29 日):联合国批准“第 181 号决议”,创建彼此独立的犹太人与阿拉伯人国家

1947 年(12 月 8 日至 1948 年 7 月 31 日):克虏伯审判

1948 年(5 月 14 日):以色列宣布独立

1948 年(6 月 24 日至 1949 年 5 月 11 日):柏林封锁

1950 年(4 月至 6 月):德意志民主共和国(东德)的瓦尔德海姆审判

1952 年至 1954 年:法国在缺席审判的情况下以战争罪判处克劳斯・巴比死刑

1953 年(5 月 18 日):《以色列大屠杀纪念馆法令》出台

1960 年(5 月 11 日):以色列的摩萨德特工在布宜诺斯艾利斯绑架阿道夫・艾希曼

1961 年(4 月 11 日至 8 月 14 日):阿道夫・艾希曼审判;艾希曼于 1962 年 5 月 31 日至 6 月 1 日被执行死刑

1977 年至 2007 年:美国长达 30 年的针对约翰・德米扬鲁克(John Demjanjuk)的引渡案件

1979 年(2 月 7 日):约瑟夫・门格尔死于巴西

1983 年至 2002 年:法国对莫里斯・帕蓬(Maurice Papon)进行战争罪追查

1987 年(5 月 11 日至 7 月 4 日):里昂的克劳斯・巴比审判

1944 年秋至 1945 年初,当同盟国军队进入德国领土之时,他们曾遭遇的恐怖惨状,甚至那些久经沙场的老兵都大感惊骇。虽然德国人在欧洲“消灭全体犹太人”的企图没有得逞,但纳粹及其胁从的集体屠杀行动,直到战争的最后一刻,实际上仍在进行着。我们根本无法完全理解,这场对 600 万犹太人、数十万罗姆人以及 20 万至

25 万身心残疾者施与的种族灭绝性屠杀。虽然这些数字与第二次世界大战中 5 000 万至 6 000 万的死亡总数相比，显得不足挂齿，然而，这场在欧洲进行的种族灭绝屠杀的受害者却成为人类近代历史进程中的一个异象，他们构成一个表征——普遍认为的文明社会走向癫狂的表征。

随着战争走向终结，关于那些仍滞留在集中营和灭绝营中的人员的释放问题，以及难民大潮的处理问题，成为压在同盟国军事部队肩头的一个沉重负担——要知道这些军队都是为了战争，而非为了应付战后混乱不堪的局势而组建和练就的。可悲的是，那些遭到纳粹暴行摧残最为严重的族群，现在又不得不面临同样艰难的生活——他们无家可归、无国可依，只能住在同盟国建立的营地里，最初似乎看不到任何恢复往日生活的希望。而对那些侥幸回到祖国的犹太人和罗姆人来说，等待他们的则将是新一轮的歧视和虐待——这种情况在东欧表现得尤其明显。“大屠杀”的另一类受害者——残疾人——则几乎被彻底忽视了。最终，犹太人得以从联邦德国和其他欧洲国家获得部分赔款和财产归还。当然，与他们遭受的巨大财产损失和身心伤痛相比，这些赔付都仅仅是鸿毛一束，根本不可能起到什么补偿作用。而罗姆人和残疾人的境遇更加悲惨。一开始，他们既没有表达共同的立场，也没有人愿意站出来为他们辩护，结果就是在法庭上，他们曾遭受的苦难甚至都没能获得承认。

战争结束后，随着大屠杀幸存者开始努力重建自己的生活，国际社会也设计并依次落实了一系列法律机制，希望借以治愈这场不可名状的悲剧留下的后遗症。在同盟国和苏联占领区内随之而来的，就是数不胜数的战争罪审判，目的在于惩罚那些纳粹时代的各种罪行和暴虐的负责人。西方国家的审判倾向于遵循传统法律领域内的“无罪推定”原则，而中欧和东欧的法庭通常并不那么重视法律上的精密性，带有更加强烈的报复色彩。对首要战犯的审判完成之后，战争罪问题在欧洲开始沿着西方民主与共产主义两条渠道逐渐分流。一些西欧国家继续开展战争罪调查，不 385
过随着时间的推演，此类调查的规模越来越小。而在苏联阵营，战争罪调查则越来越变成为斯大林主义体系服务的意识形态工具。对苏联的法律界人士来说，惩罚那些在战争中残杀苏联公民（约 2 600 万至 2 800 万苏联人死于第二次世界大战）的罪犯，远比惩罚那些“大屠杀”中的种族灭绝主义者，要关键得多、迫切得多。

集中营与灭绝营的解放

1944 年 7 月 23 日，苏联红军解放了第一个大型集中营——马伊达内克。陆军元帅格奥尔基·朱可夫(Georgy Zhukov，1896—1974)命令自己的部队向该集中营进军；苏军命令德国战俘从一群愤怒的波兰人和犹太人中走过，后者大声叫嚷着："儿童杀手！儿童杀手！"朱可夫还下令对德国人在马伊达内克犯下的罪行进行详尽的调查。作为第一个获准进入这座集中营的记者，罗曼·卡门(Roman Kamen)写道，自己"从来都没有见过比此刻的马伊达内克更令人厌恶的景象了"。根据卡门的报道，只剩下 1 000 个"活死尸"在这场恐怖暴行中幸存了下来，面对这个"世界上最大的焚尸场"，他简直无法相信自己的眼睛。《纽约时报》记者 H·W·劳伦斯(H.W. Lawrence)后来也走访了马伊达内克，并将这里称为"地球表面最可怕的地方"。不久后《伦敦新闻画报》在一篇报道中称，马伊达内克"以冷酷的方式提醒我们，每一个德国人身上那种彻底丧失人性的倾向"。[1]

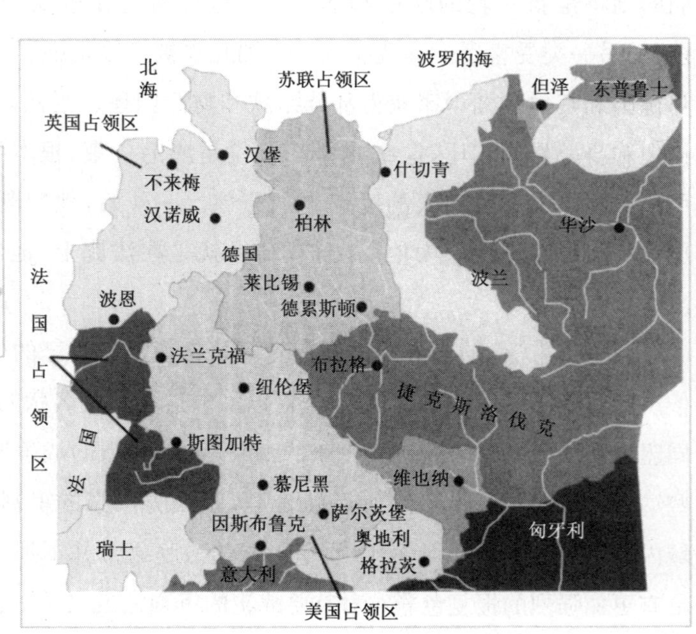

1945 年德国被占情况示意图。

随着苏联红军在波兰东部急速推进，希特勒下定决心，绝不在即将解放的集中营
386 内留下任何一个活口。当年秋天，希姆莱下令停止对犹太人和罗姆人施行集体屠杀，然而直接屠杀的停止并不意味着死亡的停止——仍有大量受害者死于急行军途中以及其他形式的暴力行动中。当红军最终于 1945 年 1 月 27 日进入奥斯维辛之时，那里只剩下了 7 000 人；另有 5.8 万人困在各附属营区。总体而言，在战争的最后几个月，全部德国集中营内共关押着 714 211 名囚犯(其中 511 537 名男性；202 674 名女性)。[2]

直到 1945 年初，仍有 11 座大型集中营处于德国人的控制之下。随着盟军日益深入德国本土，党卫军也愈发急迫地驱使囚犯从这些集中营迁徙至德国腹地。那些因过度虚弱而无法继续行军的囚犯往往遭到党卫军警卫的枪杀，此外还有大批人死于寒冷、饥饿和疾病。据估计，从奥斯维辛转移的 6 万名囚犯中，有约 20％死于这场“死亡行军”。

在战争行将结束之时，随着苏联与其西方盟国之间那道“铁幕”的缓缓落下，关于红军解放纳粹集中营的情况，也越来越少地为国际社会所知。苏联人对奥斯维辛的关注程度，似乎也远没有他们曾对马伊达内克的那么大。1945 年 2 月，英国政府询问克里姆林宫，敦促其告知在奥斯维辛的所见所闻。两个月后，苏联方面发布通告，称德国人在奥斯维辛及其卫星营内，共杀害了 400 万欧洲人。在战争的最后几个月，苏联红军还成为萨克森豪森、拉文斯布吕克以及其他一些小型集中营的解放者。而在西线，人们的关注焦点并不在马伊达内克或奥斯维辛，而在 1945 年 4 月 12 387
日由英军解放的卑尔根—贝尔森。

解放了的布痕瓦尔德集中营内的囚犯。埃利·维瑟尔(Elie Wiesel)为第二排铺位的左起第七位。美国大屠杀纪念博物馆照片序列号 74607，国家档案与记录管理局(学院公园)提供图片。

在少数几个集中营，纳粹国防军并没有向外转移囚犯，而是选择全员投降——“全员”包括已遇害的和仍残存的，卑尔根—贝尔森就是其中之一。这里数千具瘦骨嶙峋的死尸以及更多病弱不堪、衣衫褴褛的“活死尸”，都曾令外部世界大为震惊。南诺丁汉郡轻骑兵部队准将丹尼尔(R.B.T.Daniell，1901—1996)描述了自己的部队刚刚到达这座集中营时的情景：

(一个小棚屋)之内的情景，把我这样久经沙场的男人都吓得够呛。里面摆放着层层叠叠的木架床，每个床上躺着一个、两个、有的甚至三个一丝不挂的人，臭气熏天，令人窒息。那真是极度可怕的景象。很明显他们已经很久没有得到食物和医疗了，要知道就在小屋外面，全都是精力充沛的年轻党卫军士兵，个个身强力壮、无所事事地转来转去。我已经受够了。我永远也忘不了目睹这一切的这一天，永远也不会原谅这个邪恶的民族——这个民族竟然生出如此冷血的成员，对成千上万被抓进贝尔森集中营的无辜生灵，进行如此残忍的屠杀暴行。[3]

然而，集中营获得解放，并不意味着囚犯能够从此存活。即使英军医疗人员竭力救治，卑尔根—贝尔森的囚犯在重获自由之后的几个月内，仍有超过三分之一死于疾病和长期营养不良。皇家陆军医疗部队中校科宁(M.W.Conin)记载道：

死于疾病者通常在棚屋内离开人世，而如果死亡原因是饥饿，他们一般是在外面的空地上断气的，因为饿死者具有一种奇怪的特征——他们往往像被什么人驱赶一样，持续不断、漫无目的地游荡，直到突然倒下、死亡。他们一旦倒下，死亡几乎就是一瞬间的事，我们经常碰到一些男人、女人和儿童走着走着就瘫倒了，我们甚至来不及去扶他们一把，没多久我们就对此类情景见惯不怪了。我们必须尽快习惯这样的事情、接受这样的事实——个别囚犯的死亡根本无关紧要。我们知道，一天中就有500名囚犯即将死亡，还有500名囚犯已到垂死边缘，对他们，我们却完全无能为力，即使这样忽略人命，也不会造成多大的影响。尽管如此，心里清楚地知道只要一个简单的气管切开术再加上一段时间的护理就完全可以救活一个孩子，同时却得眼睁睁地看着他因白喉症恶化窒息而死，这实在是太艰难了。[4]

在另一个方向，当美军解放达豪、布痕瓦尔德和毛特豪森集中营时，他们也发现了类似的情景。道格拉斯·凯林博士(Dr.Douglas Kelling)后来描述了自己在达豪目睹的惨状：

这座集中营污秽不堪、充满疾病，毫不夸张地说，每个人身上都长满了虱子

> 和其他寄生虫。囚犯们的卫生状况极差;衣服肮脏、陈旧、破烂不堪。他们长期挨饿,德国人故意让他们挨饿;很多人都重病缠身。他们面色悲伤、凝重,紧紧地盯着我看;每个人都显出一副完全放弃希望的无助状态。他们走起路来缓慢、无力、没精打采,很多时候我简直希望他们被杀死,也比被关在这么一个残忍可怕、难以置信的地方强。
>
> 囚犯中的很多人体重只剩下70至80磅。我听说平均每天就有270人因斑疹伤寒症而死亡,还有很多人死于疯狂蔓延的肺结核等疾病,另一些人则因长期挨饿丧命。在集中营里德国人给他们吃的食物极其粗糙,面包的原料中只有很小一部分小麦粉,大部分则是代用面粉——也就是锯末。[5]

以上集中营内的很多受害者都是犹太人。1939年,欧洲的犹太人口为950万。
到1945年,残存者只剩下330万。波兰战前犹太人口中的90%遭到屠杀。只有2.3
万波兰犹太人活着走出灭绝营。在这场横扫中欧和东欧的反犹主义“大屠杀”之后
的多次余波中,很多历尽千险刚刚返回故土的犹太人又不得不再次背井离乡,还有
数百人因来不及逃离而遇害。最严重的暴力行径发生在波兰的凯尔采地区——这
里曾是2万名犹太人的家园。1946年7月4日的“凯尔采大屠杀”起因于一些谣 388
言——有人散布消息,说犹太人绑架了一个波兰男孩(后来这个孩子被找到了,毫发
无损),还有人说犹太人打算在位于普兰蒂大街7号的前犹太人社团中心大楼内屠
杀波兰儿童。当时的凯尔采共生活着约200名犹太人,他们中的大多数都是“大屠
杀”的幸存者;其中有很多人由于已无家可归,只得住在社团中心大楼内。随着谣言
尘嚣日上,警察、士兵和普通市民一窝蜂闯进这座建筑,杀死多名犹太人。很多人试
图逃离这座房子,可他们遭遇的将是更凶猛的进攻,更多的人因此丧命。一些受伤
的犹太人挣扎着奔向医院,在途中又遭遇多次攻击。午夜到来之前,已有37至42名
犹太人遇害,还有50至82人受重伤。这次大屠杀的消息传播至外界之后,立即引发
了一波犹太人迁出波兰的浪潮。针对这次严重的暴力事件,当地司法机关只进行了
一次草率的审判,判处9名行凶者死刑,而很多参与施暴的警察部队高级官员则被无
罪开释。扬·T·格劳斯(Jan T.Gross)在名为《恐惧:奥斯维辛之后波兰反犹主义》一
书中写道,上述谣言其实跟这场大屠杀并无多大关系。他坚称,驱使波兰人采取如此暴
力行动的真正动机,是“他们将犹太人视为威胁——对战后其基督徒同胞公民的物质
现状、安全保证与和平道德构成的威胁,他们认为,犹太人曾遭遇劫掠,而很多波兰人已
心照不宣地将其犹太邻友的私有财产以及社会地位据为己有,还有很多人曾在纳粹唆
使下,怀着机会主义的动机,直接参与过对犹太人的集体屠杀”。[6]

根据当时罗马天主教会在波兰的最高领袖奥古斯特·赫隆德(Cardinal August Hlond，1881—1948)枢机主教的说法:“状况之所以日趋恶化，在很大程度上是因为如今犹太人在(共产党统治下的)波兰政府占据领导地位，而他们竭力推行的那套统治体系，确实是这个民族的大多数成员所不愿意接受的。”[7]

埋葬凯尔采大屠杀的犹太受害者。美国大屠杀纪念博物馆照片序列号 14393，利亚·拉哈夫(Leah Lahav)提供图片。

类似说法成了波兰人用以解释“凯尔采大屠杀”的原因的标准论调。到 1947 年
389 底，波兰幸存犹太人中的三分之二已经逃离这个国家。1948 年又有一些人移民。而在接下来的 40 年间，波兰的反犹主义暴力运动仍时有爆发，结果就是到 1992 年，这个国家的正式犹太人口只剩下了区区的 3 600 人。当今生活在波兰疆域内的犹太人也不超过 1 万人。

在保加利亚、捷克斯洛伐克和罗马尼亚，犹太难民也遭遇了类似的迫害。匈牙利犹太人中，约 2.7 万至 2.9 万人在“大屠杀”中幸存了下来。战争结束后，很多人回到布达佩斯定居——这里曾经是东欧最大的犹太人聚居城市。犹太人曾在战后匈牙利的政治生活中扮演过突出的角色，可惜两个族群之间的“蜜月期”很快终结。从 1946 年至 1956 年，5 万犹太人逃离匈牙利，很多人前往巴勒斯坦和以色列。选择留在故土的犹太人则很快发现自己被困住了，不但不得不面对政府设置的重重限制，

而且完全享受不到宗教信仰和文化生活方面的自由。在接下来的40年间，犹太人仍持续不断地向外移民；到1992年，官方统计下的匈牙利犹太人口为5.6万人。

也许命运最悲惨的要数保加利亚的犹太族群——同样的，他们中的大多数成员都是“大屠杀”的幸存者。由于只有极少数人收回了“大屠杀”期间被劫掠的财产，结果就是到1948年，绝大部分匈牙利犹太人都沦为赤贫状态。新建立的共产党政府严厉压制犹太民族的宗教和文化组织，于是从1948年至1949年间，战后保加利亚犹太人口中的90%已迁徙至以色列。

难民：犹太人和罗姆人

犹太人

那些无法或不愿回归祖国的犹太人通常被安置在难民营之内。马克·怀曼(Mark Wyman)曾估算过：“1945年初夏，西欧约有700万人无家可归”，而在苏联控制下的中欧和东欧，难民的数目也大致相当。在战争末期，盟军还掌控着780万德国士兵的命运。苏联境内的德军战俘则约为200万。虽然战后数月间，大部分难民都已踏上漫漫归家路，然而直到1945年秋天，欧洲仍有180万人流离失所、无处可去。[8]本来盟军还试图竭尽所能，应对扑面而来的难民潮；而当决策者越来越清楚地意识到，剩余的相当大数量的人，将不愿或无法回到家乡，他们只得诉诸“联合国善后救济总署”，希望后者承担起照料这些永久性流离失所者的责任。“联合国善后救济总署”创建于1943年，专门负责在二战末期的同盟国司法管辖权之下，处理难民和无家可归者问题。

盟军占领当局最初断然拒绝犹太人救济组织进入难民营，因为那里的犹太裔与非犹太裔无家可归者都是混杂居住的。有时候犹太教牧师能够进行零星的救济工作，不过一般而言，军方既不愿意也没能力向“大屠杀”幸存者提供其亟需的安置与照料。一开始，那些负责守卫难民营的士兵，由于都曾亲眼目睹过各地集中营的恐怖景象，还对难民营内的犹太人、罗姆人以及其他族群如今的悲惨现状抱有同情；然而，随着这批士兵逐渐被一些从未踏上过二战战场的新兵取代，同情的氛围也逐渐消失了，他们甚至开始散布谣言，说犹太人正是日益猖獗的难民营黑市的幕后操控者。

然而事实却是截然相反。难民营内的犹太人、罗姆人和其他无家可归者逐渐发现，在自己的身心恢复和生活重建过程中，根本无法从同盟国那里得到协助，于是，他们只得开始寻求自救、试图自力更生。在由英国人运营的贝尔森难民营——这里正是那座曾经的纳粹集中营，在约瑟夫·罗森萨夫特(Josef Rosensaft)的领导下，当地犹太人建立了一个名为“中央犹太人委员会”的组织，负责向“大屠杀”幸存者提供必要的援助。虽然最初“中央犹太人委员会”的活动令英国人大为震怒，但它还是成功地建立起一个医疗、文化、宗教和教育网络，开展了一系列项目，旨在帮助难民营
390 居民恢复人格与尊严。

1945 年至 1946 年，贝尔森难民营的犹太人抗议者。美国大屠杀纪念博物馆照片序列号 32382，希尔妲·雅各布他耳·哥德堡(Hilde Jacobsthal Goldberg)提供图片。

关于以上问题的报告上报白宫。1945 年 6 月，宾夕法尼亚大学法学院院长厄尔·G·哈里森(Earl G. Harrison, 1899—1955)，受富兰克林·罗斯福的继任者哈里·S·杜鲁门(Harry S. Truman, 1884—1972)的派遣，前往德国调查难民营内存在的问题。哈里森的报告后来对美国难民政策的转向，发挥了很大的作用。哈里森的难民营调研之旅还有一些同行者，包括“美国犹太人联合分配委员会”欧洲区主任

约瑟夫·J·施瓦茨博士(Dr. Joseph J.Schwartz),以及几位“战时难民委员会”的代表。哈里森在报告中,以富于同情的笔调,描述了难民营内的种种可怕情景:很多犹太人营养不良、意志消沉,他们“住在带有倒刺的铁丝网之内,外面到处是警卫,营区规划各不相同(它们都是德国人建立的、曾用以关押奴役劳工和犹太人),还有很多曾是最臭名昭著的集中营,难民营内人口拥挤不堪,卫生状况恶劣,居民处境糟糕,且大多处于完全无所事事的状态”。[9]除了极少数犹太教牧师和“美国犹太人联合分配委员”的工作人员,几乎没人来帮助这里的犹太人,尤其是没人来协助难民营成员寻找失散的家庭成员。

哈里森还写道,迄今为止,同盟国根本不知道,当然也没有满足犹太族群的特殊需求,对于纳粹的“野蛮迫害”给他们造成的苦难,同盟国也没有设法予以解决。大多数犹太裔无家可归者都希望尽快离开德国,前往巴勒斯坦。他清楚地意识到,“从德国境内疏散”才是解决犹太难民问题的最佳途径;然而,鉴于英国政府严格的移民政策,哈里森也知道对这些流离失所的人来说,想达成所愿、踏上巴勒斯坦的土地,将是多么的困难。因此,他敦促美国政府使用一切手段,劝服英国政府同意,使“合理数目”的犹太人前往巴勒斯坦定居。对这些犹太难民面临的困境,如果无法施与人道主义的解决办法,那么美国“现在对犹太民族的行径,就与纳粹曾对犹太民族的行径没有什么不同,只不过我们没有将他们赶尽杀绝而已。这个民族的众多成员现在同样被关在集中营内,我们的军队取代了党卫军,对他们严加看守。公众或者德国人倘若目睹此景,不由得会怀疑与质问,我们是否正在遵循或者至少默认和宽恕纳粹的政策”。[10]

哈里森在报告中建议,如果前往巴勒斯坦或其他国家定居这一解决方案无法立即执行,那美国则应该专门为犹太人建立一个单独的难民营,以免在其他族群的难民中引发关于“优待”或“歧视”的不满情绪。这并不是一个是否给予某个族群“特权”的问题,相反,这个问题的实质所在,是“对一个遭受多年压制和非人待遇、已被打入社会最底层的族群,将其地位恢复到一个正常的水平”。[11]哈里森还建议将所
有难民营的管理权尽快转交给“联合国善后救济总署”。除此之外,他还试图劝告美 391
国政府制定计划,创建一个追踪服务体系,帮助流离失所的犹太人寻找失散的亲人。哈里森在报告中强调:“这是我们的文明世界欠这一小部分幸存者的情,我们必须给他们提供一个家,让他们重新安定下来,让他们作为一个真正的人,开始新的生活。”[12]

8月31日,杜鲁门总统给盟军欧洲战区最高指挥官德怀特·戴维·艾森豪威尔

五星上将(General Dwight David Eisenhower，1890—1969)送去了一份哈里森报告的副本，其中大加凸显犹太难民所面临的危机的紧迫性。在附信中，当提到美国及其行动时，杜鲁门引用了以下的字句——“对待犹太人就如同纳粹的所作所为”。他强调，在处理犹太裔无家可归者的问题上，军方必须制定一个更符合人道主义原则的计划。杜鲁门还补充道，自己正与英国政府磋商，试图说服后者向犹太难民打开巴勒斯坦的大门。[13]

尽管亨利·弗莱德兰德认为，哈里森关于军方在犹太难民问题上的角色问题的判断有失公允，但后者的报告的确曾成功地迫使军方重新考虑其处理无家可归者问题的方式。难民营的生存条件很快得到了实质性的改变。当“联合国善后救济总署”最终接管这些难民营时，各个犹太救济组织也发现，自己针对犹太无家可归者的工作更加容易开展了。[14]

1944 年，“盟军远征军最高统帅部”曾建立了一套追踪服务系统，三年后由“国际救济组织”接手。1948 年这套体系更名为“国际追踪服务”，到 1951 年转而由“盟军驻德国高级专员公署”负责运作。又过了三年，红十字国际委员会成为这套服务体系的主要管理组织。“国际追踪服务”总部设在德国的巴特阿罗尔森，在一个由 11 名成员组成的“国际委员会”的主持下，负责整理和编辑来自 50 多个纳粹集中营、灭绝营和监狱的数百万份档案，且主要关注其囚犯的身份材料。2006 年，“国际追踪服务”开始开放本组织的档案供研究者查阅，一年后又准许向以色列大屠杀纪念馆、华盛顿的美国大屠杀纪念博物馆以及其他一些“国际委员会”成员国的档案机构提供自己的文件副本。1990 年，美国红十字会在马里兰州巴尔的摩开设了自己的“大屠杀与战争受害者追踪中心”。

在促使军方改善难民营的生存条件方面，哈里森报告曾发挥了不可估量的巨大作用，然而，针对所有犹太无家可归者最大的忧虑——移民出境问题，哈里森在报告中所做的仅仅是提出自己的建议而已。不幸的是，在这个问题上，当时几乎没人能提出什么切实可行的解决方案。根据“美国犹太人联合分配委员会”在各个难民营进行的统计调查，62%的“大屠杀”幸存者希望前往巴勒斯坦，还有 18%希望前往美国。哈里森在报告中写道，想移民至美国的犹太人数量很少，并因此建议政府允许“适当数量”在美国有亲属关系的犹太人入境定居。在 1946 年至 1948 年间，杜鲁门总统的确在一定程度上放宽了美国的移民限额，然而对于数万试图进入美国的犹太裔和非犹太裔无家可归者来说，政策的松动程度还远远不够。真正改变形势的是 1948 年的《失去家园者法案》及其 1950 年的修正案，这两个法案合在一起，使 40 万无家可归者得以在 1945 年至 1952 年间前往美国定居，其中约 8 万人为犹太人。

哈里森的报告还建议英国政府修改其臭名昭著的“1939 年白皮书”，从而允许 10 万犹太人进入巴勒斯坦。[15]在英属托管地时代的巴勒斯坦，整个犹太人的存在问题可追溯至第一次世界大战：1917 年，英国发布《贝尔福宣言》，宣言的主体部分如下：

> 英皇陛下政府赞成犹太人在巴勒斯坦建立一个民族之家，并会尽力促成此
> 目标的实现。但要明确说明的是，不得伤害已经存在于巴勒斯坦的非犹太民族 392
> 的公民和宗教权利，以及犹太人在其他国家享有的各项权利和政治地位。[16]

然而，22 年之后，在阿拉伯国家的压力之下，英国人又反悔了——在 1939 年的《白皮书》中否认了其曾经的承诺。《白皮书》称，当时 45 万犹太人居住在巴勒斯坦的事实，已履行了《贝尔福宣言》的义务。这份文件还倡议在 10 年之后建立独立的巴勒斯坦国家，并由阿拉伯人和犹太人共同统治。在接下来的 5 年间，进入巴勒斯坦的犹太移民人数，将被限制在 7.5 万之内。5 年之后移民限额是否能够增加，将取决于“巴勒斯坦地区的阿拉伯人是否打算默许”。[17]不久，阿拉伯世界领袖就纷纷声称，将不再允许更多犹太人进入巴勒斯坦，因为犹太民族的人口已占据了该地区总人口的三分之一。他们还称，阿拉伯民族无意与犹太人分享权力。阿拉伯国家集团还继续向英国政府施加压力，敦促后者明确拒绝犹太人回归巴勒斯坦故乡、并在此地建立独立国家的诉求。

到 1945 年底，英美在巴勒斯坦地区的谈判委员会最终未就哈里森的提议达成一致，犹太人移民至巴勒斯坦的事宜仍旧悬而未决。不过，这并不能阻止一群群非法移民，偷渡至这块英国的飞地。而且，巴勒斯坦地区本来就生活着相当大规模的犹太人口。自 1882 年俄国爆发反犹主义大屠杀之后，越来越多的俄国犹太人开始向巴勒斯坦“移民”。从 1882 年至 1929 年，15.7 万犹太人进入巴勒斯坦；到 20 世纪 30 年代，又有 25 万犹太人涌入。如此大规模的犹太移民浪潮令英国人大感惊恐，于是出台了一系列严厉的限制措施。犹太人对此的回应是，“摩萨德”——即当今以色列的“中央情报局”——和犹太复国主义者的准军事化组织“伊尔根”，开始组织以巴勒斯坦为目的地的“非法移民”。从 1933 年至 1948 年，通过历次“非法移民”行动，11 万犹太人得以如愿以偿，回归故土。这其中最著名的一次行动是“出埃及号”的航程。“出埃及号”是一艘经过改装的美国船。在“联合国巴勒斯坦特别委员会”即将就这个英国的保护国问题作出决定之时，犹太复国主义者组织特别选择了这艘船，就是为了吸引国际社会的注意，凸显犹太难民当时面临的悲惨处境。

“出埃及号”于 1947 年 7 月 11 日驶离马赛港。一周后，一队英国驱逐舰拦截了“出埃及号”，并迫其进入海法港坞。英国人强令船上乘客转移，并在双方的冲突中

导致 3 人死亡，另有多人受伤。之后，他们将“出埃及号”上的那些“大屠杀”幸存者驱赶至三艘英国的监禁舰内，又将他们带回了马赛，并在那里交由法国政府庇护。然而，“出埃及号”的难民纷纷拒绝登陆。当时就在船上的以法莲·梅纳克（Efraim Menaker）解释道：“经历过奥斯维辛和一切可怕的事情之后，我们不愿意再踏上另一片土地，因为那里将可能发生同样的惨剧。我们称，除了以色列，我们哪儿也不去。”在这样的形势下，英国人决心独立处理这批“出埃及号”的幸存者。他们命令三艘监禁舰驶向德国汉堡，并在那里强迫所有乘客下船。梅纳克继续讲述道：“在那里，我们被关在四周都是铁丝网的营地里，他们以为这样的话，我们就会放弃前往巴勒斯坦的念头。”不过在接下来的两年间，大部分曾经的“出埃及号”乘客，都通过这样或那样的途径，如愿进入以色列。[18]

“出埃及号”危机期间，英国政府的种种失误应对，对巴勒斯坦问题的前景产生了巨大的冲击。多位“联合国巴勒斯坦特别委员会”的成员都曾在海法目睹过英国人强令那些“大屠杀”幸存者下船的恐怖情景。留在他们心中的恶劣印象将影响他们在撰写报告时的立场。在这份几个月后呈递给联合国的报告中，“联合国巴勒斯坦特别委员会”建议终止英国在巴勒斯坦的委任统治权力，并在这一地区创建犹太民族自己的独立国家。

“出埃及号”抵达海法港。美国大屠杀纪念博物馆照片序列号 64286，艾维·利夫尼（Avi Livney）提供图片。

1947年11月29日，联合国大会批准“第181号决议”，提议“在巴勒斯坦建立独立的阿拉伯人和犹太人共治国家”，而耶路撒冷将成立“独立主体”的国际特别政权，由联合国管理。“第181号决议”以33票赞成、13票反对、10票弃权在联合国大会获得通过。在这次联合国的历史性投票之后的第二天，“阿拉伯国家联盟”（简称“阿 393
盟”）宣布拒绝接受联合国的决议，并将不惜诉诸战争，以阻止犹太人在巴勒斯坦建国。[19]新的犹太民族国家——以色列，于1948年5月14日宣告成立。就在《以色列独立宣言》发表之后几周，随着一支由数个阿拉伯国家组成的联军的入侵，“以色列独立战争”拉开大幕。

罗姆人

第二次世界大战末期，罗姆人与犹太人一样，也被同盟国占领当局视为“无家可归者”或“无国籍”的丧失家园者。相较而言，同样作为“大屠杀”幸存者的残疾人，则较少沦入难民的不幸境地。一位名叫弗雷德里克·伍德（Frederick Wood）的英国士兵，曾描述过卑尔根—贝尔森罗姆裔幸存者的悲惨处境：“我们眼前的一切非常恐怖。一堆堆未及掩埋的尸体臭气熏天，令人窒息。当我看到一些活下来的罗姆人（即吉卜赛人），其中还有很小的孩子，我震惊了。后来我走向焚尸炉，在一个铁架子上看到一具小女孩烧焦了一半的尸体，就在那可怕的一瞬间，我明白了这个地方曾经发生过怎样的惨剧。”[20]

灭绝营和集中营内残活下来的罗姆人，往往因为长期营养不良或严重疾病，虚弱得根本无法挪动半步；很多人死于解放后的几天内。根据唐纳德·肯里克（Donald Kenrick）和格拉顿·帕克松（Grattan Puxon）的回忆，那些纳粹营区之外的幸存者：

> 丧失了一切正常的人类联系，生活在令人惊愕的最可怕的环境中。他们最基本的权力也遭到剥夺，在荒山野岭过着与世隔绝、亡命徒式的生活。如此隔绝的生存环境导致人类自然整合过程的崩毁和逆转，遭受严重战争创伤的男男女女，生出一代身心缺陷更严重的子女。所以，“大屠杀”触及了每一个人，其中一些人因此丧命，另一些人则饱受打击。很多人因此彻底精神崩溃，很多人最 394
> 终自杀。[21]

难民营内的生活同样艰难、痛苦。很多罗姆人被迫与前党卫军士兵以及其他族群成员住在一起，在紧张的气氛下爆发了多次冲突。二战之前被德国人拘禁在杜塞尔多夫—利伦费尔德拘留营的罗姆人，战后又被盟军送了回去。同盟国官方曾试图采取行动，搜集罗姆幸存者的家庭信息，结果却招致深深的疑惧，很明显，这仍是几个世纪以来的歧视氛围在作怪。罗姆人过去也经历过官方搜集家庭信息的行动，结果那些信息日后都成为对本族群施以打击的根据。罗姆人自古以来对异族根深蒂固的不信任感，导致同盟国的救济组织在获取罗姆人信息方面困难重重，所以也几乎无法了解每个个体的生活经历及其家庭在战争中的遭遇。[22]

从“大屠杀”中幸存下来的罗姆族孤儿或单身者，在各国以及“联合国善后救济总署”种种复杂的规章之下，将遭受更加沉重的打击。对那些丢失了身份证明文件或在“大屠杀”时代之前或之内曾有服刑经历的罗姆人来说，境遇就更加艰难了。在此类情况下，占领当局通常拒绝向该罗姆人颁发适当的身份证明文件，这就意味着他们可能随时被警察抓走、投入监狱。在德国还发生过更恶劣的事件。一批罗姆人已获得同盟国颁发的文件，证明其纳粹暴行受害者的身份，然而当地政府部门竟强行剥夺了这些文件。还有很多罗姆人也不具备证明其德国国籍的材料，这就使他们成为“无国籍者”。然而，其实此类文件很容易在当地或本国相关部门得到。各地治安档案也保存着战前罗姆人的身份卡片，同样也可证明当事人的德国公民身份。最悲惨的一批罗姆人，是那些找不到容身之所的人——所有国家都拒绝其永久定居。1972 年，唐纳德 · 肯里克和格拉顿 · 帕克松估计当时全欧洲约存在 3 万“无国籍”罗姆人，由于得不到合法身份，他们完全处于走投无路的状态。[23]

很难估算整个欧洲究竟有多少罗姆人从“大屠杀”暴行中残存了下来，不过德国的数字比较清晰——少于 5 000 人。这 5 000 人中，2 000 人为集中营或灭绝营的幸存者，其余则曾以各种各样的方式藏匿在纳粹营地之外。由于财产都被德国人剥夺殆尽，所以对这些“漂泊的罗姆人”来说，想要恢复惯常的生活方式也很困难。而鉴于罗姆族传统中对家庭的重视，“大屠杀”之后的第一个任务，就是寻找可能还幸存的家庭成员。大部分罗姆人和信德人都处于赤贫状态，且多为文盲，这样找工作必然困难重重，不过还是有一些人设法恢复了战前的职业——卖马或各种零碎物品。大多数罗姆人和信德人都极端贫困，在活不下去的状态中，他们被迫时不时小偷小摸来填饱肚子。20 世纪 30 年代，在杜塞尔多夫生活着一位杰出的版画复制家兼雕刻家，名叫奥托 · 潘考克（Otto Pankok，1912—1966），他十分擅长刻画罗姆人的形象，当然也与当地这一族群的成员建立了友谊。潘考克曾说：“在那些生活悲惨的人中间，犯罪、讨钱、偷食物等等行为，当然远比在享受高薪的官员或生活富足的公民群体中多，这是昭然若揭的事实。”[24]

随着二战的爆发和终结，人类的社会形态发生了巨大的变化，而对罗姆人来说，有一点始终未变，那就是来自异族的厌恶与仇恨。纳粹时代之前和期间笼罩在每一个罗姆人头顶的歧视与敌意，战后没多久就卷土重来了。随着一家家德国罗姆人逐渐回归战前曾生活过的城市和乡村，千百年来针对他们的指责和污蔑再次浮上水面。奥托·潘考克的观察十分犀利："希特勒毁灭了，但种族主义仇恨却一点没变；如果你不相信这种仇恨情绪的存在，我建议你找一个吉卜赛人，陪着你走过某个城市的街街巷巷。"[25]

在全德国范围内，警察部门又开始重建战前的罗姆人办公室，只不过换了个名字——"流浪者治安办公室"。纳粹时代搜集的大量关于罗姆人和信德人的信息，战后又重新派上了用场，再次成为骚扰和打击罗姆人的工具。根据沃尔夫冈·魏普曼(Wolfgang Wippermann)的说法，德国警察还使用纳粹时代的网络划定"黑手党式" 395
的群体，并以此为由，拒绝向试图开展小生意的罗姆人和信德人颁发执照，对其"恢复德国公民权"的诉求也往往全然漠视。[26]

不过，在战后德国国内对罗姆人和信德人尘嚣日上的迫害趋势之下，也存在例外。有些幸运的罗姆人，成功获得"遭纳粹政权迫害者联盟"的身份卡片，于是他们发现，一些地方的政府部门就不敢对自己肆意妄为了，因为此类卡片证明其持有者为纳粹暴行的受害者。"遭纳粹政权迫害者联盟"于1945年建立时的初衷，就是"协调全德国范围内的重建行动"，不过这个组织最终成为统治民主德国的"德国统一社会党"操纵的工具。

公民身份和作为迫害幸存者的身份对罗姆人与信德人至关重要，因为如果能使自己被归类于迫害幸存者，那么无论是否具有公民身份，在司法上他们都将处于同盟国德国占领当局的管辖之下，而非德国本国相关部门的管辖之下。罗姆族群还饱受国籍问题的困扰。如果罗姆人和信德人能够获得刚刚打败纳粹德国的友好"联盟国家"的国籍，这就意味着他们不再服从于德国政府的统治，而成为被占德国各军事政府的国民。1947年，"美国军事政府办公室"决定，鉴于国际社会不承认罗姆人拥有一个本民族的"独立国家"，那么其成员的"国籍将根据公民资格的规则确定"。事实上，即使同盟国的德国占领当局曾经认可罗姆人和信德人"(纳粹)种族主义暴行受害者"的身份，四大国政府也无意涉足这一族群的福利问题。从1945年至1949年，同盟国根本未采取任何新措施，从未试图"应对吉卜赛人"遭遇的特殊困境，关于其战后恢复和整合进入德国社会的问题，同盟国也从未拿出过一个彻底的解决方案。[27]

"大屠杀"期间及之后，同盟国对罗姆人的命运，对这一族群遭遇的迫害，始终抱持漠不关心的态度。这种态度的部分起源，在于战后同盟国在德国进行的一系列审判——在历次审判中，罗姆人从未被视为纳粹暴行的主要受害族群。事实上，一位国际军事法庭纽伦堡审判的助理检察官——德雷克赛尔·A·施普雷歇(Drexel A. Sprecher, 1914—2006)曾评论道，“没有就吉卜赛人遭受的迫害和屠杀问题向法庭提请单独的诉讼”是纽伦堡审判最严重的缺陷之一。[28]虽然在历次审判中，罗姆人也被一次次地提及，但总是作为“其他”受害族群被“顺便”说到，从来没有涉及足够的深度，也没人对此进行合理的解释。由此造成的结果就是，二战之后的一系列审判，根本没有为罗姆人受害者建立有效的证词体系，搜寻到的历史证据也少得可怜，以至于当后来罗姆人以本族群的微弱势力试图获得正义，并要求德国对其巨大的损失进行补偿之时，他们根本无法获得足够的档案材料。更糟的是，至少在德意志联邦共和国的多起赔偿诉讼中，法官一次又一次地否定罗姆人曾经遭遇的迫害，并一遍又一遍地声称，罗姆人根本不属于纳粹种族主义歧视和屠杀的受害者，而仅仅是普通的刑事罪犯，之所以遭纳粹打击是因为其一贯的反社会行径。后来，虽然陆续有一些德国法庭开始接受罗姆人作为纳粹种族主义暴行受害者的身份，但联邦德国全国范围内普遍接受这一理念，还要等到1963年“联邦最高法院”的最终裁定——1938年以后罗姆人就已沦为纳粹种族主义暴行的受害者。这一裁决在联邦德国打开了一扇门，令更多的罗姆人得以要求归还财产，也引致大量关于罗姆人在“大屠杀”中遭遇的证词，然而，仅仅是联邦德国社会倾向的改变，对于罗姆人中规模最大的“大屠杀”受害者群体根本于事无补——那些生活在中欧与东欧共产主义国家的罗姆人发现，在大多数情况下，他们的政府根本就拒绝承认任何个人或民族在“大屠杀”期间曾经遭遇的苦难。

396 **对首要战犯的审判**

除了需要处理复杂的犹太裔与罗姆裔“丧失家园者”的麻烦，同盟国还必须应对在德国肃清纳粹影响、并将第三帝国的各个军政头目送上战争罪审判台的艰巨任务。1863年美国出台“利伯守则”，规范与节制士兵的战时行为，特别是军方对待平民的方式。在二战后的各类审判中，如果追溯至这部法规，的确可以找到充分的司法判例，然而涉及“大屠杀”期间纳粹及其胁从所犯下的罪行，历史上却没有多少判例可以遵循。一战后协约国惩治德国战犯的努力就曾以失败告终。纽伦堡审判美方首席检察官特尔福德·泰勒就说，关于一战之后协约国起诉战犯的行动，最高的评价也就是“竹篮打水一场空”。[29]

两战期间，协约国也曾试图强化关于战争煽动行为以及战争罪责等问题的国际规则，尤其是当罪行涉及空战以及毒气和潜艇的使用等方面时。国际联盟的“国际法进步编纂委员会”最终也没能明确此类罪恶，更没有澄清审判与惩罚的权力。而理论上讲，《1928年凯洛格—白里安公约》虽然具有15个签署国，后来又得到45个国家的认可，但在战争罪问题上仍是毫无意义，原因很简单，每一个在这份“非战公约”上签字的大国都曾公开、严厉谴责将战争作为解决国际分歧的手段的做法，而如今，他们再一次保证使用和平手段解决争端。

在纳粹—法西斯势力咄咄逼人的侵犯下，“国际联盟”——或者更准确地说是操纵“国际联盟”的强大成员国——很快走向失败，这严重地削弱了国际社会维护《凯洛格—白里安公约》的能力，这份公约不久就沦为一纸空文。后来，德国、意大利和日本气势汹汹地退出国联，国联自己又剥夺了苏联的成员国资格，再加上美国自始至终都拒绝加入这一国际组织，于是问题更加严重了。

第二次世界大战爆发之时，我们的世界根本没做好准备，无论在司法上还是其他方面，我们都无力应对曾在欧洲和亚洲疯狂爆发的种族灭绝性集体屠杀。早在1941年秋天，温斯顿·丘吉尔和富兰克林·罗斯福就曾警告轴心国集团，同盟国战后的主要任务之一就是起诉战争罪犯。1941年12月7日日军偷袭珍珠港之后4天，德国向美国宣战。一个月后，同盟国建立“战犯惩治同盟国协作委员会”，并在伦敦发布《圣詹姆斯宫宣言》。宣言宣布，同盟国主要成员国反对“对民众中的某些族群施与报复行径”，并宣称“文明世界的正义感，要求宣言签署国将通过有序的司法渠道明确战争罪恶和惩治战争罪犯，作为主要战争目标之一，而无论其是否曾受人唆使、得到某个集团的支持，或由有某个集团的参与”。[30]

1941年晚些时候，随着纳粹暴行愈发猖獗，同盟国又创立了“联合国战争罪行委员会”。斯大林由于惧怕同盟国借机干涉苏联的内部事务，遂拒绝加入“联合国战争罪行委员会”，并在本国创办了一个名为“德国法西斯侵略者及其胁从暴行探知与调查特别国家委员会”的组织，负责调查纳粹在苏联国土上犯下的战争罪行。1942年12月17日，联合国——这个名称是罗斯福总统创造的——发表声明，指责德国人“在欧洲对犹太人开展残忍的灭绝性屠杀”。宣言写道，这样的行动“只能加强所有热爱自由的人推翻希特勒暴政的力量”。宣言还“重申同盟国的坚定决心，绝不容任何一个战争罪犯逃脱审判”。[31] 397

由于得不到强大的政治支撑，“联合国战争罪行委员会”花了一年时间才组建完毕。同盟国希望这一组织承担起调查和搜集战争罪行证据的任务，却没有为它配备足够的人力和物力资源。事实上，这个组织能做的，最多就是对种种战争罪行略加记录而已。到1944年春为止,“联合国战争罪行委员会”只收到6份关于纳粹暴行的报告,且没有1例是关于“最终解决”的。与此同时,1943年11月1日,丘吉尔、罗斯福和斯大林又向德、日法西斯发出一次关于战争罪的、更加严厉的警告:“那些迄今为止双手还未沾染无辜者鲜血的人,请警觉,绝不要加入犯罪者的营垒,三大国保证,为了伸张正义,将追踪战犯直至地球尽头,誓将他们送上审判席。”[32]

这段话的含义很明确——首要战犯的命运将由同盟国大国来决定,“联合国战争罪行委员会”并没有定罪权。到1944年3月24日,罗斯福总统呼吁德国民众,摒弃纳粹势力,远离那些令人发指的战争罪行。

国际军事法庭

第二次世界大战欧洲战区的正式停战日为1945年5月5日,其标志为德国的无条件投降。到1945年8月14日,日本的法西斯时代也以同样的命运宣告终结。6天之前,美国、英国、法国和苏联就“国际军事法庭”的章程举行了最后一系列磋商,并决定将其作为《伦敦协定》的一个组成部分。《伦敦协定》则是同盟国用以指导和监督对纳粹德国的主要战犯进行起诉和惩治的核心文件。丘吉尔对这一做法本来是持反对态度的,他的主张是枪毙大部分重要德国领袖。宪章赋予“国际军事法庭”的权力,包括对被指控犯有三项罪名的个人实施审判。这个组织有权审判的罪犯,还包括以下罪行的参与者:

> 1. 反和平罪:即策划、准备、发动或进行侵略战争或违反国际条约、协定和诺言之战争,或参与上述任何罪行之共同计划和阴谋。
>
> 2. 战争罪:即违反战争法规与惯例,此种违反应包括但不限于对所在领土或占领地内的平民之谋杀、虐待、为奴隶劳役或其他目的的放逐,对战俘或海上人员之谋杀或虐待,杀害人质,劫掠公私财物,任意破坏城市、集镇或乡村,或从事并不根据军事需要之蹂躏。
>
> 3. 反人道罪:就是在战争发生前和战争期间,对任何平民之谋杀、灭绝、奴化、放逐,及其他非人道行为,或因政治、种族或信仰关系,为执行或关涉本法庭管辖范围内之任何罪行而为之迫害,不问其是否违反犯罪所在国之法律。
>
> 对于参与策动或实行旨在完成上列任何罪行的共同计划或阴谋的领导者、组织者、教唆者和共谋者也须予以追究。[33]

该宪章还保证,所有被告都将得到公正的审判,审判所依据的原则将在“国际军事法庭”开庭之前达成一致。

国际军事法庭纽伦堡审判

“国际军事法庭”审判起始于1945年10月18日，地点设在德国纽伦堡，被告为起诉书中指控的25名纳粹战犯。同盟国之所以选择在纽伦堡开庭，主要是考虑到这个城 398
市在纳粹运动历史上的重要意义，还有一个原因是这里还保存着一座相对完好的法院，内部空间也足够大，可以满足整个审判过程所需。审判的第一阶段开庭是在柏林举行的，但很快移师纽伦堡。“国际军事法庭”纽伦堡法院由英国人杰弗里·劳伦斯上校爵士（Colonel Sir Geoffrey Lawrence，1880—1971）领衔。其他法官还包括法国教授亨利·多纳迪厄·德·瓦布尔（Henri Donnedieu de Vabres，1880—1952）；苏联派来的伊昂·T·尼基钦科（Ion T.Nikitchenko，1895—1967）少将；以及美国人弗朗西斯·比德尔（Francis Biddle，1886—1968）。四大国还都各派遣了一名副任法官。这四个“国际军事法庭”宪章的参与国各自任命首席检察官，以监督侦查和审判过程的公正性，他们分为是：罗伯特·H·杰克逊（Robert H.Jackson，1892—1952），美国；哈特利·肖克罗斯（Hartley Shawcross，1902—2003），英国；罗曼·A·鲁登科（Roman A.Rudenko）中将，苏联；以及弗朗索瓦·德·芒东（François de Menthon），法国。

1945年至1946年，“国际军事法庭”纽伦堡审判。美国大屠杀纪念博物馆照片序列号65508，阿尔伯特·罗斯（Albert Rose）提供图片。

待审判正式开始时，被告席内只坐着22个人。马丁·鲍曼将接受缺席审判，而古斯塔夫·克虏伯(Gustav Krupp)则因健康状况欠佳而不予追诉。法庭允许被告为自己选择辩护律师。一切律师费用由“国际军事法庭”承担，但德国的辩护律师不得具有与纳粹势力交涉的经历。法庭上配有同声传译员，而且每位被告都获得了一份以德文书写的起诉书。作为纽伦堡审判的关键参与者，杰克逊法官在1945年春天曾说：“在把任何人带向任何形式的法庭接受审判之前……如果我们不愿意看到这些战犯因被证明无罪而逍遥法外，就必须先建立一整套完善的司法程序。”[34]根据“国际军事法庭”宪章，所有被告都将面临一项或多项罪名的起诉。还有一个法庭
399 专门处理“阴谋集团的一般计划方案”，即被法庭定罪的组织或团体成员，具体包括冲锋队、帝国内阁——纳粹党的领导机构、党卫军、盖世太保以及国防军总参谋部和最高统帅部。对以上战犯提出的“反人道罪”指控是纽伦堡审判中最具革新意义的方面，也是与“大屠杀”暴行联系最为直接、最为密切的罪名。几乎每一位“国际军事法庭”的被告都将面临“反人道罪”的起诉，最终只有两人被判定无罪。

国际军事法庭纽伦堡审判被告

赫尔曼·戈林(Hermann Göring, 1893—1946)：帝国元帅。纳粹空军统帅；“四年计划”。死刑。执行前自杀身亡。

弗里茨·绍克尔(Fritz Sauckel, 1894—1946)：劳工事务全权负责人。死刑。

阿尔弗雷德·约德尔(Alfred Jodl, 1890—1946)：国防军最高统帅部作战部长。死刑。

约阿希姆·冯·里宾特洛甫(Joachim von Ribbentrop, 1893—1946)：外交部长。死刑。

威廉·凯特尔(Wilhelm Keitel, 1882—1946)：国防军最高统帅部总长。死刑。

恩斯特·卡尔滕布伦纳(Ernst Kaltenbrunner, 1903—1946)：帝国中央保安局、保安警察局以及帝国保安部头目。死刑。

阿尔弗雷德·罗森贝格(Alfred Rosenberg, 1893—1946)：纳粹党外务办公室首脑；奥斯特兰帝国行政专员。死刑。

汉斯·弗兰克(Hans Frank, 1900—1946)：总督府总督。死刑。

威廉·弗里克(Wilhelm Frick, 1877—1946)：内政部长。波西米亚与摩拉维亚帝国保护长官。死刑。

尤利乌斯·施特莱歇尔(Julius Streicher, 1885—1946):法兰克尼亚地方长官。《先锋报》主编。死刑。

阿图尔·赛斯-英夸特(Arthur Seyss-Inquart, 1892—1946):奥地利帝国总督。荷兰帝国总督。死刑。

马丁·鲍曼(Martin Bormann, 1900—1945):帝国内阁总管、希特勒秘书。缺席审判。死刑。

鲁道夫·赫斯(Rudolf Hess, 1894—1987):希特勒私人秘书(1933 年前);副元首。终身监禁。

瓦尔特·冯克(Walther Funk, 1890—1960):帝国经济部长。终身监禁。

埃里希·雷德尔(Erich Raeder, 1879—1960):1943 年前任海军总司令。终身监禁。

巴尔杜尔·冯·席拉赫(Baldur von Schirach, 1907—1974):全德青年元首。驻维也纳地方长官与帝国总督。有期徒刑 20 年。

阿尔伯特·斯佩尔(Albert Speer, 1905—1981):战时武器与军备生产部长。有期徒刑 20 年。

康斯坦丁·冯·纽赖特(Konstantin von Neurath, 1891—1980): 1938 年之前任外交部长。有期徒刑 15 年。

卡尔·邓尼茨(Karl Dönitz, 1891—1989):海军最高统帅。1945 年任德国总统。有期徒刑 10 年。

弗兰茨·冯·巴本(Franz von Papen, 1879—1969):内阁副总理。驻奥地利、土耳其大使。无罪。

亚尔马·沙赫特(Hjalmar Schacht, 1877—1970):帝国银行总裁。经济部长。战争经济全权委员。无罪。

汉斯·弗里切(Hans Fritsche, 1900—1953):宣传部国内新闻司司长。无罪。

罗伯特·莱(Robert Ley, 1890—1945):德国劳动战线和纳粹党组织负责人。判决前自杀。

古斯塔夫·克虏伯(Gustav Krupp, 1870—1950):军事经济元首。由于健康原因未接受审判。

在开庭演讲中，杰克逊法官说道：

> 我们荣幸地进行历史上第一次对破坏世界和平罪行的审判，为此肩负着重责大任。我们要谴责和惩罚的罪行是经过如此精心的策划，是如此的恶毒，是具有如此的毁灭性，以致文明对之不能放任不管，因为如果这些罪行在今后重现，文明将不复存在。因胜利鼓舞和被伤害刺痛的四大国，停住复仇之手，自愿地把俘获的敌人交给法律审判。这是强权对公理已作出的最有意义的一种赞颂。[35]

审判初始，所有被告都拒不服罪。在接下来的 11 个半月，法庭听取和接受了 200 名证人的证词、30 万份宣誓书和 3 000 份档案文件，最后出台的，是一份长达 15 000 页的审判记录。审判行将结束之时，每一位检察官都发表了结案陈词。鲁登
400 科将军在陈词最后说道：

> 以人类诚挚友爱的名义，正是在友爱的驱使下，人们才愿意作出最重大的牺牲，以拯救世界、拯救自由、拯救文化，为了铭记数百万被一帮暴徒疯狂虐杀的无辜同胞，我们已经走向进步，而这帮杀人犯此刻就坐在我们的法庭上，为了未来世世代代的幸福与和平，我呼吁本庭判处所有被告——无一例外——最严厉的惩罚。这样的判决将令全体进步的人类满意。[36]

第二天，每个被告都得到发表简短陈述的机会。赫尔曼·戈林否认自己知晓任何关于“大屠杀”的情况。他宣称：“引领我行事的唯一动机，就是我对我的民族狂热的爱、它的福祉、它的自由以及它成员的生命。在这一点上我请求万能的主和我的日耳曼民族人民为我作证。”[37]众人走出审判室后，愤怒的冯·巴本质问戈林：“如果不是你，如今还活着的人中，还有谁能为这一切灾难和毁灭负责？你没有承担任何责任！你做的唯一一件事，就是发表夸夸其谈的演说。这真令人可耻。”[38]尽管对巴本的评论，戈林仅仅一笑了之，审判期间皈依罗马天主教的汉斯·弗兰克却说，法庭上陈述的一切罪行都是事实，因为德意志人民已“拒绝了上帝”。他还说：“我恳求我的民族同胞不要再在这条道路上执迷不悟了，因为希特勒的道路是一条否认上帝的道路、一条拒绝基督的道路，而且归根结底，是一条政治上的愚蠢道路、一条毁灭之路、一条死亡之路。”[39]

狂妄自大的尤利乌斯·施特莱歇尔以最为直接的方式，谈到了对犹太民族的集
401 体屠杀行径：

> 起诉书中声称，没有施特莱歇尔及其“先锋者”参与，就无法实施（对犹太人的）集体屠杀。然而起诉书却既没有提供、也没有呈交对此断言的证据。

赫尔曼·戈林在国际军事法庭纽伦堡审判中作证。美国大屠杀纪念博物馆照片序列号 96334，杰拉德（格德）·施瓦布［Gerald（Gerd）Schwab］提供图片。

汉斯·弗兰克在其纽伦堡牢房内。美国大屠杀纪念博物馆照片序列号 74835，国家档案与记录管理局（学院公园）提供图片。

> 我国领袖对犹太人采取的打击行动，可以用其对犹太人问题的态度加以解释，他的态度与我的态度迥然不同。希特勒决心惩罚犹太人，是因为他认为这一族群要为战争的爆发以及落在德国平民头上的炸弹负责。
>
> 然而，正如每一个正直的德国人一样，我拒绝执行集体屠杀。
>
> 本庭各位先生。
>
> 不论是我作为地方长官的职权，还是我作为政治性作家的能力，都令我无法犯罪，因此我恳请各位依凭良心，公平裁决。
>
> 我无意编造事实以吸引公众注意。我仅想向我出身的民族提一个要求。本庭各位先生，命运赋予你们权力，对所有被告作出裁决。不要作出一个将给整个民族打上耻辱烙印的裁决。[40]

阿尔伯特·斯佩尔曾在战争策划以及强制使用奴役劳工方面扮演过重要的角色，他在陈述中谈到现代技术的危险性。尽管斯佩尔已接受关于纳粹政权罪行的一般责任，也承认曾在秘密飞机制造厂使用数万犹太人作为奴役劳工，但他仍坚称，自己绝没有犯下反人道罪，也没有阴谋参与此类罪行。他还声称，自己对“最终解决”一无所知。1966 年因健康原因出狱之后，斯佩尔撰写了一系列关于纳粹时代的畅销书，并在其中对纳粹针对犹太民族的罪行，表现出深深的悲哀；尽管如此，他还是拒绝为此承担任何责任，并一再坚称自己只是一名德国技术专家。有一位名叫吉塔·塞伦尼(Gitta Sereny)的女学者，曾出版过一本关于斯佩尔的研究专著，名字叫《阿尔伯特·斯佩尔：与真相之战》(1996 年)。在书中塞伦尼写道，斯佩尔声称的对“最终解决”一无所知是“他一生的谎言”。[41]

8 月底审判终告结束。到 1946 年 9 月 30 日，法庭再度召集，在接下来的两天里，法官依次宣读判决书。纽伦堡判决书一开头，先描述了本次开庭的历史、纳粹主义的根源与兴起历程，以及“大屠杀”的演变过程。判决书先涉及对多个纳粹组织的起诉，之后则进入关于各位被告起诉的详细情况。10 月 1 日下午，法庭最终宣判。尼基钦科投出了唯一的反对票：他希望将所有被告判处死刑，并确定一切纳粹德国
402 组织的罪行。最终，在所有遭到起诉的纳粹组织中，只有四个被判有罪——党卫军、帝国保安部、盖世太保以及纳粹党领导集团。而这四个组织被判有罪意味着，曾经属于以上任何一个组织都是犯罪，其成员未来都可能遭到起诉。例外者包括地方组织头目以下级别人士、非办公室主任的普通管理人员，以及二战爆发后就不再属于纳粹党领导集团的人士。在死刑执行之前，赫尔曼·戈林自杀身亡。

阿尔伯特·斯佩尔在国际军事法庭审判中作证。美国大屠杀纪念博物馆照片序列号 10375,摄影者:查尔斯·亚历山大(Charles Alexander),哈里·S·杜鲁门图书馆提供图片。

在地球的另一端,道德拉斯·麦克阿瑟五星上将(General Douglas McArthur,1880—1964)创建了另一个独立的“远东国际军事法庭”,审判对象是被控犯有反和平罪、战争罪和反人道罪的日本战犯。“国际军事法庭”东京审判由 11 名法官主持,分别来自遭受日本侵略的国家。法庭共审判了 28 名首要的日本平民战犯和军事领袖。东京审判从 1946 年 5 月 3 日,一直持续到 1948 年 11 月 12 日。最终,法庭判处 7 名被告死刑,另外 16 名被判终身监禁。其余被告则分别被判处不同刑期的有期徒刑。

同盟国纽伦堡审判

在纽伦堡进行的“国际军事法庭”审判程序是第一次、从法律意义上说也是最重要一次,不过,在此之后,在纽伦堡和欧洲其他地方,又进行了一系列战争罪行审判,战后此历程一直持续多年。作为旨在肃清纳粹主义影响,并促其重回民主轨道的各种行动中的一个组成部分,美、英、法在各自的德国占领区开展了多次审判。历次审判的法律依据,都是“同盟国管制委员会第 10 号法令”,此法令给予占领当局调查和审判“被疑曾犯罪，以及被联合国某成员国指控有罪”的个人。[42]后来占领当局相继再次确认“国际军事法庭”的4项基本指控，并补充了一条规定——即使某人是在二战爆发之前犯下罪行，仍可以对其施与“反人道罪”指控。从1945年至1949年，美国、英国和法国共判处5 000名以上德国人战争罪成立。其中800人被判处死刑，不过只有约500人的死刑判决曾真正执行。

根据迪克·德·米尔德(Dick de Mildt)的估算：“因牵涉纳粹罪行而被送上各种前欧洲被占国和四大同盟国法庭的德国人和奥地利人，总计约6万人。”其中东欧国
403 家和苏联的法庭定罪的人数超过在西方被定罪的人数。仅仅在苏联的德占区内，“在战后极短的一段时间内，苏联人的军事法庭就在秘密程序下，宣判将近1.8万人有罪”。[43]而从1946年至1947年，美国的陆军法庭在美占区内一共只宣判了1 672人战争罪行成立。

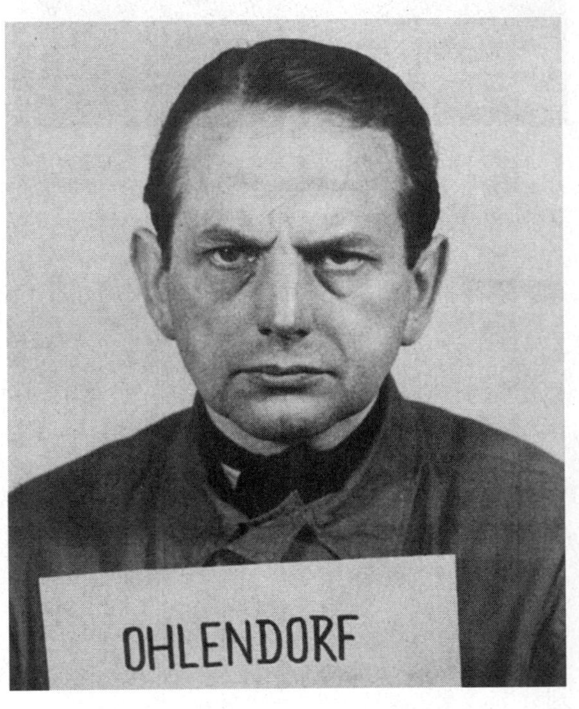

奥托·奥伦道夫，“特别行动队”审判面部照片。美国大屠杀纪念博物馆序列号09929，本杰明·福伦茨(Benjamin Ferencz)提供图片。

特尔福德·泰勒曾在12宗美国的纽伦堡审判中担任首席检察官，这些审判的对象很多是纳粹德国最重要的组织和个人。虽然历次审判和所有被告，或多或少都直接或间接牵涉到“大屠杀”，但在这个问题上，有些人显然要比其他人承担更大的

罪责。“特别行动队”审判(美国对奥托·奥伦道夫等人提起的诉讼,持续时间为1947年7月3日至1948年4月10日)控告24名“特别行动队”高级首脑犯有反人道罪、战争罪和参加犯罪组织罪。24名被告对各自被指控的所有罪行全部矢口否认。这次审判的头号被告是奥托·奥伦道夫,此人为“特别行动队”D分队指挥官,并曾在先前的“国际军事法庭”审判中作证。他声称,他之所以下令其部队处决将近9万名犹太人,是因为他们对国防军的安全构成威胁。那么罗姆人呢?奥伦道夫回答道:“吉卜赛人和犹太人之间没有区别。”[44] 不久,一名叫詹姆斯·希斯(James Heath)的检察官又问起奥伦道夫关于对犹太和罗姆儿童施行屠杀的经历。后者的解释是,之所以杀他们,是因为他们会“长大,而且可以肯定的是,作为被屠杀者的遗孤,他们日后将构成比他们的父母更大的威胁”。奥伦道夫又补充道:“我曾目睹别的国家,出于同样的安全目的,在空袭中夺走同样众多别国儿童的生命。”[45] 据估计,“大屠杀”期间共有约150万犹太儿童命丧黄泉。

保罗·布洛贝尔是“特别行动队”C分队下属的SK4a部队指挥官,后来又当上希姆莱的“1005行动”部队负责人。在法庭上他的陈述如下:“根据施赖瑙[即瓦尔特·冯·施赖瑙(Walther von Richenau)中将]的命令,我履行了作为一名士兵对祖国的职责。我没犯战争罪和反人道罪……我可以怀着清白的良心,面对我的妻子和孩子,我可以直视他们的眼睛。在上帝和我的良心面前起誓,我是无罪的。”[46]

审判的结果是,法庭发现所有被告的所有指控都成立,唯一的例外是党卫军一级突击中队长费利克斯·吕尔(Felix Rühl,生于1910年)和党卫军三级突击中队长马蒂亚斯·格拉夫(Mathias Graf),他们两人都面临三项指控,但后来被证明两项成立。14名“特别行动队”头目被判绞死;其他被告则分别获判10年有期徒刑至终身监禁的惩罚。党卫军支队长、“特别行动队”C支队指挥官奥托·拉施(Otto Rasch,1891—1948)由于健康原因获准离开法庭,而党卫军二级突击大队长、“特别行动队”D支队下属的“EK12部队”负责人埃米尔·豪斯曼(Emil Haussmann,1910—1947)则在审判开始前自杀身亡。只有四名被告最终走向绞刑架——他们分别是布洛贝尔,党卫军一级突击大队长、“特别行动队”D支队下属的“EK11b部队”指挥官维尔纳·布劳恩博士(Dr.Werner Braune,1909—1951),党卫军总队长、1941年至1943 404
年掌管“特别行动队”B支队的埃里希·瑙曼(Erich Naumann,1905—1951)以及奥伦道夫。其他被告,包括党卫军二级突击大队长恩斯特·比贝施泰因(Ernst Biberstein,1899—1986)、党卫军联队长瓦尔特·布卢默博士(Dr. Walter Blume,1906—1974)、党卫军一级突击大队长瓦尔特·亨施博士(Dr. Walter Hänsch)、党卫军二级突击大队长瓦尔德马尔·克林格尔赫弗(Waldemar Klingelhöfer,生于1900年,卒年不详)、党卫军一级突击大队长阿道夫·奥特(Adolf Ott, 1904—1977)、党卫军联队长马丁·桑德贝格博士(Dr. Martin Sandberger,生于1911年,卒年不详)、党卫军二级突击队中队长兼武装党卫军中尉海因茨-赫尔曼·舒伯特(Heinz-Hermann Schubert,生于1914年,卒年不详)、党卫军联队长威利·塞贝特(Willi Seibert,生于1908年,卒年不详),以及党卫军联队长尤金·施泰梅尔(Eugen Steimle, 1908—1989),他们的死刑判决后来都获减刑。经过短暂的牢狱生涯,他们又都重获自由。还有两名被判终身监禁的被告,也都只在监狱内待了很短一段时间。事实上,除了被执行绞刑处决的罪犯,没有一个被判有罪的"特别行动队"被告完成其完整的刑期。

保罗·布洛贝尔在"特别行动队"审判中对被控罪行矢口否认。美国大屠杀纪念博物馆照片序列号09948,本杰明·福伦茨(Benjamin Ferencz)提供图片。

对纳粹医生的审判(美国指控卡尔·勃兰特等人,审判时间为1946年10月25日至1947年8月20日)也同样值得关注。所有审判庭上的医生被告都被控为战争罪、反人类罪阴谋集团从犯,以及参与犯罪组织。23名被告中有20名是内科医生。同样的,所有人都对罪行指控矢口否认。头号被告为卡尔·勃兰特博士,此人为希特勒的私人医生,还是"安乐死"计划的总设计师之一。另一位被告维克多·布拉克，则为“安乐死”计划的负责人。23 名被告中有些人曾直接参与各种形式的医学实验项目，另一些人之所以被送上被告席，则是因为其在此类项目中曾发挥的行政管理作用。比如说，党卫军联队长鲁道夫·勃兰特（Rudolf Brandt，1909—1948）曾担任希姆莱内政部办公室主任，在集中营内开展的大部分的医学实验项目都是经他之手，协调安排的。

在 1946 年至 1947 年的医生审判中起立的卡尔·勃兰特。美国大屠杀纪念博物馆照片序列号 06232，海德薇格·瓦亨海默·爱泼斯坦（Hedwig Wachenheimer Epstein）提供图片。

勃兰特与党卫军联队长沃尔夫拉姆·泽维尔斯博士（Dr. Wolfram Seviers， 405
1905—1948）曾具有密切的工作关系。后者为党卫军“祖先遗产办公室”负责人，还当过纳粹“军事科学研究院”的院长。在达豪集中营进行的多项极端残酷的医学实验都与此人有关，而且他还曾资助过党卫军二级突击大队长、斯特拉斯堡大学人类学系主任奥古斯特·希尔特博士（Dr. August Hirt，1898—1945）的工作。希尔特的实验包括搜集人类头盖骨和其他骨骼样本。1942 年 2 月 9 日，泽维尔斯将一份来自希尔特的报告送交卡尔·勃兰特，报告的内容是关于在苏联境内收集犹太裔布尔什维克政委头盖骨的行动。纳粹得出的结论是他们是“令人厌恶的、不过却是典型的低劣人种”。希尔特建议“由国防军下令”收集此类头骨样本，然后再将其转交给某位医生或医学院学生：

(此人需)按相关规定拍摄一组照片，并进行人类学领域的测量。如果有可能的话，应尽量确定囚犯的种族属性、出生日期以及其他私人资料。对犹太人的处决必须遵循诱骗原则，不得对其头部造成伤害，之后，将其头部与躯干剥离，然后放入永久保存地点——一个盛有防腐制剂的、密封良好的特制锡制容器。然后，就可以开始进行基于照片的对头部以及头盖骨本身的测量和相关数据搜集、比较解剖学研究、大脑形态和尺寸的病理学特征研究等各项医学研究了。[47]

另外两名被告——齐格弗里德·鲁夫博士(Dr. Siegfried Ruff)和汉斯·沃尔夫冈·龙贝格博士(Dr. Hans Wolfgang Romberg, 1911—1981)则曾与纳粹空军党卫军一级突击中队长西格蒙德·拉舍博士(Dr. Sigmund Rascher, 1909—1945)有过工作上的合作关系，而后者正是达豪集中营纳粹空军部队医学实验的负责人。为了研究在飞机受损的情况下、纳粹空军飞行员跳伞之前能承受多高的飞行高度，他们曾开展了多次压力室试验，结果导致70至80名囚犯死亡。拉舍在1945年春天被党卫军处死，罪名是非法收养行为。

战后医生审判中还有一名被告：党卫军一级突击大队长威廉·拜格尔伯克博士(Dr. Wilhelm Beiglboeck, 1905—1963)，此人曾在达豪集中营对囚犯进行过盐水试验。1944年夏天和秋天，拜格尔伯克给40名罗姆人灌注添加了引诱剂的纯盐水，目的是观察盐水对被击落飞行员和海难受害水兵肌体的影响。在其中一次试验中，罗
406 姆裔实验对象先被喂以两周海水，然后再施以脱盐海水或者添加了诱骗剂的海水。一个名叫卡尔·赫尔伦雷纳尔(Karl Hoellenrainer)的受害者给出如下证词：

起初他们还给我们土豆和牛奶，后来又得到一些饼干、葡萄糖和甜面包干。这种情况约持续了一周。然后我们再也得不到任何食物了。后来，一个纳粹空军医生(即拜格尔伯克博士)说：“现在你们都必须空腹喝下海水。”空腹喝海水的过程持续了1至2周。我曾经提到的那个叫鲁迪·陶布曼(Rudi Taubman，为另一个囚犯)的人，十分激动，拒绝参与这个实验。对此那位纳粹空军医生说：“如果你激动过头、发起暴动，我就一枪打死你。”于是大家都安静不语了。接下来我们就开始喝海水。我喝的是状况最糟的那种，几乎呈淡黄色。我一天要喝两三次，然后到晚上我们再喝黄色那种。一共有三种水：白色的和(两种)

黄色的;我喝的就是一种黄色的。几天后很多人就开始胡言乱语、陷于疯狂,还满嘴吐白沫。纳粹空军的医生进来了,脸上带着幸灾乐祸式的微笑,说道:“肝脏穿刺的时间到了。”

后来,有个吉卜赛人吃了一点点面包,或者喝了一些纯水。那个纳粹空军医生获知后,极度生气,几乎气疯了。他带走那个吉卜赛人,把他绑在一个床柱上,并塞住他的嘴。

后来(另一个)吉卜赛人……拒绝喝实验用水。他恳求那个纳粹空军医生放自己走。他说自己再也受不了那些水了。他很难受。那个来自纳粹空军的医生毫无怜悯之心,厉声说道:“不,你必须得喝。”然后他又命令他的助手去拿个“太阳”来……不久一个助手回来了,带着一根红色管子,接着把这根管子先刺入这个吉卜赛人的嘴,又刺入他的肚子。然后他把水抽进管子。那个吉卜赛人跪在他面前,哀求他可怜可怜自己,然而那个医生已丧失一切怜悯之情。[48]

法庭判处七位被告死刑——包括布拉克、勃兰特、格布哈特以及泽维尔斯;另有五人——包括鲁夫和龙贝格被无罪开释;其余则被判处终身监禁或者15至20年有期徒刑。所有被判处徒刑的囚犯最终都被提前释放。1948年,世界医学协会发布《日内瓦宣言》,就对人类施与医学实验问题,做出以下声明:

我将不容许年龄、疾病或残疾、信仰、民族、性别、国籍、政见、人种、性取向、社会地位或其他因素的考虑介于我的职责和我的病人之间。

我将会保持对人类生命的最大尊重。

我将不会用我的医学知识去违反人权和公民自由,即使受到威胁。[49]

美国也在“波尔审判”、或称为“经济管理总局审判”[美国起诉奥斯瓦尔德·波尔(Oswald Pohl)等人,审判时间为1947年4月8日至1947年11月3日]中,起诉了18名“党卫军经济管理总局”的成员。这个机构曾运营过多个集中营和灭绝营。所有被告——除了汉斯·霍尔贝格(Hans Holberg,生于1906年)——都被控4项罪名;还有3人被无罪开释。其中4个人——波尔及其3名特工局主任:党卫军高级总队长奥古斯特·弗兰克(August Frank,生于1898年,卒年不详)、党卫军总队长格奥尔格·勒纳尔(Georg Lörner, 1899—1959)以及党卫军支队长海因茨·卡尔·范斯劳(Heinz Karl Fanslau, 1909—1987)——被判处死刑。不过除了波尔,其他3人都终获减刑。另外一些被告被判处的刑期从10年至终身不等。而党卫军高级总队长、“经济管理总局”下属的“集中营检察团”负责人理查德·格吕克斯(Richard Glücks, 1889—1945)于1945年5月10日自杀身亡。

还有三场审判——分别为美国起诉弗雷德里希·弗利克(Friedrich Flick)等人(审判时间为1947年4月19日至12月22日),美国起诉阿尔弗雷德·克虏伯(Al-
407 fried Krupp)等人(审判时间为1947年12月8日至1948年7月31日),以及I·G·法本审判[美国起诉卡尔·克劳赫(Carl Krauch),审判时间为1947年8月27日至1948年7月31日]——分别对42个银行家和工业家以战争罪、反人道罪和反和平罪、侵吞他人财产罪以及参与犯罪组织罪提起诉讼,其中弗利克一案还涉及海因里希·希姆莱的"朋友圈"。克虏伯一案则牵涉到企业家集团在二战之前的德国军事发展进程之中,以及奴役劳工使用方面扮演的重要角色。I·G·法本也曾使用奴役劳工,而且其子公司之一——"德意志害虫防治公司"——还是齐克隆B毒药的生产者。弗利克的3项指控都被判无罪;其余指控最终则只获轻判。法庭确认,所有克虏伯公司的被告都犯下非法使用奴役劳工的罪行,不过他们同样也只得到很轻量的惩罚。阿尔弗雷德·克虏伯被判12年有期徒刑和没收财产。到1951年,所有克虏伯公司的罪犯都获得释放。由于无人购买克虏伯家族的产业,所以到1953年,阿尔弗雷德·克虏伯又重新获得克虏伯工业帝国剩余产业的掌控权。此外,另一个美国法庭发现I·G·法本公司各位被告犯有多项战争罪行,但最终只对3个曾加入党卫军的成员提请诉讼。10人被无罪开释;其余的都只被判很短的徒刑,刑期还包括审判之前已被关押的年限。

从1946年至1949年间,在12起由美国人执行的审判中,185名被告中的24人被判死刑,不过其中只有13人的死刑判决终得执行。其他死刑犯则都获准减刑至终身监禁。还有20人终审被判终身监禁,98人被判不同刑期的有期徒刑。此外,美国法庭还判处25名被告无罪开释;4人由于疾病原因退庭。审判期间自杀身亡的被告也是4人。1951年,美国驻德国军事总督兼高级专员约翰·J·麦克洛伊(John J. McCloy, 1895—1989)对很多刑期较长的罪犯实施了减刑。他还将"特别行动队"审判中被判死刑的罪犯改判无期或一定期限的有期徒刑。这一年的大赦还令很多本来就只获得较短刑期的罪犯提前获释。

英国占领区的战争罪审判

1945年6月14日的"英国王室资质证书"赋予英国当局在其占领区内的司法管辖权,也就为1945年至1949年间逾500场审判提供了指导方针。这份文件的理论基础,是王室特权原则,即"在任何情况下,只有专制权力的残余将合法保留在君主手中"。[50]卑尔根—贝尔森审判(审判对象为约瑟夫·克拉默等人,时间为1945年9

月17日至1945年11月17日)对45名前党卫军派驻卑尔根—贝尔森和奥斯维辛集中营的行政管理人员、警卫以及"带队囚犯"提起诉讼。除一人外,所有被告均被控战争罪,且所有人都坚称无罪。首要被告是党卫军一级突击中队长约瑟夫·克拉默(1906—1945)。英国媒体普遍将此人称作"贝尔森的野兽"。克拉默的党卫军生涯是从在达豪集中营当警卫开始的,他在集中营行政官僚体系中急速蹿升,最终在萨克森豪森和毛特豪森都曾担当过重要的管理职位。1940年,他成为鲁道夫·胡斯在奥斯维辛的副手;不久,又当上达豪和纳茨维勒集中营的指挥官。1944年克拉默接管奥斯维辛管理权,不久又被转调至卑尔根—贝尔森。根据一位名叫海伦·哈默马施(Helen Hammermasch)的幸存者回忆,克拉默在奥斯维辛的囚犯"筛选"过程中曾扮演过重要的角色,有时候"将受害者成群装进卡车,如果他们意识到等待自己的被害命运而哭号,(克拉默)就鞭打他们"。哈默马施还记得有一次,克拉默将一位俄国囚犯活活踢死。[51]

这次审判中,将近一半的被告是女性。其中最恶贯满盈者,当属一个妇女营的监督官厄玛·格雷斯(Irma Grese, 1923—1945)。她被囚犯们鄙恶地称为"贝尔森婊子"。1942年,她当上拉文斯布吕克的"党卫军女性助手";一年后,她被转调至奥 408
斯维辛。在那里她很快被升迁至"党卫军高级监督官",成为这座灭绝营的二号女性官僚。根据伊洛娜·施泰因(Ilona Stein)的证词,格雷斯与门格勒及克拉默一起,在比克瑙的囚犯筛选中曾发挥过重要的作用。格雷斯总是骑着一辆自行车在营地内到处巡查,每每以鞭打囚犯为乐,即使他们仅仅犯下最轻的过失。在筛选过程中如果谁胆敢隐藏或逃脱,格雷斯就一枪打死他们。

索菲亚·利特温斯克(Sophia Litwinsker)作证道,她曾见过另一个被告——伊尔斯(伊达)·弗尔斯特[Ilse(Ida) Forster]在负责贝尔森集中营厨房期间,将一名厨房女工鞭打致死。她"不停地说,伊尔斯·弗尔斯特曾用一根橡胶警棍抽打她,导致她头部肿胀,胳膊和后背淤青"。[52]法院最终认定30名被告有罪,其中12名被判处死刑,包括克拉默和格雷斯。其余被告获判3至15年有期徒刑,不过不久所有人的刑期都被缩减了。

英国占领当局还将布鲁诺·特施博士(Dr. Bruno Tesch, 1890—1946)送上审判席。此人为"特施与施塔贝诺公司"(简称为"特施塔公司")的所有者,而这个公司正是向党卫军及其他纳粹组织提供齐科隆B毒药的两家德国公司之一。特施手下的两个经理——卡尔·魏因巴赫尔博士(Dr. Karl Weinbacher, 1898—1946)以及约阿希姆·德勒希恩博士(Dr. Joachim Drösihn,生于1906年)也同时遭到指控。在"大屠杀”最血腥的1942年至1943年间，特施塔公司负责向奥斯维辛、格劳斯罗森、马伊达内克等各处党卫军灭绝营分发齐科隆B。特施在审判中声称，自己对这些灭绝营内使用齐科隆B残杀人类一事毫不知情。然而，安娜·芬泽尔曼(Anna Venzelman)的证词却揭穿了特施的无耻狡辩。芬泽尔曼曾在特施塔公司担任速记员，她作证说特施曾告诉她，在最近一次柏林之行时，他获悉齐科隆B正被用于毒死人类，这曾令他大感震惊。[53]

魏因巴赫尔是特施的助理经理，负责在特施缺席时管理公司的日常事务。德勒希恩曾担任特施塔公司的“资深毒气技师”，但他在审判中坚称自己只在灭虱室内工作，对使用毒气杀害人类事宜一无所知。他承认曾被派去检查萨克森豪森、拉文斯布吕克和诺因加默的此类毒气室，但从未去过奥斯维辛。[54]法庭最终裁决，特施和魏因巴赫尔必然知道，将如此大量的齐科隆B运往奥斯维辛，肯定不仅仅是出于灭虱和为建筑物消毒的目的。另一方面，法庭判定德勒希恩在公司内的官阶较低，不足以影响或阻止齐科隆B的运送。终审判决，特施和魏因巴赫尔被判死刑，而德勒希恩无罪释放。

从1946年12月5日至1947年2月3日，英国共组织了七次拉文斯布吕克审判。38名被告中有21名为女性。最终18名被判有罪，死刑论处；其余被告分别获判2年有期徒刑至终身监禁。只有3名拉文斯布吕克被告被判撤销战争罪起诉。后来在法国和德国，还进行过一系列对曾在拉文斯布吕克工作的德国人的审判。

英国人还将德国驻挪威军事指挥官、陆军上将尼古拉斯·冯·法尔肯霍斯特(Nikolaus von Falkenhorst, 1885—1968)送上被告席，并最终定罪；法庭以虐待英军战俘的罪行判处他死刑，后来却又减刑至20年有期徒刑。另一个法庭对曾担任德军驻意大利指挥官的纳粹空军元帅阿尔伯特·凯塞林(Albert Kesselring, 1885—1960)展开审判。凯塞林被控在1944年的“阿德阿堤涅大屠杀”中，对335名意大利人的死亡负有责任，此外丧命于凯塞林部队枪口之下的，还有数不胜数的游击队员。1947年这个英国法庭判处他死刑，但不久又减刑至终身监禁。1952年凯塞林因健康状况欠佳获释。埃里希·冯·曼施泰因(Erich von Manstein, 1887—1973)元帅曾协助制定入侵法国的计划，并在苏联前线有过突出的表现。战后他也遭到英国当
409 局的指控和审判。虽然后来他与希特勒关系崩溃，但曼施泰因还是被控需为苏联境内的犹太人屠杀行为负责。最终类似指控都无果而终，曼施泰因被判定的罪行，是未保护战区平民。英国法庭判处他18年监禁，却在1952年准许他医疗假释。直至1973年去世，曼施泰因一直为在联邦德国政府担任军事顾问。

德意志联邦共和国

在第二次世界大战行将结束之时，同盟国面临的一项重大挑战就是，如何处理战败的德国。关于这个问题，“波茨坦会议”（会期为 1945 年 7 月 17 日至 8 月 2 日）作出很多决定。在这次会议上，美国和英国国家首脑——哈里 · S · 杜鲁门和克莱门特 · 艾德礼（Clement Atlee，1883—1967）在柏林郊区与约瑟夫 · 斯大林见面，讨论未来的德国问题。这个国家将被一分为四，分别由英国、法国、美国和苏联占领。一个由美国、英国和苏联代表组成的“同盟国管制委员会”将负责监督对德国的军事占领。根据“摩根索计划”，德国先前为战争服务的一切工业资源和能力将被摧毁，并作为赔偿移交给同盟国——首先就是给苏联。《波茨坦宣言》称，德国人民必须为战争的“可怕罪行付出代价”。“代价”包括彻底消灭“德国的军国主义和纳粹主义残余”，以保证“德国人永远不会再对其邻国的安全和世界的和平构成威胁”。宣言继续道，同盟国无意摧毁或奴役日耳曼民族。相反，他们将致力于“在民主与和平的基础上，帮助其最终恢复正常的生活”，长远目标是使日耳曼民族在“世界其他自由与和平民族之中，占据一席之地”。[55]

除了肃清德国的纳粹主义残余，《波茨坦宣言》还要求惩治战争罪犯；此外，德国的司法体系将“根据民主、法下公正、以及不同种族、国籍和宗教信仰者一律享有平等权利的原则进行重组”。[56] 部分旨在肃清纳粹主义残余的行动涉及“解散纳粹党”——“其成员曾积极参与其侵略活动，其他对同盟国的目标抱持敌意者，将从公共或半公共部门开除，且不得再担任重要私营企业的负责人职务。”《波茨坦宣言》还补充道：“此类人士的职位，将由他人取代，后者的政治和道德素质必须有助于建立真正的民主体制。”

波茨坦会议之前几个月，同盟国占领当局就已开始拘捕和扣留那些被认为对占领构成威胁的个人。在美国、法国和英国占领区，共有 17.8 万嫌疑犯遭到逮捕，他们都被送进一些特设的营区，而被苏联政府关押的纳粹嫌疑者则有 6.7 万人。

不幸的是，正式占领开始之后，在德国社会各个方面肃清纳粹主义残余影响的事业，就不再遵循先前真正的指导原则了。各国占领当局处理前纳粹党员和牵涉者的方式各有不同：在法国占领区，政策相对宽容，前纳粹党人士通常被用于德国经济的重建，以便令其更适应对法赔偿所需。英国人的政策就不那么仁慈了，不过当局仍试图满足德国重建的需要，因而将纳粹牵涉人士区分为严重纳粹罪犯和罪行较轻者两个类型。美国人和苏联人更倾向于遵循《波茨坦宣言》中处理前纳粹分子的指导原则——即将其“从公共或半公共部门开除，且不得再担任重要私营企业的负责人职务”。[57]虽然苏联当局无意在其德国占领区重建民主体制，但以上指导原则的措辞，还暂时能够适应于其在德国东部的战略目标。尽管如此，苏联人在本国的德
410 国统治区，在肃清纳粹主义影响方面还是表现得极端严厉：他们尽可能将政府部门中的纳粹党员全部清除出去，还“对诸如教师、法官和警察官员等专业领域进行了全行业的大换血”。[58]

1946年初，为了进一步明确“去纳粹化”过程，同盟国发布了一系列指导方针，其中列出各种前纳粹党员不得从事的部门和不得担任的职务。除此之外，所有18岁以上的德国人都必须填写一份表格，详细交代自己在纳粹时代曾经从事的活动。一位名叫亚历山大·狄克(Alexander Dick)的德国青年，描述了这一过程：

> 每个德国人都得填写这份同盟国政府发放的冗长调查表(一共有131项)，其中包含很多与纳粹党员身份以及在纳粹组织内活动有关的问题，十分令人尴尬。每个人如果想获得一个职务，就必须获得一份“去纳粹化”证明——包括仅仅作为名义追随者或受益者的身份类别。各个肃清纳粹主义影响委员会都试图使那些处于审查状态下的人摆脱纳粹时代的黑暗经历。然而实践……证明此类肃清纳粹主义影响的行动，与同盟国的再教育计划一样，很少能取得成功。[59]

“同盟国管制委员会”的指示——“对战犯、纳粹党员、军国主义者的逮捕，和对德国潜在危险分子的拘留、控制与监视”——为肃清纳粹主义影响的行动提供了更多可供遵循的指导原则。它对那些曾犯下战争罪或反人道罪的德国人，以及被认定对同盟国占领构成威胁的人，与其他应被拘禁的人作出区分。“同盟国管制委员会”指示共列出五类纳粹分子：

> 1. 首要罪犯——任何曾对国家社会主义的受害者或反对者犯下罪行的人。此类人员包括曾在纳粹党内或其附属机构或德意志帝国政府内担任显赫官职者。此类人员还包括曾在任何集中营、劳工营或医疗机构或收容所参与屠杀、折磨或其他残忍行为者。纳粹体制的支持者和国防军最高统帅部成员也将被视为首要罪犯。处罚方式：死刑至5年监禁。
>
> 2. 罪犯——积极推进国家社会主义暴政的纳粹政治活动家、军国主义者或牟取暴利者。此类人员包括1945年5月8日以后对日耳曼民族及世界和平构成威胁，或可能构成威胁者。处罚方式：10年以下监禁。
>
> 3. 次要罪犯——任何人、包括党卫军成员，不属于首要罪犯类别，却仍是罪犯，无论是否存在其卑劣或残忍行为的证据。处罚方式：2年以下缓刑。

> 4. 追随者——任何人、仅仅充当国家社会主义暴政的名义参与者或支持者。处罚方式：旅行限制和罚款。
>
> 5. 免罪者——任何人、尽管曾是纳粹相关组织的正式成员或候选人或其他公开迹象、对国家社会主义暴政不但显露消极态度，而且在其职权可行范围内积极抵制并因此受损。[60]

鉴于战后初期德国国内庞大的前纳粹党员人数，复杂的肃清纳粹主义影响行动能否成功，在很大程度上取决于德国人能否诚恳如实地填写上述调查表。而且，以上指导原则尽管不无裨益，却不能保证全部法律意义上的战犯和次要罪犯，都能被 411
这张“去纳粹化”的大网笼住去路。随着冷战大幕徐徐拉开，占领当局之间的关系日益紧张，问题就更加复杂化了。美国、英国和法国逐渐接近，最终决定合并占领区；西方的行动促发了 1948 年苏联主导的“柏林封锁”。尽管柏林位于苏联占领区内陆深处，它却与整个德国一样，遭到四大国的占领。斯大林早已将东德视为自己治下那个日益膨胀的东欧帝国的一个有机组成部分，所以在他眼中，西方势力在柏林的存在，对自己在本地区的帝国规划构成严重的威胁。

在 1948 年封锁开始之前的几个星期之内，同盟国开始将本国在占领区的统治权力，逐渐移交给多个彼此独立的德国各州。来自“英—美—法三国共占区”内 11 个德国州代表在新的西德首都波恩集会，制定宪法。这次会议的成果是一部临时宪法——即广为熟知的《基本法》，该法案为将德国的苏联占领区整合进入一个更大范围的日耳曼人国家保留着敞开的大门。柏林虽然仍处于同盟国的统治之下，但正式成为西德的一个州。1949 年西德举行新议会议员选举，同年 9 月 21 日，这个新的“德意志联邦共和国”宣告成立，不过其主权仍在一定程度上受到新近出台的《德国占领法》的限制。这个法案赋予取代“同盟国管制委员会”而新建的“同盟国最高委员会”以控制德国裁军、非军事化、外交事务以及各种牵涉到赔款事宜的经济问题的权力。三个西方占领国还有权在联邦德国境内驻军，并有权否决被认为有悖于新西德国家安全和民主理想的法律。英—美—法对西德的占领一直持续到 1955 年《波恩—巴黎公约》的最终签订。此条约之后，联邦德国成为创建于 1949 年的“北约”（即“北大西洋公约组织”，英文缩写为 NATO）的成员国，还成为“欧洲国家共同体”的正式一员。

对于联邦德国的创建，约瑟夫·斯大林的反应是于 1949 年将德国的苏联占领区转变成为“德意志民主共和国”，这个新国家将作为苏联的卫星国而存在。为了与联邦德国加入北约的行动相对抗，苏维埃民主德国成为《华沙条约》（全称为《友好、合作与互助华沙条约》)的防御基地之一。

以上形势的演变和一系列紧张关系，深刻地影响到在西方三国占领区内肃清纳粹主义行动的方向与强度。根据西德的统计数字，从 1945 年至 1949 年，同盟国和德国的去纳粹化法庭共处理了 3 660 648 起相关案件。审判结果是，1 667 人被判定为“首要罪犯”，2.3 万人被划归“罪犯”类别。此外，还有 150 424 名德国人被确定为“次要罪犯”，超过 100 万德国人被判定为“纳粹追随者”，并因此不得不缴付赔偿性罚款。德国的各个肃清纳粹主义影响委员会共免除 120 万德国人的罪责，此外还有 126 万德国人属于特赦、无法归类或不予起诉者的范畴。换句话说，西方占领区领土上的 360 万德国人口中，只有不到 5%的人“被视为纳粹党中坚力量，并遭到相应的起诉。” 另一方面，苏联将 553 170 名前纳粹党员开除出原服务单位，还有 83 108 人被剥夺工作资格。其余的人则得以保持他们在纳粹时代的职位。[61]

《波茨坦宣言》有效地摧毁了纳粹时代的司法体系。1945 年底，“同盟国管制委
412 员会”着手以“法律面前、人人平等”的原则，重建德国的司法体系。他们开设了“德国治安推事”、地区和巡回三类法院，不过严令禁止前纳粹党员在法院体系中担任高级职位。不过，在较低级别的法院，关于司法人员的任命和前纳粹党员在司法界的角色问题上，各个占领当局都可以独立采用各自制定的规则。虽然同盟国在德国司法重建事宜上的最初构想，是令其恢复到 1933 年 1 月 30 日之前的状态，不过他们后来认定，这个方案将引发司法界的大混乱；因此，“1871 年德国刑法典”以及“1877 年帝国司法权法例”得以复兴。

一开始，同盟国占领当局完全控制了德国法院的裁判权，只允许德国法院处理最轻量的犯罪指控。德国人自己的法院无权审判那些被控犯下反对同盟国罪行的前纳粹党员，不过根据“同盟国管制委员会第 10 号法令”，在同盟国的批准下，德国法院可以审判有关德国侨民对另一些德国侨民犯罪的案件。[62]英国和法国曾给予德国法庭审判类似罪行的自由，然而美国政府在大多数情况下，还是拒绝向德国法庭下放此类权力。德国法庭唯一具备资格审理的战争罪行，就是“反人道罪”。然而，现实很快证明，在德国法庭进行此类案件的审判是非常困难的，于是到 1951 年，同盟国核准德国人只能在本国法律之下审判战争罪犯。

然而，德国公众对重访纳粹时代的种种问题并不感兴趣。再加上，西德的司法系统内充斥着曾为纳粹政权服务的检察官、法官和警察，这就使得将那些曾经为纳粹政权服务的法律工作者送上审判席，几乎成为不可能完成的任务。此外，纳粹时代各类罪行不同的诉讼时效就意味着，1955 年之后，只有对那些战争罪犯嫌疑人唯

一可以提请起诉的，只剩下“蓄意谋杀”这一项罪名。于是，对西德检察官来说，将那些自己怀疑的战犯送上法庭，已变得越来越困难。况且，大多数控告往往来自某些幸存者的指控，而 1955 年之后，很多幸存者也已死亡。综上原因，到 20 世纪 50 年代，对德国人的审判已急剧减少。

然而，到 1958 年的第二次“特别行动队”审判之时，情况又发生了转变。这次审判令战后联邦德国的新一代法官们，看到了活生生的恐怖罪行。鉴于政府对战争罪犯嫌疑人施以诉讼的能力有限，德意志联邦共和国创办了一个名为“路德维希堡纳粹罪行州属司法管理中央办公室”的机构。隶属于此机构的律师和法官将负责对纳粹时代的暴行展开调查，然后再将调查材料转递至德国独立的各州以便提请诉讼。然而，这一机构唯一有权调查的罪名，是在德意志联邦共和国国境之外犯下的罪行，也只有此类罪行，才能在德国的法律体系下提请诉讼。“中央办公室”并不调查战争罪本身，不过到 1964 年，它终于获得了调查在联邦德国本土犯下的罪行的权力。在“路德维希堡纳粹罪行州属司法管理中央办公室”运作的第一年，共展开了 400 项调查；到 1962 年，它已将 1.3 万战争罪嫌疑犯送上法庭，其中有 5 000 人的罪名被判成立。最终，被“中央办公室”成员怀疑犯有战争罪者，形成了一份 16 万人组成的漫长名单。

“路德维希堡纳粹罪行州属司法管理中央办公室”开展的影响最大的行动，莫过于 1963 年至 1965 年在法兰克福进行的“奥斯维辛审判”了。德国的检察官控告 24 名前党卫军成员曾在奥斯维辛犯罪。这次审判是在德国的法律之下、而非国际法之下进行的，且涉及一切罪行，几乎都与“大屠杀”相关。德国的新闻媒体对这次审判予以广泛的关注，这也令德国民众不得不直面“大屠杀”那些最恐怖的方面。“法兰
克福审判”的被告大多为奥斯维辛低阶至中层的运营者。虽然到审判结束之时，被 413
告席上只剩下了 20 个人，但他们中的大多数都被判处谋杀罪或胁从谋杀罪成立。其中一个被判谋杀罪名成立的被告是埃米尔·贝德纳雷克（Emil Bednarek），此人是唯一一个以前“带队囚犯”的身份被送上法庭的被告。贝德纳雷克被控殴打囚犯至死。党卫军四级小队长威廉德·博格（Wilheld Boger，生于 1906 年，卒年不详）曾在奥斯维辛集中营的盖世太保办公室工作。他发明了一种残酷的工具，专门用以折磨囚犯。这个工具“由两根直梁组成，中间横穿过一根铁杆”。受害者将它称为“博格秋千”：“博格令受害者双膝跪地，将铁杆从膝盖后面穿过，然后再将受害者的双手用铁链拴在铁杆上。之后他将铁杆在直梁上绑紧，这样受害者就头朝下、臀部朝上悬在空中。”[63]

党卫军一级突击中队长弗兰茨·霍夫曼(Franz Hofmann, 1906—1973)是“奥斯维辛审判”的被告席中级别最高的官员。他的“事业”起源于1934年的达豪。后来他被调往奥斯维辛,担任奥斯维辛一号营区的副指挥官。不久,霍夫曼又被调往纳茨维勒。战后初期他竟然成功地说服德国的去纳粹化官员,令后者相信他仅仅是纳粹党内无足轻重的人物,结果得以无罪开释。1959年,相关部门怀疑他曾在奥斯维辛某附属营区犯过杀人罪,遂将他逮捕,但旋即释放。两年后霍夫曼再次被捕,这次他将面临的是34项谋杀罪和谋杀共犯罪的起诉。结果,法庭发现霍夫曼的罪行远比之前指控中的还要严重,因为他的行动早已不再是执行命令那么简单。屠杀犹太人已变成“他的个人事务”——受他自己的法西斯主义意识形态驱使。最后霍夫曼被判终身监禁。[64]

“奥斯维辛审判”是在联邦德国境内进行的最后一次大规模的战争罪审判。1965年5月8日,关于纳粹时代谋杀罪的新的诉讼时效规定开始实施,这个新规定令检察官们的工作难上加难。后来诉讼时效被延长,不久则彻底取消了对谋杀罪的起诉。检察官遭遇的另一个困难是,很多关键的文件、材料如今都存放在东德和苏联的档案馆内。“中央办公室”竭尽所能,试图在苏联阵营内部搜寻和获取相关材料,所幸的是波兰、捷克斯洛伐克和苏联官方都乐意分享资源。1966年,“德国酒吧联合会”资助了一次司法界专家参加的会议,讨论战争罪定罪数量持续减少的问题。在会议末尾,与会者呼吁“改变纳粹战犯的审判方式”。[65]到1985年,“中央办公室”已对超过9万名纳粹战犯嫌疑人进行了调查,并提出约1.2万起诉讼案件。在被起诉的这些人中,65 457人被判处重刑(其中12人死刑,160人终身监禁)。在人数最多时,“中央办公室”下属数百名检察官和特别法官,曾同心协力地调查纳粹时代的罪行。不过,随着工作量的急剧下降,这个机构最终只剩下了少数基干人员。而且,根据阿尔弗雷德·施泰姆(Alfred Streim, 1932—1996)的说法,德国很多州不愿起诉某些纳粹战犯,从而对他们实行了“秘密赦免”。

西欧的战争罪调查审判

并不仅仅只有占领德国的四大国进行过战争罪审判。战争期间曾被德国征服或占领的国家,都施行了本国的战后审判,在形形色色的“纽伦堡审判”中,他们大多也充当了“法庭之友”的角色。比利时审判了75名战犯,而卢森堡则对68人提起诉讼。挪威检察官则曾将80名战争罪嫌疑犯及其胁从送上被告席。在挪威人进行的审判中,最重要的一起战争罪指控涉及维德孔·吉斯林。1945年9月,法庭判处他罪名成立，此人于 10 月被执行死刑。荷兰人在战争行将结束之时，已逮捕了 45 000（占其国家人口总数的 5％）战争罪及胁从罪嫌疑犯；而到 1945 年底，只剩下 9 万人 414
仍处于调查之下。在以胁从罪逮捕“犹太人委员会”的两名成员——亚布拉罕·阿舍尔（Abraham Aascher）和戴维·科恩——时，荷兰的监察机构曾大为踌躇。后来，公众严厉的反对之声帮两人逃脱了起诉，不过他们的名誉也都因此大遭损害。最终，只有 1.45 万荷兰嫌疑犯被定罪。荷兰法庭共判处 109 名战犯死刑，不过真正执行者只有 39 人。随着时间的流逝，大部分被定罪的罪犯都获得了减刑，而到 1960 年，几乎所有人都提前获释了。

法国

1944 年，法国“通敌者”头发被剃光，全身被浇满碘酒。美国大屠杀纪念博物馆照片序列号 81868，国家档案与记录管理局（学院公园）提供图片。

在整个“大屠杀”法律制裁问题中，法国占据着一个相当独特的地位——一方面，维希政府曾充当纳粹的积极胁从，而另一方面，在战争行将结束之时，法国却获得了欧洲四大国的地位，美国和英国甚至还给了它一块在德国的占领区。解放之后的法国流传着这么一种显然不实的说法——面对维希政府通敌卖国的恶劣行径，大多数法国民众却一直保持着对纳粹统治的抵抗。持这种说法的人声称："（维希政府）之所以做出叛节行为，是因为极少数疯子唯利是图、盲信狂热。"[66] 1944 年解放之后，法国曾经的"叛国者"迅速被审判和处决，执行者通常为抵抗组织。根据亨利·鲁索（Henry Rousso）的估计，战后初期突然出现的为数众多的"袋鼠法庭"①，共
415 将 9 000 名被怀疑为通敌者的法国人送上处决台。后来，当法国国内的政治环境稳定下来之后，"在此类司法框架之内的（反纳粹胁从）清洗，经由投票为国家法律所认可"。[67]

被送上审判席的被告都被控"危及国防的行为……秘密与敌来往……攻击威胁国家安全……向敌提供情报"和"危害国家的可耻行为"等。1940 年至 1944 年间在维希政府担任高级官员的人士都丧失了法国的公民权，并规定只有证明自己在战时曾有抵抗行为，才能重获公民权。各类接受胁从罪指控听证的法院，共针对 55.51 万法国人的案件进行了调查。结果对 127 063 人作出有罪判决，其中只有 3 人被执行处决。不幸的是，以上审判主要着眼于法国人的胁从行为，对他们在"大屠杀"中犯下的罪行却鲜有提及。

当法国的政治环境改善之后，从 1945 年至 1946 年，一系列"摆样子公审"逐渐取代了那些在合法性上饱遭质疑的简易审判和处决。"摆样子公审"的对象，都是维希法国最臭名昭著的首脑和通敌者。1940 年和 1942 年至 1944 年间担任法国总理的皮埃尔·赖伐尔被控"阴谋危害国家安全以及向敌国泄露国家情报罪"。[68] 虽然赖伐尔发表了一番慷慨激昂的自我辩护，他还是被判全部罪名成立，死刑论处。就在行刑前夕，他曾试图自杀；然而，他吞下的氰化物胶囊却引发剧烈的呕吐，最终，赖伐尔基本上是被拖至死刑射击队面前的。

另一场审判的对象，是"法兰西行动"的头目夏尔·莫拉斯。"法兰西行动"是一个持反犹主义立场的右翼组织、维希政府的坚定支持者。莫拉斯被指控的最主要罪行，是他曾通过蛊惑性宣传，"打击军队士气、削弱国家防御能力"。[69] 最终莫拉斯的通敌罪成立，被判处死刑。不久，里昂高等法院将他的死刑判决减为终身监禁。不久他就因健康原因获释，旋即死亡。

约瑟夫·达尔纳（Joseph Darnard，1897—1945）是维希法国内部亲纳粹的半军

① 袋鼠法庭为西方法律术语，指非正规的法庭，也指私设公堂或不合法律规程和正常规范的审判。——译者注

事化组织——“民兵”——的头目。达尔纳带领“民兵”，多次在围捕和驱逐犹太人的行动中协助党卫军。达尔纳选择的“民兵”队员，都是在意识形态方面支持纳粹德国的“事业”的人。1944年初，他当上“公共秩序维护秘书长”。后来，党卫军的行动越来越倚重“民兵”，因为正如雅克·德尔皮埃尔·德·巴亚克(Jacques Delpierre de Bayac)所写道的：“在维希法国，普通警察通常比较友好，或者至少保持中立，而德国人对他们来说，都是陌生人，且经常以武力相威胁，‘民兵’队员则都是尖锐、多疑的人物，全身心投入这项邪恶的事业。”[70] 1944年达尔纳逃往德国，但不久就在意大利被抓获，随后被遣送回法国。他的人生在1945年走到尽头——接受审判、被判有罪和最终处死都在这一年完成。菲利普·贝当元帅的问题则要复杂得多，原因很简单——他曾是法兰西的民族英雄。一个法国法庭曾认定他通敌罪名成立，并判处死刑。然而夏尔·德·戴高乐(Charles De Gaulle，1890—1970)以贝当过去为法国的贡献巨大和年事已高为由，将其减刑为终身监禁。贝当最终死在狱中。

20世纪40年代最后一次对首要通敌者的审判是基于对雷内·布斯凯(Rene Bousquet)的指控。作为维希法国的警察部队头目，布斯凯在1942年至1943年间一系列围捕和驱逐犹太人的行动中都曾扮演过关键性的角色。然而，当他于1949年接受审判时，法国高等法院却判处其威胁国家安全的指控不成立，最终布斯凯只因“对国家侮辱性行为罪”获刑5年，即使这么一个短暂的刑期也被迅即赦免，法院的理由是他曾对抵抗运动发挥过促进作用。在法庭上，控辩双方对布斯凯在围捕犹太人行动中曾经扮演的角色，几乎没有提及。布斯凯则申辩道，事实恰恰相反——他曾试图阻止“犹太人事务委员”达基耶尔·德·佩尔波(Darquier de Pellepoix)的行动，然而，后者的职权比布斯凯想象的大得多。他还提到自己在纳粹面前承受的压力，并强调自己当上警察部队负责人时，维希法国的种族主义法律早已付诸实施了。

审判之后，布斯凯从公众的视线中消失了，并开始在法属印度支那重建事业。 416
1957年，法国政府恢复了他的“军团荣誉勋章”获得者身份，第二年则彻底赦免了他的罪行。在接下来的三十年间，他在1981年至1995年间曾与法国总统弗朗索瓦·密特朗(François Mitterand，1916—1996)保持着密切的私人关系；然而到20世纪80年代中期，随着布斯凯在“大屠杀”中扮演的角色逐渐浮出水面，相应的起诉也随之启动，他与密特朗的友谊也逐渐变味。布斯凯将要面对的巨大麻烦，第一个征兆是1978年德·佩尔波告诉《快报》，布斯凯是1942年7月16日至17日“冬季赛车场”犹太人围捕行动的负责人。11年后，一位名叫谢尔盖·克拉斯菲尔德(Serge Klarsfeld，生于1935年)的法国犹太人，向布斯凯提起控告。克拉斯菲尔德的父亲为

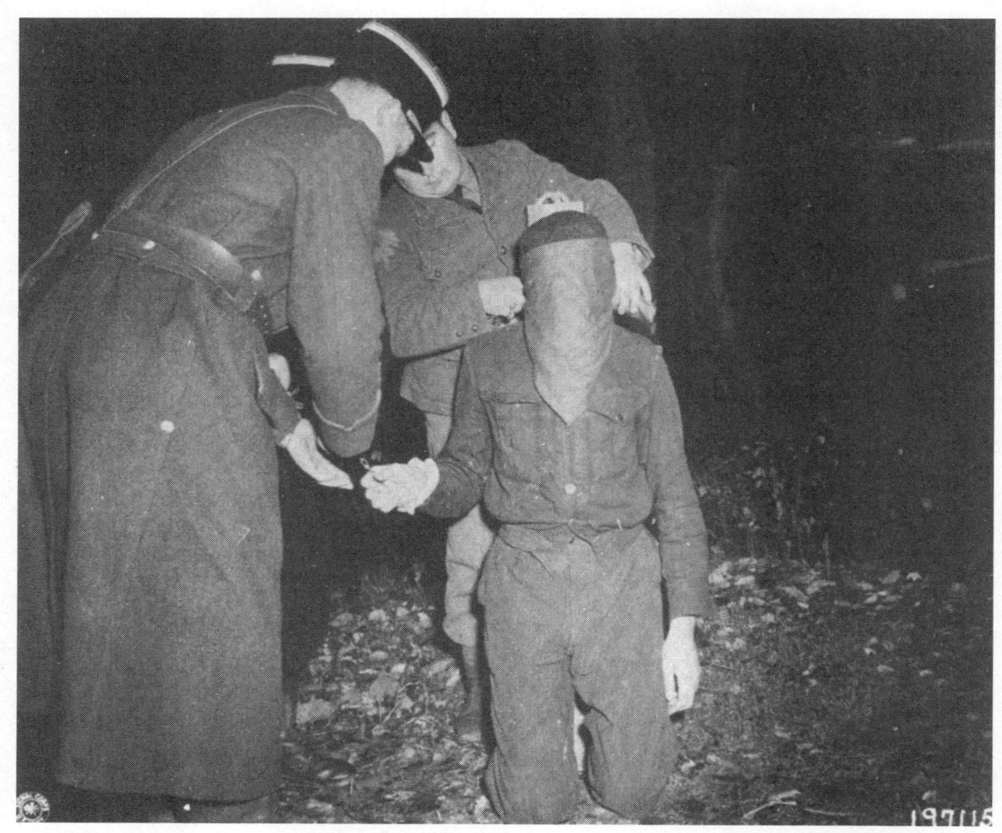

法国通敌者即将被执行死刑。美国大屠杀纪念博物馆照片序列号 81869，国家档案与记录管理局（学院公园）提供图片。

奥斯维辛的受害者。一开始，法国官员似乎对此案件并无兴趣；然而，随着公众抗议呼声越来越大，再加上来自“国际人权联合会”的反对，法国政府终于决定重开此案。1991 年，布斯凯被控曾在 1942 年驱逐 194 名犹太人儿童。第二年，作为莫里斯·帕蓬一案的组成部分，波尔多刑事法院把布斯凯送上了被告席。直到 1993 年，法国人似乎终于做好了对布斯凯进行审判的准备。重罪缠身的布斯凯仍然和以往一样傲慢自大，他说：“如果他们不给我好日子过，好吧，那就让我们重头再来吧，就像 1949 年审判那样。不过，要是他们真的把我送上法庭，那真是令人吃惊。”[71] 在他预定的
417 审判开始之前几个月，克里斯蒂安·迪迪埃（Christian Didier，生于 1944 年）将布斯凯谋杀在后者位于上中产阶层聚居的巴黎 16 区公寓内。迪迪埃事后对媒体说，他“杀死了一条毒蛇”。[72]

帕蓬的审判于四年后开始，战争期间他曾担任波尔多市吉伦特区的秘书长或执行官员。他还是当地“犹太人事务办公室”的负责人。帕蓬曾积极参与收缴本地犹

太人财产的行动，不过 1997 年对他的审判，则主要围绕他将 1 560 名犹太人从波尔多地区驱逐至德朗西的罪行。在战争行将结束之时，帕蓬设法与抵抗组织取得联系，而后者在一定程度上保护他免遭战后通敌者清洗运动的伤害。波尔多解放之后，他又恢复了自己之前在维希政府内部的职位。1945 年秋，他当上阿尔及利亚内政部副部长，不久又调往科西嘉，担任地方行政长官。在接下来的十年中，帕蓬一直在法属北非担任高官，1958 年则成为巴黎警察局长。后来，在一起绑架丑闻后，戴高乐曾迫使帕蓬辞去警察局长一职，却又帮助他确保了一个新工作——“南方飞机公司”的主席。这个公司与“法国航太”合并之后，帕蓬又成为“协和号”超音速飞机开发项目的主持人之一。在之后的 15 年中，帕蓬在法国两个主要的戴高乐主义者政党——“共和国防御同盟”和“保卫共和联盟”中，都保持着重要的职位。从 1978 年至 1981 年，他则担任法国的预算部长。

1981 年，法国著名的政治讽刺性刊物《闲话杂志》刊登了一些由一位名叫米歇尔·斯里汀斯基（Michel Slitinsky，生于 1925 年）的人提供的文件。此人为波尔多转运行动的幸存者之一，而这些文件证明帕蓬正是驱逐行动的签字批准者。帕蓬闻讯后，立即召集过去的抵抗战士，试图证明自己与地下组织的联系，但同时也说，自己真应该在 1942 年夏天就放弃在波尔多的职位。1983 年 1 月，法国政府以反人道罪及阴谋共犯罪起诉帕蓬。几个月后，他却反而向法院提出诉讼，控告对象是最近公开对自己进行言论攻击的那些幸存者。虽然帕蓬在这场官司中败诉，却仍得以令法国的法院向米歇尔·斯里汀斯基施加压力，迫使后者删除其著作——《帕蓬案件》（*L'affaire Papon*）——的前言，斯里汀斯基在这篇文章内将这位前维希警察局官员称为“彻头彻尾的杂种”。[73]

到 1985 年，一个由三名“专家”组成的委员会认定对帕蓬的所有指控全部无效，并称实际上他还曾帮助过很多犹太人。两年后，一个上诉法院宣布先前的调查存在谬误，并下令终止对帕蓬一案的所有调查。1988 年，又有多人对帕蓬发起新的指控。又过了三年，帕蓬恳请政府，要么审判他，要么停止调查。而在一年前，他就曾以诽谤罪名起诉过《新观察家》杂志。到 1995 年 12 月，波尔多巡回法院终于决定审判帕蓬，并于不久之后驳回了他提出的免于指控的要求。1997 年 10 月 8 日，帕蓬审判开庭，一直持续至 1998 年 4 月 2 日。历史学家皮埃尔·诺拉（Pierre Nora）说，他认为这次审判意义重大，“因为已不存在（维希的）敌对者了”。诺拉还说：“今后的一切，都将聚集在对维希的妄想性回忆之上。”[74]

帕蓬被控曾在 1942 年至 1944 年间下令逮捕和驱逐 1 560 名犹太人。他的辩护团队坚称，作为区区一名中层官僚，帕蓬对驱逐行动几乎没有控制权。辩护律师竟然声称，帕蓬甚至还曾帮助过多名犹太人——在他们被监禁期间，给予其优越的待遇。当检察官召集一批精通维希法国历史的专家调查此事时，专家组得出的结论是，有合理的理由怀疑，帕蓬曾对 8 辆“死亡列车”的行动组织负有责任。检查部门最终要求对帕蓬判处 20 年有期徒刑。到 1998 年 4 月 2 日，法庭认定被告在 1942 年至 1944 年波尔多的犹太人围捕和驱逐行动中，串通共谋“非法逮捕”37 名犹太人以
418 及“任意拘留”57 名以上犹太人的罪名成立。不过，对帕蓬的另一项指控——串通共谋将 1 560 名波尔多犹太人送往东欧赴死——却没有成立。最终帕蓬被判处 10 年有期徒刑。

尽管法国法律要求任何被法庭定罪者，在上诉开始之前，必须进入监狱服刑，然而在帕蓬的律师进行上诉准备之时，他本人却利用假名逃往瑞士。法庭以此违法行径为由，驳回了他的上诉要求，还签发了一个针对他的国际逮捕证。1999 年秋天，瑞士政府将帕蓬引渡回法国，法国司法机关随后将他关进一座位于巴黎近郊的监狱。后来他的律师又以法国的法院非法驳回被告上诉请求为由，把帕蓬一案引入“欧洲人权法院”。欧洲人权法院作出了对帕蓬有利的裁决，并判赔付给他 6.54 万欧元(约合 7.74 万美元)的诉讼费用。在法国，帕蓬的律师又开始准备一次新的上诉，这一次是以当事人健康状况为由，要求将他释放。2002 年 9 月 18 日帕蓬得以出狱，却又活了 5 年才最终离世。

正如罗伯特·帕克斯顿(Robert Paxton)所写的，如果说莫里斯·帕蓬在某种程度上成为众多曾参与迫害犹太人、却没遭到指控的法国通敌者的“替罪羊”，那么对党卫军一级突击中队长，人称“里昂屠夫”的克劳斯·巴比(Klaus Barbie，1913—1981)来说，情况就绝非如此了。[75]作为里昂的盖世太保头目，巴比以折磨、拷打受害者为乐。莱丝·莱泽维(Lise Leserve)说，巴比在 1944 年曾折磨了她九天九夜：

> 他们用穿进手铐的尖刺(将她吊起来)，用一根橡胶棍抽打她。然后他们又命她脱光衣服，再跳进一个装满冰水的桶里。她的双腿被绑在横穿桶内的一根棍子上，巴比则猛拉一把连接着那根棍子的椅子，在水底狠狠地拽她。在最后一次审判中，巴比命令她平躺在一把椅子上，然后用一个布满尖刺的球，从背后猛烈地鞭打她。她的脊柱因此受损，不得不终身遭受痛苦。”[76]

另一位名叫恩纳特·莱热(Ennat Leger)的“大屠杀”幸存者，则作证道：“(巴比)长着一双怪兽似的眼睛。他极度野蛮。我的上帝，他实在是太凶残了。简直无法想象。他砸碎我的牙齿，猛拉我的头发。他在我嘴里塞进一个瓶子，然后往里猛推，直

至我的嘴唇因压力过大而迸裂。”[77]

不过，最终导致巴比在战后为司法体系所摧毁的，是他在战争期间对戴高乐派驻法国国内抵抗运动的代表——让·穆兰(Jean Moulin, 1889—1943)——施与的暴行。1943 年盖世太保抓住穆兰后，为了获得关于抵抗运动的信息，巴比对他进行了残酷无比的折磨：

> 他们将无数烧得滚烫的针，刺入穆兰的指甲。他们强迫他将手指伸进门和墙壁铰链处狭窄的空间内，然后一次次地猛烈关门，穆兰的手指关节全部被压碎了。他们还给穆兰戴上螺丝松紧的手铐，然后将手铐越缩越紧，直至穆兰手腕的肌肉被割烂、骨头被勒碎。然而，他还是不招供。于是他们又猛烈地鞭打他，直至他的脸血肉模糊、不可辨认。[78]

还有另一位名叫克里斯蒂安·皮努(Christian Pineu)的囚犯，后来也描述了当时的情景：“(这位抵抗运动领袖)已丧失了知觉，他的眼睛深深内陷，似乎他们曾猛打过他的头。他的太阳穴上有一处可怕的蓝色瘀伤。他被打得肿起来的嘴唇中，发出低沉而喋喋不休的谩骂。”[79]巴比将穆兰殴打至昏迷，而后者这次再也没能醒来。在穆兰牺牲之前，巴比将这位肢体早已残缺不全的受害者拖进他的办公室展示，作为对其他遭到盖世太保怀疑的抵抗运动战士的警告。

与对让·穆兰的折磨同样恐怖的，还有巴比在另一次逮捕和驱逐行动中扮演的角色——这一次的受害者是藏在伊佐村的 44 名犹太儿童。1944 年 4 月 6 日早晨，盖世太保袭击了这些孩子藏匿的房子。一位目击者描述了接下来发生的情景：

> 那是早饭时分。孩子们正在食堂里喝热巧克力。我正在下楼，突然看到门
> 口驶来三辆卡车。我的姐妹对我大声喊道：德国人来了，保护好你自己！我从 419
> 窗户跳了出去。藏在花园的灌木丛中……我听到孩子们的呼号声，他们正被绑架，我也听到纳粹的叫喊声，他们正命令孩子们跟他们走……他们将孩子们扔上卡车，就像扔一袋袋土豆一样。大部分孩子都在哭喊，他们都吓坏了。[80]

伊佐村的这些孩子后来经由德朗西被送往奥斯维辛。在巴比的审判上，另一位“大屠杀”幸存者证人，描述了这些孩子到达奥斯维辛后，将面临的绝境：“我寻思着跟我们一起到的孩子们跑哪儿去了？在营地屋里我没看到任何一个孩子。后来一位在这里待了很久的囚犯告诉我们真相。‘看到那些烟囱了吗，那些不停冒烟的烟囱……闻到血肉烧焦的味道了吗。’”[81]

1944 年，巴比返回德国治疗性病。战后他成为美国反情报部门的一名间谍，先后在德国和玻利维亚服役，并一直使用一个假名字——克劳斯·奥特曼(Klaus Altmann)。他还为玻利维亚形形色色的军事独裁者服务。他为独裁政权头目雨果·班塞尔(Hugo Banzer，1926—2002)建立了若干拘留营，并参与贩毒。1952年和1954年，法国的法院对巴比进行了缺席战争罪审判，并判处他死刑。即便如此，巴比仍经常回欧洲看望家人，有一次甚至去了巴黎，很明显，他对自己不会被捕有十足的把握。

一位名叫谢尔盖·克拉斯菲尔德的"大屠杀"幸存者，及其出生于德国的妻子贝蒂·昆泽尔·克拉斯菲尔德(Beate Kunzel Klarsfeld，生于1939年)——她是一位前国防军士兵的女儿，一生都致力于寻找巴比之流的战犯。1972年，当他们终于发现克劳斯·奥特曼就是巴比之后，就请求玻利维亚政府将他引渡回国。班塞尔提出，只有法国政府肯给予丰厚的财政和军事支持作为回报，才同意引渡巴比。乔治·蓬皮杜(Georges Pompidou，1911—1974)总统拒绝了玻利维亚独裁者的无理要求，并满足于巴比居留于玻利维亚的状态——在那里，他"不会念起任何不愉快的记忆"。[82]

1982年，玻利维亚终于同意引渡巴比，以换取法国回赠的一船武器、小麦和5 000万美元现款。1983年2月6日，当巴比乘坐的航班在里昂降落时，飞机被愤怒的民众团团围住。第二天的《世界报》头版大标题写着："最终，他将要付出代价!"[83]这份报纸还开辟了一个专栏，详细列出巴比的罪行。报纸编辑强调的是以下两点：谋杀让·穆兰的行径和战后与美国的合作。1987年5月11日，巴比的审判终于开庭。在很多方面，这次审判可称得上是克劳斯·巴比与法国抵抗组织的一次较量。巴比将面临八项指控，虽然其中没有任何一项与谋杀让·穆兰的行为有关。在接下来的3个星期内，法庭听取了58位经仔细挑选的控方证人的证词。第一天的审判休庭之后，巴比要求离开法庭。对巴比来说，最大的麻烦是关于其在伊佐围捕儿童和成人的证词，在谢尔盖·克拉斯菲尔德出版于1984年的著作《伊佐儿童：一场人间浩劫》中，曾对此事进行了详细的描述。

埃利·维瑟尔。美国大屠杀纪念博物馆照片序列号N03392。

控方的"明星"证人是诺贝尔奖获得者、同时也具备"大屠杀"幸存者身份的埃利·维瑟尔(Elie Wiesel，生于1928年)。他在战后移居法国。本来维瑟尔对出庭作证一事颇为犹豫，因为他与巴比并无直接联系。尽管维瑟尔仅在审判庭上逗留了很短的一段时间，但他还是清晰地记得巴比的辩护律师雅克·韦尔热斯(Jacques Vergès，生于1925年)曾“丧心病狂地诋毁美国、法国和以色列，将他们比作纳粹德国”。[84]最后，韦尔热斯试图将巴比的罪行转嫁至其他法国通敌者以及法兰西民族本身头上。然而，他的企图没有得逞。仅仅经过六个小时的考虑，陪审团就判处巴比终身监禁。重新开庭之后，巴比对此判决作出以下回应：“在法国，我有几句话要说。我并没有在伊佐犯下袭击罪行。我曾与抵抗组织作战，而那是战争，现在，战争终于结束了。谢谢各位。”[85]1991年他在狱中死于白血病。 420

德意志民主共和国

在苏联控制的德国领土，肃清纳粹主义影响的行动几乎在战争刚刚结束之际就立即开始了。共产党控制的媒体，用长篇累牍的关于纳粹暴行的报告淹没民众的视线，并对纽伦堡审判给予全程跟踪报道。不过，相较英—美—法战区的媒体更加着眼于纳粹对犹太人施与的迫害，苏联在德国东部占领区的媒体，则更关注纳粹对苏联军队和平民犯下的罪行。在东德发行的《日耳曼民族报》称，1941年6月22日为“德国历史上最黑暗的一天”，并将入侵苏联的行动视为“希特勒的所有战争罪行中最严重、最致命的一条”。[86]

为了彻底肃清可憎的“法西斯主义者”，苏联人在其占领区采取的第一步行动，就是将390 478名前纳粹党员从其原先的工作单位开除出去。苏联创办了262个“去纳粹化”委员会，其成员都来自新成立的东德共产党。这些委员会将负责对85万名前纳粹党员进行背景和经历调查。调查结果是，6.5万人应被处于不同程度的惩罚。到1949年初，苏联称肃清纳粹主义影响的工作业已完成，在过去的3年中，已有5.2万前纳粹党员被解职。这个数字还包括那些共产党反对者、“对共产党不满者”，以及“旧时代的存在缺陷的精英阶层”成员。[87]

“占领委员会第38号指令”第三条规定，1945年5月8日之后，同盟国有权惩罚任何“通过鼓吹国家社会主义或军国主义，或蓄意制造或传播邪恶谣言，从而危及或可能危及日耳曼民族和世界各国和平”的人。[88]以此为依据，苏联人将24万德国人投入监狱。这24万人中，有78 500至95 643人在监禁期间死亡。苏联还在东德建立了一个特别法庭，专门负责审理战犯。虽然我们对这些法庭的很多审判过程了解得不甚清楚，不过可以肯定的是，通过以上审判，12.5万德国人被判战争罪名成立。其中约200至300人被判终身监禁，约100人被执行死刑。1950年，苏联人将14 202名纳粹战争罪嫌疑人移交给东德政府。除此之外，他们还将12 770人送往苏联，另外 6 680 人则被运送至苏联境内的战俘营。在这批人中，约三分之一死于苏联人的监禁之下。[89]

从 1948 年至 1964 年，东德共审判并定罪了 12 807 名前纳粹战犯。且大多数审判(11 274 起)，都是在 1948 年至 1950 年期间进行的。

以上审判中影响最大的，莫过于 1950 年 4 月至 6 月间进行的“瓦尔德海姆审判”。在这次审判中，4 092 名德国战犯被判罪名成立，其中 32 人被判死刑。160 人
421 得到终身监禁的惩罚；2 914 人受到十年以上刑罚。1997 年，伊姆加德·延德雷茨基法官(Judge Irmgard Jendretzky)被控在瓦尔德海姆审判中存在违法行为。而她声称，因那些她认为的“指控纳粹暴行的国际责任”的行为而接受审判，令她深感厌恶。而她的辩护律师坚称，延德雷茨基法官不仅不应遭到制裁，反而应“得到认可和感谢，绝不是惩罚”。[90]

事实上，由于瓦尔德海姆审判中的多项指控，都是基于嫌疑犯在各种纳粹组织或军队中的成员身份，而非其个人是否真的须为某项罪行负责，因此，这次审判的意义，在更大程度上其实是“强调东德官方运用本国法律行使司法行为的权力”。[91]尽管在被定罪的被告中，有些人毫无疑问绝对是战争罪犯，但另一些人，虽然被法庭判定为“法西斯主义者”罪犯，但其实仅仅是由于他们与东德政府之间的对立关系和冲突行为。尽管在苏联占领区，肃清纳粹主义影响的行动曾发挥了极大的功效，但我们只能将其视为在德意志民主共和国内、一党专政体制的促成因素之一而已。民主德国的秘密警察部队——“斯塔西”——的行动则进一步削弱了东德“去纳粹化”努力的效果。“斯塔西”曾大肆“招募纳粹罪犯作线人或特工，既针对东方，也针对西方，而他们中的很多人都曾是‘大屠杀’的参与者”。[92]

东欧和苏联的战争罪审判

“大屠杀”中最残酷的暴行，都发生在东欧和苏联境内。1945 年至 1948 年间，苏联一直担当东欧的实际统治者。在此期间，它不仅彻底地扭转了这一地区的政治面貌，而且改变了战争罪调查和审判的动力和方式。为了将纳粹战犯绳之于法，各个国家不再单独行动，战争罪调查和审判逐渐成为一个更大规模的行动的有机组成部分——这个行动的最终目标，是在苏联阵营内部，将所有“法西斯主义者”和被认为与新政治秩序为敌者，统统清洗殆尽。无论其性质如何，在东欧和苏联的确进行了一系列重要的战争罪审判，涉及一些德国最臭名昭著的罪犯及其胁从。这一“清洗”过程，还包括将“日耳曼裔人”从东欧和苏联境内集体驱逐出去，这项政策早在波茨

坦就得到与会同盟国的认可。尽管各家统计数字差异很大，但从 1945 年至 1950 年间，至少有 1 400 万日耳曼裔人被迫逃亡，或被强行驱逐出东欧和苏联，200 万日耳曼人在悲惨的驱逐过程中失去生命。[93]

匈牙利

战争刚刚结束，匈牙利政府立即建立了“人民法院”，负责以“危害民族及国家罪”调查和起诉战犯及其胁从。各级各地法院共对 39 514 名匈牙利人发起指控，其中 16 273 人被判战争罪成立。大多数被告都得到 1 年至 5 年的短期徒刑惩罚。另一些对次要罪犯的审判，其实从 1945 年初就开始了，那时“人民法院”还未建立。匈牙利的第一次“人民法院”审判，被告为集中营警卫和“剑十字团”成员，后者曾在布达佩斯解放前夕的几个月间，在首都制造了多起恐怖事件。第一次对首要战犯的审判于 1945 年秋天开庭。1941 年至 1942 年间担任匈牙利首相的巴尔多希·拉斯洛被控，需对匈牙利在苏德战争中发挥的胁从作用担负主要责任，此外他还是在卡缅涅茨—波多利斯基和诺维萨德地区发生的多起集体屠杀的负责人。11 月 3 日法庭最终宣判巴尔多希罪名成立，死刑论处。不久，高级法院驳回了他的上诉请求，1946 年 1 月 10 日，巴尔多希被执行枪决。另一位前首相——伊姆雷迪·贝拉于 1945 年 12 月中旬登上被告席，被控是匈牙利最先两部反犹法律的始作俑者，并与纳粹德国存在密切联系。他的罪行同样被判成立，并于 1946 年 2 月 28 日被处死。

在匈牙利进行的影响最大的审判，莫过于对斯托尧伊政府“驱逐三人组”——贝基·拉斯洛（László Baky，1889—1946）、安德烈·拉斯洛（László Endre，1895—1946）以及雅洛斯·安道尔（Andor Jaross，1896—1946）的审判。以上三人都是战时匈牙利内政部的高级官员，且都曾积极参与 1944 年对本国犹太人的大规模驱逐行动。贝基和安德烈都曾担任国务大臣，而处理“犹太人问题”正是他们工作职责的一 422
部分。而内政部长雅洛斯则是前两者的上司。阿道夫·艾希曼后来曾说，当希特勒命令他消灭所有匈牙利犹太人时，他“根本不需要再做另行安排，因为匈牙利宪兵已从安德烈处领受相关命令”。[94]审判期间，匈牙利媒体中，每天都充斥着犹太人被驱逐的恐怖景象以及关于他们到达波兰后悲惨命运的可怕描述。最终，法庭判定“三人组”对犹太人实施集体屠杀以及与党卫军合作的罪名成立，死刑论处。贝基和安德烈于 1946 年 3 月 29 日被绞死，雅洛斯则于两周后被枪决。

伊姆雷迪·贝拉在自己的审判中作证。美国大屠杀纪念博物馆照片序列号 67687,匈牙利犹太博物馆提供图片。

1945 年底至 1946 年初,匈牙利还进行了一系列对前"剑十字团"成员的审判。第一场审判的被告,为萨拉斯·佛伦斯政府的司法部长——布迪恩茨基·拉斯洛(László Budinszky, 1895—1946),以及这位"剑十字团"头目的农业部长——帕尔菲·菲德尔伯爵(Count Fidél Palffy, 1895—1946)。二人都被判处死刑。而就在对他们的宣判仅仅 6 个星期之后,对萨拉斯及战时匈牙利政府其他成员的审判也如期开庭了。被告席上除了萨拉斯,还有贝雷格菲·卡洛尔(Károl Beregfy, 1888—1946)、希阿·山多尔(Sándor Csia, 1894—1946)、格拉·约瑟夫博士(Dr. Jozsef Gera, 1915—1946)、科梅尼·加博(Gabor Kemény,出生年份不详,卒于 1946 年)、佐罗斯·吉诺(Jeno Szollosi, 1893—1946)以及瓦吉纳·加博(Gabor Vajna, 1891—1946)。由于以上每一个被告,都曾在二战末期的"剑十字团"恐怖统治中,扮演过关键性的角色,所以对他们的审判,可能也是在匈牙利宣传力度最大的一次审判。最终,所有被告都被判战争罪名成立,且全部被判死刑。萨拉斯、贝雷格菲、格拉和瓦吉纳于 1946 年 3 月 12 日被公开处以绞刑;其余的"剑十字团"领袖于一周后也同样以绞刑论处。萨拉斯被处决之后几天,最后一场主要战犯审判又开始了。这次的被告也全部都是他的政府成员——孔德·安塔尔(Antal Kunder)、拉茨·吉诺(Jeno

Rátz, 1881—1946)、雷梅耶-施奈勒·拉乔斯(Lajos Reményi-Schneller, 1892—1946),以及萨茨·拉乔斯(Lajos Szász, 1888—1946)。法庭以极快的速度,认定所有被告于“最终解决”方案在匈牙利执行过程中那段最恐怖的时期,作为纳粹德国胁 423
从的罪行成立。除了孔德,所有被告都被判处死刑,前者则也将在监狱中度过余生。

匈牙利首屈一指的“大屠杀”学者兰道尔夫·布拉汉姆认为,“人民法院的审判记录鱼龙混杂”。而“人民法院国家委员会”副主席格尔奥格·贝伦德(György Berend)则称:

> 如果你们能考虑到有多少领导责任在肩,有多少好战分子和挑唆离间者正试图危害人民,解放前的25年间,出现了多少奴役人民的凶手、多少“剑十字团”的集体屠杀犯,即使对“人民法院”最激烈的反对者而言,以上统计数字也将引发最严重的怀疑。[95]

波兰

波兰称得上是除苏联之外,在二战中受害最严重的国家。因此,搜捕和惩治战犯,成为摆在战后波兰领导人面前的最亟待解决的问题之一。1943年,在总统伏瓦德斯瓦夫·拉赤基耶维奇(władysław raczkiewicz, 1884—1947)和总理斯塔尼斯拉夫·米科拉茨克(Stanislaw Mikolajczyk, 1901—1966)领导下的波兰流亡政府,创建了一个“战争罪行办公室”,作为“联合国战争罪行委员会”的一个下属组织。[96]战争期间,联合国战争罪行委员会曾向拉赤基耶维奇提供过36 529名战犯嫌疑人的姓名。战争罪行办公室则认定,共有7 805名波兰人牵涉此事,他们要么为战犯嫌疑人,要么是战争罪行的见证者。在此期间,波兰地下组织——“本土军”,也创建了自己的法庭,负责处理波兰的战犯问题。经由“本土军”法庭的审判,5 000名波兰人战争罪成立,其中3 000至3 500人被判死刑。不过死刑最终执行者约为2 500人。

1944年8月31日,在苏联支持下建立起来的、履行临时政府职能的“波兰民族解放委员会”宣布,将把那些曾与德国人狼狈为奸的战争罪和反人道罪嫌疑犯——无论他们是波兰人还是德国人——送交法律制裁。他们将接受简易审判,且不得上诉。战争刚刚结束时,波兰新成立的“民族团结临时政府”就创建了一个“国家最高法院”,专门负责审理特别重大的战争罪案件。到1946年初,民族团结临时政府又建立了另一个名为“德国在波兰罪行中央调查委员会”的机构,职责在于调查外国侵略者对波兰公民犯下的罪行。“德国在波兰罪行中央调查委员会”的调查行动包括搜集档案资料和其他证据,以及访问此类罪行的目击者和幸存者。

1944年11月27日，一个设在卢布林的特别法庭开始了一次历时六天的审判，被告均为马伊达内克的德国工作人员，这个集中营是五个月前解放的。最终，法庭认定6名前党卫军行政管理人员、警卫和“带队囚犯”战争罪名成立，死刑论处。在接下来的四个月间，这个位于卢比林的法庭又审判了曾在伊达内克集中营服役的95名警卫和管理人员，其中包括该集中营下设妇女营的负责人艾尔莎·埃里希（Elsa Ehrich）。法庭判处三名被告死刑，包括埃里希。在1947年的奥斯维辛审判中，“国家最高法院”的被告席上还包括5名前马伊达内克的警卫和管理人员，为首者是这个集中营的最后一任指挥官阿瑟·莱贝亨歇尔，以及埃里希·穆斯泰德，后者曾专门负责马伊达内克焚尸所的运作。结果，两人都被判处死刑。1975年至1981年，联邦德国政府在杜塞尔多夫也进行过一次对马伊达内克相关人员的审判。不过，当时的16名被告中，只有8人被判罪名成立，并分别收获了五年有期徒刑至终身监禁的惩罚。

阿蒙·歌德在克拉科夫审判中。美国大屠杀纪念博物馆提供照片。

424 国家最高法院对首要纳粹战犯的审判启动于1946年夏季。第一位被告，就是党卫军高级总队长阿瑟·格赖泽尔。此人曾担任瓦尔特兰总督，而罗兹和切尔姆诺集中营都隶属于他的管辖地域之内。格赖泽尔被指控的罪名，是曾将38万瓦尔特兰犹太人和63万波兰人驱逐至总督府境内。1946年1月21日他被宣判有罪，不久就被绞死。另一名战犯——克拉科夫普拉佐集中营罪大恶极的指挥官阿蒙·歌德，在 1946 年 8 月 27 日至 9 月 5 日间接受审判。他的罪名不仅包括在普拉佐的暴虐行径，还须对 1943 年和 1944 年克拉科夫、塔尔努夫和塞拜涅伊隔离区的残酷关闭过程负责。最终，歌德被判死刑，被绞死在克拉科夫声名狼藉的蒙特卢比奇监狱。战时奥斯维辛的最高指挥官鲁道夫·胡斯于 1947 年 3 月 11 日至 29 日接受审判。在战争行将结束之时，胡斯曾逃脱了追捕，不过于 1946 年被抓获。先后在卡尔滕布伦纳、波尔和 I·G·法本审判中作证之后，胡斯被移交给波兰司法部门。胡斯被控曾“剥夺”30 万名奥斯维辛囚犯、400 万犹太人以及 12 020 名苏联战俘的“生命”。国家最高法院还指控他虐待和折磨囚犯，并盗窃囚犯的私人财产。最终，胡斯被判死刑，并于 1947 年 4 月 16 日被绞死，执行地点就在奥斯维辛一号营区的焚尸所旁，后来人们在这里竖立起了一座纪念碑。“国家最高法院”处理的最后一宗案件是针对约瑟夫·布勒博士的指控。此人为波兰总督府次长兼副总督。布勒的罪名为战争罪及反人道罪。其他指控还包括对波兰公民执行集体屠杀、折磨和迫害，以及“系统摧毁波兰文化生活”和盗窃。最终布勒也被死刑论处。

对埃里希·科赫的审判，主要着眼于其屠杀 40 万波兰人的罪名。科赫曾为纳粹德国派驻东普鲁士的“帝国行政专员”，而波兰部分领土也曾在他的管辖之下。战后科赫曾逃避追捕长达 4 年，但 1949 年还是被英国人抓获，之后苏联以其曾担任乌克兰地区“帝国行政专员”为由，要求将科赫引渡至本国。然而，英国却于 1950 年将他移交给波兰政府。科赫的审判于 1959 年进行，他同样被判处死刑。然而，波兰政府一直未执行这一判决，而是将他关押在曾属于东普鲁士领土的巴尔切沃。有人声称，科赫之所以保住了性命，是因为他同意向波兰政府透露关于纳粹战时抢夺的波兰艺术品的信息。科赫于 1986 年死于狱中。于尔根·施特洛普是 1943 年摧毁华沙隔离区行动的主要负责人。

埃里希·科赫。美国大屠杀纪念博物馆照片序列号 45260，杰弗里·吉尔列斯(Geoffrey Giles)提供图片。

1947 年在德国进行的达豪集中营审判中，此人就是被告之一。当时，美国军事法庭指控他在担任国防军第 12 帝国军区“党卫军及警察高级领袖”期间，曾处死过数名盟军飞行员。后来，施特洛普被判处死刑，接着被引渡至波兰。在波兰，他又接受了第二次审判，这一次的罪名是战争罪。最终，施特洛普再次被判罪名成立，并于 1951 年绞刑处死。

“大屠杀”之后，经由波兰政府以战争罪审判和定罪的，共有 2 万人，其中一部分为德国人，一部分出自其他国家。从 1944 年至 1951 年，波兰政府先后判处 1.8 万人战争罪成立，其中包括 5 000 名德国人。不幸的是，一些被定罪为战犯和/或与德通
425 敌者的波兰人，其实并未犯下如此罪行。他们之所以被送上审判席，完全是因为他们对波兰的共产党政府持反对立场。然而，直到 1989 年波兰共产党政权最终垮台，此类冤案才终得揭露。两年后，波兰新的民主政府将“德国在波兰罪行中央调查委员会”改造为“危害波兰国家罪行起诉中央委员会”，作为“波兰国家纪念协会”的一个组成部分。这个委员会的工作职责之一，是调查共产党统治期间，对波兰民族和国家犯下的罪行。

苏联

在第二次世界大战接近尾声之际，在苏联——这么一个在战争中失去了 2 600 万至 2 800 万生命的国家，整个关于战争罪审判的问题，变得愈发错综复杂。为了促进民族和国家的团结，斯大林曾呼吁各少数民族和非主流群体——比如俄罗斯东正教会——齐心协力，共同打击可憎的“法西斯分子”。苏联政府创办了一个名为“犹太民族反法西斯委员会”的机构，负责监督和管理苏联的犹太文化事务，并聚集犹太人的力量，共同支持苏联的战争行动。曾经空空如也的犹太教会堂和基督教教堂如今又挤满了前来朝拜的信徒。然而，当战争终于结束之后，斯大林对一切异族事物的深深疑惧，又重新浮上水面。不久，斯大林就又恢复了曾在 20 世纪 30 年代的“大清洗运动”中扮演重要角色的古拉格集中营系统。

战争期间，为国防军所俘虏的苏联战俘人数超过 570 万。而等到战争结束时，只剩下 115 万人还活着。根据马克·艾略特(Mark Elliot)的估算，战争期间有多达 100 万苏联公民“在德国各级部队”中服役，他们中的很多人是从各处德国战俘营抽调出去的。[97]直到 1942 年底，仍为第三帝国所使用的强制劳工就有 180 万苏联公民。1943 年至 1947 年间，在同盟国的压力下，272 万名苏联人被迫回到祖国，而在战争的最后一个年头，苏联政府自己也曾遣返了 290 万居住在被占领土上的

本国公民。根据一位曾在斯大林最主要的秘密警察机构——“内务人民委员部”——工作的官员所透露的信息，约有60%至65%的回返者都不得不面临审判，并被判处各种各样的通敌罪名。这其中，20%的被告被判死刑或长期监禁，40%至45%的被告获得较短的刑期、遭到流放或者被迫前往一些苏联特殊的重建工程中劳动。其余的人虽然保持了自由身，但回到家乡之后他们就发现很难找到工作，因为他们具有在德占区被监禁或强迫劳动的经历，令所有人都对他们怀有深深的疑虑。[98]

几乎从这场“伟大的卫国战争”启幕之日的1941年6月22日起，苏联政府就开始在本国部分地区执行军事管制，并赋予军方利用其军事法庭系统维持公共秩序的权力。1941年11月，斯大林携苏联“外交人民委员”维亚切斯拉夫·莫洛托夫，对德国发出警告：它将为在苏联国土上犯下的罪行承担责任。根据亚历山大·维克多·普鲁辛(Alexander Victor Prusin)的研究，苏联这次声明的重要意义在于，斯大林将令“德国的整个政治体系，为策划、组织和执行战争行为”偿付代价。它将为“苏联的司法体系在处理所谓战犯问题时，提供一纸包罗一切的万能法律文件”。[99] 426

到1942年，斯大林开始向同盟国施压，促其尽快创建一个负责审理战犯的国际法院，然而，当“联合国家战争罪行委员会”最终成立之后，斯大林却出于对同盟国介入苏联内部事务的惧怕，而拒绝加入这一组织。作为回应，莫斯科方面创办了一个名为“德国法西斯侵略者及其协从暴行探知与调查特别国家委员会”的机构，负责搜集关于纳粹罪行的证据和材料。亚历山大·维辛斯基(Alexander Vyshinskii, 1883—1954)曾在清洗过程中的一系列斯大林式的“摆样子公审”中，扮演过关键性的角色。他曾是纽伦堡审判上苏联团队的领袖，后来则当上“德国法西斯侵略者及其协从暴行探知与调查特别国家委员会”的“灰色主教”①。[100]不久之后，苏联的立法机关——“最高苏维埃”——于1943年春天发布了一个秘密法令，下令对那些曾对(苏联)平民和战俘犯下罪行的轴心国士兵及其胁从，处以公开死刑或长期徒刑。各地军事法庭将负责审理类似案件，而所有被定罪和公开绞死的罪犯，其尸体将“留在绞刑架上若干天”。“最高苏维埃”的声明还宣称：“每个人都必须知晓，任何曾对同胞施与折磨与屠杀的人、任何曾背叛祖国的人，都将遭到(严厉)的惩罚。”[101]

接踵而至的，将是1943年夏天和秋天在克拉斯诺达尔、克拉斯诺顿和马里斯波进行的三场战争罪审判。其中影响最大的一场，是在1943年7月14至17日在北高

① 灰色主教，意为一切决策的幕后操纵者。——译者注

加索城市克拉斯诺达尔进行的审判。当地军事法庭指控 11 名苏联公民叛国罪和通敌罪，因为他们曾在北高加索北部地区与库尔特·克里斯特曼博士（Dr. Kurt Christmann，1897—1987）统领的“特别行动队”D 分队下属 10a“特遣队”合作。被告遭到的指控包括“折磨与虐待、以非人道的手段集体处决和屠杀、以专用特殊装置施放毒气以及焚烧和其他方式，对无辜苏联公民——包括老人、妇女和儿童——实施种族灭绝”。起诉书还补充道：“（以上罪行）的责任在于法西斯政府的暴徒，德国人及德国指挥部。”[102] 11 名通敌者很轻易就承认了自己的罪行，他们的辩护团队则将责任归咎于被告的“纳粹上级长官”。辩方律师称，在这起案件中，真正的罪犯是“希特勒及其将军组成的犯罪团伙”。[103] 最终，法庭判处 8 名被告死刑，其余 3 人则被判 20 年苦役。

斯大林看待战后战争罪审判的态度，与他看待 20 世纪 30 年代“大清洗”的态度类似——两者都被他当作上演政治闹剧的舞台。在 1943 年的莫斯科会议期间，斯大林、罗斯福和丘吉尔发表共同宣言：“所有德国军政官员、普通士兵以及纳粹党党员，曾主导或参与以上暴行、屠杀和处决行为者，将被送返其罪行施与国，以便他们根据这些已解放国家的法律，接受审判和惩罚。”[104] 在一个月后的德黑兰会议上，斯大林半开玩笑地对罗斯福和丘吉尔说，同盟国应该枪毙 5 万名德国士兵。又过了一个月，苏联人就启动了第一次对捕获德国人的公开战争罪审判，而且其实在此之前，就已有一些军事法庭对某些国防军军官和士兵进行了审判，其中很多被告经由草草审判后就遭处决了。在这次诉讼过程中，控检方都曾故意暗指《莫斯科宣言》，
427 作为其行为的法律依据。在这次审判的终结辩论中，控方拒绝接受被告的辩护词的核心理念——“自己仅仅是执行上级的命令”。

> 希特勒、戈林、戈培尔、希姆莱及其幕僚——他们才是德国人在苏联国土上、在哈尔科夫、在克拉斯诺达尔等城市犯下的集体屠杀和迫害暴行的首要策划者和组织者。
>
> 党卫军的高级总队长们和总队长们——迪特里希们和西蒙们，各处要塞的首领们，指挥官们和宪兵们，各级盖世太保头目们，各地的德国“屠夫们”——他们才应为数十万苏联公民的被害负责。[105]

尽管如此，四名被告还是全部被宣判有罪，死刑论处。

很明显，在以上审判涉及的案件中，很多受害者都是犹太人，然而，他们从来没有作为一个单独的族群被特别提及。虽然，在 1943 年 12 月 15 日至 18 日，当三个盖世太保特工在哈尔科夫受审时，才提到将犹太人关进隔离区的事宜。然而，当涉及若干规模

更大的集体屠杀时，起诉书往往仅仅以“对苏联公民的屠杀”而一笔带过。[106]

以上所述的，就是战争期间在苏联进行的最后一波公开审判。后来，应美国和英国的要求，斯大林下令停止此类“摆样子公审”，尽管如此，苏联各级各地法院对德国战犯嫌疑人的秘密审判其实一直在持续进行。从 1943 年 4 月至 1944 年 7 月，苏联的军事法庭总共将 5 200 名通敌者送上被告席，他们都被判处不同期限的强迫苦役。而到 1945 年，在战争的最后几个月，苏联秘密警察和军事法庭总共以通敌罪判处 5 000 名苏联公民死刑。而当二战欧洲战区停战六个星期之后，那场苏联对 16 名波兰地下组织显赫成员的审判，将以“十六人审判”这个名称为历史所铭记。随着苏联在华沙建立起新的政府，这 16 位波兰的重要领袖都以讨论其在新政府中的地位为借口，被诱骗到莫斯科。在那里，等待他们的将是通敌罪及其他多种战争罪名的指控。6 月 18 日，对这 16 人的公开审判宣告开庭；仅仅三天之后，法庭就判处他们的各项战争罪行成立。最终，3 人被免予起诉，其余 13 人则分别获判四个月至 10 年有期徒刑。

此外，在布良斯克、基辅、列宁格勒、明斯克、里加、斯摩棱斯克和维利奇拉基，一系列战争罪审判也在接二连三的上演。同时，苏联政府还试图将一些国防军高级军官和德国工业界巨子引渡至本国。苏联的引渡意愿名单中，包括德国陆军总参谋长海因茨·古德里安(Heinz Guderian，1888—1954)大将、入侵苏联行动中 A 集团军指挥官格尔德·冯·伦德施泰特(Gerd von Runstedt，1875—1953)元帅、“巴巴罗萨行动”中第三十一军团指挥官格奥尔格-汉斯·莱因哈特(Georg-Hans Reinhardt，1887—1963)大将、在古德里安之前任“陆军总参谋部”负责人的弗兰茨·哈尔德(Franz Halder，1884—1972)大将，以及阿尔弗雷德·克虏伯，不过，同盟国拒绝了苏联政府对以上人士的引渡要求。

影响最大的一次审判，发生于 1946 年夏天。这一次坐在被告席上的，是“俄国解放军”领袖安德烈·弗拉索夫(Andrei Vlasov，1900—1946)中将。弗拉索夫曾经是一位饱受赞誉的苏军红军战地指挥官，并于 1941 年获得象征至高荣誉的“列宁勋章”。同年夏天，弗拉索夫受命保卫苏联第三大城市——基辅。到 1941 年底，弗拉索夫向斯大林建议展开反攻，而斯大林最终在莫斯科外围战中采纳了他的意见，这使弗拉索夫又获得“红旗勋章”，并被提升为中将。

1942 年，弗拉索夫不幸被俘。在国防军总参谋部派驻东线的高级情报官莱因哈德·盖伦(Reinhard Gehlen，1902—1979)中校看来，这是一次绝好的机会，可以善加利用弗拉索夫对斯大林的失望情绪。于是，盖伦请维尔弗里德·斯特里克-斯特里

428 克费尔特（Wilfried Strik-Strikfeldt，1899—1977）上尉去和弗拉索夫谈谈，以判断他是否有意加入“反斯大林同盟”。[107]斯特里克-斯特里克费尔特隶属于驻波罗的海德军，在俄国内战时期曾与白卫军合作，对抗布尔什维克苏维埃。此时的弗拉索夫，由于在很多问题上和斯大林意见不一致，尤其是在战争指挥方面，俩人的冲突很严重，因此正处于极大的幻灭感中。见到斯特里克-斯特里克费尔特之后，他就开始谈到将苏联从共产党的统治下“解放”出来，并创建一支“俄国解放军”的设想。虽然大部分德国军官对弗拉索夫的政治理想毫无兴趣，但他们发现，此人还是很有用的——当时有很多苏联战俘有意加入德国国防军，而弗拉索夫正是前去招募他们的合适人选。然而，弗拉索夫的野心显然不仅仅是帮德国人招兵——他谈到在“俄国解放军”的支撑下，最终开创一个“俄国解放运动”的企图。于是，德国人将他的言论在苏联国内大肆传播。在苏联的国家领袖们看来，弗拉索夫的行为已构成通敌罪行中最严重的一类。希特勒和希姆莱也对他的活动不甚满意，但是只要对德国的战争事业有利，他们也就默许了。尽管如此，随着战争局势对德国越来越不利，特别是在1944年以后，希姆莱的论调也发生了变化，他甚至与弗拉索夫进行了一次长时间的会面。

在战争行将结束之时，弗拉索夫在捷克斯洛伐克城市皮尔森附近向美军投降。几天后苏联红军抓住他，并遣送至莫斯科，投入“苏联内务部内卫部队”设在卢比扬卡的监狱。13个月后，弗拉索夫终于站上了被告席。他面临的指控包括自愿向敌人投降、煽动反苏联的暴乱、组建“俄国解放军”和“俄国解放运动”、训练反苏间谍从而在整个苏联范围内进行破坏和恐怖行动等。在这场历时三天的“摆样子公审”中（1946年7月30日至8月1日），弗拉索夫坚称自己从未参与对抗苏联的恐怖主义行动。即便如此，他还是被判所有四项罪名成立，并于1946年8月13日绞刑论处。

1953年约瑟夫·斯大林去世之后，类似于西方风格的战争罪审判，终于开始在苏联国内呈现。在审判启动之前，苏联政府先做出了一项保证：将在1955年对所有仍在监狱服刑的“伟大的卫国战争”中的通敌罪罪犯，实行大赦。不过，大赦对象不包括涉嫌屠杀或折磨苏联公民的被告，这也为即将开始的对这批人进行的战争罪审判铺平了道路。在后来的历次审判中，控辩双方几乎都未提到对犹太人和罗姆人犯下的罪行，苏联人似乎成了这些审判中唯一的受害者。

20世纪60年代，在乌克兰和苏联的波罗的海加盟共和国，还进行了多次审判，专门针对曾在娘子谷、科夫诺、里加、维尔纳等地发生的集体屠杀罪行。苏联媒体在报道和评论这些审判时，往往花费大量笔墨，强调“法西斯分子”的罪行，以及大量战犯及通敌者仍逍遥法外的事实，尤其指出很多罪犯目前正生活在美国。众所周知，

"德国法西斯侵略者及其协从暴行探知与调查特别国家委员会"的巨量档案文件中，肯定包含大量关于纳粹及其协从对犹太人、罗姆人等族群所犯暴行的证据，然而在苏联，却很少有人公开，特别提及这些族群在战争中的遭遇。他们大力宣扬的，仍旧是敌人对苏联人民造成的巨大灾难。

以色列

汤姆·瑟戈夫(Tom Segev)在其著作《第700万：以色列人与大屠杀》中写道："大屠杀"对以色列人的民族认同感，产生了不可估量的影响。[108]对世俗以色列人来说，"大屠杀"扮演了一个重要的桥梁作用，连接着犹太民族的历史传统。以色列诗人欧迪德·佩雷格(Oded Poleg)是一位大屠杀幸存者的儿子，在他的长诗《致卑尔根—贝尔森的信》中，佩雷格就表达了自己对上述纽带的理解：

> 母亲，我与你一起在卑尔根—贝尔森，
> 在那里你正孕育着一个诗人……
> 在那里，我将永远和你在一起——
> 毕竟，我们是母与子，母亲：
> 你、我和可怕的暴风雪
> 也将永远和我们在一起。[109]

佩雷格的父母都故去后，这位诗人再次走访了卑尔根—贝尔森集中营： 429

> 我带来的纪念蜡烛无法点亮
> 在这大风中
> 即使我用尽各种遮挡——一本《圣经》
> 一顶圆帽
> 一个黄色大卫星
> 但是那永恒的火焰……[110]

以色列之所以得以建国，同盟国对"大屠杀"恐怖暴行的负罪感，当然不是唯一的原因，即便如此，毫无疑问的是，1947年，当一些国家最终决定，将支持在巴勒斯坦建立一个独立的犹太人国家时，这种情绪曾扮演了关键性的角色。长期以来，对那些试图从欧洲国家的迫害中逃离的犹太人来说，巴勒斯坦都是他们的避难所。在希特勒攫取德国政权之后，前往英属巴勒斯坦寻求安全的犹太族移民数量大增，英国对此趋势的阻挡行动也没产生多大效果。战争结束后，尤其是从1948年至1951年，犹太人向巴勒斯坦的移民浪潮演变成了移民"泛滥"，因此这段时期也被以色列人称为历史上的“大移民时代”。1948 年至 1951 年间，717 923 名移民到达以色列，而在以色列独立前夕，这片土地上已有 67 万犹太人了。在新移民中，373 852 人为“大屠杀”的幸存者。[111]

在“大移民时代”即将到来之时，关于对“大屠杀”采取纪念措施的事宜，已在以色列各界人士间热议。早在 1942 年，就有人提出，有必要在巴勒斯坦纪念“大屠杀”，以及犹太人在盟军中发挥的作用。身为“犹太民族委员会”的成员和基布兹哈麦科合作社的居民，莫迪凯·申哈维（Mordecai Shenhavi，生于 1900 年）为以色列大屠杀纪念馆，起了这个希伯来文的名称——Yad Vashem。这个词出自《圣经·旧约·以赛亚书》第 56 章第 5 节：

我必使他们在我殿中，在我墙内
有纪念、有名号
比有儿女的更美
我必赐他们永远的名
不能剪除。[112]

到二战行将结束之时，申哈维已制定出一个关于“大屠杀”纪念馆的规划纲要，并得到犹太民族委员会的认可。整个纪念机构将由以下几个部分组成——一个设在耶路撒冷的“大屠杀”纪念中心、内设一个受害者姓名登记处，一座犹太人抵抗运动纪念碑，一个关于“大屠杀”的常设展览，一个“国际义人”纪念地，以及一盏永不熄灭的火焰长明灯，用以缅怀“大屠杀”死难者。1946 年，以色列大屠杀纪念馆在耶路撒冷和特拉维夫开设了办公室，并于第二年在希伯来大学举办了第一次学术会议。1948 年春爆发的“以色列独立战争”对大屠杀纪念馆的运营造成很大影响。不过两年后，申哈维就开始向政府施压，敦促其采取更多的行动，不仅为了大屠杀纪念馆的建立，还为了现在生活在以色列的“大屠杀”幸存者的权益。申哈维希望政府赋予这些幸存者纪念性的公民权。1953 年 5 月 18 日，以色列议会“克奈塞”全体一致，通过《以色列大屠杀纪念馆法案》；并根据此法案的规定，建立了一个新的组织——“死难者与救难英雄纪念协会”。从那时起，坐落于耶路撒冷哈尔-黑兹卡隆（即“纪念之山”）上的“以色列大屠杀纪念馆”就逐渐成为全世界首屈一指的“大屠杀”纪念馆、档案馆以及研究中心。这一机构的成立，使得那些死难者的记忆和故事，能够被后世永久铭记和尊敬。而逾越节之后，以色列每一年都在“大屠杀纪念日”这一天，缅怀死难者和救难英雄。

以色列人对“大屠杀”的纪念行动，还体现在另一个方面——致力于寻找那些逃脱了战后审判的战犯，并将他们绳之于法。在这一方面，最富戏剧性的案例当属对阿道夫·艾希曼的抓捕和审判，除此之外，以色列侦探在搜寻和起诉其他纳粹战犯——比如约瑟夫·门格尔和约翰·德米扬鲁克——的行动中，也曾扮演过重要的角色。

在第二次世界大战的最后几个星期，“帝国中央保安局”头目恩斯特·卡尔滕布伦纳，命令阿道夫·艾希曼将特雷西恩施塔德集中营内的 1 200 名重要犹太囚犯，转移至位于奥地利西部提洛尔山中的党卫军防御多面堡内。当时身处因斯布鲁克的 430
艾希曼，已做好接收这批犹太人的准备，却与特雷西恩施塔德方面失去了联系。后来，卡尔滕布伦纳准备前往奥尔陶斯，组织党卫军抵御盟军的进攻。于是，他命令艾希曼前来奥尔陶斯与自己会面。进入山区后，艾希曼就接到希姆莱的命令，不得向美军和英军开火。距离战争结束只剩几天时间时，一支美军巡逻队抓住了艾希曼，后者被捕时身穿纳粹空军制服。由于艾希曼没来得及彻底销毁自己左腋窝下的党卫军血型标记纹身，他只得撒谎说自己为党卫军四级小队长巴特(Bart)，后来又坚称自己是党卫军三级突击中队长奥托·埃克曼(Otto Eckmann)。在另一些党卫军军官的协助下，艾希曼弄到了一个新的身份证明——这一次，他又变成了奥托·亨宁格(Otto Henninger)。1946 年初，艾希曼竟然从奥博—达赫斯特滕战俘营逃跑了。

在接下来的三年中，艾希曼一直秘密生活在德国的英军占领区，而在此期间进行的各种各样的战犯审判上，他的滔天大罪也被接二连三地提及。为了躲避搜捕，艾希曼又设法搞到了一份阿根廷签证。这一次帮助他的是以阿洛伊斯·路易吉·胡达尔(Alois Luigi Hudal，1885—1963)为首的“鼠线”网络。这位罗马天主教会的“褐衫主教”，是教皇委托建立的“教皇援救委员会”派驻奥地利地区的负责人。有了这个签证，再加上一本红十字会的护照，化名里卡多·克莱门特(Ricardo Klement)的艾希曼，得以于 1950 年逃到阿根廷。这位前党卫军头子到达布宜诺斯艾利斯后，接收他的是一位名叫卡洛斯·霍斯特·福尔德纳(Carlos Horst Fuldner，生于 1910 年)的阿根廷裔德国人。此人曾在党卫军内服役，战后则建立了一个组织，专门帮助前党卫军军官和士兵前往阿根廷定居。福尔德纳在自己名为“卡普里”的公司里给艾希曼安排了一个职位，工作地点位于阿根廷北部偏远地区的图库曼省和圣地亚哥-德尔埃斯特罗省。1952 年，艾希曼派人将家人接到阿根廷；又过了一年，他移居至布宜诺斯艾利斯，并开始经营多项生意。生意失败后，艾希曼只得去向一名前党卫军战友求助，后者为他在一个位于布宜诺斯艾利斯郊区的梅赛德斯-奔驰汽车制造厂，找到了一个焊接工的职位。在那里，他很快升职，当上部门主管。艾希曼给他的新生儿子取名为弗朗西斯科·克莱门特·艾希曼，并对自己的真实身份越来越不加隐瞒。狂妄自大行为最终将导致他的被捕。

1959年，西蒙·维森塔尔(Simon Wiesenthal，1908—2005)向“摩萨德”提供了关于艾希曼在阿根廷行踪的消息。维森塔尔是一位“大屠杀”幸存者，战后则将全部精力投入追捕纳粹战犯，并将其绳之以法的事业中。与此同时，弗里茨·鲍尔(Fritz Bauer，1903—1968)当上联邦德国一个调查机构的负责人。鲍尔也是一位“大屠杀”幸存者，并曾担任黑森州的检察总长。1960年，以色列政府派遣兹维·阿哈罗尼(Zvi Aharoni，生于1912年)去布宜诺斯艾利斯，以确定里卡多·克莱门特究竟是不是真的阿道夫·艾希曼。在确定艾希曼的身份之后，摩萨德就开始计划对他实行抓捕并带至以色列受审的方案，在此期间，艾希曼一直处于严密的监视之下。

与此同时，以色列开始与联邦德国政府接洽，讨论引渡事宜。尽管联邦德国政府曾想由本国审判艾希曼，但波恩方面告知摩萨德，鉴于阿根廷政府对德国以往的引渡要求的态度，这一次也不太可能同意引渡艾希曼。以色列方面遂开始考虑对他实施暗杀，但又感到有必要令他接受审判和法律的制裁。最终的计划是，于5月10日绑架艾希曼，3天后将其偷偷送上一架以色列航空公司的班机；当时正在阿根廷访问的以色列外交部长阿巴·埃班(Abba Eban，1915—2002)，很可能也在同一架飞机上。然而，当埃班更改了他的旅行日程之后，以色列特工决定在5月11日对艾希曼实施抓捕，然后将他关押在一处秘密房子内，直至5月21日埃班启程，离开布宜诺斯艾利斯。1960年5月11日，在艾希曼位于布宜诺斯艾利斯郊区加里波第街6061号的住所附近，几位摩萨德特工趁他下班返家之机，绑架了他。当摩萨德特工发现他的党卫军纹身之后，艾希曼很快就承认了自己的真实身份。他还签署了一项声明，同意前往以色列受审：“我，签署人，阿道夫·艾希曼，在完全的自由意志下声明，由于我的真实身份已经暴露，我意识到再试图逃避法
431 律裁决已徒劳无功。我声明，已做好准备前往以色列，并在那个国家、在主管法庭面前，接受审判。”[113]

摩萨德还询问艾希曼，关于约瑟夫·门格尔和马丁·鲍曼的行踪。艾希曼坚称自己对此一无所知。

1960年5月23日，以色列总理戴维·本-古里安(David Ben-Gurion，1886—1973)在国会宣布了艾希曼被捕和即将接受审判的消息。这个消息既令以色列民众大感振奋，也令他们再次深受创伤。一位名叫罗曼·弗里斯特(Roman Frister，生于1928年)的大屠杀幸存者在《每日卫报》上表达了自己当时的感受：

那天下午的气氛，我之前从来没有感受过，那天下午，一则消息传播开来：当代哈曼（一位古代阿加格人的国王，试图杀死所有犹太人）、屠杀犹太人的头号凶手——阿道夫·艾希曼——被抓住了……我跟很多人谈到此事，他们都相信，自从“西奈战役”（即1956年的苏伊士战争）之后，以色列人民的心灵还未被如此强烈地震撼过。[114]

1961年，阿道夫·艾希曼在以色列接受审判。美国大屠杀纪念博物馆照片序列号65268，以色列政府新闻办公司提供图片。

在接下来的七个月里，由以色列一个特殊的警察部门——“06局”，负责审讯艾希曼。1961年1月初，他们向以色列检察总长吉迪恩·豪斯纳（Gideon Hausner，1915—1990）展示了若干关于艾希曼罪行的证据，其中绝大部分都来自于以色列大屠杀纪念馆提供的战争罪行审判材料。然而，豪斯纳并不愿意遵循同盟国的战犯审判方式，即由文件档案和几位目击者来讲述被告的犯罪经历。在后来的回忆录中，豪斯纳写道，艾希曼审判需要的，是“关于一场人类与民族浩劫的一份鲜活记录”。而所有大屠杀幸存者——包括其中已来到以色列定居者——都可以为豪斯纳，提供其求之若渴的“鲜活记录”。[115]

1961年2月21日，豪斯纳对艾希曼提出十五项罪名的指控，其中包括四项反以

432 色列民族罪名、七项反人道罪名、一项战争罪名以及三项参与敌对组织的罪名。艾希曼对十五项指控全部矢口否认、拒不认罪。1961 年 4 月 11 日，艾希曼一案正式开庭。整个审判期间，这个党卫军头子一直坐在一个由防弹玻璃围成的被告席内。主持这次审判的，是以色列最高法院的摩西・兰道大法官（Justice Moshe Landau，1912—2006），以及另外两位同样德高望重的以色列法官——本杰明・哈勒维博士（Dr. Benjamin Halevi）和伊萨克・拉维博士（Dr. Yitzhak Raveh）。艾希曼的辩护团队，则由罗伯特・瑟法图斯（Robert Servatius，1895—1988）领衔，此人以前也为弗里茨・绍克尔（Fritz Sauckel）和卡尔・勃兰特进行过辩护。瑟法图斯的辩护基调，是以色列的司法机构是否具有指控和审判艾希曼的权力。他指出，应质疑法院的公正性，对艾希曼的绑架行为也缺乏合法性，而且，瑟法图斯强调，以色列是“大屠杀”之后才建国的，且艾希曼被指控的罪行，全部发生在以色列国疆域之外。这位辩护律师还称，他的被告仅仅是“大池塘里的一尾小鱼”，他所做的一切只不过是在执行上级的命令而已。1961 年 8 月 14 日，兰道大法官宣布休庭。而直到当年 12 月 11 日，才再度开庭。那一天，法官宣读了漫长的判决书。在惊恐万状的被告面前，法官认定，阿道夫・艾希曼所有罪名成立，判处死刑。后来，艾希曼又先后向以色列最高法院和以色列总统提出上诉，但皆以失败告终。1962 年 5 月 31 日午夜，艾希曼被绞死在拉姆拉监狱。他的尸体旋即被火化，骨灰撒进雅法海岸附近的地中海。

围绕着对艾希曼的审判，人们展开激烈的争论，这使得全世界对“大屠杀”本已倦怠的态度，又突然为之一振。在以色列国内外的很多地方，对这次审判，尤其是对艾希曼最终被处死的结局，有些人的反应令人惊异。至少有一位声名显赫的以色列法官——海姆・柯恩（Haim Cohn）——拒绝以任何方式参与审判过程，还有很多以色列人公开反对判处艾希曼死刑，理由是这会给人们带来一种“错误的赎罪感——夺取一个人的生命，作为对 600 万条冤魂的补偿”；这还是“一种毫无意义的行动，只能令全世界的观众更加确信，犹太民族就是一个复仇心重的民族”。在以色列之外，阿诺德・汤因比（Arnold Toynbee）、阿瑟・库斯勒（Arthur Koestler）、赛珍珠（Pearl Buck）等人都曾公开抗议艾希曼的死刑，理由也是——这仅仅是一种复仇行径。[116]

汉娜・阿伦特曾在《纽约客》杂志上，发表过若干篇关于这次审判的文章。后来她又出版了一本名为《艾希曼在耶路撒冷：关于古老罪恶的报告》（1963）的书，并再度激起公众对艾希曼本人、其审判及其罪行的讨论。阿伦特堪称一位富有造诣的政治理论家，她将以色列对艾希曼的审判及他在战争中犯下的罪行，置于复杂的纳粹德国独裁政权这一更大的时代背景之中，她提出以色列是否有权审判艾希曼的问题，并试图获悉法庭是否公正。阿伦特还将艾希曼——她认为此人代表“古老的罪恶”——与另一类人作了比较，即“大屠杀”期间欧洲的各个犹太人社团领导阶层——正是他们为艾希曼提供了被驱逐者的名单。在进行这些研究时，阿伦特触碰到了一个极端敏感的问题，很多人因此深感冒犯。戴维·切萨拉尼就是阿伦特的激烈批判者，在其传记《成为艾希曼：对一位“办公桌凶手”人生、罪行及审判的反思》中，切萨拉尼认为阿伦特的报告充满谬误和偏见。他还写道，阿伦特对以色列国家和民众的态度“已转向种族主义”。[117]

阿伦特也有支持者，不过其数量比批评者的数量要少得多。阿伦特将艾希曼及纳粹党人视为“进行集体屠杀行为的人类成员”。然而她坚称，那些纳粹枪口下的受难者们也是一样，他们需为自己的命运负责。艾希曼仅仅是纳粹官僚体系中的一员，所作所为都是在履行工作职责。理查德·I·科恩（Richard I.Cohen）对此评论道，阿伦特的评论“完全是建立在（‘大屠杀’的）力量和神话之上的，而记忆的神圣性使作者及其著作丧失了合法性，并将破裂的血管从曾经的国家中带回来了”。尽管如此，科恩还强调，当今学者应该感激阿伦特的贡献——她“对现代社会罪恶本性的 433
理解，以及个人选择与行动自由面临的困境”。[118]

对阿道夫·艾希曼的追捕和审判，成为以色列国家和“大屠杀”历史上一个具有开创性的时刻，然而，它也仅仅是整个故事的一章而已，以色列人寻找其他纳粹战犯的行动一直没有停息。本来，摩萨德特工曾希望绑架奥斯维辛的“死亡天使”约瑟夫·门格尔，然后将他与艾希曼一起带回以色列。与其诸多盖世太保同僚的命运一样，门格尔在战争末期也曾被美军抓获，然后后者全然不顾堆积如山的关于其罪行的证据，又将他释放了。1945 年至 1949 年间，门格尔一直顶着弗里茨·霍尔曼（Fritz Hollmann）的假名，在巴伐利亚当农场工人。由于门格尔家庭环境优裕，1948 年他决定移民阿根廷，在那里他获得了事业上的成功。1956 年，他又经由纽约偷偷潜入瑞士，在那里他遇到了未来的妻子——玛莎，以及在上一段婚姻中出生的儿子——罗尔夫。门格尔还去巴伐利亚州的金茨堡看望了父亲。回到阿根廷后，他就重新开始使用真名。

这是一个错误的决定。以色列大屠杀纪念馆授予的“国际义人”中，有一个人名叫赫尔曼·朗拜因（Hermann Langbein，1912—1995）。此人曾在奥斯维辛首席医师爱德华·维尔茨的部门担任办事员，战争期间他几乎天天都能在维尔茨的办公室里见到门格尔，而战后他花费了整整十年时间寻找后者。朗拜因将门格尔描述为“毫无怜悯之心的愤世嫉俗者”，同时具有组织天赋和创造精神。他还是一个工作狂，似乎很享受生理上和心理上虐待囚犯的过程。[119]朗拜因在布宜诺斯艾利斯找到门格尔后，立即将他的行踪告知联邦德国的相关部门。1959年，联邦德国启动了对门格尔的引渡听证。获闻风声的门格尔逃至邻国巴拉圭，当地政府已知道德国的引渡愿望，但还是保证将给予门格尔公民权。

与此同时，本-古里安告知以色列国会，自己领导下的政府正在搜寻门格尔和艾希曼。然而，当摩萨德特工获悉门格尔已移民至巴拉圭后，他们就放弃了绑架他的计划，而将精力全部集中在搜捕艾希曼的行动中。门格尔出于对以色列的惧怕，又用彼得·霍赫比赫勒（Peter Hochbichler）的假名，迅速逃至巴西的圣保罗。1971年，他获得巴西公民身份，这一次的名字是沃尔夫冈·格哈德（Wolfgang Gerhard）。接下来的8年，他是在恐惧、孤独与日渐恶化的健康状况中度过的。1979年2月7日，门格尔在巴西桑托斯附近海域游泳时突然中风。他被埋在圣保罗郊区恩布的圣母玛利亚玫瑰园公墓。他的死讯从未公开。

为了凸显政府追捕门格尔的努力，1985年初，在维森塔尔主持下，耶路撒冷上演了一次模拟审判，吉迪恩·豪斯纳和特尔福德·泰勒都参与了此次审判，法庭还听取了诸多门格尔的“豚鼠幸存者”的证词。[120]维森塔尔还给美国国务卿柯特·瓦尔德海姆写信，恳请他竭尽所能向巴拉圭政府施加压力，敦促其同意将门格尔引渡至联邦德国。后来，巴拉圭政府宣布取消门格尔的公民权，但这毫无意义，因为门格尔早就死了。当美国政府获悉1947年门格尔可能曾处于美军的监护之下时，也参与到对他的搜捕行动中。当时美国刚刚成立了一个新部门——“特别侦查办公室”，专门负责搜寻、起诉和驱逐数百名战后非法进入美国境内的纳粹战犯，此时也宣布将协助以色列人和德国人追捕门格尔。以色列重新开始搜寻行动，而联邦德国政府则为他开出了100万马克（约合33万美元）的悬赏金。西蒙·维森塔尔中心和《华盛顿时报》也提供同样数额的悬赏。那一年晚些时候，联邦德国与圣保罗警察总长罗密欧·图玛（Romeo Tuma）合作，在恩布打开门格尔的棺材，并确定了死者的身份。西蒙·维森塔尔中心派出一队由美国司法专家组成的小组去检查尸体，结果确认此人正是约瑟夫·门格尔。

434 与对门格尔的追捕同时进行的，还有以色列政府向美国政府提出的，对约翰（伊万）·德米扬鲁克的引渡要求。此人被怀疑正是特雷布林卡的集中营看守——“恐怖的伊万”。1975年，美国“移民与归化服务协会”收到一份来自纽约《乌克兰日报》编辑迈克尔·哈努萨克（Michael Hanusiak）的文件，其中列出70个乌克兰人的名字，他们都被怀疑在战争期间曾与德国人合作。其中有一个名字，正是约翰·德米

1988 年，约翰·德米扬鲁克在以色列接受审判。美国大屠杀纪念博物馆照片序列号 65266，以色列政府新闻办公司提供图片。

扬鲁克，名单上的注释是，此人为索比堡警卫。德米扬鲁克当时住在克利夫兰，“移民与归化服务协会”则请以色列人帮他们调查针对他的指控是否属实。以色列方面遂联系了一些索比堡的幸存者，并得出结论，此人正是“恐怖的伊万”。当以色列人将信息告知“移民与归化服务协会”后，后者就启动了对德米扬鲁克一案的调查。

约翰·德米扬鲁克 1920 年出生于乌克兰。1952 年，他举家抵达美国，起先落脚于印第安纳州，后来则搬至俄亥俄州首府克利夫兰郊区的七山市定居。1958 年，当时正在克利夫兰的福特公司汽车制造厂担任“马达平衡盘”技师的德米扬鲁克，获得美国公民权。到 1977 年，“移民与归化服务协会”正式向德米扬鲁克发起诉讼，指控其在 1952 年的移民申请表中，对其战争经历撒谎。在接下来的四年间，“移民与归化服务协会”在以色列官方的协助下，搜集到了更多关于德米扬鲁克罪行的证据。苏联政府似乎对这起案件也抱支持态度，并向美国人提供了一份来自特拉夫尼基党卫军训练营的身份证明卡，上面有德米扬鲁克当时的照片。不过后来这个身份卡被证明系出伪造。1981 年初，弗兰克·巴提斯提(Frank Battisti)判决，德米扬鲁克在移民文件上撒谎的罪名成立。巴提斯提还宣布，德米扬鲁克正是“恐怖的伊万”。最终，德米扬鲁克的美国公民权被取消，而他则不服判决，提请上诉。两年后，“移民与归化服务协会”下令将德米扬鲁克驱逐出境。在整个调查和听证期间，德米扬鲁克都一直坚称，自己在战争期间逃亡波兰，并在 1943 年被送至位于德国境内的一个强制劳动营。他信誓旦旦地说，自己绝非党卫军警卫，更不是“恐怖的伊万”。

435 德米扬鲁克被判处驱逐出境后，以色列立刻发起了对他的引渡。与此同时，德米扬鲁克则试图上诉，不过 1986 年 2 月 27 日，他的上诉被驳回，驱逐令正式生效。当天晚上，两名美国法警将他送上一架飞往以色列的飞机，他将在那个国家接受战争罪审判。以色列检查团称德米扬鲁克在 1942 年被抓之前，一直在苏联红军内服役。在切尔姆诺附近的战俘营，他自愿为纳粹工作。他在特拉夫尼基接受训练，可能正是在那里，他获得了那张伪造的身份卡片。德米扬鲁克仍旧矢口否认自己曾为党卫军服务，并称自己最初的确被关在切尔姆诺附近的战俘营内。他说，1944 年，他就被转移至奥地利境内的另一座战俘营。以色列法庭根本不相信他的辩解，并于 1988 年 4 月 25 日，宣判他作为“恐怖的伊万”的战争罪成立，死刑论处。后来他一直被关押在死囚牢房，直到 1993 年以色列最高法院判定：没有足够的证据证明他就是“恐怖的伊万”。审判期间，的确有好几位前特雷布林卡警卫曾出庭作证，称被告并不是“恐怖的伊万”。真正该被绳之以法的“恐怖的伊万”，是特雷布林卡的另一位警卫，名叫伊万·马尔申科（Ivan Marchenko）。后来，以色列最高法院宣布将德米扬鲁克无罪释放，并又将他送回美国，因为美国上诉法院也已推翻了 1981 年的判决，并声称当时的审判为不当指控。1998 年，另一个联邦法院判决，恢复德米扬鲁克的美国公民权。

然而，到 1999 年，美国司法部又对德米扬鲁克发起一次新的指控，控告他曾在索比堡、马伊达内克和福洛森堡集中营担任党卫军警卫。这次的指控还包括一项新罪行，即德米扬鲁克曾是一支特殊的党卫军部队的成员，而这支部队在总督府境内参与过对 200 万犹太人的围捕行动。2001 年，德米扬鲁克不得不再度走上被告席，再度被判罪名成立。2004 年，一个联邦上诉法院判定，他的公民权将再度被剥夺。到 2005 年，“移民与归化服务协会”下令将德米扬鲁克驱逐至乌克兰。2006 年该协会的上诉委员会宣布支持对德米扬鲁克执行驱逐，而他则再次就这一判决提请上诉。自 2007 年 11 月他的辩护律师正式递交上诉材料之后，“移民与归化服务协会”就一直在等待上诉结果，然而，即使这个组织的最新决定能够得到上诉法院的支持，德米扬鲁克也不大可能被驱逐，因为，无论是乌克兰、还是世界上任何一个国家，似乎都不愿接收他。

结论

对很多“大屠杀”幸存者来说，第二次世界大战的结束仅仅意味着另一场斗争的启幕——这一次的斗争目标，是生存权和公民权。幸存者中最悲惨的一批人，被划归为“丧失家园者”类型，没有哪个国家对他们感兴趣，也没有哪个国家愿意接受他们为本国公民。对他们来说，生活又恢复到了集中营的环境之下，四面都是铁丝网，为荷枪实弹的警卫所包围。那些历经千险，回归波兰或其他东欧国家的犹太人，则不得不面对一波新的种族主义暴力浪潮，很多人不堪折磨，只得向西逃亡，结果又进入了一个布满难民营的混乱世界。还有一些犹太人试图偷渡进入巴勒斯坦，而等待他们的，将是英国政府严厉的移民法规的惩罚。然而，英国的强硬立场结果却适得其反。最终，世界舆论终于为这些“大屠杀”幸存者的不幸处境所感动，并说服美国人改变态度：支持在那片古代的犹太民族家园——以色列——的土地上，建立一个新的犹太人民族国家。战后罗姆人幸存者也饱受摧残，他们往往受困于某地，既得不到庇护，也得不到宽容。

在欧洲的无家可归者仍在无助地挣扎之时，同盟国已开始一系列战争罪行审判，目的在于将那些主要德国战犯绳之以法。战争期间他们就已对纳粹及其胁从发出过多次警告，警告他们将为对犹太人、罗姆人和其他族群犯下的罪行，遭到严厉的惩罚。在战后一系列审判中，“国际军事法庭”纽伦堡审判是最重要的一次，这不仅是因为纽伦堡的被告席上，全是纳粹德国罪行最严重的首要战犯，而且还因为这次审判，为在全世界范围内接踵而至的历次战争罪起诉和审判，建立了可
供遵循的标准。 436

每一次的国际军事法庭审判之前，都要搜集巨量的文件——其中很多来自纳粹德国的档案，这些资料合在一起，描绘出一幅幅极端恐怖的景象，充满了现代人类世界从未经历过的虐待与暴行。总体而言，审判是公正的，惩罚也是严厉的，然而，还是有一些人设法逃脱了法律的制裁。在德国同盟国占领区上演的形形色色的审判中，这种情况表现得特别明显。此类审判的被告，通常为中阶纳粹人士，而在那座在“大屠杀”期间疯狂运转的德国杀人机器中，这批人正是其核心部件的构建者。对他们的惩罚，在每个国家的占领区都不尽相同。虽然有些权势更高的纳粹德国军政要人的确被判以公正的刑期，但还有一些本来就获轻判者，在监狱服刑没几年后，就被减刑或释放了。在“大屠杀”之后不到十年，很多曾被定罪的主要德国战犯，就已自由自在地走在大街上了。

在某种程度上，苏联和东欧国家对战争罪和通敌罪嫌疑犯的惩罚，比西方要严厉得多。不过，他们的审判也往往混杂着过多的政治因素，并成为共产党用以与从前的政敌算账的工具。到 20 世纪 50 年代和 60 年代，在整个欧洲范围内，无论是公

众还是官方，对战争罪起诉和审判的兴趣都大为衰减，唯一仍在顽强地采取积极行动的，恐怕只剩下以色列人和西蒙·维森塔尔、图维亚·弗里德曼(Tuvia Friedman)、贝蒂和谢尔盖·克拉斯菲尔德与赫尔曼·朗贝因这批“纳粹捕手”了。他们穷尽毕生精力，试图将那些曾在“大屠杀”中扮演重要角色的德国人绳之以法。可惜，他们对诸如马丁·鲍曼、海因里希·穆勒和阿洛伊斯·布伦纳等罪大恶极的战犯的追捕，往往无果而终。而另一方面，对阿道夫·艾希曼的抓捕和审判，以及约瑟夫·门格尔尸首的发现，已对这些“纳粹捕手”的努力，作出了足够的补偿。

“纳粹捕手”们意志坚决的行动，也使得莫里斯·帕蓬和克劳斯·巴比这些曾经在战后的特殊政治与经济环境下得到庇护的战犯，最终还是得到公正的惩罚。诸如此类的审判——尤其是在法国——将那些令人痛苦的回忆再次陈列在台面上。这些回忆都是关于整个民族，作为纳粹帮凶的经历，它们都是公众试图彻底抛弃的记忆。然而，在约翰·德米扬鲁克案件中，情况并非如此。那场对其进行的长达三十年的战争罪起诉和审判，正是基于这样一个理念：任何人只要曾犯下战争罪行，不论其是否年事已高，都不能逃脱法律的制裁。

进一步学习和研究的资料

原始史料——

Braham, Randolph L. *The Eichmann Case: A Source Book*. New York: World Federation of Hungarian Jews, 1969.

Central Commission for Investigation of German Crimes in Poland. *German Crimes in Poland*. 2 vols. Warsaw: Central Commission for Investigation of German Crimes in Poland, 1946.

Declaration of Geneva (1948 and 1968). The World Medical Association. http://www.wma.net/e/policy/c8.htm.

Friedman, Leon, ed. *The Law of War: A Documentary History*. 2 vols. New York: Random House, 1972.

Golden, Harry, ed. *The Case Against Adolf Eichmann*. New York: Signet Books, 1960.

Goldensohn, Leon. *Nuremberg Interviews: An American Psychiatrist's Conversations with the Defendants and Witnesses*. Edited by Robert Gellaty. New

York: Alfred A.Knopf, 2004.

Goodell, Stephen, ed. *In Pursuit of Justice: Examining the Evidence of the Holocaust*. Washington, DC: United States Holocaust Memorial Museum, 1996.

____. *The Year of Liberation: 1945*. Washington, DC: United States Holocaust Memorial Museum, 1995.

Gsovski, Vladimir. *The Statutory Criminal Law of Germany: With Comments*. Edited by Eldon R.James. Washington, DC: Library of Congress, 1947.

Harel, Isser. *The House on Garibaldi Street*. New York: Bantam Books, 1976.

Hausner, Gideon. *Justice in Jerusalem*. New York: Holocaust Library, 1968.

Höss, Rudolph. *Death Dealer: The Memoirs of the SS Kommandant at Auschwitz*. Edited by Steven Paskuly. Translated by Andrew Pollinger. New York: Da Capo Press, 1996.

The Judgement of Nuremberg, 1946. London: Her Majesty's Stationery Office, 1999.

Kahn, Annette. *Why My Father Died: A Daughter Confronts Her Family's Past at the Trial of Klaus Barbie*. Translated by Anna Cancogni. New York: Summit Books, 1991.

Kamiñski, Łukasz, and Jan Zaryn, eds. *Reflections of the Kielce Pogrom*. Warsaw: Institute of National Remembrance, 2006.

Langbein, Hermann, ed. *Der Auschwitz Prozeß: Eine Dokumentation*. 2 vols. Frankfurt: Büchergilde Gutenberg, 1995.

____. *People in Auschwitz*. Translated by Harry Zohn. Chapel Hill: University of North Carolina Press, 2004.

Laval, Pierre. *The Diary of Pierre Laval*. New York: Charles Scribner's Sons, 1948.

Levai, Jenõ, ed. *Eichmann in Hungary: Documents*. Budapest: Pannonia Press, 1961.

Marrus, Michael R. *The Nuremberg War Crimes Trial, 1945—1946: A Documentary History*. Boston: Bedford Books, 1997.

The Moscow Conference. October 1943: *Joint Four-Nation Declaration*. The

Avalon Project at Yale Law School. http://www.yale.edu/lawweb/avalon/wwil/moscow.htm.

Mulisch, Harry. *Criminal Case 40/61, the Trial of Adolf Eichmann: An Eyewitness Account*. Translated by Robert Naborn. Philadelphia: University of Pennsylvania Press, 2005.

Musmanno, Michael A. *The Eichmann Kommandos*. Philadelphia: Macrae Smith, 1961.

Nuremberg Trials Final Report Appendix D: Control Council Law No.10: Punishment of Persons Guilty of War Crimes, Crimes Against Peace and Against Humanity. The Avalon Project at Yale Law School. http://www.yale.edu/lawweb/avalon/imt/imt10.htm.

Nuremberg Trials Final Report Appendix E: Royal Warrant-Regulation for the Trial of War Criminals. The War Office. June, 18, 1945. *Royal Warrant*. 0160/2498. A.O. 81/1945. *Regulations for the Trial of War Criminals*. The Avalon Project at Yale Law School. http://www.yale.edu/lawweb/avalon/imt/imtroyal.htm.

Office of Military Government for Germany(US). *Denazification: Report of the Military Governor(April 1, 1947—April 30 1948)*. No.34.

Office of United States Chief Counsel for the Prosecution of Axis Criminality. *Nazi Conspiracy and Aggression*. 11 vols. Washington, DC: United States Government Printing Office, 1946.

Office of U.S. Chief of Counsel, Subsequent Proceedings Division, APO 124-A. *Staff Evidence Analysis, Criminals Organizations*. Document no.-085, 9 February 1942. The Mazal Library. http://www.mazal.org/NO-series/NO-0085-000.htm.

Persak, Kyzysztof. "Coming to Terms with the Wartime Past: The Institute of National Remembrance and Its Research on the Jedwabne Case." Warsaw: Institute of National Remembrance/Commission for the Persecution of Crimes Against the Polish Nation, n.d.

The Potsdam Declaration: Tripartite Agreement by the United States, the United Kingdom, and the Soviet Union Concerning Conquered Countries. August 2, 1945. http://www.ibiblio.org/pha/policy/1945/450802a.html.

Roberts, Adam, and Richard Guelff, eds. *Documents on the Laws of War*. 3rd ed. New York: Oxford University Press, 2000.

Rückerl, Adalbert. *The Investigation of Nazi Crimes, 1945—1978: A Documentation*. Heidelberg and Karlsruhe: C.F.Müller Juristischer Verlag, 1979.

Ryan, Allan A., Jr. *Klaus Barbie and the United States Government: A Report to the Attorney of the United States*. Washington, DC: Criminal Division, United States Department of Justice, 1983.

Sachs, Henry, and Jacob Robinson. *The Holocaust: The Nuremberg Evidence*. Pt. 1, *Documents*. Jerusalem: Yad Vashem, 1976.

Smith, Bradley F., ed. *The Road to Nuremberg: The Documentary Record, 1944—1945*. Stanford: Hoover Institution Press, 1981.

Sprecher, Drexel A. *Inside the Nuremberg Trial: A Prosecutor's Comprehensive Account*. 2 vols. Lanham, MD: University Press of America, 1999.

State of Israel. Ministry of Justice. *The Trial of Adolf Eichmann: Record of Proceedings in the District Court in Jerusalem*. 9 vols. Jerusalem: Israel State Archives and Yad Vashem, 1992.

Strik-Strikfeldt, Wilfried. *Against Stalin and Hitler: Memoirs of the Russian Liberation Movement, 1941—1945*. Translated by David Footman. New York: John Day, 1973.

The Tanakh: The Holy Scriptures. Philadelphia: Jewish Publication Society, 1985.

Taylor, Telford. *The Anatomy of the Nuremberg Trials: A Personal Memoir*. New York: Alfred A.Knopf, 1992.

____. *Final Report to the Secretary of the Army on the Nuernberg War Crimes Trials Under Control Council Law No.10*. Buffalo, NY: William S.Hein, 1997.

Trial of the Major War Criminals Before the International Military Tribunal, Nuremberg, 14 November 1945—1 October 1946. 42 vols. Washington, DC: U.S.Government Printing Office, 1946—1949. *Trials of War Criminals Before the Nuremberg Military Tribunals Under Control Council Law No. 10, October 1946—April 1949*. 15 vols. Washington, DC: U.S.Government Printing Office,

1946—1949.

United Nations General Assembly Resolution 181. November 29, 1947. The Avalon Project at Yale Law School. http://www. yale. edu/lawweb/avalon/un/res181.htm.

United Nations Statement on Murder of European Jews(December 17, 1942). Jewish Virtual Library. http://wwwjewishvirtuallibrary.org/jsource/UN/un1942a.html.

The United Nations War Crimes Commission. *Law-Reports of Trials of War Criminals*. Vols.1—15. London: His Majesty's Stationery Office, 1947—1949.

United States Court of Appeals for the Sixth Circuit. *United States of America v. John Demjanjuk*. No.02-3529. April 30, 2004.

United States Court of Appeals for the Sixth Circuit. *United States of America v. John Demjanjuk*. No.03-3773. April 20, 2005.

United States District Court, Northern District of Ohio Eastern Division. *United States of America vs. John Demjanjuk*. Case no.1: 99CV1193. February 21, 2002.

Von Lang, Jochen, ed. *Das Eichmann-Protokoll: Tonbandaufzeichungen der israelischen Verhöre*. Munich: Propyläen Taschenbücher, 2001.

Von Lang, Jochen, and Claus Sibyll, eds. *Eichmann Interrogated: Transcripts from the Archives of the Israeli Police*. New York: Da Capo Press, 1999.

Wiesel, Elie. *And the Sea Is Never Full: Memoirs, 1969—*. New York: Alfred A.Knopf, 1999.

Wiesenthal, Simon. *The Murderers Among Us: The Simon Wiesenthal Memoirs*. Edited by Joseph Wechsberg. New York: Bantam, 1967.

次级史料——

Adams, Lorraine. "The Reckoning." *Washington Post Magazine*(April 20, 1997):10, 13.

Andreyev, Catherine. *Vlasov and the Russian Liberation Movement*. Cambridge: Cambridge University Press, 1987.

Annas, George J., and Michael A.Grodin. *The Nazi Doctors and the Nurem-*

berg Code: *Human Rights in Human Experimentation*. New York: Oxford University Press, 1992.

Arendt, Hannah. *Eichmann in Jerusalem*: *A Report on the Banality of Evil*. Rev. and enlarged ed. New York: Penguin, 1965.

____."Reporter at Large: The Eichmann Trial." *New Yorker* 39(February 16, 23; March 2, 16, 1963).

Aschheim, Steven E., ed. *Hannah Arendt in Jerusalem*. Berkeley: University of California Press, 2001.

Bachrach, Susan D., ed. *Liberation*: *1945*. Washington, DC: United States Holocaust Memorial Museum, 1995.

Bathurst, M. E. "The United Nations War Crimes Commission." *American Journal of International Law* 39, no.3(July 1945):565—570.

Benton, Wilbourn E., and Georg Grimm, eds. *Nuremberg*: *German Views of the War Trials*. Dallas: Southern Methodist University Press, 1955.

Benzinger, Karl P."The Trial of László Bárdossy: The Second World War and Factional Politics in Contemporary Hungary." *Journal of Contemporary History* 40, no.3(2005):465—481.

Berben, Paul. *Dachau*, *1933—45*: *The Official History*. London: Comité International de Dachau, 1975.

Bloxham, Donald. *Genocide on Trial*: *War Crimes Trials and the Formation of Holocaust History and Memory*. New York: Oxford University Press, 2005.

"Book Claims Stasi Employed Nazis as Spies." *Deutsche Welle*(October 31, 2005):1—3. http://www.dw-world.de/dw/article/0,2144,1760900,00.html.

Borkin, Joseph. *The Crime and Punishment of I.G.Farben*. New York: Pocket Books, 1979.

Bosch, William J. *Judgement on Nuremberg*: *American Attitudes Toward the Major German War-Crime Trials*. Chapel Hill: University of North Carolina Press, 1971.

Bower, Tom. *Klaus Barbie*, *the "Butcher of Lyons*." New York: Pantheon Books, 1984.

Braham, Randolph L. *The Politics of Genocide*: *The Holocaust in Hungary*.

Rev. and enlarged ed. 2 vols. New York and Boulder: The Rosenthal Institute for Holocaust Studies Graduate Center/The City University of New York and Social Science Monographs, 1994.

Braham, Randolph L., ed. *The Treatment of the Holocaust in Hungary and Romania During the Post-Communist Era*. New York and Boulder: The Rosenthal Institute for Holocaust Studies Graduate Center/City University of New York and Social Science Monographs, 2004.

Breitman, Richard, Borman J.W.Goda, Timothy Naftali, and Robert Wolfe, eds. *U.S. Intelligence and the Nazis*. Washington, DC: National Archives Trust Fund Board for the Nazi War Crimes and Japanese Imperial Government Record Interagency Working Group, 2002.

Bridgman, Jon. *The End of the Holocaust: The Liberation of the Camps*. Portland, OR: Areopagitica Press, 1990.

Brown Book: War and Nazi Criminals in West Germany. Berlin: Verlag Zeit im Bild, 1965.

Brown, Daniel Patrick. *The Beautiful Beast: The Life & Crimes of SS-Aufseherin Erma Grese*. Venture, CA: Golden West Historical Publications, 1996.

Bryant, Michael S. *Confronting the "Good Death": Nazi Euthanasia on Trial, 1945—1953*. Boulder: University of Colorado Press, 2005.

Burchard, Christoph. "The Nuremberg Trial and Its Impact on Germany." *Journal of International Criminal Justice* 4, no.4(2006):800—829.

Caniglia, John. "Demjanjuk Will Likely Remain in U.S." *Plain Dealer* (April 5, 2007):1—2. http:///www.cleveland.com/printer/printer.ssf?base/news.

Cesarani, David. *Becoming Eichmann: Rethinking the Life, Crimes, and Trial of a "Desk Murderer."* New York: Da Capo Press, 2006.

____. *Justice Betrayed: How Britain Became a Refuge for Nazi War Criminals*. London: Phoenix Press, 2000.

Chambrun, René de. *Pierre Laval: Traitor or Patriot?* Translated by Elly Stein. New York: Charles Scribner's Sons, 1984.

Cole, Hubert. *Laval: A Biography*. London: Heinemann, 1963.

Conot, Robert E. *Justice at Nuremberg*. New York: Harper & Row, 1983.

Cooper, Belinda, ed. *War Crimes: The Legacy of Nuremberg*. New York: TV Books, 1999.

Cooper, R.W. *The Nuremberg Trial*. London: Penguin, 1947.

Cowles, William B. "Universality of Jurisdiction over War Crimes." *California Law Review* 33(1945):177—218.

Cryer, Robert. *Prosecuting International Crimes: Selectivity and the International Criminal Regime*. New York: Cambridge University Press, 2005.

Davidson, Eugene. *The Trial of the Germans: An Account of the Twenty-two Defendants Before the International Military Tribunal at Nuremberg*. Columbia: University of Missouri Press, 1997.

Deák, István, Jan T.Gross, and Tony Judt, eds. *The Politics of Retribution in Europe: World War II and Its Aftermath*. Princeton: Princeton University Press, 2000.

De Hoyos, Ladislas. *Klaus Barbie*. Translated by Nicholas Courtin. New York:McGraw-Hill, 1985.

De Mildt, Dick. *In the Name of the People: Perpetrators of Genocide in the Reflection of Their Post-War Prosecution in West Germany*. The Hague: Martinus Nijhoff, 1996.

De Zayas, Alfred-Maurice. *A Terrible Revenge: The Ethnic Cleansing of the East European Germans, 1944—1945*. New York: St.Martin's Press, 1994.

Elliot, Mark. "Andrei Vlasov: Red Army General in Hitler's Service." *Military Affairs* 46, no.2(April 1982):84—87.

Fawcett, J.E.S. "The Eichmann Case." *British Yearbook of International Law* 38(1962):181—215.

Finkielkraut, Alain. *Remembering in Vain: The Klaus Barbie Trial and Crimes Against Humanity*. Translated by Roxanne Lapidus and Sima Godfrey. New York: Columbia University Press, 1992.

Fox, John P. "The Jewish Factor in British War Crimes Policy in 1942." *English Historical Review* 92, no.362(January 1977):82—106.

Fraser, Angus. *The Gypsies*. Oxford: Blackwell, 1992.

Frei, Norbert. *Adenauer's Germany and the Nazi Past: The Politics of Am-*

nesty and Integration. Translated by Joel Gold. New York: Columbia Press, 2002.

Friedlander, Henry. "The Deportation of the German Jews: Postwar Trials of Nazi Criminals." *Leo Baeck Institute Yearbook* 29(1984):201—226.

____. "The Judiciary and Nazi Crimes in Postwar Germany." *Simon Wiesenthal Center Annual* (1997). Museum of Tolerance Online. http://motlc.wiesenthal.com/site/pp/asp?c=gvKVLcMUIG&b=394973.

____. "Nazi Criminals in the United States: Denaturalization After Federenko." *Simon Wiesenthal Center Annual* 3(1986):47—85.

____. "Nazi Criminals in the United States: The Federenko Case." *Simon Wiesenthal Center Annual* 2(1985):63—93.

Friedlander, Henry, and Earlean McCarrcik. "The Extradition of Nazi Criminals: Ryan, Artukovic, Demjanjuk." *Simon Wiesenthal Center Annual* 4(1987): 65—98.

Gaiba, Francesca. *The Origins of Simultaneous Interpretation: The Nuremberg Trial*. Ottawa: The University of Ottawa Press, 1998.

Ginsburgs, George. "Laws of War and War Crimes on the Russian Front During World War II." *Soviet Studies* 11, no.3(January 1960):253—285.

Golsan, Richard J., Mary Jean Green, and Lynn A.Higgins, eds. Translations by Lucy Golsan and Richard J.Golsan. *Memory, the Holocaust, and French Justice: The Bousquet and Touvier Affairs*. Hanover, NH: University Press of New England, 1996. Golsan, Richard J., ed. *The Papon Affair: Memory and Justice on Trial*. Translations by Lucy B. Golsan and Richard J.Golsan. New York: Routledge, 2000.

Goñi, Uki. *The Real Odessa: How Péron Brought the Nazi War Criminals to Argentina*. London: Granata Books, 2002.

Griffiths, Richard M. *Pétain: A Biography of Marshal Philippe Pétain of Vichy*. Garden City, NY: Doubleday, 1972.

Gross, Jan T. *Fear: Anti-Semitism in Poland After Auschwitz: An Essay in Historical Interpretation*. New York: Random House, 2006.

Gruchmann, Lothar. *Justiz im Dritten Reich, 1933—1940: Anpassung und Unterwerfung in der Ära Gürtner*. Munich: R.Oldenbourg Verlag, 1988.

Haberer, Erich. "History and Justice: Paradigms of the Prosecution of Nazi Crimes." *Holocaust and Genocide Studies* 19, no.3(Winter 2005):487—519.

Hansen, Phillip. *Hannah Arendt: Politics, History, and Citizenship*. Stanford: Stanford University Press, 1993.

Harris, Whitney R. *Tyranny on Trial: The Trial of the Major War Criminals at the End of World War II at Nuremberg, Germany, 1945—1946*. Dallas: Southern Methodist University Press, 1999.

Hayes, Peter. *Industry and Ideology: IG Farben in the Nazi Era*. Cambridge: Cambridge University Press, 1987.

Herbert, Ulrich. *Hitler's Foreign Workers: Enforced Foreign Labor in Germany Under the Third Reich*. Translated by William Templer. Cambridge: Cambridge University Press, 1997.

Herf, Jeffrey. *Divided Memory: The Nazi Past in the Two Germanys*. Cambridge, MA: Harvard University Press, 1997.

Herzstein, Robert Edwin. *Waldheim: The Missing Years*. New York: Paragon House, 1989.

Hevesi, Dennis. "Report Details Waldheim's Role in Nazi Military." *New York Times*, March 13, 1994.

Hilberg, Raul. *The Destruction of the European Jews*. 3 vols. New York: Holmes & Meier, 1985.

Kahn, Leo. *Nuremberg Trials*. New York: Ballantine Books, 1972.

Karsai, László. "Crime and Punishment: People's Courts, Revolutionary Legality, and the Hungarian Holocaust." *Tblong*(December 26, 2005):1—19.http://tblong.blogspot.com/2005/12/peoplescourt-in-budapest-1944-1945.html.

Kenrick, Donald, ed. *The Final Chapter*. Vol.3, *The Gypsies During the Second World War*. Hatfield, UK: University of Hertfordshire Press, 2006.

Kenrick, Donald, and Grattan Puxon. *The Destiny of Europe's Gypsies*. New York: Basic Books, 1972.

"Klaus Barbie." Jewish Virtual Library. http://www.jewishvirtuallibrary.org/jsource/Holocaust/Barbie.html.

Kochavi, Arieh J. *Prelude to Nuremberg: Allied War Crimes Policy and the*

Question of Punishment. Chapel Hill: The University of North Carolina Press, 1998.

Krieger, Hilary Leila. "Forgotten Heroes." *International Jerusalem Post*, June 22—28, 2007.

Krivosheev, Colonel-General G.F., ed. *Soviet Casualties and Combat Losses in the Twentieth Century*. Translated by Christine Barnard. London: Greenhill Books, 1997.

Lahav, Pnina. *Judgement in Jerusalem: Chief Justice Simon Agranat and the Zionist Century*. Berkeley: University of California Press, 1997.

Landsman, Stephan. *Crimes of the Holocaust: The Law Confronts Hard Cases*. Philadelphia: University of Pennsylvania Press, 2005.

Levy, Alan. *The Wiesenthal File*. Grand Rapids, MI: William B.Eerdmans, 1993.

Linklater, Magnus, Isabel Hilton, and Neal Ascherson, eds. *The Nazi Legacy: Klaus Barbie and the International Fascist Connection*. New York: Holt, Rinehart and Winston, 1985.

Loftus, John. *The Belarus Secret*. Edited by Nathan Miller. New York: Alfred A.Knopf, 1982.

Lord Russell of Liverpool. *The Trial of Adolf Eichmann*. London: Heinemann, 1962.

Lüdtke, Alf. "Coming to Terms With the Past: Illusions of Remembering, Ways of Forgetting Nazism in West Germany." *Journal of Modern History* 65, no.3(September 1993):542—572.

Maguire, Peter. *Law and War: An American Story*. New York: Columbia University Press, 2001.

Mahoney, Kevin, ed. *In Pursuit of Justice: Examining the Evidence of the Holocaust*. Washington, DC: United States Holocaust Memorial Museum, 1996.

Manchester, William. *The Arms of Krupp, 1587—1968*. Boston: Little, Brown, 1968.

Mann, Abby. *Judgement at Nuremberg: A Novel with 12 Scenes from the Movie*. New York: Signet Books, 1961.

Margalit, Gilad. *Germany and Its Gypsies: A Post-Auschwitz Ordeal*. Madison: The University of Wisconsin Press, 2002.

Marrus, Michael R., and Robert O.Paxton. *Vichy France and the Jews*. Stanford: Stanford University Press, 1995.

Marszałek, Józef. *Majdanek: The Concentration Camp in Lublin*. Warsaw: Interpress, 1986.

Maser, Werner. *Nuremberg: A Nation on Trial*. New York: Charles Scribner's Sons, 1979.

Mendelsohn, John. *Trial by Document: The Use of Seized Records in the United States Proceedings at Nürnberg*. New York: Garland, 1988.

Milton, Sybil. "Sinti and Roma in Twentieth-Century Austria and Germany." *German Studies Review* 23, no.2(May 2000):317—331.

Morgan, Ted. *An Uncertain Hour: the French, the Germans, the Jews, the Klaus Barbie Trial, and the City of Lyon, 1940—1945*. New York: Arbor House/Morrow, 1990.

Müller, Ingo. *Hitler's Justice: The Courts of the Third Reich*. Translated by Deborah Lucas Schneider. Cambridge, MA: Harvard University Press, 1991.

Murphy, Brendan. *The Butcher of Lyon: The Story of Infamous Nazi Klaus Barbie*. New York: Empire Books, 1983.

Ofer, Dalia. "Holocaust Survivors as Immigrants: The Case of Israel and the Cyprus Detainees." *Modern Judaism* 16, no.1(February 1996):1—23.

Overy, Richard. *Interrogations: The Nazi Elite in Allied Hands, 1945*. New York: Viking, 2001.

Paxton, Robert O. "The Trial of Maurice Papon." *New York Review of Books* 46, no.20(December 16, 1999):1—16. http://www.nybooks.com/articles/269.

Pendas, Devin O. *The Frankfurt Auschwitz Trial, 1963—1965: Genocide, History, and the Limits of the Law*. Cambridge: Cambridge University Press, 2006.

Persico, Joseph E. *Nuremberg: Infamy on Trial*. New York: Viking, 1994.

Poltorak, A. *The Nuremberg Epilogue*. Translated by David Skvirsky. Moscow: Progress, 1971.

Posner, Gerald, and John Ware. *Mengele: The Complete Story*. New York: McGraw-Hill, 1986.

Pritz, Pál. *The War Crimes Trial of Hungarian Prime Minister László Bárdossy*. Translated by Thomas J. DeKornfeld and Helen D. Hiltabidle. Boulder: Social Science Monographs, 2004.

Prusin, Alexander Victor. "'Fascist Criminals to the Gallows': The Holocaust and Soviet War Crimes Trials, December 1945—February 1946." *Holocaust* and Genocide Studies 17, no.1 (Spring 2003): 1—30.

Rodes, John E. *The Quest for Unity: Modern Germany, 1948—1970*. New York: Holt, Rinehart and Winston, 1971.

Rogers, A.P.V. "War Crimes Trials Under the Royal Warrant: British Practice 1945—1949." *The International and Comparative Law Quarterly* 39, no. 4 (October 1990): 780—800.

Roy, Jules. *The Trial of Marshal Pétain*. Translated by Robert Baldick. New York: Harper & Row, 1968.

Rückerl, Adalbert, ed. *Nationsozialistiche Vernichtungslager im Spiegel deutscher Strafprozesse: Belzec, Sobibor, Treblinka, Chelmno*. Munich: Deutscher Taschenvbuch Verlag, 1977.

____, ed. *NS-Prozesse: nach 25 Jahren Strafverfolgung, Möglichkeiten, Grenzen, Ergebnisse*. Karlsruhe: C.F. Müller Juristischer Verlag, 1971.

____. *NS-Verbrechen vor Gericht*. Heidelberg: C. F. Müller Juristischer Verlag, 1982.

____. *Die Strafverfolgung von NS-Verbrechen, 1945—1978*. Heidelberg and Karlsruhe: C.F. Müller Juristischer Verlag, 1982.

Ryan, Alan A. Jr. *Quiet Neighbors: Prosecuting Nazi War Criminals in America*. San Diego: Harcourt Brace Jovanovich, 1984.

Sachar, Howard M. *A History of the Jews in the Modern World*. New York: Alfred A. Knopf, 2005.

____. *Diaspora: An Inquiry into the Contemporary Jewish World*. New York: Harper & Row, 1986.

Sanger-Katz, Margot. "Blitzkrieg: The Department of Justice Is Still Storming the Country Looking for Geriatric Ex-Nazis." *Legal Affairs* (July-August 2004): 69—71. http://www.legalaffaires.org/issues/July-August-2004/story-katz-julaug04.msp.

Scammel, Michael. *Solzhenitsyn: A Biography*. New York: W.W. Norton, 1984.

Segev, Tom. *The Seventh Million: The Israelis and the Holocaust*. New York: Hill & Wang, 1993.

Sereny, Gitta. *Albert Speer: His Battle with Truth*. New York: Vintage Books, 1996.

Slinitsky, Michel. *L'affaire Papon*. Paris: Éditions Alain Moreau, 1983.

Smith, Bradley. *Reaching Judgement at Nuremberg*. New York: Basic Books, 1977.

Sorokina, Marina. "People and Procedures: Toward a History of the Investigation of Nazi Crimes in the USSR." *Kritika* 6, no.4(Fall 2005):797—831.

Stark, Tamás. *Hungarian Jews During the Holocaust and After the Second World War, 1939—1949: A Statistical Review*. Translated by Christina Rozsnyai. Boulder: East European Monographs, 2000.

Tebutt, Susan, ed. *Sinti and Roma: Gypsies in German-Speaking Society and Literature*. New York: Bergahn Books, 1998.

Teicholz, Tom. *The Trial of Ivan the Terrible: State of Israel vs. John Demjanjuk*. New York: St. Martin's Press, 1990.

Tolstoy, Nikolai. *Victims of Yalta*. London: Corgi Books, 1979. *The Trial of Klaus Barbie* (May 11, 1987). Jewish Virtual Library. http://www.jewishvirtuallibrary.org/jsource/Holocaust/barbietrial.html.

Tusa, John and Ann. *The Nuremberg Trial*. New York: Atheneum, 1984.

Van der Vat, Dan. *The Good Nazi: The Life & Lies of Albert Speer*. Boston: Houghton Mifflin, 1997.

Vogt, Timothy R. *Denazification in Soviet-Occupied Germany: Brandenburg, 1945—1948*. Cambridge, MA: Harvard University Press, 2000.

Warner, Geoffrey. *Pierre Laval and the Eclipse of France*. New York: Macmillan, 1969.

Werth, Alexander. *Russia at War, 1941—1945*. New York: E.P. Dutton,

1964.

Wilke, Christiane. "Recognizing Victimhood." Law and Humanities Junior Scholar Interdisciplinary Workshop(June 6—7, 2006), 1—34. http://www.law.columbia.edu/null/wilke+ +Long?esxclusive=filemrg.downloadfile_id=97928showthumb=o.

Williams, Charles. *Pétain: How the Hero of France Became a Convicted Traitor and Changed the Course of History*. New York: Palgrave Macmillan, 2005.

Wittman, Rebecca. *Beyond Justice: The Auschwitz Trial*. Cambridge: Cambridge University Press, 2005.

Wojak, Irmtrud. *Eichmanns Memorien: Ein Kritischer Essay*. Frankfurt: Campus Verlag, 2001.

Wyman, Mark. *DPs: Europe's Displaced Persons, 1945—1951*. Ithaca: Cornell University Press, 1989.

Wyman, David, and Charles H. Rosenzveig, eds. *The World Reacts to the Holocaust*. Baltimore: The Johns Hopkins University Press, 1996.

Yablonka, Hanna. *The State of Israel vs. Adolf Eichmann*. Translated by Ora Cummings and David Herman. New York: Schocken Books, 2004.

注释：

[1] Jon Bridgman, *The End of the Holocaust: The Liberation of the Camps* (Portland, OR: Areopagitica Press, 1990), 18—20.

[2] Danuta Czech, *Auschwitz Chronicle, 1939—1945* (New York: Henry Holt, 1990), 805; Henry Friedlander, "Darkness and Dawn in 1945: The Nazis, the Allies, and the Survivors," in *The Year* 1945: *Liberation*, ed. Stephen Goodell (Washington, DC: United States Holocaust Memorial Museum, 1995), 11, 13; 1944年，党卫军报告称在其各地集中营共有524 286名囚犯，还有612 000人处于党卫军的司法管辖之下. Bridgman, *End of the Holocaust*, 39.

[3] Friedlander, "Darkness and Dawn in 1945," 20.

[4] Stepehn Goodell, ed., *Liberation: 1945* (Washington, DC: United States Holocaust Memorial Museum, 1995), 15.

[5] Brewster Chamberlin and Marcia Feldman, eds., *The Liberation of the*

Nazi Concentration Camps: Eyewitness Accounts of the Liberators(Washington, DC: United States Holocaust Memorial Museum, 1987), 32.

[6] Jan T.Gross, *Fear: Anti-Semitism in Poland After Auschwitz: An Essay in Historical Interpretation*(New York: Random House, 2006), 247.

[7] Howard M.Sachar, *Diaspora: An Inquiry into the Contemporary Jewish World*(New York: Harper & Row, 1985), 326.

[8] Mark Wyman, *DPs: Europe's Displaced Persons, 1945—1951*(Ithaca: Cornell University Press, 1998), 17.

[9] *Report of Earl G.Harrison*, August 24, 1945, Jewish Virtual Library, http://www.jewishvirtuallibrary.org/jsource.Holocaust/truman_on_harrison.html.

[10] Ibid., 10.

[11] Ibid., 11.

[12] Ibid., 14.

[13] Harry S. Truman to General Dwight David Eisenhower, August 31, 1945, Jewish Virtual Library, http://www.jewishvirttuallibrary.org/jsource/Holocaust/truman_on_harrison.html.

[14] Friedlander, "Darkness and Dawn in 1945," 29.

[15] *Report of Earl G.Harrison*, 9.

[16] *Balfour Declaration*, November 2, 1917, The Avalon Project at Yale Law School, http://www.yale.edu/lawweb/avalon/mideast/balfour.htm.

[17] *British White Paper of 1939*, 9, The Avalon Project at Yale Law School, http://www.yale.edu/lawweb/avalon/mideast/brwh1939.htm.

[18] Hilary Leila Krieger, "Forgotten Heroes," *International Jerusalem Post*, June 22—28, 2007, 19.

[19] *United Nations General Assembly Resolution 181*, November 29, 1947, The Avalon Project at Yale Law School, http://www.yale.edu/lawweb/avalon/un/res181.htm.

[20] Donald Kenrick and Grattan Puxon, *The Destiny of Europe's Gypsies*(New York: Basic Books, 1972), 187.

[21] Ibid., 188.

[22] Ibid.

[23] Ibid, 188—189; Friedlander, "Darkness and Dawn in 1945," 23—24.

[24] Gilad Margalit, *Germany and Its Gypsies: A Post-Auschwitz Ordeal* (Madison: University of Wisconsin Press, 2002), 57, 166—167. Hitler banned Pankok's paintings in 1937 as too political.

[25] Ibid., 58.

[26] Wolfgang Wippermann, "Compensation Withheld: The Denial of Reparations to the Sinti and Roma," in *The Final Chapter*, vol.3, *The Gypsies During the Second World War*, ed. Donald Kenrick (Hatfield, UK: University of Hertfordshire, 2006), 172.

[27] Margalit, *Germany and Its Gypsies*, 61—62.

[28] Drexel A.Sprecher, *Inside the Nuremberg Trial: A Prosecutor's Comprehensive Account* (Lanham, MD: University Press of America, 1999), 1:7—8, 378.

[29] Telford Taylor, *The Anatomy of the Nuremberg Trials: A Personal Memoir* (Boston: Little, Brown, 1992), 18.

[30] Ibid., 25.

[31] *United Nations Statement on the Murder of European Jews* (December 17, 1942), Jewish Virtual Library, http://www.jewishvirtuallibrary.org/jsource/UN/un1942a.html.

[32] Benjamin B.Ferencz, "War Crimes Trials: The Holocaust and the Rule of Law," in *In Pursuit of Justice: Examining the Evidence of the Holocaust* (Washington, DC: United States Holocaust Memorial Museum, 1995), 16.

[33] Office of United States Chief Counsel for Prosecution of Axis Criminality, *Nazi Conspiracy and Aggression* (Washington, DC: United States Government Printing Office, 1946), 1:5.

[34] Taylor, *Anatomy of the Nuremberg Trials*, 45.

[35] *Nazi Conspiracy and Aggression*, 1:114.

[36] Office of United States Chief Counsel for Prosecution of Axis Criminality, *Nazi Conspiracy and Aggression*, Supplement A (Washington, DC: United States Government Printing Office, 1947), 262.

[37] Office of United States Chief Counsel for Prosecution of Axis Criminali-

ty, *Nazi Conspiracy and Aggression*, Supplement B(Washington, DC: United States Government Printing Office, 1948), 91.

[38] Taylor, *Anatomy*, 535—536.

[39] *Nazi Conspiracy and Aggression*, Supplement B, 399.

[40] Ibid., 459—460.

[41] Gitta Sereny, *Albert Speer: His Battle with Truth*(New York: Vintage Books, 1995), 704.

[42] *Nuremberg Trials Final Report Appendix D: Control Council Law No.10: Punishment of Persons Guilty of War Crimes Against Peace and Against Humanity*, The Avalon Project at Yale Law School, http://www.yalelaw.edu/lawweb/avalon/int/imt10.htm.

[43] Dick de Mildt, *In the Name of the People: Perpetrators of Genocide in the Reflection of the Post-War Prosecution in West Germany*(The Hague: Martinus Nijhoff, 1996), 18—19.

[44] *Trials of War Criminals Before the Nuernberg Military Tribunals Under Control Council Law No.10: Nuernberg, October 1946—April 1949*(Washington, DC: U.S.Government Printing Office, 1949), 4:286.

[45] Ibid., 356.

[46] Ibid., 397.

[47] Office of U.S.Chief of Counsel, Subsequent Proceedings Division, APO 124-A, *Staff Evidence Analysis, Criminal Organizations*, document no.-085, 9 February 1942, 2—3, Mazal Library, http://www.mazal.org/N)-series/NO-0085-000.htm.

[48] *Trials of War Criminals Before the Nuernberg Military Tribunals Under Control Council Law No.10*, 1:460—461.

[49] *Declaration of Geneva*(1948 and 1968), The World Medical Association, http://www.wma.net/e/policy/c8.htm.

[50] A.P.V.Rogers, "War Crimes Trials Under the Royal Warrant: British Practice 1945—1949, *The International and Comparative Law Quarterly* 39, no.4 (October 1990):786—787; *Nuremberg Trials Final Report Appendix E: Royal Warrant—Regulations for the Trial of War Criminals*, The War Office, June 18, 1945, *Royal Warrant 0160/2498, A.O. 81/1945: Regulations for the Trial of*

War Criminals, The Avalon Project at Yale Law School, http://www.yale.edu/lawweb/avalon/imt/imtroyal.htm.

[51] The United Nations War Crimes Commission, *Law-Reports of Trials of War Criminals* (London: His Majesty's Stationery Office, 1949), 2:14.

[52] Ibid., 12.

[53] *Law-Reports of Trials of War Criminals*, 1:95, 97.

[54] Ibid., 1:98.

[55] *The Potsdam Declaration: Tripartite Agreement by the United States, the United Kingdom, and the Soviet Union Concerning Conquered Countries*, August 2, 1945, 3, http://www.ibiblio.org/pha/policy/1945/450802a.html.

[56] Ibid., 5.

[57] Ibid.

[58] Konrad H.Jarausch, *After Hitler: Recivilizing Germans, 1945—1995*, trans. Brandon Hunziker(Oxford: Oxford University Press, 2006), 53.

[59] Ibid., 48.

[60] "Control Council Directive No.38: The Arrest and Punishment of War Criminals, Nazis and Militarists and the Internment, Control and Surveillance of Potentially Dangerous Germans," in Office of Military Government for Germany (US), *Denazification: Report of the Military Governor* (April 1, 1947—April 30, 1948), no.34, 14—26.

[61] Jarausch, *After Hitler*, 54.

[62] Henry Friedlander, "The Judiciary and Nazi Crimes in Postwar Germany," *Simon Wiesetnthal Center Annual*, Museum of Tolerance Online, http://motlc.wiesenthal.com/site/asp?c+gvKVLcMUIuG7b+394973.

[63] Czech, *Auschwitz Chronicle*, 808.

[64] Devin O.Pendas, *The Frankfurt Auschwitz Trial, 1963—1965: Genocide, History, and the Limits of the Law* (Cambridge: Cambridge University Press, 2006), 243—244.

[65] Friedlander, "The Judiciary and Nazi Crimes in Postwar Germany," 4.

[66] David Weinberg, "France," in *The World Reacts to the Holocaust*, ed. David S. Wyman and Charles H.Rosenzvieg(Baltimore: The Johns Hopkins Uni-

versity Press, 1996), 18.

[67] Henry Rousso, "Did the Purge Achieve Its Goals?" in *Memory, the Holocaust, and French Justice: The Bousquet and Touvier Affairs*, ed. Richard J.Golsan(Hanover, NH: University Press of New England, 1996), 101.

[68] Geoffrey Warner, *Pierre Laval and the Eclipse of France, 1939—1945* (New York: Macmillan, 1969), 409.

[69] Ibid., 118.

[70] Michael R.Marrus and Robert O.Paxton, *Vichy France and the Jews* (Stanford: Stanford University Press, 1995), 335.

[71] Annette Lévy-Willard, "Fifteen Years of an Interminable Affair," in Golsan, *Memory, the Holocaust, and French Justice*, 65.

[72] Richard J.Golsan, introduction to *Memory, the Holocaust, and French Justice*, 24.

[73] Richard J.Golsan, ed., *The Papon Affair: Memory and Justice on Trial* (New York; Routledge, 2000), 261(appendix); Michel Slinitsky, *L'affaire Papon*(Paris: Éditions Alain Moreau, 1983).

[74] Nicolas Weill and Robert Solé, "Today, Everything Converges on the Haunting Memory of Vichy: An Interview with Pierre Nora," in Golsan, *The Papon Affair*, 177.

[75] Robert O.Paxton, "The Trial of Maurice Papon," *New York Review of Books*, December 16, 1999, http://www.nybooks.com/artricles/269.

[76] "Klaus Barbie," Jewish Virtual Library, http://www.jewishvirtuallibrary.org/jsource/Holocaust/Barbie.html.

[77] Ibid., 2.

[78] Ibid.

[79] Ibid.

[80] *The Trial of Klaus Barbie*(May 11, 1987), Jewish Virtual Library, http://www.jewishvirtuallibrary.org/jsource/Holocaust/barbietrial.html.

[81] Serge Klarsfeld, *The Children of Izieu: A Human Tragedy*(New York: Abrams, 1984), 15.

[82] *Trial of Klaus Barbie*, 20.

[83] Ibid., 20.

[84] Elie Wiesel, *And the Sea Is Never Full: Memoirs, 1969*—(New York: Alfred A. Knopf, 1999), 302.

[85] *Trial of Klaus Barbie*, 47.

[86] Jeffrey Herf, *Divided Memory: The Nazi Past in the Two Germanys* (Cambridge, MA: Harvard University Press, 1997), 72.

[87] Ibid.

[88] "Control Council Directive No. 38," 17.

[89] Herf, *Divided Memory*, 72—73.

[90] Christiane Wilke, "Recognizing Victimhood," Law and Humanities Junior Scholar Interdisciplinary Workshop(June 6—7, 2006), http://www.law.columbia.edu/null/wilke+-+Long?exclusive=filemgr.downloadfile_id=97928showthumb=o.

[91] Herf, *Divided Memory*, 73.

[92] "Book claims Stasi Employed Nazis as Spies," *Deutsche Welle*, October 31, 2005, http://www.dw+world/dw/article/o,2144,1760980,00.html.

[93] Alfred-Maurice de Zayas, *A Terrible Revenge: the Ethnic Cleansing of the East European Germans, 1945—1950*, trans. John A.Koehler(New York: St. Martin's Press, 1994), 152.

[94] David Cesarani, *Becoming Eichmann: Rethinking the Life, Crimes, and Trial of a "Desk Murderer"*(New York: Da Capo Press, 2006), 164.

[95] Randolph L.Braham, *The Politics of Genocide: The Holocaust in Hungary*, rev. and enlarged ed.(New York and Boulder: The Rosenthal Institute for Holocaust Studies Graduate Center/The City University of New York and Social Science Monographs, 1994), 2:1323.

[96] 瓦迪斯瓦夫·西科尔斯基(1881—1943)被认为是战时波兰最杰出的政治领袖，1943 年因飞机失事丧生，米科拉茨克遂取代他的总理职位。

[97] Mark Elliot, "Andrei Vlasov: Red Army General in Hitler's Service," *Military Affairs* 42, no.2(1982):84.

[98] Nikolai Tolstoy, *Victims of Yalta*(London: Corgi Books, 1979), 397, 468, 515.【Tolstoy 的数字比 G.F.Krivosheev 大将在其著作[*Soviet Casualties and Combat Losses in the Twentieth Century*, trans. Christine Barnard(London: Green-

hill Books, 1997), 85, 91—92]中提供的数字稍高一些。

[99] Alexander Victor Prusin, "'Fascist Criminals to the Gallows!': The Holocaust and Soviet War Crimes Trials, December 1945—February 1946," *Holocaust and Genocide Studies* 17, no.1(Spring 2003):3.

[100] Ibid.; Marina Sorokina, "People's and Procedures: Toward a History of the Investigation of Nazi Crimes in the USSR," *Kritika* 6, no.4(2005):826.

[101] Prusin, "'Fascist Criminals to the Gallows!'" 3—4.

[102] George Ginsburgs, "Law of War and War Crimes on the Russian Front During World War Two: The Soviet View," *Soviet Studies* 11, no.3(January 1960):263.

[103] Ibid., 264.

[104] The Moscow Conference, October 1943: *Joint Four-Nation Declaration*, 4, The Avalon Project at Yale Law School, http://www.yale.eduy/lawweb/avalon/wwil/moscow.htm.

[105] Ginsburgs, "Law of War and Crimes on the Russian Front during World War Two," 269.

[106] Prusin, "'Fascist Criminal to the Gallows!'" 6.

[107] Wilfried Strik-Strikfeldt, *Against Stalin and Hitler: Memoirs of the Russian Liberated Movement, 1941—1945*, trans. David Footman(New York: John Day, 1973), 69.

[108] Tom Segev, *The Seventh Million: The Israelis and the Holocaust*, trans. Haim Watzman(New York: Hill and Wang, 1993), 516.

[109] Ibid.; Hanna Yaoz, "Inherited Fear: Second-Generation Poets and Novelists in Israel," in *Breaking Crystal: Writing and Memory After Auschwitz*, ed. Efraim Sicher(Urbana: University of Illinois Press, 1998), 164—166.

[110] Yaoz, "Inherited Fear," 166.

[111] Dalia Ofer, "Holocaust Survivors as Immigrants: The Case of Israel and the Cyprus Detainees," *Modern Judaism* 16, no.1(February 1996):1.

[112] *Tanakh: The Holy Scriptures*(Philadelphia: Jewish Publication Society, 1985), 738.

[113] Isser Harel, *The House on Garibaldi Street*(New York: Bantam Books, 1976), 232.

[114] Hanna Yablonka, *The State of Israel vs. Adolf Eichmann*, trans. Ora Cummings and David Herman(New York: Schocken Books, 2004), 33.

[115] Gideon Hausner, *Justice in Jerusalem*(New York: Holocaust Library, 1966), 291.

[116] Cesarani, *Becoming Eichmann*, 319—320.

[117] Ibid., 345.

[118] Richard I. Cohen, "A Generation's Response to *Eichmann in Jerusalem*," in *Hannah Arendt in Jerusalem*, ed. Steven E. Aschheim(Berkeley: University of California Press, 2001), 277.

[119] Hermann Langbein, *People in Auschwitz*, trans. Harry Zohn(Chapel Hill: University of North Carolina Press, 2004), 336—337.

[120] Gerald L. Posner and John Ware, *Mengele: The Complete Story*(New York: McGraw Hill, 1986), 305.

专业术语表

Abwehr. Bureau Abwehr 国防军军事反情报局及其反间谍分部

A Magyar Megújulás Pártja(MMP)匈牙利复兴党

American Jewish Joint Distribution Committee(AJJDC)美国犹太人联合分配委员会,美国

A Népiróságok országos Tanáca(NOT)人民法院国家委员会,匈牙利

Armija Krajowa(AK)本土军,波兰

Association des Juifs en Belgique(AJB)比利时犹太人联盟

Bevölkerungswesen und Fürsorge(BuF)人口与救济代办处

Bundesrepublik Deutschland(BRD)德意志联邦共和国

Central Jewish Committee(CJC)中央犹太人委员会,贝尔森难民营

Chrezvychainaia gosudarstvennaia komissiia(ChGK)德国法西斯侵略者及其胁从暴行探知与调查特别国家委员会,苏联

Comité intermouvements auprés des évacués(CIMADE)移民难民国际运动委员会,法国

Commisão Portugesa de Assistencia aos Judeos Refugiados(CPAJF)葡萄牙犹太难民援助委员会

Commissariat General aux Questions Juives(CGQJ)犹太事务警察总部,法国

Comunità Israelitica di Roma 罗马以色列人社团

Deutsche Arbeiterpartei(DAP)德国工人党

Deutsche Demokratische Republik(DDR)德意志民主共和国

Deutscher Reichsbund für Leibesübungen(DRL)德意志帝国体育运动联盟

Deutschnationale Volkspartei(DNVP)德国国家人民党

Displaced Persons(DP)难民、丧失家园者、无家可归者

Einsatzgruppen. Einsatzgruppen der Sicherheitsdienstes und der der Sicherheitspolizei 特别行动队，全称为帝国保安部与国家秘密警察特别行动队

European Court of Haman Rights(ECHR)欧洲人权法院

Evreiskii Antifashistskii Komitet(EAK)犹太民族反法西斯委员会，波兰

Fareynegte Partizaner Organizatsye(FPO)联合游击队组织，维尔纳

Feldgendarmerie 军事警察部队

Freiwillige Schutzsstaffel(FS)志愿党卫军

Gemeindepolizei 小城镇警察

Gendarmerie 乡村警察

Gestapo—Geheime Staatspolizei 盖世太保，秘密国家警察

Główna Komisja Badania Zbrodni Niemieckich w Polsce(GKBZNP)德国在波兰罪行中央调查委员会

Główna Komisja Scigania Zbrodni przeciwko Narodowi Polskiemu(KSZPNP)危害波兰国家罪行起诉中央委员会

Grenzpolizei 绿警或边防警察

Haupttreuhandstelle Ost(HTO)东部托管总办公室

Hebrew Immigrant Aid Society(HIAS)希伯来移民救助协会，美国

HICEM 为 3 个组织名称的首字母缩写：分别为“希伯来移民救助协会”(HIAS)；“犹太殖民联合会”(JCA)；以及“移民指挥组织”(Emigdirect)，美国

Hlinkova slovenská l'udová strana(HSLS)希宁卡斯洛伐克人民党

Höhrere SS-und Polizeiführer(HSSPF)党卫军及警察高级领袖

Immigration and Naturalization Service(INS)移民与归化服务协会，美国

Instytut Pamiêci Narodowej(IPN)国家纪念协会，波兰

Intergovernmental Committee on Refugees(ICR)难民问题政府间委员会

International Military Tribunal(IMT)国际军事法庭

International Olympic Committee(IOC)国际奥林匹克委员会

Jewish Agency in Palestine(JA)巴勒斯坦犹太事务代办处

Jewish Colonization Association(JCA)犹太殖民联合会，美国

Jewish Rescue Committee(JRC)联合救援委员会，巴勒斯坦和以色列

Joodse Coördinatiecommissie(JCC)犹太人协调委员会,荷兰

Jüdische Soziale Selbsthilfe(JSS)犹太人自助协会,波兰

Jüdische Unterstützungsstelle(JUS)犹太人救济中心，波兰

Jüdischer Ordnungsdienst(OD)犹太保安警察

Komisarstvo za Evreiskite Vuprosi(KEV)犹太人问题警察总部,保加利亚

Kommunistische Partei Deutschlands(KPD)德国共产党

Konzentrationslager(KZ)集中营

Kreigsgefangenenlager der Waffen SS in Lublin(KLG)卢布林纳粹党卫军战俘营

Kriminalstechnisches Institut(KTI)隶属于国家秘密警察的刑事侦查技术学会

Militärbefehlshaber in Frankreich(MBF)法国德占区军事长官

Naczelna Rada Opiekuncza(NRO)中央救济委员会,苏联

Najwyzszy Trybunal Narodowy(NTN)国家最高法院,波兰

Narodnyi Kommissariat Vnutrennikh Del(NKVD)内务人民委员部,苏联

National Socialist Beweging(NSB)国家社会主义运动,荷兰

Nationalsozialistische Deutsche Arbeiterpartei(NSDAP)纳粹党,德国国家社会主义工人党

Nationalististiche Volkswohlfahrt(NSV)国家社会主义者民族福利代办处

North Atlantic Treaty Organization(NATO)北大西洋公约组织

Nezavism Drzava Hrvatska(NDH)克罗地亚独立国

Nyilas 剑十字团

Oberkommando des Herres(OKH)国防军统帅部

Oberkommando der Wehrmacht(OKW)国防军最高统帅部

Office of Military Government, United States(OMGUS)美国军事政府办公室,德国

Office of Special Investigations(OSI)特别侦查办公室,美国

Ordnungspolizei(Orpo)秩序警察

Orhanizatsiya Ukrainskyh Natsionalistiv(OUN)乌克兰民族主义者组织

Partite Nazionale Fascista(PNF)国家法西斯党,意大利

Polski Komitet Wyzwolenia Narodowego(PKWN)波兰民族解放委员会

Rassemblant pourla République(RPR)保卫共和联盟,法国

Reichsgesetzblatt 1871 年德国刑法典

Reichskommissariat für die Festigung des deutschen Volkstums(RKFDV)日耳曼民

族国家强化帝国委员会专员

Reichskriminalpolizei(Kripo)帝国刑事警署

Reichskriminalpolizeiamt(RKPA)德意志帝国刑事警察办公室

Reichsministerium für die besetzen Ostgebiete(RmfdbO)东部占领区帝国行政公署

Reichssicherheitshauptamt(RSHA)帝国中央保安局

Repubblica Sociale Italiana(RSI)意大利社会共和国

Ruskaya Osvobditel'naya Armiya(ROA)俄国解放军

Russkoe Osvoboditel'noye Dvizhenie(ROD)俄国解放运动

Schutzpolizei(Schupo)城市警察

Schutzstaffel(SS)党卫军

Sicherheitsdienst(SD)帝国保安部

Sicherheitspolizei(Sipo)国家秘密警察

Sozialdemokratische Partei(SDP)社会民主党,德国

Sozialistische Einheitspartei Deutschlands(SED)德国统一社会党

SS-und Polizeiführer(SSPF)党卫军及警察领袖

Sturmabteilung(SA)冲锋队

Supreme Headquarters Allied Expeditionary Leader(SHAEF)盟军远征军最高统帅部

Tymczasowy RzHd Jedności Narodowej(TRJN)民族团结临时政府,波兰

Ukrainische Hilfpolizei Schtuzmannschaft(UAP)乌克兰辅助警察保安队

Unicenea Evreilor Romani(UER)罗马尼亚犹太人联盟

Union Géneral des Israélites de France(UGIF)法国以色列人总联盟

Union pour la défense de la Republique(UDR)共和国防御同盟,法国

Unione delle Comunità Ebraiche Italiane 意大利犹太人社团联盟

United Nations Relief and Rehabilitation Administration(UNRRA)联合国善后救济总署

United Nations Special Committee on Palestine(UNSCP)联合国巴勒斯坦特别委员会

United Nations War Crimes Commission(UNWCC)联合国家战争罪行委员会

United States Holocaust Memorial Museum(USHMM)美国大屠杀纪念博物馆

Unabhängige Sozialdemokratische Partei Deutschlands(USPD)德国独立民族社

会党

Vaad Leumi(VL)犹太民族委员会,巴勒斯坦与以色列

Va'adat ha-Ezra ve-ha Hatsala be-Budapest(Va'ada)布达佩斯救济与救援委员会

Vereinigung der Verfolgten des Naziregimes(VVN)遭纳粹政权迫害者联盟

War Crimes Office(WCO)战争罪行办公室

Weer-afdelingen(WA)防御师,荷兰

Wirthschafts-Verwaltungshauptamt(WVHA)党卫军经济管理总局

World Jewish Congress(WJC)世界犹太人大会

War Refugee Board(WRB)战时难民委员会

Yidishe Algemenye Kamfs(YAK)犹太人战斗组织,总督府

Zakon za Zashita na Natziata(ZZH)民族保护法,保加利亚

Zydowska Organizacja Bojowa(ZOB)犹太人防御组织,总督府

Zydowskie Towarzystwo Opieki Spolecznej(ZTOS)犹太人互助协会,总督府

附录一　大屠杀期间各国犹太人估计死亡人数

	战前犹太人口	大屠杀死亡人口
阿尔巴尼亚	无数据	200—591
奥地利①	185 000—192 000	48 767—65 000
比利时	55 000—70 000	24 000—29 902
波西米亚和摩拉维亚	92 000—118 310	78 150—80 000
保加利亚②	50 000	7 335
丹　麦	7 500—7 800	60—116
爱沙尼亚	4 500	1 500—2 000
芬　兰③	2 000	7—8
法　国	330 000—350 000	73 320—90 000
德　国④	523 000—525 000	130 000—160 000
希　腊	77 380	58 443—67 000
匈牙利	725 000—825 000	200 000—569 000
意大利	42 500—44 500	5 596—9 000
拉脱维亚	91 500—95 000	60 000—85 000
立陶宛	168 000	130 000—200 000
卢森堡	3 800	720—2 000

① 截至 1939 年底共 135 000 人移民出境。
② 11 500 人死于保加利亚控制的马其顿和色雷斯地区。
③ 芬兰将 500—600 犹太裔苏联战俘移交给德国。
④ 为 1933 年的普查数字；1933 年至 1939 年间有 282 000 人移民出境。

（续表）

	战前犹太人口	大屠杀死亡人口
荷　兰	140 000	98 800—120 000
挪　威	1 700—1 800	758—1 000
波　兰	3 300 000—3 500 000	2 700 000—3 000 000
罗马尼亚①	756 000	270 000—287 000
斯洛伐克	136 000	68 000—100 000
苏　联	3 020 000	700 000—2 500 000
南斯拉夫（包含克罗地亚和塞尔维亚）	78 000—82 242	51 400—67 438
合　计	9 702 930—10 169 332	4 707 056—7 442 390

① 为1930年的估算数字；死亡数字包含被罗马尼亚占领军屠杀的犹太人。

附录二　大屠杀期间各国罗姆人估计死亡人数

	战前罗姆人口	大屠杀死亡人口
阿尔巴尼亚	22 000	591
奥地利	11 200	6 500
比利时	500—600	500
白俄罗斯和乌克兰	42 000	30 000
波西米亚和摩拉维亚	13 000	6 500
保加利亚	100 000	5 000
克罗地亚	28 500	26 000—28 000
爱沙尼亚	1 000	1 000
法　国	40 000	15 000—18 000
德国(旧德意志帝国,即第二帝国)	20 000	15 000
希　腊	无数据	50
匈牙利	100 000	28 000
意大利	25 000	1 000
拉脱维亚	5 000	2 500
立陶宛	1 000	1 000
卢森堡	200	200
马其顿	计入塞尔维亚数据	
摩尔多瓦	计入罗马尼亚数据	

（续表）

	战前罗姆人口	大屠杀死亡人口
荷　兰	500	500
挪　威	60	60
波　兰	44 400—50 000	28 200—35 000
罗马尼亚	300 000	36 000
塞尔维亚	60 000	12 000
斯洛伐克	80 000	1 000—6 500
苏　联	200 000	30 000
合　计	1 072 360—1 078 160	246 010—263 310

附录三 以色列大屠杀纪念馆:“民族义人”

依国籍统计

波　兰	6 004	阿尔巴尼亚	63
荷　兰	4 767	罗马尼亚	53
法　国	2 740	瑞　士	38
乌克兰	2 185	波斯尼亚	35
比利时	1 443	挪　威	41
立陶宛	693	丹　麦	21①
匈牙利	685	保加利亚	17
白俄罗斯	576	英　国	13
斯洛伐克	465	瑞　典	9
德　国	443	马其顿	10
意大利	417	亚美尼亚	10
希　腊	271	斯洛文尼亚	6
塞尔维亚	124	西班牙	3
俄罗斯	124	爱沙尼亚	3
捷　克	118	美　国	3
克罗地亚	106	中　国	2
拉脱维亚	103	巴　西	2
奥地利	85	智利、日本、卢森堡、葡萄牙、土耳其、格鲁尼亚	各 1
摩尔多瓦	73		
“民族义人”(即“国际义人”)合计		21 758	

① 丹麦地下组织要求将拯救犹太人行动的所有参与者列为一组。

附录四 党卫军军阶(基于美军陆军军职)

党卫军全国总指挥	Reichsführer-SS	五星上将
党卫军最高总队长	SS- Oberstgruppenführer	上　将
党卫军高级总队长	SS- Obergruppenführer	中　将
党卫军总队长	SS- Gruppenführer	少　将
党卫军支队长	SS- Brigadeführer	准　将
党卫军区队长	SS- Oberführer	大　校
党卫军联队长	SS- Standartenführer	上　校
党卫军一级突击大队长	SS- Obersturmbannführer	中　校
党卫军二级突击大队长	SS- Sturmbannführer	少　校
党卫军一级突击中队长	SS- Hauptsturmführer	上　尉
党卫军二级突击中队长	SS- Obersturmführer	中　尉
党卫军三级突击中队长	SS- Untersturmführer	少　尉
党卫军一级小队长	SS- Sturmscharführer	军士长
党卫军三级小队长	SS- Hauptscharführer	士官长
党卫军四级小队长	SS- Oberscharführer	技术军士
党卫军五级小队长	SS- Scharführer	参谋军士
党卫军六级小队长	SS- Unterscharführer	中　士
党卫军队长	SS- Rottenführer	下　士
党卫军突击队员	SS- Sturmmann	下　士
党卫军高级队员	SS- Oberschütze	一等兵
党卫军队员	SS- Schütze	二等兵

资料来源:海因兹·赫内(Heinz Höhne):*The Order of the Death's Head*: *The Story of Hitler's SS*. New York: Ballantine Books, 1971, 744。

附录五　德国陆军军阶(基于美军陆军军职)

元　帅	Generalfeldmarschall	五星上将
大　将	Generaloberst	上　将
上　将	General	中　将
中　将	Generalleutnant	少　将
少　将	Generalmajor	准　将
上　校	Oberst	上　校
中　校	Oberstleutnant	中　校
少　校	Major	少　校
上　尉	Hauptmann	上　尉
中　尉	Oberleutnant	中　尉
少　尉	Leutnant	少　尉
一级上士	Stabsfeldwebel	军士长
一级中士	Oberfeldwebel	技术军士
三级中士	Feldwebel	参谋军士
一级下士	Unterfeldwebel	中　士
二级下士	Unteroffizier	下　士
三等兵	Gefreiter	一等兵
上等兵	Obersoldat	美军无此军阶
五等兵	Soldat	二等兵

资料来源：美国作战部，*Handbook on German Military Forces*. Baton Rouge：Louisiana State University press，1990，6—7。

索　引

（页码为本书边码）

图书在版编目(CIP)数据

大屠杀：根源、历史与余波/(美)戴维·M.克罗(David M.Crowe)著；张旭译.—2版.—上海：上海人民出版社，2018
书名原文：The Holocaust：Roots，History，and Aftermath
ISBN 978-7-208-15072-0

Ⅰ.①大… Ⅱ.①戴… ②张… Ⅲ.①第二次世界大战-犹太人-历史-研究 Ⅳ.①E195.2 ②K18

中国版本图书馆CIP数据核字(2018)第059000号

责任编辑 吴书勇
封面装帧 王晓阳

大屠杀

——根源、历史与余波

[美]戴维·M·克罗 著 张旭 译

出　　版 上海人民出版社
(200001 上海福建中路193号)
发　　行 上海人民出版社发行中心
印　　刷 上海商务联西印刷有限公司
开　　本 720×1050 1/16
印　　张 50.5
插　　页 4
字　　数 864,000
版　　次 2018年4月第2版
印　　次 2019年6月第2次印刷
ISBN 978-7-208-15072-0/K·2723
定　　价 158.00元

THE HOLOCAUST: Roots, History, and Aftermath
by David M.Crowe

Published by Arrangement with Westview Press, A Member of Perseus Books Group
through Bardon-Chinese Media Agency
博达著作权代理有限公司